KB134963

스페인 문학과 문화

스페인어권 용어사전

1

스페인 문학과 문화

스페인어권 용어사전

정경원 · 김수진 · 나송주
윤용욱 · 이은해 · 김유진
지 음

머리말

이전까지 스페인·라틴아메리카 관련 연구는 대부분 논문 형태로 출간되어 있을 뿐만 아니라, 전문성이 결여된 타 분야 일부 연구자들이 낸 파편적이고 비효율적이며 비전문적인 연구 결과들과 인터넷 등지에 떠도는 출처 불명의 신뢰할 수 없는 정보들이 대부분을 차지하고 있었다. 따라서 학생이나 일반인은 물론이고 전문 연구자들조차도 스페인어 문화권의 인문학 및 문화 자료에 쉽고 정확하게 접근할 수 있는 기본 토대를 지니지 못한 것이 작금의 실정이다. 이에 본 저자들은 스페인어 문화권의 인문학 및 문화에 대한 기초 자료를 종합적으로 수집·조사·분석하고 체계화함으로써, 구체적인 출전(出典)이 없거나 비전공자들에 의해 제공되는 정보가 아닌, 구체적이고도 신뢰할 수 있는 토대 자료를 마련하였다. 아울러 용어의 정확성, 통일성, 개념의 표준화를 이루고, 자료의 실용성 및 가용성을 확장시키는 동시에, 스페인어 문화권인 스페인과 라틴아메리카의 역사, 문학, 종교, 사상 등 인문학과 문화에 대한 기초 정보와 연구 자료를 체계적으로 수집·정리하여 스페인어 문화권에 대한 본격적인 연구와 교육에 수월성을 제공함으로서, 궁극적으로는 미약하나마 한국 인문학 발전에 기여하는 것을 목적으로 본 저서를 집필하였다.

본 저서에 수록된 용어들은 문화 및 인문학의 학제 간 연구의 장점을 최대한 활용하여 스페인어 문화권의 인문학 및 문화 연구에 필요한 각 분야(문학, 역사, 사상, 종교 등)에서 고르게 선정하여, 저자들의 전공 분야에 따라 '스페인 문학과 문화', '중남미 문학과 문화', '스페인어권 역사'라는 세 가지 부문으로 나누어 집필하였다. 그러나 실로 광대한 영역을 아우르는 스페인어 문화권의 방대한 인문학·문화 관련 용어들을 본 저서에서 빠짐없이 다루기에는 아직 역부족인 게 사실이다. 부족한 설명과 오류, 그리고 누락된 주요 용어들에 대한 문제는 향후 보다 철저한 조사와 연구를 통하여 수정·보완하도록 하겠다. 아무쪼록 본 저서가 스페인어 문화권의 문화와 역사 및 문학 등에 호기심을 가진 여러 독자들과 각 분야의 연구자들에게 미약하나마 도움이 되길 희망한다. 석사학위 논문 준비 중임에도 불구하고 끝까지 성실하게 원고의 정리와 교정을 도맡아 수고해준 손소담 학생에게 고마움을 전하고, 무엇보다도 출판계의 극심한 불황 속에서도 본 저서의 출판을 흔쾌히 허락해주신 한국학술정보(주)의 이담북스 출판사에 심심한 감사의 마음을 전하는 바이다.

2015년 이문동 캠퍼스에서

저자 일동

일러두기

- 용어 가운데 주요한 것은 *로 표시하였다.
- 용어와 관련이 있는 또 다른 용어는 ➡로 표시하여 참조할 수 있도록 하였다.
- 본 책에 사용된 기호의 의미는 다음과 같다.

  『 』: 소설, 시, 극작품 등의 작품명에 사용

  「 」: 영화, 노래, 그림, 논문 등의 작품명에 사용

  < >: 신문, 잡지명에 사용

  ‘ ’, “ ”: 강조되는 문구, 단어에 사용
- 작품명의 원어표기는 이탤릭체로 하였다.
- 스페인어에서는 뒤집은 느낌표를 한 문장의 맨 앞에 두며, 문장의 맨 끝에 보통 느낌표를 둔다. 이것은 의문문 즉, 물음표에서도 마찬가지다.

  예시: ¿Estás loco? ¡Casi la mataste! (너 미쳤니?! 넌 하마터면 그녀를 죽일 뻔했어!)

A Claudio (아 클라우디오) 레안드로 페르난데스 데 모라틴(Leandro Fernández de Moratín)의 작품이다. 작가는 풍자가로서 조국이 문화적으로 유럽의 선진국보다 뒤떨어져 있는 것에 대해 늘 고통스럽게 지켜보면서 친구 호베야노스와 마찬가지로 악습과 무지에 대한 비판을 통해 조국을 개선하고자 노력했는데 이런 노력이 그로 하여금 이 작품을 쓰게 하였다. 11음절로 구성되었으며 스페인어를 명확하고 정확하게 구사했다. 실천도 하지 않고 학문과 덕을 떠들어대는 지식인들을 풍자하고 있다.

A la pintura (그림에게) 라파엘 알베르티의 새로운 형식이 담긴 대표적 시집으로 예술에 대한 그의 지극한 애정을 선명하게 보여주고 있다. 특히 여기에 사용된 운율은 화가의 세계를 아름답게 노래하고 있다. ➡ Alberti, Rafael(라파엘 알베르티)

A lo divino* (신성화) 은유, 상징 또는 우화를 사용하며 세속적인 것을 종교적인 것으로 바꾸는 것에 관련된 문학적 표현으로 새로운 종교적 내용으로 쓰인 세속적인 작품들에서 자주 사용된다. 이런 개작물(adaptaciòn)들은 16~17세기 스페인 문학의 황금세기에 일반적이다. 또한 이 표현은 당시 작가들에 의해 사용된 종교적 찬송가와 민요들을 포함하는 음악적 양식을 구분할 수도 있다. 이런 문학적 처리방법이 나타나는 개작들로는 코르도바 태생 세바스티안(Sebastián)과 가르실라소(Garcilaso)의 작품들(Granada, 1575), 그리고 디에고 사아베드라 파하르도(Diego Saavedra Fajardo)의 백 개의 표어(empresa)로 나타낸 그리스도인 정치가 왕자의 사상인 A lo divino 판(Münster, 1640)을 들 수 있다.

A lo que obliga el honor (아 로 케 오블리가 엘 오노르) 1642년에 발표된 안토니오 엔리케스 고메스(Antonio Enríquez Gómez)의 희극이다. 칼데론 연극을 수용한 작품으로, 페드로 1세(Pedro I de Castilla)에 대해 다루고 있다.

A secreto agravio, secreta venganza (아 세크레토 아그라비오, 세크레타 벵간사) 페드로 칼데론 데 라 바르카(600~1681)의 희곡(1635) 중 하나로, 명예와 질투를 다룬 작품이다. 주인공인 돈 로페(Don Lope)는 아내를 무척 사랑하지만, 그녀는 결혼 전에 다른 남자를 사랑했다. 죽은 줄 알았던 그 남자가 다시 나타나면서 로페는 비열하게 그 남자를 뱃놀이에 초대하여 보트 안에서 죽이고 아내 역시 불태워 죽게 만든다. ➡ Calderón de la Barca(칼데론 데 라 바르카)

Abarca de Bolea, Ana Francisca (아나 프란시스카 아바르카 데 볼레아) (1602~1685) 사라고사(Zaragoza) 태생. 스페인 소설가, 시인 그리고 스페인 시토 수도회 종교 일원으로 활동했다. 스페인 바로크 종교 작품에서 문학 재능이 확인된다. 또한 중남미 문학의 초기 소설가 중의 한 명으로 꼽힌다. 대표작으로 『*Fin bueno en el mal principio*』, 『*Catorce vidas de santas de la Orden del Císter*』(1655), 『*Vida de la gloriosa Santa Susana*』(1671) 등이 있다.

Abati y Díaz, Joaquín (호아킨 아바티 이 디아스) 스페인 마드리드에서 출생한 작가이자 변호사(1865~1936)이다. 약 120여 개의 희곡과 사르수엘라(zarzuela)를 제작하였다. 홀로 작업하기도 하였지만 주로 카를로스 아르니체스(Carlos Arniches), 엔리케 가르시아 알바레스(Enrique García Álvarez), 안토니오 파소(Antonio Paso) 등과 작업하였다. 작품들의 특징은 다채로운 문장과 간결한 줄거리이다. 대표적인 작품으로는 『*Doctores*』(1892), 『*Las cien doncellas*』(1907), 안토니오 파소와 공동 집필한 『*Los perros de presa*』(1909), 『*El orgullo de Albacete*』(1916)가 있다.

Abayam, José Pereira (호세 페레이라 아바얌) 18세기 스페인의 역사가이면서 사제이다. 『*Crónica del rey Pedro I, llamado el Justiciero*』에 그에 대한 언급이 있다.

ABC (아베세) 1903년부터 존속해온 스페인의 전통 신문이다. 토르쿠아토 루카 데 테나(Torcuato Luca de Tena)와 알바레스 오소리오(Alvarez−Ossorio)에 의해 창설되었다. 초기에는 주간지의 형태로 발간되다가 1905년부터 일간신문의 형태로 발전하였다. 또한 신문에 그림을 넣기 시작한 최초의 신문사 중 하나이기도 하다. 현재까지도 오랜 전통과 높은 명성, 양질의 수준으로 스페인 사람들에게 사랑받고 있다.

Abel Sánchez (아벨 산체스) 1917년에 출간된 스페인 소설가 미겔 데 우나무노의 작품. '열정의 역사'라는 부제를 가지고 있다. 성서 다시쓰기, 현대판 카인과 아벨이라는 평가를 받는다. 주인공 호아킨은 천재적 재능을 가진 친구 아벨 산체스에게 질투를 느끼는데, 그가 가진 열등감은 어떤 노력에도 극복되지 않는다. 다른 우나무노의 작품과 마찬가지로 실존의 문제에 대한 고뇌가 형상화되어 있다. 호아킨과 아벨의 긴장 관계는 각기 다른 세 가지 서술 구조를 통해 드러난다. 전지적 시점의 서술자 개입, 두 인물 간의 대화, 그리고 호아킨에 의해 쓰인 고백록의 세 가지 서술이 바로 그것이다.

Abellán, José Luis* (호세 루이스 아베얀) 마드리드 콤플루텐세 대학 정교수이자 신문기자이며 수필가. 1983년부터 1986년 사이 유네스코 집행위원회의 위원으로 활동했던 저명인사. 그의 직업적 활동에서는 스페인과 아메리카의 문화 및 역사와 관련된 주제에 대한 참여가 돋보이며, 더욱이 스페인 생각의 역사와 망명 중의 스페인 문학으로 문화적, 철학적, 사회학적 주제에 중요하게 기여함도 돋보이는 사항이다. 아베얀은 철학의 역사에 대한 연구에 몰입하고 있었으며, 이를 통해 철학이 스페인어권에 미친 중요성을 발견하였고 이와 더불어 앵글로−색슨적 철학에서 분명히 멀어짐 또한 발견하였다. 이 모든 것들은 아베얀이 언급한 역사를 사회와 사회적 지성(razón)이 인간행동에 현저한 역할을 수행하는 사상(ideas)의 역사와 함께 재고하게끔 유도하였다. 그의 중요한 작품들 사이에서 "스페인 사상의 비판적 역사(Historia crítica del pensamiento español)"를 발견할 수 있으며, 아베얀은 이 작품에서 자신이 하고자 하는 제안들과 이데올로기를 펼쳤고 현재까지도 이를 뛰어넘는 작품은 없다. 중요한 작품들로는 『*Miguel de Unamuno a la luz de la Psicología*』(1964), 『스페인 철학과 오르테가 이 가셋』(1966), 『1939의 스페인 유배』(1976~1978), 『근대 스페인 생각과 아메리카의 사상』(1989; 2 volumes), 『스페인 사상의 역사』(1996), 『98: 100년 후』 (2000), 『오르테가 이 가셋 그리고 민주화 과도기의 시작』(2000)을 들 수 있다.

Aberasturi, Andrés (안드레스 아베라스투리)　마드리드 출생의 기자, 작가(1948~)이다. 스페인의 일간지 중 하나인 <Informaciones>의 편집자로 일했으며, 스페인 국영 라디오 RNE에서 다양한 프로그램의 진행자로도 활동하였다. 1999년 출판된 시집 『*Un blanco deslumbramiento*』는 자신의 아들에게 바친 작품이다.

Abreu, Héctor (엑토르 아브레우)　(1856~1929) 세비야(Sevilla) 출신 예술비평가이자 작가이다. 'Agrego'라는 필명을 사용했다. 시, 희곡, 아동문학 등 다양한 장르의 작품을 썼다. 『*El espada*』(1990), 『*Matar por matar*』(1908), 『*Ramiro el enamorado*』(1914)와 같은 소설들을 썼다.

Abril, Manuel (마누엘 아브릴)　(1884~1943) 마드리드(Madrid) 태생. 스페인 기자, 비평가, 시인, 극작가이다. 대표작으로 『*Canciones del corazón y de la vida*』(1906), 『*Hacia una luz lejana*』(1914), 『*Un caso raro de veras*』(1916), 『*La princesa que se chupaba el dedo*』(1917) 등이 있다. 또한 아동문학 작가와 문학비평가 등으로도 활동했으며 <Madrid>, <Luz>, <Cruz>, <Raya> 등의 일간지에서 일한 바 있다.

Academia (아카데미아)　원래는 고대 그리스의 아테네에서 플라톤이 세운 학교를 의미한다. 기원전 387년부터 기원후 529년경까지 존속하였으며, 아테네 북서쪽에 영웅신 아카데모스의 신역에서 그의 제자 및 청년들의 교육과 심신수양을 위해 만든 교육의 장이었다. 중세 후반부터 전 유럽에 인문 교육의 진흥을 위해 이러한 학교제도가 생겨났으며, 19세기 이후에는 교육과 연구기관 또는 조직의 명칭을 가리키는 말로 바뀌었다. 본래에는 사립교육기관을 지칭하였으나, 현재는 공립기관 또한 포함된다. 스페인에는 문학, 예술, 과학에 관한 많은 공립 아카데미아가 존재하는데 그 가운데 대표적인 것이 스페인 한림원(Real Academia Espanola, RAE)이다.

Academia de la Lengua y Declamación Vasca (바스크어 한림원)　1915년 산 세바스티안(San Sebastián) 시(市)가 세운 언어진흥기관이다. 바스크 지방의 고유 언어를 보전하고 바스크어로 쓰인 문학작품의 진흥을 주요 목적으로 한다. 기관의 창시자는 극작가인 돈 토리비오 알사가(Don Toribio Alzaga)이며, 스페인 전 지역을 순회하며 에우스케라의 문학작품 또는 에우스케라로 번역된 작품의 발전과 진흥을 위해 힘썼다.

Academia de Letras Humanas de Sevilla (세비야 고전문학 학회)　세비야 고전문학 학회는 1793년 5월 몇몇 세비야 학파 시인들이 주축이 되어 결성되었다. 나르시소 클레멘테 톨레사노(Narciso Clemente Tolezano), 호세 마리아 롤단(José María Roldán), 펠릭스 호세 레이노소(Félix José Reinoso) 등의 작가들이 모였고, 1800년까지 일 년에 두 차례 모임을 가졌다. 학회의 목적은 문학창작에 생기를 부여하고 고전문학을 연구하기 위한 것이었다.

Academia de los Nocturnos (야간 학회)　발렌시아의 문학 아카데미 중 하나로 베르나르도 카탈라 데 발레리올라(Bernardo Catalá de Valeriola)가 문학적 교류를 위한 목적으로 1591년 설립했다. 회원들의 모임이 이루어진 시간이 밤이었기 때문에 밤의 학회라는 이름이 붙여졌다. 1594년까지 유지되면서 총 88회의 세미나가 개최되었다. 운문에 대한 연구가 주를 이루었지만 산문, 더 나아가서는 과학에 대한 논의도 이루어졌다. 매주 수요일마다 베르나르도 카탈라 데 발레리올라의 저택에서 모임이 이뤄졌고 45명의 회원이 있었다. 특이한 점은 각 회원들에게는 비밀(secreto), 침묵(silencio), 그림자(sombra)와 같은 밤을 수식하는 메타포로 별칭을 붙이고 본명 대신 사용했다는 것이다.

Academia del Buen Gusto (부엔 구스토 문학 동우회)　18세기의 마드리드 사람들의 문학 동우회이다. 1749년 1월 3일에 모임을 시작했다. 아구스틴 몬티아노(Agustín Montiano)와 알론소 베르두고(Alonso Verdugo)가 동우회를 창설했다. 두 사람은 학술원에 공존해 있던 두 가지의 첫 경향을 대표했다. 블라스 안토니오 나사레(Blas Antonio Nasarre), 디에고 데 토레스 비야로엘(Diego de Torres Villarroel), 루이스 호세 벨라스케스(Luis José Velázquez), 이그나시오 데 루산(Ignacio de Luzán) 그리고 호세 안토니오 포르셀(José Antonio Porcel)과 같은 작가들과 함께 활동했다.

Academia del Trípode (트리포데 학회)　세 명의 문인 호세 안토니오 포르셀(José Antonio Porcel), 알론소 달다(Alonso Dalda), 디에고 니콜라스 데 에레디아(Diego Nicolás de Heredia)가 모여 1715년 그라나다에서 설립한 학회이다. 그 후 학회를 후원하던 3대 토레팔마 백작인 알론소 베르두고 카스티야(Alonso Verdugo Castilla)가 네 번째 회원으로 참여하였다. 참가자들은 모두 기사소설 제목을 별칭으로 삼았던 것이 특징이다. 모임은 비정기적으로 이루어졌고, 당시 궁정에서 신고전주의가 유행했던 것과 다르게 바로크 문학에 대해 탐구했다.

Academia Selvaje (셀바헤 학회)　파르나소 학회(Academia del Parnaso)라고도 불린다. 1612년 프란시스코 데 실바 이 멘도사(Francisco de Silva y Mendoza)에 의해 마드리드에 설립되었다. 설립목적은 선과 문학을 동시에 추구하는 것이었다. 학회의 이름은 설립자의 성인 실바(Silva)에서 유래했고, 실바의 전사와 함께 1614년 문을 닫았다. 모든 학회 회원들이 사랑과 관련된 별명을 가지고 학회 내에서 활동했다. 세르반테스(Cervantes), 로페 데 베가(Lope de Vega), 호세 카메리노(José Camerino), 페드로 소토 데 로하스(Pedro Soto de Rojas) 등이 이 학회의 소속이었다.

Academias* (한림원)　문학적인 의미에서, 이 용어는 여러 학문, 정치, 언어 또는 역사와 같은 여러 다른 예술적 표현 아래 구분될 수 있는 사람들의, 예술인들의, 공개 단체들의 한 무리 또는 아무 집단의 모임을 가리킨다. 요약하여 말하자면, 여러 다른 문화적・교육적 조직을 구분하기 위한 용어를 말한다. 중요 예로, 알폰소 10세가 스페인 여러 도시에 첫 학회들을 설립하였음을 들 수 있지만 이것들은 작업장(taller)이라는 의미를 가지고 있었다. 이후, 수업의 내용을 도입하는 것을 처리했던 사람들은 예수회 사람들이었다. 기록이 남아 있는 첫 스페인 학회는 에르난 코르테스(Hernán Cortés) 소유였고 1544년과 1547년 사이 세비야(Sevilla)에 위치했다. 부르봉(Borbones)왕가가 권력에 오르면서, 학회들은 당시까지 존립했던 전형(modelo)에 변화를 겪는다. 그때부터는, 프랑스식 전형을 따르기로 하였으며 이 형식에는 각 분야에 있어 전문화된 기관이 존재하였다. 이 새로운 기간 동안, 비예나(Villena) 후작의 후원으로 스페인 한림원이 탄생하며 이는 이와 동등한 성격의 프랑스 한림원과 유사하게 만들어졌다. 스페인 한림원은 1741년 첫 출판 이후, 2010년 최근 개정판에 이르기까지 수세기에 걸쳐 맞춤법(Ortografía)을 개정 출판하며 중요한 역할을 수행하여왔다. 이와 동시에, 스페인의 저명한 문법학자들의 지휘 아래 여러 문법책들과 초안들을 만들었고 공식 스페인어 사전 또한 만들었으며, 현재 나머지 스페인어권 여러 다른 나라들과 협력체계하에 있다.

Academias del Jardín (아카데미아스 델 하르딘)　1630년 하신토 폴로 데 메디나(1603～1676)가 쓴 과식주의시다. 해학적인 성격의 시를 많이 썼는데, 이 시도 이러한 맥락에서 지어졌다. 시인의 대표작인 『*Academias del Jardín*』은 묘사적인 내용과 도덕적인 것을 연

결시켜 과식주의의 면모를 드러냈다. ➡ Culteranismo(과식주의)

Acebo, José María (호세 마리아 아세보) (1830~1892) 스페인 극작가이며 마드리드에서 태어났다. 그의 대중소설 형식의 작품은 19세기 관중과 비평가들의 극찬을 받았다. 대표작으로 『*Misterios sociales*』, 『*La venganza de una muerta*』, 『*El monje de Yuste*』가 있다.

Acevedo Guerra, Evaristo (에바리스토 아세베도 게라) 마드리드 출생의 작가(1915~1997)이다. 주간잡지 <Dígame>에 영화예술가들의 짧은 전기를 유머러스하게 묘사하여 연재했다. 처녀작은 소설 『*El sentido común es artículo de lujo*』(1951)다. 문학작품 활동 이외에도 약 1만 개 정도의 기사를 쓰기도 했는데, 대부분의 기사에서 필명 'Evaristóteles'를 사용하였다. 이 외에도 『*Tres planes de desarrollo*』(1970), 『*Haz el humor y no la guerra*』(1986) 등의 다양한 작품이 있다.

Acín, Ramón* (라몬 아신) 사라고사(Zaragoza) 대학 언어학 박사이자, 중등교육기관의 스페인 언어와 문학 정교수이기도 하다. 대표할 만한 업적으로 "독서로의 초청(Invitación a la lectura)" 프로젝트를 만들었음을 들 수 있으며, 문학세계의 수많은 작가들과 중요인물들이 참여하였다. 여러 출판사에 참여하였고 <El Heraldo de Aragón>과 같은 이름 있는 전국적 규모의 신문사에서 일하기도 하였으며, <Ínsula, Quimera, Leer>와 같은 여러 잡지사에서 비평가로도 일했다. Premio Nacional de Poesía대회 시 부문의 심사위원으로 여러 차례 참여하기도 하였다. 여러 기록들로 인해 그의 독창적인 양식을 엿볼 수 있다. 게다가 현실의 경계와 외견을 무너뜨리는 능력의 보유자이기도 했다. 소설가로서는 『*Manual de Héroe*』(1989), 『*La vida condenada*』(1994), 『*La Marea*』(2001)와 같은 여러 소설과 이야기를 출판하였다.

Acosta, Benito (베니토 아코스타) (1937~) 바다호스(Badajoz) 출신의 작가이다. 신랄하고 공격적인 어조로 도시의 사회적이고 문화적인 병폐들을 고발한다. 『*Itinerario*』(2000)가 대표작이다.

Acosta, José María de (호세 마리아 데 아코스타) 알메리아(Almería)에서 태어난 스페인 신문기자, 소설가, 군 기술자(1881~1936)이다. 첫 소설작인 『*Amor loco y amor cuerdo*』(1920)는 저서 중 가장 잘 알려져 있으며, 20대 때부터 왕성한 활동을 하였다. 필체에서 친구인 프란시스코 비야에스페사(Francisco Villaespesa)의 영향을 찾아볼 수 있다.

Acquaroni Bonmatí, José Luis (호세 루이스 아쿠아로니 본마티) (1919~1983) 마드리드 출신의 작가이자 언론인이다. 초기에는 단편소설을 주로 냈으며, 1965년 『*Nuevas de este lugar*』를 시작으로 장편소설에 도전하기 시작했다. 대표작은 『*Copa de sombra*』로 안토니오 마차도 시에서 제목을 차용한 것으로 'Puerto de Santa María de Humeros'라는 가상의 마을에서 처형당한 사람들의 목록으로 시작되며, 스페인 시민전쟁의 정신적 트라우마를 다루었다. 이 작품은 1977년 스페인 국민 문학상을 수상했다.

Acquaroni, Rosana (로사나 아쿠아로니) 마드리드 출생의 여류작가, 언어학자(1964~)이다. 독자들과 비평가들에게 가장 훌륭한 여류작가 중 한 명으로 평가된다. 루이스 데 공고라이 아르테고(Luis de Góngora y Argote, 1561~1627), 가르실라소 데 라 베가(Garcilaso de la Vega, 1501~1536) 등 고전주의 작가들의 영향을 받아 시를 썼다. 주요작품으로는 『*Del mar bajo los puentes*』(1988), 『*El jardín navegable*』(1990)가 있다.

Acrónimo (준말 혹은 약칭) 1) 각 단어의 한 글자들을 따서 하나의 단어처럼 발음되는 준말을 의미한다.

예) o(bjeto) v(olador) n(o) i(identificado)

2) 처음 단어의 첫 부분과 마지막 단어의 마지막 부분이 모인 준말을 의미한다.

예) ofi(cina infor)mática

Acróstico (아크로스틱) 첫 자와 중간 자, 마지막 자로 지은 시로 작품을 수직으로 읽을 때, 단어 혹은 구(句)를 생성하게 된다. 스페인에서 존재하는 아크로스틱 중 가장 긴 것은 호세 마리아 로이테의 『*Las palabras del aire*』(1984)이다.

Acuña y Villanueva de la Iglesia, Rosario (로사리오 아쿠냐 이 비야누에바 데 라 이글레시아) 마드리드 출생의 여류작가이자 기자, 정치가(1851∼1923)이다. 레미히오 안드레스 델라폰(Remigio Andrés Delafón)이라는 필명을 사용하였고 문학 장르 중에서는 시, 산문, 극작품을 창작했다. 대표작으로는 시 『*La vuelta de una golondrina*』(1875)와 극대본 『*Amor a la patria*』(1877) 등이 있다.

Acuña, Hernando de (에르난도 데 아쿠냐) (1520∼1580) 스페인 바야돌리드 출생의 작가이다. 귀족 출신으로 젊은 시절에는 카를로스 5세의 군대에서 복무했다. 군인 시절 이탈리아에 상당 기간 머물렀으며, 그 영향으로 페트라르카 풍의 시를 썼다. 『*La Fábula de Narciso*』 등의 작품집이 있다.

Adesivo (면격) 장소를 나타내는 격 중 하나로서 닿는 사물 혹은 사람과 밀접한 간격을 보이는 전치사 부사구를 뜻한다.

예) sobre, encima de, en

Adón, Pilar (필라르 아돈) 마드리드 출생의 여류시인, 소설가, 수필가(1971∼)이다. 17세부터 문학창작활동을 시작했으며 20세기 후반 유망한 작가 중 한 명으로 주목받았다. 주로 단편소설을 많이 썼으며 대표작으로는 소설 『*Todavía la luz*』, 수필 『*Donde acaba la creencia*』(1998) 등이 있다.

Afán de Rivera y González de Arévalo, Antonio Joaquín (안토니오 호아킨 아판 데 리베라 이 곤잘레스 데 아레발로) 그라나다(Granada) 출생의 작가, 기자, 번역가, 변호사(1834∼1906)이다. 19세기 중후반에 스페인 연극계에서는 그의 필명 후안 솔다도(Juan Soldado)로 더 잘 알려져 있었다. 시, 소설, 극 등 다양한 방면에서 작품활동을 하였지만, 특히 극작가로서 유명하다. 19세기 중후반 스페인에서 가장 인기 있었던 극장르 사르수엘라(zarzuela)를 많이 썼다. 대표작으로는 『*La pensionista*』(1854), 『*Tres damas para un galán*』(1858) 등이 있다.

Afasia (실어증) 지적 능력과는 무관하게 언어를 생산하고 이해하는 능력을 잃는 언어장애를 말한다. 실어증이라는 용어는 1864년 아르만드 트로세아우(Armand Trousseau, 1801∼1867)에 의해 사용되었다. 그리스어 “무언”에서 나온 말이다. 실어증에는 브로카 실어증, 베르니케 실어증 등이 있다.

Afijo (접사) 형태소 중 분절형태소를 나누면 접사와 어근이 된다. 접사는 어근 앞에 오는 것을 접두사(prefijo), 어근 뒤에 오는 것을 접미사(sufijo) 그리고 중간에 오늘 것을 접중사(infijo)라고 한다.

Agramunt y Toledo, Juan (후안 아그라문트 이 톨레도) 18세기 스페인 출신의 시인이자 극작가이다. 18세기 초중반 매우 인기가 있었으며 대표작으로는 마법을 소재로 한 희극 『*La mágica de Nimega*』, 성인(聖人)을 소재로 한 희극 『*La tercera*』(1730)가 있다. 이 외에도 스페인 황금세기 극작품의 특징을 모방해 작품을 쓰기도 했다.

Agraz, Juan (후안 아그라스) (~1453) 교화적이고 풍자적인 스페인 시인이다. 후안 데 메나(Juan de Mena) 세대에 이름을 널리 알렸다. 니에블라 백작(Conde de Niebla) 신하로 있었고, 카스티야의 후안 2세(Juan II de Castilla)의 궁정문학에 참여하였다. 메나(Mena), 마르몰레호(Marmolejo), 후안 알폰소 데 바에나(Juan Alfonso de Baena) 등과 문학적 관계를 맺고 있다.

Ágreda y Vargas, Diego de (디에고 데 아그레다 이 바르가스) (1591~1639) 마드리드(Madrid) 태생. 스페인 군인이면서 작가이다. 첫 작품인 『*Novelas morales y ejemplares*』(1620)는 이탈리아 방식을 취한다. 현실주의적이며 음탕한 어조로 쓰인 작품이 눈에 띤다. 대표작으로는 『*Lugares comunes de letras humanas*』(1616), 『*Los más fieles amantes Leucipe y Clitofonte*』(1617) 등이 있다.

Ágreda, Sor María de Jesús de (소르 마리아 데 헤수스 데 아그레다) (1602~1665) 소리아 출생의 작가이자 성직자이다. 어린 나이부터 영적인 문제에 많은 관심을 보였을 뿐만 아니라 신비적 체험을 했고, 1620년 성 프란시스코 교단에 입회했다. 산타 테레사 데 헤수스의 영향을 많이 받았으며 주로 신비주의 문학에 해당하는 작품을 썼다. 이 밖에 『*Mística ciudad de Dios*』, 『*Vida de la Virgen María*』 등의 작품이 있다.

Aguado, Jesús (헤수스 아구아도) 1961년 마드리드에서 출생한 스페인 시인이다. 스페인의 세비야(Sevilla), 말라가(Málaga), 바르셀로나(Barcelona) 및 인도 등지를 옮겨 다니면서 다양한 소재의 작품을 썼다. 1984년 첫 작품인 『*Primeros poemas del naufragio*』를 시작으로 『*Mi enemigo*』(1987), 『*Semillas para un cuerpo*』(1988) 등을 집필하였으며, 그중 『*Los amores imposibles*』(1990)로 이페리온(Premio Hiperión)상을 수상했다. 또한 인도에 관심이 많아 1998년 『*Antología de poesía devocional de la India*』를 출판하였으며, 사설기자로서도 활발히 활동하였다.

Aguda, palabra (팔라브라 아구다) 끝음절에 음운적 강세가 있는 단어. 야나(llana)와는 달리, n, s, 모음을 제외한 자음으로 끝나는 단어들이다.

예) abril, ordenador

하지만 n, s, 모음으로 끝나도 강세표시(Tilde, 틸데)가 있으면 강세를 넣어 발음한다.

예) café, corazón

Águila, Pablo del (파블로 델 아길라) (1946~1968) 그라나다(Granada) 태생. 스페인 시인이다. 짧지만 훌륭한 작품으로 20세기 말 대표 스페인 시인 중 한 명이다. 일찍부터 문학적 재능을 보였으며 그라나다 대학교(La Universidad de Granada)에서 문학학부를 전공하였다. 태어난 도시에서 시인으로서 이름을 알리기 시작했으며, 대표작으로 『*Desde estas altas rocas innombrables pudiera verse el mar*』(1973), 『*Poesía reunida 1964~1968*』(1989), 『*Un hombre suave*』(2001) 등이 있다.

Aguilar Catena, Juan (후안 아길라르 카테나) (1888~1965) 우베다(Úbeda) 태생의 스페인 작가이자 기자이다. 낭만주의 어조와 전통적 방식의 소설가이기도 하다. 대표작으로 『*Los enigmas de María Luz*』(1919), 『*Herida en el vuelo*』(1921), 『*Disciplinas de amor*』(1923), 『*Nuestro amigo Juan*』(1924) 등이 있다.

Aguilar, Gaspar Honorat de (가스파르 오노라트 데 아길라르) (1561~1623) 발렌시아(Valencia) 출신의 시인이자 극작가이다. 특히 축제에 관련된 희극을 많이 썼고, 여러 귀족들의 비서로 일했다. 『*La venganza honrosa*』(1616), 『*El gran Patriarca San Juan de*

Ribera』(1616)가 대표작으로 꼽힌다.

Aguiló i Fuster, Marià (마리아 아길로 이 푸스테르) (1825~1897) 팔마 데 마요르카(Palma de Mallorca) 태생의 스페인 시인이자 학자이다. 바르셀로나(Barcelona)에서 법학을 공부했으나, 법률가가 되진 않았다. 퇴직할 때까지 지방 도서관과 대학 도서관의 지휘관으로 있었다. 대표작으로 『*El libro de la muerte*』(1899), 『*El libro del amor*』(1901), 『*Catálogo de obras en lengua catalana impresas desde 1474 hasta 1860*』(1923) 등이 있다.

Aguiló, Tomás (토마스 아길로) (1812~1882) 팔마 데 마요르카(Palma de Mallorca) 태생. 소설가, 시인이자 피아니스트이다. 대표작으로 『*Mallorca poética*』(1832), 『*El infante de Mallorca*』(1840~1841), 『*Rimas varias*』(1846~1850) 등이 있다.

Aguirre Bellver, Joaquín (호아킨 아기레 벨베르) (1929~2005) 마드리드(Madrid) 태생. 스페인 작가이자 기자이다. 철학, 문학, 신문학을 전공하였으며, 문학활동과 동시에 기자로 활동했다. <Madrid>, <Pueblo> 등의 일간지에서 기사를 썼고, 대표작으로 『*Luna en la frente*』(1988), 『*El inventor de galaxias*』(1989) 등이 있다. 1962년 가장 훌륭한 아동문학으로 꼽혀 상을 받은 『*El lago de plata*』라는 작품도 있다.

Aguirre Ortiz de Zárate, Jesús (헤수스 아기레 오르티스 데 사라테) (1934~2001) 마드리드(Madrid) 태생. 스페인 작가이자 신학자, 스페인어 학자이다. 17세까지 산탄데르(Santander)에서 유년기를 보냈으며 코미야스 폰티피시아 대학교(La Universidad Pontificia de Comillas)에서 공부하였다. 그 후 독일로 거주지를 옮겨 신학 공부를 하였다. 대표작으로 『*Sermones en España*』, 『*Casi ayer noche*』(1985), 합작품 『*Cristianos y marxistas*』가 있다.

Aguirre, Domingo (도밍고 아기레) 스페인 온다로아(Hondárroa) 출생의 소설가(1865~1920)로서 1936년 스페인 내란 이전의 바스코 문학의 대표적 산문작가로 꼽힌다. 가장 중요한 작품으로는 목가적인 과거에 대한 향수를 담은 『*Garoa*』(1864)가 있고, 이 작품은 후에 『*El helecho*』라는 제목으로 카스티야어로 번역된다. 그 외 또 다른 중요한 작품으로는 바다의 생활을 그린 『*Kresala*』(1906)라는 작품이 있다.

Aguirre, Francisca* (프란시스카 아기레) 시문학 세계에 뒤늦은 출현으로 잘 알려진 스페인 여성 시인. 어린 시절 겪었던 문제로 인해 학업을 중단하고 비서로 일해야 했던 그녀는 1963년 펠릭스 그란데(Félix Grande)를 만나 결혼하고 시를 향한 자신의 재능을 다시 펼친다. 한 출판사에서 글 교정을 맡아 일했다. 그녀를 추앙하는 사람들 중 일부는 "50년대 세대"에 그녀를 위치시키려 시도하였지만 다른 이들에 대등할 만큼 중요한 인물은 되지 못하였기에 해당 인물로는 여겨지지 못했다. 작품들은 스페인 내전 그리고 그 이후 시절과 관계된 슬픔과 그리움 그리고 사실적인 하나의 시를 퇴고한다는 특성을 띤다. 작품들을 통해 여러 상을 수상했다. 『*Ítaca*』(1971)로는 Leopoldo Panero상을, 『*Ensayo general*』(1996)로는 Esquío상을 수상했으며 『*Que planche Rosa Luxemburgo*』(1994)는 Galiana상 수상작이다.

Aguirre, José María (호세 마리아 아기레) (1896~1933) 'Lizardi'란 이름으로 잘 알려졌다. 요절했음에도 불구하고 가장 뛰어난 바스크(Vasco) 시인들 중 한 명으로 꼽힌다. 우수와 자연에 대한 감정이 작품 『*Biotz Begietan*』(En el corazón y en los ojos)의 특징이다.

Agustí Peypoch, Ignacio (이그나시오 아구스티 페이포츠) (1914~1974) 바르셀로나(Barcelona)의 이사 데 발(Llissà de Vall) 태생으로 스페인 소설가, 기자이다. 신문기사와 시작품을 발표하기 전에 법학을 공부하였다. 내전이 있었을 때 카티스아어(Castilla)로 작품활동을 시작하였다. 대표작으로 『*Mariona Rebull*』(1941), 『*El viudo Rius*』(1945), 『*Desiderio*』(1957), 『*Diecinueve de julio*』(1966) 등이 있다.

Agustín Goytisol, José (호세 아구스틴 고이티솔로)　1928년 바르셀로나에서 출생한 스페인 작가(1928～1999)이다. 후안 고이티솔로(Juan Goytisolo)와 루이스 고이티솔로(Luis Goytisolo)의 형제로, 앙헬 곤잘레스(Ángel González), 호세 마누엘 카바예로 보날드(José Manuel Caballero Bonald), 호세 앙헬 발렌테(José Ángel Valente), 하이메 힐 데 비에드마(Jaime Gil de Biedma) 등과 함께 50세대에 속한 인물이다. 스페인어와 서정시의 발달에 큰 관심을 두었다. 그의 대표적인 작품으로는 『*El retorno*』(1955)와 『*Final de un adiós*』(1984) 등이 있으며 50년대 프랑코의 독재에 제한되지 않고 문학의 새로운 인문학적 지평을 열었다고 평가받는다. ➡ Generación del 50(50세대)

Agustín, Teresa (테레사 아구스틴)　(1962～) 테루엘(Teruel) 태생. 스페인 작가이다. 매우 이른 나이에 문학활동을 시작하였다. 문학을 공부하고 스페인의 편집시장에서 다양한 역할을 하였다. 비범하고 강한 작품 스타일로 20세기 스페인의 후기 시작품들 사이에서 문학비평가와 독자들의 극찬을 받았다. 대표작으로 『*Cartas para una mujer*』(1993), 『*La tela que tiembla*』 등이 있다.

Al margen de los clásicos (고전 작가론)　1894년에 발표된 스페인 98세대 작가 아소린의 작품이다. 여기에서 아소린은 고전작품을 매우 세밀하게 해석하며, 시적 암시성을 풍부하게 나타내었다. ➡ Generación del 98(98세대)

Álamo, Antonio (안토니오 알라모)　코르도바(Córdoba) 출신의 소설가, 극작가(1964～)이다. 다양한 작품을 썼고, 또한 많은 문학상을 수상하였다. 『*Los borrachos*』(1993)라는 작품으로 티르소 데 몰리나 연극상(Premio Tirso de Molina de Teatro)을, 『*El incendio del paraíso*』라는 작품으로 하엔상(Premio Jaén)을 수상하였다.

Álamos de Barrientos, Baltasar (발타사르 알라모스 데 바리엔토스)　메디나 델 캄포(Medina del Campo) 출생의 법률가, 역사가, 문헌학자(1556～1644)이다. 안토니오 페레스(Antonio Pérez)와의 친분 때문에 13년간 감옥생활을 하게 되었다. 석방된 후에는 레르마(Lerma) 공작과 올리바레스 대공(conde－duque de Olivares)에게서 중요한 직책을 부여 받았고, 아라곤의 서기장(protonotario)직을 수행하기도 했다. 주목할 만한 저서로는 『*Advertimientos al gobierno*』, 『*El conquistador y Puntos políticos*』 등이 있다.

Alarcón y Ariza, Pedro Antonio de* (페드로 안토니오 데 알라르콘 이 아리사) 법학을 시작했으나 마치지 못한 극작가. <El Eco de Occidente> 잡지사에서 자신의 첫 이야기들을 올리며 그의 첫 행보를 시작하여 한다. 마드리드(Madrid)에서 독립을 시도하였으나 실패하고 그라나다(Granada)의 부모님 집으로 돌아가기로 결심한다. 1855년 풍자 신문인 <El Látig>를 이끌며 에리베르토 가르시아 데 케베도(Heriberto García de Quevedo)와의 언쟁을 불러일으킨 일련의 글들을 내 놓는다. 이 사건 이후, 문학에 다시 전심하겠다고 맘을 다진다. 군인이었던 시절과 스페인으로 돌아온 후 정치에 참여했던 시절이 지나고 국가보좌관(Consejero de Estado)으로 임명되었다. 하지만, 이미 자신의 진정한 열정이었던 소설 쓰기에 헌신하기로 마음먹었다. 보수적이었으며 깊은 신앙심의 보유자였다. 낭만주의의 작가이지만 어느 정도는 사실주의의 흔적을 가지기도 한다. 경우에 따라서는 그의 양식이 수사학적일 수도 있다. 대표작으로는 『*El final de Norma*』

(1855), 『*El sombrero de tres picos*』(1874)가 있으며 주요작으로는 『*El escándalo*』(1875)를 들 수 있다. 1887년부터 스페인 한림원(Real Academia Española)에 소속되었지만 일 년 후 반신마비를 겪고 활발한 활동은 하지 못했다.

Alarcón y Meléndez, Julio (훌리오 알라르콘 이 멜렌데스) 1842년 코르도바(Córboda)에서 출생한 스페인 사제이자 음악가, 시인, 작가이며, 예수회의 회원 중 하나이다. 박식하고 재능 있는 자신의 문학적 기질을 통해 시뿐만 호교적인 사설, 비평, 사회, 종교적 영역까지 다양한 문학활동을 하였다. SAJ라는 가명을 가지고 많은 작품을 집필하였으며, 대표적인 작품으로는 어렸을 적 지은 시를 모아 출판한 『*Sentimientos*』(1865), 희곡 『*El Azar*』(1887), 현대문명의 폐해를 꼬집은 『*La Europa salvaje: exploraciones al interior de la misma*』(1894)가 있다.

Alarcos Llorach, Emilio* (에밀리오 알라르코스 요라츠) 언어학자이자 정교수이며 스페인 한림원(Real Academia Española)의 회원임과 더불어 다마소 알론소(Dámaso Alonso)의 제자. 바야돌리드(Valladolid), 살라망카(Salamanca) 그리고 레온(León)의 명문대학들에서 명예박사를 받았고, 1995년 Premio Nacional de Investigación Menéndez Pidal 상을 수상했다. 스위스 베르나와 바실레아 대학들에서 첫 직장을 얻었고, 이곳에서 구조주의(estructuralista)의 흐름에 들어가게 되었으며 프라가 언어학회(Círculo Lingüístico de Praga)와 같은 여러 유럽 학교들을 통해 스페인에 이를 소개하는데 참여하였다. 여러 다른 이들의 영향도 있었지만, 소쉬르(Saussure)나 야콥슨(Jakobson)에게 영향을 받고 스페인어의 언어학과 문학적 비평에 관해 새로운 연구를 가져왔다. 미국의 위스콘신(Wisconsin)과 텍사스(Texas) 대학에서도 강의했다. 그가 기여한 것들 중 대표할 만한 것들로서는 한편으로는 『*La poesía en Blas de Otero*』(1955), 『*Ensayos y estudios literarios*』(1976)와 같은 스페인 문학과 시에 대한 연구서, 그리고 다른 한편으로는 『*Fonología española*』(1950), 『*Gramática estructural*』(1951), 『*Estudios de gramática funcional del español*』(1970)과 같이 문법과 음운학과 관련된 작품들을 들 수 있으며, 『*Gramática de la lengua española*』(1994)에서는 스페인 한림원(Real Academia Española)에서 편찬한 스페인어의 새 문법 초안(Esbozo de una nueva Gramática de la Lengua Española)을 재검토하고 확장한다.

Alas, Leopoldo (레오폴도 알라스) (1962~) 라 리오하(La Rioja)의 아르네도(Arnedo) 태생. 스페인 시인, 소설가이면서 수필가이다. 문학가의 가정에서 태어났다. 젊은 시절부터 인문학에 흥미를 보여 마드리드 콤플루텐세 대학교(La Universidad Complutense de Madrid)에서 철학을 공부하였다. 대표작으로 『*Los palcos*』(1988), 『*La condición y el tiempo*』(1992), 『*La posesión del miedo*』(1996) 등이 있다.

Albaicín, Joaquín* (호아킨 알바이신) 작가, 강연가, 수필가. 또한 <El ABC>, <El País o El Mundo>와 같은 국내 중요 신문사와 <Vogue>, <Amanecer o La Clave>와 같은 주목 받는 잡지사에서 플라멩코와 투우에 대한 비평가로 일했던 신문기자이다. 자신의 글을 통해 플라멩코의 부활에 근본적 역할을 수행했다. 열정과 아이러니로 가득한 확고하고 강한 성격, 또한 동시에 반론의 여지를 두지 않는 것이 그의 문체이다. 아버지는 투우사였고 어머니는 플라멩코 무용가였다. 『*La serpiente terrenal*』(1993), 『*Gitanos en el ruedo: el Indostán en el toreo*』(1993), 『*Diario de un paulista*』(1995), 『*En pos del Sol: los gitanos en la historia, el mito y la leyenda*』(1997), 『*El Príncipe que ha de venir*』(1999), 『*La*

Estrella de Plata cuentos』(2000)와 같은 수많은 작품들을 출판하였다.

Alberti, Rafael* (라파엘 알베르티) 스페인 카디스에서 1902년에 태어난 시인이자 극작가로 "27의 세대"에 포함된다. 스페인 문학의 은세기에 가장 중요한 인물들 중 일인으로 간주된다. 회화(繪怜)를 공부하고 수차례 전시회를 열기도 하지만 진정한 천직은 시였다. 첫 작품인 『*Marinero en tierra*』의 출판 이후, 작품은 훌륭한 평을 얻었고, 1925년 Premio Nacional de Poesía상을 수상한다. 그 기간 "27의 세대"의 다른 사람들과 접촉하게 되고 직업적인 면에서는 물론 사적인 면에서도 절정기를 맛본다. 마리아 테레사 레온(María Teresa León)과 결혼하고 두 개의 잡지사인 <Octubre>(1933), <El Mono Azul>을 세운다. 또한 「*El hombre deshabitado*」를 개봉하며 극장에서의 행보를 시작한다. 이후 유럽과 소비에트 연방을 두루 여행하기로 맘을 먹고 공산당에 가입하기에 이르기도 한다. 이 일은 그의 시작품과 극작품에 영향을 미쳤을 것이고 스페인 내전 중 그의 정치적 생활에도 당연히 영향을 미쳤을 것이다. 하지만 내전이 끝나고, 프랑스와 아르헨티나 그리고 이탈리아로 망명생활을 이어가야만 했다. 수십 년의 망명생활 후 1977년 스페인으로 돌아오기로 하자 그를 따르던 사람들 사이에 큰 기대감을 조성한다. 카디스(Cádiz) 지방의원으로 임명된 후 의원직을 버리고 시에 헌신하기 위해 자신의 조상들이 있는 곳으로 돌아가기로 결심한다. 6년이 지나고 Premio Cervantes상을 수상한다. 알베르티의 작품은 여러 다른 성장기(etapa)에 속한다는 것이 특징이다. 『*La Amante*』(1926)와 『*El Alba del alhelí*』(1927)은 인민주의 시기, 1929년에 발표한 『*Cal y canto y Sobre los ángeles*』는 근대주의 시기, 그리고 『*Sermones y moradas*』(1930)는 초현실주의 시기. 마지막으로 망명생활은 정치적 주제도 자신의 작품인 『*Retornos de lo vivo lejano*』(1952)에 나타나게 만든다. 시에서는 전통과 전위(前衛), 정치적 순수성과 정치적 타협처럼 서로 다른 요소들의 균형을 볼 수 있다.

Albi Fita, José (호세 알비 피타) (1922~2001) 발렌시아(Valencia) 태생. 스페인 시인, 소설가이면서 문학비평가로 활동했다. 이른 나이에 인문학 공부를 시작하였고 문학활동에 참여했다. 문화 부흥과 문학예술 출판을 촉진하는 역할도 도맡아 했다. 발렌시아의 20세기 대표 문학 작가로 꼽힌다. 대표작으로 『*Orillas del Júcar*』(1942), 『*Elegía al hombre europeo*』(1948), 『*Vida de un hombre*』(1958) 등이 있다.

Albornoz, Aurora de (아우로라 데 알보르노스) (1926~1990) 아스투리아스(Asturias)의 루아르카(Luarca) 태생. 스페인 문학비평가이자 시인이다. 대표작으로 『*Brazo de niebla*』(1955, 1957), 『*Poemas para alcanzar un segundo*』(1961, 1984), 『*En busca de esos niños en hilera*』 등이 있고, 후안 라몬 히메네스(Juan Ramón Jiménez)의 작품에 대한 비평문이 유명하다.

Alcaide, Juan (후안 알카이데) (1907~1951) 시우다드 레알(Ciudad Real)의 발데페냐스(Valdepeñas) 태생. 스페인 시인이자 교육자로 활동했다. 시작품은 전통 문화와 미겔 에르난데스(Miguel Hernández) 고전 시의 영향을 받았다. 대표작으로 『*Colmena y Pozo*』(1930), 『*La noria del agua muerta*』(1936), 『*Mimbres de pena*』(1938) 등이 있다.

Alcántara, Francisco (프란시스코 알칸타라) (1922~1999) 로그로뇨(Logroño)의 아로(Haro) 태생. 스페인 소설가이다. 1954년에 나달 문학상(Premio Nadal)을 받았으며, 대표작으로 『*La muerte le sienta bien a Villalobos*』(1955), 『*Historia de Esmeralda*』(1961) 등이 있다.

Alcántara, Manuel (마누엘 알칸타라) (1928~) 말라가(Málaga) 태생. 스페인 시인이면서 기자이다. 그가 쓴 신문기사로 루카 데 테나상(Premio Luca de Tena), 마리아노 데 카비아상(Premio Mariano de Cavia), 곤잘레스 루아노상(Premio González-Ruano)을 받았다. 소설작품 『*Ciudad de entonces*』로 국내 문학상(Premio Nacional de Literatura) 또한 받은 바 있다. 대표작으로 『*El embarcadero*』(1958), 『*Este verano en Málaga*』(1985) 등이 있다.

Alcázar, Baltasar de (발타사르 데 알카사르) (1530~1606) 세비야 출신의 시인이다. 산타 크루스 후작 아래서 군인으로 복무하며 여러 행정적 업무를 보았다. 시는 주로 삶과 사랑에 관련된 주제를 다루고 있으며 작품 속에서 날카로운 유머감각이 돋보이는 것이 특징이다. 『*Tres Cosas*』, 『*Cena jocosa*』 등의 작품을 남겼다.

Alcocer, Pedro de (페드로 데 알코세르) 16세기 톨레도(Toledo) 출생의 작가, 역사가이다. 톨레도에 대한 방대한 양의 전설, 역사적 사실을 기술한 『*Historia de la Imperial ciudad de Toledo*』라는 책의 작가이다. 또한 가톨릭 국왕비, 도냐 이사벨(Isabel I, la Católica, 1451~1504)의 죽음 이후 톨레도에서 발생하는 사건들을 기술한 『*Relación*』이라는 작품도 유명하다.

Alcover i Maspons, Joan (호안 알코베르 이 바스폰스) (1854~1926) 팔마 데 마요르카(Palma de Mallorca) 태생. 법학을 전공하고 스페인 작가이면서 시의원으로 있었다. 대표작으로 『*Poesías*』(1887), 『*Nuevas poesías*』(1892), 『*Poemas y armonías*』(1894) 등이 있다. 그의 네 명의 아들의 죽음에 대한 우울한 감정을 섬세하게 표현한 시인으로 잘 알려져 있다.

Aldana, Cosme de (코스메 데 알다나) (1537~1578) 발렌시아(Valencia) 태생. 스페인 작가이다. 시인인 프란시스코 데 알다나(Francisco de Aldana)와 형제이다. 사망한 후 1589~1591년간 작품이 출간되었다. 대표작으로 『*Discorso contra il vogo, in cui con buone raggioni si riprovano molte sue false opinioni*』, 『*Asneyda*』, 『*Lamentación de la muerte de su hermano el capitán Francisco de Aldana*』(1587) 등이 있다.

Aldana, Francisco de (프란시스코 데 알다나) 1537년 혹은 1540년 이탈리아의 나폴리에서 태어났지만 스페인의 정식 군인이 되었고 19세기 르네상스 후반에 스페인에서 활동한 대표적인 시인이다. 케베도(Quevedo)의 신봉자이며 주로 14행의 소네트 형식을 사용했다. 대표적인 소네트로는 『*Al cielo*』, 『*Reconocimiento de la vanidad del mundo*』가 있다.

Aldecoa, Ignacio* (이그나시오 알데코아) 1925년 비토리아에서 태어난 스페인 신사실주의 소설가들 중 가장 중요한 일원이다. 작가 문체의 사실성, 명확성 그리고 정확성으로 볼 때 이 장르 안에서는 소설-리포트의 한 예로 여겨지는 것이 이 작가를 특징짓는 중요면들 중 하나이다. 작품은 일상적 삶의 현실로 묘사되는 우울하고 그늘진 인물들을 자주 반영한다. 소설들은 내전 후 시대를 배경으로 하지만 정치적 뉘앙스는 전혀 가지지 않는다. 이로 인해 그 어떤 이데올로기에도 근접하지 않는 특징을 부여 받는다. 이 사실은 강렬하게 또 정확하게 글 쓰는 것을 방해하지 않는다. 또한 20세기 가장 중요한 작가들 중 한 명으로 인정받기도 한다. 초기 시절에는 『*Todavía la vida*』(1947) 그리고 『*Libro de las algas*』(1949)와 같은 여러 시집을 발표하였다. 시간이 지나고 3부작 형태의 소설 쓰기에 집중하였고, 이 소설들로 스페인 비평 부문 국민 문학상(Premio Nacional de la Crítica)을 수상한다: 집시들과 관련된 주제로 한 3부작 『*La trilogía La España inmóvil*』

으로 두 차례에 걸쳐, 『*Con el viento solano*』(1956)과 『*Gran Sol*』(1957). 그의 3부작들 외에도, 이야기책들도 함께 출판했으며, 이 분야에서 전문가로 인정받았다. 주요작품으로는 『*Vísperas del silencio*』(1955), 『*Cuaderno de Godo*』(1961), 『*Pájaros y espantapájaros*』(1963)를 들 수 있다. 사생활로는 호세피나 R. 알데코아(Josefina R. Aldecoa)와 결혼했었다는 것을 알 수 있다. 호세피나는 소설가로 자신의 작품에 서명을 남기기 위해 남편의 성을 사용하였으며 남편과의 사별 후 『*Cuentos Completos*』를 제목으로 하는 이야기 작품을 출판하였다.

Aldecoa, Josefina (호세피나 알데코아) (1926~2011) 레온(León)의 라 로블라(La Robla) 태생. 스페인 작가이다. 작가 이그나시오 알데코아(Ignacio Aldecoa)와 결혼해 남편 성을 따르게 되어 그 후 『*FML*』 작품에는 호세피나 알데코아(Josefina Aldecoa)라 서명한다. 전의 이름은 호세피나 로드리게스(Josefina Rodríguez)였다. 대표작으로 『*La enredadera*』(1984), 『*Porque éramos jóvenes*』(1986), 『*El vergel*』(1988) 등이 있다.

Alderete, Bernardo José de (베르나르도 호세 데 알데레테) 말라가(Málaga)에서 태어난 스페인 작가이자 역사가, 문법학자이다(1560~1641). 섬세한 문체를 가지고 있었으며 다양한 언어학 활동을 하였다. 대표 저서로는 『*Del origen y principio de la lengua castellana romance que hoy se usa en España*』(1606)와 『*Varias antigüedades de España, África y otras provincias*』(1614)가 있다.

Aleixandre y Merlo, Vicente* (비센테 알레이산드레 이 메를로) 1898년 세비야에서 태어나 1984년 마드리드에서 운명(殞命). 20세기 스페인 대 시인들 중 한 명으로 손꼽힌다. "27 세대"에 소속되며 그들을 대표하는 최고의 인물들 중 하나였다. 여러 상을 수상했으며 1977년 노벨문학상, 1934년 스페인 국민문학상(Premio Nacional de Literatura)이 대표적이다. 또 다른 업적으로는 스페인 한림원(Real Academia Española) 소속임을 들 수 있다. 1909년 마드리드로 이사, 중등교육을 마치고 법대와 상대(商大)를 다녔다. 상법을 전공하였고 이 과목으로 마드리드 상업 학교(Escuela de Comercio de Madrid)에서 2년간 교수로서 활동하였다. 하지만 1917년 그의 인생은 극단적인 변화를 겪으며 다마소 알론소(Dámaso Alonso)와 문학에 관심을 둔 당시의 여러 젊은이들을 알게 된다. 그때부터 베케르(Bécquer)나 루벤 다리오(Rubén Darío)와 같은 대 시인들에 관심을 두기 시작했으며 이는 시를 쓰기 시작해야 하는 필요성을 그에게 불어 넣었다. 당시 20년대에 앓았던 병으로 인해 건강이 좋지 않았지만, 그것이 여러 시작품을 쓰는 것을 저지하지는 못했다. 이때 쓴 작품들은 명성 높은 잡지 <Revista de Occidente>에서 읽을 수 있을 정도였다. 이때부터 "27 세대"에 속한 다른 여러 시인들을 알게 되었고, 그들 중에 페데리코 가르시아 로르카(Federico García Lorca)가 대표적이다. 전쟁 중에는 스페인에 머물렀으며 신세대 시인들의 대표적 보호자였다. 국제적인 인정으로 깊은 자취를 남기며 1984년에 타계하였다.

Alejandre, Jaime* (하이메 알레한드레) 시인이자 이야기꾼이며 문학비평가이자 칼럼니스트이다. 분노 넘치고 또한 강박적인 시문들이 특징적인 서정적인 면을 가지는 작가로 간주된다. 반시(反詩)적으로 보일 수 있는 파계적 언어에 자주 의존한다. 이것으로 세상과 개인적 내력에 대항하여 싸우려 시도한다. 시작품의 특징은 부드럽기도 하지만 동시에 반어적(反語的)이며 회의적이기도 한 신랄함을 보유한다는 것이다. 『*Espectador de mí*』(1986)로 Premio Jorge Manrique상, 『*El alfabeto temático*』로 국민 소설 부문 문학상

(Premio Sial de Narrativa)과 같은 여러 수상 경력이 있다. 『*Autorretrato póstumo*』(2001)로 Sial de Poesía대회에서 선외가작을 수상하기도 하였다.

Alejandrino (알레한드리노) 14음절 시행. 두 개의 7음절 반행으로 구성되어 있으며 두 반행 사이에는 하나의 휴지(cesura)가 오고 6번째, 13번째 음절에 강세가 온다. 알레한드리노라는 명칭은 14음절 시행을 사용해 쓰인 『*Roman d'Alexandre*』에서 유래했다.

Alejo, Justo (후스토 알레호) 사모라(Zamora) 출생의 시인(1935～1979)이다. 미혼모의 자식으로서 불우하고 가난한 어린 시절을 보냈다. 생계를 위해 30년간 군복무를 하였고 후에 철학, 교육학, 심리학, 사회학 등을 관심을 가지고 공부하려 시도했다. 주요작품으로는 『*flores de arrabal*』(1957), 『*El aroma del viento*』(1980) 등이 있다.

Alemán Sáinz, Francisco (프란시스코 알레만 사인스) (1919～1981) 무르시아(Murcia) 출신의 작가이다. 『*El sereno loco*』로 가브리엘 미로상(Premio Gabriel Miro)을 받았다. 주로 단편소설을 즐겨 썼다. 그 외에 다양한 에세이와 전기들을 편집하기도 했다.

Alfaro Gutiérrez, Carlos (카를로스 알파로 구티에레스) (1947～) 마드리드(Madrid) 태생. 스페인 시인, 소설가, 기술자, 영화감독으로 활동했다. 젊은 시절에 받았던 학구적인 명성으로 기술자라는 타이틀을 얻을 수 있었다. 문학에 대한 재능과 흥미로 기술자와 문학가로서 활동을 동시에 했다. 대표작으로 『*Crónica sobre César*』(1980), 『*Lecciones de cosas*』(1983), 『*Cajón de sastre*』 등이 있다.

Alfaro y Polanco, José María (호세 마리아 알파로 이 폴랑코) 부르고스 태생의 시인, 작가(1906～1994)이다. 스페인 내전에 참여한 팔랑헤주의자이기도 하다. 대표작이라 할 수 있는 『*Leoncio Pancobro*』는 내전소설로서 당시 유행하는 문체에 입각해 서정적이고 격정적인 필치로 한 여성 팔랑헤주의자의 자서전적인 이야기를 묘사했다. 대표적인 시작품으로는 『*Versos de un invierno*』(1941), 『*El abismo*』(1978)가 있다.

Alfau, Felipe (펠리페 알파우) 1902년 바르셀로나에서 출생(1999년 사망)했지만 14살 때 미국으로 이민을 떠나 문학활동을 펼쳤기 때문에 작품 대부분은 영어이다. 미국에서 음악을 전공하였으며 미국 내 스페인어 신문인 <La Prensa>에서 음악 비평 사설을 쓰고, 번역가로도 활동하였다. 영어로 된 대표작품으로는 『*Locos: Una comedia de gestos("Locos: A Comedy of Gestures", 1936)*』와 『*Cromos ("Chromos")*』가 있다.

Alfonso de Baena, Juan (후안 알폰소 데 바에나) 스페인 바에나(Baena) 출신의 작가로 후안 2세 아래에서 일했고 유대인이었으나 가톨릭으로 개종했다. 1426년부터 4년간 스페인 시와 비평가들의 주석, 작가들의 서문을 모으는 작업을 통해 『*Cancionero de Baena*』를 출간했다.

Alfonso Millán, Juan José (후안 호세 알폰소 미얀) (1936～) 스페인 극작가이자 수필가이며 마드리드 출신이다. 재치, 해학, 에로티즘, 그리고 때때로 탐정소설적 요소 등을 혼합하였다. 대표적 작품으로는 『*El cianuro…, ¿solo o con leche?*』(1963), 『*La vil seducción*』(1968) 등이 있다.

Alfonso, Pedro (페드로 알론소) (1062?～1140?) 스페인 작가, 신학자, 천문학자이다. 유대인으로 태어났으나 가톨릭으로 개종하였다. 안달루시아 지방에서 유대인으로 태어나 가톨릭으로 개종했기 때문에 각 종교에 대한 깊이 있는 지식을 갖추었고, 이는 그의 신학 논증법에 큰 도움이 되었다. 아랍어, 산스크리트어, 페르시아어로 쓰인 33개의 이야기를 모은 『*Disciplina clericalis*』를 통해 이름을 알렸다.

Algunas obras (알구나스 오브라스) 1582년에 출판된 페르난도 데 에레라(Ferrando de Herrera)의 시집이다. 78편의 소네트, 7편의 애가, 5편의 송가와 1편의 목가로 구성되어 있다. 이 작품에는 페르난도 데 에레라의 시뿐만 아니라 그의 친구들의 작품 몇 편도 함께 실려 있다.

Aliteración (두운법) 같은 음소를 반복하거나, 의도적으로 반복하는 기법이다. 이러한 기법으로 불쾌한 음절을 만들어내면, 언어의 부조화음(cacofonía)이라 하고, 반대인 경우 활음조(eufonía)라 한다. 스페인의 대표작가 바예 잉클란(Valle－Inclán)은 이를 "나의 신(新)뮤즈는 다리를 치켜 올리며, 물결처럼 움직인다. 구부러지며 타락한다(Mi musa moderna, enarca la pierna, se cimbra, se ondula, se comba, se achula)"고 표현하였다.

Aller, César (세사르 아예르) (1927～) 레온(León) 태생 작가이다. 작품에는 현실에 대한 종교적인 시각이 만연하다. 시인이자 소설가이며 아동문학도 집필한다. 『*A cinco amigos*』(1967), 『*En tus manos*』(1988) 등을 썼다.

Alma (영혼) 1900년에 발표된 스페인 작가 마누엘 마차도 루이스의 작품이다. 이 시집에서는 많은 주제들과 시적인 문체를 담고 있다. 내용 및 형식적으로 대조되는 시들을 포함한다. 또한 이 작품에서는 작가의 내적 세계에 대한 감정이 표출된다.

Almirall, Valentín (발렌틴 알미랄) 1841년 바르셀로나 출생의 스페인 정치가이자 기자, 변호사, 작가이다. 연방공화제적 성격을 지닌 카탈루냐(Catalunya)의 대표적 정치가 중 하나이지만 활발한 집필활동도 하였다. 최초의 카탈루냐어 신문인 <Diari Català>의 설립자이며 약 800여 개의 사설을 썼다.

Almuerzo sobre la hierba (풀밭 위의 점심 식사) 파블로 피카소의 1960년 캔버스에 유채로 그린 130×195cm 크기의 작품이다. 이 작품은 인상주의 화가 에두아르 마네의 「*Le Déjeuner sur l'Herbe*」에서 모티브를 얻는 작품으로 벌거벗은 여인과 정장 차림의 두 남성이 전면에, 그리고 목욕을 하는 듯한 포즈의 여인이 숲 속을 배경으로 등장한다. 피카소의 동명의 작품 「*Le Déjeuner sur l'Herbe*」에서는 나체의 여인 바로 뒤에 붙어 앉은 1명의 남성이 제외되었고, 숲 속이라는 장소성을 더욱 강조한 듯 채색되어 있다. 극도의 입체주의 시각에서 작품을 해석하였으며 현재 파리의 피카소 박물관에 소장되어 있다.

Almuzara, Javier (하비에르 알무사라) (1969～) 오비에도(Oviedo) 태생의 작가이다. 정확한 수식어 사용과 간결한 시구가 특징이며, 강한 인상을 준다. 고전적인 주제들을 재해석하는 능력이 뛰어나다. 『*El sueño de una sombra*』(1990)가 대표작이다.

Alomar, Gabriel (가브리엘 알로마르) (1873～1941) 루벤 다리오의 영향을 가장 많이 받은 작가이며 현대시 경향을 띠고 있는 마요르카 시인이다. 대표작으로 『*Florida*』가 있다.

Alonso Cortés, Narciso (나르시소 알론소 코르테스) (1875～1972) 스페인 시인, 문학사 연구원이다. 문학 교수로 있었으며, 왕립 스페인어 학회(La Real Academia Española de la Lengua)의 일원으로 활동했다. 스페인 잡지 <Revista Castellana>의 창설자이기도 하다. 대표작으로 『*Fútiles*』(1897), 『*Rengloncitos*』(1899), 『*La mies de hogaño*』(1911) 등이 있다.

Alonso de Córdoba, Martín (알론소 데 코르도바, 마르틴) 성 아우구스티누스회 수사이자 스페인 전(前)르네상스 시기의 작가로 활동했다. 교단 수도원의 부원장을 지내다 툴루즈에서 1431년부터 신학을 강의했다. 『*Compendio de la Fortuna*』, 『*El Jardín de nobles doncellas*』 등의 저서를 남겼다. 『*El Jardín de nobles doncellas*』는 이사벨 여왕의 공주 시절에 르네상스 인문주의자의 관점으로 그녀의 왕위 계승권을 옹호하는 내용을 담고 있다.

Alonso de Ojeda, Antonio (안토니오 알론소 데 오헤다) 스페인 라스 팔마스 데 그란 카나리아(Las Palmas de Gran Canaria) 출신의 문학가이다. 신문기자이자 영화, 텔레비전의 시나리오 작가이기도 하다. 순수 느와르 장르(Género Negro) 작가 중 하나이며, 『*Suerte de Matar*』(1998)가 대표작이다.

Alonso de Ojeda, José (호세 알론소 데 오헤다) 팔렌시아(Palencia)에서 1902년 태어난 스페인 역사가이자 문학가(1902~1970)이다. 젊은 시기부터 <Diario Palentino>에서 활동하였다. 고향인 팔렌시아의 발전을 위해 힘썼으며 대표작으로 『*Palencia en el siglo XIX*』, 『*Palencia por la reina Isabel*』 등이 있다.

Alonso de Santos, José Luis (호세 루이스 알론소 데 산토스) (1942~) 바야돌리드(Valladolid) 태생. 스페인 극작가이자 연극 감독이다. 연극예술학교(Real Escuela Superior de Arte Dramático)에서 교사로 있었다. 극작가로 다양한 상을 받은 바 있다. 대표작으로 『*Viva el Duque nuestro dueño*』(1975), 『*El combate de Don Carnal*』, 『*Doña Cuaresma*』 등이 있다.

Alonso Gamo, José María (호세 마리아 알론소 가르노) (1913~1993) 구아달라하라(Guadalajara)의 토리하(Torija) 태생. 스페인 시인, 수필가, 역사가, 철학자이다. 엘에스코리알(El Escorial)에서 법학을 공부했으며 이후 중앙대학교(La Universidad Central)에서 박사학위를 받았다. 『*Paisajes del Alma en Guerra*』(1945), 『*Paisajes del Alma en paz*』(1976), 『*Tus rosas frente al espejo*』(1952) 등이 대표작이다.

Alonso Luengo, Luis (루이스 알론소 루엔고) (1907~2003) 마드리드(Madrid) 태생. 스페인 작가이면서 학자이다. 아스토르가(Astorga)에서 교육자와 기자로 활동했으며, 마드리드 라디오 방송국의 편집장으로 문학비평가 그리고 연사로 활동하였다. 대표작으로 『*Estampas y madrigales*』(1929), 『*En el León fronterizo*』(1982), 『*La Invisible Prisión*』(1951) 등이 있다.

Alonso Millán, Juan José (후안 호세 알론소 밀란) (1936~) 마드리드(Madrid) 태생. 스페인 극작가이면서 소설가이자 수필가이다. 20세기 말 대성한 극작가 중 한 명이다. 작품은 인간적이고 풍자적 특징을 가진다. 대표작으로 『*El alma se serena*』(1969), 『*Amor dañino o la víctima de sus virtudes*』(1970), 『*¡Anda mi madre!*』(1990) 등이 있다.

Alonso Montejo, José Vicente (호세 비센테 알론소 몬테호) (1775~1841) 아빌라(Ávila) 태생. 스페인의 목가적 시와 감성적 연극의 신고전주의 예술가이다. 그라나다(Granada)로 거주지를 옮긴 후 대학교에서 공부를 했다. 1794년에 시민 법률에 대해 박사학위까지 받아 변호사로 활동했다. 주요작품으로 『*El exorcista*』(1820) 등이 있으며 <Alhambra>, <Manual Tecnológico> 신문사에서 일했다.

Alonso, Dámaso (다마소 알론소) 시인이자 언어학자이며 무게 있는 문학 평론가로 1898년 마드리드에서 태어나 1990년에 사망한다. 미국과 영국, 페루 등의 외국 여러 대학은 물론 스페인 국내 여러 대학에서 교수로 일했다. 메넨데스 피달(Menendez pidal)의 제자였으며 마드리드 대학의 로망스 언어학 정교수로 스승의 자리를 이어 일했다. 역사연구센터(Centro de Estudios Históricos)와 스페인 언어학 잡지(Revista de Filología Española)에서 활발히 참여하였으며 잡지에는 자신의 첫 연구를 실었다. 부르도, 함부르크, 매사추세츠 등의 명성 높은 여러 대학의 명예박사를 받는 영광을 누리기도 하였다.

1927년 스페인 국민 문학상(Premio Nacional de Literatura)을, 1978년에는 미겔 데 세르반테스상(Miguel de Cervantes)을 받기도 하였다. 작품세계를 보면, 다마소 알론소(Dámaso Alonso)의 시는 사실적인 것, 파헤쳐야만 하고 논리적으론 표현될 수 없는 숨겨진 진실을 넘어서는 표현으로 여겨진다. 초기작으로는 『*Poemas Puros y Poemillas de la ciudad*』(1921)가 있으며 그 안에서는 후안 라몬 히메네스(Juan Ramón Jiménez)의 영향과 낭만주의 현대주의의 영향이 반영되고 있음이 보인다. 하지만 작품 『*Hijos de la ira*』(1944)에서는 그의 실존주의적인 종교적 근심을 현실주의적 방법으로 표현하고 있음이 분명하다. 결론적으로는 그 세월 동안에 새로운 흐름을 표시하는 자유시가 반영되어 보인다. 연구에 관해서는 공고라(Góngora)에 대한 전문가로 손꼽히는데 이에 대한 여러 연구를 수행했기 때문이다.

Alonso, Eduardo (에두아르도 알론소) (1944~) 아스투리아스(Asturias) 태생. 스페인 소설가이다. 발렌시아 학교(Instituto de Valencia)에서 문학 교수로 있었다. 최근에 잘 알려진 소설가 중 한 명으로 꼽힌다. 1966년에 작품 『*Chuso Tornos*』로 아테네오 호베야노스상(El Premio Ateneo Jovellanos)을 받았다. 대표작으로 『*La enredadera*』(1980), 『*El mar inmóvil*』(1981) 등이 있다.

Alonso, mozo de muchos amos (알론소, 모소 데 무초스 아모스) 1624년과 1626년에 출판된 헤로니모 데 알칼라 야녜스 데 리베라(Jerónimo de Alcalá Yáñez de Ribera)의 피카레스크 소설로 많은 부분에서 『*El lazarillo de Tormes*』를 모방한 것이 보인다.

Alós Domingo, Concha (콘차 알로스 도밍고) (1926~2011) 발렌시아(Valencia) 태생. 스페인 소설가이다. 작가로서 재능은 늦게 알려져 첫 장편소설로 이름을 알리지는 못했다. 그 후 1962년이 되어서 이름이 알려졌는데 대표작으로 『*Los enanos*』(1962), 『*Los cien pájaros*』(1963), 『*La Madama*』(1969) 등이 있다.

Alpera Leiva, Lluís Enric (유이스 엔리크 알페라 레이바) (1938~) 발렌시아(Valencia) 태생. 스페인 시인이자 수필가, 철학자이다. 이른 나이부터 인문학 공부를 시작했으며 문학활동에 접어들었다. 많은 문학작품과 수필을 출간했으며, 그의 작품은 20세기 발렌시아의 뛰어난 문학작품으로 여겨진다. 대표작품으로는 『*La Ciudad irisada de las Buganvil－lies*』(1987), 『*L'esplendor de l'amfora*』(1987), 『*Els dons del pleniluni*』(1990) 등이 있다.

Alperi, Víctor (빅토르 알페리) (1930~) 미에레스(Mieres) 출신 작가이다. 혁신적인 기법과 형식을 사용하는 것이 특징이고 사실주의적이고 증언적 성격의 작품을 쓴다. 『*Como el viento*』(1952), 『*Anselmo el pescador*』(1965) 등의 소설이 있다.

Alta comedia* (고급희극) 스페인에서 19세기 후반 부르주아 계급을 향해 비뚤어지게 추정된 사실주의적인 방향을 지닌 극작품의 한 종류로, 1852년과 1870년 사이에 전성기를 맞는다. 마누엘 에두아르도 고로스티사(Manuel Eduardo Gorostiza)와 마누엘 베레톤 데 로스 에레로스(Manuel Bretón de los Herreros)의 신고전주의적인 희극과 함께 연결된 채, '고급희극'은 사회의 적들의 정체를 파헤치는 사명과 함께 제기되었다. 낭만주의의 엄청났던 열정들이 아니라 사회의 구조를 움직이는 어둡고 보이지 않는 열정들이었다. 가족, 종교, 정직 등과 같은 가치들의 상실과 사회 부패를 알리기 위한 의도를 가진 도덕적이고 사회적인 비평의 극이었다. '고급희극'의 작가들은 극적인 계획의 설립, 등장인물의 심리 상태, 단어와 행동의 진실을 강조한다. 작가들은 '고급희극'에서 문학과 삶 사이의 거리를 감추려하지만, 갈등들, 문제들, 등장인물들이 공허해지곤 한다. 극작가는

A

극적인 우화로 얻는 교훈에 지나치게 걱정하고, 특정한 이데올로기를 접목하려고 한다. '고급희극' 작가들은 풍자적인 그들의 의도와 심리학적인 것에 대한 배려와 현실주의적인 세목들에도 불구하고 멜로드라마풍의 결과를 낳는데, 왜냐하면 그들은 사실을 간단하게 쳐다볼 줄 몰랐기 때문이었다. 마누엘 타마요 이 바우스(Manuel Tamayo y Baus), 아델라르도 로페스 데 아얄라(Adelardo López de Ayala), 벤투라 데 라 베가(Ventura de la Vega) 등과 같은 사실주의 극작가들이 '고급희극'을 썼다. 극작가는 20세기 들어 이러한 미학이 활성화되었고, 그 결과 하신토 베나벤테(Jacinto Benavente)가 노벨 문학상을 받았다.

Altadillo, Antonio (안토니오 알타디요) 1828년 토르토사(Tortosa)에서 태어난 스페인 작가이다. 안토니오 데 파두아(Antonio de Padua)라는 가명을 사용하여, 마드리드의 <El Pueblo> 신문사를 창간하고, 바르셀로나에서 <La Discusión y El Estado Catalán>의 편집장을 연임하였다. 당대 사회와 풍습에 관한 여러 소설들을 발간하였는데, 그중에서 『*Barcelona y sus misterios*』(1860)는 사회지도층의 불합리성과 위선을 잘 나타낸 작품이라는 평가를 받는다. 희곡 『*Don Jaime el Conquistador*』(1861)로도 유명하다.

Altamira y Crevea, Rafael (라파엘 알타미라 이 크레베아) 1866년 알리칸테(Alicante)에서 출생한 스페인 인문학자이자 역사가, 문학비평가, 교육자, 법률가, 작가이다. 다작의 작가로 유명하며, 많은 제자들을 양성하였다. 교육 도서관 건립을 주장하며, 스페인의 초등교육의 형태를 형성하고 개정한 최초 인물이다. 또한 스페인 역사기술의 편찬을 시도한 최초 인물 중 하나로 스페인 역사 발전 연구에 큰 공헌을 하였다.

Altolaguirre, Manuel* (마누엘 알톨라기레) (1905~1959) 말라가(Málaga)에서 출생한 그는 27세대에 속한 문인들 중의 한 명이었다. 동향 시인인 에밀리오 프라도스(Emilio Prados)와 함께 말라가에서 문학잡지 <Litoral>을 발간하였다. 한때 법학을 공부했지만, 그의 주된 관심사는 문학이었다. 1933년 『*La lenta libertad*』로 스페인문학상을 수상하였다. 스페인 내전이 발발하자 조국을 떠나 쿠바에서 지내다가 멕시코로 이주해 정착한다. 그곳에서 영화 제작자가 되어 활동하기도 한다. 1959년 자신의 조국 스페인으로 귀환하지만 같은 해 비극적인 자동차 사고로 부인과 함께 별세하고 만다. 작품으로는 『*Las islas invitadas*』(1931), 『*Poesía*』(1930~1931), 『*Fin de un amor*』 등이 있다.

Alvarado y Téllez, Fray Francisco de (프라이 프란시스코 데 알바라도 이 테예스) 세비야(Sevilla) 출생의 철학자, 작가(1756~1814)이다. 산토 도밍고 교단을 믿는 매우 종교적인 사람이었다. 설교책 『*Sermón del glorioso mártir e Inquisidor San Pedro de Arbués, predicado en la aniversaria solemnidad que le consagra el Santo Tribunal de la Inquisición*』(1809)의 작가이며, 『*Tío Tremenda*』(1813)에서는 남의 의견을 따르지 않고 오직 예수만을 따를 것이라고 하였다. 다양한 이유로 논쟁의 중심에 섰던 작가였지만, 한편으로 가톨릭 옹호자들의 찬양을 받기도 하였다.

Álvarez de Cienfuegos, Alberto (알베르토 알바레스 데 시엔푸에고스) (1856~) 그라나다 태생의 스페인 작가이다. 여러 장르의 작품을 썼는데 서정시의 대표작으로 『*Lirismo andaluz*』, 『*Generalife*』, 『*Los dos alcázares*』가 있다. 극작품으로는 『*Esperándola del cielo*』(1920), 『*La venganza del mar*』, 『*La reina de barrio*』 등이 있다.

Álvarez de Cienfuegos, Nicasio (니카시오 알바레스 데 시엔푸에고스) (1764~1809) 마드리드 출신의 작가이자 언론인이다. 오냐테 대학교에서 법학을 전공하고 마드리드로 돌

아와 법조인으로 활동하며 시와 극작품을 출간했다. 독립전쟁 때 인질로 프랑스에 잡혀 그곳에서 결핵에 감염되어 사망했다. 그의 작품세계를 관통하는 것은 『*En alabanza a un carpintero llamado Alfonso*』에 두드러지게 나타난 노동자 계층에 대한 지지와 사회적 의식들이다.

Álvarez de Soria, Alonso (알론소 알바레스 데 소리아) (1573~1603) 세비야 출신의 시인이다. 높은 풍자성과 카보 로토(verso de cabo roto)를 보편화시킨 것으로 유명하다. 여성편력을 지녔고 방종한 삶을 살았던 것으로 알려져 있다. 돈 베르나르디노(Don Bernardino)를 모욕하는 풍자시를 쓴 것으로 인하여 돈 베르나르디오에게 교수형을 당했다.

Álvarez de Toledo y Pellicer, Gabriel (가브리엘 알바레스 데 톨레도 이 페이세르) (1662~1714) 세비야 출생의 작가이다. 선조들은 포르투갈인들로 알려져 있고, 도서관 사서로 한동안 근무했었다. 스페인 한림원의 설립 회원 가운데 한 명이다. 문학작품들은 시가 주류를 이루고 있으며, 도덕적이고 철학적인 경향이 특징이다. 『*Obras póstumas poéticas*』, 『*Historia de la Iglesia y del mundo, que contiene los sucesos desde la creación hasta el diluvio*』 등의 책을 출판했다.

Álvarez de Villasandino, Alfonso (알폰소 알바레스 데 비야산디노) 1345년경 부르고스(Burgos)에서 출생한 스페인 시인으로, 카스티야(Castilla)의 엔리케 2세(Enrique II)와 후안 1세(Juan I) 때의 궁정 시인이다. 주로 종교적이며 사랑에 관한 풍자성 짙은 작품을 창작하였다. 14세기까지 갈리시아어로 문학활동을 하다 후에 카스티야어(castellano)로도 활동하였다. 대표적인 작품으로는 『*Cancionero de Baena*』가 있다.

Álvarez Enparantza, José Luis (호세 루이스 알바레스 엠파란사) 산 세바스티안 출신의 작가이며 철학자(1929~2012)이다. 그러나 작품을 발표할 때는 본명 대신 'Txillardegi'라는 필명을 사용하였고 바스코어로 작품을 썼다. 유럽 소설의 실존주의적 기법으로 바스코의 사회현실을 그렸으며 『*Elsa scheelen*』이라는 작품이 유명하다.

Álvarez Gato, Juan (후안 알바레스 가토) (1433~1509) 마드리드(Madrid) 태생. 스페인 시인이다. 가톨릭 부부왕인 이사벨(Isabel) 여왕의 시종이었다. 작품은 그의 이름이 쓰인 작품집에 의해 많이 알려졌다. 애정시를 썼으며 진지하고 익살스러운 어조가 특징이다.

Álvarez Ortega, Manuel (마누엘 알바레스 오르테가) 코르도바(Córdoba) 출생의 시인, 수필가(1923~)이다. 1940년대부터 1900년대 말까지 다양한 시를 창작했다. 사회 현실에 대한 비판적 시각을 작품 속에서 드러냈다. 대표작으로는 『*La huella de las cosas*』(1948), 『*Oficio de los días*』(1969) 등이 있다.

Álvarez Quintero Serafín y Joaquín (알바레스 킨테로 형제) 세라핀(1871~1938)과 호아킨(1873~1944) 킨테로 형제들은 세비야에서 태어난 뒤 얼마 지나지 않아 마드리드로 이주하여 약 200여 편의 작품을 발표했는데, 대부분이 안달루시아를 배경으로 하고 있다. 그들의 작품은 잘 짜여 재미있지만 피상적이고 순수한 유희의 성격을 가진다.

Álvarez Sierra, José (호세 알바레스 시에라) 마드리드(Madrid)에서 태어난 스페인 작가이자 의사(1888~1980)이다. 마드리드의 지식인층에 속하면서 당대 많은 문학가들과 토론모임(Tertulia)를 통해 문학간담회를 가졌다. 1963년부터는 마드리드 연구기관(Instituto de Estudios Madrileños)의 회장직을 연임하였다. 자신의 전공인 의학과 연결 지어 많은 문학활동을 하였다. 대표작으로는 『*Los hospitales madrileños de ayer y hoy*』, 『*Las tertulias* *médicas madrileñas a comienzos de siglo*』, 『*Anatómicos madrileños famosos*』이 있다.

Álvarez, José María (호세 마리아 알바레스) 1942년 무르시아(Murcia) 지방의 카르타헤나(Cartagena)에서 태어난 스페인 시인이자 소설가이다. 개혁적인 문화운동가였으며, 대표작으로 『*Libro de las nuevas herramientas*』(1964), 『*87 poemas*』(1970), 『*Museo de cera*』(1974, 1978), 『*La edad de oro*』(1980) 등을 남겼다.

Álvaro de Córdoba, San (산 알바로 데 코르도바) 코르도바(Córdoba) 출생의 스페인 성인(?~861). 철학과 신학을 공부하였으며, 이슬람교와 코란을 공격한 것으로 유명하다. 모사라베(mozárabe) 주요한 시인 중 하나로 여겨지며 『*Vita Eulogii*』를 썼다.

Alviz Arroyo, Jesús (헤수스 알비스 아로요) 카세레스(Cáceres) 출생의 소설가, 극작가(1946~1998)이다. 반체제주의적이고 대담한 주제의 작품들을 써서 그 당시 작품활동의 제약을 받기도 했다. 처녀작은 소설 『*Luego, ahora háblame de China*』(1977)이고, 첫 번째 극작품 『*Un solo son en la danza*』(1982)는 엄청난 성공을 거둬 카세레스 지역 작가들에게 극 장르의 작품을 쓸 수 있도록 동기를 부여하기도 했다.

Amadís de Gaula* (아마디스 데 가울라) 중세 작품으로 스페인에서 쓰인 기사도 소설 중 가장 유명하다. 이 작품은 어떤 특정한 나라의 역사나 전설에 근거한 것이 아니라, 요정, 거인, 괴물이 출현하는 브레튼 지역의 가상적인 기사, 아마디스의 모험을 다룬다. 특히 주인공 아마디스는 세르반테스(Cervantes)의 소설 『*Don Quijote*』에서 돈키호테의 기사도적 모델이 된 것으로 유명하다. 아더 왕 시대의 신문학 장르의 실제적인 원문으로 유일한 스페인어의 근거로써 전해진다. 1508년 4권으로 사라고사(Zaragoza)에서 출간되어, 2년 뒤 5권까지 출판되었다. 이후 1508년에 가르시 오르도녜스 데 몬탈보(Garcí Ordóñez de Montalvo)에 의해 그 원본이 개작되어 출판된 이후 우후죽순처럼 많은 아류 작품들이 뒤를 이어 생겨났다.

Amado Carballo, Luis (루이스 아마도 카르바요) (1901~1927) 비교적 전통적인 운율을 사용하면서 새로운 은유법을 사용했다. 걸작인 『*Proel*』과 『*O galo*』의 심오함으로 작가로서의 위치를 가르시아 로르카와 대등하게 하였다. 카르바요의 작품은 어떤 면에서는 '이미지즘'이라 불리는 운동의 기원을 만들었다.

Amador de los Ríos, José (호세 아마도르 데 로스 리오스) 코르도바(Córdoba) 출생의 문학비평가이자 극작가, 시인(1818~1878)이다. 『*Historia crítica de la literatura española*』(1861~1865)라는 유명한 작품의 작가이며, 스페인 역사와 관련된 유태인들에 대한 끊임없는 연구를 하였다. 『*Estudios históricos, políticos y literarios sobre los judíos en España*』(1948)라는 작품에 유태인에 대한 연구가 집약되어 있다.

Amar y Borbón, Josefa (호세파 아마르 이 보르본) 사라고사(Zaragoza) 출생의 수필가, 번역가(1749~1833)이다. 그녀는 작품에서 여성의 역할을 중시하고 남녀평등을 강조한다. 『*Importancia de la instrucción que conviene dar a las mujeres*』(1784), 『*El discurso sobre la educación física y moral de las mujeres*』(1790) 등의 작품이 있다.

Amaro, José Luis (호세 루이스 아마로) 1954년 코르도바(Córboda)에서 출생한 스페인 시인이다. 시 문학 그룹인 수비아(Zubia)를 통해 문학활동을 시작하였고, 후에 다른 문학가들과 함께 시 잡지인 <Antorcha de Paja>(1973~1983)를 발행하였다. 그의 시가 포함된 대표적인 시문집으로는 『*Latidos de Nueva York*』(1997)과 『*Carretera*』(2003)가 있다.

Amat, Núria (누리아 아맛) 20세기 중반 바르셀로나(Barcelona) 출생의 소설가이자 수필가,

기자, 문학비평가이다. 어린 시절부터 인문학과 문학창작에 관심이 많았고, 스페인의 다양한 언론사에서 문화 분야와 관련된 일을 하고 있다. 『*Narciso y Armonía*』(1982), 『*Letra herida*』(1998) 등의 주요작품이 있다.

Amestoy Egiguren, Ignacio (이그나시오 아메스토이 에히구렌) 빌바오(Bilbao) 출생의 극작가이자 기자, 교수(1947~)이다. 그의 극작품은 매우 독창적인데, 역사적 주제, 특히 자신이 태어난 곳인 바스크 지방을 주제로 하여 다양한 작품을 썼다. 대표작으로는 『*Ederra*』(1983), 『*Elisa besa la rosa*』(1996) 등의 작품이 있다.

Amo, Javier del (하비에르 델 아모) 1944년 마드리드에서 출생한 스페인 작가이자 변호사이다. 오비에도 대학교(Universidad de Oviedo)에서 법 공부를 하였고, 대표적인 작품으로는 『*El sumidero*』(1965), 『*Las horas vacías*』(1968), 『*La espiral*』(1972) 등이 있다. 특히 인간의 정신적 세계 또는 과학적 창의성에 관한 작품 등 실험주의적 정신에 입각한 많은 작품들을 썼다.

Amor Cortés* (궁정식 사랑) 음유시인에 의해 구성된 여러 규칙들을 통해, 중세 시대(15세기) 유럽의 귀족 집안에서 사랑에 빠진 연인들 간에 어떻게 행동해야 하는지를 정의했던 행동의 명칭. 신사들의 규칙과 관계되어, "궁정식 사랑"은 서방 왕실의 흔한 심심풀이가 되어버렸다. 음유시에서 자주 사용된 이 주제는 중세 후기문화의 가장 중요한 문학적 그리고 음악적 표현들 중 하나가 시작하는 원인이 되었다. 예절은 왕실 사람의 특징들을 모아둔 것으로 낭만 문학에서 살펴볼 수 있는 도덕적인 면은 물론이고 사회적인 면에서의 특징을 말한다. 이 용어는 당시 봉건사회 신하신분에 반대되는 방법의 사랑을 나타낸다. 부인, 결혼한 상태여야만 했다. 반대의 역할을 맡는 주인으로 바뀌고 그러는 동안 남자는 그녀의 신하가 되는 것이다. 이 정중한 사랑에서, 사랑에 빠진 이는 자신에게 응당한 것을 얻을 때까지 자신의 부인에게 너그럽고 이해심 강한 사람이어야 했다. 반면 이 사랑에선 절대 답을 얻지 못하고 완성되지 못한다. 이런 이유로 절망적 사랑이라는 이름으로 불린다. 이 구상은 자신의 작품에서 일반적으로 에로티즘을 표출하는 음유시인들의 시구절들과는 대조를 이룬다.

Amor de don Perlimplín con Belisa en su jardín (돈 페를림플린과 벨리사의 정원에서의 사랑) 스페인 극작가 페데리코 가르시아 로르카의 희곡. 4막으로 구성되어 있다. 1928년에 쓰였고 1933년에 초연이 이루어졌다. 사랑을 모르는 나이 많은 남자주인공이 젊은 여성과 사랑에 빠지고, 비록 그 여성은 다른 사랑하는 사람이 있었으나 강제로 결혼하게 된다. 부드럽지만 연민을 불러일으키는 희비극이다. ➡ Federico García Lorca (페데리코 가르시아 로르카)

Amor desigual* (신분이 다른 남녀 간의 사랑) 17세기 '국민연극'의 희극에서 자주 다루어졌던 주제였다. 주로 '궁중 환상희극(comedia palatina)'과 같은 순수희극들에서 많이 나타났다. 이러한 극적 희극성을 즐겨 사용하였던 대표적인 극작가로 로페 데 베가(Lope de Vega)를 들 수 있는데, 그의 대표적 희극작품들인 『*El perro del hortelano*』와 『*La vengadora de las mujeres*』에서는 고귀한 신분의 여주인공이 자신의 비서인 비천한 신분의 남성과 결혼한다. 즉, 『*El perro del hortelano*』의 여주인공인 벨플로르(Belflor)의 백작 디아나(Diana)는 근본도 모르는 비천한 자신의 비서인 테오도로(Teodoro)를 아무도 모르게 마음속 깊이 사랑하다가 하나의 계략을 통해 그를 루도비코(Ludovico) 백작의 상속자로 만들어 결국 그와 결혼하는 데 성공하며, 『*La vengadora de las mujeres*』의 여주인공인 보헤미아의 공주 라우라(Laura)는 모든 남자들을 증오하고 결혼을 거부하지만, 앞서 『*El perro del hortelano*』의 디아나 백작과 마찬가지로, 자신의 비서인 리사르도(Lisardo)를 마음속으로 사모하게 되고, 결국은 그와 결혼하고야 만다. 이와 같이 로페의 두 연극에서 묘사된 신분이 서로 완전히 다른 남녀 간의 결혼은 당시의 가치관으로는 현실적으로 불가능에 가까운 것이었고, 당시의 관객들은 누구보다도 이를 잘 알고 있었다. 또한 『*La boba para otros y discreta para sí*』에서는 일개 시골처녀에 불과한 여주인공 디아나가 자신이 사실은 세상을 떠난 우르비노(Urbino) 공작의 숨겨진 딸이라고 말하는 우르비노 공작의 옛 하인인 파비오(Favio)의 말을 굳게 믿고 혈혈단신 파비오와 함께 우르비노 공작의 성으로 들어가 공작의 조카이자 법적 상속녀인 테오도라와 그녀의 일당을 쫓아내고 결국 우르비노의 공작이 된다는 다소 황당한 이야기가 전개되고 있다. 이상과 같은 사랑 이야기는 당시의 관객들에게 너무나도 현실과 동떨어진 것으로 비춰졌을 것이다. 그럼에도 불구하고, 이러한 궁중 환상희극에서 극 중 사건이 벌어지고 있는 장소와 그 사건을 이끌어가고 있는 등장인물들은 어차피 관객들이 실제 생활에서 전혀 겪어보지 못한 미지의 세계에 속한 존재들이므로, 이러한 환상적 분위기 덕에 로페는 극 중에서 다소 황당한 에피소드라 할지라도 이를 부담 없이 전개시킬 수 있었던 것이다. 다시 말해서, 바로 이러한 점이 아이러니하게도 환상적 희극성을 지닌 로페의 궁중 환상희극에 개연성을 담보하는 중요한 요소가 되고 있는 것이다. 만일 이러한 황당한 에피소드들이 일반 관객들이 늘 일상에서 접할 수 있는 바로 '지금 여기(aquí y ahora)'에서 전개된다면 오히려 관객들은 무대에서 벌어지는 상황이 터무니없는 엉터리에 지나지 않음을 이내 감지하고 환상에서 깨어날 것이기 때문이다.

Amor y pedagogía (사랑과 교육)　1902년에 출간된 스페인 작가 미겔 데 우나무노의 니볼라 중 하나. 근대 교육 이론을 적용시켜 천재를 길러낼 수 있다고 믿지만 결국 비극적인 결말을 초래하는 인물에 대한 이야기이다. 희극적 요소와 비극적 요소들이 함께 사용되었으며, 당대의 실증주의적 사회학에 대한 강도 높은 비판을 하고 있다.

Amores de Clareo y Florisea y los trabajos de la sin ventura Isea, natural de la ciudad de Éfeso, Los (아모레스 데 클라레오 이 플로리세아 이 로스 트라바호스 데 라 신 벤투라 이세아, 나투랄 데 라 시우닷 데 에페소, 로스)　1552년 베네치아에서 출간된 알론소 누녜스 데 레이노소(Alonso Núñez de Reinoso)의 소설이다. 스페인 최초의 비잔틴 소설로 간주되며, 중세 로망스, 기사소설, 감상소설의 영향이 엿보인다. 작품의 처음 19장은 고대 그리스 작가 아킬레스 타티우스의 작품을 모방했다고 작가 스스로가 밝히고 있다.

Amorós, Amparo (암파로 아모로스)　(1950~) 발렌시아(Valencia) 태생. 스페인 시인이자 수필가이다. 이른 나이에 문학활동을 시작했고 중남미 인문학 공부를 하였다. 20세기 후기 여성 시 대표 촉진자로 여겨진다. 대표작으로 『*El rumor de la luz*』(1985), 『*La honda travesía del águila*』(1986), 『*La palabra y el silencio*』(1969) 등이 있다.

Amorós, Andrés* (안드레스 아모로스)　1941년 태어난 스페인 작가, 비평가, 국어와 문학의 정교수. 마드리드 콤플루텐세 대학에서 스페인 문학 수업을 가르치는 교수로도 활동했으며, 여러 유명한 잡지에 문학 평론을 개재하기도 하였다. 스페인 한림원(Real Academia Española)의 파스텐로스상(Premio Fastenrath)을 수상하였고 수필상(Premio Nacional de Ensayo)과 문학평론상(Premio Nacional de Crítica Literaria)도 수상하였다. 가장 많이 알려진 작품으로는 『*Introducción a la novela contemporánea*』가 있으며 3회에 걸쳐 출판되었다. 그 외에도 『*Sociología de una novela rosa*』(1967), 『*La novela intelectual de Ramón Pérez de Ayala*』(1972), 『*Modernismo y Postmodernismo*』(1974), 『*Diario cultural*』(1983), 『*Clarín y la Regenta*』(1984), 『*Toros y cultura*』(1987)를 꼽을 수 있다. 마지막 작품에서 작가가 투우예술에 충실한 추종자임을 알 수 있으니 이는 작가가 투우사이자 시인인 산체스 메히아스(Sánchez Mejías)에 대한 작품 『*Ignacio Sánchez Mejías*』(1998)를 쓰기도 했기 때문이다. 이 전기에서 작가는 투우사에 대해 썼던 자신의 다른 작품들을 되돌아보기도 한다. 그가 활발하게 참여하였던 또 다른 취미는 연극이다. 1985년 『*La Avispa*』라고 명명한 돈 후안 테노리오(Don Juan Tenorio)에 관한 연극작품을 썼다. 또 매년 8월에 열리는 중세 종교 작품 『*El Misterio de Elche*』에 참여하기도 한다. 항상 연극세계와 관련되어 있었고 국립고전연극단의 단장으로 국립 극예술 및 음악협회(Instituto Nacional de las Artes Escénicas y de la Música: INAEM)를 이끌기도 했다. 대표할 만한 마지막 업적은 1999년 모든 이를 위한 『*Don Quijote*』를 편찬, 출판했다는 것이다.

Anchieta, Juan de (후안 데 안치에타) (1462～1523) 스페인 성직자이자 이사벨 여왕의 그라나다 궁중 예배당에서 활동한 르네상스 시대의 작곡가이다. 예배당 소속의 작곡가였으나 당대의 뛰어난 음악가들처럼 라틴어 가사의 종교 음악뿐 아니라 궁중 연회를 위해 카스티야어 가사가 붙은 세속 음악을 작곡하기도 했다. 그의 음악은 프란시스코 데 파냘로사에게 많은 영향을 받았다. 「*Libera me, Domine*」나 「*Salve Regina*」와 같은 곡에서는 엄격한 멜로디와 대위법, 그레고리 성가의 교차적인 사용을 볼 수 있다.

Andanzas y visiones españoles (스페인의 운명과 전망) 1922년에 발표된 스페인 98세대 작가 미겔 데 우나무노의 수필이다. 『*Por tierras de Portugal y España*』(1911)와 함께, 이 작품에서는 작가의 스페인 자연 풍경에 대한 깊은 애정이 드러난다.

Andrés de Uztarroz, Juan Francisco (후안 프란시스코 안드레스 데 우스타로스) 사라고사(Zaragoza) 출생의 시인이자 역사가이면서 법률가(1606～1653)이다. 루이스 데 공고라(Góngora y Argote, Luis de, 1561～1627)에 의해 시작된 과식주의의 영향을 많이 받았고, 가스톤 달리소 데 오로스코(Gastón Daliso de Orozco)라는 필명하에 처녀작 『*Universidad de Amor*』(1640)를 썼다. 이 외에도 『*Nuestra Señora de Cogolluda*』(1644) 등의 작품이 있다.

Andrés y Morell, Juan (후안 안드레스 이 모렐) 알리칸테(Alicante) 출생의 물리학자, 작가(1740～1817)이다. 자신이 연구한 분야와 관련하여 다양한 책을 저술했다. 대표작인 『*Saggio della Filosofía del Galileo*』(1776)는 예수회 신자들이 '갈릴레오가 현대 과학의 창시자'라는 주장에 반대하는 내용이다. 또 다른 작품 『*Dell'origine, progressi e stato attuale d'ogni letteratura*』(1782)는 7차원으로 문화의 역사를 설명하는 내용이다.

Andreu, Blanca (블랑카 안드레우) (1959～) 라 코루냐(La Coruña) 태생. 스페인 작가이다. 알리칸테(Alicante)에서 유년기를 보내고 20세의 나이에 마드리드(Madrid)로 옮겨가 대중문학의 영향을 받았다. 소설가 후안 베네트(Juan Benet)와 결혼했다. 대표작으로 『*Una niña de provincias que se vino a vivir en un Chagall*』(1981), 『*Báculo de Babel*』(1983), 『*Libro de las bestias*』 등이 있다.

Andueza, José María de (호세 마리아 데 안두에사) 비토리아(Vitoria) 출생의 기자이자 소설가, 극작가(1809～?)이다. 역사적 색채를 지닌 작품으로는 『*La heredera de Almazán* *o Los Caballeros de la Banda*』(1837), 『*Carlos III o los mendigos de la Corte*』(1859) 등이 있다. 풍속을 묘사한 소설로는 『*Isla de Cuba pintoresca, histórica, política y literaria*』(1841), 『*Trabajos y miserias de la vida, cuadros joco -serios*』(1842)가 있다.

Andújar Muñoz, Manuel (마누엘 안두하르 무뇨스) (1913~1994) 하엔(Jaén)의 라 카롤리나(La Carolina) 태생의 스페인 작가이다. 내전이 끝난 후 멕시코로 추방당했다. 멕시코에서 잡지 <Las Españas con José Ramón Arana>를 창설했고 1967년 스페인으로 귀국해 작품활동을 했다. 대표작으로는 『*Partiendo de la angustia*』(1944), 『*Cristal herido*』(1945), 『*Vísperas*』(1947~1959) 등이 있다.

Andújar, Juan de (후안 데 안두하르) 15세기 스페인 시인이다. 나폴리의 알폰소 5세(Alfonso V)의 궁정시인으로 『*Rimas inéditas del siglo XV*』(Paris, 1851)을 엮어 알폰소 5세를 찬양하는 『*Loores al señor rey don Alfonso*』를 집필하였다. 단테의 영향을 많이 받았으며 작품들은 현재 『*Cancionero de Stúñiga*』에 실려 전해지고 있다.

Angélico, Halma (알마 앙헬리코) 1888년 팔마 데 마요르카(Palma de Mallorca)에서 태어난 스페인 여성 극작가이다. 필명으로 'María Francisca Clar Margarit', 'Ana Ryus'를 사용하였다. 주로 과거 잊힌 종교 연극작품들을 모아 재편집 작업을 하였다. 대표작으로 『*Los caminos de la vida*(1920)』, 『*La nieta de Fedra*(1929)』, 『*Entre la cruz y el diablo*(1932)』가 있다.

Angulo Fernández, Julio (훌리오 앙굴로 페르난데스) 1902년 마드리드에서 태어난 스페인 시인, 소설가, 극작가, 의사(1902~1986)이다. 의학을 전공한 그는 일생동안 의사로 생활하면서 문학 집필을 하였다. 어릴 적부터 문학에 큰 관심을 가져 의학 공부를 하는 도중에 문학 단체를 창설하였으며 『*Letanías del año*』와 『*Raíz del cielo*』라는 두 권의 시집을 발간하였다. 소설로는 『*De dos a cuatro*』, 『*Lluvia de cohetes*』, 『*Del balcón a la calle*』가 대표적인 작품이다.

Anneo Séneca, Lucio (루시오 아네오 세네카) (기원전 4?~기원후 65) 고대 로마제국 에스파냐 코르도바 출생의 후기 스토아 철학자이다. 어린 네로의 스승이었으나, 65년 네로에게 역모를 의심받아 스스로 혈관을 끊고 자살했다. 올바른 이성과 유일의 선인 덕을 중요시하는 스토아주의를 역설했다. 대표작으로는 『*De la ira*』, 『*Naturales quaestiones*』 등이 있다.

Añorbe y Corregel, Tomás de (토마스 데 아뇨르베 이 코레헬) 마드리드 출생의 시인, 극작가(1676~1741)이다. 그의 시작들은 『*Amarguras de la muerte y pensamientos cristianos*』(1731)라는 제목으로 묶여 출판되었고, 대부분의 극작품은 프랑스 비극의 영향을 많이 받았다. 대표작으로는 『*La virtud vence al destino*』(1735)가 있다.

Anselmí, Luigi (루이히 안셀미) 1954년 빌바오(Bilbao)에서 태어난 스페인 시인이다. 본명은 루이스 구티에레스 라레아(Luis Gutiérrez Larrea)이며 바스크어(euskera)와 카스티야어(castellano)로 집필활동을 하였다. 영국에 거주하며 영어와 바스크어를 가르쳤고 작품에서는 쾌락주의적 관점에서 죽음에 관해 쓴 작품이 유명하다. 총 일곱 개의 시 모음집이 존재하는데 세 개는 카스티야어로, 나머지 네 개는 바스크어로 되어 있다. 전자는 『*Cuando arde el agua*』(1988), 『*Una botella al mar*』(1995), 『*A la orilla del tiempo*』(1998)이며, 후자는 『*Zoo ilogikoa*』(1985), 『*Desiritco alegiak*』(1988), 『*Bacchabunda*』(1992~1994), 『*Gure amestsen gerizan*』(2000)이다.

Antolín Rato, Mariano (마리아노 안톨린 라토) (1943~) 아스투리아스(Asturias)의 히혼(Gijón) 태생. 스페인 작가, 번역가, 소설가로 활동했다. 마드리드 대학교(La Universidad de Madrid)에서 문학을 전공했다. 상징적이고 실험주의 작가이며 사용하는 서술 기법이 특징이다. 『*Elementos de psicocartografía literaria*』(1975), 『*Whamm!*』(1978), 『*Mundo araña*』(1981), 『*Campos unificados de conciencia*』(1984) 등이 대표작이다.

Antón del Olmet, Casilda (카실다 안톤 델 올멧) (1871~) 스페인 시인이자 극작가이다. 1871년에 우엘바(Huelva)에서 태어났고 사망 날짜와 장소는 알려져 있지 않다. 인문주의적인 분위기의 가정에서 태어나 훌륭한 교육을 받을 수 있었다. 그 덕분에 문학에 대한 그녀의 흥미를 발전시킬 수 있었다. 시인이자 외교관인 페르난도 안톤 델 올멧(Fernando Antón del Olmet)과 남매이다. 『*La Época*』, 『*La Correspondencia de España*』와 같은 작품이 있다.

Antón Lamazares (안톤 라마사레스) (1954~) 스페인 화가로서 호세 마리아 시실리아(José María Sicilia), 미켈 바르셀로(Miquel Barceló), 빅토르 미라(Víctor Mira)와 더불어 'Generación de los 80'의 일원으로 꼽힌다. 그는 나무와 판지의 세밀한 표면에 니스를 비롯한 여러 물질을 채색함으로써 자신만의 소재와 미술적 언어를 창조해냈다. 그의 스타일은 장난스러운 표현주의에서 점차 추상적 표현주의와 추상주의를 거쳐 최근에는 영혼과 기억의 소통, 시와 꿈, 그리고 영적이고 감각적인 주제들을 미니멀리스모(minimalismo)를 통해 구현하고 있다. 작품들은 현재 레이나 소피아 국립 미술관, 갈리칸 현대미술관, 마드리드 현대미술관 등 세계 유수의 미술관들과 재단들 그리고 개인 소장가들이 소장, 전시하고 있다.

Antonio, Manuel (마누엘 안토니오) (1900~1928) 작가는 1922년 작품 『*Maís alá*』에서 갈리시아의 전통과 현 상황에 대항하여 뛰어든다. 유일한 시집 『*De catro a catro*』는 자유로운 형식과 비논리적인 이미지들을 사용하였다. 그러나 늘 친밀하게 대하였던 바다 앞에서 감정의 표현을 억누르지 못하였다.

Antonio, Nicolás (니콜라스 안토니오) 세비야(Sevilla) 출생의 작가, 학자(1617~1684)이다. 로마 제1대 황제 아우구스투스 시대부터 1600년대까지의 책을 모두 기록하려는 시도를 했고, 1672년 이 내용을 정리하여 『*La Bibliotheca Hispana nova*』를 출판하였다. 또 다른 주요작품은 작가 사후에 출판된 『*Censura de historia fabulosas*』(1742)로, 이 작품은 14세기 거짓 연대기들에 대해 다루고 있다.

Aparicio Fernández, Juan Pedro (후안 페드로 아파리시오 페르난데스) (1941~) 레온(León) 태생. 스페인 소설가이자 수필가, 기자이다. 처음에는 법률에 흥미가 있어 오비에도 대학교(La universidad de Oviedo)와 마드리드 대학교(La universidad de Madrid)에서 법률을 전공하였다. 천부적인 문학 재능으로 작품활동을 시작하였는데, 대표작으로 『*El año del francés*』(1989), 『*Lo que es del César*』(1990), 『*Los guerreros*』(1991), 『*La forma de la noche*』(1994) 등이 있다.

Apócope (모음 소멸) 어형변이로서, 단어 끝의 하나 혹은 여럿 음절 혹은 음소가 사라지는 것을 말한다. 단어 처음의 음소가 사라지는 것을 'aféresis', 중간 음소가 사라지는 것은 'síncopa'라고 한다. 모음 소멸의 예는 다음과 같다.

예) bueno: buen día, malo: mal día

Aprobación (승인) (1689) 후아나 이네스 데 라 크루스 수녀(Sor Juana Inés de la Cruz)

의 저서인 『*Fama y obras póstumas*』 제3권에 수록된 디에고 카예하 사제(Padre Diego Calleja)의 글이다. 후아나 수녀의 전기 연구를 위한 필수적인 기초 자료 중 하나이다.

Aramburu, Fernando (페르난도 아람부루) 산 세바스티안(San Sebastián) 출생의 작가(1959~)이다. 다수의 시집을 출판했으며, 『*Fuegos con limón*』(1996)은 첫 번째 산문시 작품이다. 『*Los peces de la amargura*』(2006)에서는 바스크(País Vasco) 지방에서의 폭력, 무질서를 다뤘다.

Arana, José Ramón (호세 라몬 아라나) 사라고사(Zaragoza) 출생의 시인, 극작가, 소설가, 수필가(1906~1974)이다. 잡지 <Las Españas>를 창간하였고, 대표 시작품으로는 『*Mar del Norte, Mar Negro*』(1938), 『*Ancla*』(1941)가 있으며 두 작품 모두 스페인 내전 이후 망명의 고통을 다루고 있다.

Arana, Vicente (비센테 아라나) 1846년 바스크 지방의 비스카야(Vizcaya) 태생. 스페인 시인, 소설가이다. 비스카야 잡지 <La Revista de Vizcaya>를 창간하였으며, 많은 여행을 통해 문학적 경험과 소양을 쌓았다. 영국의 유명 시인인 테니슨(Tennyson)의 시를 번역하였고 산문과 운문이 혼재한 『*Oro y oropel*』(1876)을 집필하였다. 그 외에도 『*Los últimos iberos, leyendas de Euskera*』(1880), 『*Jaun Zuria o El caudillo Balnco*』(1887)가 유명하다.

Araquistain y Quevedo, Luis (루이스 아라키스타인 이 케베도) (1886~1959) 스페인 작가이며 정치가이다. 산탄데르(Santander)의 바르세나 데 피에 데 콘차(Bárcena de Pie de Concha)에서 태어나 멕시코에서 사망하였다. 1911년 사회노동당에 가입했고 1915년 이후로 중앙 위원회를 구성하였다. 작가로서는 소설과 극 등의 다양한 장르의 작품을 썼고 대표작으로 소설 『*El arca de Noé*』(1925)와 극작품 『*Remedios heroicos*』(1923) 등이 있다. 이 외에도 스페인과 중남미의 일간지와 잡지에 작품을 선보였다.

Araújo Acosta, Luis (루이스 아라우호 아코스타) 1885년 마드리드에서 출생한 스페인 수필가이자 변호사, 신문기자이다. 스페인의 가장 중요한 출판부와 마드리드의 다양한 대표 신문사에서 집필활동을 하였다. 유명한 수필로는 『*El siglo XVIII en España*』, 『*Francia, el noble país*』가 있다.

Arbitrismo (아르비트리스모) 17세기 합스부르크가에 의해 통치 받던 스페인의 강력한 금융 및 경제 위기에 관한 문학의 흐름으로, 스페인의 경제를 포함한 주요 문제를 해결하기 위한 구제 방법 및 해결책 등을 제시하였으나 성공을 거두지 못하였다.

Arbolanche, Jerónimo de (헤로니모 데 아르볼란체) (1546~1572) 나바라(Navarra)의 투델라(Tudela) 태생. 스페인 시인이다. 대표작으로 16세기 후반에 출간된 『*Las Abidas*』가 있다. 느리고 풍부한 작품활동 리듬에도 불구하고 서정적인 요소의 회화와 서사적인 사건에 대한 작품에서 부족한 숙련을 보여준다.

Arcadia* (아르카디아) 중세기에 흔하게 사용하던 문학적 표현으로서의 아르카디아는, 우선 고전 신화에 따라, 판(Pan) 신(神)이 살던 펠로포네소(Peloponeso) 산악지방에서 유래한다. 사람이 살지 않던 지역인 탓에 자연과의 관계에서 조화롭고 목가적인 의미를 부여받는다. 한동안 이 의미는 잘못된 해석을 달고 다녔으나 르네상스에서 목가적인 시에 허구의 지리학적 장소로 정하는 관념으로 자리매김하였다. 이 신화는 "예술로서의 예술"이라는 이상적 탐미주의를 의미한다. 다시 말해, 시에서 인간성을 제거한 경우로 여기서는 시가 아르카디아 신화와 완전하게 동일시된다. 산 나사로(San Nazaro)는 허구의 아름다운 시적 세상을 만들었다. 이 세상은 현대 시대의 시작에 대한 이해를 아르카디아 위에,

마치 슬픔 속에 기억하는 잃어버린 목가적인 세상으로 움직이고 설정했다. 그의 성공은 목가적 소설의 르네상스적 장르, 서사적이고 서술적인 문학적 하위 장르의 시작을 열었다. 목동들이 노래했던 사랑이 담긴 주제의 시구절의 노래나 문장들이 섞여 있는 하나의 서술적 의견을 장르에 허용했던 것이 바로 이 작품이다. 이탈리아 문학에서는 물론이고 여러 다른 언어에서도 사용되었다. 특히 스페인과 프랑스에서는 서사시의 시작점이자 모델로 여겨졌다.

Arce Lago, Manuel (마누엘 아르세 라고) (1928~) 아스투리아스(Asturias)의 산 로케 델 아세발(San Roque del Acebal) 태생. 스페인 시인, 소설가이면서 문학비평가이다. 시인의 고유학 감정부터 내적인 것에 집중하며 형이상학적이고 정신적인 것에 대한 끊임없는 추구를 특징으로 한다. 대표작으로 『*Sonetos de vida y propia muerte*』(1948), 『*Llamada*』(1949), 『*Carta de paz a un hombre extranjero*』(1951) 등이 있다.

Arcipreste de Hita (Juan Ruiz)* (이타 수석사제, 후안 루이스) 스페인 이타(Hita) 지방 출신의 수석사제인 후안 루이스를 의미한다. 이타는 오늘날 스페인의 중부에 위치한 카스티야-라 만차(Castilla-La Mancha) 지방의 과달라하라(Guadalajara) 주에 있는 작은 도시 이타를 의미하는데, 후안 루이스가 살았던 13~14세기 당시에는 이타라는 지명이 현재의 과달라하라 주 전체를 의미했었다. 후안 루이스의 구체적인 생애와 업적에 대해서는 오늘날까지 확실하게 알려진 바가 거의 없는데, 1284년경 알칼라 데 에나레스(Alcalá de Henares)에서 출생하여 1351년경까지 산 것으로 추정되고 있다. 이타 지방의 수석사제이자 시인이었던 그는 스페인 문학사에 길이 남을 불후의 명작인 『*Libro de buen amor*』라는 서정시를 남긴 것으로 유명하지만, 정작 그의 생애는 사람들에게 오랫동안 베일에 가려져 있다가, 15세기가 되어서야 비로소 그에 대한 언급이 각종 자료에서 해석되고 나타나기 시작하였다. 사실 그의 이름과 수석사제라는 직업도 그가 지은 『*Libro de buen amor*』에 언급이 되어 있기 때문에 알 수 있었던 것이다. 생애와 그에 대한 정보가 잘 알려지지 않았거나 불명확한 것은 그가 작품에서 자신에 대해 묘사한 내용들이 사실인지 픽션인지 그 구분이 애매모호한 것도 한 몫을 하고 있다. 예를 들어, 작품에서 자신이 대주교의 명령으로 감옥에 갇혀 있으면서 이 작품을 썼다고 설명하고 있지만, 여기서 감옥이 실제의 감옥을 의미하는 것인지, 아니면 중세 시대의 가치관이 늘 그러했듯, 하늘나라에 가기 전에 어쩔 수 없이 중간에 고통스럽게 겪어야 할 '현세'를 하나의 감옥으로 간주하고 자신이 지금 그 '현세'라는 감옥에 갇혀있으면서 이 작품을 썼다는 것인지 분명하지가 않다.

Arcipreste de Talavera* (탈라베라 수석사제) 톨레도의 알론소 마르티네스(Alfonso Martínez de Toledo) 생애에 대해서는 알려진 바가 많이 없다. 아라곤 황실(Corona de Aragón)의 왕국에서 살았고 소설가였다. 1415년부터 톨레도(Toledo) 대성당에서 봉급을 받던 성직자였고 1427년부터는 탈라베라 델 라 레이나(Talavera de la Reina)의 수석사제였다. 주작품은 『*Corbacho*』(Sevilla, 1438)이다. 이 작품은 4부분으로 나뉘어져 있으며, 첫 부분은 색욕에 반대하고, 두 번째 부분에선 여인들을 공격하는 풍자글이다. 그리고 나머지 두 부분은 사랑을 향한 남자들의 준비에 대한 것임을 구분할 수 있다. 15세기 대부분의 작품들이 그랬듯 이 작품 역시 장황(redundante)하다. 민중적 언어도 사용한다. 이타(Hita)의 수석사제의 영향을 받았음이 작품의 특징이다. 고트족의 이주에서부터 1453년 알바로 데 루나(Álvaro de Luna)의 죽음까지, 스페인 역사를 다룬 『*Atalaya* *de las crónicas*』의 작가이기도 하다. 교양인의 스타일과 민중적인 스타일, 반교양적(semiculto)인 스타일을 섞었다는 것에 이 작가의 중요성이 머문다.

Arco y Molinero, Ángel del (앙헬 델 아르코 이 몰리네로) 그라나다(Granada) 출생의 시인, 고고학자(1862～1925)이다. 문학작품에서 역사적 연구와 문학적 연구를 결합하였는데, 대표작으로는 『*El Romancero de la conquista de Granada*』가 있다. 고증학적 연구를 담은 작품으로는 『*Apuntes para su historia y bibliografía*』(1916)가 있다.

Arderiu i Voltes, Clementina (클레멘티나 아르데리우 이 볼테스) 바르셀로나(Barcelona) 출생의 여류시인(1889～1976)이다. 주로 간결체의 서정시를 많이 썼다. 미학적 고전주의와는 거리와 멀었으며, 일상생활을 소재로 음악성을 지닌 다양한 시를 썼다. 대표작으로는 『*L'alta Llibertat*』(1920), 『*Cant i paraules*』(1936)가 있다.

Arderius Fortún, Joaquín (호아킨 아르데리우스 포르툰) (1890～1969) 무르시아(Murcia)의 로르카(Lorca) 태생. 스페인 소설가이다. <Postguerra>, <Nueva España> 등의 신문사에서 공동지휘관으로 있었다. 대표작으로는 『*Mis mendigos*』(1915), 『*Así me fecundó Zaratustra*』(1923), 『*Yo y tres mujeres*』(1924) 등이 있다.

Ardor (아르도르) 스페인 코르도바(Córdoba) 지방의 잡지 중 하나이며, 일명 '코르도바의 잡지'와 동일어로 여겨진다. 1936년 아우구스토 모야 데 메나(Augusto Moya de Mena), 올리바레스 피게로아(Olivares Figueroa) 등에 의해 만들어졌다. 주로 시작품을 실으며, 일 년에 4차례 발간되었지만, 스페인 내전 이후 중단되었다.

Arenas Martín, Daniel (다니엘 아레나스 마르틴) (1945～) 바다호스(Badajoz)의 아수아가(Azuaga) 태생. 스페인 시인, 철학자이다. 마드리드 콤플루텐세 대학교(La Universidad Complutense de Madrid)에서 중남미 문학을 전공하였다. 이후 파이스 발렌시아노(País Valenciano)로 거주지를 옮겨 작가로서 이름을 알리기 시작했다. 대표작으로 『*Bosque*』(1990), 『*Andenes*』(1994) 등이 있다.

Arenzana, Donato de (도나토 데 아렌사나) 세비야(Sevilla) 태생의 18세기 소설가이며 시인이다. 성직자로 활동하기도 했다. 대표작으로 『*Vida y empresas literarias del ingeniosísimo caballero don Quijote de la Mancha*』(1767)가 있다.

Aresti, Gabriel (가브리엘 아레스티) (1933～1975) 빌바오(Bilbao) 태생. 스페인 작가이다. 작시활동을 하기 전에 회계 담당자로서 일했다. 성인이 된 후 바스크어를 배웠다. 언어학자로 중요한 역할을 맡았다. 대표작으로 『*Maldan Behera*』(1960), 『*Harri eta herri*』(1964), 『*Euskal harria*』(1967), 『*Harrizco herri hau*』(1970) 등이 있다.

Arguijo, Juan de (후안 데 아르기호) (1567～1623) 세비야 출신의 시인, 음악가이다. 부유한 가정에서 태어나 펠리페 3세에 의해 1598년 소집된 코르테스의 대리인으로 임명되었다. 문학과 음악을 열정적으로 후원하던 인물로 당시 유행하던 과식주의(culteranismo)와는 거리가 있는 작품들을 썼다. 즐겨 쓰던 시 형식은 소네트였으며, 고전적이고 신화적인 소재를 채택하였다. 『*La constancia*』, 『*A Lucrecia*』 등의 작품이 있다.

Argullol Murgadas, Rafael (라파엘 아르구욜 무르가다스) 바르셀로나(Barcelona) 태생. 스페인 작가(1949～)이다. 고향인 바르셀로나의 중앙대학교(La Universidad Central de Barcelona)에서 박사학위를 받은 바 있다. 그 후 1988년에 예술학 교수로 있었다. 대표작으로 『*Distubios del Conocimiento*』, 『*Lampedusa*』, 『*Una historia mediterránea*』 등이 있다.

Arias Montano, Benito (베니토 아리아스 몬타노) 스페인의 인문학자, 히브리어 연구가,

생물학자, 작가. 1527년 시에라(Sierra)의 프레헤날(Fregenal)에서 태어났으며 1598년 세비야(Sevilla)에서 사망하였다. 트렌토 공의회(Concilio de Trento)에 참여한 이후 펠리페 2세(Felipe II)의 명으로 '왕립 성경(Biblia Regia)'이라고도 알려진 다국어 성경을 편찬했다. 생전 수많은 작가와 예술가 및 학자들과 교류했으며 모든 직분으로부터 물러난 후 세비야에서 성서를 연구하며 노년을 보냈다.

Arias tristes (구슬픈 아리아) 1903년에 발표된 스페인 작가 후안 라몬 히메네스의 작품이다. 이 시기에 작가는 소년적인 어조와 언어 등 소박하고 자연스러운 형식과 고독과 우수의 감성, 즉 감상주의와 감각주의적인 면모를 보여주었다. 이 작품은 이러한 특징을 잘 나타내고 있다.

Arias, Gómez (고메스 아리아스) 18세의 케베도(Quevedo)와 토레스 데 비야로엘(Torres de Villarroel)과 같은 풍속묘사의 작가이다. 대표작으로는 『*Recetas morales, políticas y precisas para vivir en la corte*』(1743), 『*Vida y sucesos del astrólogo don Gómez Arias*』 등이 있다.

Aribau i Farriols, Bonaventura Carles (보나벤투라 카를레스 아리바우 이 파리올스) (1798~1862) 바르셀로나(Barcelona)의 산트 헤르바시 데 카솔레스(Sant Gervasi de Cassoles) 태생. 스페인 시인, 대중 작가, 정치가이다. 태어난 도시의 신학교에서 공부를 했고, 속기술과 실험 물리학을 이어서 연구했다. 대표작으로는 『*Ensayos poéticos*』(1817), 『*Discurso sobre la posibilidad de un idioma universal*』 등이 있고, <Diario de Barcelona>와 <Semanario erudito> 등의 신문사에서 일한 바 있다.

Aristotelismo (아리스토텔레스주의) 아리스토텔리스모는 철학 역사에서 사용된 용어로 고대(아리스토텔레스에 의해 세워진 학파를 이은: 플라톤 학파에 반대인 Liceo)와 중세 시대(아베로에스 주의, 성 토마스 데 아키노의 신학설, 스콜라 철학)와 현대(살라망카 학파, 네오토미즈모나 네오에스콜라스티카), 그리고 아리스토텔레스의 사상을 바탕으로 둔 저자들이 있는 다양한 철학적 운동을 나타내기 위한 용어이다. 용어 중 몇몇은 오늘날 사상, 경험 문제를 전달하는 데 꼭 필요한 것들이다.

Ariza y Palomar, Juan (후안 아리사 이 팔로마르) (1816~1876) 그라나다(Granada)의 모트릴(Motril) 태생. 스페인 작가이다. 레미스문다(Remismunda), 알론소 데 에르시야(Alonso de Ercilla), 에르난도 델 풀가르(Hernando del Pulgar)와 같은 고전주의 경향의 극작가이다. 대표작으로 역사적 경향의 소설인 『*Don Juan de Austria*』 등이 있다.

Arjona y Cubas, Manuel María de (마누엘 마리아 데 아르호나 이 쿠바스) (1771~1820) 세비야 학파에 속한 신고전주의 시인이다. 철학과 민법을 공부한 후, 산 페르난도의 왕립 성당(Real Capilla)에서 학생들을 가르쳤다. 1797년 세비야 대주교의 로마행에 함께해 교황 피오 6세로부터 사제 임명을 받는다. 이후, 코르도바로 돌아와 여러 문학 기관에 참여하여 왕성하게 활동했다. 호라시오풍의 절제된 표현을 사용했다. 대표작으로는 『*La diosa del bosque*』, 『*Las ruinas de Roma*』가 있다.

Arjona, Juan de (후안 데 아르호나) (1560~1603) 그라나다(Granada) 태생. 스페인 종교학자이면서 작가이다. 푸엔테 데 피노스(Puente de Pinos)에서 수급 성직자로 있기도 했다. 에스타시오(Estacio)의 작품 『*Thebaida*』를 번역한 바 있다. 9권의 책을 번역하는 데 6년이 걸렸고 이후 사망했다.

Armada Losada, Juan (후안 아르마다 로사다) 갈리시아(Galicia) 출생의 작가, 정치가

(1862~1932)이다. 사법부 장관으로 재직했으며 많은 잡지의 공동 집필자로도 일했다. 『*Antonia Fuertes*』(1885), 『*Gondar y Forteza*』(1900) 등의 소설작품이 있다.

Armas Marcelo, Juancho (후안초 아르마스 마르셀로) (1946~) 그란 카나리아(Gran Canaria)의 라스 팔마스(Las Palmas) 태생. 스페인 소설가이면서 수필가이다. 각종 일간지와 잡지사에서 일했으며 풀네임은 후안 헤수스 아르마스 마르셀로(Juan Jesús Armas Marcelo)이다. 예수회 회원들과 공부했으며 1968년에 콤플루텐세 대학교(La Universidad Complutense)에서 고전주의 문학을 전공하였다. 대표작으로 『*El camaleón sobre la alfombra*』(1971), 『*Estado de coma*』(1976) 등이 있다.

Armiño Menéndez, Robustiana (로부스티아나 아르미뇨 메넨데스) 히혼(Gijón) 출생의 여류시인, 소설가, 극작가, 기자(1821~1890)이다. <La Correspondencia Médica>를 창간하였고, 대표적 시작품으로는 『*Poesías*』(Oviedo: Imprenta Lit. Martínez Hermanos, 1981)가 있다. 또한 두 편의 소설 『*La culpa va en el castigo*』(1864), 『*Contra soberbia, humildad*』(1865)를 썼다.

Armona y Murga, José Antonio de (호세 안토니오 데 아르모나 이 무르가) 알라바(Álava) 출생의 작가, 역사가(1726~1792)이다. 『*El Prohemio histórico de la M. N. Tierra de Ayala*』(1788)와 『*Las Apuntaciones históricas y geográficas de la ciudad de Orduña*』(1789)에서는 자신의 고향인 바스크(País Vasco) 지방에 대해 서술하고 있고, 『*Las Noticias privadas de casa útiles para mis hijos*』(1787)에서는 작가가 살았던 지방에서 발생한 일들에 대한 증거를 다루고 있다.

Arnao, Antonio (안토니오 아르나오) (1828~1889) 무르시아(Murcia) 태생. 스페인 작가이다. 사르수엘라 작사가이면서 시인이었다. 국내 사건을 토대로 한 역사 극작품은 큰 성공을 거두지 못했다. 대표작으로 『*Himnos y quejas*』(1851), 『*Melancolías*』(1857), 『*La campaña de África*』(1860), 『*El caudillo de los ciento*』(1866) 등이 있다. ➡ Zarzuela(사르수엘라)

Arniches y Barrera, Carlos (카를로스 아르니체스 이 바레라) 알리칸테(Alicante) 출생의 극작가(1866~1943)이다. 대부분의 작품은 마드리드 서민층의 풍속과 삶을 주제로 하고 있으며, 비평가들보다 대중으로부터 더 많은 인기를 얻었다. 『*El santo de la Isidra, su primer gran triunfo*』(1898), 『*Al que continuaron Sandías y Melones*』(1900) 등의 주요작품이 있다.

Arniches, Carlos (카를로스 아르니체스) 알리칸테(Alicante) 출신의 스페인 극작가(1866~1943)이다. 활동 초기에는 바르셀로나(Barcelona)의 <La Vanguardia>의 편집장을 역임하다가 후에는 마드리드에서 신문과 잡지를 제작하였다. 또한 알폰소 7세(Alfonso XII)의 연대기인 『*Cartilla y cuaderno de lectura*』를 제작하기도 하였다. 그 후 극작가로서 이름을 알리기 시작하였는데 재치 있으면서 장난기 있는 희곡을 주로 제작하여 호평을 받았다. 스페인뿐만 아니라 전 세계, 특히 라틴아메리카에서 유명하다. 대표적인 작품으로는 『*La locura de Don Juan*』(1948), 『*Qué hombre tan simpático*』(1943), 『*Alma de Dios*』(1941), 『*Enrique García Álvarez)*』(공동 집필)가 있다.

Arolas, Juan (후안 아롤라스) (1805~1849) 바르셀로나 출신의 성직자이자 교사, 시인, 언론인이다. 부유한 상인의 아들로 태어났고 16세에 자선학교(Escuelas Pías) 종단에 입회하여 성직 임명을 받았다. 1833년에는 이사벨 2세를 옹호하는 신문인 <Diario Mercantil>을 창간했다. 시들은 사랑을 주제로 하는 것이 많은데 당시 스페인 낭만주의 시와는 다르게 에로틱한 경향을 보였다. 『*Cartas amatorias*』, 『*Poesías caballerescas y orientales*』 등의 작품들이 있다.

Aromas de leyenda (전설의 향기)　1907년에 발표된 스페인 모더니즘 작가 라몬 델 바예 잉클란의 시작품이다. 이 시작품에서는 스페인 모더니즘적인 특징이 지배적으로 나타난다. ➡ Valle-Inclán(바예 잉클란)

Arrabal, Fernando* (페르난도 아라발)　1933년에 태어난 스페인 시인이자 극작가로 프랑스어와 스페인어로 작품을 썼다. 현재까지도 토론의 주제로 다뤄지고 또 수많은 가족들이 살았던 스페인의 현실을 반영하는 것이 작가 인성을 특징짓는다. 작가의 생은 공화주의자로 감옥살이 후 사형당했던 아버지에 의해 각인된다. 하지만 프랑코주의자였던 어머니는 작가의 창의활동에 큰 역할을 한다. 1954년 프랑스로 떠났으며, 『*Los hombres del triciclo*』(1957) 작품이 스페인에서 실패한 이후 현재까지도 머물고 있다. 페르난도 아라발은 스페인에서보다는 다른 나라에서 더 큰 인기를 누린다. 스페인에서 많은 사람들은 그의 작품들이 정당하게 평가되지 않았다고 생각한다. 그의 작품은 폭력과 악행, 순진함과 잔인함까지 인간존재의 모든 도덕적인 것들과 관계되어 논쟁을 불러일으키는 것들의 주제를 주로 다룬다. 이 사실은 프랑코 시절 동안 스페인에서 그의 작품이 검열에 걸려 금지되도록 하였다. 극작가로 알려진 것은 분명 사실이다. 또한 영화와 관련해 감독으로, 심지어는 경우에 따라서는 배우로 활동하기도 하였다. 프랑스에서 그의 영화들은 중요하게 여겨져 1997년 파리에서는 그를 위한 축하행사가 열리기까지도 하였다. 영화작품들 중에서 「*¡Viva la muerte!*」(1971)가 대표할 만하다. 이 영화는 부분적으로 그의 삶을 그리기도 하였다. 명성 높은 상을 여러 번 수상하기도 한다. 「*La torre herida por el rayo*」(1983)로 나달상(Premio Nadal)을 수상했고, 「*La dudosa luz del día*」(1994)로 Premio Espasa de Ensayo상을 받았다.

Arriaza y Superviela, Juan Bautista de (후안 바우티스타 데 아리아사 이 수페르비엘라) (1770~1837) 마드리드(Madrid) 태생. 스페인 시인이면서 외교관이다. 보병대 중위인 안토니오 호세 데 아리아사(Antonio José de Arriaza)의 아들로 태어났다. 1782년 세고비아 군사 학교(El Colegio de Artillería de Segovia)에 들어가 카르타헤나(Cartgena)에서 해병대로 근무했다. 1796년 알바(Alba) 백작에 대해 애도하는 첫 작품을 냈다. 대표작으로는 『*Ensayos poéticos*』(1799), 『*Desenfado patriótico*』, 『*Así son*』, 『*cual más*』 등이 있다.

Arroyal, León de (레온 데 아로얄)　(1755~1813) 발렌시아(Valencia)의 간디아(Gandía) 태생. 스페인 작가이다. 대표작으로 『*Cartas político-económicas al conde de Lerena*』, 풍속묘사와 정치적 비판을 담은 『*Pan Y toros*』 등이 있다.

Ars moriendi (아르스 모르엔디)　스페인 중세 기원의 장르로 'Arte de bien morir(좋은 죽음을 맞이하는 기술)'이라는 뜻이다. 바로크, 반종교 개혁과 불가분의 관계를 지닌 죽음에 관한 담론을 이야기하면서 죽음에 관한 주제는 스페인 종교, 문학, 예술에 큰 영향을 끼쳤다. 대표적인 작품은 후안 데 살라사르(Juan de Salazar)의 『*Arte de ayudar y disponer a bien morir a todo género de personas*』이다. ➡ Barroco(바로크)

Arte de ayudar y disponer a bien morir a todo género de personas (모든 부류의 사람이 좋은 죽음을 맞이하도록 돕는 기술)　17세기 스페인 작가인 후안 데 살라사르(Juan de Salazar)의 대표 저서이다. 1608년 출판되었으며, 당대 죽음에 대한 담론의 정수로 평가받고 있다. 사람이 죽음을 맞이하는 형태를 크게 세 가지, 즉 병사와 급사, 그리고 사형수의 죽음으로 나누고 있다. 작가는 이 세 형태의 죽음을 통해 각각의 죽음에 대한 임종의 기술을 기록하고 있다.

Arte Dramático de Aristó teles (아리스토텔레스의 극작술) 유럽과 러시아의 아방가르드가 주류가 되기 전까지 수세기에 걸쳐서 서양의 극역사는 아리스토텔레스의 시학을 그 근거로 삼았다. 그는 플롯, 시간, 장소의 통일성을 주지하는데, 개연성 있는 사건으로 긴밀히 짜인 플롯에서 행해지는 행위의 모방은 단일한 행위를 하는 하나의 대상을 모방해야 하며 하루 이내에 벌어지는 것이며 장소는 일정해야 한다.

Arte nuevo de hacer comedias* (신극작술) '국민연극'을 통한 로페의 성공적인 극 혁신 운동은 『*Arte nuevo de hacer comedias*』라는 로페의 교훈적 시작품에 기술되어 있는 연극 관련 각종 주장들을 이론적인 배경으로 하고 있다. 따라서 '국민연극'에 담긴 로페의 사상적 · 이론적 배경을 이해하기 위해서는 『*Arte nuevo de hacer comedias*』를 살펴보는 것이 필수적이라 하겠다. 『*Arte nuevo de hacer comedias*』은 1609년에 출판된 『서정시집』 안에 수록됨으로써 처음으로 그 모습을 세상에 나타내었는데, 총 389행으로 된 그리 길지 않은 이 글은 크게 서문(1～48행), 연극과 새로운 극이론에 대한 본격적인 설명과 주장(49～361행), 그리고 맺는 말(362～389행)이라는 세 부분으로 나누어 볼 수 있다. 이 세 부분을 통하여 반영되어 있는 로페의 연극과 관련된 사상과 그의 제반 이론들은 대략적으로 다음과 같다.

1. 『*Arte nuevo de hacer comedias*』의 핵심사상: 'gusto'='justo'

로페는 극작가란 관객이 원하는 바를 잘 파악해서 그것을 실제로 연극의 창작에 반영해야 한다고 생각해 왔으며, 이러한 취지의 언급을 『*Arte nuevo de hacer comedias*』의 곳곳에서 실행하였다. 그만큼 이 문제가 로페에겐 매우 중요한 사안이었다. 따라서 로페 시대에 하나의 연극작품이 무대에서 상연될 때 그 연극을 창작한 극작가가 가장 두려워했던 존재는 어쩌다가 운 좋게(?) 극장에 한 번 들른 왕과 그의 신하들도 아니었고, 귀빈석에서 편안히 앉아 지금부터 연극이 자신을 얼마나 즐겁게 해줄지 기대하던 귀족들도 아니었으며, 여성 전용석에 앉아 자신의 모습을 감추며 조용히 연극을 감상하던 여성들도 아니었다. 극작가가 가장 마음을 졸이며 신경을 썼던 것은 다름 아닌 당시 노천극장 '코랄(corral)'의 입석을 가득 메운 서민 대중들의 반응이었다. 그들이 연극을 보며 야유의 휘파람을 부느냐, 아니면 감동의 환호를 보내느냐에 따라 연극의 성공 여부가 결정적으로 판가름 났기 때문이다. 로페는 바로 이와 같은 대중의 호응이 지닌 중요성에 주목을 했던 것이다.

2. 『*Arte nuevo de hacer comedias*』에 담겨있는 새로운 극이론들: 『*Arte nuevo de hacer comedias*』에 나타난 로페의 새로운 극이론들은 다음과 같은 일곱 가지의 핵심사항으로 나누어서 살펴볼 수 있다.

① 희극적 요소와 비극적 요소의 혼합: 아리스토텔레스는 그의 『*Ars Poetica*』에서 희극은 보통 이하의 악인, 즉 우스꽝스러운 추악한 면을 지닌 자에 대한 모방인 반면, 비극은 실제 이상의 선인, 즉 고상한 면을 지닌 자에 대한 모방이라고 정의하며 희극과 비극의 경계를 분명히 했고, 극작술에서의 이러한 구분은 로페 시대 이전까지 스페인에서 그 어느 작가도 감히 거스르지 않았던 불변의 법칙이었다. 그러나 로페는 자신의 『*Arte nuevo de hacer comedias*』에서 오히려 비극적인 요소와 희극적인 요소의 혼합이야말로 극작가가 추구해야 할 중요한 덕목이라고

주장하고 있다.

② 아리스토텔레스적 '삼단일성의 원칙'에 대한 새로운 적용: 르네상스 이후 '삼단일성의 원칙'은 극작가들에겐 하나의 고전 규범으로 통했고, 스페인에서는 비록 절대적인 극작법으로까지는 여겨지지 않았으나, 로페 이전까지만 해도 세르반테스 등을 비롯한 적지 않은 극작가들과 실제 당시에 상연되었던 연극들 중에 이 규범을 지키려고 애쓴 경우가 적지 않았었다. 그러데 로페는 '삼단일성의 원칙' 중 '행동/사건의 단일성'에 대해서는 철저하게 아리스토텔레스의 견해에 따르고 있지만, '시간의 단일성'은 준수할 이유가 없다고 명확하게 밝히고 있으며, '장소의 단일성'은 아예 언급조차 하지 않고 있다.

③ 연극의 바람직한 분할과 그 분량, 그리고 이에 따른 소요 시간: 로페는 막마다 대략 1,000행의 대사를 포함한 총 3,000행 안팎의 분량을 지닌 3막극을 권장하였는데, 막간극(entremés)과 춤(baile), 그리고 뒤풀이를 포함한 하나의 온전한 연극작품이 모두 상연되는 순서는 대략 '로아(loa)–1막–막간극–2막–춤–3막–뒤풀이 축제의 순이었다. 또한 이에 소요되는 총시간은 대략 2시간이나 2시간을 약간 넘는 정도가 권장되었다.

④ 연극의 언어와 언어를 통한 표현 방식: 로페는 극적 상황을 표현하는 언어는 그 상황에 적합한 것으로 취해져야 하며 등장인물 역시 그 신분과 성격에 맞는 언어를 사용해야한다고 주장하고 있다.

⑤ 운율법: 로페의 설명에 의하면, 10행시의 일종인 데시마(décima)는 불평을 나타낼 때 좋고, 소네트(sonnet)는 기다리는 사람의 심정을 묘사할 때 적합하며, 8행시의 일종인 옥타바(octava)가 상당히 두드러지지만, 로만세(romance)는 관계를 나타낼 때 바람직하고, 3행시의 일종인 테르세토(terceto)는 심각한 일에 좋으며, 4행시의 일종인 레돈디야(redondilla)는 사랑을 표현할 때 이상적이다.

⑥ 이야기의 전개 방식: 사실은 사실대로 그대로 놔두되 그 사실을 예상하거나 암시하도록 하는 장치와 극적 수단들을 교묘히 활용함으로써 관객의 생각의 범주를 뛰어넘어 이야기를 전개시켜야 하며, 작가의 메시지 또한 이원성과 이중성을 내포하는 것이 좋다고 로페는 주장하고 있다.

⑦ 주제: 『*Arte nuevo de hacer comedias*』에서 직접적으로 언급된 주제는 두 가지인데, 하나는 '정조(honra)'이고 또 하나는 '선한 행위들(acciones virtuosas)'이다. 로페가 이 둘을 제시한 이유는 이들이 공히 사람을 진하게 감동시키는 능력이 있다고 믿었기 때문이다.

Ascética* (금욕)　정신적 수행 훈련. 이를 통해 정신의 세 가지 단계에 도달하고자 한다. 속죄(정화), 밝힘, 묵상(el purgativo, el iluminativo y el contemplativo)이다. 이 과정을 마치면 신비함 또는 행복한 상태에 이르게 된다. 성 토마스 아키노(Santo Tomás de Aquino)에 따르면 스토아 철학과 같은 이전 철학들에 그 기원이 있는 그리스도인들의 훈련이다. 이미 문학에 금욕주의가 조금은 존재했었던 것은 사실이지만, 에르난도 데 탈라베라(Hernando de Talavera)의 작품은 이그나시오 데 로욜라(Ignacio de Loyola)의 『*Ejercicios espirituales*』(1548)이나 루이스 데 그라나다(Luis de Granada) 수도사와 루이스 데 레온(Luis de León) 수도사의 작품들과 같은 글들이 시작하는 계기가 되었다. 부분적으로는 위에 언급한 마지막 두 작가들 덕분에 펠리페 2세의 왕권 안에 이 과정이 최고의 빛을 발했다. 금욕으로 영향을 받은 수많은 작품들과 인물들이 존재한다. 실제로 로페 데 베가(Lope de Vega)와 케베도(Quevedo)와 같은 작가들의 작품에까지도 영향을 미쳤다.

Así que pasen cinco años (이렇게 흐르는 5년) 20세기 초 스페인 극작가 페데리코 가르시아 로르카의 희곡. 극이 진행되는 동안 각 순간들이 무작위적으로 나타나는 시간의 왜곡이 이루어지고, 말하는 동물, 예상하지 못한 모습으로 죽음이 나타나는 등 초현실주의적인 표현들이 주를 이루고 있다. ➡ Federico García Lorca(페데리코 가르시아 로르카)

Asín y Palacios, Miguel (미겔 아신 이 팔라시오스) (1871~1944) 사제이자 한림원 회원이었으며 마드리드 대학교의 아랍어 교수를 역임하였다. 자신의 전 생애를 스페인・이슬람교 문화와 중세 기독교 문화의 상호 연관 관계를 연구하는 데에 바쳤다.

Atencia, María Victoria (마리아 빅토리아 아텐시아) (1931~) 말라가 출신의 시인이다. 자연주의 시인이며, 남편 라파엘 레온과 함께 문학잡지 <Cuadernos de Poesía>를 창간했다. 1997년에 출간된 시집 『*Las contemplaciones*』에서는 스페인 신비주의 문학의 명백한 흔적을 찾아볼 수 있다.

Ateneo de Madrid (마드리드 문예그룹) 1835년 살루스티아노 올로사가, 앙헬 데 사베드라 등의 후원에 의해 설립된 사설 문화기관이다. 미겔 데 우나무노, 페르란도 데 리오스 등 저명한 인사들이 회장을 역임했다. 6명의 수상을 배출하였고, 스페인 노벨상 수상자들 모두가 마드리드 문예그룹에 속해 있었다. 1923년 프리모 데 리베라에 의해 활동이 중지되고, 프랑코 시대에는 프랑코 이데올로기 확산에 이용되는 수난을 겪었으나 민주주의가 회복되고 원래 기능을 되찾았다.

Atenuación (곡언법) 일반적으로 말하려고 하는 것을 반대로 부정하는 것을 말한다.

예) No soy tan tonto. 난 그렇게 바보가 아니야. (난 똑똑해)

Atxaga, Bernardo (베르나르도 아트사가) (1951~) 기푸스코아(Guipúzcoa)의 아스테아수(Asteasu) 태생으로 바스크어로 작품을 낸 스페인의 소설가이자 시인이며 수필가이다. 빌바오 대학교(La Universidad de Bilbao)에서 경제학을 전공하고, 바르셀로나 대학교(La Universidad de Barcelona)에서 철학을 공부하였다. 작품 『*Obabakoak*』(1988)로 스페인 소설 부분 국민 문학상(Premio Nacional de Narrativa)을 받았다. 그 외 대표작으로는 『*Donostiako Iria*』(1983), 『*Ziutateaz*』(1976), 『*Antonino apretaren istoria*』(1982) 등이 있다.

Aub, Max* (막스 아웁) 스페인 소설가, 극작가, 시인이며 수필가이자 비평가로 1903년 프랑스에서 태어나 1972년 멕시코에서 타계한다. 어머니는 프랑스인이고 아버지는 유대 핏줄의 독일인으로 둘은 1914년부터 스페인에서 자랐기에 그의 가정은 놀라울 정도의 문화적 다양성을 보인다. 아소르(Azor)와 유명 잡지사인 <Revista de Occidente>와 작업하면서 문학적 작품활동을 시작했다. 사회주의 신문사 <La Verdad>의 창립자였고 대학 극단 “부엉이(El Búho)”의 단장이기도 하였다. 스페인 내전 중에는 공화당 편에 있었고 그로 인해 전쟁 후 한동안 프랑스에 위치한 정치범 수용소에서 지낸 다음 아르헬리아(Argelia)로 유배당했다. 1942년 멕시코에 도착, 영화세계에서 중요한 활동을 펼친다. 1929년 자신이 속하는 그룹인 “27 세대”에 해당하는 지리학(Geografía)을 출판한다. 이후 『*Fábula verde*』(1933)를 출판하고 『*Luis Álvarez Petreña*』(1934)로 “비인간적인 문학(literatura deshumanizada)”이라 불리는 것을 세상에 내놓는다. 다음 소설들의 작가이다. 『*Las buenas intenciones*』(1954) 그리고 『*La calle de Valverde*』(1961). 여기서는 독재주의의 정치적 동요를 다룬다. 내전 전후로 『*El laberinto mágico*』를 출판하며 이 작품은 『*Campo cerrado*』(1943)에서부터 『*Campo de los almendros*』(1968)까지 총 6개의 작품이 합쳐 있다. 1998년에는 1939년부터 자신의 죽는 날까지를 기록한 자신의 일기를 출판하였다.

Auditorio (관객)　일반적으로 영화 및 연극작품을 관람하는 사람들을 일컫는다. 연극의 순수한 관객은 영화나 텔레비전의 관객, 시청자처럼 이미 완성된 작품을 수동적으로 감상하는 감상자와는 본질적으로 구별된다. 관객은 배우, 희곡, 극장과 함께 연극 성립을 위한 불가결한 요소로서 감상자인 동시에 극에 간접적으로 참여하는 창조자이다.

Aumente, Julio (훌리오 아우멘테)　(1921～2006) 코르도바(Córdoba) 태생. 스페인 시인이다. 탐미주의적이고 관능적이며 퇴폐주의적인 시를 썼다. 대표작으로 『*El aire no vuelve*』(1955), 『*Por la pendiente oscura*』(1982), 『*De los príncipes*』(1990) 등이 있다. 후에 잡지사 <Cántico>를 창설했다.

Aurèlia Capmany, María (마리아 아우렐리아 캅마니)　(～1993) 이 작가는 광범위한 소설과 연극작품을 발표했는데 실존주의적 테마에서 사회적 분석까지에 이르는 다양한 경향을 띠고 있다. 대표작으로는 『*Betúlia*』, 『*El gusto de la pols*』가 있다.

Aurora roja (붉은 여명)　1904년에 발표된 스페인 98세대 작가 피오 바로하의 작품이다. 이 작품은 『*La busca*』(1904), 『*Mala hierba*』(1904)와 함께 삶을 위한 투쟁을 주제로 한 3부작이다. 본 3부작에서는 풍성한 이야깃거리와 마드리드 변두리의 다양한 풍속 등이 재미있게 그려져 있다. 특히 암담한 마드리드의 처참한 광경들이 작품에 많이 반영되어 있다. ➡ Baroja y Nessi, Pío(피오 바로하)

Auto da Sibila Cassandra (아우토 다 시빌라 카산드라)　1513년에 쓰인 힐 비센테(Gil Vicente)의 작품으로 복잡한 구조를 가지고 있다. 종교적이고 목가적인 성격이며, 성모 마리아와 성탄절을 주제로 한다. ➡ Renacimiento(르네상스)

Auto de los reyes magos* (동방박사들의 성찬극)　로망스어로 쓰인 첫 연극작품으로 12세기 작품이며 중세 유럽 희곡의 주요작품들 중 하나로 여겨진다. 1785년에 발견되었고 톨레도 대성당(Catedral de Toledo)에서 나온 고문서에 기록되어 있다. 아마도 수세기 동안 예수공현축일에 공연하였을 것이다. 부분적으로 보존되어 있으며 단지 147개 구절만 남아 있다. 이 글의 정확한 작가는 알지 못하지만 프랑스가 그 원본의 출처이며 이 글은 하나의 개작이란 것은 알려져 있다. 성찬극에서 갈리아와 모사라베의 영향과 가스쿠냐(Gascuña)나 카탈루냐(Cataluña) 아니면 심지어 모사라베의 한 작가의 흔적을 발견할 수 있다. 성찬극은 동방박사들의 세 독백으로 시작하며 그들의 만남과 간난 애기의 신성한 기원에 대한 토론이 주제로 다뤄진다. 이것이 끝나고, 헤롯 왕의 방문과 그의 학자들과의 대화가 다뤄진다. 오늘날까지 이것이 한 부분인지 아니면 서문인지에 대한 토론이 이어진다. 성찬극은 라몬 메넨데스 피달(Ramón Menéndez Pidal)에 의해 "고문서, 도서관, 박물관 잡지(Revista de Archivos, Bibliotecas y Museos)"에 처음으로 소개되었다. 이 성찬극이 스페인 전통의 공연물인지 아니면 단순히 이 극적 풍습을 도입하였던 한 가스쿠냐 출신 작가의 작품인지에 대해서는 아직 어떤 합의에도 도달하지 않았다.

Auto Sacramental (성찬신비극)　스페인 종교극의 한 장르로 극작가 페드로 칼데론 데 라 바르카가 쓴 『*Autos*』와 함께 17세기에 절정을 구가하였다. 이 작품은 성체성혈 대축일에 외부에서 공연되던 것으로 성체의 신비함을 노래하는 짧은 운문극이다. 후에 칼데론이 성체가 아닌 다른 분야에도 이를 적용했는데, 18세기에 이것이 불경스럽다고 비방 받으면서 1765년 왕의 칙령으로 상연 금지되었다. ➡ Calderón de la Barca(칼데론 데 라 바르카)

Automoribundia (자살 전기) 라몬 고메스 데 라 세르나의 작품이다. 여기서 그는 "그것은 이미 죽은 연극이었으며 차디찬 무덤에서나 읽혀질 연극이다"라고 고백하였다. 전위주의적 미학과 그레게리아(gregueria)의 발전 과정을 통한 연극 기법 또한 개혁적이었다. 작품의 중심주제는 에로티시즘과 틀에 박힌 사회적 관습에 대한 비판이다. ➡ Gómez de la Serna, Ramón(라몬 고메스 데 라 세르나)

Avellaneda y La Cueva, Francisco de (프란시스코 데 아베야네다 이 라 쿠에바) (1622~1675) 마드리드(Madrid) 태생. 스페인 연극작품 검열가이면서 극작가이다. 칼데론(Calderón)을 모방하였으며, 대표작으로 『*El divino calabrés San Francisco de Paula*』, 『*Cuantas veo*』, 『*tantas quiero*』, 『*El sargento Conchillos*』 등이 있다.

Avellaneda, Alonso Fernández de* (알론소 페르난데스 데 아베야네다) 『*Ingenioso hidalgo Don Quijote de la Mancha*』(1614) 2부를 쓴 작가로 알려져 있다. 자신이 토르데시야스(Tordesillas) 태생이라고 말하고는 있지만 아직까지도 이 모방글의 진정한 작가가 누군지는 알려지지 않았다. 하지만 이 글의 스타일이라든지 흔적으로 보아 아라곤 쪽에서 유래되었음이 드러난다. 책의 도입 부분에서 작가는 세르반테스를 공격하고 비평한다. 이를 미루어 작가가 세르반테스를 미워함을 알 수 있다. 반대로, 동시에 세르반테스가 비평했던 로페 데 베가(Lope de Vega)를 옹호한다. 이 작품의 진정한 원작자 자격을 부여할 만한 자들이 수두룩한 목록이 존재한다. 하지만 이 모든 것들이 단순한 가정이고 이론일 뿐 충분히 사실에 가까운 자료로 검증되지도 확인되지도 않았다. 심지어 세르반테스 본인이 그 작품을 쓴 것이 아닌가 하고 의심하기에 이르기까지 하였다. 어찌되었든 좋은 작품이라기보다는 일반적이다. 재미있을 수도 있는 몇몇 장면을 제외하고는 뛰어난 점이 없다. 엘 키호테의 진정한 균형에 도달하지는 못하는 이야기의 외적 행위들이 이 작품의 나머지 부분의 특징이다.

Avello, José (로세 아베요) (1943~) 아스투리아스(Asturias)의 캉가스 데 나르세아(Cangas de Narcea) 태생. 스페인 작가이다. 유년기 때부터 문학에 대한 남다른 열정으로 소설적 재능을 후에 보여주었다. 마드리드 콤플루텐세 대학교(La Universidad Complutense de Madrid)의 문화예술학부의 사회학 교수를 겸했다. 대표작으로 『*La subversión de Beti García*』, 『*Jugadores de billar*』 등이 있다.

Avempace (아벰파세) 스페인의 아라비아 철학자로서 출생연도가 정확하지 않으며 1138년 사망하였다. 사라고사(Zaragoza)에서 태어났으며 아랍의 반누 후드(Banú Hud) 왕조가 지배하는 시기에 살았다. 아벰파세는 그의 라틴어식 이름이며, 아바리아 원어의 이름은 'Ibn Bājjah'이다. 스페인에서 아라비아 철학을 집대성한 첫 번째 인물로 손꼽히며, 아리스토텔레스의 주석가(註釋家)로서도 유명하였다. 신비주의를 배격하고 합리적인 사색을 중시하였으며, 그에 의해 서방(西方)에 아바리아 철학의 발판이 구축되었다. 저서의 대부분은 소실되었지만 논리학에 관한 저서, 영혼에 관한 저서, 인간 지성과 능동 지성의 결합에 관한 저서 등이 있다. 미완성된 그의 노작인 『고독자의 요법』은 이러한 저서들의 마지막 주제를 발전시킨 것이다.

Averroes (아베로에스) 이븐 루슈드(Ibn Rushd)로 알려져 있으며 철학자, 의학자이자 스페인 태생 이슬람 법학자로 아리스토텔레스의 저서들에 주석을 달아 유럽에 전파하였다. 주석서들은 이후 13세기에서 15세기 동안 유럽 철학에 많은 영향을 주었다.

Ávila Cabezas, Miguel (미겔 아빌라 카베사스) 1953년 그라나다(Granada) 출생의 스페인 시인이다. 스페인 문학과 언어 관련 교수직을 역임하였다. 반어법의 사용과 회의주의적인 시각이 그의 문학의 특징이다. 시에서는 케베도(Quevedo), 산 후안 데 쿠르스(San Juan de Cruz), 가르시아 로르카(García Lorca)의 영향을 발견할 수 있다. 대표작으로는 『*Fe de vida*』, 『*Antología útlima*』 등이 있다.

Ayala, Juan de (후안 데 아얄라) 스페인 17세기 문학가이다. 태어난 연도는 기록되어 있지 않으며 1730년 마드리드에서 사망하였다. 살라망카 대학에서 교수직을 역임하였다. 대표작은 『*Descripción de las exequias del rey Luis I*』와 『*Oración fúnebre del Marqués de Villena*』가 있다.

Ayerra, Ramón (라몬 아예라) (1937∼2010) 세고비아(Segovia) 태생. 스페인 소설가, 수필가, 시인으로 활동했다. 그의 작품은 현대 문학의 모델이다. 그중에서도 성과 난폭함에 대한 예시를 보여준다. 대표작으로 『*La España Imperial*』(1977), 『*Las amables veladas con Cecilia*』(1978), 『*Los ratones colorados*』(1979) 등이 있다.

Ayesta, Julián (훌리안 이예스타) (1919∼1997) 히혼(Gijón) 태생. 스페인 소설가, 극작가이며 외교관이다. 인문학적 재능으로 문학과 법학을 전공하였다. 그러나 후에 외교관으로 있었다. 작가로서 이름이 잘 알려지진 않았지만 많은 극작품을 냈다. 대표작으로는 『*Helena o el mar de verano*』(1952), 『*Tarde y crepúsculo*』(1993) 등이 있다.

Ayguals de Izco, Wenceslao (웬세스라오 아이구알스 데 이스코) (1801∼1873) 카스테욘(Castellón)의 비나로스(Vinaroz) 태생. 스페인 소설가이면서 정치가이다. 이른 나이에 문학에 대한 흥미를 보여 예술 공부를 마무리 했으며, 각종 모임과 연극에도 자주 참여했다. 대표작으로 『*Un aviso a las coquetas*』(1820), 『*Lisonja a todos*』(1833), 『*Los negros*』(1836) 등이 있다.

Azcona Fernández, Rafael (라파엘 아스코나 페르난데스) 1926년 로그로뇨(Logroño)에서 태어난 스페인 소설가이자 시나리오 작가(1926∼2008)이다. 스페인 영화계의 대표적인 시나리오 작가로 유명하며 고야 상(Premio Goya)을 받았다. 1951년부터 소설가로 데뷔하여 인문학 잡지인 <La codorniz> 작업에 참여하기도 하였다. 하지만 문학활동보다는 영화 시나리오 작업에 더 큰 애정과 노력을 쏟은 인물이다.

Azorín (아소린) 알리칸테(Alicante) 출생의 소설가, 수필가, 극작가(1873∼1967)이며 본명은 호세 마르티네스 루이스(José Martínez Ruiz)이다. 이른바 98세대에 속하는 인물로 20세기 스페인이 배출한 대표적 수필가이다. 아소린은 19세기의 거추장스럽고 장식적인 수사법을 거부하고, 문장을 짤막하고 단순화시켜 명쾌한 문체를 확립시켰다는 공을 세웠다. 그리고 작품의 주제는 영웅주의에 입각하지 않았으며 오직 일상생활의 사소한 사물 등에 있었다. 또한 스페인의 풍경을 깊이 사랑하였다. 스페인의 고전을 재평가한 것은 그의 최대 업적이라 하겠다. ➡ Generación del 98(98세대)

Azúa, Félix de (펠릭스 데 아수아) 바르셀로나 태생의 시인, 소설가, 대학교수(1944∼)이다. 시는 실험주의적이며 고도의 추상적인 경향을 띈다. 대표적인 작품으로는 『*Cepo para nutria*』, 『*El velo en el rostro de Agamenón*』 등이 있다. 또한 소설은 반어적인 특징을 지니며 대표작으로는 『*Las lecciones de Jena*』, 『*Las lecciones suspendidas*』가 있다.

Azuar Carmen, Rafael (라파엘 아수아르 카르멘) 알리칸테(Alicante) 출생의 시인, 소설가, 수필가(1921~)이다. 젊은 시절부터 문학작품 창작을 계속해 왔지만, 『*Crónica y cantos que siguen al verano*』(1975)라는 서정시를 출판하면서 작가로서 명성을 얻게 된다. 주목할 만한 소설작품으로는 『*Los zarzales*』(1959), 『*Llanuras del Júcar*』(1965)가 있다.

B

Bacarisse, Mauricio (마우리시오 바카리세) 마드리드 출생의 시인, 소설가, 번역가, 수필가(1895~1931)이다. 보험설계사로 일하면서 작품 창작활동을 계속했다. 모더니즘적 경향을 지닌 첫 번째 시작품 『*El esfuerzo*』(1917)에서는 풍자적인 어조로 사회를 묘사한다. 또한, 순수시로는 『*El paraíso desdeñado*』(1928)가 있으며, 『*Los terribles amores de Agilberto y Celedonia*』(1931)라는 소설은 그 당시 굉장히 독창적인 테마로 주목을 받았다.

Badosa, Enrique (엔리케 바도사) (1927~) 바르셀로나 출신의 시인이자 에세이 작가이다. 호라티우스의 시를 스페인어로 번역할 정도로 그리스·라틴 고전에 깊은 관심이 있었고, 이러한 향수는 여행시인 『*Mapa de Grecia*』(1979), 『*Relación verdadera de un viaje americano*』(1994) 등에 잘 나타나 있다. 2000년 출간한 시집인 『*Epigramas de la gaya ciencia*』(2000)에서는 동시대 문인들을 풍자하는 내용이 담겨 논란이 되었다.

Baile (바일레) 희곡에서 노래에 맞춰 춤을 추는 간단한 부분을 일컫는다. 고전 희곡에서는 주로 2막과 3막 사이에 행해졌다. ➡ Arte nuevo de hacer comedias(신극작술)

Balaguer y Cirera, Víctor (빅토르 발라게르 이 시레라) 마드리드 출생의 정치가, 역사가, 작가(1824~1901)이다. 젊은 시절부터 『*El catalán*』(1847), 『*La corona de Aragón*』(1854)과 같은 문학비평가로서 활동했다. 낭만주의 소설가로서 명성을 얻었고, 역사와 관련된 다양한 작품을 쓰기도 했다. 주요작품으로는 『*Bellezas de la historia de Barcelona*』(1853), 『*Esperansas y recorts*』(1866) 등이 있다.

Balboa, Silvestre de (실베스트레 데 발보아) 라스 팔마스(Las Palmas) 출생의 시인(1563~1648)이다. 『*Espejo de paciencia*』라는 서사시(1608)에서 루터 교파에 대한 스페인에 대항을 주제로 다루고 있다. 고전 서사시의 악센트를 그대로 살렸다는 특징이 있다.

Balbuena, Bernardo de (베르나르도 데 발부에나) (1568~1627) 발데스페냐스 지역 출신의 시인이다. 2~3세 무렵 가족이 멕시코의 누에바 갈리시아 지역으로 이주했다. 1606년 다시 스페인으로 돌아와 신학을 공부했고, 1608년 자메이카의 수도원장으로 임명되었다. 신대륙의 아름다움을 노래한 시들로 잘 알려져 있으며 공고라와 이탈리아 운율법의 영향을 받았다. 『*La Grandeza Mexicana*』가 대표작이다.

Balmes Urpiá, Jaime Luciano (하이메 루시아노 발메스 우르피아) (1810~1848) 바르셀로나(Barcelona) 출생의 철학자, 사상가, 작가이다. 정치 관련 소논문 「*Observaciones sociales, políticas y económicas sobre los bienes del clero*」(1840)로 많은 보수주의 국회의원들로부터 높이 평가되었다. 『*El Protestantismo comparado con el Catolicismo*』(1844)는 그의 가장 중요한 작품으로서 보수주의자들의 태도를 정당화하는 내용을 담고 있다.

Balmes, Jaime (하이메 발메스) (1810~1838), 가톨릭 신자이며 호교론자이다. 주요저서에 몰두하여 전통에 활기를 주고자 하였다. 특히 영향력을 행사한 것은 저널리즘을 통해서였다. 거의 혼자서 <La civilización>, <El pensamiento de la nación>이라는 두 잡지를 창간하고 편집했다.

Bances Candamo, Francisco Antonio de (프란시스코 안토니오 데 반세스 칸다모) 아빌레스(Avilés) 출생의 극작가(1662~1704)이다. 처녀작 『*Por su rey y por su dama*』(1685)는 교훈적인 의도로 쓰인 작품이다. 가장 유명한 작품 『*Teatro de los teatros de los pasados y presentes siglos*』는 세 가지 버전으로 공연되었고, 17세기 연극계에서 가장 훌륭한 작품 중 하나로 여겨진다.

Banqueri, José Antonio (호세 안토니오 방케리) 그라나다(Granada) 출생의 아랍문화 연구가이자 산프란시스코회 종교인(1745~1818)이다. 엘 에스코리알(El Escorial)의 사서였고, 『*Utilidad del estudio de la lengua árabe*』(1783), 『*Discurso etimológico sobre topónimos árabes en España*』(1792)를 썼으며, 이 외 아랍어 문화와 관련된 다양한 연구 서적을 출판했다.

Barahona de Soto, Luis (루이스 바라오나 데 소토) (1548~1595) 코르도바 출신의 시인이다. 그라나다에서 교육을 받았으며, 코르도바에서 외과의사 일을 하기도 했다. 시에는 오비디우스와 비르질리우스의 영향이 나타나기도 한다. 아리스토의 서사시 『*Orlando furioso*』의 후속작이라 할 수 있는 『*Las lágrimas de Angélica*』가 대표작이다.

Barba, Juan Sánchez (후안 산체스 바르바) (1602~1673) 마드리드 태생으로 바로크 조각가이다. 나무로 하는 가장 기본적인 제단화 벽 장식에 특히 조예가 깊다. 현재 보존되어 있는 작품은 서류상에 기록되어 있는 작품 중 몇 부분이 소실된 상태이다.

Barbal, María (마리아 바르발) 예이다(Lleida) 출생의 여류 소설가이자 극작가(1949~)이다. 처녀작 『*Pedra de tartera*』로 Premio Joaquim Ryura와 Premio Creixells를 수상하면서 비평가와 독자들로부터 엄청난 관심을 받으면서 문학계에 데뷔한다. 이 소설에서는 20세기 초중반의 시골의 한 하녀의 이야기를 다룬다. 이 외에도 『*Mel i metzines*』(1990), 『*Càmfora*』(1992)라는 작품이 있다.

Barceló, Miquel (미켈 바르셀로) (1955~) 스페인 현대미술 화가이다. 스페인 미술계의 거장 호안 미로(Joan Miró)와 안토니오 타피에스(Antonio Tàpies)의 영향을 받아 1970년대 동물을 주제로 한 표현주의적 작품활동을 했다. 이후에는 항상 문학작품이나 지중해 연안 그리고 아프리카에 영감을 받아 추상적 작품을 남기기도 했다. 작품들은 대부분 두껍게 칠한 물감과 어두운 색깔을 사용하는 특징을 가진다.

Barco de la Muerte, El (바르코 델 라 무에르테, 엘) 후안 안토니오 순수네기(Juan Antonio Zunzunegui)가 1945년에 출간한 소설이다. 중남미 대륙으로 떠났다 벼락부자가 되어 돌아온 인물이 주인공이다. 빈정거리는 유머와 비관주의가 특징이다.

Barea, Arturo (아르투로 바레아) 마드리드 출생의 작가(1897~1957)이다. 스페인 내전 이후 런던으로 망명했고, 그곳에서 문학창작활동을 지속하였다. 스페인 내전을 주제로 한 『*Valor y miedo*』(1938)를 제외하고는 모든 작품이 영어로 먼저 출판되고 후에 카스티야어(castellno)로 출판된다. 그의 가장 중요한 작품 『*La forja de un rebelde*』(1951)에서는 작가의 청년기와 성인기를 둘러싼 환경을 다루고 있다.

Bargiela, Camilo (카밀로 바르히엘라) 폰테베드라(Pontevedra) 출생의 외교관, 문학가(1864~

1910)이다. 98세대 작가이며 모더니즘적 작품을 많이 썼다. 대표작 『*Luciérnagas*』(1900)는 당시 문학에 대한 자신의 의견을 쓴 에세이다. ➡ Generación del 98(98세대)

Barjola, Juan (후안 바르홀라) (1919~2004) 스페인의 미술이 1960년대부터 비형식주의에서 형식주의로 나아가려는 움직임에서 나타난 대표적인 인물이다. 표현주의 기법을 사용하여 도덕적인 요소를 강조하고, 스페인 사회에 나타난 혼란스러움을 자신의 작품에서 표현했다. 1985년 스페인 조형 예술상을 수상했다. 대표적인 작품으로는 『전쟁 장면』이나 『꿈의 세상』 등이 있다.

Baró, Teodoro (테오도로 바로) 헤로나(Gerona) 출생의 정치가, 작가(1842~1916)이다. 하원의원, 시장으로 정치활동을 했으며, 다양한 소설을 창작했다. 대표작품으로는 『*La aldea de San Lorenzo*』(1878), 『*En la costa*』(1906)가 있다.

Baroja y Nessi, Carmen (카르멘 바로하 이 네시) 팜플로나(Pamplona) 출생의 여류작가(1885~1950)이다. 부모님의 지원으로 공부를 할 수 있었고, 이를 바탕으로 다양한 작품을 썼다. 또한 다양한 연극작품에서 배우로도 활동하였는데, 『*El Mirlo Blanco*』가 가장 유명하다.

Baroja y Nessi, Pío* (피오 바로하) 98세대를 대표하는 작가 중의 한 명이다. 같은 98세대 일원인 마에스투(Maeztu), 아소린(Azorín)과 긴밀한 친분을 유지했다. 그의 소설은 시대성이나 사회성보다는 문학성으로 평가받았다. 의대에서 박사 학위를 취득하였고, 가족 소유의 빵집을 경영하였으며, 결국 선출되지는 않았으나 국회의원이 되고자 하였다. 스페인 한림원(Real Academia Española) 회원으로 선출되었다. 또한 <El País>, <El Liberal>과 같은 신문에 기고자로 일하기도 하였다. 그의 인생은 아버지 직업으로 인해 스페인과 유럽 전역에 걸쳐 수많은 여행을 했고, 스페인 내전(Guerra Civil) 동안에는 아르헨티나로 망명했다. 자신의 삶을 통해서 독일의 입장을 지지했고, 또한 사회가 변화됨에 따라 당시 사회를 돕기 위해 자신의 작품이나 사상에서 변화된 자세를 보여주지 않음으로 인해 사회 여러 계층에서 비난을 받기도 했다. 말년에 당신엔 젊었던 카밀로 호세 셀라(Camilo José Cela)와 친분 관계를 맺고 그의 집에서 문학 모임을 가졌었다. 작품에 대한 평가에 있어서는 그가 살았던 시대에 회의적이고 비관론적인 시각을 가진 점을 특징으로 들 수 있겠다. 작품 속의 인물들은 주위 사람들을 믿지 않고 부당한 대우의 피해자라고 여기는 특징을 가지고 있다. 이것이 바로 바로하적인 환멸이라 불린다. 거의 100편의 작품을 출판했고, 대부분이 소설이다. 대표작들 중에서, 『*Zalacaín el aventurero*』, 『*Aventuras, inventos y mixtificaciones de Silvestre Paradox*』을 들 수 있다.

Baroja y Nessi, Ricardo (리카르도 바로하 이 네시) 우엘바(Huelva) 출생의 작가(1871~1953)이다. 모험소설을 많이 썼고, 바스크 지방의 전원생활에 대한 삽화를 그렸다. 『*La nao Capitana*』(1935), 『*Gente del 98*』(1952) 등의 유명한 작품이 있다.

Barral, Carlos (카를로스 바랄) (1928~1989) 바르셀로나 출신의 작가이다. 힐 데 비에드마, 후안 고이티솔로 등과 함께 바르셀로나 학파에 속하며, 사회적 리얼리즘 경향을 띤 그의 작품들은 1973년 『*Usuras y figuraciones*』라는 제목으로 엮어서 출간되었다. 릴케 시의 번역가이기도 하며, 그로부터 많은 문학적 영향을 받았다.

Barrantes y Moreno, Vicente (비센테 바란테스 이 모레노) 바다호스(Badajoz) 출생의 작가(1829~1898)이다. 공무원이자 정치가로 일하면서 동시에 문학창작활동을 지속하였다. 다양한 풍자적 시작품을 쓴 작가로 유명하며, 전기작가로도 활동하였다. 대표작으로는 『*La viuda de Padilla*』(1857), 『*Plutarco para niños*』(1857) 등이 있다.

Barrantes, Pedro (페드로 바란테스) 발렌시아(Valencia) 출생의 작가, 기자(1850~1912)이다. 마드리드 집시와 관련된 다양한 작품을 썼다. 대표작품으로는 『*Delirium tremens*』(1890), 『*Tierra y cielo*』(1896)가 있다.

Barreda, Luis (루이스 바레다) 1874년 11월 산탄데르(Santander)에서 출생한 스페인 모더니즘 시인이자 기자, 정치가, 작가로서 활동한 인물이다. 자연을 무척 사랑하여 작품 대부분에서 산탄데르의 자연 풍경을 묘사하고 있으며, 대표적인 작품으로는 『*Cancionero montañés*』(1898), 『*Cántabras*』(1900), 『*Valle del Norte*』(1911) 등이 있다.

Barrera y Leirado, Cayetano Alberto de la (카예타노 알베르토 데 라 바레라 이 레이라도) 마드리드 출생의 작가(1815~1872)이다. 다양한 고전작품을 읽으며 문학창작에 관심을 갖기 시작하였다. 전기작가로도 활동하였으며, 대표작으로는 『*Nueva biografía de Lope de Vega*』(1890), 『*Francisco de Rioja*』(1867) 등이 있다.

Barrientos, Lope de (로페 데 바리엔토스) 바야돌리드(Valladolid) 출생의 작가, 산토 도밍고 교단의 종교인(1382~1469)이다. 궁정에서 국왕의 고문, 왕자의 가정교사로 있었으며 다양한 외교 임무를 수행하기도 했다. 대표작 『*Crónica del Halconero*』에서는 카스티야(Castilla) 왕국의 국왕, 후안 2세의 통치를 묘사한다.

Barriobero y Herrán, Eduardo (에두아르도 바리오베로 이 에란) 라 리오하(La Rioja) 출생의 작가, 정치가, 변호사(1880~1939)이다. 소설, 연극대본, 풍속희극 등 다양한 장르의 문학작품을 창작했다. 대표 소설작으로는 『*Guerrero y Vocación Syncerato el parásito*』(1908)라는 역사소설이 있다.

Barrionuevo, Jerónimo de (헤로니모 데 바리오누에보) 그라나다(Granada) 출생의 천주교 사제(1587~?)이다. 시구엔사 성당(Catedral de Sigüenza)의 재산 관리 사제이기도 했으며, 가장 유명한 작품은 『*Avisos*』로, 일상생활의 현실을 묘사하는 편지 모음집이다.

Barrios, Miguel de (미겔 데 바리오스) 몬티야(Montilla) 출생의 유태인 산문작가, 극작가, 시인(1635~1701)이다. 암스테르담의 세파르디(sefardí) 공동체의 일원으로 있었으며 그곳에서 문학창작활동을 시작하였다. 대표시작으로는 공고리즘 특징을 지닌 『*Flor de Apolo*』가 있으며, 연극작품으로는 『*Contra la verdad no hay fuerça*』, 『*El Coro de las musas*』(1672) 등이 있다.

Barroco* (바로크) 17세기 예술 사조로 많은 장식적 요소들과 과장된 치장을 많이 사용한 점이 바로크 양식의 특징이다. 문학에 있어서 은유나 여러 다른 부가적 요소들을 사용하고, 작품의 주된 줄거리에서 멀어지는 문학적 복합성이 주를 이루는 양식이다. 이런 과정을 통해 부가적 요소들이 작품의 주된 요소들보다 더욱 큰 중요성을 얻게 되고, 개별적인 요소들이 작품 자체가 되어버린다. 시인들은 비유법과 도치법 등 수사법에서 혁신을 이뤄내 새롭고 독창적인 시학을 만들어냈다. 고전주의와는 반대로 감각(소리, 빛, 색채)과 기발한 기지를 주된 표현 양식으로 사용함으로써 감성과 지성을 자극한다. 다시 말해 놀라움을 자아내는 경이롭고, 회화적인 요소, 기괴함 등을 바로크 예술 양식에서 추구한다. 예를 들어 바로크 양식 건축물에서 기둥의 왜곡된 형태, 직선보다는 곡선의 사용, 과장된 양식을 즐겨 사용했으며 이는 문학에서 등장인물들의 감정의 동요, 과식주의적 언어의 사용, 논리와 문법을 과감하게 해체하는 것과 서로 그 의미를 대고 있다. 또한 세계는 고요한 것이 아니라 동적이며, 선과 악, 아름다움과 추함이 서로 대조를 이루고 있다고 바라봄으로써 언어의 사용에 있어서도 대조적 표현들을 즐겨 사용한다. 스페인의 작가들은 바로크 예술 사조의 최고의 대표자들이다. 연극에서는 로페 데 베가(Lope de Vega), 칼데론 데 라 바르카(Calderón de la Barca), 티르소 데 몰리나(Tirso de Molina)와 같은 대작가들이 등장한다. 산문에서는 케베도(Quevedo)나 마테오 알레만(Mateo Alemán)이, 시에서는 공고라(Góngora)와 케베도가 대표적인 작가들이다.

Barros, Alonso de (알론소 데 바로스) 작가에 대해 알려진 것은 거의 없으며(?~1604) 왕궁에서 하인으로 일했다. 가장 유명한 작품은 『*Filosofía cortesana moralizada*』(1567)로 왕궁에서 일하는 사람들을 위한 1,062개의 조언과 충고를 속담의 형식으로 서술하고 있다.

Barroso, Miguel (미겔 바로소) 사라고사(Zaragoza) 출생의 작가(1954~)이다. 처녀작 소설 『*Amanecer con hormigas en la boca*』(1999)는 정치풍자소설로, 부정부패와 마피아가 횡행하는 쿠바 사회를 비판하고 있다.

Bartra i Lleonart, Agustí (아구스티 바르트라 이 예오나르트) 바르셀로나(Barcelona) 출생의 시인, 산문가(1889~1982)이다. 스페인 내전 이후 프랑스, 쿠바, 멕시코, 미국 등지로 망명했고, 자신의 경험을 주제로 한 다양한 시를 창작하였다. 『*Màrsias i Adila*』(1948), 『*L'evangeli del vent*』(1956) 등이 작가의 망명을 주제로 한 대표적인 시이다.

Bartrina y de Aixemús, Joaquín María (호아킨 마리아 바르트리나 이 데 아이세무스) 레우스(Reus) 출생의 작가(1850~1880)이다. 회의주의적이고 유물론적인 가치관을 지녔다. 시작품인 『*Epístolas y De omni re scibile*』는 이탈리아 시인 레오파르디(Leopardi, Giacomo, 1798~1837)의 영향을 많이 받은 작품이고, 1876년에 출판된 『*Algo*』라는 작품으로 유명해지기 시작했다.

Baselga, Mariano (마리아노 바셀가) 사라고사(Zaragoza) 출생의 작가(1865~1938)이다. 『*Desde el cabezo cortado*』(1893)에서 아라곤(Aragón) 지방의 풍속을 묘사하는데, 그 당시 많은 인기를 끌었다. 또한 『*Cuentos de la era*』(1897)는 부부의 삶을 주제로 한 소설이다.

Basterra, Ramón (라몬 바스테라) 스페인 시인이자 외교관으로 1888년 빌바오에서 태어나 1928년 마드리드에서 사망하였다. 계속적인 작품의 성공을 통해서 스페인의 파시즘 문학의 선구자로 손꼽힌다. 짧은 생애 동안 그의 작품은 바스코 경치를 묘사하는 데 주목하는 초기 상징주의부터 파시즘이 널리 퍼질 거란 예상까지 내포하고 있다. 대표작으로 『*La sencillez de los seres*』(1923), 『*Las urbes luminosas*』(1923) 등이 있다.

Basurto, Fernando (페르난도 바수르토) (1490~1542) 페르난도 스페인 하카(Jaca) 출생이다. 대표작으로 그 시대의 고유한 쇼와 축제에 대한 풍부한 묘사가 뛰어난 무사도에 관한 책 『*Don Florín*』(1530)이 있다. 1533년에 사라고사(Zaragoza)에서 이사벨(Isabel) 황후의 환영회를 담당해서 성 엔그라시아(Santa Engracia)의 순교를 극작품으로 만들기도 했다.

Batlló, José (호세 바티요) (1939~) 바르셀로나(Barcelona)에서 태어난 스페인 시인, 수필가이자 비평적 문학가이다. 새로운 형식과 문체의 계속적인 추구와 함께 현실주의의 실생활 주제를 결합한 시모음집의 작가이다. 수많은 작품을 씀으로써 많은 현대 스페인 시작가들에게 지지가 되던 문화 분야에 활기를 주고 증진시켰다. 이런 중요한 시기에 젊은이들에게 작품을 확산시키면서 처음으로 『*El bardo*』(1964~1974)라는 시작품집 창시자가 되었다.

Bautista, Amalia (아말리아 바우티스타) (1962～) 스페인 시인. 마드리드에 있는 콤플루텐세(La Universidad Complutense)에서 정보과학을 전공하였다. 대표작으로는 『*Ciencias de la Información*』(1988), 『*La mujer de Lot y otros poemas*』(1995), 『*Cuéntamelo otra vez*』(1999) 등이 있다. 시 『*Una generación para Litoral*』(1988), 『*Poesia espanhola de agora*』(1997) 등의 시선집에 실려 있다. 작품의 일부분은 이탈리아어, 포르투갈어, 러시아어 그리고 아랍어로 번역되기도 했다.

Bayo y Segurola, Ciro (시로 바요 이 세구로라) (1859～1939) 마드리드 태생. 기행문 작가이자 소설가이다. 16년간 메노르카 섬(Menorca)에서 정치범이었고 그곳에서 쿠바로 떠났다. 그 후 비록 마무리하지는 못했으나 법을 공부하기 위해 스페인으로 귀국했다. 아르헨티나와 볼리비아에서 교편을 잡았다. 가장 잘 알려진 작품으로 기행문 소설인 『*El peregrino entretenido*』(1910), 숙련된 순례자가 스페인 국가를 안내하는 『*Lazarillo español*』(1911) 등이 있다.

Bayón Pereda, Miguel (미겔 바욘 페레다) (1947～) 마드리드 태생. 스페인 작가이자 기자이다. 라 에스쿠엘라 오피시알 데 페리오디스타스(La Escuela Oficial de Periodistas)에서 1968년 학위를 수여받았다. 『*El que va de paso*』(1967)라는 소설을 출간했고 그 후 알바이신 소설상(El Premio Albaicín de Novela)을 수상하였다. 그의 대표작으로 『*La memoria de la trib*』(1989) 『*Trotacuentos*』(1990), 『*Cosecha de los 80: el boom de los nuevos realizadores españole*』(1990) 등이 있다.

Bayón, Félix (펠릭스 바욘) (1952～2006) 스페인의 문학작가이면서 기자로 카디스(Cádiz)에서 태어나 마르베야(Marbella)에서 죽음을 맞이했다. 그는 콤플루텐세 대학(La Universidad Complutense)에서 정치학을 공부한 후에 라 에스쿠엘라 오피시알 데 마드리드(La Escuela Oficial de Madrid)에서 신문학을, 콤플루텐세에서 신영상학을 공부하였다. 1985년에 첫 번째 책인 수필작품 『*La vieja Rusia de Gorbachov*』를 썼다. 이 외에 『*Adosados*』(1995), 『*La libreta negra*』(1997), 『*Un hombre de provecho*』(1998) 등이 있다.

Baza de espadas (스페이스 카드의 속임수) 바예 잉클란의 1932년 소설로 이 작품에서 집단적 주체를 인물로 설정하였는데, 그 이유는 그가 당시 사회주의·공산주의 시대의 소설의 주인공은 한 개인이라기보다는 사회 세력 전체가 되어야 한다는 견해를 가지고 있었기 때문이었다. ➡ Valle-Inclán(바예 잉클란)

Bazo, Antonio (안토니오 바소) 18세기 극작가이다. 대표작으로 『*Adriano en Siria*』와 『*La impiedad de un hijo vence la impiedad de un padre y real jura de Artajerjes*』가 있다. 첫 번째 이름 또는 예명으로 추정되는 푸르멘토(Furmento)란 이름으로 많은 작품을 출간하였다. 그러나 바소와 푸르멘토가 일치한다는 확실성은 없다. 또한 많은 극작품을 받아들이고 번역도 하였다.

Bécquer, Gustavo Adolfo* (구스타보 아돌포 베케르) 본명은 구스타보 아돌포 클라우디오 도밍게스 바스티다(Gustavo Adolfo Claudio Dominguez Bastida)이지만 부친의 세 번째 성이자 플라멩코 조상의 성인 베케르(Bécquer)를 사용했다. 시인이자 산문작가이고 신문기자로 스페인 낭만주의 최고 대표이고, 현대 서정시의 창시자로 평가받는다. 1836년 2월 17일, 세비야(Sevilla)에서 태어나 1870년 마드리드에서 긴 시간 지병으로 고생하다 34세의 나이로 죽음을 맞는다. 부모님의 이른 죽음으로 인해 삼촌이 아버지 역할을 해야만 했다. 부자 양어머니 덕분에 또한 양어머니가 유명한 도서관을 갖고 있어

독서에 잘 활용하였다. 특히 오라시오(Horacio)와 샤토브리앙 (Chateaubriand)을 좋아했다. 얼마 지나지 않아 화가였던 삼촌의 제자가 되었는데, 삼촌은 베케르에게 라틴어를 가르쳐 주었다. 그리고 얼마 후, 성공을 위해 마드리드로 가지만 여러 가지 복잡한 문제에 당면해야 했다. 그 문제들 중에서 그를 죽을 때까지 괴롭혔던 지병을 얻게 된다. 카스타 데스테반 나바로(Casta Esteban Navarro)와 결혼해서 두 명의 자식을 둔다. 삼촌과 그녀와의 문제로 인해 결혼생활은 오래가지 못했다. 삼촌의 죽음 후, 재결합하지만 오래가지 못하고 얼마 못 가 죽음을 맞는다. 베케르의 작품이 그의 죽음 후에 출판된 것이 특징이다. 작품으로는 『*Rimas*』, 『*Leyendas*』, 사설들이 대표적이다. 사설에서는 『*Cartas desde mi celda*』와 『*Cartas literarias a una mujer*』가 돋보인다.

Bedoya, Juan Manuel (후안 마누엘 베도야) 1770년 산탄데르(Santander) 지방의 세르나 데 아구에소(Serna de Agüeso)에서 태어난 스페인 작가이자 종교인(1770～1850)이다. 성직 생활이 끝날 무렵 『*Fiestas y Obsequios del Cabildo de Orense a su Emmo*』(1817)를 집필하였다. 성서를 번역하기도 하였고 지리학 사전 편찬에도 참여하였다.

Bejarano, Lázaro de (라사로 데 베하라노) 스페인 작가이다. 대략 1501년에 세비야(Sevilla)에서 태어났고 1575년에 사망하였다. 구티에레 데 세티나(Gutierre de Cetina) 모임의 일원이었다. 1535년에 아메리카로 가서 그의 히스패닉 문학작품인 『*Giuseppe Bellini*』(1970)에서 아메리카를 이탈리아 운율 형식으로 소개했다. 1558년에 권위자들과 성직자들에 대한 풍자문학으로 종교재판소의 재판관으로 일했었다. 대표작으로 알론소 데 말도나도(Alonso de Maldonado)에 대한 글로 『*Presidente de la Corte Suprema de Santo Domingo*』(1552)가 있다.

Belbel, Sergi (세르히 벨벨) (1963～) 스페인 극작가이자 연극감독으로 바르셀로나의 타라사(Tarrasa) 태생이다. 그의 비극작품인 『*Tàlem y caricias*』로 국내 극문학상(El premio Nacional de Literatura Dramática)을 1996년 수상하였다. 대표작으로 『*Hombres*』, 『*Soy fea*』, 『*Morir*』, 『*Sang*』 등이 있다.

Belda, Joaquín (호아킨 벨다) (1880～1937) 스페인 작가로 마드리드 태생이다. 칸시노스 아센스(Cansinos Assens)를 제외한 대부분의 비평가들은 그의 소설의 가치를 폄하했다. 대표작으로 『*La suegra de Tarquino*』(1909), 『*La Coquito*』(1915), 『*Memorias de un suicida*』(1910), 『*Saldo de almas*』(1910), 『*La Piara*』(1911) 등이 있다.

Belianís de Grecia (돈 벨리아니스) 원제는 『*Hystoria del magnánimo, valiente e inuencible cauallero don Belianís de Grecia*』. 헤로니모 페르난데스(Jerónimo Fernández)에 의해 1545년 세비야에서 처음 출판되었다. 전형적인 스페인 기사소설로, 돈 벨리아니스의 무훈담에 관한 이야기들이 담겨있다. 세르반테스의 소설인 『*Don Quijote*』 1부 6장의 도서관 재판 장면에 등장하면서 더 잘 알려지게 되었다.

Belleza (아름다움) 스페인 작가 후안 라몬 히메네스의 작품이다. 작가의 솔직한 태도가 이 작품에 드러나는데, 모더니즘적인 화려한 효과나 수사학적 기법보다는 개인의 내면적 세계와 지적인 관념이 주를 이룬다. 또한, 제약이 없는 자유로운 시행으로 짧고 함축적인 시작품들이 두드러지게 나타난다.

Bellido Cormenzana, José María (호세 마리아 베이도 코르멘사나) (1922～) 스페인 극작가이며 산 세바스티안(San Sebastián) 출신이다. 바야돌리드(Valladolid)에서 법학을 공부하였으나 그것으로 직업을 가지지 않았다. 작품은 해학과 비극을 섞어 부조리한 상황을 재연했다. 대표작으로 『*Escorpión*』(1962), 『*Los relojes de cera*』(1967), 『*Solfeo para mariposas*』(1969) 등이 있고 또 상업적인 연극을 쓰기도 했는데 『*Rubio Cordero*』이 그것이다.

Bello, Luis (루이스 베요) (1872~1935) 교사이다. 살라망카(Salamanca)의 알바 데 토르메스(Alba de Tormes)에서 태어나 마드리드(Madrid)에서 사망하였다. 히네르 데 로스 리오스(Giner de los Ríos) 재건운동주의자들과 가까이 지냈다. 대표작으로는 『*Viaje por las escuelas de España*』(1926~1929), 『*España durante la guerra: política y acción de los alemanes*』(1918), 『*Ensayos e imaginaciones sobre Madrid*』(1919), 『*El corazón de Jesús*』(1907), 『*Una mina de oro en la Puerta del Sol*』(1913) 등이 있다.

Belmonte Bermúdez, Luis de (루이스 데 벨몬테 베르무데스) 세비야 출생의 극작가이자 시인, 소설가(1587~1650)이다. 젊어서부터 멕시코, 페루 등에 체류하며 태평양을 거슬러 오르내리는 원정에 여러 번 참가하였다. 교양서사시에 속하는 『*La Aurora de Cristo*』(1616)를 썼으며, 극작품으로는 『*La renegada de Valladolid*』, 『*El diablo predicador*』 등이 있다.

Benavente, Jacinto* (하신토 베나벤테) 극작가로, 1866년에 태어나 1945년 마드리드에서 생을 마감한다. 스페인의 가장 유명한 극작가들 중 한 명이다. 법학을 공부했지만 아주 젊었을 때부터 문학에 열중했다. 1922년 노벨 문학상을 수상했다. 첫 작품들은 시였지만, 가장 중요한 작품들은 연극작품들이다. 베나벤테가 98세대와 동시대 사람이기는 하지만, 그 어느 순간도 이 세대에 속한 작가들이 갖고 있는 염세주의와 사상을 공유하지 않는다. 작품들은 두 개의 큰 그룹에 집중된다. 첫 번째는 일반적으로 부를 누리는 인물들을 다루는 부르주아적이고 귀족계급적인 희극이며, 두 번째는 평민적인 대화를 다루는 전원적 드라마이다. 유아적이고 상징적인 성격의 작품을 쓰기도 했던 점은 사실이기도 하다. 독자들 대부분은 작품의 반어적이고 심술궂은 문체를 좋아했던 부르주아 계층에 속한 사람들이었다. 문체는 풍속주의적이고 감상주의적이지만, 아주 약간의 현대주의적 흔적도 띈다. 170여 작품들 중에서 『*La malquerida*』, 『*Los intereses creados*』, 『*Pepa Doncel*』, 『*La ciudad alegre y confiada*』를 들 수 있다.

Benavides, Manuel de (마누엘 데 베나비데스) 스페인 소설가이다. 1895년 푸엔테아레아스(Puenteareas)에서 태어나 1947년 멕시코(México)에서 사망하였다. 스페인 내전 동안 공화당과 협력했다는 이유로 멕시코로 추방당하였다. 그곳에서 문학활동을 계속하였다. 많은 작품이 있는데 그중 대표작으로 『*Los nuevos profetas*』, 『*La escuadra la mandan los cabos*』, 『*Guerra y Revolución en Cataluña*』, 『*Soy del 5º Regimiento*』 등이 있다.

Benegasi y Luján, José Joaquín (호세 호아킨 베네가시 이 루한) (1707~1770) 스페인 작가로 마드리드 태생이며 프란시스코 베네가시(Francisco Benegasi)의 아들이다. 작품은 그의 아들에 의해 『*Poesías líricas y joco-serias*』(1743)에 실렸다. 또한 『*La Vida de san Benito de Palermo*』(1750)나 『*La Vida de San Dámaso*』(1752)와 같은 성인(Santo)들의 삶을 시로 표현했고 『*La campana de descansar*』, 『*El amor casamentero*』, 『*El ingeniero apurado*』와 같은 극작품을 썼다.

Beneito, Mateo Miguel (마테오 미겔 베네이토) (1560~1599) 소시에고(Sosiego)라는 이름으로 알려졌다. 1560년 태어나 1599년에 사망하였다. 1591년에 밤의 학회(Academia de los Nocturnos)에 가입했다. 작품집에는 『*El Prado de Valencia*』(1601), 『*La Colección* *de memorias de la Academia*』, 극작품인 『*El hijo obediente*』 등이 포함되어 있다.

Benet Goita, Juan (후안 베넷 고이타) 마드리드(Madrid)에서 태어난 스페인 소설가(1927~1993)이다. 하비에르 마리아스(Javier Marías)로도 알려져 있다. 스페인 20세기 중반에 가장 영향력 있는 작가 중 한 명으로 평가받는다. 극본, 수필, 단편・장편소설 등 다양한 문학 장르의 작품을 창작하였으며 특히 소설 분야에서 두각을 보였다. 대표작으로는 『*Una meditación*』, 『*Una tumba*』, 『*Un viaje de invierno*』, 『*El aire de un crimen*』 등이 있다.

Benet Goitia, Juan* (후안 베넷 고이티아) 1928년 마드리드에서 태어났다. 극작가이자 수필가, 산문작가이며 토목엔지니어이기도 했다. 20세기 스페인 문학에서 두드러진 인물이었다. 엔지니어의 직업을 절대 포기하지 않았는데, 왜냐하면 문학에만 전념하게 된다면 살아남기 위해 글쓰기를 해야 할 것이고, 문학의 노예가 될 것이라 생각했기 때문이다. 문체는 소외적이고 독립적이었기에, 그 어떤 장르의 그 어떤 대표 그룹에도 속하지 않는다. 작품은 소수를 위한 것이었고 이해하기 힘든 것이라는 점이 특징이다. 베넷은 동시대 현실주의에서 벗어나 자신의 작품 대부분이 펼쳐지는 자신만의 환상의 세계를 선택한다. 이베리카반도 내에 위치하지만 실제로는 당연히 존재하지 않는 장소인, 구역(region)을 만든다. 상상의 세상에서 이런 이야기 문체를 만든 선구자인 윌리엄 포크너(William Faulkner)에게서 영향 받았음을 절대 부정하지 않았다. 다른 스페인 작가들도 윌리엄 포크너의 문체를 모방한 것도 분명 사실이다. 이 세계에 머무는 인물들은 일반적으로 난폭하고, 거침없으며 거만하다. 그들에게는 미래도 꿈도 없다. 이야기를 전개하는 방식은 충분히 복잡하고 무겁다. 길고 긴 종속절들이 넘쳐나고 가끔 시공간에서의 위치와 이야기의 진행에 대해 독자들을 혼돈시키려 한다. 단편 도서관상(Premio Biblioteca Breve)을 수상했고, 가장 유명했던 작품 『*En la penumbra*』로 스페인의 유명 출판사에서 수여하는 플라네타(Planeta)상의 후보에도 올랐다. 또한 『*Volverás a Región*』, 『*Una meditación*』, 『*Un viaje de invierno*』, 『*En el Estado*』가 대표작이다.

Benguerel, Xavier (하비에르 벤게렐) (1905~1990) 스페인 소설가이다. 바르셀로나(Barcelona)에서 태어나 콘달(Condal)이라는 도시에서 사망하였다. 노동자 계층의 가족에서 태어났고 대부분의 작품에서 소외된 사회계층의 현실을 담고 있다. 대표작으로 『*Suburbio*』(1935), 『*Los fugitivos*』(1956), 『*La familia Rouquier*』(1953) 등이 있다. 개인적이고 역사적인 신앙고백은 『*Gorra de plato*』(1967), 『*Premio Planeta*』(1974)와 같은 작품에 드러나 있다.

Benítez de Castro, Cecilio (세실리오 베니테스 데 카스트로) (1917~1975) 변호사이자 기자, 소설가. 산탄데르(Santander)의 라말레스 데 라 빅토리아(Ramales de la Victoria)에서 태어나 부에노스아이레스에서 사망하였다. 대표작으로 『*Se ha ocupado el kilómetro 6*』(1939), 『*Novela falangista de exaltación de la guerra*』(1940), 『*La rebelión de los personajes*』(1940) 등이 있다. 전후소설에 이데올로기적인 환멸과 같은 비관주의가 드러나 있다. 1947년부터 생을 마감하기 전까지 아르헨티나에서 살았다.

Benito de Lucas, Joaquín (호아킨 베니토 데 루카스) (1934~) 톨레도 출신의 시인이자 문학비평가이다. 그의 시는 내밀하고, 감상적이며, 자연주의적인 색채를 띠며, 유년시절의 기억 속에 남아 있는 전후의 불안정함을 시적 재료로 삼아 재구성한 것이다. 이러한 특성은 특히 초기작 『*Materia de olvido*』(1968)와 후기작 『*Albúm de familia*』(2000)에서 강하게 나타난다.

B

Benito Lentini, José (호세 베니토 렌티니) 라스 팔마스 데 그란 카나리아(Las Palmas de Gran Canaria) 출생의 스페인 작가(1835~1862)이다. 카나리아의 시장이었던 아버지의 덕택으로 어렸을 적부터 많은 교육을 받았으며 집필활동도 하였으나 젊은 나이에 결핵으로 사망하였다. 작품들은 소리야(Zorrilla), 에스프론세다(Espronceda) 등의 로만티스모(Romanticismo)와 독일 시인으로부터 많은 영향을 받았으며, 사후 시 49편이 시문집으로 출간되었다.

Benot y Rodríguez, Eduardo (에두아르도 베놋 이 로드리게스) (1822~1907) 스페인 정치가이면서 작가이자 수학자이다. 카디스(Cádiz)에서 태어나 마드리드(Madrid)에서 사망하였다. 스페인어 한림원(Real Academia de la Lengua)의 일원이었다. 학구적인 면은 철학, 수학, 물리학 분야에서 두드러졌으며, 민주당 창설자 중의 한 명이었다. 카디스의 혁명위원회에도 참여했다. 대표작으로는 『*Arte de hablar, gramática filosófica de la lengua castellana*』(1910), 『*Examen crítico de la acentuación castellana*』(1866), 『*Versificación por pies métricos*』(1890) 등이 있다.

Berceo, Gonzalo de* (곤살로 데 베르세오) 현재까지 알려진 최초의 스페인어 시인이다. 그가 어디서 공부했는지는 확실하지 않다. 하지만 몇몇 출처에 의하면 팔렌시아(Palencia)가 수학했던 장소라고 추정된다. 코고야(Cogolla)의 산 미얀(San Millán)의 수도원에서 교육을 받고 사제 서품을 받은 후 사제가 되었다. 교단에 소속된 신부로서, 종교적 주제를 담은 강독을 담당했는데, 여기에 다른 사제들, 수녀들, 수도사들과 다른 사람들이 귀를 기울였다. 이 사실은 그의 작품을 특징짓는데, 왜냐하면 베르세는 자신의 작품 속에서 수도원과 자신의 교단을 알리는 것과 관계된 내용들을 담았다. 작품 대부분은 산 미얀과 산토 도밍고 데 실로스(Santo Domingo de Silos) 수도원과 관계된 성인과 동정녀와 관계된 내용들이다. 묘사에 있어서 정확성과 출처를 밝히는 특징을 가진다. 일반적으로 그에 삶에 대해 그나마 알려진 것도 성인들에 대한 그의 시작품에서 밝힌 견해들 덕분이다. 시작(詩作)에 있어서 너무나 신중하게 운율을 사용한다. 작품들은 몇 가지 그룹으로 분류할 수 있는데, 첫 번째로 동정녀 마리아에 대한 작품들, 두 번째는 성인들의 생애에 대한 작품들, 마지막으로 교훈적인 가르침을 주는 성격을 띤 작품들을 들 수 있다.

Berenguela (베렌겔라) (1180~1246) 카스티야(Castilla)의 여왕으로 알폰소 9세(Alfonso IX)와의 혼인으로 레온(León)의 여왕을 겸하게 되었다. 동생 엔리케 1세(Enrique I)와 자신의 아들 페르난도 3세(Fernando III)가 성년이 될 때까지 두 차례 섭정을 펼쳤다.

Berenguer, Luis (루이스 베렌게르) (1923~1979) 스페인 소설가이다. 라 코로냐(La Coruña)의 엘 페롤(Ferrol)에서 태어나 카디스(Cádiz)의 산 페르난도(San Fernando)에서 사망하였다. 첫 번째 소설은 밀렵꾼과 자연과의 관계를 다룬 작품인 『*El mundo de Juan Lobón*』(1967)으로 스페인 비평 부문 국민문학상(Premio Nacional de la Crítica)을 수상하였다. 다른 작품으로는 『*Marea escornada*』(1969), 『*Premio Miguel de Cervantes; Leña verde*』(1971), 『*Crónica de los olvidados*』(1973) 등이 있다.

Bergamín, José* (호세 베르가민) 극작가고 시인이며 수필가로 27세대(Generación del 27)에 속한다. 하지만 그의 문체와 정치 인생을 그의 작품과 관련시켜 평가했기 때문에 충분히 인정받지는 못했고, 현재까지도 과소평가되고 있다. 알폰소 13세 시대에 아버지가 장관을 역임했고, 프리모 데 리베라(Primo de Rivera)의 독재에 반대하였다.

가톨릭－진보주의적인 잡지 <Cruz y Raya>를 설립・운영하였고 <Gaceta Literaria> 같은 잡지에도 기고하였다. 자신이 속했던 27세대의 다른 여러 작가들의 작품의 출판에 항상 참여하였고 도와주었다. 스페인 내전에서 공화국 측을 지지했다. 1970년까지 망명생활을 해야 했고 몇 년 후 좌파 공화당 소속으로 상원의원에 출마했다. 이 사실은 가톨릭이었던 그의 종교 성향에 반대될 수 있긴 하지만, 그는 분명 진보적인 가톨릭주의자였다. 문체에 관한 평가에 있어서는 격언을 사용한다. 정치적・종교적 자성(自省)과 관련된 주제를 포함하고 있는 인생, 사랑 그리고 죽음과 관련된 주제를 다루는 것으로 인기를 얻는다. 대표적인 작품으로는 『*El cohete y la estrella*』, 『*Tres escenas en ángulo recto*』, 『*Caracteres*』, 『*El arte de Birlibirloque*』, 『*La claridad desierta*』, 그리고 『*Apartada orilla*』를 들 수 있다.

Bergnes de las Casas, Antonio (안토니오 베르네스 데 라스 카사스) (1801～1879) 바르셀로나(Barcelona) 태생이다. 1828년부터 글쓰기를 시작하고, 편집자와 번역가로서도 활동했다. 대표작으로는 『*Nueva gramática griega*』(1833), 『*Nueva crestomatía griega*』(1861) 등이 있고 『*Historia de la imprenta*』(1831), 『*El nuevo viajero universal en América*』(1832) 등의 작품을 편집하였다.

Berlanga, Andrés (안드레스 베르랑가) (1941～) 스페인 작가이자 기자이다. 과달라하라(Guadalajara)에서 태어났다. 일간지 편집장과 교수의 이력이 있으며, 『*El año cultural español*』(1976～1979) 전집의 저널리즘 섹션을 담당하였다. 명쾌하고 훌륭한 작품은 검열가들에게 승인을 받지 못하였으나, 1884년 『*La Gaznápira*』(1984)를 출간하면서 문학계에서 자리를 잡았다. 또한 많은 단편 작품을 냈다. 대표작으로 『*Del más acá*』(1987), 『*Recuentos*』(1991) 등이 있다.

Bermejo, Ildefonso Antonio (일데폰소 안토니오 베르메호) (1820～1892) 스페인 기자이면서 극작가, 소설가이다. 카디스(Cádiz)에서 태어나 마드리드에서 숨을 거두었다. 작품으로 역사를 다룬 『*Espartero*』(1845～46), 『*La capa del rey García*』(1850)가 있고 희극작품 『*Acertar por carambola*』(1853)와 『*Cortesanos en chaqueta*』(1879)가 있다.

Bermúdez, Fray Jerónimo (프라이 헤로니모 베르무데스) (1530～1599) 갈리시아 출신의 작가이다. 살라망카 지역에서 신학을 공부했고, 안토니오 데 실바라는 가명으로 작품을 출간했다. 세네카 작품에서 많은 영향을 받았다. 포르투갈 여왕 이네스 데 카스트로의 이야기를 다룬 희곡 『*Nise lastimosa y Nise laureada*』가 대표작이다.

Bernat i Baldoví, Josep (조셉 베르나 이 발도비) (1810～1864) 스페인 극작가이다. 발렌시아(Valencia) 수에카(Sueca) 태생이다. 발렌시아 대학교(La Universidad de Valencia)에서 법학을 공부하였다. 1844년 재판관으로 임명되었고 왕실관리의 일원이 되었다. 『*El sueco*』, 『*El Tabalet*』, 『*La Donsagna*』의 발표로 문학적 명성을 얻기 시작했다. 중세 문학을 되살린 작품인 『*Miracle*』로 카탈루냐 문학에 크게 기여했다. 대표작으로 1860년에 발렌시아(Valencia)에서 출간되고 발표된 『*El rey moro de Granada*』가 있다.

Bernier, Juan (후안 베르니에르) (1911～1989) 스페인 시인이다. 코르도바(Córdoba)의 라 카를로타(La Carlota)에서 태어났다. 1947년에 리카르도 몰리나(Ricardo Molina), 파블로 가르시아 바에나(Pablo García Baena), 훌리오 아우멘테(Julio Aumente)와 마리오 로페스(Mario López)와 같이 <Cántico de Córdoba> 잡지를 만들었다. 대표작으로 『*La tierra*』(1948), 『*Una voz cualquiera*』(1959), 『*Los muertos*』(1986) 등이 있다.

Bertrana, Prudenci (프루덴시 베르트라나) (1867~1941) 스페인 소설가이자 기자, 극작가이다. 토르데라(Tordera) 출신이다. 헤로나(Gerona)에서 고등학교를 나와 바르셀로나(Barcelona)에서 산업 공학을 공부했다. 1890년에 헤로나로 돌아와 결혼해 생계를 유지하기 위해 그림을 그리기 시작했다. 그 도시의 문단과 만남을 가졌고 그리고 나서 그의 첫 소설인 『*Josafat*』(1906), 『*Nàufrags*』(1907)을 출간했다. 그리고 'Ernestina'란 이름으로 1910년 카탈루냐어로 연재소설인 『*Tieta Claudina*』를 출간했으며 이어서 『*Crisàlides*』(1907), 『*Proses bàrbares*』(1911) 등을 출간했다.

Biblia poligolta complutense (콤플루텐세 다국어 성경) 최초로 성경 전권이 인쇄된 다국어 성경이다. 프란시스코 히메네스 데 시스네로스 추기경이 처음으로 착수하여 재정을 지원했고 콤플루텐세 대학이 인쇄했다. 콤플루텐세 다국어 성경에는 희랍어 신약성경 초판본과 70인 역 희랍어 구약성경, 타르굼 옹켈로스 본이 사용되었다. 6권으로 이루어진 성경은 총 600부가 있었으나 오늘날까지 전해지는 것은 123부에 불과하다. 이 성경의 출간은 스페인 활판인쇄기술의 수준을 보여준다는 점에서도 의미가 있다.

Biblia regia (왕립 성경) 폴리글로타 데 암베레스(Políglota de Amberes)라고도 불리며 펠리페 2세(Felipe II)의 후원하에 만들어진 다국어 성경이다. 히브리어, 그리스어, 아랍어, 라틴어 등의 판본이 있다. 신학자 베니토 아리아스 몬타노(Benito Arias Montano)가 편집했으며 크리스토발 플란티노(Cristobal Plantino)가 인쇄했다.

Biblioteca nacional (국립도서관) 유럽 내의 존재하던 계몽주의가 점차 스페인에 영향을 미치면서 생활수준을 향상시켰다. 이러한 발전 덕분에 유럽과의 격차는 점차 감소되었고, 계몽주의 정신을 완성시키려는 노력으로 스페인의 문화생활에 커다란 영향력을 미치는 기관이 생겨났다. 그중 하나가 국립도서관으로 펠리페 5세에 의해 1712년에 세워졌다. 왕립도서관의 서적과 그 외, 특히 프랑스 서적들 구입하여 소장했다. ➡ Ilustración (계몽주의)

Bizcarrondo, Indalecio (인달레시오 비스카론도) (1831~1876) 바스코 로망스 시인이다. 어렸을 때 사고로 얼굴에 상처를 입었다. 교육을 받지 못했으나 표현력은 유연하고 힘이 있었으며 그의 작품은 매력과 우아함으로 가득했다. 어휘력은 부족하고 세련되지 않았지만 진실함으로 그러한 결점을 가렸다. 대표작으로 『*Neurtizak eta neurri gabeko itzak*』(1911), 『*Bilintx'en bertsuak*』이 있고 이 작품들은 사망한 후에 출간되었다.

Blanc, Felicidad (펠리시다드 블랑크) (1914~1990) 스페인 시인이자 소설가이다. 마드리드에서 태어나 산 세바스티안(San Sebastián)에서 사망하였다. 시인 아스토르가노 레오폴도 파네로(Astorgano Leopoldo Panero)와 결혼했다. 대표작으로는 『*Espejo de sombras*』(1977)와 『*Cuando amé a Felicidad*』(1979)가 있다.

Blanco Amor, Eduardo (에두아르도 블랑코 아모르) (1897~1979) 몇 편의 단편소설 외에도 두 개의 훌륭한 소설을 내놓았다. 『*A esmorga*』(La Parranda)와 『*Xente ao lonxe*』(Aquella gente)가 있는데, 갈리시아(Galicia) 지방의 문제들을 명쾌하게 다루었다.

Blanco White, José María* (호세 마리아 블랑코 화이트) 시인, 수필가로 산 페르난도의 성직자회의의 성직자로 활동하였고 옥스퍼드에서 교수로 일했다. 안달루시아에 들어온 프랑스 침략 이후 영국으로 떠나 스페인으로 돌아오지 않기로 결심했다. 사생활을 살펴보면, 영국 성공회로 개종하였고 이후 하나님만을 인정하는 교리를 믿는 신도가 되었다. 성(姓) 화이트는 영국에 도착하며 번역한 것이 아니라, 아일랜드에서 비롯되어 18세기부터 스페인에 정착한 자신의 가문이 영국 성을 스페인어로 번역했던 것이다. 하지만 앵글로색슨의 나라로 귀환과 함께 그 원 버전을 되찾은 것이다. 다음으로 작품을 보면, 진보주의적 의회로 인해 논쟁을 불러일으킨 정치와 종교학을 다뤘다. 이는 오늘날의 이데올로기에 비교할 만한 사상적인 논쟁이다. 시도 썼다. 영국에서는 <Variedades y El Español> 잡지를 출판했다. 그의 작품은, 거의 한없이 정체되어 있던 스페인의 개혁을 이해하는 데 유용하다. 대표작으로는 『*Letters from Spain*』 또는 『*Bosquejo del Comercio de Esclavos*』가 있다. 이 작품에서 노예에 대한 대우, 이민에 대한 당시의 윤리에 대해 지적하고 되돌아본다.

Blas y Ubide, Juan (후안 블라스 이 우비데)　(1852~1923) 기자이자 소설가이다. 사라고사(Zaragoza)의 카탈라유드(Catalayud)에서 태어났다. 대표작으로는 『*Sarica la Borda*』(1904)와 『*El Licenciado Escobar*』(1904)가 있다.

Blasco Ibáñez, Vicente* (비센테 블라스코 이바녜스)　국제적 명성을 지닌 스페인 소설가이다. 특히 미국의 여러 대학에서 그에게 명예박사 학위를 수여했다. 소설들은 미국에서 큰 명성을 얻었고, 영화로 만들어지기도 했다. 반면, 그의 생은 보이는 것보다는 더 복잡하였다. 비천한 가정에서 태어났고, 마드리드로 이주했는데, 성공하여 마누엘 페르난데스 곤살레스(Manuel Fernández González)의 비서로 일했다. 과격한 성격과 공화국적 성향으로 인해 서른 번 넘게 감옥을 드나들었다. 왕권과 교회를 향한 비판으로 인해 한동안 그는 프랑스로 망명했었다. 1894년 <El Pueblo> 신문을 창립하였고, 사촌과 결혼하여 네 명의 자식을 둔다. 이 여인이 죽고 난 후, 한 칠레 여인과 결혼한다. 대표적인 작품으로는 『*Arroz y tartana*』, 『*Flor de Mayo*』, 『*Los cuatro jinetes de Apocalipsis*』, 『*Mare Nostrum*』, 『*La vuelta al mundo de un novelista*』가 두드러진다. 『*La vuelta al mundo de un novelista*』에서 작가는 세계 일주에 대해 자신의 모험을 이야기하는데, 특히 우리나라를 여행한 경험을 묘사한 부분이 포함되어 있다. 작품 『*Alfonso XII desenmascarado*』에서 프리모 데 리베라(Primo de Rivera)의 독재를 비판하기도 했다.

Blasco Soler, Eusebio (에우세비오 블라스코 솔레르)　1844년 사라고사(Zaragoza)에서 출생한 스페인 신문기자, 시인, 극작가, 소설가이다. 여러 가지 가명을 사용하였으며 <Gil Blas y La Discusión> 등 여러 신문사에서 기자로 활동하였다. 그뿐만 아니라 시, 소설, 연극 등 다양한 분야에서도 뛰어난 재능을 골고루 발휘하다. 대표적인 시집으로는 『*Soledades*』(1876), 『*Poesías festivas*』(1880)가 있으며, 소설로는 『*Cuentos*』(1899), 『*Cuentos aragoneses*』(1901)가, 희곡으로는 『*La niñez engañosa*』(1862)와 『*El pañuelo blanco*』(1870)가 유명하다.

Blecua Teijeiro, José Manuel (호세 마누엘 블레쿠아 테이헤이로)　(1913~2003) 스페인의 대학교수, 철학가이다. 후에스카(Huesca)의 알코레아 데 신카(Alcolea de Cinca)에서 태어나 바르셀로나(Barcelona)에서 사망하였다. 사라고사(Zaragoza)에서 법학과 철학, 문학을 공부하였다. 후에 바르셀로나 대학교(La Universidad de Barcelona)에서 스페인 문학부의 정교수로 취임하였다. 대표작으로 『*El Libro infinido de don Juan Manuel*』(1934), 『*El Laberinto de Fortuna de Juan de Mena*』(1943) 등이 있다. 스페인 황금세기의 대표 시인 중에 한 명으로 손꼽힌다.

Bleiberg, Germán (헤르만 블레이베르그)　(1915~1990) 마드리드 태생의 고전주의 시인이다. 작품은 실존주의적 문제와 특히 개신교에서 천주교로 개종하는 데서 발생하는 종교적 감정과 정화된 문체를 담고 있다. 주요작품으로 『*Árbol y farola*』(1934), 『*El cantar de la noche*』(1935) 등을 들 수 있다. 1938년 스페인 국민 문학상(Premio Nacional de Literatura)을 수상하였다. 후에 공화당의 패배로 미국에 국외추방을 당해 있을 때 스페인 문학과 비평 문학을 가르치는 일을 했다.

Bocángel y Unzueta, Gabriel (가브리엘 보칸헬 이 운수에타) (1603~1658) 마드리드 출신의 극작가, 시인이다. 공고라와 하우레기의 과식주의(culteranismo) 영향을 많이 받았고, 아름다운 이미지와 깊은 감수성이 돋보이는 시를 썼다. 『*El emperador fingido*』, 『*El nuevo Olimpo*』 등의 작품을 남겼다.

Bodas de Camacho el Rico, Las (보다스 데 카마초 엘 리코, 라스) 후안 멜렌데스 발데스(Juan Meléndez Valdéz)의 극작품이다. 카를로스 4세의 쌍둥이 자식의 탄생을 기념하는 경연대회에서 이 작품으로 멜렌데스 발데스는 수상하였다. 정부가 출판하고 1784년 크루스 극장(El teatro de la Cruz)에서 처음으로 발표하였다. 5개의 막으로 이루어져 있으며 목가적인 희곡의 대표적인 모델이다. 이탈리아와 프랑스에서도 큰 성공을 거두었다. 세르반테스의 『*El Quijote*』의 사건을 줄거리로 한다.

Bodas de sangre* (피의 결혼식) 20세기 스페인을 대표하는 시인이자 극작가인 페데리코 가르시아 로르카(Federico García Lorca)는 스페인 문학사 전체를 통해서 『*Don Quijote*』의 세르반테스 다음으로 스페인 외부에 가장 많이 알려진 작가라 할 수 있다. 그의 극작품들 중 지금까지 세계 여러 나라의 대중들로부터 사랑을 받고 있는 『*Bodas de sangre*』는 로르카의 연극을 대표하는 비극작품으로서, 그동안 수많은 학자들의 주목을 받아온 것이 사실이다. 1933년 마드리드에서 초연된 이 연극은 실제의 사건에서 영감을 받았는데, 로르카가가 즐겨 취급하는 안달루시아 시골 여자를 주인공으로 피, 사랑, 섹스 등 본능적인 충동이 지배하는 세계를 은유적 시와 산문으로 묘사하였다. 극의 줄거리는 단순하다. 결혼식날 여자는 옛 애인의 꾐으로 같이 도망간다. 그것을 쫓아간 신랑은 상대방 남자를 죽이고 자기도 상처를 입어 죽는다. 두 사람의 시체와 함께 돌아온 여자는 자신의 의지에 반해서, 여자의 본능에 끌렸다고 약혼자의 어머니에게 호소한다. 이 극의 매력은 줄거리 그 자체보다도 주요 인물들 주위의 사람들이 노래하는 시가 비극이 진행하는 장면을 암시하는 데 있다. 그러나 이 연극을 순수 그리스 비극적 관점으로 바라보면 『*Bodas de sangre*』는 우선 모방의 대상에서부터 비(非)비극적이다. 그리스 비극은 주인공에게 강제되어진 슬픈 운명이나 비참한 최후가 궁극적인 모방의 대상일 수는 없다. 이는 궁극적인 모방의 대상을 좀 더 효과적으로 묘사하기 위한 수단일 뿐이다. 따라서 이 연극의 마지막에 벌어지는 결혼식의 신랑(Novio)과 전 애인 레오나르도(Leonardo)의 비참한 최후도, 결혼 피로연으로부터 이들을 어이없는 죽음으로 이끈 보이지 않는 운명의 힘도 그리스 비극적 관점에서는 모방의 궁극적인 대상이 될 수는 없는 것이다. 물론 두 남자가 서로를 비참하게 죽이는 것을 목격한 결혼식의 신부(Novia)가 신랑의 어머니에게 절규하는 대목에서 우리는 그리스 비극에서 보이는 특유의 절대적인 운명과 그 운명의 희생양으로서의 인간의 나약한 모습을 감지할 수는 있다. 신부는 자신의 의지와 상관없이 보이지 않는 힘에 이끌려 결혼식 피로연 자리에서 레오나르도와 함께 말을 타고 도망을 쳤던 것이고, 이를 안 신랑이 증오와 질투로 이성을 잃어 그들을 뒤쫓게 되었으며, 결국 레오나르도와의 결투 끝에 둘 다 목숨을 잃었다는 것이다. 이렇듯 보이지 않는 운명의 절대적인 힘을 느낄 수는 있으나 이 운명에 저항하려는 나약하지만 굳은 의지를 지닌 주인공들의 모습은 작품 어디에서도 찾아볼 수가 없다. 단지 희생제물로서의 주인공들만 존재할 뿐이다. 따라서 운명이 자아내는 분위기만 그리스 비극적일 뿐, 이 운명에 저항함이 없이 그저 그 운명을 받아들이기만 하는 주인공들의 가련한 모습은 전혀 그리스 비극적이지가 않다고 할 수 있다. 그리스 비극의 주인공은 운명의 꼭두각시이기를 거부한다. 바로 이 거부의 몸짓이 비극적 결말을 낳는 것이지, 『*Bodas de sangre*』의 신부처럼 운명의 힘에 이끌려 어쩔 수 없이 저지른 행위가 비극을 낳는 것은 아니다. 그리스 비극에서의 궁극적인 모방의 대상은 인간 정신의 위대함을 나타내는 행위이며, 구체적으로는 포기할 수 없는 가치의 실현을 위해 결코 운명과 타협하지 않는 인간의 숭고한 의지를 의미한다. 그렇다면 『*Bodas de sangre*』에서는 운명과의 타협도 거부할 만큼 결코 포기할 수 없는 가치로 무엇을 들 수 있을까? 그런데 이 연극에서는 죽음을 무릅쓰고서라도 추구해야 할 가치가 논리적으로 존재할 수가 없다. 운명과의 타협을 거부해야 할 주인공들이 이미 그 운명의 희생 제물로 전락했기 때문이다. 설령 그 포기할 수 없는 가치가 신부와 레오나르도 간의 이룰 수 없는 사랑이라 하더라도 이 연극의 비극적 결말이 이들 두 남녀 간의 사랑을 가로막는 어떤 장애물로 인한 것으로 보기는 어렵다. 왜냐하면 신부와 레오나르도는 극 중에서 서로 간의 안타까운 사랑을 실현하려고 애쓴 게 아니라 반대로 그들 자신이 바로 그 사랑을 피하려 애쓴 모습을 보였기 때문이다. 극 중에서 신부의 가족과 레오나르도 가족은 서로 불구대천의 원수지간이고 당사인 이들이 누구보다도 이를 잘 알고 있었기 때문에 이들의 사랑은 종국에 가서 이들 자신도 원치 않게 되었던 것이다. 오히려 운명은 이들의 사랑을 방해하는 장애물이 아니라 서로 떨어지려는 이들을 다시 하나로 묶으려 했던 것이고, 이러한 운명에 이끌려 이들은 결국 비참한 결말을 맞게 된 것이다. 연극의 마지막 장면에서 신부가 죽은 신랑의 어머니에게 찾아가 "당신과 함께 울게 해주세요"라고 한 말은 레오나르도가 아닌 신랑의 죽음을 슬퍼하겠다는 그녀의 의도를 말해주고 있는 것이다. 만일 신부가 죽음을 무릅쓰고라도 레오나르도와의 사랑을 추구했었다면, 마지막에 신랑의 어머니를 찾아갈 이유도, 함께 울 이유도 없었을 것이다. 요컨대, 『*Bodas de sangre*』에는 인간 정신의 숭고함을 드러내는 그 어떤 슬픔도 비참함도 부재하다. 오직 희생 제물을 바치는 음울한 의식과도 같은 핏빛 살육이라는 무서운 공포만이 관객의 뇌리에 남아 있을 뿐이다. 이것이 비극일 수는 있겠지만, 결코 '그리스 비극적'이지는 않은 것 같다. 또한 그리스 비극을 이루는 중요한 요소인 주인공의 '자유의지'가 이 연극의 주인공들이 행한 행위에는 결여되어 있음을 알 수 있다. 그리스 비극에서는 주인공이 자신의 '자유의지'를 갖고 능동적으로 행한 행위로 인해 필연적으로 따라오는 고통이 묘사된다. 다시 말해, 안 받아도 되는 고통은 그리스 비극에서 주목받지 못하는 것이다. 그리스 비극적 가치관에 따르면 인간의 '자유의지'야말로 '인간 정신의 위대함'을 생성하는 가장 기본적인 원동력이기 때문이다. 이 연극의 가장 핵심적인 인물들은 신부와 레오나르도라 할 수 있는데, 이들의 행위는 이들의 원래 의도하는 바와 전혀 부합되지 않는다. 오로지 운명의 힘에 이끌렸을 뿐이다. 그리고 주인공들이 당한 고통도 필연적이라고 보기 힘들다. 그들의 고통이 필연적이어야 하려면 그들은 자신들에게 강요되어진 운명에 저항했어야 했다. 이 연극이 그리스 비극적이려면 자신들에게 죽음을 강요하는 운명에 맞서 신부와 레오나르도는 체념하는 대신 끝까지 포기하지 말고 살기 위해 도망쳐야 했다. 어찌할 수 없는 운명의 힘 앞에서 결국은 자신들이 무기력하게 파멸할 수밖에 없다는 것을 알면서도 그들은 자유로운 인간이기에 자신들의 신념을 굽히지 않아 했지만, 그들은 저항하는 대신 운명에 자신들을 맡겼고, 그 결과가 바로 레오나르도와 신랑의 비참한 최후였던 것이다. 그리스 비극적 관점으로 바라본다면 이들의 비참한 최후는 이러한 이유로 작품 안에서 '인간 정신의 숭고함'으로 연결될 수가 없는 것이다. 모든 비극을 반드시 그리스 비극적 관점으로만 바라볼 필요는 없다. 또한 그리스 비극적 관점과 어긋난다 하더라도 그것이 비극작품의 가치를 좌우할 일은 더더욱 아니다. 따라서 고대 그리스의 비극이라는 기존의 관점이 아닌, 결국 지극히 스페인적인 비전으로 로르카의 비극을 조명해볼 필요가 있는 것이다. 고대 그리스의 비극이 '운명'을 뛰어넘으려는 '인간'의 정신적 위대함을 그 중심으로 한다면, 스페인 대지를 묘사한 로르카의 비극에서는 '운명', 즉 '하느님'과 그 '하느님'의 통제하에 있는 '인간'이 그 중심인 것이다. 요컨대, 로르카의 비극 『*Bodas de sangre*』는 기법적인 측면에서는 그리스 비극적일 수는 있겠지만, 그 본질적인 측면에서는 그리스 비극과는 그 관점이 다르다고 할 수 있다.

Bofarull i de Brocá, Antonio (안토니오 보파룰 이 데 브로카) (1821~1892) 스페인 작가, 연극비평가이다. 1821년 레우스(Reus)에서 태어나고 죽었다. 카탈루냐 문학의 부활과 부흥에 기여했다. 『*Pedro el Católico*』(1842), 『*Roger de Flor*』(1845), 『*Crónica de Pedro IV el Ceremonioso*』(1845) 등이 대표작이다.

Bofill, Ricardo (리카르도 보필) (1939~) 스페인 포스트모더니즘 건축가이다. 스위스 제네바에서 건축을 공부하고, '건축의 아틀리에'라고 불리는 건축가, 기술자, 철학가, 사회학자 모임을 만들었다. 이 모임을 통해 40년이 넘는 기간 동안 공원 및 정원 등을 설계하고 인테리어 디자인까지 하는 업적을 남겼다.

Bonilla y San Martín, Adolfo (아돌포 보니야 이 산 마르틴) (1875~1926) 스페인 대학교수, 학자이다. 마드리드(Madrid) 태생이다. 발렌시아 대학교(Universidad de Valencia)에서 상법 교수로 있었고, 철학사를 가르치기 위해 마드리드 국립 중앙대학교로 돌아왔다. 법학, 철학, 정치학, 시, 소설 등 여러 분야에 걸쳐서 작품활동을 했는데 대표작으로 『*Derecho mercantil español*』(1904), 『*La ficción en el Derecho*』(1912), 『*Luis Vives y la filosofía del Renacimiento*』(1903), 『*Rimas varias*』(1908) 등이 있다.

Bonilla, Alonso de (알론소 데 보니야) (~1624) 스페인 하엔(Jaén) 출신 시인이다. 많은 시들이 그의 사망 이후에 발표되었다. 대표작으로는 『*El Nuevo jardín de flores divinas*』, 『*A imitación de la obra de Pedro de Padilla*』 등이 있다.

Bonilla, José María (호세 마리아 보니야) (1808~1880) 정치가이자 기자이면서 화가, 극작가, 시인이다. 발렌시아(Valencia) 태생이다. 대표작으로는 『*Los Reyes de Esparta*』(1830), 『*Don Alvaro de Luna*』, 『*Condestable de Castilla*』(1838) 등이 있다.

Bordázar de Artau, Antonio (안토니오 보르다사르 데 아르타우) (1672~1744) 인쇄공이면서 라틴문학 연구자이다. 발렌시아(Valencia)에서 태어나 세고르베(Segorbe)에서 생을 마감했다. 그는 인쇄공으로 후안 바우티스타 코라찬(Juan Bautista Corachán)의 『*Arithmetica*』와 토스카(Tosca)의 『*Compendio Mathematico*』 편집에 협력하면서 현대학문에 관심을 가지게 되었다. 이후 발렌시아에서 수학 학회(Academía Mathematica)를 설립하였다. 『*Ortografía*』(1728), 『*Recreaciones Mathematicas*』, 『*Tablas cronológicas*』 등이 대표작이다.

Borja y Aragón, Francisco de (프란시스코 데 보르하 이 아라곤) (1582~1658) 스페인 정치가이자 귀족, 작가이다. 제노바(Génova)에서 태어나 마드리드(Madrid)에서 사망하였다. 1614년 페루의 부왕이라 불리기도 했다. 귀족 집안에서 태어난 덕으로 어렸을 때부터 학문을 시작하여 문학과 예술에 관심을 보였다. 대표작으로는 『*Obras en verso*』(1654), 『*Oraciones y meditaciones de la vida de Jesucristo*』(1661), 『*Meditaciones y oraciones*』(1661) 등이 있다.

Borrás, Tomás (토마스 보라스) 마드리드 태생의 작가(1891~1976)이다. 다양한 장르의 작품들 중 단편소설이 단연 최고로 여겨지며, 『*Noveletas*』(1924), 『*Cuentos con cielo*』(1943), 『*La cajita de los asombros*』(1947)가 있다. 또 다른 유명작으로는 『*Checas en Madrid*』가 있는데, 이 작품은 민족주의자들이 적의 손에 의해 고문 등 온갖 고통을 받는 상황을 전개한다.

Boscán Almogáver, Juan (후안 보스칸 알모가베르) 바르셀로나 출신의 스페인 시인이다. 그의 업적은 페트라르카풍 시를 포함한 이탈리아 시형을 가져와 친구이자 유명 작가 가르실라소 데 라 베가(Garcilaso de la Vega)와 함께 고유한 시풍을 완성한 것이다. 이로 인해 문학사에 있어 중요한 위치를 차지하게 되었다.

Bosch, Andrés (안드레스 보시) 마요르카 출신의 소설가이자 수필가(1926~1984)이다. 대표작으로는 Premio Planeta를 수상한 『*La noche*』(1959)가 있으며, 그 외에도 『*Homenaje privado*』(1962), 『*La revuelta*』(1963), 『*El cazador de piedras*』(1974), 『*El recuerdo de hoy*』(1982) 등이 있다. 작품에서 상징주의적 표현을 많이 사용하였고 추상적 언어를 선호하였다.

Botella Pastor, Virgilio (비르힐리오 보테야 파스토르) (1906~) 스페인 군인이자 작가이다. 알리칸테(Alicante)의 알코이(Alcoy) 지방에서 태어났다. 젊은 시절 동안 군부대에 있으면서 법학을 공부했다. 군인으로서 은퇴한 후 90년대 중반에 히혼(Gijón)에서 거주하였다. 많은 소설작품으로 알려졌는데, 그의 첫 번째 작품은 『*Por qué callaron las campanas*』(1953)이다. 이 외에도 대표작으로 『*Así cayeron los dados*』(1959), 『*Encrucijadas*』(1963), 『*Tal vez mañana*』(1965) 등이 있다.

Botín Polanco, Antonio (안토니오 보틴 폴랑코) (1898~1956) 기자이자 단편소설 작가이다. 산탄데르(Santander)에서 태어나 마드리드(Madrid)에서 사망하였다. 라몬 고메스 데 라 세르나(Ramón Gómez de la Serna)의 전위주의적 유머 기법의 연장선상에 있다. 대표작으로 『*La Divina Comedia*』(1928), 『*El, ella y ellos*』(1929), 『*Peces joviales*』(1934) 등이 있다.

Bousoño, Carlos (카를로스 보우소뇨) 1923년 아스투리아스의 보알(Boal)에서 출생. 시인일뿐만 아니라 현재 마드리드 국립대 문학부 교수이고 비평가이다. 『*La poesía de Vicente Aleixandre*』나 『*Teoría de la expresión poética*』 등은 유명하다. 이 밖에 『*Primavera de la muerte*』(1962), 『*Noche del sentido*』(1957), 『*Invasión de la realidad*』(1962), 『*Oda en la ceniza*』(1967) 등의 작품이 있다.

Boyl Vives de Canesmas, Carlos (카를로스 보이 비베스 데 카네스마스) (1577~1617) 스페인 극작가이다. 발렌시아(Valencia)에서 태어났고 발렌시아 성당 주변을 산책하다 낯선 이에게 살해되었다. 밤의 학회(Academia de los Nocturnos)의 일원이었고 여기서 그는 레셀로(Recelo)라는 이름을 사용하였다. 대표작으로 『*El marido asegurado*』(1616)

가 있고, 시작품은 『*Silva de los versos y loas de Lisandro*』(1600)에 올려졌다.

Bravo Villasante, Carmen (카르멘 브라보 비야산테) (1918~1994) 스페인 작가이다. 마드리드(Madrid)에서 태어나 사망하였다. 마드리드 콤플루텐세 대학교(La Universidad Complutense)에서 문학을 전공하였다. 독일 고전문학 번역가로 일하면서 1977년 스페인 국민 번역상(El Premio Nacional de Traducción)을 수상하였다. 또한 아동문학을 전문적으로 썼다. 대표작으로는 『*Historia de la literatura infantil española*』(1959), 『*Historia de la literatura infantil universal*』(1975), 『*Qué leen nuestros hijos*』(1975) 등이 있다. 스페인을 대표하는 위인들의 자서전과 애정시를 썼다. 1994년 코펜하겐(Copenhague)에서 안데르센상(el Premio Andersen)을 수상했다.

Bravos, Los (용감한 사람들) 헤수스 페르난데스 산토스(Jesús Fernández Santos)의 소설. 1954년에 출판되었다. 사회적 사실주의 작품으로 영화적 기법, 객관적 시각이 사용되었다. 레온 지방 작은 마을 사람들의 삶을 가혹하게 하는 결핍과 불행을 사실적으로 다루었다.

Bretón de los Herreros, Mauel (마누엘 브레톤 데 로스 에레로스) (1796~1873) 가장 많은 작품을 쓴 작가 중 하나로 1796년 북부 지방의 로그로뇨(Logroño)에서 태어났다. 모라틴의 극에서 결정적인 영향을 받았으며. 19세기 산문작가인 메소네로 로마노스 라몬 데(Ramón de Mesonero Romanos)와 비슷한 표현법을 사용한다.

Bretón y Hernández, Tomás (토마스 브레톤 이 에르난데스) 1850년 12월 29일 살라망카 태생의 스페인 작곡가이자 바이올리니스트이다. 어릴 적부터 사르수엘라(zarzuela)의 오케스트라 단원으로 활발한 활동을 하였으며, 해외에서 음악 공부를 하는 등 여러 활동을 하였다. 후에는 오케스트라를 창립하고 오페라 「*Guzmán el Bueno*」(1877), 「*Garín*」(1892) 등 여러 작품들을 창작하였다.

Brines Baño, Francisco (프란시스코 브리네스 바뇨) (1932~) 발렌시아 출신의 시인이다. 시에서는 신낭만주의적 색채가 엿보이며, 후안 라몬 히메네스와 루이스 세르누다의 영향을 받았다. 멜랑콜리적, 비관주의적인 분위기와 함께 형이상학적 숙고가 주를 이루며, 동시대의 시인들과는 다르게 시에서 산문적인 요소를 최대한 절제하였다. 대표작으로는 『*Las brasas*』, 『*Palabras a la oscuridad*』 등의 작품이 있다.

Brossa i Cuervo, Joan* (후안 브로사 이 쿠에르보) 카탈루냐 태생의 시인이자 극작가이다. 잡지 <Algol>의 편집자, 카탈루냐어 작가협회의 회원, Dau al Set 그룹의 일원이기도 하다. 카탈루냐어로 쓴 작품은 스페인 내전(Guerra Civil)에서의 경험에 대한 생각을 다룬다. 가장 중요한 전위주의 작가들 중 한 명으로 평가받는다. 위에서 언급한 잡지사와 그룹에 협력하고 나서부터 자신의 작품을 쓰기 시작했지만 스페인 전역에서는 알려지지 않고 단지 카탈루냐에서 많이 알려졌다. 작품은 초현실주의와 관련되는 예술적·무대적·회화적 개념, 그리고 전통적 개념에서 영향을 받는다. 시작품은 정치를 향한 비판이나 조소라고 말할 수 있다. 작품활동 초기 단계에서 『*Sonetos de Caruixa*』가 두드러진다. 스페인 최고의 다양성과 독창성을 보유한 시인들 중 1인으로 자리매김하고 난 이후부터는 동시대 여러 예술가와 또 다른 인물들의 인정을 받았던 작품들을 계속 썼다. 이렇게 하여, 작품 『*Poemas civiles*』는 그의 최고 작품들 중 하나로 자리 잡았으나, 스페인의 나머지 지역에서의 평가에서는 뒷전으로 밀려났다. 여러 극본을 쓰기도 했지만, 시 분야와는 다르게 터무니없다는 평을 받았다.

Bru i Vidal, Jaume o Santiago (하우메 오 산티아고 브루 이 비달) 20세기 발렌시아

(Valencia) 출생의 시인, 수필가이다. 발렌시아어로만 작품을 썼으며 시 『*Retrobament*』(1961)로 Premio Valencia de literatura를 수상했으며 이 외에도 『*A la encesa*』(1950), 『*Cant al meu poble*』(1969) 등의 시가 있다. 또한 문화유산과 관련하여 다양한 에세이를 쓰기도 했는데 주목할 만한 에세이로는 『*El Convent de Santa Anna de Morvedre*』(1990)가 있다.

Bucólico (부콜리코) 서정시의 한 형태로, 생활이나 자연미를 소재로 한 시이다. 공상적인 황금시대를 동경하고 평화롭고 소박한 전원생활을 미화하며, 주제는 사랑, 자연, 농부의 낙원 및 아름다운 음악이다.

Bueno, Manuel (마누엘 부에노) (1873～1936) 스페인 작가이다. 프랑스의 파우(Pau)에서 태어나 바르셀로나(Barcelona)에서 죽었다. 장군 프리모 데 리베라(Primo de Rivera)를 지지하는 공화당원 기자였다. 수필, 비평적 극작품, 드라마, 소설 등 여러 작품을 썼다. 대표작으로는 『*Corazón adentro*』(1906), 『*El sabor del pecado*』(1935), 『*Los nietos de Danton*』(1936) 등이 있다.

Buero Vallejo, Antonio* (안토니오 부에로 바예호) 1971년부터 작고한 2000년까지 스페인 한림원(Real Academia Española)의 회원이자 수많은 상을 수상한 저명한 극작가이다. 국민 연극상(Nacional de Teatro)을 받은 바 있으며, 가장 중요한 상으로는 1986년에 수상한 세르반테스상이다. 공화주의를 지지했으며, 스페인 내전에 참여하였다. 사형 선고를 받았으나 1946년에 사면되었다. 작품은 당시의 검열을 비판하는 것이 특징이다. 검열이 허락하는 범위 내에서 어떤 상황도 최고로 활용하였다. 등장인물에 큰 힘을 부여하여 독자들로 하여금 많은 기대를 불러일으키는 작가이다. 작품 안에서 깊고 사실적인 메시지를 전달하였다. 주제별로 작품들을 나누자면, 먼저 사실주의 작품으로는 『*Historia de una escaler*』, 『*Hoy es Fiesta*』를 들 수 있으며, 『*El concierto de San Ovidio*』는 상징파적 성격을 띤 작품이고, 마지막으로 『*Las Meninas*』나 『*El sueño de la razón*』은 역사적인 성찰을 다룬 작품들이다.

Buñel, Luis* (루이스 부뉴엘) 영화감독이자 시나리오 작가, 산문가, 시인이다. 지난 한 세기 동안 스페인 영화계를 대표하는 영화감독이었고, 초현실주의 최대 거봉 중의 한 사람이다. 유네스코는 그의 영화 「*Los Olvidados*」를 세계기록유산으로 등재시켰다. 오스카상과 칸느영화제에서 수상한 바 있다. 수편의 시와 짧은 이야기를 쓰기도 하였다. 생에 대해서는, 마드리드에서 철학과 문학을 공부하였고 페데리코 가르시아 로르카(Federico García Lorca), 살바도르 달리(Salvador Dalí), 페핀 베요(Pepín Bello) 그리고 라파엘 알베르티(Rafael Alverti) 등을 알고 친분을 맺었다. 이 사실은 그가 작품을 구성하는 데 있어 영향을 미쳤을 것이다. 그의 인생에 영향을 미쳤던 세월이었기 때문이다. 프랑스와 스페인에서 여러 영화를 찍었다. 스페인으로 돌아와 스페인의 가난을 보여주는 다큐멘터리를 찍었는데 공화국 정부는 스페인에 대해 주는 이미지가 나쁘다는 이유에서 검열했다. 스페인 내전 이후, 뉴욕으로 떠나 그곳에서 워너 영화사(Warner)를 위해 일한다. 그 후 멕시코로 이주해서, 그곳에 머물며 자신의 길을 다시 시작하기로 마음먹는다. 부뉴엘의 작품은 극단적이며, 자주 논쟁거리가 되고, 성찰해봐야 할 주제를 다루는 것이 특징이다. 특히 인간이 되려는 욕구에 관해서, 사회 앞에서 인간의 가치와 행동에 관해서 다룬다. 작품들 중에는 「*Susana*」(1950), 「*Tristana*」(1970) 그리고 오스카상 수상작인 「*El discreto encanto de la burguesa*」가 두드러진다.

Burgos Seguí, Carmen de (카르멘 데 부르고스 세기) (1867～1932) 스페인의 기자이

면서 작가이다. 알메리아(Almería)에서 태어나 마드리드(Madrid)에서 사망하였다. 많은 작품에서 콜롬비네(Colombine)라는 예명을 사용하였다. 알메리아에서 교육을 받고 문학 활동을 시작하였다. 가족을 부양하던 인쇄업을 계속하면서 인문학 연구를 완성시켰다. 대표작으로는 『*El tesoro del Castillo*』(1907), 『*Senderos de vida*』(1908), 『*El hombre Negro*』(1916), 『*La mejor Film*』(1918) 등이 있다.

Burguete Lana, Ricardo (리카르도 부르게테 라나) (1871～1937) 스페인 군인이자 철학자이다. 사라고사(Zaragoza)에서 태어나 발렌시아(Valencia)에서 사망하였다. 장군의 위치에 오른 후에 아프리카, 쿠바 필리핀의 운동을 진압하였다. 모로코에서 스페인의 고임원이었고 치안경비대의 지도자였다. 그의 생각은 니체(Nietzsche)의 영향을 받았고 재건운동주의자로 분류된다. 대표작으로 『*Así hablaba Zorrapastro*』(1899)와 『*Morbo nacional*』(1906) 등이 있다.

Burguillos, Juan Sánchez (후안 산체스 부르기요스) (1520～1575) 스페인 시인이다. 세비야(Sevilla)에서 태어나 사망하였다. 페르난 곤살레스(Fernán González), 베르나르도 델 카르피오(Bernardo del Carpio) 등과 함께 로망스 작가 중의 하나이다. 즉흥적인 시구로 유명했다.

C

Caballeresco* (기사도적) 신사도와 신사들의 이상을 말하기 위해 사용되는 단어이다. 용맹성이나 얼마나 품위 있는 행동을 따지는 가치에 중요성을 부여한다. 기사도적인 가치는 르네상스 후기까지 지속되었다. 낭만주의적인 운율시는 기사도적인 이상을 명예와 플라토닉적 사랑의 전설이나 이야기를 전달하기 위해 받아들인다. 그리스도적 감성의 종교적 주제도 다루어진다. 첫 관계 문헌은 비록 프랑스에서 비롯된 픽션이긴 하지만, 13세기 『*La conquista de ultramar*』에서 나타난다. 첫 스페인 작품은 『*La historia del caballero de Dios que avia por nombre Cifar, el qual por sus virtuosas obras el hazañosas cosas fue rey de Menton*』이다. 가르시 로드리게스 데 몬탈보(Garci Rodríguez de Montalvo)는 1508년에 기사도적 세상을 다룬 최고의 작품 『*Amadís de Gaula*』를 출판한다. 16세기에도 기사도 소설은 독자들의 인기를 끌었었고 『*Don Quijote de la Mancha*』는 최고 대표작이다.

Caballero Bonald, José Manuel (호세 마누엘 카바에로 보날드) (1926～) 카디스 출신의 작가로 쿠바인 아버지와 프랑스인 어머니 사이에서 태어났다. 2005년 스페인－라틴아메리카 국민문학상(Premio Nacional de las Letras Españolas), 2006년 스페인 시 부문 국민 문학상(Premio Nacional de Poesía)을 수상했다. 콜롬비아, 프랑스, 그리고 미국 각지의 대학에서 교수직을 역임하며 문학활동을 병행했고, 카밀로 호세 셀라의 잡지 <Papeles de Son Armadans>에도 잠시 조력했다. 『*Poesía*』라는 제목의 시로 등단했으며, 50세대 작가에 속한다. 대중음악과 플라멩코에도 관심이 깊어 이와 관련된 에세이 『*Luces y sombras del flamenco*』를 쓰기도 했다.

Caballero humanista (인문학도 기사) 무술이나 전쟁에만 관심이 있는 것이 아니라 인문학적 소양도 두루 갖춘 중세 이후의 기사들을 일컫는다. 칼과 펜을 동시에 다룰 수 있었던 이들은 신흥 세력으로 빠르게 성장했다. 대표적인 인물로는 알바로 데 루나(Álvaro de Luna)를 들 수 있다.

Caballero, Pedro Almodóvar (페드로 알모도바르 카바예로) (1949～) 스페인 뉴웨이브의 대표적인 감독 중 한 명이다. 18세에 영화인이 되기로 결심하고 마드리드로 상경했다. 프랑코(Franco, 1892～1975)가 국립영화학교의 문을 닫았기 때문에 여러 가지 예술활동을 하면서 감각을 키웠다. 그의 주요작품으로는 「*La piel que habito*」, 「*La mala educación*」이 있으며 「*Volver*」로는 제59회 칸영화제 각본상을 수상했다.

Caballeros: cantigas de Alfonso X el Sabio (기사의 음악) 에두아르도 파니아구아(Eduardo Paniagua)의 무시카 안티구아(Música Antigua) 그룹의 칸티가 작품이다. 중세 기사는 명예와 사랑의 상징으로 많은 노래의 소재가 되었다. 그들은 왕의 곁을 호위하면서 시와 노래로 왕을 즐겁게 하는 역할 또한 하였다. 알폰소 10세의 위대한 사본들(Alfonso X el Sabio) 가운데 기사들의 전통을 살펴볼 수 있는 작품들이 담겨있다.

Cabanillas Enríquez, Ramón (라몬 카바니야스 엔리케스) (1876~1959) 갈리시아어(gallego) 시인이다. 산티아고 데 콤포스텔라(Santiago de Compostela)에서 성직자가 되려고 했으나 포기하고 고향으로 돌아왔다. 34세에 쿠바로 이민을 떠났고, 그곳에서 바실리오 알바레스(Basilio Álvarez), 호세 폰텐라 레알(Xosé Fontenla Leal)을 만나 갈리시아어 문학을 시작하게 되었다. 대중에게도, 문학비평가들에게도 빠르게 명성을 날렸다. 갈리시아 문학의 근대화에 기여했으며, 작품들을 갈리시아 문학의 초기 정전들로 간주된다. 서정적인 측면에서는 로살리아(Rosalía)와 유사하고, 풍경이나 전설을 회상하는 모티브는 쿠로스(Curros)의 영향을 받았다. 색조와 힘이 넘치는 것과 풍성한 문체가 작품의 특징이다.

C

Cabanyes, Manuel de (마누엘 데 카바녜스) (1808~1833) 스페인 바르셀로나의 비야누에바 이 헬트루(Villanueva i Geltrú) 태생. 스페인 작가이다. 1816년부터 1820년까지 라스 에스쿠엘라스 피아스 데 산 안톤(Las Escuelas Pías de San Antón)에서 인문학 공부를 하였다. 1824년부터 1826년까지는 법학을 공부하기 위해 발렌시아(Valencia)에서 시간을 보냈다. 또한 수학, 음악 그리고 현대문학과 고전문학을 공부하였다. 첫 작품은 『*Una Oda a la Reina Amalia*』(1828)이다.

Cabeza de Toro (황소머리) 1942년 제작된 33.5×43.5×19cm의 피카소의 조각품이다. 소의 얼굴에 해당하는 부위는 자전거의 안장에서, 뿔은 앞바퀴 운전대 손잡이로 되어 있다. 어떤 물체가 원래 기능을 잃고 조형성을 띄게 될 때 이를 '오브제'라고 일컫는데, 피카소는 자전거 안장과 운전대 손잡이를 통해 관람객들에게 창조적 작품인 황소 머리를 떠오르게 한다. 이는 입체주의의 대표적인 기법이라 할 수 있다. 현재 파리 피카소 미술관에 소장되어 있다.

Cadalso y Vázquez, José (호세 카달소 이 바스케스) (1741~1782) 스페인 작가로 카디스(Cádiz)에서 태어났고 히브랄타르(Gibraltar)에서 사망하였다. 젊은 시절에 유럽 문화를 접한 그는 계몽적이고 신고전주의적인 경향에 일찍 물들게 되었는데 그러한 면은 특히 시와 극작품에서 두드러진다. 또한 가르실라소(Garcilaso), 공고라(Góngora), 비예가스(Villegas)와 같은 스페인 고전작가에 대해 가졌던 선호감의 영향이 작품들 속에 내재하고 있다. 대표작으로 『*Las noches lúgubres*』, 『*Ocios de mi juventud*』 등이 있다.

Cadenas, José Juan (호세 후안 카데나스) (1872~1947) 마드리드(Madrid)에서 태어난 극작가이자 시인, 기자이다. 프랑스 파리의 ABC 방송국의 특파원으로서 일했다. 많은 극작품 가운데 대부분은 다른 작가와의 합작품이다. 대표작으로는 『*Las violetas*』(1900), 『*El primer pleito*』(1904), 『*El proceso del tango*』(1904) 등이 있다.

Café－teatro (카페－연극) 1860년대 마드리드에서 입장료가 비싸고 공연시간이 긴 연극 대신 일반 서민 계층이 즐기던 연극이다. 저렴한 입장료를 지불하며 간단한 음료와 함께 짧은 연극을 감상할 수 있는 연극 시스템이다. 전문 배우보다는 미숙한 배우들이 주가 되어 공연했기 때문에 훌륭한 수준의 연극이 공연되었던 것은 아니다.

Cairasco de Figueroa, Bartolomé (바르톨로메 카이라스코 데 피게로아) (1538~1610) 그란 카나리아(Gran Canaria)의 라스 팔마스(Las Palmas)에서 태어난 시인이자 극작가이다. 시들은 『*Templo militante*』, 『*Triunfo de virtudes*』, 『*Festividades*』, 『*Vidas de Santos*』

(1602~1615)에 실렸다. 대표 극작품으로는 『*Santa Catalina de Alejandría*』, 『*Comedia de Santa Susana*』 등이 있다.

Cajal, Rosa María (로사 마리아 카할) (1920~) 사라고사(Zaragoza)의 기자이면서 작가이다. 대표소설로 『*Juan Risco*』(1948), 『*Primero derecha*』(1956) 등이 있다.

Calderón de la Barca* (칼데론 데 라 바르카) 1600년 1월 17일 마드리드에서 태어났고 1681년 그의 고향에서 사망한 스페인 태생의 시인이자 극작가이다. 다수의 성찬신비극(Auto Sacramental)을 저술하였으며, 스페인 바로크 연극의 대표작이라 할 수 있는 『*La vida es sueño*』의 작가로 잘 알려져 있다. 몬타냐(Montaña) 출신의 부친은 명문가의 후손으로, 칼데론은 그의 세 번째 자식이었고, 마드리드의 임페리알 학교(Colegio Imperial)에서 고급 교육을 받았다. 칼데론은 셋째 아들로서 손자들 중 훌륭한 사제가 나오기를 바라던 외할아버지의 뜻에 따라 1614년에 알칼라 데 에나레스(Alcalá de Henares)에서 수학했으며, 부친이 사망한 이듬해에는 살라망카(Salamanca)로 옮겨 교리학과 법학을 공부하였다. 그러다가 1620년에 사제의 길을 포기하고 마드리드로 돌아가 방탕한 생활에 빠지는 등 위기를 겪기도 하였다. 그 후 문학경연대회에 참가하여 1623년에 첫 번째 연극인 『*Amor, honor y poder*』을 집필하였다. 그리고 이탈리아 북쪽 지방과 플랑드르에서 잠시 머물다 프리아스(Frías) 공작을 모시는 시종이 되면서 본격적인 극작활동을 시작하였다. 그러면서 곧 칼데론은 왕궁에서 가장 인기 있는 극작가로 명성을 떨치게 된다. 1636년에는 국왕으로부터 산티아고(Santiago) 사제직을 서품 받았으며, 1663년에는 국왕 펠리페 4세의 명예 국사가 되어 성직자로서의 영예와 함께 극작가로서의 명성을 드높였다. 칼데론은 로페 데 베가(Lope de Vega)에 의해 확립된 국민연극을 심오하고 숭고한 정서와 이상으로 승화시켰다는 후세의 평가를 받고 있다. 대표작으로는 『인생은 꿈』 외에도 『*El alcalde de Zalamea*』, 『*El médico de su honra*』, 『*El gran teatro del mundo*』 등이 있다.

Calders i Rossinyol, Pere (페레 칼데르스 이 로시뇰) (1912~1994) 스페인 기자이면서 삽화가, 작가로 바르셀로나(Barcelona)에서 태어났다. 반어적인 해학과 일상생활의 어려움을 희미하게 하는 특징의 작품을 썼다. 카탈루냐 현대 문학의 거장 중 한 명으로 여겨진다. 『*Invasió subtil i altres contes*』(Invasión sutil y otros cuentos, 1979)라는 새로운 컬렉션이 출간된 이후부터 문학작품에 대한 인정을 받았다. 대표작으로는 『*Antaviana*』(1978) 등이 있고 『*Tot s'aprofita*』(Todo se aprovecha, 1981)에 많은 작품이 실렸다. 후에 카탈란 어문학 명예상(el Premio de Honor de las Letras Catalanas)을 수상하였다.

Calila y Dimna (칼릴라와 딤나) 알폰소 10세 주도의 번역 사업하에서 아랍어에서 카스티야어로 번역된 교훈담 모음집. 오리엔트 지역에서 처음 만들어지고 페르시아, 아랍권을 거쳐 스페인에 전해지게 되었다. 『천일야화』와 비슷한 구성을 취하는데 인도의 디셀림 왕과 신하인 부르부덴 사이의 대화 형식이라는 큰 틀 안에서 여러 개의 작은 이야기들이 진행된다.

Calleja y Fernández, Saturnino (사투르니노 카예하 이 페르난데스) 1855년 스페인 부르고스(Burgos)에서 태어난 편집자, 교육자, 작가이다. 1875년 20대의 나이로 저명한 출판사인 카예하 출판사(Editorial Calleja)를 설립하였다. 특히 아동, 청소년 문학에 관심이 많아 초등교육 및 아동문학에 관한 저서를 다양하게 출판하였다. 대표적인 출판물로는 『*Cuentos de Calleja*』, 『*Biblioteca Perla*』가 있다.

C

Calvet, Agustí (아구스티 칼벳) (1887~1964) 스페인 작가이다. 산 펠리우 데 귀솔스(San Feliu de Guíxols)에서 태어났다. 기행문 작가이다. 1914년 유럽전쟁에 관한 연재 기사를 내면서 전문적인 저널리즘의 길로 들어섰다. 대표작으로는 『*Narraciones de tierras heroicas*』(1916), 『*En las líneas de fuego*』(1917), 『*Història d'un destí*』(1958) 등이 있다.

Calvete de Estrella, Juan Cristóbal (후안 크리스토발 칼베테 데 에스트레야) (1526~1593) 스페인 작가. 대략 1526년에 우에스카(Huesca)의 사리녜나(Sariñena)에서 태어났다. 알칼라(Alcalá)에서 공부를 했고 펠리페 2세(Felipe II) 이후 펠리페 왕자의 궁정에 속해 있었다. 『*Felicísimo viaje del muy alto y poderoso príncipe Felipe de España*』라는 작품을 썼다. 또한 카를로스 5세(Carlos V)의 삶, 알바(Alba) 공작에 대한 칭찬, 그리고 북아메리카 정복에 대한 시를 쓰기도 했다. 대표작으로는 『*De aphrodisio expugnato quod vulgo Aphrica vocant*』(1551)가 있다.

C

Calvo Asensio, Pedro (페드로 칼보 아센시오) (1821~1863) 정치가이면서 정치기자이다. 1821년 바야돌리드(Valladolid)의 라 모타 델 마르케스(La Mota del Marqués)에서 태어나 마드리드(Madrid)에서 사망하였다. 처음에는 약학을 공부하였다. 나중에 끝내진 못하였으나 법학을 이어서 공부했다. 문학활동을 병행하였고, 대표작으로는 『*La Venganza de un pechero*』, 『*La estudiantina o el diablo de Salamanca*』, 『*Hernan González, Valentina Valentona*』 등 많은 작품이 있다. 이런 문학활동 이후에 그는 정치계의 진보당으로 들어갔다.

Camba, Julio (훌리오 캄바) 폰테베드라(Pontevedra) 출생의 작가, 기자(1882~1962)이다. 20세기 스페인의 뛰어난 언론인 중 한 명으로 여겨지며, 다양한 보수 성향의 신문사에서 특파원으로 근무하였다. 그리고 공화당의 정치인들을 비판하고 풍자하는 기사를 많이 썼다. 여행과 관련된 다양한 책을 썼는데, 대표작으로 『*Alemania*』(1916), 『*Londres*』(1916), 『*La rana viajera*』(1920) 등이 있다.

Camino, Jaime (하이메 카미노) 바르셀로나(Barcelona) 출생의 영화감독(1936~)이다. 작품활동 초기에는 인물의 내면을 묘사한 영화를 제작했다. 이러한 내용을 지닌 작품으로는 「*Los felices sesenta*」(1963), 「*Mañana será otro día*」(1967) 등이 있다. 1970년대 들어서는 정치적 주제, 특히 스페인 내전과 관련된 주제를 가진 영화를 제작하는데, 대표작으로는 「*Las largas vacaciones del 36*」(1975), 「*Dragón Rapide*」(1986) 등이 있다.

Camisa, La (카미사, 라) 1961년에 출판된 라우로 올모의 3막짜리 희곡으로 1962년 초연되었다. 빈민가에서 희망을 잃고 살아가는 실업자의 눈을 통해 알코올 중독, 차별, 실업과 같은 스페인의 60년대 현실을 관찰한다. 1961년에 바예-잉클란 연극상(Premio Valle Inclán de teatro) 수상작이다.

Campillo, Narciso (나르시소 캄피요) 세비야(Sevilla) 출생의 작가(1835~1900)이다. 시와 단편소설을 창작했다. 고전주의적 전통을 담은 낭만주의 작품을 주로 썼다. 시작품들은 시집 『*Poesías*』(1858), 『*Nuevas poesías*』(1867)에 실려 있으며, 단편소설로는 『*Una docena de cuentos*』(1879), 『*Nuevos cuentos*』(1881)가 있다. ➡ Romanticismo(낭만주의)

Campión, Arturo (아르투로 캄피온) 팜플로나(Pamplona) 출생의 역사가, 소설가(1854~1937)이다. 스페인의 도시 나바라(Navarra)를 주제로 다양한 작품을 썼는데, 대표작으로는 『*Blancos y negros*』(1898), 『*Crónica del siglo XIII*』(1889)가 있다.

Campmany y Díez de Revenga, Jaime (하이메 캄프마니 이 디에스 데 레벤가)

무르시아(Murcia) 출생의 시인, 기자(1925~2005)이다. 휴머니즘에 관련된 주제를 가지고 다양한 시를 창작했다. 대표작으로는 고향에서의 어린 시절 추억을 그린 『*Lo fugitivo permanente*』(1943), 풍자적 관점에서 다양한 일화를 서술한 『*El jardín de las víboras*』(1995)가 있다.

Campmany, Laura (라우라 캄프마니) 마드리드 출생의 여류작가(1962~)이다. 무르시아 출생의 작가 하이메 캄프마니 이 디에스 데 레벤가(Campmany y Díez de Revenga, Jaime, 1925~2005)의 딸로, 어린 시절 아버지로부터 휴머니즘과 관련된 교육을 받았으며 이를 바탕으로 다양한 문학작품을 썼다. 처녀작 『*Del amor o del agua*』(1992)가 외에 『*Travesía del olvido*』(1994)라는 작품이 유명하다.

Campo Arana, José (호세 캄포 아라나) 마드리드 출생의 시인, 기자(1847~1885)이다. 부르봉 왕가(Los Brobones) 복고 시기 장관직에 있었으며 당시 극작품을 검열하는 담당자였다. 후안 카란사(Juan Carranza)라는 필명을 사용했으며, 극적이면서 동시에 풍자적인 작품을 주로 썼다. 대표작으로는 『*El paño de lágrimas*』(1876), 『*Las medias naranjas*』(1879)가 있다.

Campoamor, Ramón de (라몬 데 캄포아모르) (1817~1901) 스페인 아스투리아스 출신의 사실주의 시인이다. 그의 시는 의도적인 산문화라는 스페인의 전형적인 사실주의 문학의 특징을 띠고 있다. 어떤 형태로든 아름다움을 이상화시키는 것을 의식적으로 거부하고 단순한 언어로 돌아가려는 시도는 당시에 매우 혁신적인 것으로 평가받았다.

Campos de Castilla (카스티야의 평원) 1912년에 발표된 스페인 작가 안토니오 마차도 루이스의 시집이다. 이 작품에는 인간의 영원성과 인간세계의 수수께끼에 대한 작가의 깊은 사색이 엿보인다. 몇몇 작품에서는 스페인에 대한 우려와 사랑이 주요 주제로 등장하여, 98세대의 정신적 조류에 합류하게 된 것이 보이기도 한다. ➡ Generación del 98(98세대)

Campos, Jorge (호르헤 캄포스) 마드리드 출생의 소설가(1916~1983)이다. 『*Tiempo pasado*』라는 작품으로 Premio nacional de Literatura를 수상(1955)하였다. 대중에게는 단편소설 작품들로 더 잘 알려져 있고, 대표작으로는 『*Cuentos en varios tiempos*』(1974), 『*Cuentos sobre Alicante y Albatera*』(1985) 등이 있다.

Camprodón y Safont, Francisco (프란시스코 캄프로돈 이 사폰트) (1816~1870) 바르셀로나(Barcelona) 출생의 시인, 극작가, 정치가이다. 당시 왕정 국회의 하원의원이었으며 카디스(Cádiz)로 유배당하기도 했다. 낭만주의적 시를 많이 썼는데, 대표작으로는 『*Espinas de una flor*』(1852)가 있다 그 외의 다양한 시가 『*Colección de poesías castellanas*』(1871)라는 시집에 수록되어 있다. 또한 사르수엘라(zarzuela)도 창작했는데, 대표적인 사르수엘라 작품으로는 『*El dominó azul*』(1853), 『*Una niña*』(1861)가 있다.

Camprubí, Zenobia (세노비아 캄프루비) (1887~1956) 스페인 바르셀로나 출생의 작가이다. 인도 시인 타고르의 작품들을 스페인어로 번역했으며, 대표작으로는 『*Diario*』, 『*Juan Ramón y yo*』 등이 있다. 스페인 시인 후안 라몬 히메네스의 아내로도 잘 알려져 있다.

Canales, Alfonso (알폰소 카날레스) 말라가(Málaga) 출생의 시인, 문학비평가(1923~2010)이다. 잡지 <Caracola>를 창간했으며, 자기반성적 작품 『*Sonetos para pocos*』(1950), 『*El candado*』(1956)가 유명하다. 『*Tres oraciones funebres*』(1983)는 난해한 표현을 사용한 시로 문학계에서 주목을 받았다.

Canals, Antonio (안토니오 카날스) 발렌시아(Valencia) 출생의 산토 도밍고 교단 신부(?~1419)이다. 영적인 것을 주제로 한 다양한 연구서를 편찬했다. 대표작으로는 『*Tractat de confessió*』가 있다. 라틴어로 된 많은 작품들을 카탈란어(catalán)로 번역하였으며, 당대 휴머니즘의 주창자였다.

Canals, Cuca (쿠카 카날스) 바르셀로나(Barcelona) 출생의 소설가, 시나리오 작가(1962~)이다. 영화계에서 특히 주목을 받았으며, 영화로 제작된 시나리오로는 「*Jamón, Jamón, Huevos de oro y La teta y la luna*」, 「*La camarera del Titanic*」이 있다. 소설작품은 『*Berta la Larga*』(1998), 『*La Hescritora*』(1998), 『*Llora Alegría*』(1999) 이 세 작품만 출판하였고, 낭만주의로의 회귀를 주장하였다.

Cáncer y Velasco, Jerónimo de (헤로니모 데 칸세르 이 벨라스코) 바르바스트로(Barbastro) 출생의 극작가, 시인(1594~1654)이다. 기지주의적 작품을 썼으며 주요작품으로는 『*La muerte de Baldovinos*』, 『*Las mocedades del Cid*』가 있다. 두 작품 모두 풍자적 어조로 쓰였다. 당대의 중요한 극작가들 중 한 명으로 여겨지는 페드로 로세테 니뇨(Pedro Rosete Niño, 1608~1659)와 친구였으며, 그와 몇 작품을 공동집필하였는데, 대표작으로는 『*El arca de Noé*』가 있다.

Cancio, Jesús (헤수스 칸시오) 산탄데르(Santander) 출생의 기자이자 시인, 해군(1885~1961)이다. 대부분의 작품들이 바다라는 주제를 가지고 쓰였으며 시간의 흐름, 인생의 허무함을 노래한 작품이 많다. 대표작으로는 『*Olas y cantiles*』(1921), 『*Romancero del mar*』(1930), 『*Maretazos*』(1947)가 있다.

Canción por la victoria de Lepanto (칸시온 포르 라 빅토리아 데 레판토) 페르난도 데 에레라(Fernando de Herrera, 1534~1597)가 레판토 해전에서의 스페인군 승리를 기원하며 쓴 작품이다. 그의 애국적인 관심이 표현되어 있으며 과장주의와 화려함이 특징이다.

Cancionero de Baena (칸시오네로 데 바에나) 카스티야어(Castellano)로 쓰인 첫 번째 시문집이다. 1445년경 후안 알폰소 데 바에나(Juan Alfonso de Baena)에 의해 만들어졌으며, 문학과 시를 매우 사랑하였던 당대의 왕인 카스티야의 후안 2세(Juan II)를 위해 집필되었다. 총 576개의 작품으로 구성되어 있으며, 마시아스(Macías), 알폰소 알바레스 데 비야산디오(Alfonso Álvarez de Villasandino) 및 페로 프루스(Pero Ferrús) 등이 참여하였다.

Cancionero de Stúñiga (스투니가 모음집) 스페인의 알폰소 5세(Alfonso V) 때의 궁정시를 모아둔 작품집이다. 1458년 집필되었으며, 궁정의 다양한 생활을 재치 있고 예리하게 묘사한 작품들의 모음이다. 첫 번째 시작품의 저자인 로페 데 스투니가(Lope de Stúñiga)의 이름을 따서 제목이 지어졌다. 현재 스페인 국립도서관(Biblioteca Nacional de España)에 소장되어 있다.

Cancionero General (칸시오네로 헤네랄) 카스티야어로 쓰인 서정 시문집이다. 1490년부터 에르날도 델 카스티요(Hernando del Castillo)가 여러 작가들의 시를 수집하여 1511년 발렌시아에서 이 시집을 출판하였기 때문에 그의 이름을 붙여서 칸시오네로 헤네랄 데 에르난도 델 카스티요(Cancionero general de Hernando del Castillo)라고 부르기도 한다. 16세기에 이 시집은 여러 번 재편집 및 재간행되어 발렌시아(Valencia), 세비야(Sevilla) 등 스페인 전역에 출판되어 큰 성공을 거두었다. 그 후 다른 시문집 발행에 동력을 주는 영향을 끼쳤다.

Cancionero Musical de Palacio (궁중 노래집) 'Cancionero de Barbieri'라는 이름으로도 알려져 있다. 1470년대 중반부터 16세기 초반까지 약 40년간의 르네상스 노래들을 모은 음악집이다. 원래는 548편의 노래를 수록하고 있었으나 상당 부분 유실되어 현재는 458편만 전해지고 있다. 이 작업은 페르난도 2세의 명에 따라 시작되었으며, 처음 기록 작업 후에도 10회에 걸쳐 원고를 추가하는 작업이 이루어졌다. 이 궁중 노래집은 소실된 스페인 전통 서정시 복원 작업에도 결정적인 역할을 했다.

Cancionero Vasco (바스크 시문집) 바스크어(Euskera)로 쓰인 시문집이다. 약 600여 개의 비평문, 다양한 스페인 작가들의 전기문, 언어학적 자료가 수록되어 있다.

Canciones (시가집) 여러 시작품을 엮어 출판하는 책을 뜻한다. 한 작가의 여러 작품 또는 여러 작가의 다양한 작품을 함께 모을 수 있다. 주된 시가집의 등장은 14, 15세기부터 많은 궁정시를 엮어낸 것으로 이탈리아의 영향을 받은 교양 있고 우의적인 시, 도덕적이며 철학적인 시, 그리고 풍자시 등을 포함하고 있었다.

Candamo, Bernardo (베르나르도 칸다모) (1881～1967) 프랑스 파리 태생의 스페인 작가이다. 모더니즘 경향의 문학을 썼으며 연극비평가이기도 하다. <La Vanguardia>, <ABC>, <Hoja del lunes> 등의 많은 잡지사에서 일한 바 있다.

Candel Tortajada, Francisco (프란시스코 칸델 토르타하다) 발렌시아(Valencia) 출생의 소설가, 수필가(1925～2007)이다. 1950년대부터 당대 사회의 현실을 묘사한 작품들을 쓰면서 문학계로 진출한다. 『*Donde la ciudad cambia su nombre*』(1957), 『*Han matado a un hombre, han roto un paisaje*』(1959) 등의 대표작이 있다. 두 작품 외의 다른 소설작품들도 독일어, 프랑스어 등으로 번역되었다.

Canelo, Pureza (푸레사 카넬로) 카세레스(Cáceres) 출생의 여류작가(1946～)이다. 아동소설과 시를 썼는데, 대표작으로는 Premio Adonais de Poesía를 수상한 『*Lugar Común*』(1971)이 있으며 이 외에도 『*El barco de agua*』(1974), 『*Pasión inédita*』(1990) 등의 작품이 있다.

Canitrot, Prudencio (프루덴시오 카니트롯) 폰테베드라(Pontevedra) 출생의 소설가(1882～1913)이다. 단편소설을 많이 썼는데, 주요작품으로는 『*Rías de ensueño*』(1910), 『*La luz apagada*』(1913)가 있다.

Cañizares, José de (호세 데 카니사레스) 17세기 많은 연극작품들을 개작한 그는 역사극과 과대망상적인 극 등을 다루었다. 요술극으로는 『*Marta la Romarantina*』라는 작품이 있는데 이 극은 18세기 후반과 19세기 초 동안 인기를 얻었다.

Cano, José Luis (호세 루이스 카노) (1912～1999) 카디스(Cádiz)의 알헤시라스(Algeciras) 태생. 스페인 작가이다. 현대 안달루시아(Andalucia) 서정시 대표 수집가로 여겨진다. 마드리드 대학교(La Universidad de Madrid)에서 문학을 전공하였고 문학활동을 시작하였다. 1942년 첫 작품인 『*Sonetos de la bahía y, un año después*』을 출간했다. 그 후 계속해서 『*Voz de la muerte*』(1945), 『*Sonetos de la bahía y otros poemas*』(1950), 『*Otoño en Málaga*』(1955) 등의 작품을 냈다.

Cansinos-Assens, Rafael (라파엘 칸시노스-아센스) 세비야(Sevilla) 출생의 작가(1883～1964)이다. 스페인에서 일어난 시 개혁 운동 울트라이스모(Ultraismo)와 전위주의를 지지했으며 대표작으로는 『*Las huellas de los poetas*』(1921), 『*El movimiento V. P.*』(1922) 등

이 있다. 이 두 작품은 작가의 수많은 작품 중 가장 독창적이고 뛰어나다고 평가된다.

Cantar de gesta* (무훈시)　운문형태로 쓰였고, 음유시인들이 관객 앞에서 공연하기 위해 지어진 서사시 작품이다. 서민들 사이에서 시작되었고 익명으로 유래된 작품들이다. 스페인 무훈시 중 기념비적인 세 작품이 있는데, 『*Cantar de Mio Cid*』, 『*Roncesvalles*』, 『*El Mocedades de Rodrigo*』를 들 수 있다. 이들 작품들은 당시 사회 집단의 가치들을 보여주고 있다. 서사시는 사실적인 방식으로 역사와 전설을 결합시킨다. 어떤 대중을 위한 것인가와 전통에 따라 크게 2종류의 무훈시로 분류할 수 있는데, 박식한 서사시와 구전－대중적인 서사시이다. 무훈시는 일반적으로 당대의 역사적 사실이 이야기의 배경이 되는 특징을 지니고 있다. 어떤 경우에는 시간적 차이가 있는데, 심한 경우에는 수세기의 시간적 차이를 두고 일어난 사건을 다루기도 한다. 이로 인해서 역사적 사건과 현재까지 남아 있는 노래들 사이에 심한 차이와 각색을 불러일으킨다. 무훈시의 연대기는 다음 방법으로 도식화될 수 있을 것이다: 역사적 사실－전설의 구성－무훈시의 생성이라는 과정을 거친다. 무훈시의 영향과 중요성은 음유시인이라는 직업 덕분이었다. 관객 앞에서 암기를 통해 배운 전설들을 낭독했던 사람들이 음유시인이었다. 음유시인들은 그들이 흥을 돋우어야 했던 광범위한 관객들 때문에 자주 관객들의 일반적 관심사를 자신들의 시 구절에 포함시켜야만 했었다. 지난 시절과 현재 영웅들의 시적 명성, 공통된 전설적 배경에 속하는 허구적 사실의 이야기들, 교회에서 비롯되는 이야기들 그리고 다른 소식들을 무훈시에 포함시켰다. 주제에 관해서 무훈시들은 한 영웅의 업적을 이야기하고, 시적인 행동과 모험, 용감한 업적과 고귀한 모범을 통해 관중의 감동을 표현하는 것을 주된 목적으로 삼는 문학 장르였음을 지적해야 한다.

Cantar de los Siete Infantes de Lara o Salas (라라가 7왕자의 노래)　스페인 중세 무훈시로 정확한 저자와 출판 시기는 알려져 있지 않으나 산초 4세 시절 집필된 것으로 추정된다. 도냐 람브라와 로드리고 벨라스케스 데 라라의 결혼식에서 양가 친척들이 만나게 된다. 이때 라라가(家) 막내 왕자인 곤살로 곤살레스의 손에 도냐 람브라의 사촌 알바로 산체스가 죽게 되면서 펼쳐지는 두 집안 사이의 복수극을 중심으로 스토리가 전개된다. 전해 내려오는 것은 원전이 아닌 메넨데스 피달이 알폰소 현왕의 『*Cronicá General*』에 나온 것을 바탕으로 복원한 것이다.

Cantar de Roncesvalles (론세스바예스의 노래)　13세기 초 중세 카스티야어로 쓰인 서사시. 나바라－아라곤 지역의 로만세 특징을 갖고 있다. 원래 5,500행에 달하는 것으로 알려져 있지만 현재 전해져 내려오는 것은 100여 행에 불과하다. 샤를마뉴 대제의 정복활동에 대한 이야기를 담고 있지만 롤랑의 노래에서 유래되거나 프랑스 서사시의 영향을 받은 것이 아닌 스페인 중세 서사시의 발달로 보는 것이 더 적절하다.

Cantar de Sancho II (산초 2세의 노래)　스페인 중세 서사시. 유실되었으나 <Crónica najerense>에 산문화되어 실린 것을 바탕으로 재건하였다. 어떻게 산초 2세가 그의 형제 갈리시아의 왕인 가르시아와 레온의 왕 알폰소에게 대항하고 베이도 돌포스에 의해 세르코 데 사모라에서 죽음을 맞이했는지를 노래한다.

cantar del Conde Garci Fernández y La Condesa Traidora, El (가르시 페르난데스 백작과 트라이도라 백작 부인의 이야기)　무훈시(Cantar de gesta)의 한 종류이다. 이미 사라졌지만 로마 시대에 기원을 두고 현재 산문으로 변경된 작품이기 때문에 그 기원을 찾아볼 수 있다. 아르헨티나 백작부인과 프랑스 귀족의 밀애를 다룬 작품인데 그 둘은 결국 백작 부인의 남편에 의해 죽고 그 남편 또한 불행한 삶을 살게 된다는 비극으로 결말을 맺는다.

Cantera Burgos, Francisco (프란시스코 칸테라 부르고스) 부르고스(Burgos) 출생의 수필가, 역사가, 대학교수(1901~1978)이다. 마드리드 콤플루텐세 대학교(Universidad Complutense de Madrid)에서 정교수로 재직하며 히브리어를 가르쳤고, 스페인에서의 유대교와 관련하여 심도 있는 연구를 하였다. 또한 역사를 주제로 한 많은 에세이를 썼는데, 대표작으로는 『*Las Inscripciones hebraicas en España*』(1956), 『*Sinagogas de Toledo, Segovia y Córdoba*』(1973)가 있다.

Cántico (찬가) 스페인 27세대 작가인 호르헤 기옌 이 알바레스의 첫 번째 작품집이다. 1928년 출간된 초판에서는 총 75편의 작품이 수록되어 있으나, 그 최종판에는 300편 이상의 시가 수록되었다. 이렇듯, 이 작품집은 판을 거듭하면서 점진적으로 증보되었다. 이 작품의 부제는 '삶의 믿음'으로 의도적인 모호성과 더불어 바로 그와 같은 의미를 암시하고 있다. ➡ Guillén, Jorge(호르헤 기옌)

Cantiga (칸티가) 12~14세기 스페인의 단선 선율의 성악곡이다. 주로 갈리시아-포르투갈어(Gallego-Protuguesa)로 쓰였으며 대부분 성모 마리아를 예찬하는 내용을 지니고 있다. '노래'라는 뜻을 가지고 있지만, 좁은 의미로는 중세 이베리아반도에서 널리 불린 서정적 가요를 가리킨다. 단선율로서 여러 개의 절로 나누어져 있으며 각 절마다 후렴구가 되풀이되어 마치 민요의 느낌을 준다. 선율은 단순하면서 생동감 있고 경쾌한 것이 특징이다. 1252년부터 1284년까지 카스티야(Castilla)와 레온(León) 지방의 알폰소 10세(Alfonso X el Sabio)가 칸티가를 집대성하였다. 현재에는 약 1,700개의 칸티가 모음집이 전해지지만, 남아 있는 것은 가사들뿐 음악 선율은 거의 남아 있지 않다.

Cantigas de Bizancio (비잔시오의 칸티가) 에두아르도 파니아구아(Eduardo Paniagua)의 무시카 안티구아(Música Antigua) 그룹의 음반이다. 아랍세력의 점령으로 인해 형성되었던 중세 스페인의 아랍-안달루시아 문화는 알폰소 10세의 13세기에 황금기를 맞으며, 알폰소 10세는 그와 관련된 많은 칸티가를 집대성했다. 아랍과 스페인의 기독교 및 전통이 혼재된 아름다운 선율을 가지고 있다.

Cantigas de Castilla-La Mancha (카스티야 라 만차의 칸티가) 에두아르도 파니아구아(Eduardo Paniagua)의 무시카 안티구아(Música Antigua) 그룹의 음반이다. 알폰소 10세(Alfonso X el Sabio)의 칸티가 중 톨레도 왕국에 의해 비교적 늦게 해방된 카스티야 라 만차(Castilla la Mancha) 지방의 역사와 문화가 담긴 작품들 중심으로 엮어져 있다.

Cantigas de Castilla y León (카스티야와 레온의 칸티가) 에두아르도 파니아구아(Eduardo Paniagua)가 속해 있는 무시카 안티구아(Música Antigua) 그룹의 음반이다. 알폰소 10세(Alfonso X el Sabio)의 칸티가 중 10% 이상이 카스티야와 레온 왕국의 전통에 의한 것일 정도로 당대 그 지방의 큰 문화적 영향력을 짐작할 수 있다. 에두아르도는 그러한 작품들을 중심으로 선곡하여 음악으로 풀어내었다.

Cantigas de Catalunya (카탈루냐의 칸티가) 에두아르도 파니아구아(Eduardo Paniagua)의 무시카 안티구아(Música Antigua) 그룹의 칸티가 작품으로 그의 수많은 칸티가 중 중세 스페인의 진정한 모습을 가지고 있어 음악적 가치가 높다는 평을 받는다. 몬세라트(Monserrate) 수도원의 수도사들이 불렀던 시에 음악을 넣거나 이를 소재로 한 음악들이 주를 이룬다. 주로 성모 마리아에 대한 찬가와 수도원의 자연 풍경을 노래한다.

Cantigas de flauta y tamboril (관악기와 탬보르의 칸티가) 에두아르도 파니아구아(Eduardo Paniagua)의 무시카 안티구아(Música Antigua) 그룹의 칸티가 작품이다. 중세 기악음악의 중심을 이루었던 관악기와 작은북(탐보르)의 매력을 만끽할 수 있는 음반이다. 민속음악과 교회의 반주에 가장 중요한 역할을 했던 이 악기들의 다양한 음색과 쓰임을 가장 명료하게 보여주는 음반이다.

Cantigas de Francia (프랑스의 칸티가) 에두아르도 파니아구아(Eduardo Paniagua)의 무시카 안티구아(Música Antigua) 그룹의 칸티가 작품이다. 알폰소 10세(Alfonso X el Sabio)의 작품 중 프랑스의 아름다운 전통을 담은 음악이 주를 이룬다. 화려한 리듬보다는 단순한 선율과 시어가 특징이다.

Cantigas de Inglaterra (잉글랜드의 칸티가) 에두아르도 파니아구아(Eduardo Paniagua)의 무시카 안티구아(Música Antigua) 그룹의 칸티가 작품이다. 알폰소 10세(Alfonso X el Sabio)의 음악 시리즈 중 영국 수도사들의 시와 이야기를 바탕으로 만든 가사와 음악을 담고 있다. 당시 알폰소 10세는 여러 유럽 나라들과 긴밀한 외교적 관계를 맺고 있었는데, 영국계 인사들과의 외교적 만남을 위해 이와 같은 칸티가를 만들었다.

Cantigas de Italia (이탈리아의 칸티가) 에두아르도 파니아구아(Eduardo Paniagua)의 무시카 안티구아(Música Antigua) 그룹의 칸티가 작품이다. 알폰소 10세(Alfonso X el Sabio)의 작품 중 이탈리아의 비잔티움 문화를 반영하는 작품들을 중점적으로 담고 있다. 이탈리아는 오랫동안 그리스에 점령되어 기독교의 사상 아래 다양한 음악이 혼재된 또 다른 비잔티움의 문화를 가지고 있었으며, 이 음악은 중세 플루트와 비후엘라 등의 고악기가 어우러진 중세 음악집이다.

Cantigas de Madrid (마드리드의 칸티가) 에두아르도 파니아구아(Eduardo Paniagua)가 속해 있는 무시카 안티구아(Música Antigua) 그룹의 음반이다. 알폰소 10세(Alfonso X el Sabio)의 칸티가 시리즈 중 성모 마리아에 대한 찬가로서는 가장 중심이 되는 작품집이다. '아토차의 성모(Virgen de Atocha)'라고도 불리는데 이때 '아토차의 성모'란 마드리드 사원에 있는 성모상을 의미하며 11세기에 이르러 기독교 세력으로 해방된 마드리드를 상징한다. 무시카 안티구아의 작품 중 음악적 완성도가 가장 높은 곡이다.

Cantigas de Santa María (성모 마리아 송가집) 알폰소 10세(Alfonso X el Sabio) 때 쓰인 칸티가의 한 종류이다. 갈리시안－포르투갈어(Gallego－Protuguesa)로 쓰인 420개의 단선율 가곡이 담겨있다. 주로 성모 마리아를 예찬하는 내용을 지니고 있으며, 유럽 중세의 방대한 단선율 가곡 중 하나라는 평가를 받는다.

Cantigas de Toledo (톨레도의 칸티가) 에두아르도 파니아구아(Eduardo Paniagua)의 무시카 안티구아(Música Antigua) 그룹의 초기 음반으로 중요성을 갖는다. 모두 4개의 사본으로 전해져 오는 426개의 시와 노래(칸티가) 가운데 성모 마리아를 찬양하는 작품을 중심으로 선곡된 음반이다.

Canto mozárabe (모사라베 성가) 스페인 음악으로, 6~7세기 무렵 서고트 왕조 시대에 형성된 독특한 그리스도교 성가이다. 이 전례용 노래는, 로마 교회의 그것과 무관한 것은 아니지만 독자적인 전통에 입각한 것으로서, 계속되는 아라비아인의 이베리아반도 지배 아래(8세기 이후)에서도 많은 신도에 의해 지켜졌으며, 11세기 무렵 로마 교회의 세력에 의해 쇠망하기까지 융성하게 불려졌다.

Cantó Vilaplana, Gonzalo (곤살로 칸토 빌라플라나) 알리칸테(Alicante) 출생의 기자,

극작가(1859~1931)이다. 다양한 사르수엘라 작품을 썼으며, 대표적인 사르수엘라 작품으로는 『*Ortografía*』(1888), 『*Los mostenses*』(1893)가 있다. 또한 역사적 주제를 가진 극작품 『*El armero de Florencia*』를 썼다. ➡ Zarzuela(사르수엘라)

Caparrós, Ignacio (이그나시오 카파로스) 말라가(Málaga) 출생의 시인(1955~)이다. 처녀작인 『*El cuerpo del delito*』(1996)가 문학비평계에서 긍정적으로 평가받으면서 『*Del mar y sus despojos*』(1997)를 곧바로 출판한다. 이 작품에서는 현실과 소망 사이에 끊임없는 갈등을 그리고 있다. 또 다른 작품 『*Encendida ceniza*』(1998)에서는 존재의 이유를 다루고 있다.

Capmany Suris i de Montpalau, Antonio de (안토니오 데 캄프마니 수리스 이 데 몬트팔라우) 바르셀로나(Barcelona) 출생의 작가, 역사가, 정치가(1742~1813)이다. 왕정에서 언론을 검열하는 직책에 있었으며, 프랑스어-스페인어 사전 『*Nuevo Diccionario Francés-Español*』(1817)을 편찬했다. 대표적인 문학작품으로는 『*Los Sueños del Marqués del Palacio*』(1812)가 있다.

Cara de plata (은빛 얼굴) 1922년에 발표된 스페인 모더니즘 작가 라몬 델 바예 잉클란의 작품이다. 그의 첫 작품이었던 『소나타』 이후 저급극이라고 불린 작품을 시작했는데, 이 작품은 그의 대표작품 중 하나이다. 여기에서는 갈리시아 농촌을 배경으로 과격하고 바보스러운 인물들을 중심으로 내용이 전개되는데, 포악한 약탈꾼들을 통해 영웅의 세계가 몰락해 가는 과정을 묘사하고 있다. ➡ Valle-Inclán(바예 잉클란)

Carandell Robusté, Luis (루이스 카란델 로부스테) 바르셀로나(Barcelona) 출생의 작가, 기자(1929~2002)이다. 연대기, 여행, 일화 등 다양한 소재를 가지고 유머러스한 작품을 썼다. 대표작으로는 『*La reina de la península de Athos*』(1966), 『*Los romances de Carandell*』(1973) 등이 있다.

Carballeira, Paula (파울라 카르바예이라) 1972년 아 코루냐(A Coruña) 지방의 페네(Fene)에서 태어난 갈리시아 작가이자 배우이다. 갈리시아의 대중 예술가로 문학 집필뿐 아니라 방송인으로도 활동한다. 주로 아동문학과 시 집필을 하는데 대표작품으로는 『*Smara*』, 『*Paco*』 등이 있다.

Carballo Calero, Ricardo (리카르도 카르바요 칼레로) 엘페롤(El Ferrol) 출생의 작가(1910~1990)이다. 스페인 산티아고 대학(Universidad de Santiago)에서 갈리시아 문학을 가르쳤으며, 갈리시아 문학을 연구하고 다양한 문학작품을 썼다. 갈리시아 문학 연구서로는 『*Sete poetas galegos*』(1955), 『*Aportaciones a la literatura gallega contemporánea*』(1955)가 있고, 문학작품으로는 『*Vieiros*』(1931), 『*A Xente da barreira*』(1963)가 있다.

Carbonell Sala, Raúl (라울 카르보넬 살라) 발렌시아(Valencia) 출생의 시인, 소설가, 극작가(1950~)이다. 다양한 장르의 작품이 성공을 거두면서 20세기 중후반 발렌시아를 대표하는 작가 중 한 명으로 여겨진다. 처녀작 『*Interior esencial*』(1981)로 문학계에 데뷔하였으며 이후 출판된 대부분의 작품이 독자들의 관심을 끌었다. 주요 시작품으로는 『*Viaje al océano*』(1984), 『*Nocturno sin consejo*』(1988)가 있으며, 소설작품으로는 『*Espejos planos*』(1981), 『*Telón de fondo*』(1982) 등이 있다.

Carbonero y Sol, León (레온 카르보네로 이 솔) 스페인의 작가이자 기자로 1812년 톨레도(Toledo)에서 태어났으며 1902년 마드리드에서 사망하였다. 본명은 레온 카르보네로 이 가르시아-아리스코(León Carbonero y García-Arisco)였으나 교황에게 솔 백작의 칭호를 하사받아 레온 카르보네로 이 솔로 불리게 됐다. 독실한 가톨릭 신자로 토마스 아퀴나스 등의 신학자들의 책을 스페인어로 번역했으며 정치에도 관심이 많아 정치인의 자질에 관한 책을 발표하기도 했다.

Cárcel de Amor (사랑의 감옥) 1492년에 출판된 디에고 데 산 페드로의 감상소설. 주인공 레리아노가 라우레올라에게 느끼는 사랑의 감정과 고통을 표현했다. 초판은 디에고 페르난데스 데 코르도바에게 바쳐졌고, 종교재판소가 불온서적이라고 공표했음에도 불구하고 15~16세기 동안 20번 이상이나 재판되는 엄청난 인기를 누렸다. 발타사르 그라시안은 그의 저서 『*Agudeza y arte de ingenio*』에서 산문 문학의 본보기적 작품으로 꼽기도 했다. 서간체 형식을 사용하였고 간결성이 돋보인다.

Cardenal Iracheta, Manuel (마누엘 카르데날 이라체타) 마드리드 출생의 철학자, 작가(1898~1971)이다. 호세 오르테가 이 가셋(José Ortega y Gasset,1883~1995)의 철학사상을 공부했으며, 방대한 지식을 바탕으로 다양한 책을 저술했다. 대표작으로 『*Gonzalo Pizarro*』(1957), 『*Comentarios y recuerdos*』(1972) 등이 있다.

Cardillo de Villalpando, Gaspar (가스파르 카르디요 데 비얄판도) 1527년 세고비아(Segovia)에서 출생한 스페인 인문학자이자 신학자이다. 아리스토텔레스 연구에 몰두하였으며, 대표적인 작품으로는 『*Summa Summmularum*』이 있다.

Carlo Famoso (카를로 파모소) 1566년 출간된 루이스 데 사파타(Luis de Zapata)의 시집이다. 카를로스 5세(Carlos V)를 찬양하는 내용으로 22,000편의 옥타바 레알(octava real) 형식의 시로 구성되었다.

Carner i Puig-Oriol, Josep (조셉 카르네르 이 푸이그 오리올) (1884~1970) 모더니즘에 인접한 첫 단계를 거친 후, 내면적 주제와 심오한 인간성에 대해 심혈을 기울인 서정시로 (특히 소네트 양식) 방향을 돌린다. 전성기에 쓴 대표작으로는 『*El cor quiet*』(1925) 등이 있다.

Carnero, Guillermo (기예르모 카르네로) (1947~) 발렌시아 출신의 작가, 문학비평가이다. 특히 스페인 18~19세기 문학의 전문가이며, 노비시모 그룹에 속한다. 메타시와 복잡성이 시의 특징이고, 언어의 모순과 한계, 이성의 한계, 탐미주의 등을 주제로 한다. 『*Dibujo de la muerte*』(1967), 『*Divisibilidad indefinida*』(1990) 등의 시집이 있다. 2006년 『*Fuente de Médicis*』로 로에베상을 받았다. 이 작품은 존재의 좌절과 문화 모조품을 탐구한 것으로 작가 스스로는 이 시를 대화형 시(poema dialógico)라고 정의했다.

Carnicer, Ramón (라몬 카르니세르) 레온(León) 출생의 소설가, 수필가, 대학교수(1912~2007)이다. 스페인 내전 시기 팔랑헤주의자(Falangista)를 피해 바르셀로나로 피신하였다. 그곳에서 철학을 공부한 후 대학교수로 지냈다. 소설은 대부분 감상소설인데, 지역색이 많이 드러난다. 대표작으로는 『*Cuentos de ayer y de hoy*』(1961), 『*También murió Manceñido*』(1972)가 있다.

Caro Baroja, Julio (훌리오 카로 바로하) 마드리드 출생의 작가, 인류학자(1914~1995)이다. 스페인의 민족학 연구자 중 가장 뛰어나다고 평가된다. 민족학의 이론, 민족학 연구방법을 스페인에 도입하려는 시도를 가장 활발하게 하였으며, 연구 내용을 바탕으로 다양한 책을 저술하였다. 대표작으로는 『*Tres estudios etnográficos relativos al País Vasco*』(1934), 『*Etnología*』(1949) 등이 있다.

Caro Baroja, Pío (피오 카로 바로하) 마드리드 출생의 작가, 다큐멘터리 영화감독(1928~)

이다. 사회의 현실에 대해 많은 관심을 갖고 이를 영화화하려 시도했지만, 자금 부족으로 인해 성공하지 못했다. 반면, 문학작품은 성공을 거두었는데, 『*Conexión internacional*』(1985), 『*Biografías y vidas humanas*』(1986) 등의 대표작이 있다.

Caro Romero, Joaquín (호아킨 카로 로메로) 세비야(Sevilla) 출생의 기자, 시인, 문학비평가(1940~)이다. 시를 쓸 때 시어의 완벽성을 추구한 작가로 유명하다. 주요작품으로는 『*Espinas en los ojos*』(1960), 『*Tiempo sin nosotros*』(1969), 『*El libro de las grayas*』(1986) 등이 있다.

Caro, Rodrigo (로드리고 카로) (1573~1647) 울테라 출신의 작가이자 법률가, 역사가이다. 오수나 대학교에서 고전을 공부했고, 1619년 도서 검열관으로 일했다. 주된 시의 주제는 안달루시아 지역의 역사와 풍요로움이었다. 여느 바로크 시인과 마찬가지로 고대 유적을 주제로 한 시를 쓰는 데에도 관심이 있었는데, 실제로 유적들을 탐방하기도 했다. 『*Memorial de Utrera*』, 『*Canción a las ruinas de Itálica*』 등의 작품을 남겼다.

Carpe Diem (카르페디엠) 영어로 'Seize the day', 우리말로 '오늘을 잡으라'는 뜻의 라틴어이다. 인생은 짧고 유한하므로 현재를 즐기라는 충고의 뜻으로 이탈리아 시인 호라시오의 시에서 처음 쓰였다.

Carpio, Marcela del o Sor Marcela de San Félix (마르셀라 델 오 솔 마르셀라 데 산 펠릭스 카르피오) (1605~1687) 톨레도(Toledo) 태생. 스페인 극작가, 시인이며 수녀로 활동했다. 종교집단에서 다양한 직위를 담당했었고 19세기 그 공동체에서 삼위일체의 수사 역할을 맡았다. 그 후 왕립 스페인어 학회(La Real Academia de la Lengua)에 머물렀다. 대표작으로 『*Coloquio espiritual del Santísimo Sacramento*』, 『*Coloquio espiritual del Nacimiento*』, 『*Coloquio espiritual intitulado "Muerte del Apetito"*』 등이 있다.

Carranque de Ríos, Andrés (안드레스 카란케 데 리오스) 마드리드 출생의 소설가, 시인, 배우, 기자(1902~1936)이다. 노동자 계급인 부모 밑에서 자라면서 가난하고 힘든 어린 시절을 보냈다. 이러한 어린 시절의 경험과 사회의 현실이 작품에 반영되어 있다. 대표작으로는 『*Nómada*』(1923)가 있다.

Carrascal Rodríguez, José María (호세 마리아 카라스칼 로드리게스) 마드리드 출생의 소설가, 기자(1930~)이다. 처녀작 『*Groovy*』로 나달상(Premio Nadal)을 수상(1972)하였는데, 이 작품에서는 그 당시 스페인 젊은이들이 사용하던 은어의 의미와 문장구조를 그대로 차용하였다. 또 다른 대표작 『*El capitán que nunca mandó un barco*』는 작가가 항해술을 공부하던 시기의 경험을 바탕으로 쓰였다.

Carrere Moreno, Emilio (에밀리오 카레레 모레노) 마드리드 출생의 시인, 소설가(1881~1947)이다. 많은 작품을 썼지만, 성공을 거둔 작품은 없다. 12편의 소설을 창작했는데, 이 중 고풍적인 언어의 사용으로 부각된 작품으로는 『*El reloj del amor y de la muerte*』(1915), 『*La calavera de Atahualpa*』(1925)가 있다. 극작품으로는 『*La canción de la farándula*』(1912)가 있으며 주요 시작품으로는 『*Dietario sentimental*』(1916)이 있다.

Carretero Novillo, José María (호세 마리아 카레테로 노비요) 코르도바(Córdoba) 출생의 기자, 소설가(1888~1951)이다. 스페인 내전 시기 공화당에 반대하며 국민전선의 정치를 선전하는 소설을 썼다. 작가의 전반적인 소설의 경향은 에로티즘과 감상소설로, 해당 소설로는 『*La virgen desnuda*』(1910), 『*La venenosa*』(1927) 등이 있다.

Carrillo de Huete, Pedro (페드로 카리요 데 우에테) 우에테(Huete) 출생의 귀족, 작가

(1380～1448)이다. 국왕 후안 2세의 궁정에서 일했으며, 『*Crónica del Halconero de Juan II*』를 저술하였다. 이 작품은 후안 2세의 업적을 사실적으로 서술한 것이다.

Carrillo y Sotomayor, Luis (루이스 카리요 이 소토마요르) 코르도바의 바에나(Baena) 출생으로, 공고라 바로 이전의 시대 인물로서 연대기적으로 스페인의 첫 과식주의 작가이다. 매우 난해하고 선택된 기법으로 작품을 썼는데, 『*La Fábula de Acis y Galatea*』가 있다. 이 작품은 바다와 물에 대한 주제를 담고 있으며, 대표작 외에도 소네트(Soneto), 로만세(Romance) 등을 썼다. ➡ Culteranismo(과식주의)

Carrión Hernández, Lgnacio (이그나시오 카리온 에르난데스) 산 세바스티안(San Sebastián) 출생의 소설가, 수필가, 기자(1938～)이다. 1990년대 들어 소설가로서 알려지기 시작하였고, 『*Cruzar el Danubio*』(1995)라는 소설로 나달상(Premio Nadal)을 수상하였다. 신문기사를 쓸 때 사용하는 문체들을 문학작품에서도 사용하였고 이로 인해 비평계의 주목을 받았다.

Carta Atenagórica (지혜의 글) 소르 후아나 이네스 데 라 크루스(Sor Juana Inés de la Cruz) 수녀가 마누엘 페르난데스 데 산타 크루스(Manuel Fernández de Santa Cruz) 주교에게 청원하기 위해 1690년에 쓴 글이다. 원제의 'Atenagórica'는 '아테네 여신의 지혜에 비길만한' 정도로 해석될 수 있다. 이 편지글은 예수의 훌륭함에 대해 안토니오 비에이라(António Vieira)가 정통 가톨릭 교리에 반박하며 설교한 것을 비판하고 있다. 이것은 수녀가 신부의 강론에 반박하는 것으로 당시 사회상에 따라 많은 비판을 받았다. 하지만 이것은 페미니스트의 선언으로 해석되어 많은 의미가 있다.

Cartagena, Alfonso de (알폰소 데 카르타헤나) (1384～1456) 스페인의 성직자, 역사가이자 초기 르네상스 시기의 작가로 활발하게 활동했다. 활동 중 가장 돋보이는 것은 번역가로서의 업적이다. 후안 2세의 명으로 키케로, 세네카의 저서들을 스페인어로 번역했는데, 이 인문고전 저서들의 번역으로 스페인 르네상스에 크게 기여했다고 평가받는다.

Cartagena, Pedro de (페드로 데 카르타헤나) 카스티야(Castilla) 출생의 시인(1456～1486)이다. 대부분의 작품이 금욕, 도덕을 주제로 쓰였으며, 시집 『*Cancionero general*』에 실려 있다. 또한 사랑을 주제로 한 작품도 있는데, 이 작품은 꿈속에서 사랑의 신과 작가가 대화를 하는 형식으로 쓰였다.

Cartagena, Teresa de (테레사 데 카르타헤나) 산프란시스코회 수녀, 작가(1420～?)이다. 대표작 『*Arboleda de los enfermos*』는 아프고 고통 받는 이들에게 하는 충고를 담고 있다. 또 다른 작품 『*Admiraçión operum Dei*』는 여성도 작품을 창작할 수 있는 능력이 있다는 것을 보여주기 위해 쓴 작품이다. 대부분의 작품이 신을 만나기 위해 고행을 견뎌내는 내용, 설교를 주제로 하고 있다.

Cartas finlandesas (핀란드로부터의 편지) 1898년에 발표된 스페인 98세대 작가 앙헬 가니벳의 수필이다. 핀란드의 제반 관습과 풍속을 매우 암시적으로 기술하였으며, 가니벳의 특징이기도 한 번뜩이는 재치로 핀란드와 스페인 사회를 날카롭게 분석하여 저널리즘 문학의 진정한 걸작이라 평가받는다. ➡ Generación del 98(98세대)

Cartas marruecas (모로코인의 편지) 카달소의 작품 중 가장 중요하고도 많이 출간되어 읽힌 작품이다. 사후인 1789년에 출간되어 곧 프랑스어로 번역되었다. 세 명의 가상적 인물들 사이에서 쓰인 90통의 편지로 된 작품으로 특히 누뇨를 통해 작가의 사상이 잘 드러나고 있다.

Carvajal Milena, Antonio (안토니오 카르바할 밀레나) 1943년 그라나다(Granada) 지방의 알볼로테(Albolote) 출생의 스페인 시인이다. 그라나다 대학교(Universidad de Granada)의 교수직을 역임하였다. 수사학적 기교를 많이 사용하는 안달루시아(Andalucía)의 대표적인 시인이며 대표작품인 『*Un girasol flotante*』는 여러 언어로 번역되어 있다. 스페인 시 부문 국민 문학상(Premio Nacional de Poesía)을 받았다.

Carvajal y Robles, Rodrigo (로드리고 카르바할 이 로블레스) 안테케라(Antequera) 출생의 시인(1580~1635)이다. 1599년부터 페루에서 살기 시작하였고 그곳에서 네덜란드인에 대항하여 싸우는 전사가 된다. 이러한 전투 경험이 작가의 서사시에 드러나며, 작품은 『*Cancionero antequerano*』라는 시집에 실려 있다. 주요작품으로는 『*Poema épico del asalto y conquista de Antequera*』(1627)가 있다.

Carvajal y Saavedra, Mariana de (마리아나 데 카르바할 이 사아베드라) 17세기 소설가(?~1664)이다. 다양한 문학작품을 창작했는데, 남겨진 소설은 단 8편뿐이다. 주요작품인 『*Navidades de Madrid y noches entretenidas*』(1663)에서는 이탈리아와 스페인 단편소설의 영향력을 높이 평가한다. 또한 반어적인 표현을 사용하는 데 있어 뛰어난 작가였다.

Carvajal, Micael de (미카엘 데 카르바할) 에스트레마두라(extremadura) 출신의 희곡 작가(1501?~1576?)이다. 작품에는 중세 문학의 종교적 · 우의적 특성과 엔시나(Enzina)의 목가극, 로페 데 베가 극의 특징이 혼합되어 있다. 『*Tragedia Josephina*』, 『*Cortes de la Muerte*』 등의 작품을 썼다.

Casa de Aitzgorri, La (아이스고리의 집) 1909년에 발표된 스페인 98세대 작가 피오 바로하(1872~1956)의 소설이다. 이 작품은 『*El mayorazgo de Labraz*』(1903), 『*Zalacaín el aventurero*』(1909)와 함께 『*Tierras vascas*』라는 이름의 3부작 중 하나이다.

Casal y Aguado, Manuel del (마누엘 델 카살 이 아구아도) 1751년 마드리드에서 출생한 스페인 의학자이자 신문기자이다. 루카스 알레만 이 아구아도(Lucas Alemán y Aguado)라는 가명으로 문학활동을 하였다. 주로 신문에 풍자적인 사설기사를 많이 실었으며, 현재에는 소멸되었지만 다양한 극작품 또한 제작하였다. 대표적인 작품으로는 『*El nuevo mundo en la Luna*』, 『*El bosque del Pardo y Los franceses en Getafa*』가 있다.

Casals, Pedro (페드로 카살스) 바르셀로나(Barcelona) 출생의 시인, 소설가(1944~)이다. 소설들은 독자들에게 굉장한 인기를 끌었고 이로 인해 20세기 후반의 대표작가 중 한 명으로 여겨진다. 주요작품으로는 『*Las hogueras de la noche*』(1992), 『*Recuerda que eres mortal*』(1998) 등이 있다.

Casares Sánchez, Julio (훌리오 카사레스 산체스) 그라나다(Granada) 출생의 철학자, 문학비평가, 사전편찬가(1877~1964)이다. 『*Diccionario ideológico de la Lengua Española*』(1942)라는 언어학 사전을 편찬하였고, 이 외에 다양한 문학비평을 저술했다. 『*Crítica profana*』(1914), 『*Crítica efímera*』(1918) 등의 문학비평이 있다.

Casariego Córdoba, Nicolás (니콜라스 카사리에고 코르도바) 마드리드 출생의 소설가(1967~)이다. 다양한 소설을 썼는데, 처녀작인 『*Dime cinco cosas que quieres que te haga*』(1998)에서는 군대 복역을 끝마칠 때가 된 남자주인공의 사랑이야기를 묘사한다. 두 번째 작품 『*La noche de las doscientas estrellas*』(1998)는 11편의 단편소설 모음집으로 독창적 · 풍자적으로 영웅들을 묘사한다. 이 외에도 『*Tú qué harías por amor*』(1999), 『*Héroes y antihéroes*』(2000) 등의 작품이 있다.

Casariego Córdoba, Pedro (페드로 카사리에고 코르도바) 마드리드 출생의 시인, 화가(1955~1993)이다. 이른 나이에 사망했지만, 가치 있는 작품들을 많이 썼기 때문에 스페인 문학계에서 20세기 후반의 독창적이고 혁신적인 작가로 평가된다. 주요작품으로는 『*La vida puede ser una lata*』(1988), 『*Primeras páginas del cuaderno de Gotemburgo*』(1998) 등이 있다.

Casas Regueiro, Liboria (리보리아 카사스 레게이로) 1911년 마드리드에서 출생한 스페인 사설가이자 극작가(1911~1999)이다. 대중매체를 통해 잘 알려졌으며, 방송 필명인 보리타 카사스(Borita Casas)로 더 잘 알려져 있다. 어릴 적부터 방송 및 신문업계에 관심이 많았으며, 오랫동안 마드리드 라디오(Radio Marid)에서 아나운서를 하였다. 또한 아동문학에도 지대한 관심을 가지고 있어 안토니타 라 판타스티카(Antoñita la Fantástica)라는 인물을 창조하는 등 아동문학에 큰 기여를 하였다.

C

Cascales Pagán, Francisco (프란시스코 카스칼레스 파간) (1564~1642) 스페인 학자이자 작가로 무르시아(Murcia)의 포르투나(Fortuna)에서 태어났다. 그라나다(Granada), 발렌시아(Valencia)와 다른 유럽국의 대학 수업을 받았고, 후에 카르타헤나(Cartagena)와 무르시아에서 문법을 가르쳤다. 대표작으로는 『*Discurso de la ciudad de Cartagena*』(1598), 『*Discursos históricos de la muy noble y muy leal ciudad de Murcia y su reino*』(1621) 등을 들 수 있다. 이 외에 다양한 시작품을 카스티야어와 라틴어로 썼는데, 『*Cartas filológicas*』(1634), 『*Tablas poéticas*』(1617) 등이 있다.

Casellas, Raimon (라이몬 카세야스) (1855~1910) 스페인 바르셀로나(Barcelona)의 소설가, 기자이다. 바르셀로나에서 일어난 사건인 라 세마나 트라히카(La Semana Trágica) 때 스스로 목숨을 끊었다. <La Vanguardia>의 편집장이었고, 사망 전까지 La Veu de Catalunya의 예술 분야의 지휘감독관이었다. 대표작으로 『*Etapes estètiques*』(1914), 『*Les multituds*』(1905), 『*Llibre d'històries*』(1909), 『*Colección de anécdotas y reflexiones*』(1909) 등이 있다.

Casero y Barranco, Antonio (안토니오 카세로 이 바란코) (1874~1936) 시인이자 극작가이다. 당시의 신문과 잡지에 다른 작가들과 같이 합작품을 냈다. 시작품은 이상주의와 노스탤지어를 특징으로 하며 대표작으로 『*La gente del bronce*』(1896), 『*Los castizos*』(1912), 『*De Madrid al cielo*』(1918) 등이 있다. 또한 많은 극작품은 18세기 스페인의 1막물 풍속 희극인 사이네테(Sainete)를 포함한다.

Casero, Santiago (산티아고 카세로) 1964년 푸엔테 엘 프레스노(Fuente el Fresno) 출생의 스페인 작가이다. 일생의 대부분을 마드리드에서 보내며 콤플루텐세(Complutense) 대학에서 고전언어학(Filología Clásica)을 전공하였고, 1989년부터 문학을 가르치기 시작하였다. 대표적인 작품으로는 『*Varadero de poetas*』(2008), 『*Eso te salvará*』(2011)가 있으며, 『*De noche en ciertas ventanas*』는 미발표작으로 남아 있다.

Casona, Alejandro (알레한드로 카소나) 아스투리아스 지방 출신의 작가, 극작가(1903~1965)이다. 알레한드로 카소나는 필명이며, 본명은 알레한드로 로드리게스 알바레스(Alejandro Rodríguez Álvarez)이다. 다양한 막간극을 창작하였는데 대표적으로 『*Sancho Panza en la ínsula*』(1615)가 있다. 가장 성공을 거둔 작품은 『*La sirena varada*』(1934)이다. 스페인 내전 이후 아르헨티나로 거주지를 옮겼으나 그곳에서도 창작활동을 계속하였으며 『*La dama del alba*』(1944), 『*La molinera de Arcos*』(1947) 등의 작품이 있다.

Casta de hidalgos (카스타 데 이달고스) 리카르도 레온(Ricardo León, 1877~1943)의 초기 소설(1908)이다. 스페인의 오래된 기독교적 전통에 대한 향수를 가지고 회고한 소설로서 작가의 작품들 중 가장 큰 인기를 얻었다. 당대 독자들의 낭만적 감수성을 자극하는 대표적인 소설 중 하나였다.

Castellanos y Velasco, Julián, o "Pedro Escamilla" (훌리안 카스테야노스 이 벨라스코, 오 페드로 에스카미야) 마드리드 출생의 19세기 소설가이다. 주요한 신문, 잡지에 연재소설을 게재하면서 매우 유명해졌는데, 『*La hija del crimen*』, 『*La hija del verdugo*』, 『*El destripador de mujeres*』 등의 작품이 있다. 소설들은 매우 감상주의적이고 선한 주인공과 악한 주인공의 대비가 뚜렷하게 드러난다.

C

Castellanos, Juan de (후안 데 카스테야노스) (1522~1607) 11음절 15만행으로 이루어져 있는 스페인 시 사상 가장 방대하고 기이한 책의 작가이다. 바로 『*Elegías de varones ilustres de Indias*』라는 작품인데 세비야 출신이지만 신대륙을 여행하면서 식민지의 지리와 역사에 대한 해박한 지식을 바탕으로 시를 썼다.

Castilla (카스티야) 1916년에 발표된 스페인 98세대 작가 아소린의 작품이다. 아소린은 시간에 대해 집요하게 탐구 했고, 사물들의 변화와 그 변함의 덧없음을 지각하고자 했다. 이러한 사상은 이 작품에 자세하게 드러나 있다. ➡ Generación del 98(98세대)

Castillejo, Cristóbal de (크리스토발 데 카스티예호) (1491~1556) 르네상스 시기의 스페인 시인이다. 당시 스페인 시인들 사이에서는 가르실라소 데 라 베가의 이탈리아 소네트풍의 시를 쓰는 것이 인기였으나, 그는 오히려 이런 세태를 비판하고, 이탈리아풍의 시를 풍자하며 스페인 전통시 형식을 고수했다. 대표작으로는 『*Sermón de amores*』, 『*Represión contra los poetas españoles que escriben en verso italiano*』가 있다.

Castillejo, José Luis (호세 루이스 카스티예호) 1932년 세비야(Sevilla) 출생의 스페인 시인이다. 유행과는 상관없이, 시와 음악을 혼합하여 실험주의적 성격의 작품들을 생산한 것이 특징이다. 사흐(Zaj)라는 음악 그룹에 많은 영향을 주었으며, 대표적인 작품으로는 『*La escritura no escrita*』(1996)가 있다.

Castillo Puche, José Luis (호세 루이스 카스티요 푸체) (1919~2004) 무르시아 출신의 작가이다. 글들은 가톨릭 실존주의의 영적이고 이상적인 가정에 견고하게 기반을 두었다. 소설 속에서 깊이 있고 엄밀하게 폭력, 죽음에 대한 두려움과 같은 인간조건을 탐구했다. 국민 소설 부문 문학상(El Premio Nacional de Narrativa)을 받은 『*Conocerás el poso de la nada*』(1982)가 대표작이다.

Castillo Solórzano, Alonso de* (알론소 데 카스티요 솔로르사노) 바야돌리드의 토르데시야스에서 태어난 스페인 작가로 1648년경에 사망했다. 비야르(Villar) 백작과 벨레스(Vélez) 가문의 백작들의 보호를 받았다. 큰 재정적 어려움을 수차례 겪었는데 이것이 그가 귀족들을 위해 일하게 만들었던 이유로 보인다. 악자소설과 연극작품의 작가이다. 연극작품들 중에서 대표적인 작품은 1640년 『*Los alivios de Casandra*』에 포함되어 처음 출판된 『*El mayorazgofigura*』와 1911년 출판된 막간극들이다. 작품들은 보카치오의 『데카메론』계열로 더 알려진 악동이야기부터 시작해서 궁정에서의 계략까지 모두 포함한다. 궁정에서의 계략을 묘사하는 작품들은 귀족적이고 소비주의적인 문학으로 빠른 진행과 조밀한 문체를 띠고 있는데, 줄거리에서 벗어나는 여담은 이야기들에 포함되어 있지 않다. 수많은 작품들 중 대표작으로는 『*Tardes entretenidas*』(1625), 『*Jornadas alegres*』(1626),

『*Tiempo de regocijo*』(1627), 『*Lisardo enamorado y Noches de placer*』(1631), 『*Los amantes andaluces: historia entretenida*』(1633), 『*Fiestas del jardín*』(1634), 『*Famosas aventuras del bachiller Trapaza*』, 『*Quinta esencia de embusteros*』, 『*Maestro de embelecadores*』(1637), 그리고 『*La garduña de Sevilla y anzuelo de las bolsas*』(1642) 등을 들 수 있다.

Castresana, Luis de (루이스 데 카스트레사나) 스페인의 소설가, 극작가, 시인(1925~1986)이다. 작품 수는 방대한데, 기독교의 실존주의적 문제를 다룬 작품들, 망명생활 경험을 바탕으로 한 작품들, 스페인 내전 공포, 특히 바스크 지방의 처참함을 자세히 묘사하는 작품들로 구성된다. 대표작으로는 『*La frontera del hombre*』, 『*El árbol de Guernica*』 등이 있다.

C

Castro y Rossi, Adolfo de (아돌포 데 카스트로 이 로시) (1823~1898) 카디스(Cádiz) 태생. 스페인 작가이다. 기자와 도서관 사서로 일하면서, 카디스의 산 바르톨로메 신학교(Seminario de San Bartolomé)에서 공부를 했다. 사회학자의 일원이 되면서 정치학을 연구하였다. 후에 카디스(Cádiz)와 우엘바(Huelva)의 주지사가 되었다. 노년기에 극심한 빈곤에 시달리다 사망하였다. 역사가로서 많은 작품을 냈는데, 대표작으로 『*Historia de los judíos en España*』(1847), 『*Coleccion escogida de obras raras*』(1855) 등이 있으며, 한편으로 『*Curiosidades bibliográficas*』 전집을 완성하였다.

Castro y Valdivia, Gonzalo de (곤잘로 데 카스트로 이 발디비아) (1858~1905) 이른 나이부터 극, 소설 등에서 많은 작품을 냈고 언론계에서도 활발하게 활동했다. 대표 시 작품으로 『*Mi alma*』(1891), 『*Dédalo*』(1891), 『*Poesías póstumas*』(1900) 등이 있고, 소설작품으로 『*Hacia abajo*』(1894) 등이 알려져 있다.

Castro, Guillén de* (기옌 데 카스트로) 발렌시아 귀족 집안 태생의 스페인 작가이자 극작가. 평온한 청년기를 살았다. 1592년 야간 학회(Academia de Nocturnos)에 입단한다. 비밀(Secreto)이라는 별명으로 설립자들 중 한 명으로 참여한다. 발렌시아의 기마대 대장이었고, 나폴리 왕국에서는 세야노(Seyano) 지방의 지사였고, 마드리드에서는 페냐피엘(Peñafie) 백작에게 봉사했다. 중요 작가들 중에서 특히 로페 데 베가(Lope de Vega)와 친분을 유지했으며, 산티아고 기사단의 일원이기도 했다. 그의 연극작품에는 민속적이고 전원적인 요소들이 빠져 있다는 점, 고향 발렌시아의 여러 작가들의 딱딱함과 고전주의와 거리를 둘 줄 알았다는 점, 인물들은 심리학적 성격이 잘 정의되어 있고 고유의 특성을 지닌 독립적이라는 점이 언급될 수 있다. 작품은 세르반테스, 아구스틴 데 로하스, 페레스 데 몬탈반, 로페 같은 동시대 작가들로부터 평가받았다. 작품은 이미 관중들이 알고 있던 유명한 소재들을 많은 부분 오래된 로망스 시가집에서 가져와 자주 극화시켰다. 수많은 작품 중에서 『*Las mocedades del Cid*』, 『*El conde de Alarcos*』, 『*Los malcasados de Valencia*』, 『*El curioso impertinente*』가 대표적인 작품들이다.

Castro, Juan Antonio (후안 안토니오 카스트로) (1927~) 스페인 극작가이다. 대표작으로 『*Plaza de mercado*』, 『*Era sólo un hombre vestido de negro*』, 『*Tiempo de 98*』 등이 있다.

Castro, Óscar (카스트로, 오스카르) 본명은 오스카르 카스트로 수니가(Óscar Castro Zúñiga, 1910~1947)이다. 작가, 시인, 기자로 활동했으며 중·고등학교 국어교사직도 역임했다. 칠레 랑카구아(Rancagua) 태생으로 여류시인 이솔다 프라델(Isolda Pradel)과 결혼했으며, 산티아고에서 결핵으로 삶을 마감했다. 신인 시절에는 <Don Fausto> 잡지에 '라일 지트 (Raíl Z)'라는 가명으로 활동했지만, 1929년부터는 본명으로 활동을 시작했다. 대표작으로는 『*Huellas en la tierra*』(1940), 『*Camino en el alba*』(1938), 『*La Sombra de las Cumbres*』(1944) 등이 있으며, 사후에 시집 『*Rocío en el Trébol*』(1950)이 출간되기도 했다.

Castroviejo, Concha (콘차 카스트로비에호) (1910～1995) 라 코루냐(La Coruña)의 산티아고 데 콤포스텔라(Santiago de Compostela) 태생. 스페인 작가이자 기자이다. 갈리시아(Galicia) 작가인 호세 마리아 카스트로비에호(José María Castroviejo)의 자매이다. 보수적인 이념의 가족 환경에도 불구하고 대학생활 동안 훨씬 자유로운 이념을 가지고 있었다. 남북전쟁 후 부부는 망명을 강요받았고, 캄페체 대학(La Universidad de Campeche)에서 강의하면서 인문학을 공부했다. 이후 스페인으로 돌아와 많은 작품을 남겼는데, 『*Los que se fueron*』(1957)와 『*Vísperas del odio*』(1959) 등이 있다.

Catalán González, Miguel (미겔 카탈란 곤잘레스) (1958～) 발렌시아(Valencia) 태생. 스페인 철학자, 수필가, 소설가이며 스페인 대학 교수이다. 현재(2011년 기준) 수필과 문화연구를 겸하면서, Agregado en la Universidad Cardenal Herrera－CEU에서 부교수로 활동 중이다. 잘 알려진 이론적인 작품으로 『*Pensamiento y acción*』(1994), 『*El sol de medianoche*』(Onil, 1994), 『*Dicionario de falsas creencias*』(2001) 등이 있다.

Cavestany, Juan Antonio (후안 안토니오 카베스타니) (1861～1924) 세비야(Sevilla) 태생. 스페인 문학가이다. 1902년부터 스페인 한림원(Real Academia Española)의 일원이었다. 극, 오페라, 시 등의 분야에서 작품을 냈다. 대표 극작품으로 『*El esclavo de su culpa*』(1877) 등이 있으며, 시작품으로 『*Poesías*』(1883), 『*Versos viejos*』(1907), 『*Tristes y alegres*』(1916) 등이 있다.

Cavia, Mariano de (마리아노 데 카비아) (1855～1919) 사라고사(Zaragoza) 태생. 스페인 작가, 기자이다. 법학을 전공하고 신문계에서 작품을 냈다. 1880년 마드리드(Madrid)로 옮겨가서, <El Liberal>, <El Imparcial>, <El Sol>과 같은 신문사에서 기자로 활동했다. 투우에서부터 언어의 쇠퇴와 같은 다양하고 흥미로운 주제를 다뤘다.

Ceballos, Enrique (엔리케 세바요스) 군인이었고 신문, 소설, 극 분야에서 작품을 냈다. 대표작으로 『*Vergel de la infancia*』(1881), 『*Capullos de rosa*』(1897), 『*Las mujeres de la noche*』(1876), 『*La mujer del prójimo*』(1877), 『*La camisa de Adán*』(1889) 등이 있다.

Cebrián Echarri, Juan Luis (후안 루이스 세브리안 에차리) (1944～) 마드리드(Madrid) 태생. 스페인 작가, 기자이다. 매우 젊었을 때부터 직업을 가졌다. 19살에 La Escuela Oficial de Periodismo를 졸업해, 일간지 <Pueblo>에 들어갔다. 4년 후 자신의 분야에서 편집장을 계속하면서 신문보도에 합류했다. 1971년 TVE의 이사로 임명되는 등 저널리즘에서 자리를 굳혔다. 대표작으로 『*La prensa y la calle*』(1980), 『*La España que bosteza*』(1980), 『*El tamaño del elefante*』(1987), 『*El siglo de las sombras*』(1994) 등이 있다.

Cejador y Frauca, Julio (훌리오 세하도르 이 프라우카) (1864～1927) 사라고사(Zaragoza) 태생. 스페인 소설가이자 철학가이다. 언어학을 연구하는 데 오랜 시간을 보냈다. 또한 교육자로서 언어를 가르치는 방법을 개혁했다. 이에 대한 연구로 많은 논쟁을 일으키기도 했다. 대표작으로 『*Tierra y alma española*』(1900), 『*El lenguaje*』(1901～1914), 『*El Quijote y la lengua castellana*』(1905), 『*Cabos sueltos. Literatura y lingüística*』(1907) 등이 있다.

Cela Trulock, Camilo José (카밀로 호세 셀라 트룰로크) 1916년 갈리시아(Galicia) 지방

의 아 코루냐(A Coruña)에서 태어난 스페인 작가이다. 소설, 수필, 편집, 신문기사 등 광범위한 활동을 하였으며, 45년 동안 스페인 한림원(Real Academia Española) 회원이었다. 또한 노벨문학상 및 세르반테스상을 수상했다. 1996년에는 문학적 공로를 높게 산 스페인 왕 후안 카를로스 1세(Juan Carlos I)가 그에게 이리아 플라비아(Iria Flavia)라는 후작 칭호를 선사하였다.

Cela Trulock, Jorge (호르헤 셀라 트룰로크) 1932년 출생한 스페인 소설가이자 신문기자로 카밀로 호세 셀라(Camilo José Cela)와 형제이다. 대부분의 작품들은 프랑스 누보로망 기법을 사용한 것이 특징이다. 대표작으로는 『*Las horas*』(1958), 『*Inventario base*』(1969), 『*A media tarde*』(1981) 등이 있다.

Celaya, Gabriel (가브리엘 셀라야) 기푸스코아(Guipúzcoa) 출생의 작가(1911~1991)이다. 처녀 시집 『*Marea del silencio*』(1935)를 발표한 이후 스페인 내전 중 수년간 작품을 발표하지 않았다. 이후 다량의 작품을 발표하는데 그의 시적 여정은 아주 다양하여서 초반에는 초현실주의 기법에 심취하였다. 대표작으로는 『*La soledad cerrada*』가 있다. 이후 산문적이고 실존적인 주제를 다루는 국면으로 접어든다. 해당 작품으로는 『*Tranquilamente hablando*』(1947)가 있다.

Centeno, Pedro (페드로 센테노) (~1803) 성 아우구스티누스 회의 일원이며 역사학자이다. El Apologista Universal 기관을 설립하였다. 그의 문학역사상 가장 중요한 역할은 『*Quijote*』 작품을 연속적으로 작성한 것이다.

Cercas Mena, Javier (하비에르 세르카스 메나) (1962~) 카세레스(Cáceres)의 이바에르난도(Ibahernando) 태생. 스페인 소설가, 수필가이자 번역가이다. 소설 『*Soldados de Salamina*』는 20개 이상의 언어로 번역되었고 21세기 초 스페인 문학의 대표작 중 하나이다. 산문은 유머감각, 언어의 사용, 단순한 서술 형태를 특징으로 한다. 이러한 특징으로 인해 그의 작품은 모든 사회, 문화 계층의 독자의 관심을 끌 수 있었다. 대표작으로는 『*El vientre de la ballena*』(1997), 『*La obra literaria de Gonzalo Suárez*』(1993), 『*La verdad de Agamenón*』(2006) 등이 있다.

Cerdán Tato, Enrique (엔리케 세르단 타토) (1930~) 스페인 작가로 희곡, 시, 소설을 두루 쓴다. 1957년에는 시집 『*Un agujero en la luz*』(1957)로 가브리엘 미로상(Premio Gabriel Miró)을 받았다. 그 외에도 『*El lugar más lejano*』(1970), 『*Todos los enanos del mundo*』(1975) 등의 작품이 있다.

Cernadas y Castro, Diego Antonio (디에고 안토니오 세르나다스 이 카스트로) (?~1777) 풍자적·대중적·종교적 작품을 쓴 스페인 작가이다. 비평가들은 갈리시아 문학의 선구자로 평가한다. 작품 중 가장 잘 알려진 것은 『*Dale que dale del hermitaño doloroso a su amigo*』(1753)이다.

Cernuda, Luis* (루이스 세르누다) (1902~1963) 27세대 작가들 중 한 명으로, 세비야(Sevilla)에서 출생하였다. 대학 시절 27세대의 대표적 시인들 중의 한 명인 페드로 살리나스(Pedro Salinas)의 제자이기도 하였다. 스페인 내전이 발발하기 전까지만 해도 마드리드에서 살았지만, 내전이 발발하자 스페인을 떠나 영국, 미국 등지에서 교수로 지내며 생활하다 멕시코로 이주한 뒤 1963년에 사망하였다. 고독하고 내성적인 성격을 지녔으며, 동시에 그 이면에는 격앙된, 또 한편으로는 연약한 감성이 내재되어 있었다. 소외된 존재라는 자기인식은 대부분의 작품세계에서 세계와 자아의 불화, 고립, 반항 등으로 나타나고 있다. 초기의 작품으로는 『*Perfil del aire*』, 『*Donde habita el olvido*』 등이 있고, 망명한 이후의 후기 작품으로는 『*Las nubes*』, 『*Como quien espera el alba*』 등이 있다.

Cervera González, Alfons (알폰스 세르베라 곤잘레스) (1947~) 발렌시아(Valencia)의 헤스탈가르(Gestalgar) 태생. 스페인 소설가이자 시인이다. 스페인어와 카스티야어로 다양하고 폭넓은 작품을 썼다. 레판테의 지리적 문화 분야에서 큰 명성을 얻었고, 자국의 문학과 언어의 촉진에 큰 역할을 하고 있다. 20세기 후반의 가장 중요한 지식인 중 하나로 간주된다. 대표작으로는 『*Ensayos para una iniciación*』(1981), 『*Fragmentos de abril*』(1985), 『*Nunca conocí un corazón tan solitario*』(1987) 등이 있다.

Céspedes y Meneses, Gonzalo de (곤살로 데 세스페데스 이 메네세스) (1585~1638) 마드리드 출신의 작가이다. 귀족 가문 출신이고, 8년의 갈레라선 노역을 형벌로 부과 받았으나 면제를 받았다는 것 외에는 생에 대해서는 잘 알려져 있지 않다. 『*Poema trágico del español Gerardo, y desengaño del amor lascivo*』가 대표작이다.

Céspedes, Baltasar de (발타사르 데 세스페데스) (?~1615) 인문주의자이다. 『*Discurso de las letras humanas, llamado el Humanista*』(1600), 『*Instrucción para la enseñanza de la gramática*』(1613) 등 저서들은 대부분 인문주의 교육에 초점을 맞춘 것이다.

Céspedes, Gregorio de (그레고리오 데 세스페데스) 한국 땅을 밟은 첫 번째 서양인으로 추정된다. 수도사로 14명의 동료와 함께 1577년에 일본 나가사키에 도착하여 동양에서 34년을 보냈으며, 1593년 9월 6일에 한국에 도착한 것으로 기록된다.

Céspedes, Pablo de (파블로 데 세스페데스) (1538~1608) 코르도바(Córdoba) 태생. 스페인 화가이다. 알칼라 데 에나레스(Alcalá de Henares) 대학에서에서 예술과 신학을 전공하였다. 로마에 몇 번 방문 후 미겔 앙헬(Miguel Ángel)의 영향을 받았다. 로마에서 많은 이탈리아 화가와 관계를 맺었다. 학자, 조각가, 건축가, 고고학자이자 시인이었다. 대표 분야는 회화이다. 로마에 머무는 동안 La Trinità dei Montin 교회에서 다양한 그림을 그렸고 몇몇 주택의 외관을 장식하는 등의 활동을 했다.

Cetina, Gutierre de (구티에레 데 세티나) (1520~1557) 스페인 세비야 출생의 군인이자 작가이다. 페트라르카와 가르실라소 데 라 베가의 영향을 많이 받아 주로 사랑을 주제로 한 작품들을 썼다. 군대에서 퇴임한 후 멕시코로 건너가 잠시 거주하다 사랑으로 인한 결투에서 패배하여 목숨을 잃었다.

Chabás Martí, Juan (후안 차바스 마르티) (1898~1954) 알리칸테(Alicante) 출신의 작가이다. 첫 번째 작품 『*Espejos*』(1920)는 후안 라몬 히메네스(Juan Ramón Jiménez)의 영향을 받은 것이고, 소설들은 서정미가 넘친다는 평을 받는다. 『*Puerto de sombra*』(1928), 『*Vuelo y estilo*』(1934) 등을 썼다.

Chacel Arimón, Rosa (로사 차셀 아리몬) (1898~1994) 바야돌리드 출신의 작가이다. 프랑코 독재에 반대하여 생의 대부분을 브라질, 아르헨티나 등 스페인 외에서 보냈다. 전위주의의 한 갈래인 울트라이스모(Ultraísmo)에 가담했고, 오르테가 이 가셋의 열렬한 존경자로 작품 내에 직접적으로 오르테가를 향한 찬사가 나와 있다. 철저하게 내면에 맞춘 초점이 그의 문학의 특징이다. 1987년 스페인 국가문예상(Premio Nacional de las Letras Españolas)을 받았다. 대표작으로는 『*Memorias de Leticia Valle*』(1945), 『*La sinrazón*』(1960) 등이 있다.

Chacón, Dulce (둘세 차콘) (1954~2003) 바다호스(Badajoz)의 사프라(Zafra) 태생. 스페

인 작가이다. 아버지가 시인이자 정치가인 안토니오 차콘(Antonio Chacón)이다. 첫 시집을 1992년 출간했다. 또 첫 번째 소설인 『*Algún amor que no mate*』는 1996년 마드리드에서 선보였다. 작가가 사망한 지 2달 후인 2004년에 연극 버전이 나왔다. 이 작품은 『*Blanca vuela mañana*』(1997)와 『*Háblame, musa, de aquel varón*』(1998)과 함께 3부작을 이루었다. 또 1998년에 출판된 작품인 『*Matadora*』는 크리스티나 산체스(Cristina Sánchez)라는 투우사의 허구적 자서전이다.

Chamizo, Luis (루이스 차미소) (1896~1944) 에스트레마두라(Extremadura) 태생. 시인이자 극작가이다. 작품은 가브리엘(Gabriel)과 갈란(Galán)의 지역주의적인 사상을 통합한다. 대표작으로 『*El miajón de los castúos*』(1921), 『*Poesías extremeñas*』 등이 있다. 작품들은 에스트레마두라에서의 삶의 방식과 정신을 담고 있는데, 첫 번째 시작품인 『*La nacencia*』가 잘 보여준다.

C

Chamorro, Eduardo (에두아르도 차모로) (1946~2009) 마드리드(Madrid) 태생. 스페인 소설가, 수필가, 작가이다. 스페인 역사의 재건에 대한 관심을 통합하여 광범위한 문학작품과 수필을 썼다. 현대사회와 정치에 대한 명쾌하고 날카로운 시각은 20세기 후반 스페인 문학의 가장 독특한 목소리 중 하나로 여겨졌고, 국가의 주류 언론에 빈번하게 기고하였다. 대표작으로 『*Delitos y condenas*』(1975), 『*El zorro enterrando a su abuela debajo del arbusto*』(1975) 『*Relatos de la Fundación*』(1980), 『*Súbditos de la noche*』(1981)가 있다.

Champourcín Morán de Loredo, Ernestina de (에르네스티나 데 참포우르신 모란 데 로레도) 1905년 비토리아(Vitoria)에서 태어난 20세기 스페인 여성시인이자 번역가이다. 후안 호세 도멘치나(Juan José Domenchina)와 결혼하였으며 스페인 내전이 끝날 무렵 멕시코로 망명하였다. 그곳에서 다른 작가들과 함께 <Rueca>라는 잡지를 출판하였다. 작품 성향은 작가 후안 라몬 히메네스(Juan Ramón Jiménez)와 그녀의 고향인 바스크의 영향을 많이 받았다. 주로 사랑과 신비주의를 테마로 작품활동을 하였다. 대표저서로는 『*En silencio*』(1926), 『*Ahora*』(1928), 『*La voz en el viento*』(1931) 등이 있다.

Checas en Madrid 토마스 보라스(Tomás Borrás)의 소설이다. 이 소설은 민족주의자들이 적의 손에 의해 고문 등 온갖 고통을 받는 상황을 전개한다. 무엇보다도 잔인한 면을 리얼하게 묘사한 점이 돋보인다.

Chicharro Briones, Eduardo (에두아르도 치차로 브리오네스) (1905~1964) 마드리드 태생. 스페인 화가이자 시인이다. 같은 이름의 화가 알폰소 13세의 아들이다 . 처음에는 스페인과 이탈리아의 예술을 받아들였지만 파리에서 거주한 이후로 초현실주의를 적용했다. 대표작과 음악과 시작품 등 1974년까지 출간되지 않은 상태로 있었다. 혁신과 시행착오 등 이와 같은 분야에 관심을 가지고 있는 소설과 극작가로도 알려져 있다.

Chirbes, Rafael (라파엘 치르베스) (1949~) 발렌시아(Valencia)의 발디그나(Valldigna) 태생. 스페인 소설가이자 문학비평가이다. 이른 나이부터 인문학과 문예 창작에 관심을 보였다. 고등역사 교육을 받고 근현대사를 전공하였다. 현재 마드리드에서 거주하면서 문학비평과 문예 창작활동을 겸하고 있다. 대표작으로 『*Mimoun*』(1988), 『*En la lucha final*』(1991), 『*La buena letra*』(1992) 등이 있다.

Chomón, Segundo de (세군도 데 초몬) 1871년 10월 17일 테루엘(Teruel)에서 태어났다. 대표적인 스페인 영화감독 중 한 명으로, 무성영화의 개척자이다. 영화에서 특수 효과를 초기 사용한 선구자로서 평가 받기도 한다. 대표작품으로 「*Cabiria*」(1914)와 「*Napoleón*」

(1927) 등이 있다.

Ciclo Breton 기사소설의 원류의 하나로 아더 왕과 원탁 기사를 소재로 다룬다. 드높은 이상, 사랑, 신비하고 경이로운 것들이 기본적인 요소이다. 환상적인 모험이 주된 내용을 이루며 11세기부터 13세기의 기사소설에서 그 영향을 찾아볼 수 있다.

Ciclo Caronlingio 기사소설의 원류 중의 하나로 샤를마뉴 대제와 그의 열두 명의 기사를 다룬 서사시를 소재로 하고 있다. 사랑이나 종교적인 열정보다는 인물의 영웅성과 용기에 집중하는 것이 특징이다. 카스티야어로 번역 보급된 후 기사소설에 큰 영향을 미쳤다.

Ciencia española, La 마르셀리노 메넨데스 펠라요의 저서로 스페인 학계에 커다란 논쟁을 불러일으켰다. 스페인의 문학적 역할을 과소평가하는 자들을 비판하면서 스페인 학자들의 방대한 명단을 제시하였다. ➡ Menéndez Pelayo, Marcelino(마르셀리노 메넨데스 펠라요)

Cieza de León, Pedro de (페드로 데 시에사 데 레온) 1518년 예레나(Llerena)에서 태어난 스페인 정복자이자 신대륙 안데스 지역의 역사학자이자 연대기 작가이다. 페루의 지형과 풍속에 초점을 맞춰 집필한 『*Crónica del Perú*』가 대표작이며, 세 권으로 구성되어 있다. 첫 번째 책은 그가 살아있을 때 출간되었지만 나머지 두 권은 각각 19세기와 20세기까지 미출간 작품으로 남아 있었다.

Ciges Aparicio, Manuel (마누엘 시헤스 아파리시오) (1873~1936) 발렌시아(Valencia) 출신의 작가이다. 파리에서 망명생활을 하다 아빌라(Ávila)의 시장으로 임명되었다. 1936년에 총살당했다. 문맹자들이 제도적으로 그들의 시민권을 박탈당하고 있는 현상을 다룬 소설 『*El juez que perdió su conciencia*』(1925)가 대표작이다.

Cinco actos (5막) 연극 내용의 큰 단락을 세는 단위, 즉 연극의 전개를 크게 구분한 '막'이 5개로 나뉜 것을 말한다. 로마 시대에 테렌티우스가 3막극을, 세네카는 5막극을 도입했는데, 르네상스 시대의 연극은 대개 3막 또는 5막의 구분이 일반적이었다. 흔히 5막극은 발단, 상승(전개), 절정(위기), 하강(반전), 결말(대단원)로 구성된다.

Círculo de tiza de Cartagena, El (시르쿨로 데 티사 데 카르타헤나, 엘) 호세 마리아 로드리게스 멘데스(Jóse María Rodríguez Méndez)가 1960년에 발표한 희곡이다. 카르타헤나 반란을 주제로 하며 베르톨트 브레히트(Bertolt Brecht), 바예 잉클란(Valle-Inclán), 세르반테스(Miguel de Cervantes) 등의 극 요소들이 모두 동원되었다.

Ciria y Escalante, José de (호세 데 시리아 이 에스칼란테) (1903~1924) 전위주의의 한 분파인 울트라이즘에 속하는 스페인 시인이다. 기예르모 데 토레(Guillermo de Torre)와 함께 전위주의 운동을 확산시키기 위한 목적으로 <Reflector>지를 창간하였다. 로르카는 그의 갑작스러운 죽음을 『*En la muerte de José Ciria y Escalante*』라는 시를 써서 기렸다.

Ciudad de la niebla, la 1909년에 발표된 스페인 98세대 작가 피오 바로하의 작품이다. 영국 런던을 배경으로 한 작품으로 작가의 대표적인 소설 『*El árbol de la ciencia*』(1911)와 마찬가지로 민족 개념에 대한 작가의 기준이 서술되어 있다. ➡ Baroja y Nessi, Pío(피오 바로하)

Clamor 스페인 27세대 작가인 호르헤 기옌 이 알바레스의 두 번째 작품집이다. 이 작품집에서는 그의 첫 작품집 『*Cántico*』와는 반대로 시계의 억압과 폭력에 대한 저항의 외침으로 가득 차 있다. 불안과 고통 그리고 공포는 작가의 작품시계에서 매우 다양하게 나타난다.

➡ Guillén, Jorge(호르헤 기옌)

Claramonte Corroy, Andrés de (안드레스 데 클라라몬테 코로이) (1580~1626) 스페인의 연극 연출가이다. 직접 연극을 쓰기도 했지만 로페 데 베가(Lope de Vega)나 티르소 데 몰리나(Tirso de Molina) 등의 작품을 각색하였다. 『*Deste agua no beberé*』, 『*El valiente negro en Flandes*』 등이 대표작이다.

Clarasó Serrat, Noel (노엘 클라라소 세라) (1902~1985) 이집트의 알레한드리아(Alejandría) 태생. 스페인 소설가이자 수필가, 극작가, 기자, 시나리오 작가이다. 조각가 엔릭 클라라소 이 다우디(Enric Clarasó i Daudí)의 아들이다. 다양한 문학작품의 작가이고, 기자로서 성공적인 삶을 살았다. 다면적인 작품들에서는 유머감각이 두드러지는데, 이것은 특히 소설에서 더 명확히 나타난다. 대표작으로는 『*Antología de textos y citas*』(1992), 『*Los árboles en los jardines*』(1977), 『*Los arbustos en flor*』(1967) 등이 있다.

Clarimón, Carlos (카를로스 클라리몬) (1920~) 스페인의 작가이자 언론인으로 주로 가벼운 연애소설이나 감상소설을 썼다. 대표작으로는 『*Abismos*』(1960), 『*La máscara de cera*』(1961) 등이 있다.

Clarín* (클라린) 1852년 4월 25일 사모라에서 태어나서 1901년 6월 13일 오비에도에서 사망한 스페인의 소설가, 비평가이다. 특히 그가 사망한 오비에도는 그의 가족이 태어난 고향이며 작가가 항상 애착을 가지고 있는 곳이었다. 클라린이라는 필명은 1875년에 공화파 신문인 <El Solfeo>에 투고하면서 처음으로 사용했는데, 이후 자주 이 필명을 사용했다. 갈도스와 함께 19세기를 대표하는 가장 중요한 소설가 중 한 명이다. 본래 이름은 레오폴도 엔리케 가르시아 알라스 이 우레냐(Leopoldo Enrique García Alas y Ureña)이다. 문학적 견해는 공격적이고 세밀하며 요구수준이 높았고, 경우에 따라서는 단호했기 때문에 비평가로서 다른 사람들에게 두려움을 주기도 하고 존경도 받았다. 비평가로서 갈도스 소설에 대한 분석이 아주 뛰어났는데, 이후 갈도스 연구의 출발점이 되었다. 실증주의 철학과 과학 같은 당시의 지적인 흐름과 실증주의에서 기원한 사실주의와 자연주의 문학비평이 작품에 강한 영향을 끼쳤다. 이런 관점으로 그의 시대의 인물들을 현미경을 가지고 분석할 수 있었다. 수많은 작품 중에서 『*La Regenta*』(1884)가 대표작인데, 이 작품은 스페인 사실주의 문학을 대표하는 것이다. 이 소설에서 간통은 이야기 전개의 중심적인 축이 되고 도덕적인 문제가 된다. 일상적이고 단순한 줄거리, 어떻게 보면 멜로 드라마적으로 보이는 줄거리를 통해서 자연주의적인 사실주의의 관점에서 사회의 정신적인 해부, 스페인의 시골생활에 대한 고통스러운 현실을 보여준다. 문학은 세상을 좀 더 개선시키기 위한 역할을 해야 한다는 목적을 이루기 위한 수단의 역할을 했다. 다른 대표작으로 『*Pipá*』(1879), 『*Su único hijo*』(1890), 『*Palique*』, 『*El gallo de Sócrates*』(1901)가 있다.

Clavería, Carlos (카를로스 클라베리아) (1909~1974) 바르셀로나 출신의 작가이자 문학비평가이다. 런던과 뮌헨에서 스페인 연구소장을 맡았고, 스페인 한림원(Real Academia Española) 회원이었다. 『*Cinco estudios de literatura española moderna*』(1945), 『*Temas de Unamuno*』(1952), 『*Ensayos hispanosuecos*』(1954) 등의 비평서를 썼다.

Clemencín, Diego (디에고 클레멘신) (1765~1834) 무르시아(Murcia) 태생. 스페인 정치가이자 철학가, 문학가, 성직자이다. 프랑스 상인의 아들로 라틴어 문법, 철학, 신학 등을 공부하였다. 그 후 스페인 무르시아에서 역사와 문학 연구에 전념했고 왕궁의 일원이 되어 문학작품을 냈다. 대표작으로는 『*Mina y los proscritos*』(1836), 『*Las Sociedades patrióticas*』(1977), 『*Redactor general de España*』(1813) 등이 있다.

Clementson, Carlos (카를로스 클레멘트손) (1944~) 코르도바(Córdoba) 출신의 시인이다. 르네상스 시기의 프랑스 서정시를 번역하고 비평하는 일을 하였으며, 코르도바 대학(Universidad de Córdoba)에서 프랑스 문학을 강의하였다. 작품으로는 폴로 데 메디나상(Premio Polo de Medina)을 받은 『*Los Argonautas*』(1975), 호세 이에로상(Premio José Hierro)을 받은 『*Laus Bética*』(1996)가 잘 알려져 있다.

Club Teatral Anfistora, El (안피스토라 연극 클럽) 스페인 제2공화국 시기(1931~1939)의 연극 모임. 도시 문화 연합의 한 분야로 푸라 우셀라이와 페데리코 가르시아 로르카가 주축이 되었다. 원래는 문화 연극 클럽(El Club Teatral de Cultura)이라는 이름으로 만들어졌으나 로르카에 의해 안피스토라 연극 클럽(El Club Teatral Anfistora)이라는 이름으로 불리게 되었다. 로르카의 실험적 성격이 강한 연극인 『*La zapatera prodigiosa*』, 『*Amor de don Perlimplín con Belisa en su jardín*』 등을 공연했다.

Cobo, Bernabé (베르나베 코보) (1580~1657) 하엔(Jaén) 태생. 스페인 작가이며 학자이다. 60년 이상을 미국에서 생활하면서 그 지역 보도기자로 활동했고, 청소년 때 인도를 포함하여 다른 여러 지역을 탐험했다. 작품 『*Cobo*』는 그 시기에 출간되지 않고, 1804년 안토니오 호세 카바니예스(Antonio José Cavanilles)에 의해 몇몇 단편 줄거리만 출간되었다. 90년 후 마르코스 히메네스 데 라 에스파다(Marcos Jiménez de la Espada)가 첫 번째 판인 『*Historia del Nuevo Mundo*』를 출간하였고 두 번째 부분이 연이어 나왔다.

Cobos Wilkins, Juan (후안 코보스 윌킨스) (1957~) 스페인 시인으로 우엘바(Huelva) 리오틴토(Riontinto) 태생이다. 태어난 날은 우연의 일치로 후안 라몬 히메네셀(Juan Ramón Jiménezel)이 노벨 문학상을 받은 날과 같다. 마드리드에서 정보학을 연구했다. 『*Espejo de príncipes rebeldes*』를 첫 작품으로 해서, 『*Llama de clausura*』(1996), 『*A un dios desconocido*』(1981~1999) 등을 남겼다. 2001년에 첫 소설 『*El corazón de la tierra*』를 발표했다.

Codesal, Javier (하이에르 코데살) 1958년 사비냐니고(Sabiñánigo)에서 태어난 스페인 시인이다. 현실과는 먼 전위주의적 사상을 가지고 실험주의적 시를 많이 집필하였다. 비유, 대조, 언어적 유희, 이미지의 사용 등이 특징이다. 대표적인 작품으로는 『*Imagen de Caín*』(2002)이 있다.

Códice de autos viejos 희곡 모음집으로 비록 르네상스 시기에 출판되었지만, 중세적 요소를 갖고 있는 종교극들을 모은 것이다. 1559년에서 1578년 사이에 각 지역에서 나온 96개의 작품들이 수록되었다. 이 책에 수록된 작품 중 가장 잘 알려진 것은 미카엘 데 카르바할의 죽음의 무도를 주제로 한 희곡 『*Cortes de la Muerte*』이다. 이 작품집은 17세기의 성체신비극(auto sacramental) 구조 형성의 시초가 된다는 점에서 특히 문학사적 의의가 있다.

Coello de Portugal, Carlos (카를로스 코에요 데 포르투갈) (1850~1888) 스페인 기자이자 작가이다. 단편소설 작품도 몇 편 발표했으나 희곡에서 작가로서의 역량이 더 잘 발휘되었다는 평가를 받는다. 『*De Madrid a Biarritz*』(1870), 『*La mujer propia*』(1874) 등을 썼다.

Coello y Ochoa, Antonio (안토니오 코에요 이 오초아) (1611~1682) 마드리드(Madrid)

태생의 로페 데 베가(Lope de Vega)의 영향을 많이 받은 칼데론 학파의 스페인 극작가이다. 대부분의 작품은 칼데론 데 라 바르카(Calderón de la Barca), 로하스(Rojas), 페레스 데 몬탈반(Pérez de Montalbán) 그리고 형제인 후안 코엘료(Juan Coell)와 같은 작가와 협력했다. 유일하게 홀로 쓴 작품은 『*Yerros de naturaleza y aciertos de fortuna*』이다. 다른 대표작으로 세르반테스 작품을 기반으로 한 『*El celoso extremeño*』와 『*La cárcel del mundo*』 등이 있다. ➡ Calderón de la Barca(칼데론 데 라 바르카)

Cohen, Emma (엠마 코엔) 1949년 바르셀로나에서 태어난 스페인 소설가이자 연기자이다. 엠마누엘라 벨트란 라올라(Emmanuela Beltrán Rahola)라는 가명으로 70, 80년대 스페인 영화계에 유명한 여배우 중 한 명이었다. 대표적인 작품들은 『*Trece fábulas y media*』, 『*Álba, reina de las avispas*』 등이 있다.

C

Colinas, Antonio (안토니오 콜리나스) (1946~) 레온 출신의 작가이다. 1970~1974년 동안 이탈리아에서 스페인어를 가르치며 지낸 후, 이비사(Ibiza)에 돌아와서 오직 작품 집필에만 몰두했다. 노비시모(novísimo) 그룹의 미학과 맞닿아 있고, 고전적인 것, 과거의 물질적 쇠퇴를 상기시키는 요소들을 포함하고 있다고 평가한다. 『*Poesía*』(1967~1980)가 대표시집이다.

Coll y Vehí, José (호세 콜 이 베이) 바르셀로나 태생의 스페인 수필가(1823~1876)이다. 프라이 루이스 데 레온(Fray Luis de León)을 모방하여 시를 쓰기도 하였다. 『*Elementos de Literatura*』, 『*Diálogos literarios*』 등의 작품을 집필하였는데 당대 19세기의 굳어진 규칙 중심의 문학의 틀을 깼다는 평가를 받는다.

Collado del Hierro, Agustín (아구스틴 코야도 델 이에로) 1590년 마드리드의 알칼라 데 에나레스(Alcalá de Henares)에서 태어난 스페인 시인(1590~1635)이다. 공고리즘을 추구하였으며, 『*Teágenes y Cariclea*』, 『*Proserpina*』 등을 집필하였지만, 대부분의 작품들은 미발간되었다.

Collantes de Terán, Alejandro (알레한드로 코얀테스 데 테란) (1901~1933) 세비야 출신의 작가이다. 루이스 세르누다(Luis Cernuda)를 통해 27세대 작가들과 친분을 쌓았으며, 시들의 주된 주제는 세비야의 풍속과 거주자들이다.

Colmenares, Diego de (디에고 데 콜메나레스) 세고비아(Segovia)에서 출생한 스페인 역사가(1586~1651)이다. 부유한 가정에서 태어났으며, 『*Historia de la insigne ciudad de Segovia y compendio de las historias de Castilla*』(1637)의 작품으로 알려져 있다.

Coloma, Luis (루이스 콜로마) (1851~1914) 카디스(Cádiz)의 헤레스 데 라 프론테라(Jerez de la Frontera) 태생. 스페인 예수회 신부이자 작가이다. 카디스 해군 학교(La Escuela Naval de Cádiz)에서 해전에 관한 내용을 연구했다. 소설가와 기자 구분 없이 활동했다. 헤레스(Jerez)와 공동 작품으로 『*El Tiempo de Madrid*』, 『*El Porvenir*』가 있다. 첫 번째 작품은 『*Solaces de un estudiante*』이며 대표작으로는 『*El primer baile*』(1884) 『*Recuerdos de Fernán Caballero*』(1910) 등이 있으며, 현실주의 경향의 소설가이다. 작품들은 교화의 특징을 가지고 있다.

Colomar, Miguel Ángel (미겔 앙헬 콜로마르) (1903~1970) 마요르카(Mallorca) 출신의 작가이다. 순수시 계열에 속하는 시인이며, 사후에 출간된 『*Poemas y otros papeles*』(1986)가 가장 대표적인 시집이다.

Colomer, Juan Esteban (후안 에스테반 콜로메르) 17세기 스페인 신고전주의 작가이다.

작품은 풍속·풍자문학에 기반을 두고 있다. 대표작품으로는 『*Desengaños de un casado y extremos de la mujer*』(1773), 『*La mujer desengañada por la veleidad del hombre*』(1781)가 있다. ➡ Neoclasicismo(신고전주의)

Comedia* (코메디아) 『*Philosophía antigua poética*』(1596)의 저자인 로페스 핀시아노(López Pinciano)가 이 저서에서 '코메디아(comedia)'에 대해 정의를 내린 바에 의하면, '코메디아'란 "즐거움과 웃음을 통해 열정적인 기분을 정화시키기 위해 행해진 모방행동"이라는 것이다. 실제로 즐거움과 웃음은 '코메디아', 즉 희극의 가장 중요한 목적이라 할 수 있다. 또한 핀시아노 이전인 14세기의 '코메디아'에 대한 정의를 보면, "천하고 소박한 스타일을 지녔고, 세속적인 일들과 평민이나 시골마을 사람과 같은 하류계층의 사람들에게 적합한 행위들을 다룬다. 호라티우스, 플라우투스, 테렌티우스, 오비디우스 등의 작품들처럼 이러한 작품들을 '코메디오스' 또는 '코미티'라 부른다"라고 되어 있다. 그러나 이 정의 이후 핀시아노의 시대에 이르기 이전에 '코메디아'라는 단어에 대한 오용은 이미 시작된 듯하다. 그 예가 바로 1499년 출간된 『*La Celestina*』이다. 알려진 바대로, 페르난도 데 로하스(Fernando de Rojas)의 이 작품은 『*Tragicomedia de Calisto y Melibea*』로 불리어지기도 한다. 이는 『*La Celestina*』에 붙은 일종의 부제라 할 수 있는데, 그러나 사실 이전에 붙여진 부제는 'Tragicomedia~'가 아니라 'Comedia~'였다. 저자인 페르난도 데 로하스는 당시의 유행이던 용어 'comedia'를 부제에 사용하긴 하였으나, 결국 작품의 부제를 'Tragicomedia~'로 최종 결정을 한 듯하다. 이 사실로 미루어 보아, 이미 『*La Celestina*』가 출간된 무렵부터, 좀 더 분명히 말하면, 16세기부터 스페인에서는 '코메디아'라는 용어가 원래 지니고 있던 '희극'의 의미를 탈피하여, '비극'이나 '희비극'까지도 포함하는 연극작품 전반을 아우르는 의미로 변질되었다고 할 수 있는 것이다. 따라서 소위 말하는 스페인의 황금세기, 즉 16세기와 17세기에서의 '코메디아'는 모든 형태의 정식 연극을 의미하며, 이 경우 '엔트레메스(entremés)'라 불리는 막간극이나 성찬신비극(auto sacramental) 등은 정식 연극이 아닌 일종의 약식 연극(teatro breve)이므로 이 '코메디아'의 개념에서 제외된다. 그리고 앞서 살펴본 로페의 『*Arte nuevo de hacer comedias*』와 이를 통한 '국민연극'에서 성립된 '코메디아'를 특히 '코메디아 누에바(Comedia nueva)'라 한다. 스페인 문학에서의 이와 같은 '코메디아'라는 용어의 잘못된 사용은 18세기까지 지속되다가 19세기 들어서야 비로소 이 용어에 '희극'이라는 원래의 개념이 복원되기 시작하였다. 그렇다면 16, 17세기의 스페인 연극에서 왜 '희극'이라는 '코메디아' 원래의 의미가 사라지게 된 것일까? 여기에는 여러 가지 설득력 있는 이유들이 있겠지만, 그중에서도 특히 우리의 주목을 끄는 것은 당시의 스페인 연극에 존재하였던 상대적으로 빈약한 비극적 토양이다. 즉, 로페와 '국민연극'의 커다란 성공의 이면에는 이전부터 존재해왔던 스페인 특유의 풍부한 희극성이 항상 자리하고 있었다. 이는 스페인의 그리스도교적 전통에 기인한다고도 할 수 있는데, 즉 하느님에 의해 이루어지는 합리적이고 애정 어린 인간세계에 대한 지배하에서는 어떤 비극도 궁극적으로는 있을 수 없다는 것이다. 어떻게 보면 '코메디아'라는 용어를 연극 전반(全般)에 적용시킴으로써 스페인인(人)들은 인간 삶의 비극적 결말을 근본적으로 부정하고 싶었는지도 모른다.

Comedia de capa y espada* (망토와 검의 극) 브루스 W. 워드로퍼(Bruce W. Wardropper)가 시도한 17세기 스페인의 순수희극에 대한 분류에 의하면, 17세기 스페인의 순수희극은 크게 세 가지의 종류가 있는데, 과장되고 우스꽝스러우며 서민적인 행위를 보여주는 짧은 소극(teatro breve/teatro menor)의 형태인 '엔트레메스(entremés)'와 실제의 일상생활에 흔히 발생될 수 있는 사건들을 기초로 한 희극인 소위 '망토와 검의 극(comedia de capa y espada)', 그리고 작가의 상상에 의한 환상적인 가공의 세계를 기반으로 한 희극인 '궁중 환상희극(comedia palatina)'이 바로 그것이다. 이들 중 두 번째인 일상생활에 기초한 망토와 검의 극은 순수희극의 희극성이 쇠퇴기를 보이기 시작한 1625년 이후에 제작된 희극에서 주로 나타났는데, 이는 일상에서 흔히 볼 수 있는 도시 젊은이들의 사랑과 갈등을 주 소재로 한 연극으로, 아무래도 이전의 희극들보다 희극성 그 자체는 다소 뒤떨어지는 경향이 있었으며, 17세기의 소위 '도시극(comedia urbana)'라 불리는 연극들이 바로 이러한 희극성을 기반으로 한 것들이었다. 이와 같은 사실을 통해 우리는 당시 스페인의 연극이 순수희극에서 점차적으로 비(非)희극적 요소를 지닌 연극으로 그 대세가 변하고 있음을 짐작할 수 있는데, 비극적 방식에 대한 우세가 결정되어졌으며, 희극의 분야에서는 심각하거나 (모성적 경향의) 감동적인 이야기의 연극들이 강요되었고, 순수하게 희극적인 요소들은 반(反)영웅적 희극들 또는 막간극 같은 부수적 형태의 연극들에서나 볼 수 있었던 1625년에서 1650년 사이 스페인의 주된 극적 경향을 고려해 볼 때 이는 당연한 현상일 수 있다. 이러한 망토와 검의 극은 동시대성과 관객과의 인접성이라는 개념에서 다음의 세 가지 측면으로 변별될 수 있다. 첫째는 지리적 측면(공간적 배경은 스페인, 특히 카스티야 지방의 대도시들, 첫째로 마드리드, 그러나 때에 따라서는 톨레도, 바야돌릿, 또는 세비야도 가능)이고, 두 번째는 시대적 측면(시대적 배경은 현재이어야 함)이며, 세 번째는 사물에 대한 명명(命名)의 측면(현재 유효한 실제 사물에 대한 사회적 명명 체계와 연극 안에서의 사물에 대한 명명 체계가 일치되어야 함. 이것이 일치하지 않으면 않을수록 그만큼 연극적 상황이 실제의 일상을 반영하지 못하기 때문임)이다. 요컨대, '망토와 검의 극'은 대도시에서 생활했던 당시 대부분의 연극관객들이 그들이 실제 생활하고 있는 '지금 여기(aquí y ahora)'에서 흔히 목격할 수 있는 이야기를 다룬 것이다. 이 연극의 등장인물들은 일률적으로 대도시의 거리에서 쉽게 볼 수 있는 부르주아적 분위기의 젊은이들이다. 즉, 그들은 왕족이라든지, 또는 공작이나 백작처럼 아주 고귀한 신분의 출신도 아니고, 그렇다고 시골의 농민이나 대도시 뒷골목의 서민들처럼 비천한 신분도 아니다. 경제적으로도 여유가 있고, 사회적으로도 적당한 기득권을 누릴 수 있는 당시의 부르주아에 속하는 젊은이들인 것이다. 이 연극에서는 궁중 환상희극에서처럼 화려한 궁전이나 절대 권력자가 등장하지도, 현실에서는 절대로 불가능한 환상적이고 거짓말 같은 사건도 일어나지 않는다. 오직 시간과 돈이 남아도는 여러 젊은 남녀들의 사랑이야기만 전개될 뿐이다.

Comedia palatina* (궁중 환상희극) 17세기 스페인의 순수희극에 대한 분류를 시도한 대표적 학자들 중의 한 명이 바로 브루스 W. 워드로퍼(Bruce W. Wardropper)이다. 그의 설명에 의하면, 17세기 스페인의 순수희극은 크게 세 가지로 분류될 수 있는데, 과장되고 우스꽝스러우며 서민적인 행위를 보여주는 짧은 소극(teatro breve/teatro menor)의 형태인 '엔트레메스(Entremés)'와 실제의 일상생활에 흔히 발생될 수 있는 사건들을 기초로 한 희극인 소위 '망토와 검의 극(Comedia de capa y espada)', 그리고 작가의 상상에 의한 환상적인 가공의 세계를 기반으로 한 희극인 '궁중 환상희극(Comedia palatina)'이 바로 그것이다. 당시의 궁중 환상희극이 지닌 환상적 희극성은 관객들과 무대에서 벌어지는 극 중 상황들 사이에 존재하는 두 가지의 차이를 기초로 생성된다. 하나는 관객들이 극장 밖에서 실제로 몸을 담고 있는 현실의 세계와 무대에서 설정된 극적 현실 사이의 '공간적 차이'를 말하고, 또 다른 하나는 당시 대부분 관객들의 실제 신분과 무대에 등장하는 등장인물들의 극적 신분 사이의 '신분적 차이'를 말한다. 이 중 '공간적 차이'는 로페와 티르소(Tirso)의 연극들을 비롯한 당시의 다양한 궁중 환상희극들의 공간적 배경이 관객들에게 익숙한 곳이 아닌 아주 낯선 외국에 위치한 신비스러운 성—주로 백작이나 후작 또는 공작 등이 거주하는 화려한 궁전—으로 설정되어 있다는 사실을 통해 이해될 수 있는데, 바로 이러한 이유로 '궁중 환상희극'이라는 이름이 가능한 것이다. 당시의 연극이 상연되었던 노천극장인 '코랄(corral)'의 관객들 대부분이 이러한 성 내부의 생활을 전혀 접해볼 수 없었던 서민들이었음을 감안해 본다면, 이국적 정취가 물씬 풍기는 외국의 화려한 성이 연극의 공간적 배경이라는 사실이 얼마나 당시의 관객들에게 환상적 분위기를 연출했었을 것인지는 어렵지 않게 상상해볼 수 있을 것이다. 또한 이러한 공간적 차이와 함께 '신분적 차이'도 역시 당시의 관객들에게 낯설고 환상적인 극적 분위기를 형성하는 데 일조를 하고 있다. 이를 위해 궁중 환상희극에 등장하는 등장인물들의 신분은 대부분 궁전 안에서 생활하는 사람들로 설정되어 있는데, 그 이유는 로페의 '국민연극'을 통해 연극이 대중화와 상업화에 성공한 이후 연극의 주요 관객들이 대부분 귀족의 성 밖에서 생활하는 일반 서민들이 되었으므로 베일에 싸인 성 안에서 그들과 격리되어 폐쇄적으로 생활하는 고귀한 신분의 귀족들과 그들을 섬기며 생활하는 사람들이야말로 일반 서민 관객들에게는 일상생활에서 전혀 접해볼 수 없는 신비스럽고 낯선 존재 그 자체였을 것이기 때문이다. 실제로 궁중 환상희극의 거의 모든 작품들의 주요 등장인물들은 예외 없이 성 안에 거주하며 일반 서민들이 사는 지역으로부터 철저하게 격리된 삶을 사는 사람들로 묘사되어 있다. 한편 여기에서 주목해야 할 점은, 당시의 궁중 환상희극에는 거의 예외 없이 당시의 일반 서민 관객들이 보기에 다소 황당하고 실현 가능성이 희박한 에피소드들이 전개되고 있다는 사실이다. 그럼에도 불구하고, 궁중 환상희극에서 극 중 사건이 벌어지고 있는 장소와 그 사건을 이끌어가고 있는 등장인물들은 어차피 관객들의 실제 생활에서 전혀 겪어보지 못한 미지의 세계에 속한 존재들이므로, 이러한 환상적 분위기 덕에 작가는 극 중에서 다소 황당한 에피소드라 할지라도 이를 부담 없이 전개시킬 수 있었던 것이다. 다시 말해서, 바로 이러한 점이 아이러니하게도 환상적 희극성을 지닌 당시의 궁중 환상희극에 개연성을 담보하는 중요한 요소가 되고 있는 것이다. 만일 이러한 황당한 에피소드들이 일반 관객들이 늘 일상에서 접할 수 있는 바로 '지금 여기(aquí y ahora)'에서 전개된다면 오히려 관객들은 무대에서 벌어지는 상황이 터무니없는 엉터리에 지나지 않는다고 이내 감지하고 환상에서 깨어날 것이기 때문이다. 또한 환상적이고 낯선 극적 분위기가 없었더라면 얼마든지 당시 관객들은 극 중 인물이 사회적 부조리나 그릇된 관습으로 고통 받는다는 사실에 공감을 하고 같이 가슴 아파했을 것이다. 그러나 관객들이 이러한 주인공들에 공감을 느끼고 동정을 하기에 주인공들은 너무나도 멀리 떨어진 낯선 땅의 사람들이고 관객들이 일상에서 접해보지 못하는 종류의 사람들이다. 따라서 관객들은 무대의 주인공들의 처지에 심정적으로 감정이입을 하는 대신 '환상적 희극성'이 연출해 내는 환상적 분위기 속에서 주인공들이 운명을 어떻게 개척해나가면서 잘못된 관습과 모순점을 타파하는지를 좀 더 객관적인 시각으로 바라보게 되는 것이다. 궁극적으로 이러한 과정을 통하여 관객들은 연극에서 제시되는 모순되고 부정적인 현실을 초월한 고차원적인 '진실'에 조금씩 눈을 돌릴 수 있게 되는 것이다. 물론 이는 작품 속에 설정된 '환상'과의 조화 덕이라 할 수 있다.

Comedias bárbaras (야만극) 바예 잉클란의 작품. 『*Aguila de blasón*』(1907), 『*Romance de lobos*』(1908), 『*Cara de plata*』(1922)로 구성되어 있다. 그는 이러한 작품들을 통해서 완전히 개인적인 경향, 즉 지금까지와는 다른 새로운 연극적 방법을 시도하는데, 그것은 극단 연극의 자유롭고 개방된 새로운 개념으로써 흔히 자유 연극(teatro en libertad)이라고 불리었다. ➡ Valle-Inclán(바예 잉클란)

Comella, Luciano Francisco (루시아노 프란시스코 코메야) (1751～1812) 비치(Vich) 태생. 스페인 희극작가이다. 모르타라(Mortara) 귀부인에 의해 길러졌다. 그곳에서 셰익스피어(Shakespeare), 라신(Racine), 로페 데 베가(Lope de Vega)의 주요작품을 모방하기 시작했다. 또한 소극의 하나인 사이네테 작품활동을 했고, 모라틴(Moratín)에 의해서 『*La derrota de los pedantes*』, 『*La comedia nueva*』, 『*El café*』 등의 작품은 조롱받았다. 극작가로서 많은 성공을 거두었다. ➡ Sainete(사이네테)

Cominges, Jorge (호르헤 코민헤스) (1945～) 바르셀로나(Barcelona) 태생. 스페인 소설가이자 기자, 연극비평가이다. 젊은 시절부터 인문주의 관련해서 지식을 쌓고, 바르셀로나 중앙대학(La Universidad Central de Barcelona)에서 법학을 전공하였다. 80년대에 전성기를 맞았는데 그때 이미 연극비평가로 명성을 얻은 상태였다. 대표작으로 『*Un clavel entre los dientes*』(1989), 『*Tul ilusión*』(1993), 『*Las adelfas*』(1997) 등이 있다.

Compán Vázquez, Salvador (살바도르 콤판 바스케스) (1960～) 하엔(Jaén)의 우베다(Úbeda) 태생. 스페인 소설가이다. 많은 상과 훌륭한 소설 작품으로 잘 알려져 있다. 소설 『*Cuaderno de viaje*』로 플라네타상(Premio Planeta)을 수상할 때 스페인의 모든 미디어 헤드라인을 장식할 정도였다. 90년에 들어 『*El Guadalquivir no llega hasta el mar*』(1990)가 출간되면서 알려지기 시작했다. 대표작으로 『*Madrugad*』, 『*Un trozo de jardín*』(1999), 『*Cuaderno de viaje*』(2000) 등이 있다.

Compendio de Doctrina Christiana (콤펜디오 데 독트리나 크리스티아나) 1575～1576년에 쓰인 루이스 데 그라나다(Luis de Granada)의 저서이다. 이 책에서 저자는 후안 데 아빌라(Juan de Ávila)와 바르톨로메 데 로스 마르티레스(Bartolomé de los Mártires)의 생애를 다루었다.

Conceptismo* (기지주의) 과식주의(過飾主義)와 함께 스페인 바로크의 토대가 된 문학사조를 일컫는다. 기지주의 문학 작가들은 반정립, 모순, 역설 등의 수사학적인 방법들을 동원해 예고 없이 자신의 생각을 펼치며 독자를 당황케 한다. 반개혁주의 운동의 지적 반향과 당대 자리 잡기 시작한 가치 혼란으로 인해 비평이라는 장르가 등장하며 16세기에 이르러서 전성기를 맞이한다. 기지주의의 대표적 작가들은 케베도(Quevedo), 그라시안(Gracián) 그리고 칼데론 데 라 바르카(Calderón de la Barca)이다. 기지주의 작품들에는 대조, 우의, 수수께끼, 반정립, 동음이의어, 도치, 촌철살인적 표현 등을 통한 언어유희, 말장난 등이 등장하며, 글의 형태와 내용 사이 존재하던 기존의 균형이 깨지게 된다. 기지주의 작가들은 글 자체의 형식미보다 논리의 예리함이나 개념의 완성도에 문체의 아름다움이 있다고 보았으며 이는 종종 글이 언어유희에 잠식당하는 결과를 낳기도 한다. 한편 기지주의는 기지와 예리함을 추구하며 풍자문학에 매우 흡사한 발전 양상을 보이기도 한다. 문체학적 측면에서 이러한 문학은 은유의 노련한 사용, 독창적인 사고방식

그리고 급격한 사고의 전환으로 인해 높이 평가받지만 몇몇 경우 독창성에 대한 과도한 욕심은 불필요한 기교와 저속한 대조들의 나열이라는 부작용을 보이기도 한다. 그러나 기지주의의 대가들은 다양한 메커니즘들을 통해 문장의 한계를 뛰어넘어 생각의 깊이를 표현하는 방법들을 모색했으며 간결한 문장에 최대한 많은 생각을 드러내려는 시도를 했다.

Concierto de Aranjuez (아랑후에스 협주곡) 호아킨 로드리고의 1939년 대표작으로 파리에서 1939년 기타리스트 산츠(Regino Sainz)에게 헌정하는 곡으로 작곡되었다. 기타와 오케스트라를 위한 협주곡이다. 2악장 아다지오는 혼파이프와 기타의 환상적인 조화를 갖춘 20세기 고전음악의 걸작 중 하나이다. 이 악장은 나중에 스페인의 재즈 편곡자 길 에반스(Gil Evans)에 의해 개작되었다. 또한 로드리고는 이 곡을 니카노르 사발레타(Nicanor Zabaleta)의 요청에 하프와 오케스트라를 위한 곡으로 편곡하였고, 사발레타에게 헌정하였다.

Conde de Lemos* (레모스 백작) 17세기 스페인의 위대한 극작가 로페 데 베가(Lope de Vega)가 레모스 백작의 개인비서였으며, 로페 데 베가뿐만 아니라 당대의 위대한 문필가였던 미겔 데 세르반테스(Miguel de Cervantes), 루이스 데 공고라(Luis de Góngora) 등의 문학적 후원자로 널리 알려진 인물이다. 원래 본명은 페드로 페르난데스 데 카스트로 이 안드라데(Pedro Fernández de Castro y Andrade)이다. 1576년 스페인 갈리시아(Galicia) 지방의 루고(Lugo) 주에 위치한 몬포르테 데 레모스(Monforte de Lemos)에서 출생한 레모스 백작은 서인도 식민청의 총통, 나폴리제국의 총독, 즉 이탈리아 최고 지배기구의 부왕, 알칸타라(Alcántara) 기사단의 분단장, 그리고 유명한 정치가이자 로마에 있는 스페인 특파외교대사, 갈리시아 지방의 대집행관이었다. 건강이 허약했던 그는, 자신에게 위기가 닥쳤을 때에는 다시 일어서기 위하여 고향인 몬포르테 데 레모스로 피신하곤 하였다. 지식인과 예술가들의 후원자로서, 정치가로서 두드러진 활약을 한 인물로 평가된다. 레모스 백작이 그의 개인적인 문제들을 도와줄 수 있는 실력 있는 사람을 찾고 있을 때, 로페 데 베가를 우연히 만나서 백작의 일을 맡겼고, 당시는 1598년을 향해가고 있었다. 이렇게 황금의 시대에 가장 우수하였던 작가들 중 한 명은 백작의 개인 비서로 전향하였다. "나는 그의 발아래 그렇게 여러 번 충실한 강아지처럼 잠을 잤다"라고 유명한 서간에서 로페가 말했었다. 특히 세르반테스가 말년에 레모스 백작을 기억하며 그에게 쓴 서간문은 매우 유명하다. 마드리드에서 1622년에 세상을 떠났다.

Conde de Torrepalma, el (토레팔마 백작) (1706∼1767) 본명이 안토니오 베르두고 이 카스티야(Antonio Verdugo y Castilla)로 오비디우스풍의 시를 쓰면서 공고라적인 것보다는 오히려 전기 낭만주의적 요소가 엿보이는 표현들과 소재들을 사용하였다. 대표작으로는 『*El Deucalión*』과 『*A la temprana muerte de una hermosura*』 등이 있다.

Conde de Villamediana (Juan de Tassis y Peralta, 비야메디아나 백작) 본명은 후안 데 타시스 이 페랄타(1581∼1622)로 바로크 시대의 과식주의 시인이다. 화려하고 사치스러운 생활로 유명했으며, 궁정 출입이 금지되기도 하였다. 1611년부터 1617년까지는 이탈리아에 머물렀다. 작품 상당수는 풍자적인 성격을 띠었고, 레르마 공작, 올리바레스 백작 등 귀족들이 주된 풍자 대상이었다. 대표작으로는 『*Fábula de Faetón*』, 『*La gloria de Niquea*』 등을 남겼다.

Conget, José María (호세 마리아 콘헤) (1948∼) 사라고사(Zaragoza) 태생. 스페인 작가

로 뉴욕에서 머물렀다. 스코틀랜드, 페루, 영국, 스페인 등에서 문학교사로 일했다. 작가로서 『*Quadrupedunque*』(1981), 『*Comentarios (marginales) a la guerra de las Galias*』(1984), 『*Gaudeamus*』(1986), 『*Todas las mujeres*』(1989) 등의 많은 소설작품을 냈다. 1997년에 『*Cincuenta y tres*』와 『*Octava*』라는 작은 책을 냈다. 이 작품은 일상적인 삶을 간단명료하게 표현했다는 특징을 가진다.

Contemplación (명상) 그리스어 'theoria'에서 온 말로 플라톤과 아리스토텔레스에게는 철학적 사고의 최고의 경지로 생각되어 왔고, 한순간에 직관적으로 커다란 기쁨을 동반한 채 진리를 깨닫는 최고의 철학적 행위를 의미하였다. 또한 성 십자가 요한은 이것을 '지적 사랑'이라 불렀다.

Contreras y López de Ayala, Juan de Marqués de Lozoya (후안 데 마르케스 데 로소야 콘트레라스 이 로페스 데 아얄라) 1893년 세고비아(Segovia)에서 태어난 스페인 시인이자 수필가, 역사가, 예술비평가, 대학교수이다. 상류층 귀족가문에서 태어나 로소야 후작(Marqués de Lozoya)이라는 작위를 수여받았으며 이를 자신의 이름으로 대신하여 작품활동을 하였다. 약 400여 개의 스페인 예술에 대한 역사서를 편찬하였다. 대표작으로는 『*Historia del arte hispánico*』, 『*Historia de España*』 등이 있다.

Contreras, Alonso de (알론소 데 콘트레라스) (1582～1641) 마드리드(Madrid) 태생. 스페인 작가로 어떠한 교육도 받지 않았다. 로페 데 베가의 요청으로 『*Vida del capitán Alonso de Contreras*』라는 제목하에 그의 자서전을 썼다. 1630년에 그의 인생에 대해 쓰기 시작했고, 그 후 그의 감정을 풍부하게 담았으나 오히려 문학적 가치는 낮게 평가받았다. 또한 마드리드 국립도서관(La Biblioteca Nacional de Madrid)에 출간되지 않은 채로 남아 있는 작품도 있다. ➡ Lope de Vega(로페 데 베가)

Contreras, Jerónimo de (헤로니모 데 콘트레라스) (1505～1582) 사라고사 출생의 작가이다. 선장과 펠리페 2세의 연대기 작가로도 활약했으며, 펠리페 2세에 의해 나폴리로 보내져 그곳에서 생을 마감했다. 나폴리에서의 체류 경험을 바탕으로 『*Don Polismán de Nápoles*』, 『*Dechado de varios subjetos*』와 같은 기사소설을 썼으나, 작품 중 가장 잘 알려진 것은 비잔틴 소설에 속하는 『*Selva de aventuras*』이다.

Coplas a la Muerte de su Padre 15세기 호르헤 만리케가 아버지 돈 로드리고 만리케의 장례식에서 그를 추도하기 위해 쓴 시이다. 삶과 명성, 부, 죽음에 대한 기독교적 색채의 성찰이 나타나 있다. 이 시는 호르헤 만리케의 대표작으로 꼽힐 뿐만 아니라 『*La Celestina*』, 『*Amadís de Gaula*』와 함께 스페인 중세에서 르네상스를 여는 기념비적인 작품으로 평가받는다. ➡ Jorge Manrique(호르헤 만리케)

Coplas de ¡Ay, panadera! 15세기 후반의 저자미상의 시이다. 올메도 전투(Batalla de Olmedo, 1445)에서 후안 2세(Juan II)와 돈 알바로 데 루나(Don Alvaro de Luna)의 정부군에 맞서다 패하여 도망친 귀족을 비판한 정치풍자시이다. 연이 끝날 때마다 후렴구 '아하, 빵집 아줌마'가 반복되었기 때문에 후세의 비평가들이 이 같은 제목을 붙였다.

Coplas de Mingo Revulgo 15세기 후반에 나온 저자미상의 시이다. 목동 밍고 레불고가 자기의 양떼를 돌보지 않는 사이에 이리떼가 습격하여 자기의 가축이 유린당한 것을 후회한다. 여기서 목동은 비유적으로 엔리케 4세(Enrique IV, 1456～1474)를 비판한 것이고 양떼는 스페인 국민, 이리떼는 외적을 의미한다. 정치적 풍자시로 볼 수 있다.

Córdoba Sacedo, Sebastián de (세바스티안 데 코르도바 사세도) (1545?～1604?) 스페

인 시인이다. 주로 보스칸과 가르실라소의 소네트들에 종교적인 의미를 더하여 각색하는 작품을 썼다. 이러한 그의 작업은 스페인 신비주의 문학가들, 특히 산 후안 데 라 크루스의 문학에 영향을 끼쳤다. 대표작으로는『*Obras de Boscán y Garcilaso trasladas en materias cristianas y religiosas*』가 있다.

Coronado, Carolina (카롤리나 코로나도) (1823~1911) 바다호스 출신의 작가이다. 19세기 후반의 대표적인 여성 문인으로 꼽힌다. 미국 외교관과 결혼하여 유럽과 중남미 지역을 빈번하게 여행하였다. 낭만주의 문학에 속하는 그녀의 작품에는 자연에 대한 찬미와 정제된 감정, 신비주의가 나타난다. 작품집『*Poesías*』를 출간했다.

Corral* (코랄) 로페와 그의 추종자들이 이루어내었던 '국민연극'의 성공 이면에는 '코메디아 누에바'가 상연되던 일종의 노천극장인 '코랄'의 지대한 역할이 존재하고 있었다. 원래 '코랄'의 직접적인 유래는 대도시들 주변에서 연극이 상연되던 커다란 뜰이나 마당이었다. 이러한 뜰이나 마당에서 공연되던 연극이 로페 시대에 이르러 점차 발전하여 많은 관객들로 붐비게 되자, 임시 무대를 고정 무대로 개조하고, 계단 형태의 좌석들, 여성 전용석 등을 추가로 건설하면서 점차 그 모습이 온전한 극장의 형태를 갖추게 된 것이다. 극장의 좌석 종류는 꽤 다양했고, 사회적 신분별로 이용할 수 있는 좌석의 등급은 확연하게 세 가지로 크게 구분되어져 있었는데, 대중석(localidades populares), 지식인/성직자석(localidades para doctos), 귀빈석(localidades distinguidas y oficiales)이 바로 그것이었다. 이 세 가지의 등급 안에서도 사회적 지위와 경제적 능력에 따라 여러 가지 세부적인 등급으로 다시 나뉘어졌다. 이들 좌석들 중에서 '파티오(patio)', '그라다스(gradas)', '방코스(bancos)', '카수엘라(Cazuela)'라 불리는 네 가지 형태의 좌석들이 가장 저렴한 가격의 대중석들이었는데, 우선 '파티오'는 단어가 의미하는 바대로 무대의 정면 앞쪽의 가장 넓은 공터에 있는 입석을 말하며, 특히 이 '파티오'에서 서서 연극을 구경하던 사람들을 '모스케테로(mosquetero)'라고 하였다. 또한 '그라다스' 역시 단어의 의미대로 계단 형태의 좌석들을 뜻하는데, '파티오'의 둘레에 위치하였으며, 주로 수공예업자나 기술자들이 이용하였다. '방코스'는 말 그대로 의자에 앉아서 연극을 보는 곳으로, 무대 아래 바로 정면, 즉 입석인 '파티오'의 앞에 위치하였고, 마지막으로 '카수엘라'는 다른 관객석들보다 높은 곳에 위치한 일종의 복도의 형태를 띤 여성 전용 좌석이며, '카수엘라'와 다른 좌석들과는 서로 단절되어 있었고, 이 여성 전용석 안에서는 신분상의 상하 구분이 없이 그냥 여성들끼리 한데 섞여서 연극을 관람하였다. 즉, 당시 여성들은 다른 사람들의 눈에 잘 띠지 않는 '카수엘라'라는 높은 곳에서 몸을 숨기고 자기들끼리 조용히 연극을 관람하였던 것이다. 극작가들은 이 네 가지의 저렴한 좌석들, 특히 '파티오'의 '모스케테로'들이 보내는 반응을 가장 두려워했다. 왜냐하면 한 연극의 성패 여부가 이들의 야유와 환호에 따라 결정적으로 좌우되었기 때문이다. 한편 지식인/성직자석에는 말 그대로 시인이나 교회의 사제 같은 부류의 관객들이 이용하였는데, 가장 높은 곳에 위치하였기 때문에 이들의 좌석을 '데스반네스(desvanes)'라 불렀다. 사실 이 좌석은 다른 종류의 좌석들에 비해 그 숫자가 그리 많지 않았으나, 연극에서 중요한 신화적 암시가 나오거나 어렵고 현학적인 인용을 할 때에는 그들을 향해 하는 경우가 많았으므로 그 중요도는 결코 낮지 않았던 것 같다. '코랄'에서 가장 비싼 좌석은 '아포센토스(aposentos)', '레하스(rejas)', '셀로시아스(celosías)'라 불리는 일종의 칸막이로 된 독립된 좌석들인데, 이탈리아식 오페라 극장의 칸막이 좌석들과 매우 흡사한 것이라고 생각하면 된다. 이 좌석들은 주로 고귀한 신분의 귀족들이나 부자들이 이용할 수 있었고, 이 좌석들 중 일부는 국가나 시의 고위 관료들만을 위해 따로 마련되었는데, 국왕도 연극을 관람할 때에는 이 좌석을 이용하였다. 관람료는 가장 싼 '파티오'의 경우 일반 서민들이 큰 부담을 가지지 않을 정도로 충분히 쌌으며, 그 덕분에 인기 있는 연극의 '파티오'는 항상 대중들로 꽉 찰 수가 있었다. 귀빈석과 '파티오'의 가격 차이는 12배가 넘었던 것으로 추정되며, 지불하는 방식은 '파티오'의 경우만 극장에 입장하기 전에 일괄적으로 관람료를 지불하고 입장하였다. 그 외의 좌석에 입장하는 관객들은 극장에 입장할 때에는 그냥 통과하고 원하는 좌석에 앉은 다음 그 좌석에 해당되는 관람료를 지불하였다.

Corral, Pedro del (페드로 델 코랄) 14~15세기에 활동했던 스페인 작가. 출생과 관련되어 알려진 정확한 정보는 없으나 1380년에서 1390년 사이에 출생해 어린나이에 고아가 되었을 것이라고 추정된다. 둘째 아들로는 드물게 아버지의 유산을 상속받았으며 어머니의 성을 따랐다. 작품 『*Crónica sarracina*』는 역사적인 사실에 픽션이 가미된 연대기로, 몇몇 비평가들은 최초의 스페인 기사소설로 꼽기도 한다.

Correas, Gonzalo (곤살로 코레아스) (1571~1631) 에스트레마두라(Extremadura) 출신의 인문학자이다. 살라망카에서 신학, 라틴어, 희랍어, 히브리어를 공부했고, 라틴어로 쓰인 문법서로 라틴어를 교육시켜야 한다는 주장에 맞서 스페인어로 라틴어와 그리스어를 가르쳐야 한다고 주장했다. 『*Trilingue de tres artes de las tres lenguas: kastellana, latina i griega, todas en romanze*』(1627)는 언어에 대한 그의 연구가 집약되어 있는 책이다.

Corredor-Matheos, José (호세 코레도르-마테오스) (1929~) 시우다드 레알 출신의 예술비평가, 번역가, 시인이다. 2005년 시집 『*El don de la ignorancia*』(2004)로 국민 시 부분 문학상(Premio Nacional de Poesía)을 받았다. 비록 출생연도는 50세대 작가들과 비슷하지만 50세대 작가들의 사회적이고 사실주의적인 작품 분위기와 동떨어졌기 때문에 함께 분류되지 않는다. 20세기 후반 스페인 시의 어떠한 경향-경험시, 사회시, 노비시모시-과도 방향을 같이 하지 않으며 독자적인 시 세계를 구축하였다. 첫 시집 『*Ocasiones para amarte*』(1953)에는 내면의 목소리를 담았고, 『*Carta a Li Po*』(1975)부터는 동양, 특히 중국의 영향이 엿보이기 시작한다.

Cortada y Sala, Juan (후안 코르타다 이 살라) 1805년 바르셀로나에서 태어난 스페인 소설가이자 역사가이다. 교육, 저널리즘, 정치에 큰 관심을 보였으며 바르셀로나 신문(Diario de Barcelona)에서 집필활동을 하였다. 아벤 아불레마(Abén Abulema) 또는 벤하민(Benjamín)이라는 가명으로 사회 풍자적인 기사를 주로 썼다. 대표적인 소설 작품으로는 『*Tancredo en Asia*』(1832), 『*La heredera de Sangumí*』, 『*El rapto de doña Almodís*』(1836) 등이 있다.

Cortés de Tolosa, Juan (후안 코르테스 데 톨로사) (1590~?) 마드리드 출신의 작가이다. 예수회 학교에서 교육을 받았고, 학업을 마친 후에는 펠리페 3세(Felipe III)의 궁정에 들어가 일했다. 『*Discursos morales de cartas y novelas*』(1617), 『*El lazarillo de Manzanares y cinco novelas*』(1620) 등을 썼다.

Cortines Murube, Felipe (펠리페 코르티네스 무루베) (1883~1961) 모데르니스모 경향의 스페인 시인이다. 친밀한 것, 자연 등을 주로 다루었고, 투우에도 많은 관심이 있었다. 『*De Andalucía. Rimas*』(1908), 『*El poema de los toros*』(1910), 『*Nuevas rimas*』(1911) 등의

시집이 있다.

Cosante (코산테) 프랑스어 'coursault'에서 기원된 단어로 코사우테(cosaute)라고도 불린다. '우정의 칸티가(Cantigas de amigo)'에 담긴 궁정 음악의 기법 중 하나로, 평운과 후렴이 반복되는 구조를 갖는다. 주로 경쾌한 리듬이며 이 기법을 자주 사용하던 문학가로는 디에고 우르타도 데 멘도사(Diego Hurtado de Mendoza)가 있다.

Cossío, Manuel Bartolomé (바르톨로메 코시오) (1858～1935) 자유주의적 이데올로기와 미적인 것에 대한 관심으로 인하여 98세대의 일반적 경향에 매우 근접한 인물 중 하나라고 할 수 있다. 주요저서로는 『*El Greco*』(1908)가 있다.

Costa y Llobera, Miquel (미켈 코스타 이 요베라) 마요르카 출생의 시인(1854～1922)이다. 카스티야어와 카탈란어로 작품을 썼다. 운문작품으로는 『*Líricas*』(1899)가 있고, 산문작품으로는 『*Visiones de Palestina*』(1908)가 있다. 작품은 주로 종교, 역사, 예술, 카탈루냐의 전통이라는 주제를 다룬다.

Costafreda, Alfonso (알폰소 코스타프레다) (1926～1974) 레리다(Lérida)의 타레가(Tárrega) 태생. 스페인 시인이자 번역가이다. 첫 번째 시작품은 50세대라는 그룹에 의해 알려졌고, 그 뒤를 이어 『*Nuestra elegía*』(1950), 『*Ocho poemas*』(1951) 등이 나왔다. 번역가로서도 많은 작품을 알렸는데 『*Elegies de Bierville*』와 바르셀로나 시인인 카를레스 리바(Carles Riba)의 작품 중 하나가 대표적이다. ➡ Generación del 50(50세대)

Cota, Podrigo (포드리고 코타) 1405년 톨레도(Toledo) 출신의 스페인 시인이다. 개종된 유대인으로 작품 중 1470년에서 1480년 사이에 쓰인 『*Diálogo entre el Amor y un viejo*』로 주목을 받는다. 이는 1511년 『*Cancionero General*』에 포함된 작품이며 한 노인의 사랑에 대한 논쟁과 그의 굴복에 관한 이야기이다. 극적 요소가 짙은 이 작품은 간단한 시 형식과 기본적인 구조로 이루어져 있으며, 이후 여러 작가의 문학에 인용되는 등 많은 영향을 끼쳤다.

Cota, Rodrigo de (로드리고 데 코타) 스페인 15세기의 시인. 『*Cancionero general*』에 수록된 극시 『*Diálogo entre el Amor y un viejo*』의 저자로 알려져 있다. 이 외에도 『*Coplas de Mingo Revulgo*』, 『*Coplas del Provincial*』의 작품이 있으며, 페르난도 데 로하스(Fernando de Rojas)에 의하면 『*La Celestina*』의 1막 역시 그의 작품이다. ➡ La celestina

Cotarelo y Valledor, Armando (아르만도 코타레로 이 바예도르) (1880～1950) 베가데오(Vegadeo) 태생. 문학가, 역사가, 학자이다. 마드리드에서 문학을 공부하고 박사학위를 받았다. 갈리시아(Galicia) 연극계에서 특히 대학을 배경으로 해서 추진자로서 중요한 역할을 했다. 시적인 극 요소를 통하여 당시의 현실주의 기법을 사용하였다. 대표작으로 『*Trebón*』(1922), 『*Sinxebra*』(1923), 『*Hostia*』(1926), 『*Beiramar*』(1931) 등이 있다.

Cotarelo, Emilio (에밀리오 코타렐로) (1858～1936) 신중하고 풍부하며 확실한 지식을 갖춘 작가이다. 주로 18세기 스페인 연극을 연구하였다. 대표적 저서로는 『*Iriarte y su época*』(1897)가 있다.

Covarrubias Herrera, Jerónimo de (헤로니모 데 코바루비아스 에레라) 16~17세기의 스페인 시인이다. 생애에 관련된 사항은 잘 알려져 있지 않으며, 운문과 산문을 교대시키는 형식으로 목가소설을 썼다. 『*La enamorada Elisea*』(1594)의 작가이다.

Covarrubias y Horozco, Sebastián de* (세바스티안 데 코바루비아스 이 오로스코) 스페인 작가(1539～1613)로 톨레도에서 태어나 쿠엔카에서 생을 마감하였다. 작가 외에도 사전편찬가, 성직자, 쿠엔카 성당의 참사회원으로 활동하였다. 『*Tesoro de la lengua castellana o española*』(1661)를 편찬하였다. 이 사전은 1726년에서 1729년 사이 스페인왕립 한림원에서 출간한 『*Diccionario de autoridades*』가 등장하기 이전까지 네브리하 사전과 더불어 황금세기 어휘에 대한 정보가 담긴 가장 영향력 있는 사전으로 평가되었다. 또한 『*Tesoro de la lengua castellana o española*』는 단일 언어로 구성되어 있고 어원을 비롯하여 흥미로운 문학평론에서부터 일화, 속담, 방언 해석, 문화와 사회적 이슈에 관한 다양한 설명까지 수록되어 있다. 이 사전은 출간 이후 많은 관심을 불러일으켰고, 이에 코바루비아스는 별책을 저술하였지만 2001년까지 출간되지 않았다. 17세기에 쓰인 이 별책은 A－M까지 수록된 것으로 현재 국가도서관에서 소장하고 있다. 따라서 전문가들 사이에서 이 별책 원고와 관련해서 다양한 주장이 제기되었다. A－M 원고가 깨끗하게 옮겨진 필사본이라는 점에서 N－Z에 대한 내용이 담긴 별책이 존재할 것이라고 회자되었다.

Cremades i Arlandis, Ferrán (페란 크레마데스 이 아를란디스)　　1950년 발렌시아 태생의 스페인 시인이자 소설가이다. 발렌시아어로 많은 작품을 집필하였으며, 20세기 발렌시아 문학에서 가장 중요한 산문가 중 한 명으로 손꼽힌다. 70년대 초 그의 유일한 카스티야어(Castellano) 작품인 『*Sinuosidades corporales*』(1973)를 발행하였다. 이후 공상소설 『*Coll de serps*』(1978)를 시작으로 소설 집필에 전념하여 『*Canelobres daurats*』, 『*La regina de la pobla de les fembres peccadrius*』(1980), 『*El cant de la Sibyla*』(1983), 『*La lluna del temps*』(1984), 『*Cafè fet exprés*』(1985), 『*Hotel África*』(1987)를 발표하여 큰 인기를 끌었다.

Cremades i Arlandis, Ferrán (페란 크레마데스 이 아르란디스)　　발렌시아(Valencia)의 벨레구아르드(Bellreguard) 태생. 스페인 시인이자 소설가이다. 발렌시아 토착어를 이용하여 광범위한 소설작품을 썼다. 20세기 후반의 발렌시아 문학의 대표적인 산문가 중의 한 명으로 꼽힌다. 『*Sinuosidades corporales*』(1973)와 같은 작품으로 70년대에 알려지기 시작했다. 대표작품으로 『*Coll de serps*』(1978), 『*Canelobres daurats*』(1979), 『*La regina de la pobla de les fembres peccadrius*』(1980), 『*El cant de la Sibyla*』(1983) 등이 있다.

Crémer, Victoriano* (빅토리아노 크레메르)　　시인이자 작가, 수필가이다. 1906년 12월 18일 스페인 부르고스에서 태어나 2009년 6월 27일에 사망하였다. 미천한 가문에서 태어나 무정부주의적 노동조합에서 활발하게 활동하였고 스페인 내전 기간 동안 투옥생활을 하였다. 1944년 에우헤니오 데 노라(Eugenio de Nora)와 안토니오 G. 데 라마(Antonio G. de Lama)와 함께 <Espadaña>를 창간하였다. <Espadaña>는 모든 세대의 시인들의 관심을 집중시켰고 시인들은 이 잡지에서 자신의 표현 방향의 출구를 찾았다. 시의 대부분은 스페인의 문제를 고민하고 있는 내용을 담고 있다. 시를 통해 감정의 쇠퇴, 죽음과 무에 대한 참혹함과 두려움을 고발하면서 정의의 필요성을 주장하고 취약 계층의 사람들과의 연대감을 추구하였다. 작품에는 실존주의적인 문제에서부터 사회적 고발과 현대사회에서 발견되는 가치의 타락까지 다양한 내용이 담겨있다. 비극적 문체는 인간미를 물씬 풍기는 시를 탄생시켰으며 늘 노동자의 문제에 관심을 가지며 현대사회가 가지고 있는 가치의 타락을 깊이 있게 분석하였다. 시작품으로 『*Tendiendo el vuelo*』(1928), 『*Tacto sonoro*』(1944), 『*Caminos de mi sangre*』(1947), 『*Las horas perdidas*』(1949), 『*Furia y paloma*』(1956), 『*Los cercos*』(1976) 등이 있다.

Crespo, Ángel* (앙헬 크레스포)　　(1926～1995) 스페인 시인이자 번역가이다. 시우닷 레알에서 태어나 바르셀로나에서 생을 마감하였다. 작품에는 독재주의에 대한 저항과 동시에 전위적인 정신을 추구하는 사회적 투쟁이 녹아있다. 그의 시는 레오폴도 데 루이스가 엮은 『*Antología de poesía social*』(1965)에 포함되었지만 크레스포는 사회리얼리즘을 반대한 중요한 인물 중 한 명이다. 그의 시는 문화주의적인 관점에서 전기적인 테마에 접근하여 포스트주의와 초현실주의적 미학을 만들어냈다. 한편 시는 포스트주의와 초현실주의적인 색채를 띠지만 시호와 거리를 두고 있다. 몽상적이고, 자서전적이고, 일상적인 사건의 중요성을 깊이 파고드는 시를 썼다. 크레스포의 작품 연구가들은 그의 작품을 초기 단계에서는 "마술적 리얼리즘", 중간 단계에서는 문화주의 이후 소개된 시인들이 속해 있는 "베네치아주의", 마지막 단계에서는 "선험적인 정신주의"로 구분하였다. 하지만 자유롭고 다양한 고민에 대한 감정적이고 표현적인 것들을 양립하는 절충주의적인 크레스포의 시를 접근하게 되면 이러한 구분은 모두 무용하다. 크레스포는 고전주의와 전위주의를 통해 시가 품고 있는 가장 깊이 있는 공간에 시간을 합칠 수 있는 언어를 사용하는 새로운 표현 방식을 찾을 필요성이 있다고 생각했다. 시작품으로는 『*Destacan sus poemarios: Una lengua emerge*』(1950), 『*La cesta y el río*』(1957), 『*En medio del camino*』(1971), 『*La invisible luz*』(1981) 등이 있다. 또한 『*Poesía, invención y metafísica*』(1970), 『*Estudios sobre Pessoa*』(1984), 『*Las cenizas de la flor*』(1987) 등 적지 않은 수필도 남겼다.

Crespo, Rafael José de (라파엘 호세 데 크레스포) (1800~1858) 아라곤(Aragón) 출신의 작가이다. 시, 우화, 소설 등 다양한 장르의 작품을 썼다. 작품 중 『*Don Papis de Bobadilla o crítica de la pseudo –filosofía*』는 세르반테스(Cervantes)의 『*Don Quijote*』를 모방한 작품이다.

Criado de Val, Manuel (마누엘 크리아도 데 발) (1917~) 마드리드(Madrid) 태생. 스페인 작가이면서 언어학자이다. 마드리드 대학(La Universidad de Madrid)에서 문학박사 학위를 받았고, 그 후 같은 대학교 교수로 활동을 했다. 또한 『*Teatro medieval*』, 『*Os acordáis de la vieja Celestina*』, 『*Don Quijote no es caballero*』, 『*Dorotea Fénix*』와 같은 몇몇 극작품을 썼다. 그러나 대표 분야는 수필이다. 대표작으로 『*Atlántico*』, 『*Sintaxis del verbo español moderno*』(1948), 『*Análisis verbal del estilo*』(1953) 등이 있다.

Crisóstomo Vélez de Guevara, Juan (후안 크리소토모 벨레스 데 게바라) 1611년 마드리드에서 출생한 스페인 황금세기 극작가(1611~1675)이다. 스페인 극작가 루이스 벨레스 데 게바라(Luis Vélez de Guevara)의 아들이다. 대표적인 사르수엘라(zarzuela) 각본은 『*Los celos hacen estrellas*』이며, 대표적인 시작품으로는 펠리페 4세(Felipe IV)의 기마 초상화를 보고 영감을 받아 쓴 『*Soneto*』가 있다.

Cristo de Velázquez (벨라스케스의 그리스도) 1920년에 출간된 우나무노의 11음절 장시이다. 이 작품은 스페인의 위대한 화가 벨라스케스의 그림을 관찰하면서 느낀 일련의 서정적인 감상을 묶은 것이다. 즉, 여기서는 고요하고도 심오한 종교적 감정이 다른 순간의 난폭함과 불안한 감정을 대체하고 있다.

Crónica General* 1252년부터 1284년까지 카스티야(Castilla)를 통치했던 알폰소 10세가 저술한 역사서이다. 스페인 산문의 창시자인 그는 매우 현명한 왕으로, '알폰소 현왕(Alfonso X, el Sabio)'으로도 불린다. 그가 지은 이 역사서는 총 2부로 되어 있는데, 1부는 초기에 스페인 땅에 정착했던 부족에서부터 이슬람교도의 침입까지를 기술하였고, 2부는 산초 4세(Sancho Ⅳ)에 의해 와성되었는데, 이슬람교도들에 대항하는 국토회복전쟁에서부터 페르난도 3세(Fernando Ⅲ)까지를 다루고 있다. 서두에는 스페인에서 일어난 일을 기술한 모든 책을 수집하고 참고하였다고 밝히고 있다. 그리고 이 책의 집필에 참여한 모든 사람들도 일일이 열거하였는데, 집필자들은 역사가, 지리학자, 여행가, 시인 등 실로 다양한 방면의 사람들이었다.

Crónica General Vulgata 14세기 스페인에서 쓰인 역사서이다. 알폰소 10세(Alfonso X)에 의해 제작되었다. 초기 스페인 시초부터 아랍의 침략까지와 국토회복전쟁(Reconquista, la)부터 페르난도 3세(Fernando III)의 집권까지 등 내용이 두 부분으로 나뉜다. 두 번째 부분은 산초 4세(Sancho IV) 때 쓰였다. 이 책에는 원본이 사라진 무훈시(Cantar de gesta)가 산문화되어 변형된 형태로 남아 있다.

Crónicas Romanas 알폰소 사스트레(Alfonso Sasatre)가 1968년에 출간한 희곡이다. 표면적으로는 누만시아(Numancia) 지방을 비롯해 로마제국에 항거했던 스페인 사람들의 이야기를 담고 있으나 사실 이 이야기를 통해 나타나고자 했던 것은 스페인 내전, 나치에 대한 문제였다.

Cronicón* 운문 또는 산문으로 간결하게 서술된 역사서이다. 많은 경우에 전쟁들이 발생한 날짜라든지 역사적으로 두드러지는 사건들 또는 왕의 즉위 등을 해당 왕가의 계보와 함께 간략하게 서술하고 있다. 이러한 종류의 역사서들 중 가장 두드러지는 것들은 다음과 같은 두 개의 연대기들인데, 첫 번째는 『*Crónica mozárabe de 754*』이다. 이 연대기는 한 모사라베(이베리아반도의 이슬람 통치하에서 종교를 개종하지 않았던 기독교인)에 의해 기술되었는데, 여기서 작가는 반(反)이슬람적 성향을 다분히 보여주고 있다. 두 번째는 『*Cronicón Albeldense*』이다. 이 연대기는 이슬람 세력이 이베리아반도에서 물러난 후 처음으로 쓰인 것인데, 국왕 알폰소 3세에 대한 찬양이 주 내용이다. 이 밖에 11세기의 『*Chronica Gothorum*』, 1115년에 저술되었으며 알폰소 6세에 대한 찬양이 주된 내용인 『*Cronicón del Silense*』, 펠라요(Pelayo) 주교가 쓴 『*Chronicon Regum Legionensium*』 등이 알려져 있다.

Cruz Rueda, Ángel (안헬 크루스 루에다) (1888~1961) 세비야(Sevilla) 태생. 스페인 소설가, 수필가, 기자, 문학비평가와 대학교수로 다양한 활동을 했다. 지적, 비평적 성과는 대표작 수필인 『*Don Armando Palacio Valdés*』(1925)와 같은 작품 등에 나타난다. 이러한 작품으로 말년에서야 명성을 얻었다. 이러한 사실과 비교되게 젊은 시절부터 창작활동을 했다. 대표작으로는 『*Dolor sin fin*』(1914), 『*Huerto silencioso*』(1920), 『*Desquite*』(1924) 등이 있다.

Cruz, Ramón de la* (라몬 데 라 크루스) 스페인의 18세기 사이네테(sainete) 극작가들 중 가장 유명하다. 1731년 마드리드에서 태어났으며, 1794년에 세상을 떠났다. 알바(Alba) 공작과 베나벤테(Benavente) 백작의 후원을 받았지만 일생 가난이 그를 따라다녔다. 아르카데스 아카데미(Academia de los Árcades)에 속해 있으면서 라신, 몰리에르, 셰익스피어 등의 작품들을 번역하기도 하였다. 그러나 무엇보다도 16세기 로페 데 루에다(Lope de Rueda)의 단막 소극(笑劇) 파소(paso)와 17세기 세르반테스(Cervantes)와 키뇨네스 데 베나벤테(Quiñones de Benavente)의 막간극 엔트레메스(entremes)에서 기원을 찾을 수 있는 사이네테를 계발한 것으로 유명하다. 실제로 이 사에네테 덕분에 많은 성공을 거둔 것으로 여겨진다. 이 사에네테를 통하여 그는 당시의 순수한 마드리드의 대중 풍속을 익살스럽고 다양한 방식으로 표현하였다. 사에네테의 주제는 매우 다양하였는데, 주로 당대 마드리드 서민들의 일상을 담아내는 것이 주가 되었다. 즉, 18세기 민중

극에 있어서 가장 시사적인 대표작가로 평가되고 있는 것이다. 대표적인 사이네테 작품들로는 『*Las majas vengativas*』(1768), 『*El rastro por la mañana*』(1770), 『*Las tertulias de Madrid*』(1770), 『*El poeta aburrido*』(1773) 등이 있다.

Cuaderna Vía (쿠아데르나 비아) 스페인 18, 19세기의 성직자들이 주로 사용하는 시 형식으로 'Cuarteto' 또는 'Tetrástrofo monorrimo'라고도 한다. 스페인의 시 형식 중 가장 기본이 되는 형태이며, 14음절의 4행과 자음의 각운이 특징이다. 전 시대의 후글라르(Juglar)의 시 형식과 비교해 볼 때 훨씬 정형적이고 완벽한 운율을 가지고 있지만 한편으로는 단순하며 지루한 느낌이 들기도 한다.

Cuadernos de Literatura Infantil y Juvenil (아동, 청소년 매거진) 1988년 창간된 아동, 청소년 잡지이다. 어릴 적부터의 문학의 중요성을 강조하고, 항상 저편에 있던 아동문학에 대한 관심을 증폭시키기 위한 목적으로 만들어 졌다. 창간 이후 중단되지 않고 현재까지 계속해서 출판되고 있다. 작품, 작가 등에 대한 기사, 새로운 책과 수상된 책에 대한 분석, 애니메이션 등이 포함된다.

Cuadros, Juan José (후안 호세 쿠아드로스) (1926~) 작품을 통해 사회 문제를 적극적으로 다룬 스페인 시인이다. 시집 『*Aquí se dice de un pubelo*』(1959), 『*El asedio*』를 냈다.

Cubillo de Aragón, Álvaro (알바로 쿠비요 데 아라곤) 1596년경 그라나다(Granada)에서 출생한 스페인 작가(1596~1661). 황금시기의 대표적인 극작가로 바로크풍 경향을 띤다. 대표작으로는 『*Curia leónica*』(1625), 『*El Enano de las Musas*』(1654)가 있다. 극작가로서 영웅적, 종교적인 주제 등으로 다양한 작품을 창작하였다. 각각 『*El genízaro de España y rayo de Andalucía*』와 『*Los triunfos de San Miguel*』가 그것이다.

Cuenca y Velasco, Carlos Luis (카를로스 루이스 쿠엔카 이 벨라스코) (1849~1927) 시인, 극작가, 수필가, 기자이다. <ABC>, <El Heraldo de Madrid>, <El Debate>와 같은 신문사에서 정기적으로 일했다. 서정적인 시작품인 『*Alegrías*』(1900), 『*Frutas selectas*』(1929)와 극작품 『*La herencia de un rey*』(1874), 『*Entregar la carta*』(1877) 등이 있다.

Cuenca, Luis Alberto de (루이스 알베르토 데 쿠엔카) (1950~) 마드리드(Madrid) 태생. 시인이자 번역가, 학자이다. 마드리드 자치 대학(La Universidad Autónoma de Madrid)에서 박사학위 과정까지 연구하였고 스페인 국민 비평상(Premio de la Crítica)과 스페인 국민 번역상(Premio Nacional de Traducción)과 같은 많은 상을 수상하였다. 마지막 30년간 카스티야(Castilla)의 대표 시인으로 여겨졌고, 번역 부분에서도 중요한 역할을 했다. 『*La caja de plata*』(1985), 『*Joven poesía española*』(1979), 『*Florilegium*』(1982) 등이 대표작이다.

Cuento de abril 바예 잉클란의 희곡작품(1910)이다. 작가 자신은 이 작품을 호화롭게 운을 맞춘 연극으로 분류했다. 중세 프로방스를 배경으로 극이 전개되고 있는데, 공주에 대한 불행한 사랑을 주요 내용으로 다루고 있다. ➡ Valle-Inclán(바예 잉클란)

Cueva, Juan de la* (후안 데 라 쿠에바) 세비야에서 1543년에 태어난 극작가이자 시인이다. 말 라라 아카데미아(La Academia de Mal Lara)에서 공부한 후 동생과 함께 멕시코로 떠났고, 1577년에 돌아왔다. 작품은 페트라르카풍 문학과 상당히 유사하고, 알레고리적, 신화적, 교훈적 그리고 풍자적 요소들로 가득하다. 대표적인 시로는 『*Obras*』(1582), 『*Viaje de Sannio*』(1585), 『*Conquista de la Bética*』(1603)가 있다. 뛰어난 연극작품들을 통해 운문뿐만 아니라 산문에서도 중요한 작가로 자리매김했다. 상연된 작품을 최초로 활자로 인쇄한 극작가이자 스페인 연극에서 최초로 역사적 사건을 주제로 연극을 쓴 작가이다. 로만세(romancero)와 연대기를 역사적 사건의 출처로 활용했다. 연극 모음집 『*La primera parte de las comedias y tragedias*』(1583)에는 오늘날 우리에게 알려진 작품 『*La muerte del rey don Sandro*』, 『*El saco de Roma y muerte de Borbón*』, 『*Los siete infantes de Lara*』, 『*La libertad de España por Bernardo del Carpio*』, 『*La muerte de Ayax Telamón*』, 『*La libertad de Roma por Mucio Cévola*』, 『*La muerte de Virginia*』, 『*El degollado*』, 『*El tutor*』, 『*El viejo enamorado*』, 『*El infamador*』, 『*La constancia de Arcelina*』, 『*El príncipe tirano*』가 수록되었다.

C

Culteranismo* (과식주의)　16세기 말 무렵부터 스페인에서 전개되었던 문학적 표현 양식이다. 이에 속한 대표적 시인인 공고라(Góngora)의 이름을 따 공고리즘(gongorismo)이라고도 한다. 이 양식의 가장 두드러진 특징은 감각적인 가치에 대한 지나친 관심, 교양어와 비유법의 과도적인 사용, 복잡한 구문 등이라 할 수 있는데, 이 양식을 비판하는 비평가들은 과식주의야말로 어둡고 위선적인 양식의 본보기라고 비난한다. 이 양식을 선호하는 시인은 고전의 신화들 속에 파묻혀, 시인 자신만큼이나 시에 대해 조예가 깊고 학식이 풍부한 독자가 엄청난 인내심을 가지고 시를 대해야만 그 숨겨진 의미를 알 수 있을 만큼 복잡하고 난해한 시적 의미들을 풀어낸다. 이는 르네상스의 서정시를 더욱 응축시키고 강렬하게 만들었던 소수정예 시인들의 운동과 관련이 있는데, 그 원류는 이탈리아와 영국의 유사한 운동에서 찾아볼 수 있다. 이 두 나라에서도 르네상스 시대부터 유식한 라틴어 어휘, 기교 넘치는 형용사, 복잡한 비유법, 극단적으로 날카로운 표현법, 다양한 형태의 인위적인 비유 등을 사용하는 운동이 있었던 것이다. 이 과식주의는 기교와 재치를 실현하고, 지극히 일상적이고 통속적인 것들을 비유를 통해서 고상하고 아름다운 것으로 변화시킴으로써, 궁극적으로는 표현의 직접적인 의미를 쉽게 파악하지 못하도록 하는 것이다. 17세기 시에서 주로 전개되었던 이 표현 양식의 대표적 주자는 시인 루이스 데 공고라(Luis de Góngora)이며, 그는 과식주의를 통해 16세기 페르난도 데 에레라(Fernando de Herrera) 등에서 시작된 스페인 서정시의 정통을 잇고 있다는 평가를 받기도 한다.

Cunillé Salgado, Lluïsa (유이사 쿠니예 살가도)　(1961～) 바르셀로나(Barcelona)의 바달로나(Badalona) 태생. 스페인 극작가이다. 이른 나이 때부터 강한 인문주의적 재능으로 극작품 창작활동을 시작하였다. 문학과 관련된 어떠한 교육도 받지 않고, 자발적 학습으로 일부 극장과 계약을 맺었다. 칼데론 데 라 바르카상(Premio de Calderón de la Barca)을 수상한 바 있으며, 대표작으로는 『*Rodeo*』(1992), 『*Molt novembre*』, 『*La festa*』(1996), 『*Liberació*』(1996), 『*Accident*』(1996) 등이 있다.

Cunqueiro, Álvaro (알바로 쿤케이로)　1911년 루고(Lugo)에서 태어난 스페인 작가이다. 20세기 카스티야어뿐만 아니라 갈리시아(Galicia) 지방의 가예고 문학에서 가장 중요한 작가 중 한 명으로 손꼽힌다. 스페인 내 사회적인 경향의 문학 주제가 성행했을 무렵 최초로 공상 및 환상 문학을 시도한 작가이다. 대표적인 작품으로는 『*Merlín e familia*』(1955), 『*Herba aquí e acolá*』(1980), 『*La cocina cristiana de Occidente*』(1969) 등이 있다.

Cuore (쿠오레)　스페인의 유명 주간잡지이다. 2006년 3월 10일 처음 발간되었으며 매주 수요일에 발행되어 2009년 6월부터는 포르투갈 개정판을 발행하고 있다. 세타 그룹(Grupo Zeta)에 속해 있으며 줌(Zoom) 편집사에 의해 발간된다. 다른 국내 잡지에 비해 유머와 해학을 특징으로 한다. 쿠오레라는 명칭으로 다양한 주제에 따라 여러 잡지를 발간하고 있다. 쿠오레에스틸로(CUOREstilo, 유행), 쿠오레비우티(CUOREbiuty, 미용), 쿠오레펠로스(CUOREpelos, 헤어), 쿠오레티엠포(pasatiempos, 여가) 등이 있다.

Curiel, Miguel Ángel (미겔 안헬 쿠리엘) (1966～) 독일 태생의 스페인 시인, 소설가이다. 부모님 직업으로 인해 독일에서 정착했으며 젊은 시절부터 톨레도에서 거주했다. 1998년 파스토라 마르셀라상(Premio de poesía Pastora Marcela)을 수상하면서 『*Los bosques del frío*』라는 작품으로 시작활동을 시작했다. 작품에 어린 시절의 향수를 반영해 고립과 외로움을 표현했다. 그의 모든 작품은 호소하는 방식으로 가장 잘 표현되는 방식인 단편으로 이루어졌다.

Curros Enríquez, Manuel (마누엘 쿠로스 엔리케스) (1851～1908) 오렌세(Orense)의 셀라노바(Celanova) 태생. 카스티야(Castilla)어와 갈리시아(Galicia)어로 작품을 낸 시작가다. 아버지는 대서인인 호세 마리아 데 쿠로스(José María de Curros)이다. 아버지를 도운 후, 법학을 계속 연구하였다. 1885년 마드리드로 돌아온 후 기자로 일하기 시작했다. 대표작으로 『*Aires da miña terra*』(1880), 『*Hijos ilustres de Galicia*』가 있고, 『*Artículos escogidos*』(1911), 『*Obras escogidas*』(1956)와 같은 작품의 대부분은 사후에 발표되었다.

Custodio, Álvaro (알바로 쿠스토디오) (1912～1992) 세비야(Sevilla)의 에시하(Écija) 태생. 스페인 극작가, 소설가, 수필가이면서 감독이다. 긴 망명생활 동안 작품의 대부분을 썼다. 현대사회와 즉각적인 현실에 대한 냉소적인 접근 방식이 특징이다. 다양한 초기 극작품의 무대 감독과 촉진자로서 광범위한 활동을 했다. 대표 수필작으로 『*Los forjadores del mundo moderno*』(1969)와 『*Singularidad y convencionalismo*』(1983) 등이 있고, 극작품으로 『*La borrachera nacional*』(1944), 『*Elisa, alma de cántaro*』(1952), 『*La espía que nunca espió*』(1966) 등이 있다.

D

Dadaísmo (다다이즘) 예술운동의 한 종류로 제1차 세계대전 말, 스위스에서 시작하여 유럽과 미국에서 유행하였다. 다다(dada)는 '의미 없음'을 나타내는 단어로, 원래는 유아용 목마를 가리키는 프랑스어이다. 기존 체계와 관습적인 예술에 반발하는 것이 특징이다. 혼란기에 처벌했던 감옥의 죄인들을 지칭하기도 했다.

Dama (귀부인) 일반적으로 품위 있는 여성 혹은 귀족계급의 여성을 뜻한다. 궁중연애에서는 사랑의 대상이 되는 유부녀 혹은 신분이 높은 미혼의 여성을, 코메디아 누에바(Comedia Nueva)에서는 남자주인공 갈란(Galan)의 상대역인 여자주인공을 칭한다. ➡ Teatro nacional(국민연극)

Danvila, Alfonso (알폰소 단빌라) 스페인의 작가(1879~1945)로 복잡한 구성을 지닌 역사소설을 주로 창작했다. 작품은 대중소설적 성격을 지니며 문체는 매우 간결하다. 대표작으로는 『*La conquista de la elegancia*』(1901), 『*Las colecciones de cuentos Odio*』(1903) 등이 있다.

Danza de la Muerte 중세 14세기 유럽은 죽음에 관해 큰 걱정과 두려움을 가지고 있었다. 자연스럽게 죽음에 관한 문학들이 등장하였고 『*Danza de la Muerte*』는 전 유럽에 전래되어 퍼져 나갔다. 15세기 스페인에서도 카스티야어(Castellano)로 출간이 되었는데 죽은 자가 등장하여 성직자, 정치인, 상위계급 등을 춤추게 하며, 춤을 춘 등장인물들은 죽음을 맞이한다는 내용이다. 현재 그 원본이 엘 에스코리알 도서관(Biblioteca de El Escorial)에 소장되어 있으며 스페인의 『*Danza de la Muerte*』는 도덕적 금욕뿐만 아니라 사후 세계에서는 모두가 동일하다는 주제의 사회 풍자적 요소를 지니고 있는 것이 다른 유럽과는 다른 특징이다. ➡ Edad Media(중세)

De adventu Jacobi apostoli in Hispania (데 아드벤투 하코비 아포스톨리 인 이스파니아) 예수회 수사인 후안 데 마리아나(Juan de Mariana)의 저작이다. 이 책에서 저자는 성 야곱이 스페인에서 실제로 머물렀는가에 대한 의문을 제기하였다.

De los Nombres de Cristo (데 로스 놈브레스 데 크리스토) 스페인의 종교문학 작가 프라이 루이스 데 레온(1527~1591)의 가장 중요한 산문작품으로, 그가 감옥에 있던 1574년과 1575년 사이에 쓰였다. 이 작품은 성서 속에서 그리스도에게 부여되는 이름들, 즉 어린 양(Cordero), 목자(Pastor), 어린 새싹(Pimpollo), 사랑하는 사람(Amado), 지아비(Esposo), 예수(Jesús), 평화의 군주(Príncipe de la Paz) 등에 대한 일련의 주해로 구성되어 있다. 여기서는 사랑이라는 시각으로 자연과 인간에 있어서의 구세주의 출현을 뚜렷하게 부각시킨다. ➡ Fray Luis de León(프라이 루이스 데 레온)

De monetae mutatione (데 모네타에 무타티오네) 예수회 수사인 후안 데 마리아나(Juan de Mariana)의 저작이다. 이 책에서 저자는 정부의 통화정책을 비판하였다.

De rege et regis institutione (데 레헤 엣 레히스 이스티투티오네) 예수회 수사인 후안 데 마리아나(Juan de Mariana)의 저작이다. 이 책에서는 저자는 왕을 살해할 수 있는가의 문제에 대해 긍정적인 태도를 표명했고, 1612년 종교재판소에 의해 금서로 지정되었다.

Decades de orbe novo (새로운 시대) 1511년부터 1516년까지 페드로 마르티르 데 앙글레리아(Pedro Mártir de Anglería)에 의해 쓰인 중남미 신대륙 발견에 대한 서신이다. 라틴어로 쓰여 있으며 총 8개의 챕터로 구성되어 있다. 주로 신대륙의 모습이 묘사되어 있으며 이는 역사적 · 지리적으로 중요한 가치를 갖는 문서이다.

Dechepare, Bernard (베르나르드 데체파레) 바스크 지방(País Vasco) 출신의 작가(?~1545)이다. 생애에 대해 알려진 사실은 거의 없다. 작품 『*Linguae vasconum primitiae*』(1545)는 바스크어로 쓰인 보존된 작품들 중 시기적으로 가장 먼저 쓰인 것으로 추정된다. 이 작품은 간단한 구조로 구성되어 있는데, 산문시로 쓰인 프롤로그, 16편의 다양한 주제를 지닌 시로 구성되어 있다.

D

Defensa de la Hispanidad 1934년에 발표된 스페인 98세대 작가 라미로 데 마에스투(Ramiro de Maeztu)의 작품이다. 이 작품에서 작가는 당시 스페인은 고유한 가치를 상실했다고 밝힌다. 또한 혁명적인 모토를 폐기하고 위계질서 및 인륜성을 채택해야 한다는 국가상을 제시하였다.

Del sentimiento trágico de la vida 1913년에 발표된 스페인 98세대 작가 미겔 데 우나무노(Miguel de Unamuno)의 인생의 의미에 대한 고찰이 드러나는 수필이다. 우나무노의 철학적 사상은 키에르케고르의 근대 실존주의와 맥락을 같이 한다. 그의 철학의 가장 중심적인 주제는 고뇌할 줄 아는 뼈와 살을 가진 인간이다. 그러나 무엇보다도 먼저 우나무노가 보기에 우리들의 삶에 의미를 부여해 주는 가장 커다란 주제 혹은 동기는 신(神)과 불멸성에 대한 문제이며, 본 작품을 통해서 이러한 문제들을 다루고 있다. 감정과 이성, 믿음과 논리에 대한 끝없는 고뇌를 비춘다. ➡ Generación del 98(98세대)

Deleitar aprovechando 1635년에 발표된 티르소 데 몰리나의 작품집으로 삶에 대한 환멸과 내세에 대한 준비를 다룬 종교적이고 도덕적인 글들이 묶여 있다. ➡ Tirso de Molina(티르소 데 몰리나)

Delgado Benavente, Luis (루이스 델가도 베나벤테) 1915년 스페인 헤타페(Getafe)에서 태어난 스페인 극작가이다. 마드리드 국립 대학교에서 로마학(Filología Románica)을 전공하였으며 문학 교수를 역임하였다. 작품 중 『*Días Nuestros*』(1951), 『*Tres ventanas*』(1952), 『*Jancinta*』(1952) 등이 알려져 있다. 또한 텔레비전 및 영화 시나리오 작가로 활동하기도 하였다.

Delgado y Valhondo, Jesús (헤수스 델가도 이 발온도) (1911~) 에스트레마두라(Extremadura) 출신의 작가이다. 시에는 내면주의 기법과 고독이 혼합되어 나타나고 있다. 시집 『*La esquina y el viento*』(1952), 『*¿Dónde ponemos los asombros?*』(1969) 등이 있다.

Delgado, Agustín (아구스틴 델가도) (1941~2012) 리오네코 데 타피아(Rioseco de Tapia) 출신의 시인이다. 시에는 낭만적인 요소와 사회적인 요소가 결합되어 있다. 『*El Silencio*』(1967), 『*Cancionero civil*』(1970)이 대표작이다.

Delgado, Sinesio (시네시오 델가도) (1859~1928) 타마라 데 캄포스(Támara de Campos)

출신의 기자이자 극작가이다. 대학에서 의학과 법학을 전공하였으나 문학에만 전념하였다. 호아킨 아바티(Joaquín Abati)와 함께 『*Lucha de clases*』(1900)를, 카를로스 아르니체스(Carlos Arniches)와 함께 『*El paraíso de los niños*』(1905)를 썼다.

Delibes, Miguel* (미겔 델리베스) (1920~2010) 바야돌리드에서 태어난 작가이다. 20세기 후반 스페인 문학에서 가장 중요한 작가 중 한 명으로 꼽히는 인물이다. 감수성, 인간애, 감동, 다정함으로 가득한 이야기를 만들어내는 능력은 그를 모든 계층의 독자들이 선호하는 작가로 만들었다. 대중뿐만 아니라 비평가들도 그의 풍부한 어휘력, 폭 넓은 언어사용, 작품의 등장인물, 전원적 분위기, 작가의 출생지인 카스티야의 사실적인 장소와 인물들로부터 받은 영감들로 인해 그를 훌륭한 작가로 평가하고 있다. 델리베스의 산문은 19세기 사실주의 소설의 유산이라고 할 수 있다. 엄청난 언어적 풍부함, 특히 농촌, 들판, 가정 등과 관련된 어휘는 이러한 사실주의적 열정을 보여준다. 델리베스는 나무 한 그루, 새 한 마리, 각각의 농기구의 정확한 이름을 알고, 소설의 작품 인물들은 완벽한 카스티야어를 사용한다. 사상적 관점은 기독교적 인문주의이다. 그가 속해 있는 부르주아 사회의 결함과 악을 관찰하고, 부정의를 고발한다. 작품에서 반복적으로 등장하는 또 다른 관념은 검소하고 자연적인 삶을 선호하는 사람들에 대한 관용과 정의로운 정신이 수반되지 않은 진보는 의미가 없다는 것이다. 그는 나달 문학상(Premio Nadal)을 받으면서 작가로서 이름을 알리기 시작했다. 그 이후에도 수많은 상을 받았는데 그중 몇 가지만 언급하자면 1955년 스페인 국민 문학상(Premio Nacional de Literatura), 1957년 파스텐로스상(Fastenrath), 1962년 스페인 비평상(Premio de la Crítica Española), 1982년 아스투리아스 왕자상(Príncipe de Asturias de las Letras), 1985년 카스티야 이 레온 문예상(El premio de las Letras de Castilla y León), 1991년 스페인-라틴아메리카 국민 문학상(El Premio Nacional de las Letras Españolas), 1993년 세르반테스상(El premio de Cervantes) 등이 있다. 1973년 스페인 한림원(Real Academia de la Lengua Española) 회원으로 선출되었고, 카스티야 이 레온 평의회(La Junta de Castilla y León)에서 그를 2001년도 노벨상 후보로 추천했다. 2001년 6월에는 20세기 동안의 문학활동 업적을 평가받아 바야돌리드 지역 문학상(El Premio Provincia de Valladolid)을 받았다. 대표작으로는 『*La sombra del ciprés es alargada*』(1948), 『*El Camino*』(1950), 『*Diario de un cazador*』(1955), 『*Cinco horas con Mario*』(1966), 『*El príncipe destronado*』(1973)가 꼽힌다.

Delicado(Delgado), Francisco (프란시스코 델리카도) (1480~1535) 코르도바 출신의 작가이자 편집자이다. 로마로 건너가 성직자가 되었고, 성을 이탈리아식인 'Delicado'로 개명했다. 1527년의 로마 약탈 사건 이후에 베니스로 옮겨가 소설 『*La Lozana andalucian*』을 집필한다. 안토니오 데 네브리하(Antonio de Nebrija)의 제자였으며, 『*Celestina*』, 『*Amadis de Gaula*』 등을 편집했다.

Denis, Gerardo (헤라르도 데니스) 1934년 마드리드 출생의 스페인 시인이다. 본명은 후안 알메라(Juan Almela)이며 1944년 멕시코로 추방당했다. 그곳에서 번역, 편집 등을 하며 시문집을 출하였는데 『*Adrede*』(1970), 『*Picos Pardos*』(1987), 『*Mundos Nuevos*』(1991) 등이 있다.

Dequeísmo* (데케이스모) 접속사 'que' 앞에 부적절하게 전치사 'de'를 사용하는 것을 말한다. 즉, 문장의 어떠한 요소도 전치사 'de'를 요구하지 않음에도 불구하고 'de'를

D

'que' 앞에 위치시키는 것이다. 쉽게 말해 'que' 대신에 'de que'를 사용하는 것이며, 이와 반대되는 개념으로 케이스모(queísmo)가 있다. 구체적으로, 데케이스모는 다음과 같은 경우에 범하게 된다.

1) 주어 명사절(oración subordinada sustantiva de sujeto) 앞에 전치사 de를 사용할 경우. 문장의 주어는 전치사와 함께 나타나지 않기 때문에, 다음과 같은 경우에는 비문법적이다.

   (1) a. *Me alegra de que seáis felices.
       b. Me alegra que seáis felices.
   (2) a. *Es seguro de que nos quiere.
       b. Es seguro que nos quiere.
   (3) a. *Le preocupa de que aún no hayas llegado.
       b. Le preocupa que aún no hayas llegado.
   (4) a. *Es posible de que nieve mañana.
       b. Es posible que nieve mañana.

   하지만, 동사가 목적어를 요구하는 대명동사(verbos pronominales)일 경우에 'de'의 사용은 의무적이다.

   (5) a. Me alegro de que seáis felices.
       b. *Me alegro que seáis felices.
   (6) a. Me preocupo de que no os falte nada.
       b. *Me preocupo que no os falte nada.

   (5b)와 (6b)와 같은 사용은 반대로 케이스모라고 한다.

2) 직접목적어 명사절(oración subordinada sustantiva de objeto directo) 앞에 'de'가 나타날 경우. 이는 특히, '사고'와 관련된 동사: 'pensar, opinar, creer, considerar 등', '말'과 관련된 동사: 'decir, comunicar, exponer 등', '불안, 무서움'과 관련된 동사: 'temer 등', 그리고 '지각'과 관련된 동사: 'ver, oír 등'의 동사들에서 나타난다. 직접목적어 역시 전치사 'de'와 함께 하지 않기 때문에, 다음과 같은 문장들은 비문법적이다.

   (1) a. *Pienso de que conseguiremos ganar el campeonato.
       b. Pienso que conseguiremos ganar el campeonato.
   (2) a. *Me dijeron de que se iban a cambiar de casa.
       b. Me dijeron que se iban a cambiar de casa.
   (3) a. *Temo de que no llegues a tiempo.
       b. Temo que no llegues a tiempo.
   (4) a. *He oído de que te casas.
       b. He oído que te casas.

3) 계사 동사 'ser'가 있는 문장에서, 속사(atributo) 역할을 하는 종속절 앞에 'de'가 쓰일 경우. 이러한 경우의 보어(complemento)는 일반적으로 전치사와 함께 하지 않기 때문에 다음과 같은 문장은 비문법적이다.

   (1) a. *Mi intención es de que participemos todos.
       b. Mi intención es que participemos todos.

4) 전치사를 동반하지 않는 접속사에 'de'가 나타날 경우
(1) *a. A no ser de que
b. a no ser que
(2) *a. a medida de que
b. a medida que
(3) *a. una vez de que
b. una vez que

5) 동사가 본래 요구하는 전치사 대신 'de'가 잘못 쓰일 경우. 아래 예문에서 볼 수 있듯이, 동사 'insistir, fijar'는 전치사 'en'을 요구한다. (1a, 2a)는 'en' 대신에 'de'를 잘못 사용한 것이다.
(1) a. *Insistieron DE que fuéramos con ellos.
b. Insistieron que EN fuéramos con ellos.
(2) a. *Me fijé DE que llevaba corbata.
b. Me fijé EN que llevaba corbata.

참고: 'advertir, avisar, cuidar, dudar, informar' 동사들은 다음과 같이 두 가지 형태로 쓰일 수 있다. 그렇기 때문에 'de'의 사용이 의무적이지 않다.
(1) a. advertir [algo] a alguien
b. advertir de algo [alguien]
(2) a. cuidar [algo o a alguien]
b. cuidar de algo o alguien
(3) a. dudar [algo]
b. dudar de algo

Desastres de la Guerra, Los (전쟁의 참화) 프란시스코 고야(Francisco Goya)의 사후인 1863년에 발표된 80장의 판화집이다. 고야의 4대 판화집 중 하나이며 1810년부터 6년 동안 그린 작품이 담겨있다. 1808년 프랑스의 나폴레옹 군이 침공하여 벌어진 1914년까지의 전쟁과 전후 1년의 스페인의 당대 현실을 판화로 기록하였다. 고야 자신이 목격하고 들은 전쟁의 비참한 참상, 공포, 잔인성을 표현하였으며 고위 성직자들의 부패 또한 지적하고 있다. 판화집의 80개의 작품은 서로 유기적으로 연결되어 있다. 1. 프랑스 군과 게릴라 사이에 벌어진 싸움과 그 비참함, 2. 끔찍한 시체 능욕과 사형 집행의 비참함, 3. 도피와 피난, 4. 기아의 비참함, 5. 전쟁의 결과가 낳은 양상이 바로 그것이다.

Descripción del castillo de Bellver 후안 멜렌데스 발데스(Juan Meléndez Valdéz)의 극작품이다. 1805년에 예술 역사가인 그의 친구 후안 아구스틴 세안 베르무데스(Juan Agustín Ceán Bermúdez)에게 보내기 위해 쓰였다. 건축물, 동물, 식물 등에 관심이 있어 과거의 인류를 그것들과 연관시키곤 했다. 자연의 아름다움에 주목하면서 성을 둘러싸고 있는 광경을 담고 있다.

Deshumanización del arte 스페인 오르테가 이 가셋(José Ortega y Gasset)이 1925년 동일한 제목의 작품을 출간하면서 명명한 당대의 예술운동이다. 1917년 10월 혁명 후 분열 상태에 빠진 스페인과 유럽 아방가르드 예술에 대한 현상학적 분석을 시도하면서 그 무렵 신예술의 특징을 반민중적이고 반낭만주의적인 것이며, 낭만적 민중주의와 결별

한 신예술은 민중으로부터 유리되어 비인간화의 길로 접어들었다고 주장한다. 엘리트란 것은 정치적인 것보다는 문화적으로 절대적인 아름다움을 추구할 수 있는, 그로 인해 철저한 고독에 처하더라도 물러서지 않는 귀족성을 의미한다.

Despedida del anciano, La 후안 멜렌데스 발데스(Juan Meléndez Valdéz)의 서간시이다. 농부들의 빈곤함, 외국풍의 분위기, 귀족들의 비효율성, 사회평등, 교육산업의 필요성 등 노골적인 분노로서 조국을 슬프게 하는 문제들을 나열하고 있다.

Determinismo (결정론) 인간의 행동을 포함해 이 세상에서 일어나는 모든 사건은 정해진 시간과 장소에서 일어나도록 미리 정해졌다고 생각하는 입장. 즉 어떤 일이 우연이나 선택에 의해 발생하는 것이 아니라 원인과 결과 관계 법칙을 따른다는 이론을 말한다.

Deux ex máchina (데우스 엑스 마키나) 고대 그리스에서 자주 사용하던 극작술이다. 극의 결말이 기계 장치를 타고 내려오는 신의 초월적인 힘에 의해 해결되는 기법이며, 라틴어로 '기계장치에 의한 신의 출현'을 뜻한다.

Día de las Letras Gallegas (갈리시아어의 날) 갈리시아어로는 'Día das Letras Galegas'라고 하며, 매년 3월 17일 갈리시아 지방의 공휴일이다. 이는 갈리시아 왕립 아카데미(Real Academia Gallega)가 갈리시아어로 쓰인 문학을 기념하기 위해 1963년부터 제정한 공휴일이다. 매년 그 기관은 세상을 떠난 지 10년 이내의 갈리시아 문학인을 선발하여 기념한다.

Día y noche de Madrid 1663년에 발표된 프란시스코 산토스(Francisco Santos)의 작품이다. 당시 마드리드의 풍속과 삶에 대한 18개의 담화로 구성되었다.

Diálogo de las Cosas Ocurridas en Roma en el año 1527 쿠엔카(Cuenca) 출신의 소설가 알폰소 데 발데스(Valdés, Alfonso de, 1490～1532)의 대표작 중 하나이다. 이 작품 속에서 작가는 1527년 5월 6일 카를로스 5세의 군대가 교황청을 약탈했던 사건에 대해 이야기한다. 또한 에라스무스 학파의 분위기를 물씬 풍기며 교황 클레멘테 7세를 냉혹하게 공격한다.

Diálogo de Mercurio y Carón 1528～1529년 사이에 쓰인 알폰소 데 발데스(Alfonso de Valdés)의 저작이다. 이 작품은 정치적인 성향이 강하며, 인문주의에 기반한 작가의 사상이 피력되어 있다. 메쿠리우스와 카론의 대화를 통해 카를로스 5세(Carlos V)와 프랑스의 경쟁구도를 중심으로 유럽에서 벌어지는 사건을 이야기한다.

Diamante, Juan Bautista (후안 바우티스타 디아만테) 마드리드 출생의 극작가(1625～1687)이다. 펠리페 4세(Felipe IV)와 카를로스 5세(Carlos V) 때 궁정에서 왕을 위해 사르수엘라(zarzuela)를 쓰는 작가로 일했다. 1697년 『*El honrador de su padre*』라는 작품을 통해 처음으로 자신의 작품을 무대에서 상연하였고, 이 외에도 많은 극작품을 썼다. 주요작품으로는 『*María Estuarda*』, 『*El valor no tiene edad*』 등이 있다.

Diana enamorada 몬테마요르의 목가소설 『*Los siete libros de la Diana*』의 속편. 저자는 힐 폴로(Gil Polo)이며 1564년 발렌시아에서 출판되었다. 작품은 총 5장으로 이루어져 있고, 운문과 산문 형식 모두를 사용했다. 운문에 있어서는 이탈리아 운율법, 스페인 전통 운율, 프로방스 운율법 등 다양한 운율법이 사용되었다. 『디아나』의 인물들이 그대로 등장하는 목가소설이지만, 도시적인 배경과 다른 목가소설에 비해 모험적인 사건이 더 많이 등장한다는 것이 특징이다.

Diario de un poeta recién casado 1917년에 발표된 스페인 작가 후안 라몬 히메네스

(Juan Ramón Jiménez)의 작품이다. 이 시기에 작가는 학파나 경향을 벗어나 매우 개성적인 시를 쓰게 된다. 1916년은 이러한 새로운 단계를 시작한 때인데 결혼을 위해 뉴욕을 여행하면서 남긴 이 작품 또한 작가만의 개성적인 면모가 보인다.

Diarios de los Literatos de España (스페인 문예지) 1737~1742년에 발간된 문예지. 스페인에서 출간되는 모든 서적들에 대한 공정한 비평을 표명하는 것을 목적으로 창간되었다. 다소 안티바로크적 성격의 잡지였다. 분량은 400쪽에 달했으며, 당시 화폐로 4~5 레알 정도의 가격에 판매되었고, 발행 부수는 1,000~1,500부 정도였다. 호세 헤라르도 데 에르바스(José Gerardo de Hervás), 후안 데 이리아르테(Juan de Iriarte) 등의 글을 실었다.

Días Martín, Manuel (마누엘 디아스 마르틴) 1860년 스페인 세비야 출신의 문학가이다. 안달루시아의 여러 신문에 글을 게재하며 비평 작업에 참여하였다. 대부분의 작품에는 안달루시아의 재담이 포함되어 있으며 대표작으로 『*Colección de cantares andaluces recogidos antados*』(1884), 『*Piropos andaluces*』(1885), 『*Aires de mi tierra*』(1890) 등이 있다.

D

Díaz Callecerrada, Marcelo (마르셀로 디아스 카예세라다) 마드리드 출생의 17세기 작가이다. 살라망카 대학교(Universidad de Salamanca)에서 학장으로 재직했다. 과식주의적 경향의 시를 주로 썼는데, 우아한 문체로 유명하였다. 대표작으로 『*Endimión*』(1627)이 있다. ➡ Culteranismo(과식주의)

Díaz Caneja, Guillermo (기예르모 디아스 카네하) (1876~1933) 마드리드 출신의 소설가이다. 자신만의 개성이 뚜렷하다기보다 기존의 문학적 관습을 충실히 따르는 작가라고 할 수 있다. 『*Escuela de humorismo*』(1913), 『*El misterio del hotel*』(1928) 등을 썼다.

Díaz Corbeille, Nicomedes Pástor (니코메데스 파스토르 디아스 코르베일레) (1811~1863) 루고 출신의 작가이자 정치인이다. 어렸을 때부터 문학에 관심을 보였지만 마드리드로 이주하고 나서야 작품들이 알려지기 시작했다. 정치에 입문한 후 <El Sol>, <El Conservador> 등에 정치적 성격의 글을 기고했고, 하원 의원에 11번 당선되었다. 시들은 내면적·주관적, 멜랑콜리한 성격이 강하고, 죽음, 자연, 사랑이 주된 주제였다. 『*Poesías*』, 『*De Villahermosa a la China: coloquios íntimos*』 등을 출간했다.

Díaz de Escovar, Narciso (나르시소 디아스 데 에스코바르) 말라가(Málaga) 출생의 시인, 소설가, 극작가, 기자(1860~1935)이다. 방대한 양의 작품을 출판하였으며 소설은 주로 역사와 문학을 주제로 하고 있다. 대표작으로는 『*Por un beso*』(1879), 『*Efímeras*』(1882) 등이 있다. 극작품은 희극와 사르수엘라(zarzuela)를 주로 썼는데, 대표작으로는 『*Monje y emperador*』가 있다.

Díaz Fernández, José (호세 디아스 페르난데스) 1898년 살라망카(Salamanca)에서 태어난 스페인 소설가, 신문기자(1898~1940)이다. 스페인 내전 동안 공화당의 편에 서서 안티파시즘을 주장하다가 외국으로 망명되어 사망하였다. 신문 <El Sol>, <Crisol>, <Nueva España>를 공동 작업하였으며 모로코 전투의 경험을 그려낸 소설 『*El blocao*』를 발간하였다. 또한 허무주의, 전위주의, 에로티시즘이 복합적으로 드러나는 『*La Venus mecánica*』를 발표하였다.

Díaz Rengifo, Juan (후안 디아스 렌히포) 16세기 스페인의 예수회 수사이자 시인이다. 교리를 전달하기 위한 목적으로 시를 썼다. 『*Silva de Consonantes o diccionario rítmico*』가 대표작이다.

Díaz Tanco de Fregenal, Vasco (바스코 디아스 탄코 데 프레헤날) 바다호스(Badajoz) 출생의 극작가, 시인(1490~1573)이다. 자신의 책 『*Jardín del alma cristiana*』(1541)의 프롤로그에서 자신이 48편의 작품을 썼다고 기술해 놓고 있다. 문체는 후안 데 메나(Juan de Mena, 1411~1456)와 매우 비슷하며, 대부분의 작품은 현재 전해지지 않는다. 남아 있는 작품으로는 『*Los veinte triunfos*』가 있다.

Díaz−Plaja, Aurora (아우로라 디아스−플라하) 바르셀로나(Barcelona) 출생의 작가, 기자(1913~)이다. 기자로서는 수많은 칼럼과 기사를 썼고, 작가로서는 어린이들을 위한 동화를 창작했다. 대표작으로는 『*Los cuentos de los meses*』, 『*La ruta del sol*』 등이 있다. 이를 통해 발렌시아 아동문학상(Primer Premio de Literatura Infantil de Valencia), 스페인 교육부 도서 축제상(Premio Fiesta del Libro del Ministerio de Educación) 등 다양한 문학상을 수상하였다.

D

Díaz−Plaja, Fernando (페르난도 디아스−플라하) 바르셀로나(Barcelona) 출생의 수필가, 소설가, 역사학자(1918~2012)이다. 주로 역사와 관련된 주제의 작품을 썼다. 『*Historia Universal de la Cultura*』(1946), 『*La vida española en el siglo XIX*』(1952) 등의 대표작이 있다. 가장 유명한 작품은 『*El Español y los siete pecados capitales*』(1966)로서, 스페인 사람들의 행동양식을 분석한 작품인데, 이 책을 시작으로 미국인, 프랑스인, 이탈리아인의 행동양식을 분석하여 시리즈로 출판했다.

Dicastillo, Miguel (미겔 디카스티요) (1599~1649) 나바라(Navarra) 출신의 작가이다. 공고라의 시작법을 따르며, 귀족 출신이다. 미겔 데 멘코스(Miguel de Mencos)라는 가명으로도 활동했다. 작품은 『*Aula de Dios, Cartuxa Real de Zaragoza*』(1637)에 실려 있다. ➡ Luis de Góngora(루이스 데 공고라)

Diccionario de autoridades 1726년에서 1739년 사이에, 스페인 한림원이 첫 번째로 발간한 카스티야어 사전이다. 16세기까지만 해도 톨레도(Toledo)의 궁정에서 사용되는 말이 스페인어의 모범이었지만, 모범사전이 편찬되면서부터 한림원의 언어체계가 스페인어의 모범적 근간으로 서게 되었다. ➡ Real Academia Española de la Lengua(스페인어 한림원)

Dicenta Benedicto, Joaquín (호아킨 디센타 베네딕토) (1863~1917) 스페인 극작가이자 소설가로 칼라타유드(Calatayud)에서 태어났다. 급진적인 아이디어를 가지고 있었고, 특히 『*Germinal revista*』 작업을 담당했을 때인 19세기 후반에 니콜라스 살메론(Nicolás Salmerón), 사마코이스(Zamacois), 하신토 베나벤테(Jacinto Benavente), 바로하(Baroja) 그리고 바예 잉클란(Valle−Inclán)과 협력하여 스페인 희극 발전에 중요한 역할을 했다.

Diego, Gerardo* (헤라르도 디에고) 27세대와 스페인 창조주의의 가장 대표적인 시인이자 비평가이다. 1947년에 스페인 한림원에 가입했다. 난해한 시의 출판을 목적으로 하는 <Carmen> 같은 잡지와 대중적인 잡지인 <Lola>를 창간했다. 시는 크게 두 가지 면에 관심을 가지고 쓰였다. 첫 번째는 창조주의와 울트라이스모의 시를 창작하려고 한 전위주의이고, 두 번째는 르네상스와 바로크 서정시의 문체와 형식을 다시 시작하려 했던 전통주의이다. 미래, 전원과 도시 세계, 수사학, 음악에 커다란 관심을 가지고 있었는데, 이런 요소들은 작품의 중심적인 주제로서 뿐만 아니라 시의 리듬적인 지시 대상의 기능을 한다. 이런 모든 영향에서부터 또 현실과 절대적인 것의 추구 사이에서 요동치는 다양한 주제로부터 시가 창작되었다. 시에서 로페 데 베가, 안토니오 마차도, 후안 라몬의 흔적들을 찾아볼 수 있다. 문체적으로 자유시와 각운의 조화는 스페인 문학에서 가장 독창적이고 진지한 시인 중 한 명으로 평가받게 만들었다. 대표적 시집으로 『*Soria*』(1923), 『*Versos humanos*』(1925), 『*Amor Solo*』(1958), 『*Versos divinos*』(1971), 『*Limbo*』(1951)가 있다. 1925년 국가 문학상과 1979년 세르반테스 문학상 같은 스페인어권 문학계에서 가장 중요한 상들을 다수 수상했다.

Dieresis (디에레이스)　시에서 운율을 생성하기 위해 이중모음이나 연속모음의 모음을 분리해서 발음하는 것을 뜻한다. 이중모음의 첫 모음 위에 부호(··)를 통해 표시할 수 있다.

Dieste, Rafael (라파엘 디에스테)　1899년 아 코루냐(A Coruña)에서 출생한 스페인 작가이다. 갈리시아 지방의 신문인 <El pueblo de Galicia>에서 오랫동안 기자로 활동하였으며, 스페인 내전 동안 간행물 <Hora de España>를 발행하였다. 내전 후 파리로 추방당해 아르헨티나, 멕시코에서 활동하다가 1960년 고향으로 돌아와 죽을 때까지 문학활동에 전념한다. 갈리시아 왕립 아카데미(Real Academia Gallega)의 회원이며, 카스티야어와 갈리시아어로 집필활동을 하였다. 대표작품으로는 『*Historias e invenciones de Félix Muriel*』(1974), 『*La vieja piel del mundo*』(1936) 등이 있다.

Díez del Corral Pedruzo, Luis (루이스 디에스 델 코랄 페드루소)　라 리오하(La Rioja) 출생의 대학교수, 작가(1911～1998)이다. 마드리드 국립 대학교에서 철학과 법을 전공했으며, 동 대학에서 역사학 교수로 재직하였다. 작품은 정치, 철학, 여행, 문학, 예술 등 광범위한 주제에 걸쳐 있으며, 수준이 매우 높다. 가장 유명한 작품으로는 스페인 국민 문학상(Premio nacional de Literatura)을 수상(1942)한 『*El archipiélago de F. Hölderling, Mallorca*』가 있다. 이 밖에도 『*El liberalismo doctrinario*』(1945), 『*Velázquez, la monarquía e Italia*』(1980) 등의 작품이 있다.

Dionysus (디오니소스)　올림포스 신화체계 형성 이전의 디오니소스의 신격은 Zagrus(살아있는 동물을 산 채로 잡는 사냥꾼)였다[Zoe(자연의 생명력)+Zoon(동물)]. 이는 죽음의 세계를 뛰어넘어 삶의 세계로 들어오는 힘을 상징하는 것으로 디오니소스가 벼락에 맞아 죽은 어머니 세멜레(Semele)의 몸에서 꺼내져 아버지 제우스의 넓적다리에서 다시 태어난 것을 보아도 알 수 있다.

Diptongo (이중모음 혹은 딥통고)　한 음절 안에 서로 다른 두 모음이 연속해서 발음되는 것을 말한다: vien－to, a－cei－te, cau－sa, sua－ve. 음운론적인 측면에서, 스페인어에서의 이중모음은 다음과 같은 경우에 나타난다: 열린모음(a, e, o)+강세 없는 닫힌모음(i, u); 강세 없는 닫힌모음+열린모음; 그리고 닫힌모음+앞의 모음과 다른 닫힌모음(즉, iu 혹은 ui): aula, cuadro, cantáis, peine, androide, justicia, cielo, función, ciudad, descuido, vacuo.

Disputa del alma y el cuerpo　스페인 중세 시. 7음절 평운의 37행시이다. 토마스 무뇨스 이 로메로(Tomás Muñoz y Romero)에 의해 발견되었고 페드로 호세 피달(Pedro José Pidal)에 의해 처음으로 1856년 편집되었다. 이 시는 죽은 사람의 영혼과 육체의 대화를 기록하고 있는데 영혼은 벌거벗은 아이의 형태로 등장하고 육체를 바라보면서 육체의 죄 때문에 신에게 버림받았다고 울면서 힐책한다. 영혼에 대한 육체의 대답 부분은 현재 전해지지 않고 있다.

Diván del Tamarit　스페인 시인 페데리코 가르시아 로르카의 시 모음집. 가잘(Ghazal)과 카시다(Qasida)라는 두 가지 아랍 서정시 형식을 중심으로 한다. 그라나다의 아랍 시인들에 대한 경의 표현의 의미에서 작업했으며, 시집의 가장 핵심적인 주제는 오리엔탈리즘, 에로티즘, 그리고 죽음이다. ➡ Federico García Lorca(페데리코 가르시아 로르카)

Divinas palabras 바예 잉클란의 『*Luces de bohemia*』가 나온 해(1920)에 출간한 작품이다. 이 작품에 나타난 추악한 세계는 그의 야만극의 세계를 더 극단화한 것으로 보인다. ➡ Valle－Inclán(바예 잉클란)

Doble controversia* (이중 논쟁) 17세기 로페에 의해 큰 성공을 거둔 극적 혁신운동을 통해 대중화된 연극을 '국민연극(teatro nacional)'이라 하고, 이 국민연극의 작품들을 특히 '코메디아 누에바(Comedia nueva)'라고 한다. 그런데 로페의 이 국민연극과 코메디아 누에바의 전례 없는 성공은 당시 일련의 미학적 · 윤리적 논쟁을 촉발시켰는데, 이것이 바로 코메디아 누에바에 대한 이중 논쟁(doble controversia)인 것이다. 여기서 말하는 미학적 논쟁이란 로페의 『*Arte nuevo de hacer comedias*』를 통해 로페가 주장한 고전적 제반 규범들에 대한 탈피를 놓고 그 미학적 · 이론적 적법성에 대해 비난론자들과 옹호론자들이 서로 대립한 것을 의미한다. 가장 쉽게 발견할 수 있는 예가 『*Don Quijote*』 1부 48장에서 볼 수 있는 로페 연극에 대한 세르반테스의 비판이다. 여기서 세르반테스는 로페의 연극에 대해 다양한 관점을 가지고 비판하고 있는데, 특히 '시간의 단일성'을 무시한 그의 연극에 대해 신부의 입을 빌어, "1막 1장에서 나온 어린아이가 2장에서 이미 수염 난 아저씨로 나온다면 이런 것이 우리가 다루고자 하는 주제에서 얼마나 황당하겠습니까?"라고 비판하고 있다. 그러나 사실, 소설가가 아닌 극작가로서 세르반테스가 실패를 거듭한 끝에 마지막으로 택한 방법은 자신의 고집을 버리고 성공한 로페의 '국민연극'의 방식으로 슬그머니 그의 극작법을 수정하는 것이었다. 즉, '국민연극'이 이룩한 공전의 히트 덕분에 그에 대한 미학적 공격은 오래지 않아 완벽하게 제압되었던 것이다. 반면 '국민연극'과 '코메디아 누에바'의 윤리적 논쟁에 대한 공방은 상대적으로 길고 복잡하게 이어졌다. 특히 연극 자체에 대해 유난히 강한 반감을 나타내었던 윤리주의자들은 다양한 시각을 가지고 끊임없이 로페의 '국민연극'을 비난하였다. 그들에 의하면, 당시의 연극은 미풍양속을 해치는 요란스러운 행위이고 쓸데없는 무용지물의 가장 전형적인 예라는 것이다. 교회와 세속의 '국민연극'에 대한 적지 않은 비난론자들이 로페와 그의 연극에 대한 옹호론자들과 심한 대립을 하며 '코메디아 누에바'에 대한 험담을 멈추지 않았고, 연극 상연에 대한 금지 명령을 내릴 것을 당국에 요청하기도 하였다. 이 윤리주의자들이 당시의 연극을 비난했던 근거는 크게 두 가지로 요약된다. 하나는 당시의 연극이 지나치게 선정적인 장면과 내용을 담고 있으므로 이를 보는 관객들로 하여금 쓸데없는 욕망과 상상을 부추기는 비도덕적인 측면이 강하는 것이다. 특히 윤리주의자들의 관점에서 본 연극의 복잡다단하고 추악한 이야기들이 티 없이 순진한 수많은 젊은 여성들까지도 혼란스럽게 만들고 나쁜 것에 물들게 한다는 것이다. 또 다른 하나는 당시 연극계 자체 내의 문제로, 여러 추잡한 스캔들과 비윤리적인 언행들로 악명이 높은 몇몇의 남녀배우들조차도 무대에서 고귀한 귀족이나 숭고한 정신을 지닌 성인의 역할까지도 맡을 수 있다는 사실이 그들에게 연극을 비방하지 않고는 도저히 참을 수 없게 만들었던 것이다. '코메디아 누에바'에 대한 비난론자들은 윤리적 논쟁에서 간혹 우위를 차지하여 가시적인 성과를 거두기도 하였으나, 결국 최후의 승자는 거의 옹호론자들의 몫이었다. 그 예로 1644년 카스티야 내각(Consejo de Castilla)은 '코랄(corral)'의 폐쇄를 명하였

D

는데, 폐쇄되지 않은 일부 코랄에서는 연극 상연은 하되, 상연되는 연극작품에 대해서는 사전에 철저한 검열이 이루어졌다. 특히 지나치게 요란한 상연과 여배우들이 철저한 통제의 대상이 되었고, 무엇보다도 상연 중에 무대에서 연출되는 춤(주로 2막과 3막 사이에 이루어짐)에서 보이는 난잡하고 낯 뜨거운 장면은 최우선적인 금지대상이었다. 이 당시 이루어진 연극 상연의 금지령은 이와 같은 윤리적인 이유뿐만 아니라 이사벨 데 보르봉(Isabel de Borbón) 왕비의 죽음으로 온 나라가 상당 기간 동안 상을 치렀기 때문이기도 하였다. 그러다가 1649년 펠리페(Felipe) 4세가 마리아나 데 아우스트리아(Mariana de Austria)와 새로 결혼식을 올리자, 이를 계기로 연극 상연을 재개하여줄 것을 요청하는 목소리가 높아졌고, 같은 해 연극 상연은 재개되었다.

Doble historia del doctor Valmy, La 안토니오 부에로 바예호가 1976년에 출간한 희곡이다. 정부 검열에 의해 한동안 금지되었다. 한 사건에 대해 구술자와 각색자, 논평자의 시선에 해당하는 세 가지 시각으로 바라보았다. ➡ Buero Vallejo, Antonio(안토니오 부에로 바예호)

D

Doble negación (이중 부정) 영어나 에스페란토와 같은 언어와는 달리, 스페인어는 이중 부정을 사용하였을 경우에는 긍정이 아닌 계속해서 부정을 나타낸다.

(1) a. No hay nadie en casa. 집에 아무도 없다.

b. *No hay alguien en casa.

Domenchina, Juan José (후안 호세 도멘치나) 1898년에 태어난 스페인 소설가이자 시인, 비평가이다. 27세대에 포함되는 문학인으로 스페인 20세기 여성 시인 에르네스티나 데 참포우르신(Ernestina de Champourcín)과 결혼하였다. <El Sol>지에서 헤라르도 리베라(Gerardo Rivera)라는 가명으로 시 평론을 쓰기도 하였다. 시는 바로크의 영향으로 화려한 문체가 특징이다. 대표적인 작품으로는 『*Del poema eterno*』(1917), 『*Las interrogaciones del silencio*』(1918), 『*La corporeidad de lo abstracto*』(1929), 『*El tacto fervoroso*』(1930) 등이 있다. ➡ Generación del 27(27세대)

Domene García, Francisco (프란시스코 도메네 가르시아) 그라나다(Granada) 출생의 시인, 소설가(1960~)이다. 어린 시절부터 문학창작을 시작했으며, 『*Sobrevivir*』(1986)라는 시집을 통해 문학계에 이름을 알렸다. 20세기 스페인의 훌륭한 젊은 작가 중 한 명으로 평가되었으며 비평계와 독자들로부터 좋은 반응을 얻었다. 대표작으로는 『*Propósito de enmienda*』(1992), 『*Insistencia en las horas*』(1992) 등이 있다.

Domingo Soler, Amalia (아말리아 도밍고 솔레르) (1835~1909) 세비야(Sevilla) 출신의 시인으로 문학뿐만 아니라 교령술(espiritismo)로도 잘 알려져 있다. 『*Ramos de violetas*』(1903), 『*Flores del alma*』(1904) 등을 썼다.

Don Alvaro o la fuerza del sino 앙헬 데 사아베드라의 작품으로 스페인 낭만주의의 최고 걸작이다. 5막으로 구성되어 있으며 운문과 산문을 혼용하고 있다. 결국 운명의 힘은 두 젊은 남녀의 사랑을 방해하고 또한 은둔하며 참회하던 두 사람을 죽음의 파멸까지 이르게 한다는 내용을 담고 있다.

Don Gil de las calzas verdes 1615년에 발표된 티르소 데 몰리나의 희곡이다. 주인공 도냐 후아나(doña Juana)가 불성실한 애인으로 하여금 결혼 약속을 지키도록 만들기 위해 남장을 하고 바야돌리드(Valladolid)에서 마드리드로 떠나는 여행이 줄거리를 구성한다. ➡ Tirso de Molina(티르소 데 몰리나)

Don Juan* (돈 후안) 17세기 극작가 티르소 데 몰리나(Tirso de Molina)의 대표적 극작품 『*El burlador de Sevilla y convidado de piedra*』의 남자주인공으로, 극 중에서 4명의 각기 다른 여성들을 마음대로 농락하는 희대의 난봉꾼이다. 이 연극을 통해 창조된 돈 후안은 돈키호테, 셀레스티나 등과 함께 천년 역사의 스페인 문학사가 배출한 불멸의 인물들 중의 한 명으로 오늘날까지도 세계 곳곳에서 연극과 뮤지컬 등으로 새롭게 태어나고 있다. 원래 『*El burlador de Sevilla y convidado de piedra*』의 기본 이야기 구조는 극작가 티르소가 직접 고안해낸 것이 아니고, 유럽 곳곳에서 옛날부터 전해 내려오던 석상에 대한 전설에서 영감을 얻은 것으로, 기존의 전설에 티르소가 자신의 고유한 인물 묘사와 재치 넘치는 이야기 전개를 덧입힘으로써 하나의 훌륭한 연극으로 재탄생한 것이다. 1630년에 출판된 이 극작품은 세상에 소개되자 스페인은 물론 유럽 전역에 커다란 반향을 불러일으켰는데, 특히 주인공 돈 후안의 믿기 어려운 엽색행각과 이에 대한 하늘의 응징으로서의 불에 의한 최후는 문학적인 소재의 제공과 함께 후대에 수많은 연구와 비평을 낳게 하였다. 이 연극의 대략적인 줄거리는 고귀한 신분의 호색한 돈 후안이 자신과 동등한 신분인 여인들에게는 숭고하고 열정적인 사랑으로, 비천한 계층의 여인들에게는 신분상의 이점을 이용한 위선으로 여러 여인들을 농락하다가, 그 여인들 중의 한 명인 도냐 아나(Doña Ana)의 아버지인 돈 곤살로(Don Gonzalo)를 살해하고 마는데, 돈 곤살로가 석상으로 다시 부활하여 돈 후안을 저녁에 초대하여 전율감 넘치는 연회 끝에 불길에 휩싸여 죽게 함으로써 그의 방종한 생활을 끝마치게 한다는 내용이다. 돈 후안의 애정행각을 통해서 본 인간형에 대해서는 그동안 많은 논란이 있어 왔다. 그는 쉽게 잘 반하는 성격이 아니라 결코 여성에게 애정을 느끼지 못하는 타입이다. 즉, 극 중에서 그의 목적은 여성의 사랑을 쟁취하는 것이 아니라 수단 방법을 가리지 않고 여성을 농락함으로써 그 여성의 명예를 짓밟아버린 다음 헌신짝 버리듯 내팽개치는 것이다. 이는 그가 노래나 시의 후렴구처럼 극 중에서 시도 때도 없이 내뱉는 "너는 나를 잘도 믿는구나!(¡Qué largo me lo fiais!)"라는 말에서도 충분히 나타나 있다. 이런 의미에서 돈 후안은 카사노바(Casanova)의 애정행각과 확연히 구분이 되는 것이다. 한편 극의 마지막에 이루어지는 불에 의한 돈 후안에 대한 심판은 인간의 영혼을 인간 스스로 심판할 수 없다는 작가의 신학적 신념을 엿볼 수 있게 해준다. 곧 이것은 티르소의 심리적인 측면을 기술하는 수법이 뛰어날 뿐만 아니라 인간의 본질과 연관된 형이상학적 측면을 중시하여 인간 영혼에 있어서의 생명력과 강한 통찰력을 인식하고 있음을 뜻한다고 할 수 있다. 따라서 돈 후안에게 죽음을 가하는 불은 부정한 사랑에 의해 더러워진 육신을 태우는 동시에 참다운 영혼의 길을 떠나기 위한 정화를 상징하는 것이라고 볼 수 있는 것이다. 이 극작품은 후에 국내외의 수많은 예술가와 작가들에게 강력한 영감을 주었다. 스페인 국내에서는 호세 소리야(José Zorrilla), 하신토 그라우(Jacinto Grau) 등에게 영향을 미쳤고, 국외에서는 몰리에르, 코르네이유, 바이런, 모차르트 등에게 많은 영향을 주었다.

Don Juan Tenorio (돈 후안 테노리오) 호세 소리야에 의해 1844년에 쓰인 연극(종교적－환상적으로 두 부분으로 된 연극)이다. 돈 후안의 전설을 스페인어로 문학적으로 쓴 것이다. 『*Recuerdos del tiempo viejo*』에서 1880년에 돈 후안 테노리오의 초기 버전으로 소리야를 가장 널리 알리게 되었다. ➡ José Zorrilla(호세 소리야)

Don Juan. Ensayos sobre el origen de su leyenda 그레고리오 마라뇬(Gregorio Marañón, 1887～1960)의 수필작(1940)이다. 이 에세이에서는 당시까지 남성다움의 상

징으로 여겨지던 돈 후안(Don Juan)을 비남성적 요소를 가지고 분석한다. 작가는 작품을 쓸 때 역사에 대한 심리학적·정신의학적 분석을 시도하였는데, 그 점이 가장 잘 드러나는 대표작이다.

Don Luis Mejía (돈 루이스 메히아) 에두아르도 마르키나(Eduardo Marquina)의 대표적 작품이다. 열린 태도를 지닌 작가로 관중이 단조로움을 느껴 갑자기 지루해 하면 즉시 주제를 바꾸어 왔으며 또한 때때로 운문을 버리고 산문을 사용하였다. 이 작품에서는 돈 후안의 이야기를 다시 써나가면서 주인공의 관점에서가 아니라 주인공의 적대자의 관점에서 줄거리와 주제에 대해 새로운 시각을 보여 주었다.

Don Quijote* (돈키호테) 원제가 『*El ingenioso hidalgo Don Quijote de la Mancha*』인 이 소설은 전 세계적으로 알려져 있는 스페인 알칼라 데 에나레스(Alcalá de Henares) 출신 소설가인 미겔 데 세르반테스 사아베드라(Miguel de Cervantes Saavedra)의 대표작으로, 세계문학사에서 가장 많이 소개되고 번역된, 인류가 생산한 가장 대표적인 문학작품이라 할 수 있다. 내용이나 기법적인 측면서 근대소설의 효시라고 할 수 있는데, 구체적으로 오늘날 가장 흔히 사용되는 기법들인 메타픽션이나 액자소설, 극 중 극의 원조가 되는 작품이다. 52장으로 된 『*Don Quijote*』의 1부는 마드리드에서 1605년에 출간되어 생각지도 않게 엄청난 성공을 거두게 된다. 이에 1614년에 타라고나(Trragona)에서 위작이 출현하였고, 이를 계기로 세르반테스는 계획에 없던 『*Don Quijote*』 2부를 그 이듬해인 1615년에 출간하게 된다. 『*Don Quijote*』 2부는 총 74장으로 구성되어 있다. 1부는 돈키호테에 대한 소개로부터 시작된다. 알론소 키하노(Alonso Quijano)라는 라 만차 지방의 한 시골 귀족이 기사소설을 지나치게 많이 읽은 나머지 제 정신을 잃고 자신을 방랑기사 돈키호테로 착각하여 마을을 떠나 악을 물리치는 활약을 하기로 결심한다. 중세 기사를 흉내 내어 옆 마을의 처녀 알돈사 로렌소(Aldonza Lorenzo)를 둘시네아 델 토보소(Dulcinea del Toboso)라 멋대로 명명하여 자신이 목숨을 걸고 보호해야 할 귀부인으로 정하고, 말라빠진 그의 말을 로시난테(Rocinante)라고 이름 지은 후, 집안의 창고에 처박혀있는 옛 갑옷과 투구를 손질하여 걸치고 첫 출정을 떠난다. 그러나 그의 첫 번째 가출은 우연히 마주친 상인들의 몽둥이찜질로 실패하고, 만신창이가 되어 집으로 돌아온 그는 치료를 받은 후 같은 마을의 산초 판사(Sancho Panza)를 꼬셔 자신의 종자로 삼은 후 두 번째 가출을 한다. 이 둘은 여러 가지 기묘하고도 황당한 모험을 한 끝에, 그의 정신 나간 행동을 우려하던 같은 마을의 신부와 이발사의 계획으로 다시 집으로 돌아오게 된다. 2부는 돈키호테와 산초 판사의 세 번째 가출에서부터 시작한다. 2부에서도 역시 이들은 좌충우돌하는 여러 모험을 겪는데, 1부에서와 달리 돈키호테는 점점 더 현명해져 가고, 반면에 산초 판사는 자신이 겪는 모험에 대해 점점 더 매료되고 빠져들게 된다. 작품의 마지막에 돈키호테는 바르셀로나에 도착하여 '하얀 달의 기사'라는 자와 결투를 벌이나 그만 패배를 하고, 승자인 '하얀 달의 기사'의 요구대로 다시 고향으로 돌아가게 된다. 사실 이 '하얀 달의 기사'는 돈키호테의 마을에서 온 산손 카라스코(Sansón Carrasco)라는 인물로, 일부러 '하얀 달의 기사'로 변장하여 돈키호테를 마을로 데려가려는 계획을 세운 것이었다. 고향에 돌아온 돈키호테는 산초와 함께 자연에 묻혀 목가적인 삶을 살기로 결심하나 병이 들고, 결국 제정신으로 돌아와 기사소설을 모두 불태워버리라는 당부의 말을 남긴 채 눈을 감는다.

Don Quijote, Don Juan y La Celestina (1926) 마에스투가 쓴 몇 가지 기고문은 후에

책으로 묶여 출간되기도 했는데 그중 하나인 이 책에는 그의 날카로운 지성이 엿보이는 세 편의 비평적 에세이가 수록되어 있다.

Doña Luz (도냐 루스) 1879년에 발표된 스페인의 사실주의 작가 후안 발레라의 소설이다. 이 작품에서 육체적인 사랑에 대한 정신적 사랑의 승리에 대한 주장을 펼친다. 예전에 선교사였던 남자가 도냐 부인과 사랑에 빠져 억눌리는 사랑과 모험에 빠진 사랑을 표현한다. ➡ Juan Valera(후안 발레라)

Doña Perfecta 1876년에 발표된 스페인의 사실주의 작가 베니토 페레스 갈도스의 소설이다. 이념적인 대립에 사로잡힌 스페인 사람들의 모습을 그려내며, 개방적이고 현대적인 정신을 가진 주인공과 전통적이고 편협한 정신을 지닌 인물들이 대립하는 양상을 띤다. ➡ Pérez Galdós, Benito(베니토 페레스 갈도스)

Doña Rosita la soltera 스페인 극작가 페데리코 가르시아 로르카의 희곡으로 부제는 꽃의 언어. 1935년에 쓰였고 같은 해 초연되었다. 작가가 밝힌 작품의 테마는 시간의 흐름이다. 로시타는 돌아오겠다는 약속을 하고 남미로 떠난 연인을 기다리지만, 그가 다른 사람과 결혼했다는 소식을 듣는다는 것이 작품의 줄거리이다. 이 작품에서 로르카는 스페인의 여성에 대한 그로테스크한 대우를 묘사한다. ➡ Federico García Lorca(페데리코 가르시아 로르카)

Dónde vas Alfonso VII? 후안 이그나시오 루카 데 테나(Juan Ignacio Luca de Tena, 1897~)의 희극작품이다. 한 왕과 그의 시대를 현대에 재현시켜 묘사한 흥미 위주의 드라마다. 경쾌한 희극작품으로 많은 독자들의 호응을 얻은 작품으로 유명하다.

Doreste, Ventura (벤투라 도레스테) (1923~) 라스 팔마스(Las Palmas) 출신의 작가이다. 초기에는 교육활동에 전념했었고, 스페인뿐만 아니라 유럽과 라틴아메리카 지역의 다양한 잡지에 기고하였다. 『*Ifigenia*』(1943), 『*Dido y Eneas*』(1945) 등의 시집을 냈다.

D'Ors y Rovira, Eugenio (에우헤니오 이 로비라) 바르셀로나(Barcelona) 출생의 작가, 철학자(1881~1954)이다. 카탈란어와 문화를 고수하였고 이와 관련하여 다양한 작품활동을 했다. 대표작으로는 『*La bien plantada*』(1911), 『*Flos Sophorum*』(1914) 등이 있다.

D'Ors, Eugenio (에우헤니오 도르스) (1881~1954) 스페인 작가, 언론인, 철학자, 예술비평가이다. 20세기 카탈란 문화 르네상스의 주도적인 지도자로서 활약했다. 예술에 대한 전통적인 관념을 거부하며 예술은 임의적이고 주관적이어야 한다고 주장했다. 대표적인 저서로는 피카소, 세잔, 고야에 대한 통찰력 있는 평론을 담은 『*Tres horas en el Museo del Prado*』 등이 있다.

Dramaturgia (극작술) 연극이론의 일종으로 희곡을 쓰는 방법이다. 주로 작품의 극적 구성과 양식 등의 문학적 기법을 일컫는다. 무대에 올려지는 작품의 주요요소인 주제, 등장인물, 대사 등의 표현에 관한 것을 다룬다. 아리스토텔레스의 『*Ars Poetica*』는 가장 오래된 극작술 관련 저서로서 수많은 스페인 극작가들에게 영향을 미쳤다.

Duende (두엔데) 로르카는 느낄 수는 있지만 말로 설명할 수 없는 신비한 힘. 디오니소스적인 힘을 갖는 모든 소리는 두엔데를 갖고 있다고 말했다. 이는 또한 귀기, 한으로 풀이되기도 하며 비극 혹은 죽음과도 통한다. 그에게 죽음은 부활이며 이를 통해 생명의 환희를 느낀다. ➡ Federico García Lorca(페데리코 가르시아 로르카)

Duque de Alba* (알바 공작) (1568~1639) 원래 본명은 안토니오 알바레스 데 톨레도 이 베아우몬트(Antonio Álvarez de Toledo y Beaumont)로, 스페인 문학에서 17세기

스페인의 위대한 극작가 로페 데 베가(Lope de Vega)가 젊은 작가 시절 경제적으로 또는 개인적인 문제 등으로 매우 어려움에 처해 있을 때 그에게 적지 않은 도움을 주었던 로페의 초기 후원자로 널리 알려져 있다. 스페인 왕국의 정치가이자 귀족이었다. 알바 공작 5세이자, 우에스카르(Huéscar) 공작 2세, 레린(Lerín) 백작 6세, 나바라(Navarra)의 원수였고, 또한 살바티에라 데 토르메스(Salvatierra de Tormes) 백작 5세, 코리아(Coria) 후작 6세, 국왕 펠리페(Felipe) 4세의 궁내 대신이자 대공작이었다. 1599년 펠리페 3세가 토이손(Toisón) 교파의 기장(紀章)을 그에게 수여했다. 그의 삼촌, 파드리케 알바레스 데 톨레도 이 엔리케스 데 구스만(Fadrique Álvarez de Toledo y Enríquez de Guzmán)은 알바 공작 4세로, 그의 유일한 딸이 그보다 먼저 죽고 난 후, 안토니오 알바레스(Antonio Álbarez)가 그를 계승하여 알바 공작이 되었다. 나폴리의 부왕으로서의 재임기간 중에 발텔리나(Valtelina) 전쟁, 1624년의 흉년, 4월과 5월의 지진, 나폴리 왕국 해안에 대한 오스만 제국의 공격, 올리바레스(Olivares) 공작의 지속적인 경제적인 요구 등에 직면하게 되었다. 1629년 왕은 그에게 국내 대신의 작위를 수여하였다. 알바 공작은 당시의 유명한 극작가 로페 데 베가의 신인 작가 시절 그의 든든한 후원자 역할을 하였고, 로페는 『*La Arcadia*』와 같이 잘 알려진 그의 유명한 작품들의 일부를 공작에게 헌정하였다.

Duque de Estrada, Diego (디에고 두케 데 에스트라다) (1589~1647) 톨레도(Toledo) 출신의 극작가이자 시인이다. 한 자서전에서 17편의 희극을 썼다는 기록이 있으나 아직 발견되지는 않았다. 자서전은 『*Comentarios del desengañado de sí mismo, prueba de todos los estados y elección del mejor de ellos*』라는 제목으로 『*Autobiografías de soldados*』(1956)에 수록되었다. 시작품으로는 『*Octavas rimas a la insigne victoria que la Serenísima alteza del príncipe Filiberto ha tenido*』가 있다.

Duque de Lerma* (레르마 공작) 프란시스코 데 산도발 이 로하스(Francisco de Sandoval y Rojas)로 더 잘 알려진 레르마 공작(1553~1625)은 17세기 스페인 문학과 예술에 대한 대표적인 후원자로, 펠리페 3세(1598~1621)의 총신이자 국무총리였다. 펠리페 3세 지배기간 중에 가장 강력한 사람이었다. 공직의 판매와 부패 등 불법적 방법을 이용하여 엄청난 부자가 되었다. 반면에 부르고스(Burgos)에 있는 레르마 도시에서 가장 진실한 예술 후원자였는데, 최상급 재료를 이용하고 가장 우수한 건축가들과 계약하여 레르마를 아름답게 하고 확장하는데 재산의 많은 부분을 소비하였다. 레르마 공작은 그림을 광적으로 사들였는데 영지 예산 조절과 국왕의 총애 덕분에 그의 가족의 불안정한 경제는 빠르고 현저하게 좋아졌다. 그림 수집은 믿을 수 없는 속도로 이루어졌고 1599년과 1606년 사이에 1,431점의 작품을 획득하였다. 가끔씩, 궁들을 꾸미는데 긴급하게 필요하여, 바야돌릿 왕궁의 로마황제들의 153개의 머리 혹은 하느님의 초상화 240점과 같이 그림을 도매로 구입했다. 또한 모조품들을 혐오하였는데 이것은 그 당시에 일상적이고 유명한 습관들이었다. 이렇게 그는 라파엘(Rafael) 혹은 티치아노(Tiziano)에 의해 그려진 일부 성화(聖畵)들을 자신의 방에서 둘러볼 수 있게 되었다. 그럼에도 불구하고, 그가 미술품들의 가치를 알지도 못하고 무조건 구입했던 것만은 아니었다. 공작의 예술 고문 덕택으로 일부 보석들을 소유하고 있었고, 그 고문은 이탈리아 태생의 화가이자 미술상 바르톨로메 카르두초(Bartolomé Carducho)였는데, 티치아노 등과 같은 화가들의 다양한 작품을 도착할 수 있게 해주었다. 수집은 1603년 루벤스(Rubens)가 바야돌릿(Valladolid)

에 방문하였을 때, 그에 대한 흥미가 생기는데 이르렀다. 공작은 또한 그의 재능을 인정하고 스페인에 남을 수 있게 플랑드르 태생의 화가에게 일자리를 주었다. 비록 루벤스는 이 제안을 거절했지만, 거드름 피우는 군복을 입은 말 탄 공작의 초상화를 그려주었다. 국왕의 국무총리로서의 직책을 통해 그를 왕의 심복으로 만들었고, 이것은 마드리드의 궁정을 바야돌릿으로 이전시키는 것까지 성취했다(1601). 공작은 이전하기 전에 6개월 동안, 자기 자신의 이익을 위해 땅을 사고 투자하면서, 기발한 부동산정책을 실행하였다. 이것이 현대에 투기라고 알려져 있는 것이다. 강에 가까운 관개지와 같이 매력적인, 그의 부동산 중 일부는 다음 해에 마드리드 궁정으로 돌아오기 몇 달 전에, 국왕에게 팔았다. 또한, 왕에게 다음 해에 팔았던 건물이자 왕궁궁전으로 전환되었던, 프란시스코 데 로스 코보스(Francisco de los Cobos) 경의 궁전을 샀었다. 대중을 피해 숨은 채 1625년 바야돌릿에서 사망한다.

Duque, Aquilino (아킬리노 두케) 세비야 태생의 시인, 소설가, 번역가(1931～)이다. 시집으로는 『*La calle de la luna*』(1958), 『*El campo de la verdad*』(1958)가 있고, 작품 중 가장 중요한 작품은 『*Los consulados del más allá*』(1966)이다. 이 소설에서는 1868년에서 1869년 동안의 카디스(Cádiz)라는 도시의 세태를 풍자한다. 또 다른 소설로는 『*El invisible anillo*』(1971), 『*La rueda de fuego*』(1971), 『*La linterna mágica*』(1971), 『*El mono azul*』(1974)이 있다.

E

Echegaray Eizaguirre, Miguel (미겔 에체가라이 에이사기레) 톨레도(Toledo) 출생의 극작가(1848~1927)이다. 고전적이고 대중의 취향에 맞는 작품을 많이 썼다. 17세 때 처녀작 『*Cara y Cruz*』(1864)를 Teatro del Circo에서 상연했으며, 그 외 유명작품으로는 『*La niña mimada*』(1891), 『*El dúo de la Africana*』(1893) 등이 있다.

Edad Media* (중세) 중세를 의미하는 'Edad Media'는 역사적으로 5세기에서 15세기에 걸쳐서 서양에서 전개된 하나의 특정한 문명적 시기를 일컫는다. 좀 더 구체적으로 그 시기를 살펴보면, 476년 서로마 제국의 멸망부터 시작되었다는 점에서는 대부분의 학자들이 일치된 의견을 보이고 있으나, 그 끝은 1492년 아메리카 대륙의 발견으로 보는 경우도 있고 1453년 비잔틴 제국의 멸망으로 간주하는 경우도 있다. 스페인의 경우는 대부분 크리스토발 콜론(Cristóbal Colón)의 아메리카 대륙 발견인 1492년을 중세 시대의 끝과 르네상스 시대의 시작으로 보고 있다. 중세라는 명칭은 그리스-로마 시대의 인간 중심의 고전 문명과 근대로 통칭되는 인문주의적 문예부흥의 시대(르네상스) 사이에 위치하는 시대이기 때문에 붙여진 것으로, 천년 가까이 지속되었던 이 시기는 고립, 무지, 신권정치, 신에 대한 맹신 그리고 각종 풍토병과 폭력, 끊임없는 전쟁과 침략의 잔인성, 무시무시한 전염병 등으로 부각되어진 세기말적 두려움 등으로 특징지을 수 있다. 보통 시기적으로 중세는 5세기에서 10세기까지인 초기 중세(Alta Edad Media)와 11세기에서 15세기까지인 후기 중세(Baja Edad Media)로 나뉘는데, 후기 중세는 또 다시 중세의 정점 시기라 할 수 있는 11세기에서 13세기까지의 시기와 중세의 위기 시기라 할 수 있는 14세기와 15세기라는 두 시기로 나눠진다. 한편 스페인 문학은 중세의 정점이라 할 수 있는 12세기 작가미상의 서사시 『*El cantar de Mío Cid*』부터 본격적으로 시작되어, 승려문학(Mester de Clerecía)과 서민문학(Mester de Juglaría)으로 나뉘어서 전개되다가, 중세가 끝나가는 과도기 시대인 15세기 말 무렵에 『*La Celsdtina*』라는 불후의 명작을 배출하면서 중세를 마감하고 르네상스 시대로 넘어가게 된다.

Eduardo Paniagua (에두아르도 파니아구아) 1952년 마드리드에서 출생한 스페인 중세음악의 전문가이자 건축가이다. 중세음악 중 특히 아라베-안달루시아의 음악에 조예가 깊으며, 뮤직 아트리움(Atrium Musicae de Madrid), 칼라무스(Cálamus), 호케투스(Hoquetus)의 그룹에서 활동하였다. 특히 1994년 무시카 안티구아(Música Antigua, 고대의 음악) 밴드를 창설하여 스페인 중세의 칸티가(Cantigas)를 주로 연주하였다.

Efecto de distanciamiento (낯설게 하기 효과) 베르톨트 브레히트(Bertolt Brecht)의 작품의 근간이 되는 것으로 공연을 보고 있는 관객을 안정된 상태에 두게 하였다가 강한 이질감을 주어 상연 장면에 놀라고(놀람), 마치 그들이 주인공이 된 듯한(반영) 느낌을 주어 재현에 이르게 하는 기법이다. 결과적으로 일종의 카타르시스를 동반하게 하여 행동이나 태도의 변화까지도 이르게 하는 급진적 시도라 이해될 수 있다.

Égloga (대화 형식의 – 목가, 전원시) 서정시의 한 형태로 전원생활을 미화하는 내용을 담은 대화 형식의 시이다. 주제는 사랑, 자연, 농부의 낙원 및 아름다운 음악이다.

Ejercicios espirituales (에헤르시시오스 에스피리투알레스) 이그나시오 데 로욜라(Ignacio de Loyola)의 『*Los ejercicios espirituales de Ignacio de Loyola*』라는 책으로 16세기에 편찬되었으며, 기독교인들의 삶에 큰 영향을 미쳤다. 기독교 신자들의 행동과 결정을 계몽하기 위한 규칙과 방법을 설명하고 있으며, 심리학적 요소를 담고 있다. 고전적인 영적 훈련은 한 달 내내 지속되며, 4단계 혹은 4주의 과정으로 나뉘어져 있다.

El Adefesio (엘 아데페시오) 1944년에 발표된 라파엘 알베르티의 가장 야심에 찬 작품이다. 여기에서 눈에 띄는 인물인 고르고(Gorgo)라는 권위주의적인 여인은 그녀를 둘러싼 모든 사람들을 초인간적인 입장에서 보는 듯한 절대적인 권위로서 지배한다. 이 여인에 의해 희생당하는 역할은 젊은 여인 알테아(Altea)가 맡는데, 그녀는 사랑의 죄인으로 나온다. ➡ Alberti, Rafael(라파엘 알베르티)

El alcalde de Zalamea (살라메아의 촌장) 스페인의 극작가 칼데론 데 라 바르카의 1642년 작품이다. 한 서민의 명예를 주제로 삼고 있으며 완벽에 가까운 등장인물의 성격묘사와 함께 숭고한 미와 존엄이 넘치는 정경이 펼쳐지는 작품이다. ➡ Calderón de la Barca(칼데론 데 라 바르카)

El árbol de la ciencia (과학의 나무) 1911년에 발표된 스페인 98세대 작가 피오 바로하의 작품이다. 작가 자신이 밝힌 바와 같이 이 작품은 가장 자서전적인 소설이다. 주인공인 안드레스의 삶을 통해 표출된 작가의 청년기 사상, 특히 존재론적인 측면을 엿볼 수 있다. ➡ Baroja y Nessi, Pío(피오 바로하)

El Bandolero (엘 반돌레로) 티르소 데 몰리나의 소설 중 가장 많은 비평가들의 관심을 받은 작품이다. 작가는 이 소설을 쓰면서 특히 형식과 스타일에 많은 주의를 기울였다. ➡ Tirso de Molina(티르소 데 몰리나)

El barón (남작) 레안드로 페르난데스 데 모라틴의 1803년 작품으로, 당시 거짓 귀족의 사회상을 잘 반영한 것으로 5시간이라는 한정된 시간에 7명의 인물이 등장한다. 내용은 어머니가 가짜 귀족에게 속아 그와 자신의 딸을 결혼시키려 하다 들통이 나자 그 가짜 귀족은 달아나고 마을에 사는 옛 애인이 등장함으로써 끝이 난다는 2막 구성의 작품이다. ➡ Fernández de Moratín, Leandro(레안드로 페르난데스 데 모라틴)

El bosque animado (1945) 벤세슬라오 페르난데스 플로레스(Wenceslao Fernández Flórez)의 말기 작품으로 여기서 주인공은 한 그루의 나무, 동물, 통행인들을 포함하는 갈리시아의 숲 바로 그 자체이다. 힘찬 서정미를 보여주는 서술의 많은 부분들은 이 작품이 진정한 산문시임을 보여준다.

El caballero de Olmedo* 로페의 작품으로 그동안 여러 비평가들에 의해 이 위대한 극작가의 가장 대표적인 극작품들 중의 하나로 간주되어져 왔다. 이 작품은 훌륭하고 완벽한 기사의 자격을 고루 갖춘 돈 알론소(Don Alonso)라는 올메도의 한 젊은이가 도냐 이네스(Doña Inés)라는 메디나(Medina)의 아름다운 한 처녀를 사랑하면서 겪게 되는 슬프고도 비극적인 운명을 그린 일종의 희비극으로서, 당시의 바로크적 세계관을 작가 특유의 방식대로 나타낸, 로페 연극만이 가지는 고유한 가치가 유감없이 발휘된 수작이다. 알론소와 이네스는 이 연극의 모티브가 되고 있는 『*La Celestina*』의 남녀주인공 칼리스토(Calisto)와 멜리베아(Melibea)와 종종 비교되곤 한다. 그러나 알론소와 칼리스토 사이에는 하나의 근본적인 차이가 존재하는데, 불장난과도 같은 강렬하고 순간적인 사랑을 추구했던 칼리스토와 달리, 알론소는 자신의 연인 이네스와의 사랑의 궁극적 목적을 그녀와의 결혼에 두고 있다는 것이다. 따라서 칼리스토의 육적이고 불륜적인 사랑이 아닌, 신의 축복 속에서 이네스와의 명예로운 결합을 갈망했던 알론소에게 잠시 주술사 노파 파비아(Fabia)와 접촉을 했다는 이유만으로 잔인한 죽음을 맞게 할 만큼 신은 그렇게 몰인정하지는 않을 것이다. 그러므로 이 극에서 알론소는 신의 징벌의 대상으로서가 아니라, 예정된 비극적 운명의 희생물로서 바라보는 것이 더 적절할 것이다. 비극적 운명의 희생물이라고 하면 가장 먼저 떠오르는 것이 바로 아리스토텔레스가 말하는 비극의 개념이다. 아리스토텔레스가 말하는 비극은 소포클레스의 『오이디푸스 왕』의 경우처럼 예정된 운명에 저항하지만 주인공은 결과적으로 그 거대한 운명의 힘 앞에 어쩔 수 없이 굴복하게 되는 것을 말한다. 알론소는 작품 내내 자신에게 드리워진 비극적 운명에 대한 불길한 예감으로 불안해하고 이 불길한 예감에 맞서며 이를 극복하려 애쓰지만 결국 연적(戀敵)인 로드리고(Rodrigo)와 그의 일당에 의해 억울하게 살해당하고 만다. 한편 이 작품은 순수 비극이라고 하기엔 1막과 2막에서 나타나는 분위기가 지나치게 희극적이다. 특히 2막의 경우가 그러한데, 여기서 알론스의 하인 텔요(Tello)와 주술사 마녀 파비아는 여러 희극적인 상황을 연출하며 관객들에게 웃음을 선사한다. 로페에 따르면, 비극적인 것과 희극적인 것을 혼합하는 것은 시인 테렌시우스와 철학자 세네카를 한데 섞는 것과도 같고 또한 이러한 혼합은 파시파에가 낳은 미노타우로스와도 같이 보일지도 모르나 이는 어디까지나 자연의 다양성이 갖는 아름다움을 표현하려는 것일 뿐이다. 따라서 이러한 비극적 요소와 희극적 요소 간의 혼합이야말로 희비극(tragicomedia)이라는 장르의 온전한 개념을 의미하며, 명백한 바로크적 성향을 나타내는 연극은 이러한 개념으로부터 생성되어진다고도 할 수 있다. 그리고 여기서 언급되어지고 있는 바로크적 성향이란 일원적 가치가 아닌 이원적 심오함, 즉 비극과 희극이라는 서로 대칭되는 상이한 두 요소의 끊임없는 대립과 교차를 한 작품 안에서 추구하는 바로크 특유의 미학적 성향을 의미하는 것이다. 결론적으로, 작품의 주인공 알론소를 비극적 운명의 희생물로 간주한다는 것은, 인간은 거역할 수 없는 예정된 운명에 자유의지를 가지고 저항하나 이러한 거대한 운명의 힘 앞에 결과적으로 굴복할 수밖에 없는 초라한 존재라는 아리스토텔레스적 비극의 관점이 반영된 것이라 할 수 있다. 그리고 로페는 자신의 방식대로 '희비극'으로서 이 작품이 나타내는 고유한 의미를 이러한 아리스토텔레스의 비극적 관점 위에 덧입히고 있는 것이다. 즉, 로페는 희극적 분위기와 비극적 분위기가 한데 절묘하게 조화를 이루고 있는 이 작품처럼 인간의 삶도 역시 마찬가지로 희극과 비극의 반복되는 교차와도 같다는 사실을 주인공 알론소의 운명을 통해 관객들에게 암시하고 있는 것이다. 이러한 관점이야말로 인생에 대한 근거 없는 환상으로부터 깨어나려는 당시의 바로크 특유의 가치관을 의미한다고 할 수 있다. 따라서 알론소가 비극적 운명의 희생물이라고 하는 것 자체는 맞겠지만, 그는 예정된 비극적 운명이라는 한 점만을 향하여 처음부터 거침없이 치닫는 아리스토텔레스 특유의 희생제물이라기 보단, 불행과 고통, 그리고 수많은 부조리들로 점철된 이 세상에 사회구성원들이 조금씩 적응해가고 어느 정도 그 혼란이 수습되기 위해서 불가피하게 필요로 했던 비극적 대가라고 보는 것이 더 적절할 것이다.

El Camino de perfección 1902년에 발표된 스페인 98세대 작가 피오 바로하의 작품이다. 카스티야의 황량한 풍경과 주인공 페르난도 오소리오의 고통스러운 불안 심리가 묘사되면서 98세대의 전형적인 분위기가 나타난다. ➡ Baroja y Nessi, Pío(피오 바로하)

El cántico espiritual entre el alma y Cristo, su esposo 산 후안 데 라 크루즈(San Juan de la Cruz, 1542~1591) 대표 시집 중 하나이다. 40편의 시들로 짜여 있으며 자연을 배경으로 하고 신적 존재를 좇는 구도자를 연인으로 상징화했다. 연인들은 상대를 발견하자 따사로움과 기쁨 그리고 환희를 느낀다. 영혼과 신의 합일을 나타내기 위해 연인들의 육체적 합일이 상징적으로 활용되었다.

El capitán veneno (악랄한 선장) 1881년에 발표된 스페인의 초기 사실주의 소설작가 페드로 안토니오 데 알라르콘의 단편소설이다. 도덕적이고 교훈적인 요소를 제외하고 유머와 감성의 혼합으로 구성된 소설이다. 어떤 권력적인 대령이 사랑하는 여자를 만나면서 길들어져 가는 내용이다. 사랑은 모든 것을 초월한다는 의미를 내포한다. ➡ Alarcón y Ariza, Pedro Antonio de(페드로 안토니오 데 알라르콘 이 아리사)

El castigo del penseque* 티르소 데 몰리나(Tirso de Molina)는 종교개혁위원회로부터 창작활동의 제지를 받기 전 대략 1625년경까지 다수의 순수 희극작품들을 발표한다. 그가 추종했던 로페 데 베가(Lope de Vega)와 마찬가지로 그의 극적 재능은 이 순수희극들에서 더욱 빛을 발하게 되고, 따라서 그의 순수 희극작품들은 그동안 여러 학자들과 연극 전문가들에 의해 꾸준히 연구되어져 왔다. 그의 대표적인 두 희극작품들인 『*El castigo del penseque*』과 『*Quien calla, otorga*』는 2부작(二部作)으로서, 당시로써는 크게 유행되었던 작품임에도 불구하고 우리나라에서는 물론이고 스페인에서도 그의 여타 희극작품들에 비해 그동안 연구와 소개가 비교적 덜 된 작품들이다. 주인공 돈 로드리고(don Rodrigo)는 고국 스페인에서 형의 위협으로부터 벗어나 새로운 삶을 찾아 자신의 심복만을 데리고 위험한 여행을 거쳐 천신만고 끝에 플랑드르 지방까지 오게 된다. 한편 아무리 차남(segundón)이라 하더라도 명색이 스페인의 왕족 출신인 돈 로드리고가 생존을 위한 최소한의 양식조차도 형에게 구걸을 해야 했을 정도라면, 우리는 이러한 상황을 가능케 한 장자상속제라는 제도의 폐해가 당시 얼마나 심각했었는지 간접적으로나마 짐작을 할 수 있을 것이다. 그리고 이 대목에서 우리가 주목해야 될 점은, 돈 로드리고의 억울한 심정과 이에 따른 분노가 작품에서 구체적으로 누구를 향하고 있는가라는 것이다. 물론 돈 로드리고는 자신을 직접적으로 학대했던 형에 대한 원망을 숨기지 않는다. 그러나 그는 자신의 처지가 이토록 불행해진 보다 근본적인 이유가 바로 장자상속제라는 부조리한 법률과 이를 묵인하고 있는 조국 스페인의 현실에 있음을 잘 알고 있었다. 그리하여 그는 태어나면서부터 부모의 모든 것을 상속받는 장자의 기득권이 무한히 보장되는 스페인을 벗어나서, 당시 도처에서 끊임없이 발발하던 전쟁에의 참여를 통해 커다란 공을 세움으로써 부모나 사회로부터 아무것도 보장받지 못하는 자신의 태생적 약점을 만회하려 하였던 것이다. 다시 말해서 『*El castigo del penseque*』과 『*Quien calla, otorga*』에서 좌충우돌하고 있는 돈 로드리고의 행동을 통하여 우리가 볼 수 있는 것은 바로 장자상속제라는 불합리한 제도의 한계를 극복하려는 주인공의 절실한 몸부림인 것이다. 한편, 이러한 돈 로드리고의 의지와 노력과는 별도로, 불행히도 장남이 아니고 차남으로 태어난 주인공이 머나먼 이국땅에서 자신의 가족에 의존하지 않고 순수하게 자신의 힘으로 이루는 독립된 행복을 쟁취하기 위해 갖가지 위험과 혼란 그리고 절망들과 맞서며 모험을 펼친다는 이 두 작품의 줄거리에서 우리는 작가 티르소가 이 두 작품들을 통해 시도한 장자상속제하에서의 불행했던 당시 차남들의 처지에 대한 패러디도 또한 감지할 수 있을 것이다. 즉, 부조리한 장자상속제에 대한 고발의 구체적인 방법으로 작가 티르소가 작품에서 선택한 것이 바로 이러한 장자상속제로부터 소외된 자들의 상황을 패러디함으로써 이 잘못된 사회적 제도의 불합리성을 풍자하는 것이라 할 수 있는데, 이는 작가 자신이 소유하고 있는 천부적인 희극적 재능과 함께, 늘 사회의 어두운 면들을 풍자나 해학적 관점에서 바라보기를 선호했던 스페인의 문학적 전통과도 무관하지 않을 것이다. 이와 관련되어서 다음과 같은 두 가지의 패러디가 발견될 수 있는데, 첫 번째의 패러디에서 우리는 전편의 『*El castigo del penseque*』에서 플랑드르 지방에 어렵사리 도착한 돈 로드리고에게 닥친 장난 같은 운명을 통해 작가가 당시의 차남들이 생존을 위해 극복해야 할 상황들이 얼마나 절박했는지를 암시하고 있음을 알 수 있다. 구체적으로 살펴보면, 돈 로드리고는 플랑드르에 도착하자마자 그 지방의 귀족청년 오톤(Oton)과의 유사한 외모 덕에 그의 가족들로부터 자신이 오톤이라는 오해를 받는다. 어리둥절해하는 돈 로드리고에 아랑곳하지 않고 운명은 순식간에 그를 플랑드르의 귀족 오톤으로 만들어버린 것이다. 앞으로의 험난한 타향살이에 근심하던 돈 로드리고와 그의 심복 친치야(Chinchilla)는 이렇게 행운이 넝쿨째로 들어온 줄 알고 처음에는 기뻐하지만, 이내 둘은 고민에 싸이고 만다. 로드리고는 얼마 후 자신보다 높은 귀족인 디아나(Diana) 백작의 성에 들어가 그녀를 모시게 되는데, 만일 모든 것이 탄로 나면 자신들은 어떤 벌을 받아야 할지 모르기 때문이다. 더군다나 생면부지의 사람 행세를 모든 사람들을 감쪽같이 속이며 지속한다는 것은 누가 봐도 위험하고 터무니없는 일인 것이다. 그러나 돈 로드리고는 당장의 배고픔을 해결하기 위해 결국 오톤 행세를 끝까지 하기로 결심하는 악수를 두게 된다. 작품을 통해 여러 가지로 수단도 좋고 총명한 구석이 있는 인물로 묘사되는 돈 로드리고이기에, 그가 내린 이러한 그릇된 결심은 결과적으로 더더욱 두드러지게 보이는 것이다. 이를 통해 관객들은 앞으로 전개될 주인공의 터무니없는 행동들을 어렵지 않게 예상할 수 있을 것이며, 이는 궁극적으로 부모의 상속으로부터 소외된 차남들이 홀로 극복해야 할 험난한 인생 여정에 대한 패러디라 할 수 있는 것이다. 즉, 배고픔의 해결을 위해 단 한 번도 보지 못한 사람의 행세를 하려드는 주인공의 모습에서 혼자만의 힘으로 세상의 높은 파도를 헤쳐 나가는 당시 장자상속제의 피해자인 차남들이 얼마나 절박한 상황에 놓일 수 있는지를 작가 티르소가 이 극적 상황에 대한 희극적 터치를 통해 관객들에게 암시하고 있는 것이다. 두 번째로 작가 티르소가 돈 로드리고를 통해 패러디한 것은, 태어나면서부터 부모나 주위의 친지들, 나아가서 자신이 몸담고 있는 사회로부터 별다른 관심이나 도움을 받지 못하는 삶의 형태에 차남들이 점차 자기 자신을 적응시켜 나가면서 얻게 되는 차남 특유의 우유부단함 내지는 소심한 성격에 대한 것이다. 물론 차남으로서 어떤 이는 이러한 환경을 극복해 나가면서 독립심이 강한 성격을 얻는가 하면, 또 다른 경우에는 처세에 능하거나 수단이 뛰어난 인간형으로 변모해 가기도 할 것이다. 따라서 우리가 『*El castigo del penseque*』을 통해 목격할 수 있는 주인공의 우유부단한 성격은 차남이 소유할 수 있는 성격의 절대적 유형이라기보다는, 항상 자신의 일을 혼자서 해결해야 하고 주위의 눈치를 끝임 없이 살펴야 하는 차남으로서의 돈 로드리고가 획득할 수 있는 여러 가지 형태의 정형적 성격들 중의 하나라고 이해해야 할 것이다.

그리고 작가 티르소가 이 두 작품을 통해 이런 주인공의 부정적 성격을 부각시킨 이유는 이에 대한 패러디를 통해 차남의 부정적 측면을 강조함으로써 종국에 가서 장자상속제라는 제도의 폐해를 고발하기 위함일 것이다. 돈 로드리고의 우유부단함이 작가에 의해서 패러디되고 있다는 사실은 『*El castigo del penseque*』의 원어 제목의 일부인 'penséque'라는 단어에서 상징적으로 나타나고 있다. 즉, 오늘날 현대 스페인어에서 '실수' 또는 '오해'를 의미하는 말인 'penseque'에 대한 문학적 어원을 추측할 수 있는 이 말은, 돈 로드리고가 사랑을 얻을 수 있는 결정적인 시기에서 용감하게 결단을 내리지 못하는 자신의 우유부단한 성격 때문에 자신의 연인 디아나의 마음을 제대로 읽지 못함으로써 머나먼 이국땅에서 그동안 혼자 쌓아 왔던 명성도 그토록 갈망했던 사랑도 모두 잃게 됨을 함축적으로 의미한다. 사실, 돈 로드리고의 경우에서처럼, 여자 귀족과 남자 비서 간의 (또는 남자 귀족과 비천한 신분의 여인 간의 경우도 마찬가지) 신분을 초월한 사랑이야기는 17세기 전반기 스페인 연극－특히 순수희극－에서 매우 자주 등장되는 소재들 중의 하나이다. 그런데 비슷한 소재의 여타 작품들에서와 달리, 유독 지금 우리가 살펴보고 있는 주인공 돈 로드리고만이 자신의 주인인 디아나 백작과의 사랑을 성취하는 데 실패를 맛보게 된다. 티르소 역시 『*El vergonzoso en palacio*』, 『*La gallega Mari－Hernández*』, 『*La fingida Arcadia*』 등 유사한 애정구도를 가진 여러 작품들을 발표하였는데, 이 작품들에서는 남녀주인공들이 신분의 차이를 극복하고 모두 결혼에 성공한다. 따라서 돈 로드리고의 경우, 그의 유일한 실패, 그것도 어처구니없게 황당한 모티브에 의한 실패야말로 차남으로서 그가 가지고 있었던 우유부단함에 대한 패러디라고 말할 수 있는 것이다. 돈 로드리고의 우유부단함은 크게 두 가지 경우로 관찰된다. 첫 번째, 돈 로드리고는 디아나 백작과 자신의 가짜 여동생 클라벨라(Clavela) 중 한 명을 택하는 데 있어서 그 어느 누구도 포기하지 못하고 있다. 즉, 그는 이 두 여자에 대한 모든 가능성을 최후까지 배제하지 못하고 있는 것이다. 이러한 그의 우유부단함은 디아나의 마음을 헤아리는 데 있어 나타나게 되는 소심함으로 이어져서, 돈 로드리고는 자신을 정원에서 만나 사랑을 확인하고 자신에게 청혼을 하려는 디아나의 편지의 수취인이 바로 자기 자신인지도 모른 채, 그 편지를 연적인 카시미로(Casimiro)에게 전해 주고 만다. 그 이유는, 편지의 수취인이 '자신보다 나를 더 사랑하는 이에게'라고 되어 있는데 과연 그것이 내 자신일 수 있을까 하고 고민하던 중 결국 돈 로드리고는 편지의 수취인이 자기가 아니라 아마 카시미로일 것이라고 결론을 내리고는 디아나의 편지를 그에게 전해주고 만 것이다. 뒤늦게 수취인이 바로 자신이라는 것을 알고 디아나와 카시미로가 밀회를 즐기고 있는 정원으로 뛰어 갔지만 이미 모든 상황은 종료가 된 후였다. 이리하여 그는 인생역전의 절호의 기회를 허무하게 날려버리고 이 2부작의 전편은 허무하게 끝을 맺는다.

El castigo sin venganza* 노년에 로페(Lope)가 쓴 작품(1631)으로 표지에 아예 '비극(Tragedia)'이라는 라벨이 별도로 선명하게 붙여져서 출판된 흔치 않은 경우에 속한다고 볼 수 있다. 아리스토텔레스적 비극의 전형으로 간주되는 대표적인 극작품이라고 할 수 있다. 이 연극이 가지고 있는 비극성의 기본적 축은 바로 페라라(Ferrara) 공작의 서자 페데리코(Federico)와 그의 의붓어머니 카산드라(Casandra)와의 근친상간적 사랑과 이로 인해 공작에 의해 저질러진 그의 아들과 아내의 비참한 죽음이라고 할 수 있다. 로페의 『*El castigo sin venganza*』를 통해서 우리는 거역할 수 없는 운명 또는 보이지 않는 무형의 어떤 힘에 대항하는 주인공들과 어쩔 수 없이 이에 굴복할 수밖에 없는 그들의 인간적인 나약함을 목도하게 된다. 자신의 마음에 끌리는 여자가 곧 아버지와 결혼할 여자라는 사실을 안 후 이러한 비극적 상황에서 벗어나 보려고 발버둥 치는 페데리코와 그와의 비참한 파국을 예감한 카산드라의 내면적 저항은, 이미 이들의 근친상간을 통해 예고된 피비린내 나는 미래가 갖는 움직일 수 없는 절대적인 운명의 힘 앞에서 한없이 부질없는 것으로 보인다. 이들에게 운명의 굴레는 마치 헤어 나오려 하면 할수록 더욱 깊숙이 빠져들고 마는 음습한 늪과도 같은 존재이다. 페라라 공작도 마찬가지이다. 그는 아들에 대한 사랑과 분노, 그리고 훼손된 명예의 복원과 기독교적 용서 사이에서 갈등하고 번뇌하나, 결국 끝에 가서 깨달은 것은 이미 예정되었던 운명, 즉 자신의 방탕했던 과거에 대한 형벌이 아들의 죽음을 통해 실현되었다는 것뿐이었다. 결국 예정된 비극적 결말 앞에서 그가 할 수 있었던 것은 아무것도 없었다. 공작과 페데리코 그리고 카산드라는 그들이 원하든 원하지 않든 예정된 파국을 향하여 운명에 의해 끌려갔을 뿐이다. 그리고 『오이디푸스왕』에서 오이디푸스에게 예정된 비극적 운명이 최종적으로 실현되게 한 것이 아이러니하게도 다름 아닌 그의 자유의지였듯이, 이 작품의 주인공들이 맞게 되는 비극적 종말을 가능케 했던 것도 역시 이들 주인공들이 갖고 있는 자유의지였다. 즉, 예감된 비참한 최후로부터 벗어나려고 몸부림치는 와중에도 페데리코와 카산드라가 끝까지 포기할 수 없었던 서로에 대한 사랑과 욕망이 결과적으로 그들의 비참한 최후를 야기하고 말았던 것이다. 한편, 페라라 공작 쪽에서는 아들에 대한 분노와 사랑, 그리고 기독교적 가르침 사이에서 갈등하다가 내린 결단, 즉 자신의 손에 피를 묻히지 않고 아들을 처벌을 하겠다는 생각이 바로 비극적 결말을 생산한 가장 직접적인 요소라 할 수 있다. 그런데 여기서 주목해야 할 점은 페라라 공작이 이러한 결심을 하게 된 구체적인 동기이다. 전쟁에서 돌아온 후 페라라 공작은 페데리코와 카산드라 간의 불륜을 암시하는 편지를 받고 “이는 나단이 다윗에게 했던 저주로다. 똑같은 고통을 나에게 주는구나. 페데리코가 바로 그 압살롬이로다”(2,508~2,511행)라고 말한다. 즉, 그는 자신과 페데리코가 처한 상황에서 성서의 인물인 다윗 왕과 그의 아들 압살롬의 운명을 엿본 것이다. 다시 말해 페라라 공작은, 부하인 우리아(Urías)의 아내 밧세바(Bersabé)를 취하고 우리아를 죽게 만든 다윗이 후에 하느님의 벌을 받아 그의 아들 압살롬이 다윗에게 반역을 하고 그를 살해하려 했던 성서의 에피소드가 자신의 처지와 너무 흡사함을 깨닫고 두려움에 떨기 시작한 것이다. 그러나 그는 이를 애써 부인하려 한다. 그리고 페라라 공작은 성서에서 다윗에게 실현된 것과 유사한 신의 형벌을 피하기 위해 다윗이 했던 행동과 반대 방향으로 나아가기로 결심한다. 즉, 성서에서 다윗은 이미 예언된 신의 처벌을 겸허히 받아드려 아들 압살롬이 자신에 대해 반역과 살인을 기도한다는 사실을 알면서도 이를 능동적으로 막지 않았으나, 페라라 공작은 페데리코가 이와 유사한 일을 자신에게 저지르는 것을 미리 막기 위해 다윗과 달리 아들 페데리코를 사전에 벌하기로 결심한 것이다. 구체적으로, 공작은 카산드라를 불러 그녀의 손을 묶고 입을 막은 다음 다른 사람이 그녀를 알아볼 수 없도록 그녀의 얼굴과 몸을 덮은 후 그의 아들 페데리코를 불러 이 자는 자신의 명예를 심각하게 훼손하려 한 원수라고 말하며 찔러 죽일 것일 명한다. 상대가 누구인도 모르는 상태라 페데리코는 망설이지만 결국 아버지의 명예를 훼손하려 했던 자라 생각하며 카산드라인지도 모른 체 그녀를 찔러 살해하고 만다. 결국 영문도 모르고 카산드라는 죽었고, 페데리코가 물러나자 공작은 곧 소리를 질러 사람들을 불러 모은 후 페데리코가 상속권 문제로 의붓어머니인 카산드라에게 앙심을 품던 중 그녀가 그에게 드디어 공작의 뒤를 이를 아이를 임신했다고 말하자 이성을 잃은 나머지 그녀를 죽였다고 거짓말을 한다. 그러자 이에 격분한 카산드라의 부하 곤사가(Gonzaga) 후작이 그 자리에서 페데리코를 살해하고 만다. 페데리코도 카산드라와 마찬가지로 자기가 왜 죽어야하는지 영문도 모르는 체 절규하며 숨을 거둔 것이다. 그렇다면 『*El castigo sin venganza*』의 주인공들이 보여준 이상과 같은 비극성을 통하여 우리가 말할 수 있는 것은 무엇일까? 그것은 아마도 운명과 한계 상황에 맞서 대항하며 이를 극복하려는 인간정신의 숭고함일 것이다. 물론 절대적 운명 앞에서 이들은 나약할 수밖에 없었지만, 그럼에도 이에 굴종할 수 없다는 이들의 자유의지만은 운명조차도 바꿔놓을 수가 없었던 것이다. 이들은 자율을 성취하고자 필사적인 노력을 기울이는 한편, 운명과의 타협은 거부하였다. 이들의 운명은 다른 사람의 것이 아닌 바로 자신들의 것이었다. 결론적으로, 『*El castigo sin venganza*』는 이런 의미에서 자신의 자유의지와 운명 사이에서 타협을 거부하며 투쟁을 전개하는 인간의 숭고한 정신을 묘사하고 있는 로페의 탁월한 비극작품이라고 할 수 있는 것이다.

El Cid* (엘 시드)　엘 시드(El Cid)의 정확한 의미는 11세기의 실존인물인 스페인 국토회복전쟁(Reconquista)의 영웅 로드리고 디아스 데 비바르(Rodrigo Díaz de Vivar)의 별칭이다. 또한 엘 시드는 그의 무훈담을 소재로 한 장편의 서사시인 『*El Cantar de Mío Cid*』의 주인공이기도 한데, 사실 우리에게는 '엘 시드'라는 용어가 이 서사시 작품 자체로 알려지기도 하였으므로, 일반적으로 '엘 시드'는 국토회복전쟁의 영웅 로드리고 디아스를 가리키기도 하고 서사시 『*El Cantar de Mío Cid*』를 지칭하기도 하는 것이다. 『*El Cantar de Mío Cid*』는 1140년경에 쓰인 것으로 추정되는 작가미상의 장편 서사시로서, 스페인 문학은 이 서사시로부터 본격적으로 시작되었다고 할 수 있다. 즉, 『*El Cantar de Mío Cid*』는 천년 역사의 스페인 문학의 시조가 되는 작품인 것이다. 이 작품은 총 3,730행으로 구성되어 있다. 원래 맨 첫 장과 중간의 두 장이 손실되었으나, 후에 이 서사시를 연구한 메넨데스 피달(Menéndez Pidal)에 의해 복원되었다. 메넨데스 피달은 이 작품을 크게 3부분으로 분류하였다. 제1부(1,085행까지)는 '추방'이고, 제2부(2,277행까지)는 '엘 시드 딸들의 결혼', 그리고 제3부는 '코르페스(Corpes)에서의 모욕'이다. 이야기의 전체 줄거리는 다음과 같다. 엘 시드는 안달루시아의 모로인이 왕에게 바치는 공물을 수거하러 파견되는데, 엘 시드에게 앙심을 품은 가르시아 오르도녜스(García Ordoñez) 백작이 시드가 공물을 가로챘다고 왕에게 거짓을 고하고, 이에 화가 난 왕은 시드를 카스티야에서 추방시킨다. 여기까지가 메넨데스 피달이 복원한 부분이고, 이 이후는 원본에 보존되어 있는 내용이다.

1부: 추방된 시드는 부하와 식구들을 데리고 부르고스(Burgos)에 도착하였으나 왕의 처벌이 두려워 아무도 그에게 피신처를 제공하지 않는다. 아홉 살짜리 소녀가 시드에게 와서 주민들을 괴롭히지 않으려면 그들에게 아무런 도움도 청하지 말 것을 부탁한다. 시드는 수녀원에 부인 도냐 히메나(Doña Jimena)와 두 딸을 맡기고 그들과 작별하여 카스티야 국경 쪽으로 향한다. 꿈에 가브리엘 대천사가 나타나 용기를 북돋아 주고 대승을 거두리라 예언한다. 실지로 그는 모로족의 영토에 들어선 후 여러 전투에서 모로족을 상대로 승리를 거두고, 이를 통한 전리품을 자신을 추방한 왕에게 바친다. 이에 마음이 풀어진 왕은 시드에게 병력을 보내주고, 시드는 더욱 보강된 전력으로 우에스카(Huesca), 사라고사(Zaragoza), 예이다(Lleida) 등지에서 모로족과 싸워 그들을 격멸한다.

2부: 시드는 발렌시아(Valencia)까지 진격해 점령하고, 카스티야의 알폰소 왕에게 선물을 보낸다. 이에 왕은 부르고스에 있는 시드의 부인과 딸들이 시드를 만날 수 있도록 그들이 발렌시아로 가는 것을 허락한다. 발렌시아에서 부인과 딸들과 해후한 시드는 기쁨에 넘쳐 그들에게 아름다운 발렌시아를 보여준다. 얼마 후 발렌시아는 모로코 왕과 그의 부대에 의해 포위되지만 시드는 그들을 물리치고 알폰소 왕에게 다시 선물을 보낸다. 그리고 카리온(Carrión)의 왕자들이 시드의 딸들에게 청혼하자 왕은 기꺼이 중매를 자처한다. 결혼 준비를 하는 것으로 2부는 끝난다.

3부: 카리온의 왕자들은 언행에서 많은 비열함을 보여준다. 어느 날 왕궁에서 사자가 도망쳐 나오자 그들은 겁에 질려 숨어버리고, 이를 목격한 시드의 측근들이 그들을 비웃는다. 이에 모멸감을 느낀 왕자들은 카리온으로 돌아가는 길에 코르페스의 떡갈나무 숲에서 그들의 부인들을 발가벗겨 때린 후 숲에 버려둔 채 떠나버린다. 시드의 조카가 숲에 버려진 부인들을 발견하고 그들을 시드에게 데려다준다. 엄청난 모욕에 화가 난 시드는 톨레도(Toledo)의 궁중회의의 허락하에 카리온의 왕자들에게 명예회복을 위한 결투를 신청하고, 시드의 측근들이 카리온의 왕자들을 물리친다. 그리고 나바라(Navarra)와 아라곤(Aragón)의 왕자들이 시드의 딸들에게 청혼을 하면서 서사시는 끝을 맺는다.

엘 시드는 분명히 실존하였던 영웅적 인물이지만 프랑스의 롤랑이나 독일의 지그프리드처럼 환상적인 인물은 아니다. 오히려 그의 영웅적 행동들은 지극히 인간적인 측면을 지닌 것이 특징이다. 예를 들어 시드는 처음부터 끝까지 일관되게 신하로서 국왕에 대한 충성심을 보여준다. 그리고 부인과 두 딸에 대해서는 한없이 다정하고 자애로운 남편이자 아버지의 역할을 해내고 있다. 이러한 일상적이고 인간적인 시드의 면이야말로 영웅 엘 시드가 갖는 커다란 특징들 중의 하나인 것이다. 그럼에도 불구하고, 엘 시드에는 스페인 정신과 당시 막 형성되기 시작한 국가의식이 반영되어 있기도 하다. 즉, 엘 시드를 통해 앞으로 스페인의 혼의 모델이 되어야 할 자질들이 나타나고 있는데, 이를테면 가족에 대한 사랑, 국가와 왕에 대한 굳은 충성심, 부하와 적에 대한 인간적인 배려, 속 깊은 생각과 절제된 행동 등이 바로 그것이다.

El comendador Mendoza 1877년에 발표된 스페인의 사실주의 작가 후안 발레라의 소설이다. 광신적인 종교에 대항하는 요소를 나타내지만, 이전의 작품들과 같이 극적인 상황들을 중재하는 역할을 한다. 개인적인 입장뿐만 아니라 19세기 스페인 갈등에 필요한 방향을 제시한다. ➡ Juan Valera(후안 발레라)

El conde Alarcos 1600~1602년 사이에 쓰인 기옌 데 카스트로(Guillén de Castro)의 작품이다. 영웅적인 인물이 등장하며, 비극적이고 서사시적인 분위기를 갖는다. 로페 데 베가(Lope de Vega)의 신극작술을 따르는 전형적인 작품 중 하나이다.

El condenado por desconfiado 티르소 데 몰리나(1584~1648)의 희곡작품 중 하나이다. 주인공인 수도자 파울로(Paulo)는 구원을 받기 위한 고행을 하지만 영생에 대한 한 가닥 의혹을 떨쳐버리지 못한다. 결국 고행을 포기하고 범죄의 길로 들어서게 되지만, 극의 결말에서는 회개하고 죽음을 맞는다. 처음에는 구원을 받는 것처럼 보였던 수도사가 지옥으로 떨어지는가 하면, 사형을 당한 죄수는 예상했던 지옥행 대신에 천국으로 올라가는 상하가 뒤바뀌는 구조는 주된 바로크 기법이기도 하다. 또한 작가는 비록 악인이라도 혼신의 노력을 하면 구원받을 수 있다는 것을 강조한다. ➡ Tirso de Molina(티르소 데 몰리나)

El corbacho o reprobación del amor mundano 1438년에 쓰인 알폰소 마르티네스 데 톨레도의 산문. 종교적·도덕적 교훈을 주기 위한 목적을 가지며, 교리문답서의 구조나 대중 설교의 형식이 사용되었다. 4개 부분으로 구분되는데, 각각은 세속적 사랑의 위험과 해로움을 강조한다. 라틴어의 교양문체와 통속어의 혼재, 유음 어미, 운율에 맞추어진 산문 등이 작품의 언어적 특징이라 할 수 있다. 이와 같은 언어 사용법은 『*La Celestina*』에 영향을 미쳤다.

El costumbrismo (풍속주의) 풍속주의란 특정 시기와 지역 고유의 풍속에 초점을 맞춘 장르를 일컫는 용어이다. 마드리드 풍속주의 소설의 주요 예술가 중 한 명으로 라몬 데 메소네로 로마노스(Ramón de Mesonero Romanos)를 꼽을 수 있다.

El crótalon 정확한 연도는 알 수 없으나 1553년경에 출판된 것으로 추정되는 크리스토발 데 비야론(Cristóbal de Villalón)의 작품이다. 루키아노스(Luciano de Samosata)의 문체가 사용되었으며 에라스무스주의 색채가 강하다.

El curandero de su honra 라몬 페레스 데 아얄라(Ramón Pérez de Ayala)의 1926년 소설로 사랑과 명예에 대한 남자다움과 호색주의에 대한 이야기이다. 이 작품에서 그는 대담한 구성을 하였는데 이는 당시의 불안정한 행태를 반영한 것이다.

El curioso impertinente 세르반테스에게서 영향을 받은 기옌 데 카스트로(Guillén de Castro)의 작품이다. 『*Don Quijote*』(1605) 1부가 출판된 1년 후부터 쓰기 시작했고, 『*Don Quijote*』 1부에 나타난 동일한 제목의 삽입소설을 확장한 것이다. ➡ Castillo Solórzano, Alonso de(알론소 데 카스티요 솔로르사노)

El descampado 루이스 펠리페 비방코(Luis Felipe Vivanco, 1907~1975)의 시작품이다. 아름다운 서정성으로 전후시의 걸작 중 하나로 평가된다. 삶과 삶이 지닌 신비 앞에서 관조하는 태도로써 현실을 응시하는 시인의 정신세계가 드러난다.

El diablo cojuelo 1641년에 출판된 루이스 벨레스 데 게바라(Luis Vélez de Guevara)의 소설이다. 완전한 악자소설로 분류되지는 않지만 악자소설적 성향을 갖고 있고, 당시 사회상이 잘 반영되었다. 대중언어가 사용된 것이 특징이다. 주인공 돈 클레오파스 페레스 삼부요가 법정에서 탈출해 몸을 숨긴 곳에서 악마를 만나고, 그 악마와 떠나는 여행에서 발생하는 사건들을 서술한다. ➡ Novela picaresca(피카레스크 소설)

El diablo mundo 호세 데 에스프론세다의 작품으로 1840년 이후에 책으로 출판되었다. 서론과 7개의 노래로 이루어진 8,000행 이상의 복합 형식으로 구성되어 있다. 서정적이고 철학적이며 사회적인 시를 쓰려고 했던 작가의 흔적이 보이며 말하자면 우리들의 삶과 사회에 대한 상징으로서 인간의 삶에 대한 한편의 서사시이다. ➡ Espronceda, José de (호세 데 에스프론세다)

El Diario de Barcelona 1792년 파블로 우손(Pablo Usón)이 창간한 바르셀로나 지역 신문이다. 스페인 독립전쟁(La guerra de la Independencia) 발발 당시 프랑스 정부가 이를 소유하였고, <Diari de Barcelona y del gobern de Catalunya>라 명하고 세 개의 언어인 카탈루냐어, 프랑스어, 카스티야어로 출판하기도 하였다. 그 이후 1814년에 프랑스군이 물러난 후 <Diario de Barcelona>라는 공식 명칭을 사용하게 되었다. 1994년까지 인쇄물로 출판되었으며, 그 후 디지털상의 신문으로 활동하다가 2009년 7월 31일에 약 217년 역사의 이 신문은 폐지되었다.

El eje de El escándalo 1875년에 발표된 스페인의 초기 사실주의 작가 페드로 안토니오 데 알라르콘의 소설이다. 거대한 소설 양식을 한 사람의 양심과 사람의 심리를 분석함으로써 보여준다. ➡ Alarcón y Ariza, Pedro Antonio de(페드로 안토니오 데 알라르콘 이 아리사)

El ermitaño galán 후안 데 사발레타(Juan de Zabaleta)의 희곡이다. 칼데론의 연극론을 따르는 작품이자 안토니오 미라 데 아메스쿠아(Antonio Mira de Amescua)의 희곡 『*La mesonera del cielo*』를 모델로 삼아 발전시켰다.

El esclavo del demonio 바로크 시대 극작가 안토니오 미라 데 아메스쿠아(Antonio Mira de Amescua, 1574~1644)의 걸작으로 1612년에 출간되었다. 이 희곡에서 주인공 돈 힐(don Gil)은 극단의 수련생활을 하던 중에 갑자기 마음이 변하여 사랑의 열정 속으로 빠지게 된다. 아울러 신성모독죄까지 범한다. 그러나 결말에서는 결국 크게 참회하고 수련에 정진하여 마침내 포르투갈의 성자가 된다. 이 작품은 중세부터 내려오는 전설을 구체화한 것으로 괴테의 파우스트와 유사하다. ➡ Barroco(바로크)

El escultor de su alma 스페인 98세대 작가 앙헬 가니벳(Ángel Ganivet)의 희곡 작품이다. 이 작품은 비교적 주목을 적게 받았으나 그의 유일한 희곡 작품이다. 여기에서 작가는 모호한 상징을 중심으로 조각가를 주인공으로 그린다.

E

El espectador (1916~1934) 호세 오르테가 이 가셋(José Ortega y Gasset)의 저서로 그는 그레코, 벨라스케스, 티지아노, 푸생 등에 대한 평론을 통해 자신의 미학적 관점을 제시하고 있다. 즉, 그에 의하면 그레코나 벨라스케스 그림의 전개 방식은 철학의 전개 방식과 상응하는 것이다.

El Estudiante de Salamanca 1839년에 쓰인 호세 데 에스프론세다의 작품으로 19세기 낭만주의의 가장 훌륭한 극시라고 할 수 있다. 총 1,704행에 달하며 구성은 4부로 나뉘어 있다. ➡ Espronceda, José de(호세 데 에스프론세다)

El Gallardo Español 1615년 말 마드리드에서 출판된 미겔 데 세르반테스 사아베드라의 『*Ocho comedias y ocho entremeses nuevos, nunca representados*』에 수록된 8편의 극작품 중 하나이다. 작품은 작가의 포로생활의 회상에 근거하고 있다. 오랑(Orán)에서 벌어지고 있는 구성은 기본적으로 소설적이며 낭만적이다. 몇 가지 역사적 성격과 자서전적 이야기를 인용하고 있으며, 매우 잘 꾸며진 희극적 유형을 보여준다. ➡ Saavedra, Miguel de Cervantes(미겔 데 세르반테스 사아베드라, 1547~1616)

El gran teatro del mundo 17세기 칼데론의 성찬신비극이다. 종교적 상징성을 최고도로 발휘한 작품으로 1630년대에 쓰여 1655년에 처음으로 발표되었다. 천주를 상징하는 인물이 작가로 변신하여 모든 인물들에게 배역을 분담시킨다. 무대는 세계로 정하고서 각자 역할에 따른 의상과 장식물을 부여 받아 연기를 행동으로 보이게 한다. ➡ Calderón de la Barca(칼데론 데 라 바르카)

El Hombre deshabitado 라파엘 알베르티의 1930년 작품인 신비극이다. 작품은 성찬이라는 말을 뺀 성찬신비극으로서 모든 신학적 고민에서 벗어나 시적인 데에 관심을 두었다. 신을 악의 책임자라고 공격하고 있는 극의 끝 부분은 시작품 『*Sobre los ángeles*』에서 이미 나타났다. ➡ Alberti, Rafael(라파엘 알베르티)

El Jarama 1955년에 출간된 라파엘 산체스 페를로시오(Rafael Sánchez Ferlosio)의 소설. 출간된 해 나달 문학상을 수상했고 <El Mundo>지에서 선정한 스페인 20세기의 100대 소설 가운데 하나이다. 전후 스페인 문학에 큰 획을 그은 소설로 서사회소설 계열에 속한다. 하라마 강으로 나들이를 떠난 청년들에게 발생한 사건을 다루고 있고 객관주의적 묘사를 사용한다.

El jinete polaco 안토니오 무뇨스 몰리나(Antonio Munoz Molina)의 최고 작품으로 평가받는 1992년 스페인 국민상 소설 부문 수상작이다. 줄거리는 마누엘과 나디아의 개인사를 바탕으로 스페인 현대사를 전체적으로 아우른다. 동시통역사인 주인공 마누엘이 떠돌이 삶을 살다가 사춘기 시절 하룻밤 만났던 나디아를 성인이 되어 다시 만난다. 변한 그녀의 모습을 알아보지 못하던 그는 렘브란트의 그림 「폴란드 기병」을 보고 한 기억을 떠올리며 이야기가 전개된다. 소설의 작법은 세르반테스식 소설 경향을 보여주는 동시에 현대적인 기법을 활용하였다. 이 작품은 "목소리들의 왕국(El reino de las voces)", "폭우 속의 기병(Jinete en la tormenta)", 그리고 "폴란드 기병(El jinete polaco)"이라는 제목의 3부로 구성되어 있고, 세분된 단락들은 인물의 제시, 화자의 형태, 관점, 사건 순서 등의 조작에 효과적이어서, 잊힌 자신의 과거를 좇아가는 한 주인공의 모습을 입체적이고 극적으로 제시한다.

El Juicio de Paris 그리스 신화에 대해 그린 서양화이다. 1904년 스페인 화가인 엔리케 시모넷 롬바르도(Enrique Simonet Lombardo)에 의해 그려졌다. 크기는 331×215cm이다. 현재 시모넷의 후계자에 의해 소유되고 있고 말라가(Málaga)박물관에 존재한다.

El Laberinto de Fortuna 스페인 작가 후안 데 메나(Juan de Mena)의 15세기 서사시 작품이다. 구성은 12음절 운율로 주인공이 '운명의 신'의 궁전을 여행하게 되는 에피소드로 이루어져 있다. 15세기의 전형적인 서사기법과 시어를 잘 보여주고 있다.

El Labrador de más aire 미겔 에르난데스의 우수한 작품들 중 하나로 1937년 작품이다. 이 작품에서 사회정의와 관련된 문제를 제기하고 있다. 후안(Juan)은 노동 착취에 체념하고 순응하여 술집으로 향하는 막노동꾼들을 비판하며. 그들이 안일함에서 깨어나 궐기하도록 자극한다. 서정미와 감동으로 가득 찬 운문으로 쓰였는데, 로페 데 베가의 고전적 영향을 찾아볼 수 있다. ➡ Hernández, Miguel(미겔 에르난데스)

El Mágico Prodigioso 1637년에 발표된 칼데론의 종교적 내용의 희곡이다. 중세 파우스트 전설을 극화한 것으로 안토니오 미라 데 아메스쿠아(Antonio Mira de Amescua)의 작품인 『*El esclavo del demonio*』와 내용이 유사하다. 악마의 마술이 천주의 도움을 기원하는 인간의 자유의지를 꺾지 못한다는 내용이다. ➡ Calderón de la Barc(칼데론 데 라 바르카)

El maleficio de la mariposa 스페인 극작가 페데리코 가르시아 로르카의 희곡. 1920년 완성되고 같은 해 3월 22일에 초연되었으나 대중의 긍정적인 반응을 받지 못해 4회만에 막을 내렸다. 곤충들이 등장하는 우화로 사랑과 죽음, 그리고 좌절을 주제로 한다. 음악과 춤 같은 다른 예술 형식들을 조합한 실험성이 특징이다. ➡ Federico García Lorca(페데리코 가르시아 로르카)

El mayorazgo de Labraz 1903년에 발표된 스페인 98세대 작가 피오 바로하의 소설이다. 『*La casa de Aitzgorri*』(1909), 『*Zalacaín el aventurero*』(1909)와 함께 『바스크 지방』이라는 이름의 3부작 중 하나이다. 바스크 지방의 가난한 집안에서 태어난 살라카인의 유년시절과 그가 살던 마을의 유지의 아들인 카를로스와의 대립을 그리고 있다. ➡ Baroja y Nessi, Pío(피오 바로하)

El médico de su honra 칼데론의 희곡작품으로 바로크 형식을 취하고 있다. 1635년에 발표된 것으로 일찍부터 세익스피어의 『*Othelo*』에 견줄 수 있는 걸작으로 평가받았다. 자신의 명예가 더럽혀지는 것을 막기 위해서 아내를 죽이는 내용이다. ➡ Calderón de la Barca(칼데론 데 라 바르카)

El mejor alcalde, el rey* 1635년 출간된 로페 데 베가(Lope de Vega)의 극작품으로, 권력자의 권력 남용을 다룬다. 로페의 유사한 두 극작품 『*Fuenteovejuna*』와 『*Peribáñez y el comendador de Ocaña*』를 하나로 합친 듯한 인상을 준다. 서민인 이 연극의 주인공 산초(Sancho)와 엘비라(Elvira)의 결혼식에서 지방 영주인 돈 텔요(Don Tello)가 갑자기 자기 마음대로 개입하여 결혼식을 연기시킨 후 신부를 강제로 납치해가는 전횡을 휘두르는 장면은 『*Fuenteovejuna*』에서 마을 사령관인 페르난 고메스(Fernán Gómez)에 의해 엉망이 되어버린 프론도소(Frondoso)와 라우렌시아(Laurencia)의 결혼식을 연상시키고 있고, 절대 권력자인 돈 텔요가 일개 비천한 농부의 아내에게 반해서 자신의 권력을 남용하여 그녀를 탐하려 한다는 내용은 『*Peribáñez y el comendador de Ocaña*』에서 기사단장인 돈 파드리케(Don Padrique)가 비천한 농부 페리바녜스의 아내 카실다(Casilda)의 아름다움에 이끌려 그녀를 취하려 했던 것과 매우 흡사하다. 그럼에도 불구하고 이 연극은 앞의 두 연극과 구분되는 결정적인 차이가 있는데, 바로 이 연극에서 나타나는 왕의 극적 이미지라 할 수 있다. 이와 관련하여 우선적으로 주목해야 될 사항은 남녀주인공인 산초와 엘비라와 지방 영주인 돈 텔요 사이에 벌어진 명예와 관련된 문제 해결의 주체이다. 돈 텔요에 의해 아내가 납치되자 산초는 자신의 장인인 누뇨(Nuño)와 함께 돈 텔요를 찾아가 아내를 돌려줄 것을 간절히 요청한다. 그러나 돈 텔요의 하인들에 의해 몽둥이질만 당한 채 밖으로 쫓겨나고, 그러자 즉시 누뇨는 산초에게 카스티야(Castilla)의 왕 알폰소(Alfonso) 7세에게 가서 자신들의 억울함을 호소하라고 권한다. 그리고 일개 비천한 농부인 자기가 어떻게 감히 알폰소 국왕의 어전에 설 수 있겠냐며 엄두를 못내는 산초에게 자신의 명마를 내주며 독려하고, 결국 산초는 지푸라기라도 잡는 심정으로 누뇨가 내주는 말을 타고 누뇨의 하인인 펠라요(Pelayo)와 함께 알폰소 왕이 있는 왕궁으로 향한다. 왕궁에 도착한 산초는 관대한 알폰소 왕의 자비 덕에 어렵사리 그를 직접 만날 수 있게 되는데, 이를 통하여 앞으로 문제 해결의 주체가 알폰소 왕이 될 것임이 암시되고 있는 것이다. 왕 앞으로 안내된 산초는 떨리는 마음을 진정시킨 후 자기가 처한 억울한 상황을 왕에게 세세하게 알리고, 주의 깊게 그의 설명을 모두 들은 왕은 신하에게 펜과 잉크를 가져오게 해서 돈 텔요 앞으로 편지를 쓰기 시작한다. 그리고 돈 텔요 앞으로 편지를 다 쓴 알폰소 왕은 산초에게 돌아가서 편지를 돈 텔요에게 전달하라며 편지를 건네준다. 그러나 돈 텔요는 산초가 가져온 왕의 편지를 단번에 무시해버리고, 이 대목에서부터 연극은 서민 산초와 지방 영주 돈 텔요 간의 대립구도에서 지방 영주 돈 텔요와 절대군주 알폰소 7세 간의 대립구도로 전환되게 된다. 다시 말해, 산초와 그의 아내 엘비라의 명예 문제는 당사자인 산초와 엘비라가 아닌, 국왕 알폰소 7세의 문제가 되어버린 것이다. 알폰소 왕은 자신의 편지를 보고 돈 텔요가 산초에게 빼앗은 아내를 당연히 되돌려줄 것이라고 확신한다. 그러나 편지를 들고 간 산초가 목적을 이루지 못하고 돈 텔요에게 쫓겨나 다시 자신을 찾아와서 돈 텔요가 자신의 편지를 읽은 후에 한 말들과 행한 행동들을 구체적으로 설명하자, 알폰소 왕은 결국 신분을 숨기고 신하들과 함께 돈 텔요의 집으로 친히 찾아가는데, 마침 거기에서 산초의 아내 엘비라가 돈 텔요에게 잔혹하게 겁탈당한 모습으로 나타나자 알폰소 왕은 자신이 한 발 늦게 도착한 것에 대해 매우 안타까워하며 돈 텔요에게 실로 끔찍하리만치 준엄한 응징을 명령한다. 극의 초반부부터 끌어왔던 돈 텔요의 안하무인적인 권력 남용과 이로 인한 산초와 엘비라 등 여러 서민들의 고통은 위와 같이 굳은 엄벌의 의지를 지닌 알폰소 왕의 명령으로 단번에 해결이 된다. 이는 유사한 테마의 다른 두 연극인 『*Fuenteovejuna*』와 『*Peribáñez y el comendador de Ocaña*』와 달리 처음부터 왕이 주인공들의 문제해결에 능동적이고 직접적인 방식으로 관여하고 있음을 말해주고 있는 것이다.

El Monserrate 1587년 크리스토발 데 비루에스(Virúes, Cristóbal de, 1550~1614)에 의해 쓰인 종교적 서사시로 카탈루냐 전설에 관한 것이다. 작품에서 수도사 가린(Garrín)이 바르셀로나의 백작 딸을 우롱하고는 죽여 버린다. 그러나 자신의 죄를 뉘우치고는 진심으로 우러나는 고행을 함으로써 동정녀 마리아의 기적처럼 백작의 딸이 소생한다.

El movimiento ascedente (상승운동) 웨이드(Gerald E. Wade)의 연극 용어이다. ‘avance’ 혹은 ‘cambio’의 개념과도 동일하다고 한다. 또한 ‘봄’에 비유될 수 있는 개념이다. 봄처럼 겨울이 끝난다는 상징성과 인생의 절정이라고 볼 수 있는 여름으로 향하는 시점이기도 하다.

E

El movimiento descedente (하강운동) 웨이드(Gerald E. Wade)의 연극 용어이다. 비극은 ‘가을’에 해당하는 개념이다. 여름이 끝나는 시점이자 동시에 겨울이 시작하는 시점이다. 이것은 저무는 인생을 의미한다. 봄에는 모든 것이 새롭게 바뀌기 시작하고 한계를 뛰어넘고 다른 곳으로 도약한다. 그렇지만 이 시기에는 아무것도 시작하지 않으며 단지 모든 것은 그 한계점인 죽음을 향해서 서서히 전진해 나갈 뿐이다.

El niño de la bola 1880년에 발표된 스페인의 초기 사실주의 작가 페드로 안토니오 데 알라르콘의 소설이다. 당시 대중의 일상생활을 바탕으로 한 작품을 통해 독자들에게 종교적 예의와 감정의 필요성을 강조한다. ➡ Alarcón y Ariza, Pedro Antonio de(페드로 안토니오 데 알라르콘 이 아리사)

El Pasajero 스페인 모데르니스모 작가 라몬 델 바예 잉클란의 시작품이다. 1920년에 발표된 이 시는 두 가지 상이한 시 세계를 혼합한 듯한 매우 특이한 시 세계를 보여 주고 있다. ➡ Valle-Inclán(바예 잉클란)

El pastor de Fílida 1582년 갈베스 데 몬탈보(Luis Gálvez de Montalvo)에 의해 출판된 전형적인 스페인 목가소설이다. 총 6장으로 구성되어 있다. 타호 강을 배경으로 이상화된 주인공들 필리다와 시랄보, 그리고 물의 님프들이 등장하며 이야기가 전개된다. 세르반테스(Cervantes)의 소설 『*Don Quixote*』에 이 작품을 가리켜 ‘값진 보석(joya preciosa)’이라고 표현하는 대목이 있을 정도로 스페인뿐만 아니라 유럽 전역에서 상당한 인기를 끌었다. ➡ Novela pastoril(목가소설)

El perro del hortelano* 남녀 간의 신분을 초월한 사랑이야기를 다룬 17세기 스페인의 극작가 로페 데 베가(Lope de Vega)의 연극으로 1613년에 창작되어 1618년에 스페인 마드리드에서 출간된 순수희극이다. 로페 데 베가의 희극적 재능이 유감없이 발휘된 그의 대표적 작품이라 할 수 있다. 당시 17세기 초의 스페인 연극은 비극보다는 순수희극 작품들이 그 주류를 이루었는데, 『*El perro del hortelano*』야말로 당시의 이러한 극적 경향을 가장 온전하게 나타내는 대표적 희극작품들 중의 하나로 평가받고 있는 것이다. 구체적으로 정확한 시기를 알 수 없는 이태리의 가공(架空)의 도시 벨플로르(Belflor)와 이국적 정취의 도시에 위치한 환상적이고 낯선 분위기의 한 성을 배경으로 벌어지는 젊고 아름다운 디아나(Diana) 백작과 그녀의 비서 테오도로(Teodoro) 간의 로맨스를 다룬 작품인데, 당시의 이러한 종류의 희극들을 '궁중 환상극(comedia palatina)'이라 하였고, 로페 데 베가는 주로 이 '궁중 환상극'이라는 기법을 통하여 당시의 관객들에게 자신의 희극세계를 펼쳐보였던 것이다. 근래에 들어 『*El perro del hortelano*』는 스페인에서 다른 형태로 개작되어 상업영화로 만들어지기도 하는 등 최근의 학자와 비평가들 사이에서 새롭게 주목을 받고 있는 실정이다. 희극의 메커니즘을 체계적으로 이론화한 학자 엘더 올슨(Elder Olson)에 따르면, 희극이 주는 웃음의 본질은 배우가 처한 극 중 상황으로부터 관객이 자신의 생각이나 가치관 또는 예상과 전혀 다른 낯선 감정을 받았을 때, 그 배우의 상황이 사물의 유사성 자체를 파괴하는 것이 아니라면 관객은 배우가 느끼는 감정에 몰입하지 않고 오히려 이로부터 안도감을 느끼고 이 안도감이 바로 웃음으로 이어지는 것이라 한다. 예를 들어, 어두운 길가의 도랑에 빠진 극 중 배우가 이 도랑을 깎아지른 낭떠러지로 착각하며 필사적으로 매달리며 발버둥치는 장면이 있다면, 이 장면은 관객들에게 얼마든지 웃음을 유발할 수 있을 것이다. 즉, 절벽이 아닌 도랑임을 알고 있는 관객들이 공포에 떠는 배우의 상황으로부터 낯선 감정을 느끼고, 이에 따라 배우의 절박한 감정에 심정적으로 동의하지 않을 수 있는데, 이로써 이러한 상황이 비록 배우의 오해에서 비롯된 것이지만 행위의 유사성 그 자체를 파괴하는 것은 아니기 때문에 충분히 웃음이 유발될 수 있다는 것이다. 17세기 스페인의 연극 전체를 관통하는 희극성은 크게 두 가지 형태로 요약될 수 있다. 바로 '환상적 희극성(la comicidad fantástica)'과 '일상적 희극성(la comicidad doméstica)'인데, 올슨의 희극 이론에 의하면 일상적 요소들보다 환상적 요소들에서 관객들을 웃음으로 이끄는 낯선 감정들이 좀 더 용이하게 발견될 것이므로, 이 두 희극성 중 순수희극을 이끄는 좀 더 분명한 희극성은 바로 '환상적 희극성'이라 할 수 있겠다. 앞서 언급한 '궁중 환상극'이 바로 이 '환상적 희극성'을 나타내는 당시 스페인의 대표적 연극의 형태인 것이다. 『*El perro del hortelano*』의 특징은 무엇보다도 이 작품의 특이한 공간적 배경이 창출해 내는 환상적인 분위기일 것이다. 앞서 언급했듯이 이 연극의 무대는 스페인이 아닌, 이탈리아의 나폴리 지방에 위치한 가공(架空)의 백작령인 벨플로르르의 아름다운 백작 디아나의 궁전이다. 일반인이 마음대로 출입할 수 없는 곳이기에, 작품에 등장하는 인물들은 하나의 예외도 없이 벨플로르르를 통치하는 디아나와 여러 귀족들 그리고 이들에게 종속되어 있는 하인들이 전부이며, 작품 전반을 통해 이들과 무관한 일반 서민은 단 한 명도 등장하지 않는다. 이러한 환상적 분위기는 극 중 상황에 대한 낯선 감정을 크게 두 가지의 형태로 유발시키는 기능을 한다. 즉 이탈리아의 실재하지도 않는 벨플로르르라는 배경이 주는 공간적인 낯설음과, 관객이 평소 경험할 수 없는 백작의 궁과 그 안에 거주하는 귀족들의 베일에 가린 신비스러운 생활로 인한 신분적인 낯설음이 그것이다. 이 모든 것은 총체적으로 관객들에게 반(反)일상성으로 다가와, 결국은 관객들로 하여금 눈앞에서 벌어지는 극적 상황에 감정적으로 몰입하지 않고 오히려 이로부터 심리적으로 자유롭게 느끼도록 만들어 극적 상황이 내포하는 희극성을 좀 더 용이하게 포착하도록 해준다.

El poderoso* (권력자)　17세 스페인의 '국민연극'에 등장하는 전형적인 인물 중의 하나이다. 이러한 종류의 등장인물들이 상징하는 것은 다름 아닌 '명예'이다. 이들이 가지고 있는 명예에 대한 코드는 결코 타협이나 유연성을 기대할 수 없는 절대적인 것으로 묘사된다. 이들은 극 중에서 자신의 딸, 또는 자신의 아내를 항상 걱정 어린 시선으로 관찰하고 감시한다. 그리고 자신의 딸이나 아내의 정조가 더럽혀지면 지체하지 않고 복수를 감행한다. 간혹 비슷한 유형의 인물로 여자주인공의 오빠 또는 그녀를 깊이 사모하는 자가 등장하기도 하는데, 특히 이 중에서도 오빠는 단순한 오누이의 관계로 해석되어서는 안 되고, 이 경우 등장하는 오빠는 '남편'에 대한 일종의 변형이라고 봐야 한다. 왕이 한 사회 전체에 대해 그 사회의 질서를 유지시켜야 하는 임무를 지니고 있듯이, 이들은 가정 또는 자신의 주변 내에서 이와 동일한 임무를 수행해야 한다. 그리고 이들은 이러한 임무로 인해 연극에서 종종 비극적인 인물이 되기도 한다. 왜냐하면 그들의 딸이나 아내의 명예가 더럽혀졌을 때 그들이 하고자 하는 복수는 단순한 복수가 아니기 때문이다. 다시 말해, 그들이 복수를 한다는 것은 단순히 그의 딸이나 아내를 위해서만이 아니라는 것이다. 오히려 그보다는 자신의 딸이나 아내의 정조가 더럽혀짐으로써 자신의 명예도 따라서 훼손되었기 때문에 더더욱 복수를 감행하게 되는 것이다. 만일 이 경우 복수를 실패하거나 포기하면 그 아버지나 남편은 그가 속한 사회로부터 유배됨을 의미하며, 목숨보다 명예가 더 소중했던 당시의 관점에서 이는 곧 죽음과 다를 바가 없었다. 요컨대, 자유의 법칙(자신의 딸이나 아내의 의지)과 사회질서의 법칙(그럼에도 명예나 정조는 지켜져야 한다) 사이에서의 처절한 갈등을 그들에게서 읽을 수 있는 것이다.

El príncipe constante 페드로 칼데론 데 라 바르카(Pedro Calderón de la Barca, 1600∼1681)의 희곡(1628) 중 하나로, 종교적 내용을 담고 있다. 포르투갈의 국왕 두아르테(Duarte)의 두 동생 페르난도와 엔리케는 북아프리카의 원정길에 모로군에 포위되어 포로가 된다. 포르투갈은 두 사람의 무사 귀국을 위해 문제의 세우타(Ceuta) 요새를 포기하려 하지만, 페르난도는 자기 목숨을 지키기 위해 국가를 포기할 수 없다며 순교자의 길을 택한다. 칼데론의 사상과 아름다운 서정성이 돋보이는 걸작이다.

El Profesor inútil 벤하민 하르네스(Benjamín Jarnés)의 1926년 작품으로 작가의 특유한 소설 양식을 보여준다. 오르테가(Ortega y Gasset)의 이론에 따라 행동을 최소로 축소한 작품은 주인공의 사색과 관찰을 엮어 나가는 빈약한 줄거리를 가진다.

El Quitasol 1777년경 제작된 고야의 104×152cm 크기 작품이다. 화려한 옷을 입은 한 소녀가 풀밭에 앉아 있으며 그 뒤에 녹색 양산을 편 소년이 소녀를 가려주고 있다. 로코코풍의 아름답고 화려한 색상의 그림이다. 현재 마드리드 프라도 미술관에서 소장하고 있다.

El rayo que no cesa 미겔 에르난데스(1910∼1942)의 시집(1935)이다. 삶과 사랑, 죽음에 관한 주제를 심도 있게 다룬다. 죽음의 어두운 그림자 앞에서 위협받는 사랑, 비극적인 삶 속에서도 잃지 않는 삶의 열정 등을 엿볼 수 있는 작품이다. ➡ Hernández, Miguel(미겔 에르난데스)

El rey* (왕) 17세기 스페인의 '국민연극'을 이루는 극작품인 '코메디아 누에바(Comedia nueva)'에서 등장하는 전형적인 인물 중의 하나이다. 등장인물로서의 왕은 두 가지의 방식으로 등장한다. 하나는 '연장자로서의 왕'이고 다른 하나는 '젊은 남자주인공으로서의 왕'이다. 전자는 절대적 권위와 신중한 분별력을 상징하며, 후자는 교만함과 불의를 나타낸다. 따라서 '연장자로서의 왕'은 하느님 외에는 그 누구도 범접할 수 없는 절대적 권위 그 자체이기도 하면서, 자신의 밑에서 권력을 남용하는 사악한 권력자를 심판함으로써 억울한 백성들을 구하는 등 세상의 정의를 바로 세우는 임무도 수행한다. 한편 '젊은 남자주인공으로서의 왕'은 자신이 가진 지상 최대의 권위를 이용하는 교만한 폭군으로 비친다. 그는 왕으로서 갖는 권위와 임무, 그리고 왕이기 이전에 한 인간으로서 갖는 욕망

사이에서 방황하며 온갖 불의를 야기하는데, 이러한 그의 행동에 대한 희생양인 보통의 인간은 결코 그에게 대항하는 법이 없다. 왕이 저지른 불의는 오직 두 가지의 방법으로만 해결될 수 있기 때문이다. 하느님이 그를 벌하거나 아니면 그 자신이 자신의 그릇된 행동에 대해 참회하는 것이다. 한편 절대 권력자는 '왕' 바로 밑에 존재하는 고귀한 신분으로 극 중 역할은 '젊은 남자주인공으로서의 왕'과 대동소이하다고 볼 수 있다.

El rimado de palacio 로페스 데 아얄라(Lopez de Ayala)의 대표작으로 『*El libro de buen amor*』와 유사한 특성을 띠고 있는 14세기 작품이다. 교훈적, 종교적, 도덕적이며 풍자적인 주제를 다루고 있으며 당시 스페인 사회상을 잘 드러내고 있다.

El Romance del Infant García 무훈시(Cantar de gesta)의 한 종류이다. 원본은 이미 사라졌지만 로마 시대에 기원을 두고 변형된 산문작품이 남아 있다. 카스티아(Castilla) 지방의 가르시 산체스(Garci Sánchez) 백작의 죽음을 소재로 한 복수극이다. ➡ El Cid (엘 시드)

El Ruedo ibérico (이베리아의 바퀴) (1927~1928) 바예 잉클란의 작품이다. 이사벨 2세로부터 알폰소 12세 초기에 이르는 스페인의 시대상을 역사소설화하고자 하는 의도에서 쓴 소설이다. 그러나 당초의 계획을 완벽하게 실현하지는 못했다. ➡ Valle-Inclán(바예 잉클란)

El Sansón nazareno 1656년 발표된 안토니오 엔리케스 고메스(Antonio Enríquez Gómez)의 작품이다. 긴 영웅시로 성경에서 모티브를 발견했고, 공고라(Luis de Góngora y Argote)적인 메타포가 풍부하다.

El Señor de Pigmalión 그라우 델가도(Jacinto Grau Delgado)의 1921년 작품으로 우나무노의 『*Niebla*』를 연상시키는 작품이다. 피그말리온은 사람과 거의 완벽하게 똑같은 인형을 만드는데, 원한과 증오에 사무친 이 인형들은 결국 자신들을 만든 피그말리온을 죽인다. 작품의 알레고리적 성격으로 다양한 해석이 가능하다.

El sí de las niñas 스페인의 극작가 레안드로 페르난데스 데 모라틴에 의해 쓰인 연극작품이다. 신고전주의식으로 쓰인 3막 희극으로 1801년에 쓰였고 1806년에 처음 상연되었다. 당시 스페인 사회규범에 대한 풍자적인 해설을 가지고 있으며 연주 부분이 있다. ➡ Fernández de Moratín, Leandro(레안드로 페르난데스 데 모라틴)

El siervo libre de amor 1439년에 쓰인 후안 로드리게스 델 파드론(Juan Rodríguez del Padrón)의 감상소설. 경솔하게 남들에게 자신의 감정을 드러내었기 때문에 연인에게 자신의 사랑을 거부당한 남성의 이야기로 시작한다. 자서전적 요소를 가지고 있고, 전형적인 15세기 산문 형식을 사용한 작품이다. 오비디우스 작품의 영향을 많이 받았다.

El siglo pitagórico y vida de D. Gregorio Guadaña 1644년에 출간된 안토니오 엔리케스 고메스(Antonio Enríquez Gómez)의 소설이다. 그의 작품 중 가장 잘 알려진 소설이며, 운문과 산문으로 구성되어 있고, 다양한 사회 문제를 풍자하였다.

El sol a medianoche 안토니오 미라 데 아메스쿠아(Antonio Mira de Amescua)의 희곡으로 칼데론 연극의 영향을 받아 죄에 굴종하는 인간의 본성에 대해 말하고 있다.

El sombrero de tres picos 1874년에 발표된 스페인의 초기 사실주의 소설작가 페드로 안토니오 데 알라르콘의 단편소설이다. 대중적인 분위기와 행태들을 투명하고 예리하게 포착하며, 간결한 문체 및 표현력이 뛰어나다는 특징을 지니고 있다. ➡ Alarcón y Ariza, Pedro Antonio de(페드로 안토니오 데 알라르콘 이 아리사)

E

El Sueño 1932년 캔버스에 유채로 그려진 130×97cm 크기의 피카소 작품이다. 피카소가 프랑스 여인 마리 테레즈의 22세 때 모습을 화폭에 담은 것이다. 마리 테레즈와 피카소가 처음 만난 시점은 피카소가 첫 부인 올가와 여전히 결혼생활을 하던 1927년으로 그 당시 테레즈의 나이는 고작 17세였고 피카소는 45세였다. 피카소가 입체주의 시기를 벗어나 고전주의 시기에 들어서서 제작한 것이지만 여인의 얼굴, 팔, 가슴을 평면으로 분할하고 재구성하여 입체주의를 여전히 표방하고 있다. 다소 이국적인 벽지 무늬와 온통 원색으로 범벅이 된 여인의 인체는 프랑스 야수주의 회화를 연상하게 한다. 현재 이 그림은 카지노 재벌 스티브 윈 개인이 소유하고 있다.

El vergonzoso en palacio* 17세기 극작가 티르소 데 몰리나의 대표적 순수 희극작품으로 1609년에서 1613년 사이에 쓰인 것으로 추정된다. 비참한 현실과 동떨어진 사회, 즉 고귀한 신분의 높은 권력을 지닌 계층 안에서 존재할 수 있는 위기의 삶을 환상적인 방식으로 묘사하고 있는 극작품이라고 할 수 있다. 연극은 17세기 당시의 스페인 관객들에게는 낯설기만 한 요소들로 이루어져 있다. 구체적인 시간적 배경도 명확하지 않고, 공간적 배경은 당시 스페인 연극의 관객들에게는 생소한 포르투갈이라는 이국적인 장소이며, 등장인물들은 대부분 관객들이 일상생활에서 접해볼 수 없는 절대 권력자의 성 안에 거주하는 고귀한 신분의 인물들이다. 무엇보다도 티르소가 이렇게 현실과 동떨어진 환상적 배경을 통하여 이야기를 전개하는 근본적인 이유는 아이러니하게도 바로 그 현실을 이야기하기 위해서였다. 즉, 현실에서는 도저히 꿈꿀 수 없는 환상에서나 가능한 위기의 삶과 그 해결방식을 무대에서 나타냄으로써 이를 목격한 관객들로 하여금 '코랄(corral)' 밖에서 존재하는 실제의 삶 속에서 그들이 겪고 있는 일들이 사실은 얼마나 부조리한 것인지를 온전하게 깨닫게 하려 했던 것이다. 다시 말해, 극작가 티르소는 '환상'이라는 극적 장치를 설정함으로써 관객으로 하여금 무대에서 전개되는 사건들에 대해 일종의 심리적 거리감을 가지며 어느 정도의 감정이입이 제거된 상태에서 극적 사건들에 대해 비판적 시각을 갖도록 유도하였던 것이며, 관객들의 이러한 비판적 시각은 곧 극장 밖의 실생활이 지닌 부조리에 대한 비판적 의식으로 연결될 수 있었던 것이다. 티르소는 『*El vergonzoso en palacio*』에서 여주인공 마달레나(Madalena)의 행적에서 알 수 있듯이 당시의 심각한 성적 불평등을 염두에 두었던 듯하다. 이는 한마디로 당시 여성의 사회적 의미와 역할에 대한 반란을 의미하는 것인데, 주지하는 바와 같이 17세기 스페인 사회에서 스페인 여성들은 남성들에 의해 소유되어질 수 있는 일종의 소유물에 불과했으며, 남성들에 의해 선택되어지기만을 수동적으로 바라는 존재였다. 바로 여성에 대한 이와 같은 사회적 패러다임에 대한 반란이야말로 『*El vergonzoso en palacio*』의 여주인공 마달레나가 극 중에서 사랑을 쟁취하기 위해 극복해야 했던 위기의 삶을 통하여 극작가 티르소가 궁극적으로 나타내려 했던 점인 것이다. 여주인공 마달레나는 포르투갈의 아베로(Avero) 공작의 맏딸로, 엄청난 부와 명예를 자랑하는 명문가문 출신의 규수이다. 그녀는 여성에 대한 기존의 사회적 가치관에 역행하는 모험을 감행하는데, 이 모든 것은 궁극적으로 그녀가 마음 속 깊이 사랑하는 연인 미레노(Mireno)를 위한 것이었다. 마달레나는 그녀와 미레노의 연인관계가 성립되고 발전하는 데 주도적인 역할을 한다. 이는 그저 수동적으로 남성들에게 선택되어지기만을 기다리는 존재였던 당시 여성의 이미지와는 지극히 반대되는 것으로, 작가 티르소가 몸담았던 동시대의 '현실'에서는 결코 목격하기 쉽지 않은 상황 설정인 것이다. 게다가 미레노의 극 중 신분이 마달레나를 섬겨야 하는 그녀의 비서라는 사실을 감안한다면, 연인 미레노에 대한 마달레나의 주도적인 극 중 태도와 역할은 당시로써는 더더욱 현실적으로 불가능한 것이라 아니할 수 없다. 이 연극의 상황을 좀 더 구체적으로 살펴보면, 미레노는 어떤 오해로 인해 우연히 죄인으로 몰려 아베로 공작의 성으로 붙잡혀오게 되고 포로의 신분으로 그곳 성주의 딸인 마달레나와 처음으로 만나게 된다. 미레노를 처음 본 마달레나는 본능적으로 그에게 끌리는 자신을 발견한다. 그러나 당시의 사회적 패러다임에서는 고귀한 신분의 여성이 포로로 잡혀 온 근본도 모르는 남자에게 이성적으로 호감을 느낀다는 것은 도저히 용인될 수 없는 것이었고, 누구보다도 마달레나는 이를 잘 알고 있었다. 따라서 마달레나는 내면적으로 상당한 고민을 하게 되지만, 결국 그녀가 최종 선택한 것은 모든 인간에게 공통적으로 주어진 이성에 대한 본능에 충실해지는 것이었다. 이를 위해 마달레나는 우선 미레노가 받은 오해를 풀게 하여 그를 석방시킨 다음 아버지에게 부탁하여 그를 자신의 개인교사이자 비서로 임명하게 함으로써 자신의 곁에 두는데 성공한다. 그리고 "이성(理性)의 법칙이 아닌, 눈에 보이는 표시를 통하여 그동안 혼자 고민하며 앓았던 감정을 그에게 고백하겠다"라고 다짐하기에 이른다. 그러나 이렇게 거칠 것 없는 마달레나에 비해 미레노는 수줍고 소심한 행동으로 일관한다. 그 역시 마달레나를 시중들며 자신을 향한 그녀의 마음이 짐작되지 않는 것은 아니었지만, 그녀 앞에만 서면 남자로서의 모든 용기와 기백이 흔적도 없이 사라지는 것이다. 이러한 미레노에 대해 여자인 마달레나가 답답함을 느끼는 것은 당연했다. 마달레나가 미레노에게 가장 기본적으로 바랐던 바는 자신과의 애정관계를 형성하는 데 있어서 그가 주도적인 역할을 해주는 것이었다. 그러나 마달레나가 느낀 어려움은 남녀 간의 역할이라는 문제 외에도 또 다른 난관이 있었는데, 그것은 바로 신분상의 문제였던 것이다. 즉, 미레노는 남자이지만, 동시에 비천한 신분으로서 마달레나를 섬겨야 하는 비서였던 것이다. 이러한 현실을 깨달은 마달레나는 여성이자 미레노의 상관인 자신이 결국 그와의 애정관계를 주도해 나가기로 결심하기에 이른 것이다. 당시의 사회적 통념을 깬 남녀의 역할에 대한 마달레나의 반란은 이렇게 시작되었다. 그리고 시간이 흐르고 마달레나에게 위기가 찾아오는데, 애초에 그녀의 아버지가 사윗감으로 지목했던 바스콘셀로스(Vasconcelos) 백작이 그녀와 결혼하기 위해 다음 날 아베로로 온다는 소식을 접한 것이다. 시간이 없는 절박한 상황에 이르자 마달레나는 중대한 결심을 하게 된다. 즉, "시간이 더 이상의 여유를 허락하지 않아요. 궁전의 수줍은 남자가 지니고 있는 두려움이 오늘 밤 정원에서 끝장나게 될 겁니다"라는 내용의 편지를 미레노에게 전달해 주면서 그에게 편지의 내용이 의미하는 바를 확실하게 행동에 옮길 것을 명령한 것이다. 밤이 되자 마달레나가 전해준 편지를 통해서 비로소 그녀의 본심을 온전히 깨닫고 정원으로 온 미레노에게 마달레나는 주저하지 않고 자신의 정조를 바친다. 당시의 사회적 통념에 비추어 보았을 때, 마달레나의 이러한 결심과 행위는 미레노와의 사랑을 위해 자신의 명예와 목숨 전체를 담보로 해야 할지도 모르는 매우 위험한 도박이었을 것이다. 왜냐하면 이는 곧 하늘과 같은 아버지의 뜻을 정면으로 거스르는 행위이기 때문이다. 마달레나가 미레노에게 자신의 정조를 바친 그날 밤 그녀의 아버지 아베로 공작은 그녀를 포함한 성 안의 모든 사람들을 불러 그녀와 바스콘셀로스 백작과의 혼인을 공식적으로 발표하기에 이른다. 그러나 이미 그때 마달레나는 결심을 굳히고 미레노와 개인적으로 백년가약을 맺은 다음이었다. 마달레나로서는 인생 전체를 통해 가장 절박한 위기를 맞게 된 것이다. 마달레나는 이 위기의 순간에 아버지 아베로 공작에게 지금까지 있었던 일을 사실대로 말하며 기어이 미레노와의 사랑에 자신의 명예와 목숨 전체를 걸고야 만다. 결말에서 미레노의 감춰진 진짜 신분이 왕족 출신의 고귀한 신분으로 드러나는 바람에 마달레나는 자신이 맞은 위기의 삶에서 무사히 벗어나 미레노와의 사랑에 결실을 맺는 데 성공한다. 그러나 남성에 의해 지배되었던 당시 스페인 사회에서 여성이란 존재는 수동적으로 남성에 의해 선택되어지기만을 기다릴 뿐이었음을 감안할 때, 직접 자신이 능동적으로 사랑하는 배우자를 선택하려는 마달레나의 태도는 가히 파격적이라 할 수 있는 것이다. 요컨대, 마달레나가 존재하였던 '환상'에서는 위기의 삶으로부터의 탈출도 의지에 따라서 얼마든지 실현 가능한 일인 것이다. 그리고 이와 같이 환상에서의 실현 가능성을 목격한 관객들은 무대 밖에서 자신들이 속한 실제의 삶과 그 부조리한 면을 다시 뒤돌아보게 되는 것이다.

Elegía (비가, 애도곡, 엘리지) 죽음을 슬퍼하는 것을 주제로 한 노래 혹은 슬픈 감정으로 엮은 서정시의 한 종류를 의미한다. 스페인에서는 이와 같은 작품을 15세기 호르헤 만리케(Jorge Manrique), 페데리코 가르시아 로르카(Federico Garcia Lorca), 미겔 에르난데스(Miguel Hernández) 등이 대표적인 작품을 남겼다.

Elegía a las Musas, La 레안드로 페르난데스 데 모라틴의 초기 낭만주의의 감수성이 엿보이는 서정시이다. 프랑스에서 치욕적인 망명생활을 할 때 그의 문학생활을 끝마치기 위해 쓴 작품이다. 죽음이 가까이 왔음을 느끼면서 그에게 주어진 재능들을 뮤즈 신에게 되돌려 주고 있다. 신고전주의적인 시어로 평범한 내용을 서정시로 변모시킨 작품이다. ➡ Fernández de Moratín, Leandro(레안드로 페르난데스 데 모라틴)

Elegía a Ramón Sijé 미겔 에르난데스(1910~1942)의 시작품이다. 소네트 형식이며, 죽음에 관한 비극적 느낌과 불길한 예감을 담고 있다. 가르실라소(Garcilaso de la Vega), 공고라(Luis de Góngora y Argote), 케베도(Francisco de Quevedo y Villega) 등의 영향이 짙게 드러난다. ➡ Hernández, Miguel(미겔 에르난데스)

Elgarresta Ramírez de Haro, José (호세 엘가레스타 라미레스 데 아로) 마드리드 출생의 작가(1945~)이다. 문학창작활동을 하면서 동시에 투자분석가로 일했다. 『*Monológos*』(1977), 『*Grito y piedra*』(1979) 등의 시를 썼으며, 단편소설을 주로 썼다.

Elguero, Ignacio (이그나시오 엘게로) 마드리드 출생의 시인, 기자(1964~)이다. 언론 분야에서 활발히 활동하였으며 스페인의 다양한 라디오, 텔레비전 방송국에서 일했다. 작가로서는 『*El dormitorio ajeno*』(1985)라는 작품을 통해 문학계에 진출했는데, 이 작품은 작가의 경험을 차분하게 잘 묘사한 작품으로 비평계에서 좋은 평을 받았다. 이 외 작품으로는 『*Los años como colores*』(1998), 『*Cromos*』(2000)가 있다.

Elipsis (생략) 문법규칙을 어기지 않으면서 문장에서 하나 혹은 그 이상의 요소를 생략하는 것을 말한다.

예) Juan ha leído el mismo libro que Pedro(ha leído).

Elorriaga Fernández, Gabriel (가브리엘 엘로리아가 페르난데스) 1930년 아 코루냐(A Coruña) 지방의 페롤(Ferrol)에서 출생한 스페인 사설가이자 정치인이다. 잡지 <Familia española>의 총괄자이며, 이탈리아계 잡지의 편집국 일원이기도 하다. 수필 작품으로는 『*España está en nosotros*』(1957), 『*Renacimiento y democracia*』(1961), 『*Puntos de vista*』(1965), 『*Información y política*』(1969) 등이 있다.

En esta vida todo es verdad y todo es mentira 페드로 칼데론 데 라 바르카

(Pedro Calderón de la Barca, 1600~1681)의 철학적 희곡이다. 비잔틴제국의 황제 마우리시오(Mauricio)가 암살당하자 포카스(Focas)가 황제의 자리를 차지한다. 한편 하인 아스톨포(Astolfo)에 의해 아무렇게나 키워진 아이들, 헤라클리오(Heraclio)와 레오니도,(Leonido)는 제각기 자신이 피살된 황제의 2세라고 주장한다. 황제는 결국 마법사를 찾아가서 자기의 아들을 가려달라고 부탁하자 이 마법사는 자기 마음대로 점을 쳐버리고 그래서 하는 수 없이 둘을 다 궁전으로 데리고 가 함께 산다.

En la ardiente oscuridad 안토니오 부에로 바예호가 1950년에 발표한 상징주의적 희곡이다. 이야기는 맹인들을 위한 특수학교에서 진행되는데 학교의 질서를 바꾸려는 주인공이 결국 살해되는 것으로 결말을 맞는다. 작가 특유의 알레고리로 가득 차 있는 작품이다. ➡ Buero Vallejo, Antonio(안토니오 부에로 바예호)

En la red 알폰소 사스트레가 1959년에 출간한 희곡 작품이다. 사실주의 기법이 사용되었고 각 개인 역시 간접적인 방식으로나마 사회적 폭력의 가해자라는 것을 말하고 있다. ➡ Sastre, Alfonso(알폰소 사스트레)

E

En torno al casticismo 스페인 98세대 작가 미겔 데 우나무노의 수필이다. 스페인에 대한 깊은 관심으로 우나무노는 조국의 역사와 암울한 현실을 성찰하였는데, 이 작품에서는 다섯 부분(영원한 전통, 스페인의 역사적 혈통, 스페인의 영혼, 신비주의 및 인본주의, 스페인 현대 침체에 관하여)으로 나뉘어 스페인의 전통과 영혼에 대해 그의 사상을 나타낸다. ➡ Generación del 98(98세대)

Encabalgamiento (행 나누기) 시에서 한 행의 마지막과 그다음 행이 작가의 의도를 반영하여 나누어진 부분을 언급하기 위해서 사용되는 용어이다.

Enciclopedismo (백과전서파) 백과전서파는 디드로(Diderot)와 달랑베르(D'Alembert)에 의해 17세기에 프랑스에서 출판된 백과사전을 통해 표현된 철학과 교육학 운동이었다. 그 시대의 계몽주의적 사상을 요약할 만한 28개로 구성된(17개의 텍스트와 11개의 금속판) 기념비적 작품들이 이에 해당한다. 즉, 그 시기의 모든 지식은 'enciclopedia(백과사전)'로 명명되었다.

Enciso Castrillón, Félix (펠릭스 엔시소 카스트리욘) 마드리드 출생의 교육학자이자 작가(1780~1840)이다. 이탈리아, 프랑스 극작품을 스페인어로 번역하였고, 특히 『*Los Novios de Manzoni*』(1833)가 가장 훌륭한 번역작품으로 여겨진다. 다양한 고전극을 각색하기도 하였는데 그중 모레토(Agustín Moreto y Cabaña, 1618~1669)의 극작품 『*Persecuciones y amparos del Príncipe Segismundo*』(1816)가 가장 유명하다.

endecasílabo (엔데카실라보) 이탈리아 소네트에서 유래한 11음절로 이루어진 시행. 르네상스 시대에 스페인 시인 후안 보스칸(Juan Boscán)과 가르실라소 데 라 베가(Garcilaso de la Vega)에 의해 소네트 형식과 함께 스페인에 전해졌다. 8음절, 12음절 시행에 비해서 강세가 오는 위치가 유연한 것이 특징이다. 11음절 시행에 오는 강세의 종류로는 enfático, heroico, melódico, sático가 있다.

Eñe (에녜) 스페인의 파브리카(Fábrica) 출판사에서 간행되는 문학잡지이다. 연 4회 발간되며 스페인과 라틴아메리카의 작가들뿐만 아니라 세계적인 작가들의 수필과 기사, 소설들을 다룬다. 유명한 작가에서부터 잘 알려지지 않은 작가까지 넓은 범위의 문학을 담고 있는 것이 특징이다.

Enric Lluch i Girbés (엔릭 유츠 이 히르베스) (1949~) 발렌시아에서 태어난 스페인 작가이다. 아동, 청소년 문학에 조예가 깊으며, 작품 대부분은 발렌시아어(Valenciano)로 출판되기 때문에, 스페인 도시 내에서도 특히 발렌시아와 카탈루냐에 잘 알려져 있다. 취학 아동들을 대상으로 문학 간담회를 자주 가졌다. 대표작으로는 『*El Faraó Totun –nas*』, 『*En quin cap cap*』, 『*Potosnàguel*』 등이 있다.

Entregas de poesía (연재 시)　바르셀로나에서 발간된 시 잡지이다. 후안 라몬 마소리베르(Juan Ramón Masoliver), 페르난도 구티에레스(Fernando Gutiérrez), 디에고 나바로(Diego Navarro)가 만들었으며 1944년부터 1947년까지 나타난 전후 모든 시적 경향을 포괄하기 위한 목적으로 제작되었다. 당대 주요 문학인인 디오니시오 리두에호(Dionisio Ridruejo), 비토리아노 크레마르(Victoriano Crémer), 레오폴도 데 루이스(Leopoldo de Luis) 등이 참여하였다. 총 24부가 발간되었으며 점차 주기가 줄어 사라지게 되었다.

Entremés* (엔트레메스)　단막으로 구성된 희극적 내용의 극작품을 의미하며, 주로 막과 막 사이에 상연되는 막간극의 형태를 취한다. 막과 막 사이의 휴식시간에 관객들에게 흥미를 제공하면서 극에 대한 관심을 계속 유지시키기 위한 목적을 띠고 있다. 스페인 17세기 연극에서 많이 상연되었으며, 주로 1막과 2막 사이에 삽입되어 공연되곤 하였다. 미겔 데 세르반테스(Miguel de Cervantes)의 『*El viejo celoso*』 등이 당시의 대표적인 엔트레메스들 중 하나였다. '엔트레메스'는 사실 15세기까지만 하더라도 다양한 종류가 포함된 맛있는 요리를 지칭하거나 춤이나 짧은 소극(笑劇), 또는 경연대회처럼 축제 곳곳에 삽입되는 다양한 종류의 이벤트를 지칭하는 용어였다. 1446년에 발간된 한 자료에서 이 엔트레메스라는 용어가 처음으로 등장하는데, 17세기 들어 당시의 가장 공신력 있는 사전인 테소로 데 코바루비아스(Tesoro de Covarrubias)를 통해 비로소 이 엔트레메스라는 용어에 대한 사전적 정의가 정식으로 내려지게 된다. 그 정의에 의하면 엔트레메스란 "관객들을 즐겁게 하고 여기저기 흩어져 앉게 하기 위해 연극의 한 막과 다른 막 사이에 삽입하여 공연되는 우스꽝스럽고 유쾌한 내용의 상연물"이라는 것이다. 1세기 후에 이 정의에 "엔트레메스는 반드시 분량이 짧아야 한다"는 내용이 더 추가된다. 하나의 엔트레메스를 위해 권고되어졌던 당시의 분량은 대략 175행에서 225행 사이였다. 당시의 정식 연극이 대략 2시간가량의 3,000행 정도의 분량을 지녔음을 감안하면, 대충 엔트레메스의 분량이 어느 정도였는지를 추측해볼 수 있다.

Enzina, Juan del (후안 델 엔시나)　15세기 후반기에서 16세기 전반기에 활약했던 스페인 출신의 극작가, 시인 그리고 음악가이다. 1469년에 살라망카(Salamanca)에서 출생하여 1529년경에 레온(León)에서 사망하였다. 네브리하(Nebrija)의 지도하에 법학을 공부하였던 것으로 추측되며, 공부를 마친 후에는 어린 나이에 궁중의 극작가이자 음악가로 알바(Alba) 공작 밑에 들어가 봉직하였다. 1498년에는 살라망카 대성당의 종교음악 작곡가가 되려고 하였으나, 그 자리는 자신의 제자인 루카스 페르난데스(Lucas Fernández)가 차지하고 말았고, 1년 후 로마로 떠났다. 로마에서 교황의 총애를 받아 1509년 말라가(Málaga) 대성당의 부사제로 임명되었고, 1519년에는 정식 사제가 되어 사제로서의 첫 미사를 예루살렘에서 거행하였다. 그를 총애하던 교황 레오 10세로부터 레온(León) 대성당의 주임사제로 임명되었는데, 후에 대성당이 위치한 도시 레온에서 생을 마감한다. 대부분의 작품들을 이탈리아로 떠나기 전에 저술하였다. 음악가이자 시인이자 극작가였지만, 문학적 진가는 특히 연극에서 나타난다고 할 수 있다. 연극에서부터 스페인 연극이 비로소 온전한 무대구성을 갖기 시작했기 때문인데, 이로 인해 학자들은 그를 스

E

페인 연극의 창시자로 여기는 것이다. 연극은 다양한 형태의 목가극들을 모아놓은 『*Églogas*』처럼 단순하면서 종교적 색채를 띤 것도 있지만, 무엇보다도 중요한 극작품은 르네상스적 가치관이 제대로 반영된 목가극인 『*Égloga de Plácida y Victoriano*』라고 할 수 있다. 이 작품에서 사랑은 인간의 과욕에서 나오므로 이에 적합한 벌을 받아 비극으로 끝날 수밖에 없다는 중세의 낡은 가치관에 반대하여, 사랑에 대한 인간적 승리라는 새로운 르네상스적 개념을 관객들에게 제시하였던 것이다.

Epéntesis (삽입음)　하나의 음소 혹은 그 이상을 어떠한 단어 중간에 삽입하는 것을 말한다. 보통 이와 같은 현상은 언어의 발달에서 나타난다(humerum>hom'ro>hombro). 여기서 삽입된 음은 "b"이다. 삽입음은 자음군을 쉽게 발음하기 위해서 사용된다.

Episosios Nacionales　이 작품을 통해서 갈도스는 새로운 유형의 역사소설을 창조하였는데, 성격과 형식은 낭만주의적 역사소설과는 거리가 먼 것이었다. 특히 자신의 초점이 사건들과 어긋나지 않고 작품의 객관성을 유지하기 위하여 문헌을 통해 자료를 제시하는 노력을 보여준다. ➡ Pérez Galdós, Benito(베니토 페레스 갈도스)

Epístola de Jovino a sus amigos de Salamanca　후안 멜렌데스 발데스(Juan Meléndez Valdéz)의 서간시이다. 작가는 그 이전에 즐겨 사용하던 사랑의 주제라든지 아나크레온풍의 경쾌한 분위기와 형식을 포기하고 서간시 형식을 통해 자신의 도덕·철학적 영감을 드러내는 데 주력하였다. 무거운 도덕·철학적 고뇌의 분위기를 가지며 계몽주의의 박애주의적 사상이 드러난다.

Epístolas familiares　1539년에 쓰인 안토니오 게바라의 작품이다. 편지 형식이기는 하지만 편지의 수신자는 작가에 의해 창조된 인물이다. 작품을 통해 당시 궁정에서의 삶을 알 수 있다. ➡ Guevara, Fray Antonio de(프라이 안토니오 데 게바라)

Epitalamio (축혼가)　서정시의 한 형태로, 결혼식 노래 및 시이다. 그리스 서정시에서 시작되어 이후에는 로마인에 의해 모방되어 구성되었다. 스페인 중세를 거치면서 다른 영감과 재흡수되면서 르네상스의 고전적 영감을 만들어 내기도 하였다.

Época (에포카 시대)　스페인의 주간잡지로, 하미네 캄프마니(Jaime Campmany)가 1985년 설립하였다. 2000년대 초반까지 스페인을 대표하던 역사성이 있는 잡지였으나 현재는 그 명성을 많이 잃어버렸다. 매주 일요일마다 발행되며 현대인의 인터뷰, 다큐멘터리 보도를 주로 한다. 정보성을 중시하지만 문화, 여행, 요리에 대한 기사도 포함하여 주말의 휴식을 선사한다.

Epopeya (역사시, 영웅시)　서사시의 한 형태. 시 혹은 산문에서 역사상, 전설상의 영웅의 사적을 읊는 시이다. 스페인 문학에서는 『*El Cid*』나 17세기 극작가인 로페 데 베가의 작품 『*Batalla de Roncesvalles*』의 주인공 베르나르도와 같은 영웅이 대표적이다.

Ercilla, Alonso de (알론소 데 에르시야)　1533년 마드리드에서 태어난 스페인 시인이자 군인(1533～1594)이다. 칠레에 거주하면서 칠레 문학 형성의 틀을 마련한 인물이다. 대표작인 서사시 『*La Araucana*』로 알려져 있다. 이 작품은 동시대 작가들에게 큰 영향을 미쳤으며 세르반테스(Cervantes)는 당대의 가장 훌륭한 세 개의 서사시 중 하나라고 칭하였다.

Eruditos a la violeta, Los　호세 카달소 이 바스케스(José Cadalso y Vázquez)가 1772년에 출간한 작품이다. 위선적이고 어설픈, 천박한 지식인들에 대한 비판과 조롱이 담겨있으며 진정한 지식에 초점을 맞추고 있다.

Escalante y Prieto, Amós de (아모스 데 에스칼란테 이 프리에토) (1831~1902) 산탄데르(Santander) 출신의 작가이다. 후안 가르시아(Juan García)라는 필명을 사용했다. 역사소설인 『*Ave María Stella. Historia montañesa del siglo XVII*』(1877)을 썼으며, 시들은 산탄데르의 산과 바다 풍경을 묘사한다.

Escarivá, Luis (루이스 에스카리바) 16세기 스페인 소설가이다. 『*Tribunal Veneris*』(1537)의 작가라는 것 외에는 알려진 바가 없다. 죽음(자살)의 순간에 한 여자에게 사랑에 빠진 청년의 이야기를 다룬 책이다.

Escavias, Pedro (페드로 에스카비아스) 하엔(Jaén) 출신의 15세기 작가, 역사학자이다. 다양한 시작품을 썼는데, 그중 22편만이 『*Cancioneros de Gallardo–San Román y de Oñate y Castañeda*』에 수록되어 있다. 스페인 역사서 『*Repertorio de príncipes*』를 저술하기도 했다.

Escobar Cubo, Julio (훌리오 에스코바르 쿠보) (1901~1994) 아빌라(Avila) 출신의 작가이자 신문기자이다. 소설들은 대체로 좋은 평가를 받으며 『*El novillo del Alba*』(1971)로는 알바레스 킨테로상(Premio Álvarez Quintero)을 받았다.

Escobar y Mendoza, Antonio (안토니오 에스코바르 이 멘도사) (1589~1669) 바야돌리드(Valladolid) 출생의 예수회 회원이자 작가이다. 작품은 성모 마리아와 성 이그나시오 로욜라(San Ignacio de Loyola)를 찬양하는 내용이 주를 이룬다. 대표작으로는 성 이그나시오 로욜라를 영웅화한 시 『*San Ignacio de Loyola*』가 있다.

Escohotado, Antonio (안토니오 에스코오타도) 마드리드 출생의 작가(1941~)이다. 작품 활동 초기에는 사회적이고 철학적인 주제를 지닌 에세이를, 후기에는 사회적 문제를 다룬 에세이를 썼다. 대표작으로는 『*Marcuse, utopía y razón*』(1969), 『*De Physis a Polis*』(1973), 『*Realidad y sustancia*』(1978) 등이 있다.

Escosura, Patricio de la (파트리시오 데 라 에스코수라) (1807~1878) 마드리드 출신의 낭만주의 시인이자 극작가이다. 1836년까지 군에 있었으나 문학활동과 정치활동에 전념하기 위해 떠났다. 『*La Corte del Buen Retiro, drama histórico*』(1837), 『*También los muertos se vengan*』(1844) 등을 출간했다. ➡ Romanticismo(낭만주의)

Escritor, El 라몬 페레스 데 아얄라(Ramón Pérez de Ayala)가 1941년에 출판한 소설. 작가의 이데올로기적 측면이 상당히 반영되어 있으며, 이 작품을 통해 작가가 왜 팔랑헤주의를 수용하게 되었는지를 짐작할 수 있다.

Escrivá, Pedro Luis (페드로 루이스 에스크리바) 발렌시아(Valencia) 출생의 작가, 군인, 건축가(1480~1538)이다. 30년간 군대에서 포병으로 복무했으며 요새와 관련하여 자신이 분석한 내용을 『*Apología*』(1538)로 출판하였다. 메넨데스 펠라요(Menéndez Pelayo, Marcelino, 1856~1912)의 작품들을 연구한 후 다양한 감상소설을 창작했는데, 대표작으로는 『*Veneris tribunal*』(1537)이 있다.

Escuela alegórico–dantesca (알레고리코–단테 학파) 15세기 전(前) 르네상스 시기 스페인 문학의 한 흐름이다. 이탈리아, 특히 단테에서 큰 영향을 받아 유래된 학파이다. 학파의 문학가들은 당대 음유시인풍의 작곡 형태를 거부하였다. 대신 비유법을 사용한 교양 있고 다듬어진 표현을 주로 사용한다. 주로 도덕적인 보편적 논리를 주제로 시를 만들었으며 학파의 대표적인 스페인 작가로는 미셀 프란시스코 임페리얼(Micer Francisco Imperial)이 있다.

Escuela antequerano–granadina (안테케라–그라나다 시파) 16세기 후반에서 17세기

초반 사이에 활동했던 안테케라, 그라나다 지역 시인들의 모임이다. 이 시파에 속하는 시인들의 작품은 페드로 에스피노사(Pedro Espinosa)의 『*Flores de poetas ilustres*』에 담겨 있다. 이들 시의 특징은 현란한 비유법의 사용인데, 공고라(Luis de Góngora y Argote) 이전 과식주의(culteranismo) 기법의 발아 단계를 보여준다는 의의가 있다.

Escuela Poética Sevillana* (세비야 시파)　16세기의 스페인 문학에서 전통적으로 두 개의 시학 학파가 존재했었는데, 세비야(Sevilla) 시파와 살라망카(Salamanca)를 중심으로 한 카스티야(Castilla) 시파가 그것이다. 이 중 세비야 시파는 저명한 인문학자이자 문법학자인 후안 데 말 라라(Juan de Mal Lara)라는 시인이 "Colegio de Maese Rodrigo de Santaella"라는 일종의 인문학 아카데미를 세비야에 설립하여 향토문학을 육성하면서 형성되기 시작하였다. 이후 세비야 시파는 '시(詩)의 신', 즉 'Divino'라는 호칭을 얻을 만큼 신의 경지에 이른 천재시인 페르난도 데 에레라(Fernanado de Herrera)를 중심으로 본격적으로 전개되었다. 세비야 시파의 특징은 화려하고 색채적인 성향을 풍부한 시상(詩想)과 장식적인 어휘로 표현하는 것이며, 이 시파를 통하여 스페인 시에서 서정시의 계보가 본격적으로 시작된다고 할 수 있다.

E

Escuela salmantina* (살라망카 학파)　16세기부터 스페인 서정시에 있어 살라망카 학파와 세비야 학파 두 개의 시 그룹이 존재한다고 말한다. 세비야 학파의 대표 시인인 페르난도 데 에레라(Fernando de Herrera)는 사랑의 시와 영웅을 읊은 시를 쓴 반면에 살라망카 학파를 대표하는 루이스 데 레온(Luis de León)은 가장 깊은 개인적 체험을 전달하기 위한 시를 쓴다. 살라망카 시는 16세기에 그들 사이에 관계를 맺고 소통하는 지식인들을 끌어 들였고, 신학과 인문학을 전공하는 문화의 중심지인 살라망카 대학교 주위로 모이게 하였다. 르네상스 시기에 지혜를 얻는 형태로서 또 개인의 완성의 도구로서 정신의 학문(시학, 철학, 역사 등)을 받아들였다. 살라망카 학파의 시인들은 신플라톤주의, 자연의 이상화된 관점, 심리주의적인 성찰, 수사학과 운문의 본질적인 특징 같은 면들은 다른 나라와 지방의 작가들과 일치하는 특징들을 지닌다. 그럼에도 불구하고 그들을 다른 시 학파와 구별하게 만드는 특징을 가지고 있었다. 표현의 관점에서 단어, 문장, 수사법의 젠체하는 것들을 의도적으로 회피하고 수수하고 소박한 표현을 추구했다. 그들은 의미적인 형태에 있어서는 박식주의를 좋아함에도 불구하고, 과도함은 피하고 짧은 시의 연과 형식적인 수단(전치법과 형용사화)을 이용하기를 선호했다.

Esdrújula, palabra (에스두루훌라)　끝에서 세 번째 음절에 음운적 강세가 있는 단어. 에스두루훌라에 속하는 단어들은 항상 세 번째 음절에 강세표시(혹은 띨데)가 있다.

예) teléfono, esdrújula, jóvenes

Eslava Galán, Juan (후안 에슬라바 갈란)　(1948~) 역사 장르, 픽션과 논픽션 장르의 스페인 작가이다. 필명은 니콜라스 윌콕스(Nicholas Wilcox)이다. 주요작으로는 『*La mula*』(2003)가 있다.

Eslava, Antonio de (안토니오 데 에스라바)　16세기의 나바라(Navarra) 출신의 작가이다. 11편의 대화체 이야기를 썼고, 이는 『*Primera parte del libro intitulado Noches de invierno*』(1609)에 포함되어 출간되었다.

Espada, Arcadi (아르카디 에스파다)　바르셀로나(Barcelona) 출생의 작가, 기자(1957~)이다. 출판 당시 논쟁을 불러 일으켰던 작품 『*Contra Catalunya*』는 작가 자신의 기억을 바탕으로 쓴 비평적 에세이로, 이를 통해 바르셀로나 문학상(premio Ciudad de Barcelona)

를 수상(1998)하였다. 이 외 작품으로는 감동적인 이야기로 유명한 『*Raval*』(1999)이 있다.

Espadaña (에스파다냐) 전후 스페인 문학잡지. 1944년에서 1951년 사이에 전율주의를 표방하여 『*Garcilaso*』에 대항하며 발간되었다. 안토니오 곤살레스 데 라마, 에우헤니오 가르시아 데 노라, 빅토리아노 크레메르에 의해 창립되었고, 주로 프랑코 체제에 반대하는 문인들의 사회참여적 작품을 실었다. 잡지에 작품을 기고했던 주요 시인으로는 세사르 바예호, 파블로 네루다, 미겔 에르난데스, 안토니오 페레이라, 블라스 데 오테로 등이 있다.

España invertebrada 1921년 출간된 호세 오르테가 이 가셋(José Ortega y Gasset)의 책. 당시 스페인의 사회적・정치적 위기를 진단했다. 오르테가는 스페인의 쇠락의 상황을 척추가 없는 상태에 비유했으며, 쇠락은 분리주의와 종교주의로 인한 것이라고 지적했다.

Esperpento* 1920년 '에스페르펜토(esperpento)'라는 부제가 붙은 바예 잉클란의 대표적 극작품인 『*Luces de bohemia*』의 출간과 더불어 그의 미학 세계는 새로운 단계로 접어든다. 고통과 웃음이 모두 극복되기를 원했던 자신의 연극에다, 기괴하고 엉뚱하며 바보스러운 사람이나 사물을 의미하는 '에스페르펜토'라는 부제를 붙인 것이다. 이와 같은 종류의 작품에는 가면무도회나 인형극에서나 나올 법한 소외된 인물과 그로테스크한 꼭두각시 등이 등장하는데, 여기서 극작가 바예 잉클란은 오점으로 가득 찬 기법과 저속한 속어들을 사용하기도 하였다. 이를 통하여 현실 세계와는 다른 질서에 속하는 하나의 환상을 제시하고 있는 것이다. 작가는 슬픔이 감추어진 너털웃음을 통하여 현실을 파괴하는 데에서 즐거움을 느낀다. 이러한 종류의 작품에서 그의 문체는 결코 매끄럽지 않으며 신랄한 분위기를 담고 있다. 즉, 바예 잉클란은 기이하고 비정상적인 것을 강조하기 위해서 가장 극단적인 표현조차도 꺼리지 않았던 것이다. 그러나 이러한 파격에도 불구하고 그의 작품은 진정 특유하고 뛰어난 것으로 평가되고 있다.

Espido Freire, Laura (라우라 에스피도 프레이레) (1974~) 빌바오에서 태어난 스페인 작가이자 칼럼니스트이다. 스페인 북부 출신임에도 불구하고 카스티야어(Castellano)로 책을 발행하였으며, 활동 초기부터 이름 대신 성을 가지고 활동하였기 때문에 주로 에스피도 프레이레(Espido Freire)라고 알려져 있다. 2006년 중반 마드리드에 문학학술기관을 세워 문학 교습을 하고 있으며, 그 기관은 그의 이름을 따서 E+F라고 부른다. 대표적인 작품으로는 『*Donde siempre es octubre*』(1999), 『*Hijos del fin del mundo: De Roncesvalles a Finisterre*』(2009), 『*El tiempo huye*』(2001) 등이 있다.

Espinel, Vicente* (비센테 에스피넬) 1550년 론다(Ronda)에서 태어났고 1624년 1월 4일 마드리드에서 사망한 스페인 태생의 소설가이자 시인이다. 살라망카(Salamanca)에서 수학했고, 레모스(Lemos) 백작의 종자였다. 플랑드르 전쟁에 참전했고, 이탈리아를 여행하고 알제리의 해적에 의해 잠시 동안 구금되기도 하였다. 구금에서 풀려났을 때는 밀라노의 알레한드로 데 파르네시오(Alejandro de Farnesio)의 군대를 형성하는 데 종사하였다. 일부 성스러운 찬가들을 지은 것으로도 알려져 있다. 말라가(Málaga) 주교인 프란시스코 파체코(Francisco Pacheco)가 그를 보호하기 전까지 빈궁한 삶을 살고 있었고, 에스피넬은 모든 작품들을 통해 파체코 주교와 그의 도움에 대한 감사를 나타내었다. 사제로 서품되었고, 악곡의 거장으로서 마드리드 주교의 주임 사제가 되었다. 4현으로 이루어져 있던 스페인 기타에 한 줄을 더하여 5현으로 만든 것으로 알려져 있고, 8음절 10행 시의 개발을 도맡았다. 에스피넬의 가장 중요한 작품은 『*La vida del escudero Marcos de Obregón*』이라는 피카레스크 소설이다. 1591년에는 『*Rimas*』를 출간하기도 하였다.

Espinosa, Miguel (미겔 에스피노사) (1926~1982) 무르시아 출신의 소설가이다. 『*Escuela de mandarines*』(1974)로 바르셀로나 문학상(Premio Ciudad de Barcelona)을 받으면서 독자들에게 알려졌다. 소설은 인류와 역사에 대한 반유토피아적 우화로 비평가들은 비잔틴 소설, 발타사르 그라시안의 교훈주의, 세르반테스의 유머가 혼합되어 있다는 평가를 한다. 『*La tríbada falsaria*』(1980), 『*La tríbada confusa*』(1984), 『*La fea burguesía*』(1990) 등이 대표작이다.

Espinosa, Pedro (페드로 에스피노사) (1578~1650) 시인이자 선집 수집가로 세비야에서 신학을 공부했고, 안테케라-그라나다 시파(Escuela antequerano-granadina)의 회원으로 활동했다. 세비야에서 머무는 동안 후안 데 아르기호와 주변의 지식인들과 활발하게 교류했으며, 이들과의 교류를 바탕으로 시선집 『*Flores de poetas ilustres*』(1605)를 출간했다. 시 수집 활동 외에도 직접 시를 쓰기도 하였는데, 시는 간결하고 명확하며, 순수한 특징을 갖는다.

Espriú i Castelló, Salvador (살바도르 에스프리우 이 카스테요) (1913~1985) 카탈루냐 출신 작가이다. 작품의 거의 대부분을 카탈루냐어로 썼다. 작가의 두 형제자매 프란시스코(Francisco)와 마리아 이사벨(María Isabel)이 어린 나이에 세상을 떴는데, 이것은 그의 소설에서 강박적인 의식으로 지속적으로 나타난다. 깊은 회의주의, 도덕성에 대한 강한 요구가 작품의 특징이다. 『*Una altra Fedra, si us plau*』(1978), 『*Primera historia de Esther*』(1948) 등의 작품이 있다.

Espronceda, José de* (호세 데 에스프론세다) 1808년 알멘드라레호에서 태어나 1842년 5월 23일 마드리드에서 사망한 스페인 시인이다. 짧은 생을 산 작가는 19세기 초에 걸쳐 스페인을 뒤흔든 정치적인 사건과 깊게 연관되어 있다. 소설과 드라마를 창작하기 위한 시도에도 불구하고, 근본적으로 시인이다. 시작(詩作)은 1827년을 기준으로 크게 두 시기로 나눌 수 있다. 전반기는 신고전주의 규범에 따라 쓰였다. 이민과 생의 나머지 부분 동안 쓰인 후기 작품들은 낭만주의 유파의 특징을 지닌다. 법의 보호를 받지 못하고 사는 사람들과 낭만주의적인 진정한 영웅들, 원시적인 힘과 반사회주의적인 것의 대표자들을 노래했다. 사랑의 주제는 시에서는 그렇게 자주 등장하지 않았다. 작품의 주제는 크게 정치적인 시, 철학적인 시, 사랑의 시 3부분으로 분류할 수 있다. 『*El Diablo Mundo*』는 가장 야심에 찬 작품이지만, 문학적인 평가에 있어서는 산만하고 미완성의 작품으로 평가받는다. 서정적이고, 철학적이며 사회적인 시를 쓰려고 했던 흔적을 찾아볼 수 있다. 다른 대표작 『*El estudiante de Salamanca*』는 19세기 낭만주의의 가장 훌륭한 극시로 평가받는다. 이 작품에 나오는 부도덕한 인물 돈 펠릭스는 17세기의 방탕아 돈 후안보다 더 타락한 인간으로 그려져 있다.

Estala, Pedro (페드로 에스탈라) (1757~1815) 시우다드 레알(Ciudad Real) 출신의 작가이자 성직자이며 인문학 교수이기도 했다. 마드리드에 거주하면서 토론모임(tertulia)을 개최했는데 토론모임에는 포르네르(Juan Pablo Forner), 모라틴(Fernández de Moratín)과 같은 인사들이 참여하였다. 『*Cuatro cartas de un español a un anglómano*』(1804)가 대표작이다.

Estébanez Calderón, Serafín (세라핀 에스테바네스 칼데론) (1799~1867) 말라가 출신으로 고독한 남자(El Solitario)라는 필명으로 활동하였다. 대표작으로는 안달루시아 대중세계의 우아하고 색깔 있는 비전을 제시하는 『*Escenas andaluzas*』(1847)가 있다.

E

Estella, Fray Diego de (프라이 디에고 데 에스텔라) (1524~1578) 나바라 출신의 성직자이자 작가이다. 성 프란시스코 교단에 속해 있었고, 신비주의 문학을 썼다. 살라망카 대학에서 희랍어와 히브리어를 공부했으며 펠리페 2세의 고문으로 임명받기도 했다. 작품 중 가장 대표적인 것은 『*Tratado de la vanidad del mundo dividido en tres libros*』로 각 언어로 번역되어 많은 영향력을 끼쳤다. 이 외에도 『*Cien meditaciones devotísimas del amor de Dios*』 등의 작품을 썼다.

Esteso y López de Haro, Luis (루이스 에스테소 이 로페스 데 아로) (1881~1928) 쿠엔카(Cuenca) 출신의 작가이다. 당시에 수려한 언어유희 능력을 가진 뛰어난 희극작가로 평가받았으며, 작품에서는 세기 전환기의 보헤미아적 분위기가 느껴진다. 『*El cantor de los amores*』(1904), 『*Reír que alegra*』(1906) 등의 작품을 남겼다.

Estremera, José (호세 에스트레메라) (1852~1895) 마드리드 출신의 극작가이자 언론인이다. 『*Mimí*』(1888), 『*Cruz de fuego*』(1883)를 비롯한 극작품들은 관습적인 레퍼토리를 따르지 않는다는 평을 받는다.

Etimología 스페인의 성인 산 이시도로(San Isidoro, 560~636)의 대표적인 저술이다. 일종의 백과사전 형식으로 이 책을 통해 라틴어에 대한 국민 의식을 회복시키고 로마법의 재편을 통해 스페인에 법적 공동체로서의 인식을 부여하려고 하였다. 즉, 이스파니아(Hispanina)라는 정체성을 확립시키려고 했다.

Eugenio o la proclamación de la primavera 1938년에 발표된 라파엘 가르시아 세라노(Rafael García Serrano)의 전쟁소설이다. 첫 번째 소설로 팔랑헤주의자들의 이념을 옹호하는 공격적인 해방감을 그린다.

Eva Armisen (에바 아르미센) (1969~) 스페인 여류 화가이다. 스페인 북동부 아라곤 지방의 사라고사에서 태어나 바르셀로나 대학에서 미술을 공부했으며 스페인에서 코카콜라 광고에 작품 이미지가 사용되면서부터 대중적인 작가로 떠오르게 되었다. 작가는 '행복', '가족', '꿈' 등 소소한 일상을 주제로 평범한 인물들을 자신만의 스타일로 사랑스럽게 그려낸다. 삶의 현실을 아름답게 표현한 에바의 작품은 관객들로 하여금 평범한 일상을 소중하게 간직하고 새롭게 발견하라는 메시지를 전한다.

Exordio (서문, 머리말) 수사학적으로 연설의 다섯 부분 가운데 첫 번째 부분을 칭한다. 대부분 주제에 관객의 관심을 유도하고 자신에게 호의적인 반응을 구하는 것을 목표로 삼는다.

Ezquerra Abadía, Ramón (라몬 에스케라 아바디아) 1904년 우에스카(Huesca)에서 태어난 스페인 역사가이자 수필가이다. 마드리드 세르반테스 지리 및 역사 기관(Geografía e Historia del Instituto Cervanes de Madrid)의 정교수를 역임하였다. 대표작은 『*La conspiración del duque de Híjara 1648*』(1934)이며 스페인 국민 문학상(Premio Nacional de Literatura de España)을 수여받았다.

E

F

F.M. (에프엠) F.M.이라는 가명 아래 문학활동을 한 마드리드의 익명의 작가이다. 냉담한 필체와 비유적인 표현이 특징이다. 일상의 거짓과 사기의 단면을 보여주는 많은 작품을 집필하였으며 대표작으로 『*Cuentos de X, Y y Z*』(1997), 『*Ciclos*』(2000)가 있다.

Fábulas morales (파불라스 모랄레스) 펠릭스 마리아 사마니에고(Félix María Samaniego)의 작품이다. 작품을 통해 당시의 계몽주의적 분위기에 부합하는 교훈적 우려를 표현하고 있는 그는 유럽 우화작가의 전통을 따르면서 경쾌한 시작법과 재치 있는 반어, 소재의 다양함 등을 작품 속에 내재시켜 스페인의 대표적 모델로 자리 잡게 되었다.

Fajardo Acevedo, Antonio (안토니오 파하르도 아세베도) 17세기의 작가로 알려진 바가 거의 없다. 대표작으로 『*Resumen historial de todas las edades del mundo*』(1671), 『*Segunda relación*』, 『*Toma de la gran ciudad de Buda*』(1686) 등이 있다.

Farias, Juan (후안 파리아스) (1935~) 세란테스(Serantes) 출신의 소설가이다. 신사실주의 경향에 속하는 작품들을 썼다. 『*Puente de cáñamo*』(1963), 『*Gran cabotaje*』(1968) 외에도 어린이들을 위한 동화 몇 편을 썼다.

Farsa y licencia de la reina castiza (고귀한 여왕의 방종과 소극) 1920년에 발표된 스페인 모더니즘 작가 라몬 델 바예 잉클란의 극작품이다. 이 작품에서는 이사벨 2세 시대의 궁정에 대한 풍자를 하고 있다. ➡ Valle-Inclán(바예 잉클란)

Febrer, Andreu (안드루 페브레르) 1375년 바르셀로나(Barcelona)에서 태어난 스페인 시인이자 번역가, 군인이다. 대부분의 작품은 사랑을 주제로 하였으며 카탈루냐어(Catalán)로 쓰여 있다. 단테(Dante)의 영향을 많이 받았으며 『*Comedia de Dant Allighier*』을 카탈란어로 번역하였다.

Federico García Lorca* (페데리코 가르시아 로르카) (푸엔테 바케로스, 그라나다, 1898－비스나르, 그라나다, 1936) 시인이자 극작가. 세계적으로 유명한 작가들 중 한 명으로, 풍족한 집안에서 자랐다. 음악을 공부하였으며 생에 있어 특별하게 중요한 부분은 마누엘 데 파야(Manuel de Falla)와 함께 고전 음악들을 수집하고 정리하는 작업을 진행한 것이다. 하지만 음악 학업은 그라나다 대학과 마드리드 대학에서 자신의 전공인 법학과 철학 그리고 문학을 마무리하기 위해 중단하고 1923년 학위를 취득한다. 1919년 마드리드 학생 기숙사(Residencia de Estudiantes de Madrid)에 자리 잡고 후안 라몬 히메네스(Juan Ramón Jiménez), 달리(Dalí), 부뉴엘(Buñuel)과 같은 작가들과 동시대 시인들인 알베르티(Alberti), 에밀리오 프라도스(Emilio Prados)와 우정을 나누고 함께 생활했다. 1929년 거주지를 떠나 시인으로서의 진로를 결정지을 뉴욕으로, 그리고 쿠바에는 장학생으로 여행한다. 1932년 귀국하고 나서 에두아르도 우가르테(Eduardo Ugarte)의 도움을 받아 라 바라카(La Barraca)라는 대학 연극단을 세우고 운영했으며, 이를 통해 자신의 스페인 고전 연극들을 선보이며 스페인을 돌아다녔다. 1993년 아르헨티나와 우루과이를 여행한다. 대성공을 이루고 난 후 성공한 작가, 명성 높은 연사로서 연극 무대에서 자신의 대성공을 이어갔다. 스페인으로 돌아와서 1936년 8월 19일 스페인 내전이 일어나고 얼마 지나지 않아 팔랑헤(Falange)주의자들의 손에 총살당했다. 지적이고 유쾌했으며 생동감 넘쳤던 인물이었지만, 또 맥이 빠지고, 좌절감에 젖었으며 우울하기도 했다 그리고 애매모호함도 지녔다. 이런 경향은 그의 작품에 나타난다. 전통과 혁신 사이, 인간에게 공통적인 감성적 힘과 풍토지향적 힘 사이의 작품 그리고 언급한 주제들을 전위적인 방식으로 다룬다. 그의 작품들에서 피할 수 없는 것들은 상징물들인데, 말, 금속류, 물, 달, 꽃, 피 등이 있다. 범성설적인 면에서 바라본 사랑, 본질적 성(性), 색욕과 욕망, 불임, 소년기 그리고 죽음과 같은 주제들은 거의 모든 작품에서 반복적으로 나타나는 소재들이다. 카스티야를 여행하며 얻은 열매로 현대적 산문으로 쓴 첫 작품은 『*Impresiones y paisajes*』(1918)였다. 시집 『*Libro de poemas*』(1921)에서는 후안 라몬 히메니스(Juan Ramón Jiménez), 모데르니스모와 안토니오 마차도(Antonio Machado)의 영향이 보인다. 1921년에 쓴 『*Primeras canciones*』에서는 비록 1936년까지 출판되지 않았지만 대시인의 모습을 볼 수 있다. 1927년에는 시들의 탁월함으로, 이미지들의 힘과 혁신적인 기발함이 넘쳐나는 책인 『*Canciones*』이 출판된다. 1931년에 발간된 『*Poema del cante jondo*』에는 1921년에 쓰인 시들이 들어 있다. 『*Primer romancero gitano*』는 1924년과 1927년 사이에 쓰이고 1928년에 출판된 것으로, 대중적인 것과 지적인 것이 멋들어지게 합쳐져 있다. 『*Burla de don Pedro a caballo*』을 제외하고는 로망스 시집이다. 수많은 연극작품을 썼지만 그 광대한 분량으로 인해 다 언급할 수 없다. 초연부터 대중의 큰 환영을 받았고, 20세기 스페인 무대를 개혁하고자 시도했었다는 점은 모두들 공감한다.

Fedra (페드라) (1910) 인간의 문제를 다룬 미겔 데 우나무노(Miguel de Unamuno)의 대표작이다. 유리피데스(Euripides)의 작품을 현대적으로 재창조한 것으로 그리스 신화의 페드라(Fedra)와 장 라신(Jean Racine)과 같은 이름의 작품에서 영감을 얻었다. 의붓아들 이폴리토(Hipólito)를 사랑하게 된 페드라(Fedra) 공주는 이를 피하기 위해 결국 죽음을 선택하게 된다는 내용이다. ➡ Generación del 98(98세대)

Feijoo de Mendoza, Eduarda (에두아르다 페이호 데 멘도사) (1840∼) 잘 알려지지 않은 작가이다. 마드리드에서 태어나 마드리드에서 생애를 보냈다. 소설은 이 시기의 연재란에서 알려지기 시작했다. 작품은 1872년과 1873년 사이에 출판된 『*El antifaz de terciopelo*』(1872∼1873)이다. 다른 작품들로는 『*Redención por amor o el corsario negro*』(1865), 『*Doña Blanca de Lanuza*』(1869), 『*El puente mayor de Valladolid*』(1872), 『*La conquista de Madrid*』(1873), 『*El Avia y el Miño*』(1890) 등이 있다.

Felipe, León* (레온 펠리페) [따바라(Tábara), 사모라(Zamora), 1884－멕시코, 1968] 시인. 펠리페 카미노 갈리시아(Felipe Camino Galicia)로 알려져 있다. 작가의 전기에는 수많은 혼란이 있지만, 공증인의 아들이었고 산탄데르에서 고등교육을 받았으며 약학 박사학위를 땄고, 청년기에는 작은 극단에 합류하여 스페인 전역을 돌아다니며 배우로 활동했다. 스페인 여러 지방에서 약사로 일했고, 기니(Guinea)의 종합병원의 관리자로 일하기도 했다. 1922년 마드리드에서 거주하다가 멕시코로 이주하였고, 얼마 지나지 않아 미국

F

으로 다시 이주한다. 미국 콜롬비아 대학에서 공부했고, 코넬 대학에서 학생을 가르쳤다. 스페인에 공화정 정권이 집권하자 스페인으로 귀국하였고, 1933년부터 미국으로 돌아가 여러 차례 스페인을 방문하며 지냈고, 또 파나마 중앙대학에서 교수직을 교대로 맡았다. 파나마의 스페인 대사관에서 고문으로도 일하기도 했다. 스페인 내란의 시작과 함께 스페인으로 다시 돌아왔고, 1938년까지 머물다가, 그해 멕시코로 최종적으로 망명을 떠났다. 1945년에 멕시코를 떠나 중남미 일대를 돌아다니며 유배의 드라마를 자신의 시와 강연으로 알려나갔다. 그의 시 세계는 모데르니스모의 마지막 시기의 영향으로 시작된다. 깊은 내면주의의 주제와 형식을 적당히 조절하여 부풀린 시들을 조합한다. 『*Versos y oraciones del caminante*』(1920), 『*Nueva York*』(1930), 그리고 월트 위트맨(Walt Whitman)과 T.S. 엘리엇(Eliot)의 작품들을 읽고 영향 받은 긴 시 『*Drop a star*』(1933)가 여기에 해당된다. 그 이후 시는 호전적으로 변한다. 성경적 스타일을 그의 무정부주의적 신념과 조합한다. 『*La insignia*』(1937), 『*El payaso de las bofetadas y el pescador de caña*』(1938), 『*Español del éxodo y del llanto*』(멕시코, 1939), 『*El hacha*』(멕시코, 1940), 『*El gran responsable*』(멕시코, 1940), 『*El poeta prometeico*』(멕시코, 1942)가 대표적인 시집들이다. 『*Ganarás la luz*』(1943), 『*Antología rota*』(부에노스아이레스, 1947), 『*Llamadme publicano*』(1950), 『*El ciervo y otros poemas*』(멕시코, 1958), 그리고 『*¡Oh, este viejo y roto violín!*』(1965)이 대표작들이다. 번역가로서 휘트맨의 시를 집중적으로 번역하였고, 왈도 프랑크(Waldo Frank)와 셰익스피어(Shakespeare)의 작품도 다수 번역했다.

F

Félix Vargas 스페인 98세대 작가 아소린(Azorín)의 1928년 작품이다. 그의 또 다른 작품 『*Superrealismo*』와 같이 이 작품에서도 픽션과 사실을 혼합하거나 과거와 현재를 동시에 재현하는 등 전위문학적인 새로운 시도를 많이 하였다. ➡ Generación del 98(98세대)

Ferlosio, Rafael Sánchez (라파엘 산체스 페를로시오) (1927~) 50년대 세대에 속하는 스페인 작가이다. 문법, 언어학과 같은 분야에서도 활동했으나 소설가로서의 활동으로 명성을 얻게 되었다. 1955년 나달 문학상, 2004년 세르반테스상을 수상했으며 대표적인 소설로는 『*El Jarama*』가 있다.

Fernán Caballero (페르난 카바예로) 페르난 카바예로는 필명으로 본명은 세실리아 보흘 데 파베르 이 라레아(Cecilia Böhl de Faber y Larrea, 1796~1877)이다. 세실리아는 스위스 모르쥬(Morges)에서 1796년 12월 24일에 태어났다. 작품으로는 『*La Familia de Alvareda*』(1849), 『*La hija del Sol*』(1851) 등이 있다.

Fernández Almagro, Melchor (멜초르 페르난데스 알마그로) 1893년 그라나다(Granada)에서 태어난 스페인 유명 비평가, 역사가, 사설가이며, 1940년대에는 발레아레스 제도의 도지사였다. 스페인 신문인 <La Época>, <El Sol>, <La Voz>, <ABC> 및 유명 잡지에서 비평활동을 많이 하였다. 다양한 작품활동 또한 하였는데 그중 『*Vida y obra de Ángel Ganivet*』(1920), 『*Orígenes del régimen constitucional español*』(1928), 『*Vida y Literatura de Valle-Inclán*』(1943), 『*Historia política de la España contemporánea*』(1956)가 잘 알려져 있다.

Fernández Ardavín, Luis (루이스 페르난데스 아르다빈) 1892년 마드리드에서 태어난 스페인 극작가, 모더니즘 계통의 시인이다. 사설가, 영화 시나리오 작가로도 활동하였으며 영화감독인 에우세비오 페르난데스 아르다빈(Eusebio Fernández Ardavín)와 형제이다. 대표작은 『*Rosa de Francia; La vidriera milagrosa*』(1925), 『*La florista de la reina*』(1939), 『*El doncel romántico y La dama de armiño*』(1922) 등이 있다.

Fernández Bremón, José (호세 페르난데스 브레몬) (1839~1910) 헤로나(Gerona) 출신의 극작가이자 기자이다. 환상적인 요소에 관심이 많았으며 SF소설을 발표하기도 했다. 희곡 중에서는 『*Dos hijos*』(1876), 『*La estrella roja*』(1890)가 대표적이다.

Fernández Caballero, Manuel (마누엘 페르난데스 카바예로) (1835~1906) 무르시아에서 태어난 19세기 사르수엘라 극작가이다. 대표적인 작품으로는 『*Gigantes y cabezudos*』(1899)가 있다.

Fernández de Andrada, Andrés (안드레스 페르난데스 데 안드라다) (1575?~1648?) 세비야 출신의 작가이다. 생에 대해서는 거의 알려진 바가 없다. 다마소 알론소가 멕시코에서 비슷한 시기의 동일 인물에 대한 흔적을 발견했으나, 동일인이라고 확신하기에는 아직 자료가 부족하다. 작품 『*Epístola moral a Fabio*』는 16세기에 나온 가장 아름다운 시들 중 하나로 꼽힌다. 구약성서, 세네카, 호라티우스에게서 문학적 영감을 받았다.

Fernández de Castro, Antonio (안토니오 페르난데스 데 카스트로) (~1739) 코르도바 성당의 성직자이자 화가이다. 코르도바 성당의 기도실을 그린 작품인 「*Concepción*」과 「*San Fernando*」가 유명하다.

Fernández de la Reguera, Ricardo (리카르도 페르난데스 데 라 레게라) 산탄데르에서 태어난 소설가(1916~)이다. 스페인 내전을 직접 경험했고 그 경험을 사실주의 기법으로 『*Cuerpo a tierra*』(1954)로 작품화했다. 자신의 부인과 함께 다양한 소설을 하나의 시리즈로 묶어 『*Episodios nacionales contemporáneos*』의 제목으로 출간하기도 했다.

Fernández de Minaya, Fray Lope (프라이 로페 페르난데스 데 미나야) (1375~1438) 스페인 성직자이자 작가이다. 종교적인 성격의 작품을 주로 썼다. 그중 『*Espejo de alma*』는 인간과 관련된 세 가지 고통에 대해 쓰고 있는데 이 고통이야말로 세상을 거부하고 하나님과의 합일을 추구하는 동기가 된다고 말한다.

Fernández de Moratín, Leandro* (레안드로 페르난데스 데 모라틴) (1760~1828) 연극작가 니콜라스 페르난데스 데 모라틴(Nicolás Fernández de Moratín)의 아들로 독학으로 재능을 키웠다. 어린 시절에 그림을 향한 관심은 그를 공식적으로는 보석상을 주업으로 삼게 하였고, 그 일을 독서와 병행했다. 1779년 스페인왕립학회에서 『*La toma de Granada por los Reyes Católicos don Fernando y doña Isabel*』로 장려상을 수상했고, 3년 후 카스티야 시에 도입된 결점들에 반대하는 풍자시인 『*Lección poética*』로 상을 다시 수상했다. 마드리드 데 카를로스 3세(Madrid de Carlos III)의 학자들과 좋은 관계를 유지했고, 호베야노스(Jovellanos)의 중재와 아버지 덕분에 프란시스코 카바루스(Francisco Cabarrús)의 비서가 되었다. 그를 통해 프랑스로 갔으며, 프랑스에서는 마누엘 고도이(Manuel Godoy)의 후원을 받았고, 프랑스, 영국과 이탈리아를 두루 돌아 다녔다. 다시 스페인으로 돌아와 언어의 해석(Interpretación de Lenguas)의 비서로 임명된 것을 시작으로 연극회 회원이 된다. 이후 프랑스 편이라 스스로 선언하고 국왕 호세의 대사서가 된다. 프랑스인들의 패배로 인해, 발렌시아로 떠나야 했고, 나중에는 바르셀로나로 떠나야 했다. 프랑스로 이주해서 몽트펠리에(Montpellier)와 파리에서 거주했다. 종교재판소의 활동에 화난 그는 종교재판소의 철폐되자 1820년 바르셀로나로 돌아온다. 황열에 걸려 스페인을 떠나 얼마간 보르도(Bordeaux)에 머문 후, 죽기 얼마 전에 파리에 거주지를 정한다. 생의 마지막 시절 그의 편지에서는 외로움과 슬픔으로 인한 낙담을 느낄 수 있다. 작가로서 소심했고, 취향에 있어 훌륭한 장점들이 줄어들었으며, 박식했고 창의적이었으며 언어에 대한 대학자였던 그는 그의 연극에서 인물들의 감성적 힘과 개인적 섬세함을 전달하는 데 성공한다. 가장 명백한 의도는 모든 종류의 혁신을 방해하는 울타리를 부서뜨리는 것이었다. 이를 신고전주의적 희극으로 이뤄냈다. 헌신을 다해 일궈낸 장르는 바로 희극으로 이 장르를 개척함에 있어서 몰리에르(Molière)를 스승으로 여긴다. 『*L'école des maris*』를 번역, 편역하였고, 원제가 『*Le médecin malgré lui*』인 작품을 아주 자유롭게 『*El médico a palos*』라 제목을 바꿨고, 『*El viejo y la niña*』(1790), 『*La comedia nueva o el café*』(1792), 『*El barón*』(1803), 『*La mojigata*』(1804) 그리고 『*El sí de las niñas*』(1806) - 1793년 『가정교사』라는 이름의 작품을 쓴 적이 있다고 하나 오늘날 알려지지 않았고 어쩌면 이 작품의 초고였을 수도 있다 - 를 무대에 올렸다. 아버지가 죽은 1780년부터 쓰기 시작했던 『*Diario*』 전체를 출판했던 1968년 그리고 『*Epistolario*』가 출판되었던 1973년이 되어서야 그의 작품 전체 출간이 마무리된다. 몰리에르의 번역으로 이미 언급했던 뛰어난 번역 작업은 1798년 그가 처음으로 영어로 된 셰익스피어, 구체적으로는 『*Hamlet*』의 번역을 통해 다시 한 번 입증된다. 그에게 있어 영문 고전은 자신이 존경하던 라신의 수준까지는 미치지 못했다.

F

Fernández de Moratín, Nicolás* (니콜라스 페르난데스 데 모라틴) (1737~1780) 시인이자 연극작가. 레안드로 페르난데스 데 모라틴의 아버지로 바야돌리드(Valladolid) 대학에서 법학을 전공했다. 이사벨 데 파르네시오(Isabel de Farnesio)의 보석 보관관리직을 물려받았고, 카달소(Cadalso)와 이리아르테(Iriarte)와 함께 "산 세바스티안의 여인숙(Fonda de San Sebastián)"이라는 동아리에 참여했다. 마드리드의 왕립 학교에서 시문학 교수이기도 했지만, 항상 전임 교수인 이그나시오 로페스 데 아얄라(Ignacio López de Ayala)의 대행으로만 있었다. 이념적으로는 프랑스 지향적이었고 항상 스페인 고전 연극에 맞서는 입장이었으며, 세 가지 요소에 묶여 시민 계몽을 위한 수단으로서 사용되어야 한다는 프랑스의 신고전주의적 모델을 지지하였다. 이 세 가지 주제를 「*Desengaños al teatro español*」(1763)의 세 논문에서 발표했다. 이 중 두 개에서는 성사극(autos sacramentales)을 강력하게 비난한다. 클라비호 이 파하르도(Clavijo y Faja)의 비평과 함께 1765년 이 장르를 금지하는 데 일조한다. 연극작품 중에는 『*La petimetra*』(1762) 희극과 『*Lucrecia*』(1763), 『*Hormesinda*』(1770) 그리고 『*Guzmán el Bueno*』(1777)가 대표적이며, 이들 중 『*Hormesinda*』만이 무대에 올려졌다. 1764년 자신의 시를 알리기 위해 <El Poeta>라는 정기간행 잡지를 내놓기 시작했다. 또한 1765년 교훈적 내용의 『*La diana o el arte de caza*』를 출판하였고, 1785년 그의 사후에 스페인왕립학회의 한 콩쿠르에 출품했던 시 『*Las naves de Cortés destruidas*』가 발표된다. 그의 아들은 그의 시들을 모두 모아 1821년 『*Obras póstumas*』라는 제목으로 출판했다. 아버지 모라틴은 로맨티시즘과 묘사에 있어서의 화려함을 향한 그의 취향을 분명히 가지고 있었다. 1772년, 『*Arte de las putas*』라는 제목의 긴 풍자시를 썼음이 분명하다. 이 작품은 1898년까지 출판되지 않았으나, 1777년 6월 20일 날짜의 종교재판의 포고에 분명하게 금지되었기 때문이다. 이 시에서 당시의 선정적 개념들이 단어의 문학적 사용에 있어서의 앵티미즘적 조작과 함께 언급된다. 그의 작품 외에 「*Carta histórica sobre el origen y progreso de la fiestta de toros en España*」(1777)의 중요성을 언급해야만 하겠다.

Fernández de Palencia, Alfonso (알폰소 페르난데스 데 팔렌시아) (1423~1492) 스페인 전(前) 르네상스 시기에 활동한 역사가, 언어학자, 인문학자이다. 파블로 데 산타 마리아 주교의 궁정에서 교육 받았다. 이탈리아 플로렌스로 간 후, 베사리온 추기경 밑에 있었으며, 그 후 로마에서 인문학을 공부했다. 후안 데 메나의 뒤를 이어 엔리케 4세의 비서 및 연대기 작가직을 수행했다. 연대기 작가로서 『*Gesta Hispaniensia ex annalibus suorum diebus colligentis*』를 남겼는데, 이 연대기는 줄여서 '10년(Décadas)'으로 불리며 후안 2세의 통치 시작부터 1481년까지의 시기를 다룬다.

Fernández de Santaella, Rodrigo (로드리고 페르난데스 데 산타에야) (1444~1509) 세비야 출신의 성직자이자 작가이다. 1467년 신학 학위를 받았고, 볼로냐의 성 클레멘트 학교의 장학생이 되었으며, 같은 학교에서 교수가 되었다. 이후 세비야로 돌아와 교육계에 막대한 영향력을 끼쳤으며, 세비야 대학(Universidad de Sevilla)의 모체가 되는 산타 마리아 데 헤수스 종합학교(Estudio General del Colegio de Santa María de Jesús)에 기여했다. 문화계와 교육계에 끼친 영향력은 후안 데 말 라라는 그의 이름을 따서 로드리고 산타에야 학교(Colegio de Maese Rodrigo de Santaella)를 설립한 것에서도 엿볼 수 있다.

Fernández del Villar, José (호세 페르난데스 델 비야르) (1888~1941) 말라가(Málaga) 태생의 희곡작가이다. 희곡들은 안달루시아적인 요소를 많이 내포하고 있으며 또한 감성적이다. 『*La Señorita Primavera*』, 『*Colonia de lilas*』, 『*Don Elemento*』 등을 썼다.

Fernández Flórez, Darío (다리오 페르난데스 플로레스) 바야돌리드 태생의 소설가, 수필가, 극작가(1909~1977)이다. 『*Inquietud*』(1931), 『*Maelstrom*』(1932), 『*Zarabanda*』(1944) 등의 소설로 문단에 데뷔하였고, 가장 유명한 소설은 『*Lola, espejo oscuro*』로 한 창녀의 기억과 내전 후의 마드리드가 처한 분위기를 묘사한다. 1인칭 소설로 악자소설과 흡사하며 작품을 통해 사회 전체의 모습과 주인공이 활동하는 무대의 분위기를 보여준다.

Fernández Flórez, Isidoro (이시도로 페르난데스 플로레스) (1840~1902) 스페인 극작가이면서 문학비평가로 1840년 마드리드에서 태어났다. 기사와 글에는 인문주의적 사고가 구체화되어 있고, 당시의 마드리드 사회 관습을 담고 있다. 많은 작품에서 페르난플로르(Fernanflor)라는 필명을 사용했다.

Fernández Flórez, Wenceslao (벤세슬라오 페르난데스 플로레스) (1885~1964) 해학적 소설의 대가였으나 이런 장르에 대한 선입견으로 인해 작품은 크게 주목을 받지 못했다. 대표적 초기 작품인 『*Volvoreta*』(1917)에서는 감상주의, 아이러니 그리고 어느 정도의 자연주의 기법을 결합시켰다.

Fernández Granell, Eugenio (에우헤니오 페르난데스 그라넬) (1912~2001) 라 코루냐(La Coruña) 태생의 스페인 작가이면서 문학교수, 조각가, 사진가, 화가이다. 산티아고 데 콤포스텔라(Santiago de Compostela)에서 고등학교를 나와 음악공부를 시작하였으며, 15살의 어린 나이에 문학계에 대한 흥미를 보였다. 그 후 문학에 대한 계속적인 연구 끝에 1964년 스페인 네블리갤러리(La galería Neblí)에서 개인전을 열었으며, 같은 해에 소설 『*El Clavo*』와 수필 『*El Guernica de Picasso*』를 출간하였다. 이 작품으로 세계적인 돈키호테상(El Premio Don Quijote)을 받았다.

Fernández Molina, Antonio (안토니오 페르난데스 몰리나) 시우다드 레알 출신의 시인, 소설가, 화가(1927~2005)이다. 시로 문학활동을 시작했으며 대표작으로 『*Una carta de* *barro*』(1983), 『*El cuello cercenado*』(1955)가 있다. 이후 소설을 쓰기 시작했다. 『*Un caracol en la cocina*』(1970), 『*El león recién salido de la peluquería*』(1971) 등의 소설이 있다.

Fernández Santos, Francisco (프란시스코 페르난데스 산토스) 1928년 톨레도(Toledo)에서 태어난 스페인 신문작가이자 수필가, 번역가, 문학비평가이다. 정치활동을 위해 1959년 프랑스 파리로 이민을 갔으며 그곳에서 역사 및 정치에 관한 여러 수필들을 집필했다. 『*El hombre y su historia*』(1965), 『*Historia y filosofía: ensayos de dialéctica*』(1966), 『*Cuba: Una Revolucion en Marcha*』(1977) 등이 대표적 작품이다.

Fernández Vaamonde, Emilio (에밀리오 페르난데스 바아몬데) 라 코루냐(La Coruña) 출생의 시인(1867~1913)이다. 일류시인은 아니었지만, 실험주의 시를 창작한 것으로 유명하다. 대표작으로는 『*Dulces y amargas*』(1896), 『*Las mujeres*』(1897) 등이 있다.

Fernández, Alfonso (알폰소 페르난데스) 세비야(Sevilla)에서 태어난 17세기 스페인 시인으로 출생연도는 정확치 않다. 교황청의 서기관이었으며 곤살로 데 코르도바(Gonzalo de Córdoba)를 찬양하는 『*Historia Partenopea*』라는 시를 쓰기도 하였다. 미발표작이지만 『*Los siete triunfos de las siete virtudes*』와 『*La educación del príncipe*』, 『*La justicia*』, 『*La Esperanza*』 등을 집필하기도 하였다.

Fernández, Antonio Pablo (안토니오 파블로 페르난데스) 18세기 스페인 극작가로 생애에 대해서는 잘 밝혀지지 않았다. 심지어 두 개의 이름을 가지고 문학활동을 하였는지, 아니면 두 명의 동명이인의 작가가 있는지 또한 확실하지 않다. 안토니오 파블로의 이름으로는 『*El ángel, lego y pastor, San Pascual Bailón*』(1745), 『*La prudencia en la niñez*』(1749), 『*El asombro de Jerez, Juana la Rabicortona*』(1748) 등의 작품을 썼다. 또한 다른 이름인 파울리노 안토니오 페르난데스(Paulino Antonio Fernández)의 이름으로는 사이네테(sainete)인 『*La rambla por la tarde y Los Cómicos de la legua y las comedias La conquista de Valladolid por el rey d. Alfonso el Magno*』, 『*Los desgraciados felices*』 등을 남겼다.

Fernández, Basilio (페르난데스 바실리오) (1909~1987) 레온(León) 출신의 작가이다. 헤라르도 디에고의 문하생이었고, 시들은 초현실주의와 유사한 기법으로 외로움과 무력함을 표현한다. 시집으로는 『*Poemas: 1927~1987*』(1991)이 있다. ➡ Diego, Gerardo (헤라르도 디에고)

Fernández, Jerónimo (헤로니모 페르난데스) 부르고스(Burgos)에서 출생한 16세기 스페인 자연주의 작가, 변호사이다. 출생 및 죽음은 알려진 바가 없다. 부르고스와 마드리드에서 변호사 생활을 하였으며, 유일한 작품인 『*Don Belianís de Grecia*』가 남아 있다.

Fernández, Lluis (유이스 페르난데스) 1945년 발렌시아(Valencia) 출신의 카탈루냐어(Catalán)와 카스티야어(Castellano) 소설가이자 신문기자이다. 스페인 퀴어문학의 대표적인 작가라 할 수 있다. 항상 자기비판적 관점으로 집필활동을 하였다. 일상언어, 유희, 정치사회적이고 희학적인 예리함이 특징이다. 대표작은 『*L' Anarquista nu(El anarquista desnudo)*』(1978)로 스페인에서 첫 번째로 동성애자를 주제로 한 소설로 손꼽힌다.

Fernández, Lucas (루카스 페르난데스) (1474~1542) 스페인 음악가이자 극작가이다. 살라망카에서 태어나고 공부했으며, 1522년까지 그곳에서 음악을 가르쳤다. 대표작으로는 부활절 성찬극인 『*Auto de la Pasión*』이 있으며, 또 다른 작품 『*Dialogo para cantar*』는 초기 사르수엘라 형식을 나타낸다.

Fernández, Pedro Jesús (페드로 헤수스 페르난데스) 1956년 알바세테(Albacete)에서 태

어난 스페인 예술가이다. 예술사(Historia de Arte) 학위를 취득하였으며, 그 분야에서 마드리드 콤플루텐세 대학(Universidad Complutense de Madrid)의 정교수를 역임하였다. 안달루시아의 전시 및 박물관을 관장하기도 하였으며, 마드리드에 위치한 프라도 미술관(Museo del Prado)의 부관장이기도 하였다. 대표작으로는 『*Tela de Juicio*』, 『*Peón de Rey*』가 있다.

Fernán－Gómez, Fernando* (페르난도 페르난－고메스) (리마, 페루, 1921) 극작가이자 배우, 소설가이자 영화・연극 감독, 대본 작가이며 수필가. 다방면에서 재능을 보인 20세기 스페인 최고 명성을 지닌 지식인들 중 한 사람이다. 2000년부터 스페인 왕립학교의 회원이었다. 스페인 국적은 비록 취득한 것이었지만, 그는 항상 스페인 사람이었다. 문학 세계에 알려지기 이전에 대성공을 한 수많은 영화를 감독하고 주연을 맡았으며, 텔레비전에도 여러 작품을 만들어 내기도 했다. 「*El picaro*」가 그 대표작이다. 고전 언어와 무대에 대한 깊은 지식을 보유한 작가이자 배우이다. 이는 인물과 상황, 배경을 만들어 냄에 있어 예외적인 능력을 그에게 가능케 했다. 단편 작품에서 보면 현실주의적이고, 주제로 보면 사회적・정치적 문제들에 깊이 파고든다. 많은 경우 한편으로는 스페인 독립전쟁이 그 주축이 되고, 다른 쪽으론 악당에 대한 주제가 배경이 된다. 1975년에는 1985년까지 출간되지 않았던 『*La conjuración de los Pazzi*』로 로페 데 베가(Lope de Vega)상을 수상한다. 최고상은 1977년, 1982년에 처음 공개되고 자신이 직접 영화화시킨 「*Las vicicletas son para el verano*」로 얻는다. 견고한 문화의 작가이며 아이러니한 작가이다. 그의 작품들에는 주제를 다룸에 있어 비판적 의미와 씁쓸한 추억이 공존한다. 다른 작품들은 『*Los domingos bacanal*』(1980), 『*Del rey Ordás y su infamia*』(1983), 『*El drama histórico La coartada*』(1985), 『*y Ojos del bosque*』(1986)가 있으며, 비록 20년 전에 이미 쓰인 작품이지만, 귀족사회 쇠퇴의 초상화라는 관점에서 볼 때 어느 정도의 울림이 있는, 2000년에 초연한 『*Los invasores del palacio*』, 그리고 이탈리아 작가 람페두사(Lampedusa)의 유명 작품인 『*El Gatopardo*』도 언급해야 한다. 하지만 그의 문학적 업적은 거기서 끝나지 않는다. 『*El viaje a ninguna parte*』(1985)와 같은 소설들로 평론에서도 성공을 거두었기 때문이다. 또한 직접 영화로도 옮겨 대본과 감독, 두 개 부분에서 고야(Goya)상을 받는다. 『*El vendedor de naranjas*』(1986), 『*El mal amor*』(1987,) 『*El mar y el tiempo*』(1988), 『*El ascensor de los borrachos*』(1993), 이 작품으로는 유머 부분에서 에스파사(Espasa)상을 수상했다. 『*La Puerta del Sol*』(1995), 『*¡Stop! novela de amor*』(1997), 『*Oro y hambre*』(1999), 메디치 가문 궁정의 배경으로 한 역사소설 『*La cruz y el lirio dorado*』(1999), 그리고 황금세기 비야메디아나(Villamediana)의 백작의 삶을 둘러싼 『*Capa y espada*』(2001), 또한 두 권의 회고록 『*El tiempo amarillo*』(1990)가 있고, 이 작품은 이후 많은 부분이 첨가되어 『*El teimpo amarillo. Memorias ampliadas 1921～1939*』(1998), 연극으로 각색한 『*Lasarillo de Tormes*』(1990)로 이어진다. 1995년 수많은 기사와 반성의 모음집인 『*Desde la última fila. Cien años de cine*』가 출판된다. 1985년 연극 부분 국민상(Primio Nacional de Teatro)을 수상했고, 1981년에 수상한 미술 부분 금메달, 1981년 받은 저명한 아스투리아스 왕자 예술상 같은 다른 상들을 수상하기도 했다. 같은 해 세르반테스 재단(Patronato del Instituto Cervantes)의 위원으로 임명되기도 했다. 또한 적지 않은 반어법과 함께 노인성(ancianidad)을 다룬 수필인 『*Nosotros, los mayores*』(1999)은 물론, 독창적인 골조의 사용이 자주 빛나는 이야기들의 책인 『*La escena, la calle y las*

F

nubes』(2000)와 영화와 문학에서 그의 경험을 보여주는 흥미로운 엔리케 브라소(Enrique Brasó)의 『*Conversaciones con Fernando Fernán –Gómez*』(2000)도 주목할 만한 책들이다. 그 외에도 그의 작품을 더욱 풍성하게 하는 여러 다른 문학작품들이 있다.

Ferrán, Augusto (아우구스토 페란) 마드리드 출생의 시인, 번역가(1835~1880)이다. 대중적인 언어로 작품을 썼으며 낭만주의 시를 주로 창작했지만 주류 시인으로 평가받지는 않는다. 대표작으로는 『*La soledad*』(1861), 『*La pereza*』(1871) 등이 있다.

Ferrán, Jaime (하이메 페란) 1928년 예이다(Lleida)에서 태어난 스페인 50세대(Generación del Medio Siglo)의 시인(1928~)이다. 바르셀로나에서 호세 아구스틴 고이티솔로(José Agustín Goytisolo), 카를로스 바랄(Carlos Barral), 하이메 길 데 비에드마(Jaime Gil de Biedma) 등과 함께 모임을 형성하면서 문학활동을 시작하였다. 대표할 만한 시작품으로는 『*Desde la orilla*』(1953), 『*Libro de Ondina*』(1964), 『*Tarde de circo*』(1967), 『*Memorial*』(1971) 등이 있다.

Ferrari, Emilio (에밀리오 페라리) (1850~1907) 바야돌리드(Valladolid) 출신의 시인이자 희곡작가이다. 철학적인 시집 『*Pedro Abelardo*』(1884)의 발표와 함께 이름을 알리기 시작했다. 시들을 주로 소리야(Juan Zorrilla)의 영향을 많이 받았다.

Ferrater Mora, José (호세 페라테르 모라) 바르셀로나(Barcelona) 출생의 철학자, 작가(1912~1991)이다. 생명과 죽음, 주체와 객체 등 상반된 두 개념을 통합하는 방식의 작품을 주로 썼다. 대표작으로는 『*El ser y la muerte*』(1962), 『*Las palabras y los hombres*』(1971) 등이 있다.

F

Ferrater, Gabriel (가브리엘 페라테르) (1922~1972) 레우스(Reus) 출신의 작가이다. 동시대 카탈루냐 시인 중 가장 뛰어나다는 평가를 받는다. 중세 문학, 특히 아우시아스 마르크(Ausiàs March)의 애호가이며, 토마스 하디로부터 많은 문학적 영향을 받았다. 페라테르에게 시란 현재를 사는 인간의 도덕적 삶의 순간을 묘사하는 것이었다. 후기의 시에서는 산문체를 많이 사용하였다.

Ferreiro, Celso Emilio (셀소 에밀리오 페레이로) 오렌세(Orense) 출생의 시인, 소설가, 칼럼니스트, 번역가(1914~1979)이다. 사회 현실을 드러내는 시를 주로 창작하여 20세기 후반 갈리시아(Galicia) 문학계의 중요한 시인 중 한 명으로 평가받는다. 작가는 스페인 내전을 경험하면서 정치나 사회정의라는 주제를 직접적으로 이야기하게 된다. 대표작으로는 『*O sono sulagado*』(1954), 『*Longa noite de pedra*』(1962) 등이 있다.

Ferrer Bermejo, José (호세 페레르 베르메호) 알칼라 데 에나레스(Alcalá de Henares) 출생의 소설가(1956~)이다. 가난으로 인해 학업을 중단해야 했고 처녀작인 『*Ajoblanco*』(1978)로 문단에 등장한다. 다른 작가들과 다양한 작품을 공동 집필했지만, 비중은 적다. 대표작으로는 『*El globo de Trapisonda*』, 『*El Ídolo de Aruba*』 등이 있다.

Ferrer–Vidal Turull, Jorge (호르헤 페레르–비달 투룰) 바르셀로나(Barcelona) 출생의 산문가, 시인(1926~)이다. 다양한 영미소설, 프랑스소설을 번역했으며, 방대한 양의 소설, 시, 여행 관련 책을 출판했다. 특히 작가의 단편소설은 다양한 언어로 번역되었는데, 대표작으로는 『*Este cuarto –de –estar para vivir*』(1979), 『*El hombre de los pájaros*』(1983) 등이 있다.

Ferres, Antonio (안토니오 페레스) 마드리드 태생의 소설가이며 작가(1925~)이다. 사회 빈곤층의 분위기를 매우 잘 묘사하였으며 도시 변두리의 그늘진 세계를 주제로 삼은 작품들이 많다. 대표작으로 『*La piqueta*』(1959), 『*Con las manos vacías*』(1964), 『*Caminando por las Hurdes*』(1960) 등이 있다.

Ferrús, Pero (페로 프루스) 스페인 14세기의 시인이다. 알폰소 알바레스 데 비야산디노(Alfonso Álvarez de Villasandino)와 함께 엔리케 2세(Enrique II)의 궁정시인이었다. 마라노(Marrano) 시인 중 한 명으로 기독교 전파에 관한 많은 작품들을 남겼다.

Figuera Aymerich, Ángela (앙헬라 피게라 아이메리크) 빌바오(Bilbao) 출생의 여류시인(1902~1984)이다. 작품활동 초기에는 일상적이고 풍경을 묘사하는 시를 주로 창작했지만, 후기에는 여성과 사회의 현실을 묘사하는 시를 주로 썼다. 대표작으로는 『*Mujer de barro*』(1948), 『*Vencida por el ángel*』(1951) 등이 있다.

Figueroa, Francisco de (프란시스코 데 피게로아) 1530년 알칼라 데 에나레스(Alcalá de Henares)에서 출생한 르네상스 시대의 시인이다. 'El Divino(신이 보낸 사람)'라고 불렸으며, 프랑스, 이탈리아, 포르투갈 등지를 다니며 여러 편의 시를 썼다.

Figuras de la Pasión del Señor (주 예수의 수난의 인물들) 가브리엘 미로의 1917년 작품으로 팔레스티나의 어느 풍경을 통해서 기독교적인 연극의 인물들을 보여 준다. 그러나 그것은 미로가 그의 모든 작품에서 형상화시키곤 하는 알리칸테 지역과 마을을 정확하게 반영해 놓은 풍경이기도 하다.

Fijoo y Montenegro, Fray Benito Jerónimo (프라이 베니토 헤로니모 페이호 이 몬테네그로) (1676~1764) 갈리시아 지방의 오렌세의 카사데미로에서 태어나 그곳 지방에서 수학한 후, 1690년 산 훌리안 데 사모스의 베네딕트 수도원에 신부로 입단하였다. 그 후 신살라망카에서 신학을 공부하였고 후에 대학에서 신학교수로 지냈다.

Filósofo en el campo, El (필로소포 엔 엘 캄포, 엘) 후안 멜렌데스 발데스(Juan Meléndez Valdéz)의 서간시이다. 농촌의 감미로움과 농부들의 아름다운 생활은 거짓이라고 한다. 이 시에서도 목가적인 부분은 급격히 감소되면서 분노와 격한 어조로 농촌에는 비참함이 있을 뿐이며 농부는 슬프고 아이들은 더럽고 말라비틀어졌다고 묘사하고 있다.

Flores Arenas, Francisco (프란시스코 플로레스 아레나스) (1801~1877) 카디스(Cádiz) 출신의 시인이자 희곡작가이다. 주로 신고전주의풍의 작품들을 썼고, 희곡에서는 브레톤(Bretón de los Herreros)의 영향을 받았다. 『*Coquetismo y presunción*』(1831), 『*Hacer cuentas sin la huéspeda*』(1849) 등을 썼다.

Flores, Juan de (후안 데 플로레스) (1470~1525) 살라망카 출신의 작가, 소설가이자 외교관이다. 하위 귀족 가문 출신이다. 주로 감상소설을 썼고, 보카치오의 영향을 많이 받았다. 『*Grimalte y Gradissa*』, 『*Grisel y Mirabella*』와 같은 작품을 남겼다.

Floresta española 1574년에 출간된 멜초르 데 산타크루스(Melchor de Santa Cruz)의 저서이다. 1,055편의 경구, 일화, 기담을 모은 것으로 무거우면서도 익살스럽다. 역사적 이야기와 대중적인 이야기들이 함께 포함되어 있고, 이 중 몇몇 이야기는 티모네다(Juan de Timoneda)의 작품에서 유래한 것이다.

Foix, Josep Vicenç (조셉 비센 포쉬) (1894~1987) 스페인 시인이자 인문학 연구자로 바르셀로나의 사리아(Sarriá) 출신이다. 조안 살밧 파파세잇(Joan Salvat Papasseit)과 호아킴 폴게라(Joaquim Folguera)와 같이 카탈루냐 전위주의 지주라고 여겨진다. 카탈루냐 문화에 연계한 많은 문학잡지의 창시자이자 감독관이었고, 특히 <L'Ámic de les Arts> 잡지에 실린 작품이 눈에 띈다.

F

Folguera, Joaquim (호아킴 폴게라) (1883~1919) 스페인 작가로 세르베요(Cervelló)의 산타 콜로마(Santa Coloma) 태생이다. 가장 중요한 전위주의자들 중 한 명으로 여겨지는 카탈루냐 시인이다. 대표작으로는 『*Poemes de neguit*』(1915), 『*El poema espars*』(1917), 그리고 『*Les noves valors de la poesía catalana*』(1919)가 있다.

Fonollosa, José María (호세 마리아 포노요사) 바르셀로나(Barcelona) 출생의 여류시인(1922~)이다. 평생 동안 시 창작활동에 많은 시간을 보냈는데, 주요작품으로는 쿠바의 한 시인을 찬사하는 내용의 시집 『*Romancero de Martí*』(1955)와 『*La sombra de tu luz*』(1945), 『*Umbral del silencio*』(1947) 등이 있다.

Fonseca, Fray Cristóbal de (프라이 크리스토발 데 폰세카) (1550~1621) 톨레도 출신의 성직자이자 작가이다. 1566년 성 아우구스틴 교단에 입회했고, 1591년 세고비아 수도원의 수도원장으로 임명된다. 작품은 신비주의 문학에 속한다. 『*Tratado del amor de Dios*』, 『*Vida de Cristo, Nuestro señor*』 등의 작품을 남겼다.

Forner y Sagarra, Juan Pablo (후안 파블로 포르네르 이 사가라) (1756~1797) 메리다(Mérida) 출신의 작가, 문학비평가이다. 작품들은 풍자적인 성격을 띠었는데, 풍자성은 1785년 사전 검열을 통하지 않고서는 더 이상의 소책자 출간이 금지될 정도로 공격적이었다. 공격적인 글들의 상당수는 가명으로 발표하였다. 『*Sátira contra los vicios introducidos en la poesía castellana*』, 『*Exequias de la lengua castellana*』 등의 글을 남겼다.

F

Fortún, Elena (엘레나 포르툰) (1866~1952) 스페인 아동문학의 저명한 여성작가이다. 마드리드에서 출생하여 생을 마감했다. 본명은 엔카르나시온 아라고네세스(Encarnación Aragoneses)이지만 필명인 엘레나 포르툰으로 더 잘 알려져 있다. 다른 과거 아동문학 작가들과 달리 현재까지 스페인 내에서 큰 인기를 얻고 있다. 특히 아동문학에서 세실리아(Celia)라는 인물을 탄생시킨 것이 주목할 만하다. 대표작으로는 『*Celia en el colegio*』(1932), 『*Celia novelista*』(1934), 『*Celia en el mundo*』(1934)가 있다.

Fortuna varia del soldado Píndaro (포르투나 바리아 델 솔다도 핀다로) 1626년에 출판된 곤살로 세스페데스 이 메네세스(Gonzalo de Céspedes y Meneses)의 소설이다. 이 소설은 피카레스크 소설에서 모험소설로 진행되는 과도기에 쓰인 작품으로, 두 장르 간의 연관성을 보여준다.

Foxá y Torroba, Agustín de (아구스틴 데 폭사 이 토로바) 스페인의 소설가이며 극작가이자 시인(1903~1959)이다. 시인으로서 작품활동을 시작하였고, 작품은 『*El toro*』, 『*La muerte y el agua*』이다. 소설로는 『*Madrid de Corte a Checa*』(1938)라는 민족주의 소설이 있고, 극작품 『*Estrenadas en Madrid*』는 굉장한 성공을 거두었다.

Foz y Burges, Braulio (브라울리오 포스 이 부르헤스) 테루엘(Teruel) 출생의 작가, 역사학자(1791~1865)이다. 일찍부터 정교수로서 다양한 대학에서 인문학을 가르쳤으며 교육학과 관련된 많은 서적을 출판했다. 대표작으로는 『*Plan y método para la enseñanza de las letras humanas*』(1820), 『*Arte Latino sencillo, fácil y seguro*』(1842) 등이 있다.

Fraile Ruiz, Medardo (메다르도 프라일레 루이스) 마드리드 출생의 작가(1925~2013)이다. 극작품으로 문학계에 데뷔하는데, 처녀작 『*El hermano*』는 극작가로서 작가의 재능을 보여준 작품이라는 평가를 받는다. 이그나시오 알데코아(Ignacio Aldecoa Isai, 1925~1969)의 소설을 읽고 그 영향으로 소설을 쓰기 시작했다. 소설 『*No sé lo que tú piensas*』라는 작품으로 큰 성공을 거둔다.

Francos Rodríguez, José (호세 프랑코스 로드리게스) 마드리드 출생의 정치가, 의사, 작가(1862~1931)이다. 정치적 색채가 뚜렷한 에세이를 주로 썼는데, 유명한 에세이로는 『*La mujer y la política española*』(1922)가 있다. 문학계에서는 30편 이상의 극작품을 상영하고 성공을 거둔 극작가로 명성을 떨친다. 사르수엘라를 주로 썼는데 대표작으로는 『*El Coco*』(1907), 『*El Señorito*』(1907) 등이 있다.

Franquelo y Romero, Ramón (라몬 프란켈로 이 로메로) 말라가(Málaga) 출신의 작가(1821~1875)이다. 안달루시아의 토속적인 정서를 잘 살렸다는 평가를 받는다. 『*El que se casa por todo pasa*』(1844), 『*La luz del Tajo*』(1863) 등을 남겼다.

Fray Luis de León* (프라이 루이스 데 레온) 16세기 스페인의 신학자이자 대표적인 시인이다. 1527년 쿠엔카(Cuenca) 주의 벨몬테(Belmonte)에서 출생하였고, 1591년 아빌라(Ávila) 주의 마드리갈 데 라스 알타스 토레스(Madrigal de las Altas Torres)에서 사망하였다. 가족은 유대인 출신의 하급 귀족에 속하였는데, 증조할머니가 쿠엔카에서 기독교로 개종한 것으로 되어 있다. 아버지 로페 데 레온(Lope de León)은 궁정에서 변호사로 근무하다가, 1541년에 그라나다(Granada) 법정의 판관으로 임명되기도 하였다. 프라이 루이스는 14~15살까지 마드리드와 바야돌릿(Valladolid)에 있는 아버지의 집에서 기거하다가 1541년에 살라망카(Salamanca)에 있는 산 아구스틴(San Agustín) 수도원에 입회하였으며, 3년 후 거기에서 정식 수도사가 되었다. 수도원에 있으면서 교단의 여느 학생들처럼 생활하였는데, 1551년과 그 이듬해 사이에 알려지지 않은 이유로 잠시 학업을 중단하기도 하였다. 이로 인해서 그는 알칼라(Alcalá)로 옮겨가 1556년 학교에 재등록하였고, 거기서 약 18개월을 머물게 되었다. 알칼라에서 아리아스 몬타노(Arias Montano)라는 동급생과 함께 히브리어 문학자인 시프리아노 델 라 우에르가(Cipriano de la Huerga)의 밑에서 수학하기도 하였다. 같은 해에 잠시 소리아(Soria)의 수도원에서 강독을 담당하는 수사로 재직하였고, 1558년에는 톨레도(Toledo)에서 고등교육을 마쳤다. 1560년에는 살라망카 대학에서 신학으로 학사학위를 취득하였으며, 이듬해에는 산토 도밍고(Santo Domingo)교단 소속 수도사들과의 신학적 논쟁을 물리치고 살라망카에서 스콜라신학을 가르치는 교수가 되었다. 1563년에는 자신의 동료인 아리아스 몬타노가 자신에게 빌려주었던 한 책으로 인해 바야돌릿의 종교재판에서 조사를 받기도 하였다. 1565년에 스콜라신학과 성서신학을 가르치는 교수가 되었으나, 1571년 다른 두 동료와 함께 다른 수사에 의해 이단행위로 의심을 받아 종교재판소에 고발당하였고, 이들은 모두 1572년 체포되었다. 특히 불가타(Vulgata) 성서를 비판했고, 금지된 서적을 번역했으며, 성경의 의미에 대해 전혀 다른 견해를 갖고 있다는 이유로 바야돌릿에서 오랜 시간 동안 감옥살이를 하였는데, 이 감옥에서 1576년 12월까지 외부와 완전히 단절된 채 홀로 갇혀 지내야 했다. 이 힘든 기간 중에 감옥에서 자신의 산문과 운문 작품들에 대한 구상을 하였던 것이다. 출옥하면서 자신의 무죄가 입증됨에 따라 살라망카로 돌아가서 성서를 가르치는 교수 자리를 얻을 수 있었고, 1579년에는 성경 연구를 책임지는 교수가 되었다. 그리고 이때부터 비로소 교육과 작품 출판에만 전념할 수 있었다. 1591년에 주교 총대리에 임명되었지만 수행하지 못하고 같은 해 8월 23일 세상을 떠났다. 당시의 살랑망카 시파(Escuela de Salamanca)를 대표하는 시인으로 평가되고 있는데, 대표적인 시작품으로는 카스티야인의 애국적 정열과 도덕심을 묘사한 『*Profecía del Tajo*』, 숭고한 종교심을 담은 『*Vida retirada*』 등이 꼽힌다. 특히 신학과 관련한 언어를 심오하면서도 아름다운 시어로 표현함으로써 후에 신비주의 문학에 지대한 영향을 미치기도 하였다. 산문에도 수작을 남겼는데, 『*La perfecta casada, Los nombres de Cristo*』 등이 대표적인 산문작품들이라 할 수 있다.

Freixas, Laura (라우라 프레샤스) 1958년 바르셀로나(Barcelona)에서 태어난 스페인 사설가이자, 소설가, 편집자, 번역가이다. <La Vanguardia>에서 칼럼니스트로, <El País>의 비평가로 활동하였으며, 주로 문학에서의 여성의 역할을 연구하였다. 라포렛, 마투테 등 스페인 여성작가 14인의 단편집인 『*Madres e Hijas*』로 유명하다.

Frías y Balboa, Damasio de (다마시오 데 프리아스 이 발보아) 바야돌리드(Valladolid) 출생의 여류시인이자 산문가(1500～1600)이다. 다양한 산문시를 썼으며 기사소설을 쓰기도 했다. 반어적 표현을 자주 사용했고 대표작으로는 『*Diálogo de la discreción*』(1579), 『*Diálogo de las lenguas*』(1582) 등이 있다.

Frontaura, Carlos (카를로스 프론타우라) (1834～1910) 마드리드 출신의 작가이다. 신문이나 잡지에도 적극적으로 기고하였고, 풍자적 시선으로 당시 풍습을 바라보았다. 그의 희곡은 대중과 비평가 모두로부터 호응을 받았다. 대표작으로는 『*Un caballero particular*』(1858), 『*Miedo al hombre*』(1887)가 있다.

Fuente, Pablo de la (파블로 데 라 푸엔테) (1906～1976) 세고비아(Segovia) 출신의 작가이다. 스페인 시민전쟁 후 칠레에서 망명생활을 했고, 그곳에서 기자로 일했다. 소설은 증언문학에 속하며 프랑코 체제에 대한 반감을 표시하고 있다. 『*Sobre tierra prestada*』(1944), 『*El señor Cuatro y otras gentes*』(1954)와 같은 작품들을 남겼다.

Fuente ovejuna* (푸엔테 오베후나) 17세기 스페인의 극작가 로페 데 베가(Lope de Vega)의 대표적인 극작품으로, 3막으로 구성되어 있다. 1610년경에 쓰였고, 1619년에 『*Docena parte de las Comedias de Lope de Vega Carpio*』라는 작품집에 수록되어 마드리드에서 출판되었다. 1476년 4월 23일 스페인의 코르도바(Córdoba) 지방에 위치한 작은 마을 푸엔테 오베후나에서 실제로 일어났던 민중 봉기를 소재로 한 연극으로, 절대권력의 불의에 대항하는 사회적 메시지를 담고 있는데, 연극의 대략적인 줄거리는 다음과 같다. 푸엔테 오베후나의 사령관 페르난 고메스(Fernán Gómez)는 자신의 권력을 이용해 마을 주민들에게 온갖 악행을 저지른다. 그는 왕위 계승을 둘러싼 내전에 휘말린 이사벨(Isabel) 여왕의 반대편에 서게 되고 자신의 힘을 강화하게 위해 어린 군단장을 이에 끌어들인다. 한편 시우닷 레알(Ciudad Real)을 정복하고 돌아온 사령관을 맞이하기 위해 푸엔테 오베후나에서는 성대한 잔치가 벌어지는데, 여기서 마을 처녀 라우렌시아(Laurencia)에게 반한 사령관이 그녀를 겁탈하려하지만 그녀의 애인인 프론도소(Frondoso)의 개입으로 실패한다. 마을 위원회는 이러한 사령관에게 사령관답게 행동하고 주민들의 명예를 존중해 줄 것을 요구하나 사령관은 그들을 비웃는다. 사령관에게 평민인 마을 주민들의 명예는 아무것도 아닌 것이다. 한편 시우닷 레알이 이사벨 여왕과 페르난도(Fernando) 왕에게 포위되자 도시를 지키기 위해 사령관은 다시 떠나게 되는데, 마을을 떠나기 전 그는 병사들에게 하신타(Jacinta)라는 마을 처녀를 농락하게 하고 이를 막으려는 멩고(Mengo)를 폭행하게 한다. 사령관이 전쟁터로 떠난 후 라우렌시아와 프론도소는 결혼식을 올리려 하는데, 전쟁에서 패하고 돌아온 사령관에 의해 결혼식은 취소가 되고 사령관은 부하들을 시켜 신랑인 플론도소를 체포하고 신부의 아버지인 에스테반(Esteban)을 구타하게 한 뒤 자신이 신부인 라우렌시아를 강간한다. 이러한 사령관의 만행에도 마을사람들을 그를 두려워하며 아무 행동도 하지 못하는데, 폭행당한 라우렌시아가 나서서 비겁한 마을남자들을 자극하고, 결국 모든 마을사람들이 사악한 사령관에 대항해 반란을 일으켜 결국 사령관을 비참하게 살해하고 만다. 이 사건을 전해 들은 왕은 사건의 진상을 조사하기 위해 마을로 판사들 보내고, 마을사람들은 혹독한 질책과 조사를 받지만 끝까지 누가 사령관을 죽였는지에 대해서는 말을 않고 오직 푸엔테 오베후나가 사령관을 죽였다고만 한다. 이에 더 이상의 조사가 불가능해지고, 왕과 화해한 어린 군단장이 모든 책임을 살해당한 사령관에게 전가하며 푸엔테 오베후나는 왕으로부터 반란에 대한 정당성을 인정받는다. 이 극작품이 지닌 주된 테마는 권력자의 권력 남용에 대한 민중의 응징이라 할 수 있다. 이 주제는 이미 연극의 1막에서 사령관이 자신의 지위를 이용해 라우렌시아를 겁탈하려다 그녀의 애인 프론도소에 의해 실패하는 대목에서부터 암시되기 시작한다. 이 작품에서 민중은 결코 기존의 사회시스템 전체를 바꾸는 것을 원하는 것이 아니었다. 그들은 다만 정의가 실현되기를 원했던 것이고, 이를 위해 봉기하였으며, 왕이 이러한 그들의 의지를 올바른 것으로 인정해주기를 원했던 것이다. 이러한 민중의 단결된 의지는 그들 승리의 원동력이었다. 작품에서 그들 중 아무도 혹독한 고문과 질책에 굴복하여 반란의 전말을 실토하지 않았다. 그들은 끝까지 반란의 주인공은 푸엔테 오베후나 마을 전체라고 했을 정도로 그들의 단결된 의지는 확고했으며, 이를 통해 결국 그들은 최후의 승리를 쟁취할 수 있었던 것이다. 그리고 극의 마지막에 불의에 대항한 그들의 승리를 비호한 국가의 권력을 묘사함으로써 작가는 당시의 절대왕정에 대한 찬양도 간접적으로 시사하고 있다고 볼 수 있다.

Fuentes, Alonso de (알론소 데 푸엔테스) (1515~1550) 세비야(Sevilla) 출신의 시인이다. 로만세와 같은 세속적인 장르에 종교적이고 도덕적인 주제를 실어 대중들을 교화시키는 도구로 사용하고자 했다. 또한 그의 시작법은 산 후안 데 라 크루스(San Juan de la Cruz)와 같은 신비주의 시인에게 영향을 주기도 하였다. 시집으로는 『*Libro de los cuarenta cantos*』(1550)가 있다.

Fuertes, Gloria (글로리아 푸에르테스) 마드리드 출생의 여류시인, 소설가(1918~1998)이다. 어린이를 위한 작품과 개인적이고 현실적인 주제를 다룬 책을 주로 썼다. 대표작으로는 『*Aconsejo beber hilo*』(1954), 『*Todo asusta*』(1958) 등이 있다.

Fuster, Joan* (호안푸스테르) 카탈루냐 언어로 작품활동을 한 시인, 비평가이자 수필가이다. 시골 집안에서 태어나 발렌시아에서 법을 공부했고 짧은 시간 변호사로 활동하기에 이른다. 일간지 <Levante>에서 저널리즘에 종사했고, 호세 알비(José Albí)와 함께 잡지 <Verbo>를 운영했으며, <La Vanguardia>, <El Correo Catalán>, <ABC> 그리고 <Informaciones>와 같은 신문들에 기고했다. 1983년 발렌시아 대학에 언어역사의 계약교수로 합류했고, 그곳에서 2년 후 박사학위를 취득, 마침내 문학 교수가 되었다. 발렌시아 문화위원회(Consell Valencià de Cultura)와 발렌시아 문헌학회(Institut Valencià de Filología)의 회원이 되었고 1987년에서 1991년까지 카탈루냐어 작가 협회(Assiciació d'Escriptors en Lengua Catalana)의 회장을 역임했다. 평론가들은 연구가와 수필가로서 두 가지 다른 얼굴을 가지고 있다고 말한다. 두 경우 모두, 그의 스타일을 지배하는 요소들이 있다. 교육자로서의 그는 발렌시아 국가의식의 복구 과정에서 중요한 역할을 했다. 시적 측면은 물론 수필가적 측면에서도, 다른 이들이 이미 과도하게 다뤘던 주제에 관한 그만의 독창적인 시선의 스타일과 반어와 풍자에 달궈진 논쟁적이고 도발적 경향이 강하다. 그리고 산문에 있어서는 정확성과 완곡법이 지배적이다. 반면 수필작품의 많은 부분은 발렌시아의 정치, 사회 그리고 문화적 현실과 관련된 문제들을 다룬다. 언론매체는 온갖 종류의 적대감을 불러 일으켰던 분명하게 도발적인 작품들이라고 비난했다. 『*Sobre Narcís*』(1948), 『*3 poemes*』(1949), 『*Ales o mans*』(1949), 『*Va a morir tan bella*』(1951), 『*Terra en la boca*』(1953) 그리고 『*Escrit per al silenci*』(1954)가 대표작들이며, 마지막 작품은 실존에 대한 깊은 고뇌를 다뤘다. 여기에 시를 모은 시집인 『*Set llibres de versos*』(1987)도 있다. 『*Figures de temps*』(1957), 『*Premio Yxart, Indagacions posibles*』(1958), 『*El descrédit de la realitat*』(1959), 『*Nosaltres els valencians*』(1962), 『*El País Valenciano*』(1962) 같은 수필집들도 있다. 강한 정치-사회적 요소를 담은 마지막 세 작품은 카탈루냐 문화에서 자신의 땅에 대한 정체성을 요구한다: 『*Diccionari per ociosos*』(1964), 『*L'home, mesura de totes les coses*』(1967), 『*Combustible per a falle*』(1967). 그 외에도 수많은 작품을 남겼다.

Futurismo* (미래주의) 선구적 미학 이론으로 이탈리아 작가 필립보 톰마소 마리네티(Filippo Tommaso Marinetti)에 의해 1909년 2월 20일 파리에서 발표된 그의 첫 선언에서 등장한다. 그러나 그 근원은 비록 마리네티 자신이 아무리 이 학설의 아버지라고 주장한다고 해도 랭보(Rimbaud)와 휘트먼(Whitman)에게서 찾을 수 있다. 이 문학운동의 주요 방향을 구체화시킨 사람은 바로 그였다. 특징들로는 위험을 향한 사랑, 역동성과 무모함을 향한 습관, 그리고 공격성, 따귀질, 주먹질이 있다. 속도에 대한 신개념은 미래주의의 아름다움을 더욱 풍요롭게 만들어준다. "경주용 자동차는 사모트라시아의 빅토리아(Victoria de Samotracia)보다 더 아름답다"라고 확신하는 말은 유명하다. 언어에서 통사론을 무너뜨리고, 동사의 원형만 쓰는 것을 조장하고, 무작위로 명사를 위치시키고, 형용사와 부사를 폐지하고, 전통적인 부호체계를 수학적 기호로 대체하고자 했다. 그리고 내용에 있어서는, "나(yo)"를 없애, 결국에는 예술에서 인간성을 배제하고자 한다. 마리네티는 1910년 자신의 "미래주의 문학의 기술적 선언문"에서, 문학은 유사성과 암시를 통해 현대 삶의 심리적 작동방식과 열광을 스스로 설명할 수 있는 자유로운 단어들에게 복종해야만 한다고 주장한다. 제1차 세계 대전 이후, 미래주의가 파시스트 이데올로기와 가졌던 관계에 대해 많은 논쟁이 있었으며, 또한 나중에 등장한 입체주의와 울트라이즘(ultraísmo) 미학과의 연결고리에 대한 영향에 대해서도 논쟁이 많았다.

G

Gabriel y Galán, José Antonio (호세 안토니오 가브리엘 이 갈란) 카세레스(Cáceres) 출생의 시인, 소설가, 수필가, 기자(1940~1993)이다. 20세기 후반 스페인의 가장 훌륭한 소설가 중 한 명으로 평가된다. 당대의 정치 상황을 반영하기 위해 역사 장르의 작품을 주로 썼다. 처녀작 『*Punto de referencia*』(1970)는 문학비평계에서 찬사를 받았고, 『*Muchos años después*』(1991)라는 작품으로 카란사 문학상(Premio Carranza)을 수상하였다.

Gabriel y Galán, José María (호세 마리아 가브리엘 이 갈란) (1870~1905) 살라망카의 프라데스 데 시에라 출신으로 선생으로 있다가 에스트레마두라로 와서 농사에 전념하면서 시를 썼다. 거의 모든 시작품들은 시골 분위기를 지니며 심지어는 살라망카 사투리로 쓰여 있다.

Gala Velasco, Antonio* (안토니오 갈라 벨라스코) [브라사토르타스(Brazatortas), 시우다드 레알(Ciudad Real), 1930] 극작가, 시인, 소설가이다. 고등학교를 코르도바와 마드리드에서 다녔다. 법학과 정치학 그리고 철학과 문학을 같이 공부했으며, 마지막 전공과 경제학에서 박사학위도 수료하였다. 발표했던 첫 시집 『*Enemigo íntimo*』(1960, 1993년에 다시 편집)가 아도나이스상을 수상했다. 이는 시 세계에서 문학인으로서의 시작이었다. 여러 잡지사를 세웠고 시는 <Platero>, <Cuadernos Hispanoamericanos>와 같은 잡지에도 글이 실렸다. 여러 출판물과 신문사에 기고하였고, <El País>에 연재물을 실어 유명해졌다. 작품들 중 『*Charlas con Troylo*』, 『*En propia mano*』, 『*Cuaderno de la Dama de Otoño*』, 『*La soledad sonora*』를 예로 들 수 있으며, 『*A quien conmigo se va*』는 최근 책으로 출판되었다. 지속적인 대중적 성공으로 대중들에게 인정되는 극작가가 되었지만, 이는 비평가들의 논쟁거리이기도 하다. 이런 극작가적인 면에 의해 동시대 스페인 문학의 주요 인물 중 하나가 되었다. 극작품은 희비극과 상징적 우화를 오간다고 할 수 있다. 다음과 같은 작품들이 두드러진다: 칼데론 데 라 바르카 극장 국립상(Premio Nacional de Teatro Calderón de la Barca) 수상작 『*Los verdes campos del Edén*』(1963), 『*El caracol en el espejo*』(1964), 『*El sol en el hormiguero*』(1965), 『*Noviembre y un poco de yerba*』(1967), 『*Spanish strip-tease*』(1970), 1972년 국립 연극상 수상작인 『*Los buenos días perdidos*』(1971), 『*Anillos para una dama*』(1973), 『*Las cítaras colgadas de los árboles*』(1974), 『*Petra Regalada*』(1979), 『*La vieja señorita del paraíso*』(1980), 『*El cementerio de los pájaros*』(1982), 『*Samarkanda*』(1985), 『*El hotelito*』(1985), 『*Séneca*』 또는 『*El beneficio de la duda*』(1987), 『*Carmen, Carmen*』(1988), 『*La truhana*』(1992), 『*Los bellos durmientes*』(1994), 『*Las manzanas del viernes*』(1999), 그리고 『*Inés desabrochada*』(2003). 출판한 수필들 중에선

『*Texto y pretexto*』(1977) 그리고 『*Paisaje andaluz con figuras*』(1984), 이 외에도 이미 언급한 신문 연재 모음집들이 두드러진다. 영화와 텔레비전 대본(시리즈 인물과 경관을 기억하자)과 1992년 대륙발견 500주년을 기념하며 제작된 오페라 콜론부스(Colón)의 대본의 작가이다. 90년대에 들어와 활기차게 소설을 쓰기 시작했다. 화려하고 관능적인 언어로, 사랑에 대한 깊고 깊은 감정을 다루며, 대중의 호응을 얻었고 새 소설의 출간으로 문을 열어주었다. 『*La pasión*』(1993)은 1994년 비센테 아란다(Vicente Aranda) 감독에 의해 영화로 제작되었다. 『*Más allá del jardín*』(1995)도 영화로 제작되었다. 『*La casa sosegad*』(1998), 『*Las afueras de Dios*』(1999), 『*El imposible olvido*』(2001), 『*Los invitados al jardí*n』(2002) 그리고 『*El dueño de la herida*』(2003) 같은 작품들이 있다. 또한 그는 스페인에서 열리는 국제 연극제 위원장이며, 1965년 바르셀로나시상, 1972년 대중과 평론상(El Espectador y la Crítica), 1973년 마이테상(El Mayte) 그리고 1980년 바야돌리드시상과 같은 수많은 상을 수상하였다.

Galán* (갈란) '코메디아 누에바'에 나타나는 남자주인공 상이다. 여기서 남자주인공을 굳이 '갈란'(galán)이라고 한 이유는 로페 시대의 '국민연극'에서 나타나는 여러 유형의 남자주인공들 중 '갈란'이라는 하나의 정형화된 구체적 남자주인공을 일컫고 있기 때문이다. 즉, 다른 유형의 남자주인공이 아닌, 여주인공인 '다마(dama)'와 함께 극의 모든 분규와 음모의 한가운데에 위치한 남자주인공 상을 나타내기 위해선 불가피하게 '갈란'이라는 원어를 그대로 사용할 수밖에 없는 것이다. '갈란'의 경우 가장 두드러지는 전형적인 특징들은 젊음, 용기, 대담성, 관대함, 일관성, 고통을 두려워하지 않는 의지, 이상주의, 늠름함, 고귀한 신분 등이다 한마디로 '갈란'이라 함은 이와 같은 성격을 지닌, 17세기 스페인 연극의 전형적인 남자주인공 상이라 할 수 있는 것이다. 그가 벌이는 '다마'와의 극적 행동들은 종종 사회적 규범과 대립됨으로써 다양한 위기와 모험들을 생산해 낸다. '갈란'과 '다마'가 갖는 애정적 관계는 극 중에서 '사회'라는 덮개로 때때로 가려지지만 그 이면에는 그들의 본능적 충동이 감추어져 있는 것이다. 즉, 그들이 극 중에서 추구하는 이상은 그 개념 속에 남성으로, 그리고 여성으로서의 본능을 은연중에 암시하고 있는 것이다.

Gallardo y Blanco, Bartolomé José (바르톨로메 호세 가야르도 이 블랑코) (1776～1852) 바다호스(Badajoz) 출신의 작가로 중산층이었다. 살라망카 대학(Universidad de Salamanca)에서 의학을 공부하였으나 문학, 철학, 정치에 더 큰 뜻이 있었다. 문학적으로는 낭만주의 사조에 애착을 보였고, 작품 가운데 『*Blanca flor*』를 꼽을 수 있다. ➡ Romanticismo(낭만주의)

Gallardo, José Carlos (호세 카를로스 가야르도) (1925～) 그라나다(Granada) 출신의 시인이다. 초현실주의적이면서도 실존주의적 색채가 두드러지는 시를 썼다. 『*Madrugada*』(1946), 『*Amor americano*』(1968) 등이 대표작이다.

Gallego García, Laura (라우라 가예고 가르시아) 1977년 발렌시아에서 태어난 스페인의 아동, 청소년 문학 작가이다. 아동문학에서 새로운 소재를 삼아 내용을 펼쳤다는 점에서 높은 평가를 받는다. 환상과 역사를 주제로 한 『*Finis Mundi*』(1999), 공상과학을 주제로 한 『*Las hijas de Tara*』(2002), 후에는 영웅 서사소설인 『*Memorias de Idhún II: Tríada*』(2005)를 집필하였다.

Gallego, Juan Nicasio (후안 니카시오 가예고) (1777～1853) 사모라 출신으로 카디스의

의회에 참여하는 등 애국적 태도를 취하였으나 이로 인해 감옥생활을 하고 망명을 하기도 하였다. 신고전주의적 작품에는 아나크레온적이고 교훈적인 내용들이 넘치며 문체는 잘 다듬어져 있고 또한 우아하다.

Galleguismo (가예기스모) 갈리시아(Galicia) 지방의 문화 진흥과 발전을 위해 실현되는 총체적인 현상을 가리킨다. 갈리시아의 언어, 문학, 음악, 전통, 민속, 미식학 등 여러 가지 활동이 공기관 또는 사기관에 위해 실현되는 것이다. 스페인 지역 내에서 갈리시아의 위상이 높아지면서 가예기스모는 정치적 목적으로 사용되기도 한다.

Galvarriato, Eulalia (에우랄리아 갈바리아토) (1905～1997) 마드리드 출신의 작가이다. 시인이자 문학비평가인 다마소 알론소(Dámaso Alonso)의 아내이기도 하다. 단편소설을 주로 썼다. 작품 중 『*Raíces bajo el agua*』(1953)는 자전적인 성격이 강한 단편소설이다. 『*Cinco sombras en torno a un costurero*』(1946)라는 작품으로는 나달 문학상(Premio Nadal)의 최종 후보에 올랐다.

Gálvez de Montalvo, Luis (루이스 갈베스 데 몬탈보) (1549～1591) 과달라하라 출생의 스페인 작가이다. 마드리드에서 인문학자인 후안 로페스 데 오요스(Juan López de Hoyos) 밑에서 세르반테스와 함께 수학하다 일찍이 이탈리아로 건너가 『*El llanto de san Pedro*』 등의 서적을 번역했다. 소설 『*El pastor de Fílida*』로 큰 성공을 거두었다.

Gálvez, Francisco (프란시스코 갈베스) 1954년 코르도바(Córboda)에서 출생한 스페인 시인이다. 시 잡지인 <Antorcha de Paja>(1973～1983)를 발행하였으며, 오늘날 스페인 70세대(Generación del 70)의 대표적인 인물 중 한 명으로 평가받는다. 저서 중 일부는 뮤지컬이나 음악에 활용되기도 하였으며, 대표저서로는 『*Tránsito*』(1994)와 『*El paseante*』(2005)가 있다.

G

Games, Gutierre Díez de (구티에레 디에스 데 가메스) 15세기에 활동한 스페인의 군인이자 역사가이다. 원래는 해군이었으나 엔리케 3세(Enrique III)의 함대를 지휘하던 페로 니뇨의 명으로 그의 대서인이 되어 당시에는 드물었던 개인전기인 『*El Victorial o Crónica de Don Pero Niño*』를 출판했다. 집필 목적은 페로 니뇨 자신의 명성을 높이는 것이었기 때문에 찬양적인 문체가 특징이다.

Gamoneda, Antonio (안토니오 가모네다) (1931～) 오비에도 출신의 시인이다. 5세 때부터 시인이었던 아버지의 글을 읽으며 문학적 재능을 계발했고, 어떤 학파나 조류에도 속하지 않았다. 자신의 시에 대해 비판적이고 엄격한 자세를 유지했다. 1960년에도 시집 『*Sublevación inmóvil*』을 출판했으나 프랑코 집권기에는 별 다른 주목을 받지 못하였고, 『*Descripción de la mentira*』로 문학계의 반향을 일으켰다. 2006년에는 스페인 문학계의 가장 권위 있는 상인 세르반테스상을 수상했다.

Ganivet, Ángel* (앙헬 가니벳) (그라나다－1865/리가, 레토니아－1898) 수필가이자 소설가. 그라나다(Granada)에서 법학과 철학 그리고 문학을 공부하고, 마드리드에서 박사학위를 받았다. 외무고등고시를 통해 영사자격을 획득하였고 여러 지역으로 발령받았다: 암베레스(Amberes), 헬싱키(Helsinki)와 리가(Riga)에서 일했는데, 마지막 도시인 리가에서 33세의 나이로 자살했다. 그리스와 고전 철학에 대해, 특히 세네카(Séneca), 마르코 아우렐리오(Marco Aurelio)와 에픽테토(Epicteto)의 스토아 학문에 대한 학식이 높았고, 북유럽과 게르만족의 언어 그리고 프랑스계 사상은 물론 현대 유럽 철학, 구체적으론 쇼펜하우어(Schopenhauer)와 니체(Nietzsche)의 철학에 대한 대지식인이었기에 탄

탄한 문화를 보유하고 있었다. 전형적으로 스페인적인 뿌리를 가진 심도 깊은 유럽 사상가였다. 그라나다를 향한 미학적 관심에 스페인에 대한 윤리적 그리고 정치적 성격의 다른 것들이 합쳐진다. 스페인에 대한 고찰은 작품의 축으로 17세기의 전통적 고뇌로부터 라라(Larra)와 98의 사상가들 사이로의 변화를 그린다. 전체적으로 가니벳은 98세대(Generación del 98)의 회귀 사상(ideas recurrentes)의 선구자이다. 그의 뛰어난 작품들 중에는 박사 논문인 「*España filosófica contemporánea*」(1890), 그 외에도 산스크리트에 대한 논문이 있고, 자신의 도시에 관한 산문 형식의 시인 『*Granada la bella*』(헬싱키, 1896)에서 고향을 향한 향수를 그리며 이상화시켰다. 『*Idearium español*』(그라나다, 1987)은 스페인의 쇠퇴기에 관한 깊은 연구로, 이 안에는 세월과 함께 수없이 반복된 의욕 부족, 즉흥성 등과 같은, 스페인 사람에 대한 심리적 평가라고 할 수 있는 것들이 나타난다. 그리고 어쩌면 최고의 작품이라고 볼 수 있는 『*Cartas Finlandesas*』(1897), 『*La conquista del reino de Maya por el último conquistador español, Pío Cid*』(1897)는 19세기 스페인과 유럽 사회들과 아프리카의 몇몇 부족들을 풍자적으로 비교하는 동안 심히 회의적인 그의 비평적 가설에 더욱 깊이 들어가는 길을 찾는 소설로, 그는 소설에서 또 다른 자신(alter ego)인 피오 시드(Pío Cid)를 창조한다. 그리고 『*Los trabajos del infatigable creador Pío Cid*』(1898)가 돋보인다. 사후에 여러 시들이 발표되었다. 나바로 레데스마(Navarro Ledesma)와 오갔던 서신 모음인 『*Epistolario*』(1904), 시 형식의 드라마인 『*El escultor de su alma*』(1904), 스칸디나비아 작가들에 대한 연구를 포함하는 『*Hombres del Norte*』(1905) 그리고 벗이자 그에게 결정적 영향을 미친 우나무노(Unamuno)와의 서신은 『*El porvenir de España*』(1912)라는 제목으로 출판되었다.

G

Gaos, Vicente (비센테 가오스) (1919～1980) 발렌시아 출신의 시인이자 문학비평가이다. 형제들도 철학가, 시인으로 성장할 정도로 풍부한 지적·문화적 분위기의 가정에서 성장했다. 『*Arcángel de mi noche*』(1939～1943)로 이름을 알리기 시작했고, 가오스 최고의 시집으로 꼽히는 『*Profecía del recuerdo*』(1956)에서는 가르실라소 데 라 베가에서 우나무노에 이르기까지 기존 문학 전통들의 영향을 거부하고 완전히 독창적인 시 세계를 펼쳤다. 문학비평가로서는 돈키호테에 주석을 단 편집본을 출판하고, 시학에 관한 에세이들을 출판했다.

Garcí Luengo, Eusebio (에우세비오 가르시 루엔고) (1909～2003) 스페인 소설가이자 극작가로 바다호스(Badajoz)의 알코세르(Alcocer)에서 태어나 마드리드에서 사망하였다. 철학, 문학, 법학을 공부하였고 <El Español>, <La Estafeta Literaria>, <Indice de las Artes las Letras>와 <Fantasía>에서 단편소설 작가와 비평가로 활동하였다. 1950년에 카페 기혼상(Café Gijón)을 받았다. 대표작으로 『*El malogrado*』(1945)와 『*No sé*』(1950)가 있다.

García Álvarez, Enrique (엔리케 가르시아 알바레스) 마드리드 출신의 스페인 극작가(1873～1931)이다. 어릴 적부터 신문 사설을 집필하여 이름을 알렸으며, 후에는 주로 다른 작가들과 공동 작업을 하였다. 무뇨스 세카(Muñoz Seca)와 소극(笑劇)이라는 장르를 개척하였으며 『*El verdugo de Sevilla*』(1916), 『*La frescura de Lafuente*』(1917)를 집필하였다. 안토니오 파소(Antonio Paso)와는 『*La alegría de la huerta*』(1900), 『*Los cocineros*』(1897), 『*El niño judío*』(1905)를 집필했다.

García Casado, Pablo (파블로 가르시아 카사도) 코르도바(Córdoba) 출생의 시인(1972～)

이다. 문체가 매우 간결하고 반어적 표현을 사용하는 데 뛰어나다. 어린 시절부터 문학에 대한 지적 호기심이 많았으며 젊은 나이에 창작활동을 시작하여 20세기 스페인의 훌륭한 젊은 작가 중 한 명으로 평가된다. 대표작으로는 『*El poema de Jane*』(1996)이 있다.

García de la Barga y Gómez de la Serna, Andrés (안드레스 가르시아 데 라 바르가 이 고메스 데 라 세르나)　(1887～1975) 마드리드(Madrid) 태생. 스페인 기자, 시인, 소설가이자 수필가이다. 코르푸스 바르가(Corpus Barga)라는 예명을 사용하였다. 이른 나이 때부터 <El País>, <El Intransigente>, <El Radical> 등의 신문사에서 일했다. 그의 대표작으로 『*Cantares*』(1904), 『*Tragedia desconocida en un acto*』(1935), 『*Pasión y muerte o Mary y los altos hornos*』(1930), 『*La baraja de los desatinos*』(1968) 등이 있다.

García de la Huerta, Vicente* (비센테 가르시아 데 라 우레르타)　(1734～1787) 바다호스(Badajoz) 주의 사프라(Zafra)에서 태어난 스페인 태생의 극작가이자 시인이다. 왕립 도서관(Biblioteca Real)에서 일했다. 알바(Alba) 공작의 공문서 보관자였고, 스페인 왕립 한림원, 역사 한림원, 그리고 산 페르난도(San Fernando)의 회원이었다. 프란시스코 레리오 바리가(Francisco Lelio Barriga)라는 가명을 사용했었다. 1778년에는 디아만테(Diamante)라는 고전에 입각한 작품인 비극 『*Raquel*』이 개봉되었다. 이 연극은 그의 가장 대표적인 연극으로, 알폰소(Alfonso) 8세와 그의 신하에 의해 살해된 톨레도(Toledo)의 한 유대인 여자와의 비극적인 사랑이야기를 다루고 있는데, 신고전주의적인 규칙들을 적용한 작품이다.

García de Pruneda y Ledesma, Salvador (살바도르 가르시아 데 프루네다 이 레데스마)　(1912～) 마드리드 출신의 작가이자 외교관이다. 문학사 학위를 취득했고 튀니지, 에티오피아, 헝가리에서 근무했다. 소설을 주로 썼으며 1969년에는 『*La puerta falsa*』로 스페인 국민 문학상(Premio Nacional de Literatura)을 받았다.

García de Villalta, José (호세 가르시아 데 비얄타)　(1798～1846) 세비야(Sevilla) 출신의 작가이다. 정치적 이유로 1831년 스페인을 떠나 1834년까지 스위스와 파리에서 생활했다. 주로 역사적 성격이 강한 희곡과 소설 등을 썼다. 『*El astrólogo de Valladolid*』(1839), 『*Los amores de 1790*』(1838)가 대표작이다.

García de Villanueva Hugalde y Parra, Manuel (마누엘 가르시아 데 비야누에바 우갈데 이 파라)　18세기 말의 배우이면서 작가이다. 『*Manifiesto por los teatros españoles y sus actores*』와 같은 그의 작품들을 통해 연극 연구에 많은 노력을 기울였다는 것을 알 수 있다.

Garcia Gutiérrez, Antonio (안토니오 가르시아 구티에레스)　(1813～1884) 카디스의 치클라나(Chiclana) 태생으로 의학 공부를 중단하고 준비한 몇 편의 연극작품 대본을 들고 마드리드로 간다. 그러나 생활이 궁핍해지자 군대에 지원한 후 계속 작품을 쓰다가 1836년 무대에 올린 『*El trovador*』를 통해 낭만주의의 중요 극작가들 중의 하나로 자리를 굳힌다.

García Hortelano, Juan (후안 가르시아 오르텔라노)　(1928～1992) 마드리드 출신의 소설가이다. 유년기 때부터 할아버지의 도서관에서 많은 독서를 하며 자랐다. 1951년 공산당(Partido Comunista)에 입당했다. 사회적 리얼리즘 소설 『*Nuevas amistades*』(1959)로 작품활동을 시작했고, 『*El gran momento de Mary Tribune*』(1972)부터는 더욱 풍자적이고 빈

정대는 스타일로 변했다.

García Lecha, Luis (루이스 가르시아 레차)　1919년 라 리오하(La Rioja) 출생의 스페인 소설가이자 희곡시나리오 작가이다. 다양한 주제를 통해 2,003편의 장편소설을 쓴 다작의 작가로 유명하며, 그중 약 6백여 작품이 공상과학소설이다. 미국에서도 또한 전쟁, 경찰, 테러 등의 소설을 집필하였는데 클락 캐러더스(Clark Carrados), 루이스 지 밀크(Louis G. Milk), 글랜 패리시(Glenn Parrish) 등 다양한 가명을 사용하였다.

García Mercadal, José (호세 가르시아 메르카달)　사라고사(Zaragoza) 출생의 소설가(1883～1975)이다. 매우 젊은 시절부터 작품을 썼으며 처녀작 『*Del jardín de las doloras*』(1906)에서는 캄포아모르 이 캄포오소리오(Campoamor y Campoosorio, Ramón de, 1817～1901)의 시집을 읽고 감상적으로 자신의 의견을 서술한다 . 첫 번째 소설 『*El viajero del siete*』(1911)은 인기 있는 스페인의 단편소설 중 하나로 평가받는다.

García Montero, Luis (루이스 가르시아 몬테로)　(1958～) 스페인 시인이자 문학비평가. 그라나다(Granada) 대학교에서 문학교수로 활동하며 『*Habitaciones separadas*』(1995), 『*La intimidad de la serpiente*』(2003) 등 많은 시집을 편찬하였다.

García Morales, Adelaida (아델라이다 가르시아 모랄레스)　바다호스(Badajoz) 출신의 소설가(1945～)이다. 1985년 『*El Sur*』라는 소설의 발표와 함께 문학계에 나타났고, 이 소설은 빅토르 에리세(Víctor Erice)에 의해 영화로 만들어졌다. 같은 해에 『*El Silencio de las Sirenas*』로 에랄데 소설상(Premio Herralde de Novela)을 받았다.

García Nieto, José (호세 가르시아 니에토)　(1914～2001) 오비에도(Oviedo) 출생. 시파들을 결성하는 데 중요한 역할을 하여 1943년 그가 창간한 잡지 <Garcilaso>를 축으로 청년 창조가들의 우두머리 역할을 했다. 『*Víspera de ti*』(1940), 『*Sonetos por mi hija*』(1953), 『*Geografía es amor*』(1961), 『*La hora undécima*』(1963), 『*Hablando solo*』(1969) 등이 있다.

García Pavón, Francisco (프란시스코 가르시아 파본)　(1919～1989) 시우다드 레알 출신의 작가이다. 『*Las Hermanas Coloradas*』(1969)로 나달 문학상을 받았다. 무엇보다 플리니오(Plinio)라고 불리는 토메요소(Tomelloso)의 경찰이 조수 돈 로타로(don Lotaro)의 도움으로 사건을 해결하는 내용의 추리소설 『*Historias de Plinio*』(1968)로 유명하다. 이 작품은 TV시리즈로 제작되기도 했다.

García Pintado, Juan (후안 가르시아 핀타도)　바야돌리드(Valladolid) 출생의 극작가, 기자(1940～)이다. 부조리극을 많이 창작했으며 주요작품으로 『*La cena*』(1967), 『*La patria chica de los gusanos de seda*』(1968) 등이 있다. 부조리극을 쓸 때 자신만의 극적인 표현을 사용한 것으로 유명하다.

García Sabell, Domingo (도밍고 가르시아 사벨)　산티아고 데 콤포스텔라(Santiago de Compostela) 출생의 작가이자 의사(1909～2003)이다. 의학 관련 논문인 「*El metabolismo, intermediario de los líquidos en la obesidad*」로 의학계의 인정받았다. 문학, 과학을 주제로 수많은 기사와 비평을 썼는데, 대부분 갈리시아어로 쓰였다. 주요작품으로 『*Seoane*』(1954), 『*Ensaios*』(1963) 등이 있다.

García Sanchíz, Federico (페데리코 가르시아 산치스)　(1886～1964) 발렌시아(Valencia) 출신의 작가이다. 시민전쟁 시기에는 프랑코 측의 선전활동에 적극적으로 참여했었다. 작품에서 신조어를 많이 만들어내는 것으로 잘 알려져 있다. 『*Por tierra fragosa*』(1903), 『*El caballerito del puerto*』(1924) 등을 출판했다.

García Santisteban, Rafael (라파엘 가르시아 산티스테반) (1829~1893) 마드리드 출신의 작가이다. 시와 희곡들은 풍자적인 성격이 강하며, 많은 경우 작품의 제목에서부터 잘 드러난다. 『*El ramo de ortigas*』(1861), 『*El enemigo en casa*』(1864) 등이 대표작이다.

García Serrano, Rafael (라파엘 가르시아 세라노) 팜플로나 출신의 소설가(1917~1988)로 스페인 내전을 바탕으로 전쟁소설을 창작하였다. 첫 번째 소설 『*Eugenio o la Proclamación de la primavera*』에서는 팔랑헤주의자들의 이념을 옹호하는 공격적인 해방감을 묘사한다. 또 다른 대표작으로는 『*La fiel infantería*』가 있는데, 이는 내전 선언으로 시작되는 내전 이야기를 다루다 검열의 수모를 겪기도 하였다.

García Tassara, Gabriel (가브리엘 가르시아 타사라) (1817~1875) 세비야 출신의 시인이자 외교관이다. 미국의 전권공사를 지냈다. 에스프론세다와 캄포아모르의 영향을 받았다. 시집 『*Poesías*』에 실린 시들은 자연, 인간, 신성을 주제로 한다. 헤트루디스 고메스 데 아베야네다(Gertrudis Gómez de Avellaneda)와의 사랑이야기로도 잘 알려져 있다.

García Tejero, Alfonso (알폰소 가르시아 테헤로) (1818~1890) 마드리드 출신 작가이다. 대중소설과 혁명재판소에 대한 시로 유명하다. 작품집으로는 『*El romancero histórico*』(1859), 『*El Cancionero de Sevilla*』(1872)가 있다.

García Ulecia, Alberto (알베르토 가르시아 울레시아) (1932~) 세비야(Sevilla) 출신의 작가이다. 50세대의 가장 중요한 구성원 중 하나로 평가되며 안달루시아는 그의 풍부한 시적 특성의 원천이다. 『*A flor de tierra*』(1972), 『*Paisajes y elegías*』(1982)가 대표작으로 꼽힌다. ➡ Generación del 50(50세대)

García Valero, Vicente (비센테 가르시아 발레로) (1855~1927) 발렌시아(Valencia) 출신의 배우이자 극작가이다. 출신 지역에도 불구하고 대부분의 문학활동은 세기 말 마드리드에서 이루어졌다. 희극, 멜로드라마 등 다양한 장르의 희곡을 썼다. 『*Agradar es el propósito*』(1883), 『*La tertulia de Susana*』(1889) 등을 출판했다.

García, Carlos (카를로스 가르시아) (1575~1630) 스페인 바로크 시기의 의사이자 작가로 1620년대에는 파리에 거주했던 것으로 알려져 있다. 생애에 대해서는 비평가들의 의견이 분분한데, 실존 인물이 아니었을 것이라고 의심하거나 세르반테스와 동일 인물이었을 것이라고 추정하는 의견도 있다. 카를로스 가르시아라는 이름으로는 몇 편의 피카레스크 작품이 출판되었는데, 가장 잘 알려진 것은 『*La desordenada codicia de los bienes ajenos. Antigüedad y nobleza de los ladrones*』(1619)이다.

Garciasol, Ramón de (라몬 데 가르시아솔) 과달라하라(Guadalajara) 출생의 시인, 수필가, 문학비평가(1913~1994)이다. 당시 스페인 사회의 문제점을 작품에 그대로 드러낸 현실주의적 시를 주로 썼다. 대표작으로는 『*Poemas del tiempo nuevo*』(1936), 『*Alba de sangre*』(1937)가 있다.

García-Viñó, Manuel (마누엘 가르시아 비뇨) 세비야 출신의 소설가이자 작가, 수필가(1928~)이다. 주로 형이상학적 경향의 소설을 많이 썼으며, 대표작으로 『*Nos matarán jugando*』(1962), 『*El pacto de Sinai*』(1967) 등이 있다. 시작품으로는 『*Ruiseñores del fondo*』(1958), 『*Un mundo sumergido*』(1967), 『*Paisajes de dentro y fuera*』(1975) 등이 있다. 에세이는 대부분이 소설론에 관한 것이며 『*El realismo y la novela actual*』(1973), 『*Papeles sobre la "nueva novela" española*』(1975) 등이 있다.

Garcilasismo (가르실라시스모) 스페인 내전 후 나타난 시운동의 한 기류이다. 가르실라소 데 라 베가(Garcilaso de la Vega)를 모방한 시운동으로서 이를 지지하는 사람들을 가르실라시스타(Garcilasista)라고 부른다. 스페인 내전 동안에는 뿌리내린 시(Poesía arraigada)의 움직임이 있었는데 가르실라시스모 또한 그 움직임의 일환으로 생겨났다. 주로 36세대(Generación del 36)의 작가들이 이 모임을 이루었으며, 대표적인 작가로는 루이스 로잘레스(Luis Rosales), 루이스 펠리페 비방코(Luis Felipe Vivanco), 호세 가르시아 니에토(José García Nieto) 등이 있다. 그들은 히혼 카페(Café Gijón)에서 문학 좌담회를 가지며 모임을 형성하였다. 그들의 시는 전위문학과는 거리가 먼 전통적 작시법을 특징으로 하며 소네트 형식이 주를 이룬다. 또한 정신적 사랑, 성, 육체 등을 찬미하는 주제를 표현하여 창조의 젊음(Juventud Creadora)이라고 불리기도 하였다.

Garcilaso (가르실라소, 잡지) 전후 스페인 문학잡지로 1943년 창조적 젊음(Juventud creadora)을 표방하며 출간되었다. 사상적인 측면에서 <Espadaña>와 대립적이다. 잡지 제목을 스페인 황금 세기의 대표적인 시인인 가르실라소 데 라 베가의 이름에서 가져와 스페인 황금 세기에 대한 향수를 표현하고 있다. 기고된 시의 대부분은 세상을 조화롭고 아름다우며 균형 잡힌 것으로 보고 있다. 시의 주제는 사랑, 죽음, 신, 조국 등이 주류를 이룬다. 루이스 로살레스, 루이스 펠리페 비반코, 레오폴도 파네로 등이 대표 시인이다.

Garcitoral o García Toral, Alicio (알리시오 가르시토랄) 히혼(Gijón) 출생의 소설가, 수필가, 시인, 극작가(1902~2003)이다. 사회주의적 이데올로기를 지녔으며 스페인 내전 이후 아르헨티나로 망명하였다. 소설은 사회의 현실을 잘 드러내며 사실적 묘사가 주를 이룬다. 대표작으로는 『*El crimen de Cuenca*』(1932), 『*Pasodoble bajo la lluvia*』(1933)가 있다.

Garfías López, Francisco (프란시스코 가르피아스 로페스) (1921~2010) 우엘바(Huelva) 출신의 작가이다. 시에서 사랑과 고독이 반복적인 주제로 나타나는 것이 특징이다. 『*Caminos interiores*』(1942), 『*Ciudad mía*』(1957~1961) 등의 작품집을 남겼다.

Garfias, Pedro (페드로 가르피아스) (1901~1967) 살라망카 출신의 시인이다. 초기에는 전위주의의 한 흐름인 울트라이스모와 창조주의 계열의 시를 썼으나 시민전쟁에서 그가 가담했던 공화파 진영이 패배하고 멕시코로 망명을 떠난 시기부터 현실참여적 시로 방향을 바꾸었다. 당시에 쓴 시집 『*Primavera en Eaton Hastings*』(1941)로 문학적 절정에 이르렀다는 평가를 받았다.

Garrido de Villena, Francisco (프란시스코 가리도 데 비예나) 발렌시아(Valencia) 출생의 시인, 번역가(1520~?)이다. 이탈리아 시인 보이아르도(Matteo María Boiardo, 1441~1494)의 작품 『*Orlando innamorato*』를 번역(1555)했다. 시작품은 매우 독창적이라고 평가되는데 대표작으로는 『*El verdadero suceso de la famosa batalla de Roncesvalles, con la muerte de los doce pares de Francia*』(1555)가 있다.

Garrigues, Eduardo (에두아르도 가리게스) 마드리드 출생의 작가, 변호사, 외교관(1944~)이다. 문학 장르 중 단편소설을 주로 썼으며, 대표작으로는 『*El canto del urogallo*』(1961), 『*Cuentos griegos*』(1972) 등이 있다. 가장 주목할 만한 작품으로는 『*Al oeste de Babilonia*』(1999)가 있는데, 실제 역사를 바탕으로 허구적 요소를 가미한 소설이다.

Gassol, Ventura (벤투라 가솔) (1893~1980) 타라고나(Tarragona) 출신의 작가이다. 시민전쟁 후 망명을 떠나 1977년에야 스페인으로 돌아왔다. 시는 사랑과 풍경에 대한 찬미, 격렬한 애국심을 노래한다. 『*Àmfora*』(1917), 『*El mur de roses*』(1924) 등을 썼다.

Gasteluzar, Bernardo (베르나르도 가스테루사르) 17세기 스페인 예수회 수사이자 시인이다. 작품 『*Eguia catholicae*』(Verdades católicas, 1686)는 바스크어를 쓰는 독자들을 대상으로 교훈적인 시구들을 담은 것이다. 다양한 신화 인용과 운율을 통해 고전의 영향을 받았음을 알 수 있다.

Gaya ciencia (가이아 학문) 가이아 학문은 중세 시학을 다른 용어로 표현한 것으로, 프로방스풍 서정시를 짓기 위한 작법이나 계율(규칙)을 일컫는다. 풍자적인 주제나 사랑의 주제를 다뤘음에도 불구하고 종교적이고 진지한 말투를 견지하였다. 후기 카스티야(Castilla) 시에 영향을 많이 미쳤다.

Gaya Nuño, Juan Antonio* (후안 안토니오 가야 누뇨) [타르델쿠엔데(Tardelcuende), 소리아(Soria), 1913－마드리드(Madrid) 1976] 소설가이자 수필가이다. 마드리드 대학에서 철학과 문학 박사학위를 받았고, 예술 분야의 역사가이자 비평가이도 하다. 로드리게스－몰리뇨(Rodríguez－Moñino)에 의해 설립된 스페인 잡지 <Revista Española>의 예술 부분을 맡았고, 1939년부터 1943년까지 스페인 내전에서 공화국 편에서 싸웠던 것으로 인해 감옥살이를 한다. 감옥생활 중에 망자들의 계곡(Valle de los Caídos) 건설 현장에서 강제노동을 했다. 이 강제 노동 이후, 대학에서 그리고 연구가로서의 일을 할 수 있는 모든 기회는 박탈되었다. 그러나 상황을 극복하고 <Insula>, <Indece>, <Cuadernos Hispanoamericanos>와 같은 명성 높은 출판사들에서 일할 수 있었다. 작품은 평범한 이야기, 소설, 논문과 수필로 이루어져 있으며, 보통은 스페인의 전쟁과 전쟁 이후에 집중되어 있다. 자주 만화경적인 관점에서 대중적인 것뿐만 아니라 스페인의 비극적인 역사, 괴기한 역사를 다루는 데 있어 깊은 지식을 가지고 있다는 것을 보여주었다. 작품들 중에서 『*Los gatos salvajes y otras historias*』(1968)와 『*Los montruos prestigiosos*』(1971) 같은 신화적인 존재들에 대해 다룬 소설들이 돋보이는데, 이들 작품의 부조리 문제를 대단히 노련하게 처리하고 있다. 소설 『*Historia del cautivo*』(국내 편, 1966)는 모로코 전쟁(Guerra de Marruecos)을 비판적으로 다루었는데, 어느 장르에도 속하지 않아서, 그가 "엉뚱하다"라고 평가했던 중요한 소설이다. 『*El santero de San Saturio*』(1953)와 『*Tratado de mendicidad*』(1962)는 세르반테스풍으로 17세기의 스페인의 풍자의 기법을 이용해서 소설을 쓴다. 예술과 관련된 수필들 중에서, 벨라스케스(Velázquez), 피카소(Picasso), 수르바란(Zurbarán), 달리(Dalí), 후안 그리스(Juan Gris)에 대한 여러 모노그래프 외에도, 여러 다른 작품들 속에서 『*El romántico en la provincia de Soria*』(1947), 『*La pintura románica en Castilla*』(1954), 『*Historia y guía de museos de España*』(1955), 『*El Arte en la intimidad*』(1957), 『*La escultura española contemporánea*』(1957), 『스페인 외부의 스페인 그림』(1958), 『*Entendimiento del Arte*』(1959), 『*Pintura europea perdida por España. De Van Eyck a Tiépolo*』(1964), 그리고 『*La pintura española del siglo XX*』(1970)가 중요한 작품들이다.

Gaya, Ramón* (라몬 가야) [우에르토 델 콘데(Huerto del Conde)/무르시아(Murcia) 1910] 시인이자 수필가이며 화가. 1928년 파리로 여행, 피카소(Picasso), 코르푸스 바르가(Coupus Vargas)와 같은 여러 선구적인 대가들과 접했다. 마드리드로 돌아온 후, 잡지사 <Luz>에서 일했고, 스페인 내전 이후 발렌시아 로 피신했고, <Hora de España> 편집부의 일원이 되었다. 1952년 다시 파리로, 이후 발렌시아로 그리고 마지막으로 로마로 옮겨갔다. 27의 세대(Generación del 27)에서 돋보였던 화가들 중 한 명이었고 무르

G

시아(Murcia)에서 호르헤 기옌(Jorge Guillén)과 후안 게레로 루이스(Juan Guerrero Ruiz)가 세운 잡지인 <Verso y Prosa>에, 그리고 <La Verdad> 등 여러 잡지사에 기고했다. 또한 <Romance>, <Taller>와 같은 망명지에서 출판된 여러 잡지에도 기고했다. 마리아 삼브라노(María Zambrano), 세르누다(Cernuda), 힐 알베르토(Gil Alberto), 호세 베르가민(José Bergamín), 이미 언급한 기옌(Guillén) 같은 작가들의 친구였다. 예술가, 창조 그리고 시간 사이의 관계에 윤리성에 대해 숙고했던 작가로, 이런 것들을 고상함이라고 불렀다. 잡지에 출판된 시들은 화가 라몬 고야의 시 몇 편 『*Algunos poemas del pintor Ramón Gaya*』(1991)에 모아 출판되었고, 시 몇 편 『*Algunos poemas*』(2001) 그리고 시전집 『*Poesías completas*』(2001)에서 그 수가 매우 증가했다. 여기에다 수필 성격의 여러 다른 글들도 있다. 『*El sentimiento de la pintura*』(1960), 그림 비평의 고전인 『*Velázquez, pájaro solitario*』(1969), 그리고 『한 화가의 일기』(1952~1953), 『*Diario de un pintor*』(1984), 그 외에도 산문 선집인(3권, 1990, 1992, 1994) 『*Obra completa*』나 『*Algunas cartas*』(1997)가 있다. 이 책에는 1951년부터 1966년 사이에 작가가 언급한 힐 알베르토(Gil Alberto)나 토마스 세고비아(Tomás Segovia)와 같은 사람들과 쓴 서신들 중 일부가 실려 있다. 1990년, 자신의 모든 글 작품들을, 다시 전집 『*Obra completa*』라는 이름으로 출판하기 시작했다. 무르시아(Murcia)는 1990년 그에게 박물관을 헌정했다. 그의 업적을 인정하는 여러 상들 중에는 1982년 미술상, 1996년 마드리드 미술협회 금상, 1997년 조형예술 국립상 그리고 2002년 조형예술 벨라스케스상이 두드러진다.

Gefaell, María Luisa (마리아 루이사 헤파엘) (1918~1978) 마드리드(Madrid) 태생. 스페인 음악가이자 번역가, 기자와 작가로 활동했다. 아동문학에서 이름을 알렸는데 대표작으로 『*La princesita que tenía los dedos mágicos*』(1953)가 있고 스페인 국민문학상(Premio Nacional de Literatura)을 수상하였다. 이 외에도 『*Las hadas de Villaviciosa de Odón*』(1979)이 있다.

G

Generación (세대) 피터슨(Peterson)에 따르면 같은 시대에 태어나 상호 영향과 수용관계가 지속되었던 작가 그룹을 세대로 지칭하면서, 세대 구성의 조건으로 가문적 환경, 출생시기, 교육환경, 역사적 환경의 공유, 세대 간의 공통 체험, 세대가 추구하는 이상적 인간형의 존재, 세대 고유의 언어, 전 세대의 종식 등 여덟 가지를 제시했다. 또한 세대라는 개념은 문학사적 개념으로 명확하게 정의되어 있다기보다는 다양한 사조적 변천을 설명하는 데 유용하게 이용할 수 있다는 편리성에 의해서라고 한다.

Generación del 27* (27세대) 시인들이 주축을 이룬 작가들로 98의 손자들, 독재의 세대, 또 그들 중 많은 이들이 잡지에 기고한 것과 관련해서 레비스타 데 옥시덴테(Revista de Occidente) 세대로 알려져 있으며, 루이스 세루다(Luis Cerruda)는 그들을 1925년 세대라고 부르기도 했다. 비록 그 교육학적 유용성은 부정할 수 없지만, 98세대와 마찬가지로 세대 이름표는 논쟁의 여지가 있고 또한 문제가 있다. 이 세대 명칭은 이후에 여기에 포함된 시인들의 가장 강경한 옹호자이며, 시인이자 비평가인 호세 루이스 카노(José Luis Cano)에 의해서라고 한다. 이들 작가들은 부르주아 집안 태생이었고 대학 교육을 받은 사람들이었다. 어쨌든, 그들을 연결해주는 것은 상식적인 문학과의 단절이다. 그래서 오랫동안 잊혀져 있던 시인인 공고라 서거 300주기를 기념해서, 그가 자주 사용했던 식자적인 환유법을 재평가했다는 점이다. 이 그룹에 속하는 작가들로는 알로소 디에고(Alonso y Diego), 호르헤 기옌(Jorge Guillén), 페데리코 가르시아 로르카(Federico García

Lorca), 라파엘 알베르티(Rafael Alberti), 후안 호세 도멘치나(Juan José Domenchina), 비센테 알레이산드레(Vicente Aleixandre), 에밀리오 프라도스(Emilio Pradoes), 마누엘 알톨라기레(Manuel Altolaguirre)와 파블로 살리나스(Pablo Salinas)가 있다. 스페인의 전통적이고 지적인 서정시에 가치의 중점을 두는 집단으로서의 가치는 주제를 다루는 새로운 방법과 새로운 단어집의 소개에서 이루어진다. 마드리드 학생 기숙사(Residencia de Estudiantes)에 공고라의 영향을 받은 개혁주의자, 탐미주의자, 민중주의자 박식한 사람들이 모였고, 후안 라몬 히메네스(Juán Ramón Jiménez), 고메스 델라 세르나(Gómez de la Serna), 림바우(Rimbaud)와 마리네티(Marinetti)의 영향을 받으며 잡지를 내고, 음악을 작곡했으며, 근본적으로는 시적 도발을 집행했다는 것이다. 이는 스페인 황금세기부터 시 방면에 있었던 가장 중요한 개혁들 중 하나였다.

Generación del 36* (36세대) 대부분 시인들 모임으로, 그들의 작품에는 직접적, 숙명적으로 스페인 내전의 경험으로 인한 흔적이 남아 있지 않을 수 없었다. 그들 중 많은 이들 사이에 사상적 차이가 있지만, 서로 다른 나머지 요소들을 화해시키려 하며, 이들을 그룹화시켜주는 미적 또는 윤리적 기준을 세우는 것이 어렵다. 이들은 전위파들에 반대하고, 형태에 있어서는 신고전주의와 서정주의, "순수시"라 불리며, 기독교적인 뿌리의 내용에 명상적 경향을 포함하며, 열정, 감정, 정서적 삶과 함께 탐미적 자세 같은 것도 언급된다. 가르실라소 데 라 베가(Garcilaso de la Vega)의 영향을 받았고, 그래서 가르실라소주의자로 알려져 있기도 하다. 시인 기예르모 카르네로(Guillermo Carnero)는 전위주의자와의 결렬이라는 점과 27세대에 대해서는 연속성에 더 의미를 두고 위에서 언급된 개념을 분석했다. 36세대라는 이름을 부여한 것은 정치적인 이유로 의해 많은 논쟁의 원인이 되었으며, 사랑과 신앙을 바탕으로 두었다. 제국주의적인 인식을 가졌다고 하지만 이 세대에 포함된 모든 작가들이 이를 공감하지는 않았다. 일반적으로 말해서 이런 시적인 방법들을 파시스트의 또는 체제의 시로 바꿔 버렸다. 가브리엘 셀라야(Gabriel Celaya)는 그들의 근본적 성격이 분열, 전쟁 그리고 망명이었기 때문에 정확하게 36세대에 대해 말할 수 없다고 생각했다. 비센테 알레이산드레(Vicente Aleixandre)는 이와 동일한 선상에서 이들을 평가했다. 논쟁과는 별도로 공통적인 작가 목록을 살펴보면 오메로 세리스(Homero Serís), 토렌테 파에스테르(Torrente Ballester), 루이스 로살레스(Luis Rosales), 미겔 에르난데스(Miguel Hernández), 루이스 펠리페 비방코(Luis Felipe Vivanco), 레오폴도 파네로(Leopoldo Panero), 디오니시오 리드루에호(Dionisio Ridruejo)나 무뇨스 로하스(Muños Rojas) 같은 시인들을 들 수 있겠다. 이 외에도 이런 저런 이유로 인해 미적・윤리적 기준점들에 가깝게 있을 수 있는 작가들이 있는데, 호세 베르가민(José Bergamin), 호세 마리아 발베르데(José María Valverde), 라파엘 모랄레스(Rafael Morales)나 헤르만 블레이베르그(Germán Bleiberg)를 들 수 있겠다. 세리스(Serís)는 센데르(Sender), 카소나 하신토 그라우(Casona Jacinto Grau) 같은 소설가들과 극작가들을 이 세대 작가로 분류했다. 반면에 바예스테르(Ballester)는 이 세대를 시인들의 세대라는 점을 언급하면서 소설가들과 극작가들은 제외시킨다. 신앙적인 체험이 이교적으로 기우는 시점이기도 한데, 실존주의적인 의식으로 철저하게 무장한 정치적 고발은 사회적 사실주의라 불리는 50세대가 등장하게끔 문을 열어주고 있다.

Generación del 50* (50세대) 스페인 내전 이후 수많은 작가, 산문작가, 극작가, 그리고 특히 시인들을 지칭하는 세대이다. 이들은 36세대라 알려진 작가들, 그리고 그 이후 거

G

의 가르실라소주의자라고 분류되는 과도기에 속하는 작가들에 반발했다. 팽팽한 사회적 현실에 고민하는, 레온 펠리페(León Felipe), 블라스 데 오테로(Blas de Otero), 카를로스 보우소뇨(Carlos Bousoño), 가브리엘 셀라야(Gabriel Celaya)나 빅토리아노 크레메르(Victoriano Crémer) 같은 시인들과 카르멘 라포렛(Carmen Laforet)이나 카밀로 호세 셀라(Camilo José Cela) 같은 소설가 같은 작가들로 형성된 "전후의 첫 세대"이다. "전후 두 번째 세대", "반세기 세대"라고도 알려져 있는 이 세대는 50년대부터 형식과 미를 추구하는 것에 반대하면서 사회의 문제들에 대해 고발해야 한다는 작가들이다. 시에 있어서 반미학주의는 사실 반고전주의이다. 비록 앞으로 언급할 작가들 중 그 누구도 문체를 소홀히 하지 않았지만, 분명 소통을 우선시했으며, 이는 잔잔하고 진부한 시로 보일 수도 있다. 이들은 스페인을 위해 사회와 문화의 정치에 관심을 보였다. 다른 한편으로는 공통의 목적을 지녔으며, 이 세대에 속하는 작가들 중에서 "바르셀로나 그룹"이라 불리게 된, 호세 아구스틴 고이티솔로(José Agustín Goytisolo), 하이메 힐 데 비엔마(Jaime Gil de Biedma), 카를로스 바랄(Carlos Barral)을 언급해야 한다. 그리고 엘라디오 카바녜로(Eladio Cabañero), 페르난도 키뇨네스(Fernando Quiñones), 카바예로 보날드(Caballero Bonald), 앙헬 곤살레스(Ángel González) 호세 앙헬 발렌테(José Ángel Valente)를 언급해야 한다. 글작가들에 있어서는, 아나 마리아 마투테(Ana María Matute), 이그나시오 알데코아(Ignacio Aldecoa), 후안 고이티솔로(Juan Goytisolo), 후안 가르시아 오르텔라노(Juan García Hortelano), 루이스 마르틴-산토스(Luis Martín-Santos), 라파엘 산체스 페를로시오(Rafael Sánchez Ferlosio), 헤수스 로페스 파체코(Jesús López Pacheco), 헤수스 페르난데스 산토스(Jesús Fernández Santos) 그리고 카르멘 마르틴 가이테(Carmen Martín Gaite) 같은 작가들이 이 세대에 속하는 작가들이다. 그리고, 소설가들 중에서 문학사적으로 평가받지 못한 후안 에두아르도 수니가(Juan Eduardo Zúñiga)와 안토니오 페레스(Antonio Ferres)가 있는데, 이들은 당시에 가장 잊혀진 작가들이다. 극작가 중에서는 안토니오 부에로 바예호(Antonio Buero Vallejo)와 알폰소 사스트레(Alfonso Sastre)가 돋보이며, 안토니오 갈라(Antonio Gala)와 미겔 미우라(Miguel Mihura)도 이 세대 극작가로 분류하기도 한다. 다른 많은 세대를 정의하면서 종종 일어나는 일이지만, 아직 살아있는 작가들로 인해서 아이러니와 풍자적으로 이들이 언급되곤 한다. 카바예로 보날드(Caballero Bonald)가 그 경우이다. 그는 여러 차례에 걸쳐 명확하게 한 세대가 존재한다는 것을 믿지 않는다고 밝혔고, 확실하게 반어적으로, 그 세대의 일부를 구성하는 이들이 유일하게 기여한 것은 살아가는 방식과 마시는 방식이었다라고 덧붙였다. 56년 이 문제로 인해 논쟁이 벌어졌을 때, 카바예로 보날드(Caballero Bonald) 자신은 문화적인 불편함, 특히 당대 사회의 불편함의 관계를 설명했다. 1959년, 그 시작은 꼴리유에서 열린 안토니오 마차도(Antonio Machado)의 사후 20주년 기념식에서이다. 고인의 시신이 편히 쉬는 프랑스의 어느 작은 고을에 모였다. 카바예로 보날드는 사실 문학적 유사성이 우연적이고 일시적인 작가들을 뒤섞어 놓은 것이라고 보는 반프랑코주의자에 속하는 참여문학 작가였다. 이 그룹에 속하는 시인으로 레오폴도 데 루이스(Leopoldo de Luis)가 있다. 그의 대표작으로 『*Poesía social española contemporánea*』(1965)가 있는데, 이 제목은 이후 『현대 스페인 사회 시』(1939~1968)(1969)로 바뀌어 다시 출판되었다. 이 책은 이 세대에 속한 작가들의 작품 경향을 분석한 가장 중요한 저서이다. 이 세대를 분석한 중요한 또 다른 책은 안토니오 에르난데스

(Antonio Hernández)가 쓴 『*Una promoción desheredada: la poética del 50*』(1978)가 있다.

Generación del 98* (98세대) 1913년에 19세기 마지막 5년 동안에 작품을 시작해서 공통적인 특징들을 가지고 있는 특정 작가들을 지칭하기 위해 가브리엘 마우라(Gabriel Maura)에 의해 만들어지고, 아소린(Azorín)에 의해 다듬어진 세대를 가리키는 명칭이다. 이 명칭이 사용되면서 논쟁을 불러일으키며, 이 용어의 사용에 반대하는 작가들도 많다. 피오 바로하(Pío Baroja)와 라미로 데 마에추(Ramiro de Maeztu)는 그 존재를 부정하는데 반해, 페드로 살리나스(Pedro Salinas)는 강력하게 이 용어의 사용을 옹호한다. 그들의 지적 욕망, 유사성 그리고 나이에 따라 위에서 언급한 바로하(Baroja), 아소린(Azorín) 그리고 마에추(Maeztu)와 우나무노(Unamuno), 가니벳(Ganivet), 바예 잉클란(Valle－Inclán)과 마차도(Machado) 형제가 이 세대의 중심에 있다. 위에서 제기한 문제점들을 분석하고 심화하는 능숙함과 기여도에 따라 그 아래 단계에 있다고 볼 수 있는 여러 작가들이 있다. 가브리엘(Gabriel), 알로마르(Alomar), 마누엘 엘 부에노(Manuel el Bueno), 살라베리아(Salaverría), 시로 바요(Ciro Bayo)가 이 부류의 작가군에 해당된다. 감수성, 주제, 스타일이나 이 세대가 다루는 중심축에서 조금 더 멀리 위치해 있는 베나벤테(Benavente), 마라갈(Maragall), 후안 라몬 히메네스(Juan Ramón Jiménez), 가브리엘 미로(Gabriel Miró)가 있다. 이 세대를 두 그룹으로 나눈다면, 첫 번째는 엄밀하게 문학적이고 모데르니스타인 바예 잉클란, 베나벤테와 마차도 형제들인데, 이들은 그때 루벤 다리오(Rabén Darío)가 마드리드에 도착하면서 그에게서 영향을 받는다. 그는 완전히 새롭고 음악성, 리듬이 넘쳐흐르는 언어, 스페인어의 개혁에 대한 확신을 느끼게 했던 꿈과 이국적인 세상을 불러옴에 있어 강력한 힘을 발휘하는 시어를 사용한다. 그리고 다른 한편에는, 우나무노, 아소린, 바로하 그리고 마에추가 있다. 이들 또한 언어를 개혁함에 대해서는 동의하지만, 모데르니스모의 세련주의에는 관심을 기울이지 않고 스페인 생활에 대한 개혁과 비평에 더 많은 관심을 유지했다. 98세대의 사상은 스페인의 문제에 대해 정신적인 문제의 창조자로 평가하는 것이 타당하고, 두 번째 문학적 사건이라는 점이다. 무엇보다도 스페인에서는 이미 호아킨 코스타(Joaquín Costa)나 마시아스 피카베아(Macías Picavea)와 같은 재건 운동가(regeneracionista)들, 산스 델 리오(Sanz del Río)와 히네르 데 로스 리오스(Gines de los Ríos)와 같은 크라우제 철학파들, 1989년 당해에 죽음을 맞이한 가비네트(Ganivet) 같은 작가들과 사상가들이 스페인의 문제에 대해 이미 많은 언급을 했다는 점과 98세대의 젊은이들이 이들에게 눈을 돌렸다는 점이다. 이들 모두가 실존주의적이라고 분류될 수 있는 사실주의적인 문체를 사용했다. 이는 이들 작가들의 작품이 그리는 인간적이고 사회적인 점을 바탕으로 두고 있는 것에서 비롯된다. 이들 작가들은 생기론적인(vitalista) 관점에 관심을 가지고 있었고, 이는 이들이 삶을 이성보다 더 높게 간주하게 만든다. 이들은 모두 부루조아에 반대하는 사회적 태도을 가지고 있는데, 우나무노는 투쟁적이고, 바로하는 감성적, 바예 잉클란는 미학적, 안토니오 마차도는 앵티미즘적이고 반어적인 특징을 드러낸다.

Generación X* (X세대) 90년대 중반 방송매체에서 아주 젊은 소설가들의 일부에게 붙여준 명칭이다. 이들은 마약, 알코올, 섹스, 밤을 새는 것, 음악이 문학과 갖는 관계를 작품을 통해서 제공하려고 한다. 도전적이고 공격적인 언어 사용과 함께, 거리의 단어를 반영하는 구어적 표현과 욕을 통해 표현하려는 네오 리얼리즘으로 정의된 소설작가들이다. 『*A sangre fría*』의 트루반 카포테(Truman Capote)나 찰리 버코우키(Charles Bukowky)의 영향을 받았으며, 호세 앙헬 마냐스(José Ángel Mañas), 라이 로리가(Ray Loriga), 다니엘 무히카(Daniel Múgica)나 후안 가르시아(Juán García)가 대표적이다. 이들은 이런 꼬리표를 단다는 것을 부정하려 할 것이다. 안토니오 오레후도(Antonio Orejudo)의 경우처럼 종말론적 허무주의, 음담패설적 유머 그리고 언어의 선정적인 취향에 더 가깝게 연결된 다른 작가들이 있다. 1970년부터 태어난 작가들의 세대에서부터 이들의 본질적인 특징들이 있다. 일반적으로는 소설가들로, 간결함과 개인주의, 또 가끔은 격언, 그리고 도시의 사건들에 대한 비평으로 기우는 성향을 가지고 있으며, 소외되고 어려움에 빠진 소비자들, 그리고 자주 락 음악, 만화, 멀티미디어, 언더그라운드 세상에 흠뻑 빠진 사람들, 그리고 폭력과 섹스에 미친 사람들을 그린다. 이런 개념의 시초는 미국에서 나왔으며, 이곳에서 니르바나(Nirvana) 그룹의 보컬, 커트 코베인(Curt Cobain)의 전설이 태어났다. 그는 마약과 자신의 성공에 괴로워했고 대부호는 머리에 총을 쏴 자살했으며, 이로 인해 그는 X세대의 진정한 대표자가 되었다.

Género Chico* (치코 장르)　대작 사르수엘라(zarzuela mayor) 또는 비극, 코미디와 오페라를 포함하는 “주류 장르(género grande)”의 개념에 대비해서 소품 사르수엘라(zarzuela menor)와 사이네테(sainete)를 일컫는다. 다시 말해 대중적인 형식들의 가벼운 혼합, 막간극(entremés)과 파소(paso)의 형식을 지칭한다. 파소의 경우는 주로 왕정 복구기의 등장인물들을 지칭하는데, 사실주의와는 너무나 동떨어진 풍속주의적이고 생생하고, 낙천주의적이며, 음악과 깊이 연결된 시각을 가진다. 이에 대해선 루페르토 차피(Ruperto Chapí), 브레톤(Bretón), 추에카(Chueca), 세라노(Serrano) 같은 작곡가들의 악보들을 통해서 볼 수 있다. 1890부터 1910년 사이의 마드리드에서 성공한 장르이다. 이 특징을 가진 작품들로 아폴로 극장(Teatro Apolo)에서 성공한 작가들이 적지 않다. 특히 카를로스 아르니체스(Carlos Arniches), 비탈 아사(Vital Aza), 리카르도 델라 베가(Ricardo de la Vega) 등이 대표적인 작가들이다.

Género Negro (블랙 장르)　탐정소설에 기초한 현실 비판적 문학 장르이다. 등장인물 중 탐정이 가장 중요한 역할을 가지고 있으며 범죄의 행보 및 결과가 당대 사회의 큰 비판 요소로 작용한다.

Gil de Biedma, Jaime* (하이메 힐 데 비에드마)　시인이자 평론가. 부유한 부르주아 집안 출신으로 살라망카 대학에서 법학을 전공했다. 50세대라고 알려진 “바르셀로나 학회”에 속한 작가 중 한 명이고, 그의 시는 이후 세대에서 더 큰 영향을 미쳤다. 영국 시에 대한 지식이 아주 풍부하고 필리핀으로 여행했으며, 50년대 중반부터 프랑코 체제에 강하게 대항했다. 대화체 시, 시간의 흐름, 자신에 대한 절망에 찬 투쟁, 기억, 어린 시절, 우정, 사랑, 즐거움, 자기 방식으로 이해한 에로티즘 같은 것들을 다루는 데 있어 아주 능숙했다. 시인으로서의 여정은 세르누다의 영향을 받았다. 시집으로는 『*Según sentencia del tiempo*』(1953), 『*Compañeros de viaje*』(1959), 『*Moralidades*』(1966) 그리고 『*Poemas póstumos*』(1968, 1970), 『*Las personas del verbo*』(1975, 1982)가 있다. 특히 『*Las personas del verbo*』 시집에는 이전의 모든 시들이 포함되어 있다. 그는 이 시집을 자신의 시의 완성이라고 평가했다. 1998년 카르메 리베라(Carme Ribera)에 의해 다시 편집된 판본에는 몇 개의 시가 첨가된다. 즉, 『*Las personas del verbo*』에는 포함되지 않은 네 편의 『*Cuatro Poemas Morales*』(1961), 『*En favor de Venus*』(1965), 『*Colección Particular*』(1969), 『*Antología Poética*』(1981)가 첨가된다. 1974년 검열에 의해 삭제되었던 『*Diario de un* *artista seriamente enfermo*』가 산문으로 출판된다. 이 글은 작가가 병에서 회복하는 기간 동안 썼던 글로, 그의 생전에 꿈꿨던 간절한 바람대로 사후 예술가의 『*Retrato del artista en 1956*』이라는 제목으로 출판되었다. 비평가로서 문학작품의 창조에 대한 해박한 지식을 가지고 있다는 것을 알 수 있다. 대표적으로 『*Cántico: el mundo y la poesía de Jorge Guillén*』(1960), 『*Luis Cernuda*』(1977), 그리고 1994년 미출판된 10편의 글들과 함께 다시 편집해서 출판된 『*Al pie de la letra*』(1980)가 있다. 번역가로서 T.S. 엘리엇(Eliot)에 대한 비평서인 『*Función de la poesía y función de la crítica*』(1968)에 대한 그의 번역은 아주 중요하다. 1994년 후안 페라테(Juan Ferraté)는 바르셀로나에서 『*Jaime Gil de Biedma. Cartas y artículos*』을 편집했다. 이 책에는 이 카탈루냐 시인의 시 세편과 페라테의 시 15편을 실었고, 이 외에도 도덕성에 대한 페라테가 쓴 두 논문도 실려있다.

Gil Novales, Ramón (라몬 힐 노발레스) (1928~) 우에스카(Huesca) 출신의 작가이다. 주로 바르셀로나에서 거주했다. 초기 단계에서부터 있었던 표현주의적 자연주의가 『*El doble otoño de mamá bis*』(1978)에서는 더욱 혁신적인 형식으로 발전했다. 바예-잉클란의 괴기주의(esperpento)와도 맞닿은 부분이 많다. 그 외에도 『*Guadaña al resucitado*』(1966), 『*La bojiganga*』(1971)와 같은 작품을 썼다.

Gil Polo, Gaspar (가스파르 힐 폴로) (1540~1585) 발렌시아 출생의 스페인 작가이다. 발렌시아의 유력가 태생으로 법을 전공했다. 1581년 펠리페 2세에게 카탈루냐 공국의 위원으로 임명받았으며, 청렴한 인품을 가진 것으로 잘 알려졌다. 단행본으로 한데 모여 출간되지는 않았지만 여러 편의 시를 썼다. 대표작으로는 몬테마요르의 목가소설 『*Los siete libros de la Diana*』의 속편인 『*Diana enamorada*』가 있다.

Gil y Carrasco, Enrique* (엔리케 힐 이 카라스코) 시인, 소설가. 폰페라다의 성 아우구스티누스회(會)에서 라틴어를 배웠고, 에스피나레다 수도원(Monasterio de Espinareda)에서 철학을 그리고 아스토르가(Astorga)의 신학생이었다. 바야돌리드(Valladolid)에서 법을 배우기 시작해서 마드리드 대학에서 1839년에 마쳤다. 에스프론세다(Espronceda)의 친한 친구이고, 그를 엘 파르나시오(El Parnasillo, 시인들의 작은 모임)와 예술과 문학의 모임(El Liceo Artístico y Literario)에 소개해 주었다. 이 두 모임은 당시 최고의 명성을 자랑하던 지식인들의 포럼이었는데, 예술과 문학의 모임에서 1837년 첫 시인 『*Una gota de rocío*』을 낭독했다. 그때부터 유명 신문사 그리고 잡지들에다 기고하기 시작했다. 에스프론세다와의 친분을 통해 국립도서관에 자리를 얻었다. 1844년에는 베를린 공사관의 서기로 임명되었고, 그곳에서 훔볼트(Humboldt)를 알게 되었다. 이후 결핵이 악화되어 사망했다. 낭만주의적 경향을 지닌 작가로, 메넨데스 펠라요(Menéndez Pelayo)는 그를 "북쪽 그룹(Grupo del Norte)"에 포함시켰다. 니코메데스 파스토르 디아스(Nicomedes Pastor Díaz)와 함께, 안개 낀 어둑한 경치에 대한 감성을 보여주는데 있어 멜랑콜리하게 분위기를 그린다. 그는 에스프론세다, 소리야(Zorrilla), 라마르티네(Lamartine)와 샤토브리앙(Chateaubriand)의 영향을 받았고, 대표적인 작품은 책으로 출판된 유일한 『*El señor de Bembibre*』(1844)다. 왈터 스코트(Walter Scott)가 주도 했던 이 양식을 계승했던 그는 이 작품으로 페데리코 기예르모(Federico Guillermo) 국왕으로부터 프루시아 대상(Gran Medalla de Oro de Prusia)을 수상했다. 이 작품은 템플 기사단의 몰락을 다루며, 템플 기사단들의 마지막 시기에 대한 스페인에서의 훌륭한 묘사이기도 하며, 불가능한 사랑의 전형적 로맨틱 스토리이기도 하다. 『*Obras en prosa*』(1883; 2vols)에 포함된

『*El amanecer de la Florida*』(1838)와 『*El lago de Carucedo*』(1840)가 있다. 사후에 구메르신도 라베르데(Gumesindo Laverde)는 1873년 『*Poesías líricas*』라는 제목으로 가서정시들을 출판했는데, 생전에 서정시를 출판한 적이 없었다. 리바스(Rivas)의 공작, 하르젠부쉬(Hartzenbusch), 소리야(Zorrilla), 그리고 친구인 에스프론세다(Espronceda)의 글은 물론이고, 문학 및 기사 성격의 여러 다른 주제의 글을 출판했는데, 여러 잡지사들 중 <El Español>, <El Correo Nacional>, <Seminario Pintoresco Español>, <El Pensamiento>와 같은 잡지사들에 실린 글들의 평론가였다. 그 외에도 『*Costumbres y viajes*』(1961)에 실린 여행에 대한 글을 통해서도 평론가로 활약하며 경치와 풍습을 묘사하는 능력을 보여주고 있다.

Gil y Zárate, Antonio (안토니오 힐 이 사라테) 엘에스코리알(El Escorial) 출생의 극작가(1793~1861)이다. 처녀작 『*El Entrometido*』(1825)와 『*Cuidado con las novias*』(1826)는 신고전주의적 특징을 잘 보여주는 작품이다. 교육적 주제를 지닌 작품 『*Introducción a la Historia Moderna*』(1841)를 저술하기도 했으며, 이 외 극작품으로 『*Un amigo en candelero*』(1842), 『*Guillermo Tell*』(1843) 등이 있다.

Gil, Ildefonso－Manuel (일데폰소 마누엘 힐) (1912~) 사라고사(Zaragoza)의 파니사(Paniza) 태생. 스페인 작가이다. 시인과 소설가로 활동하기도 했다. 1962년부터 북아메리카의 대학교수로 일했다. 대표작으로 『*Borradores: primeros versos*』(1931), 『*La voz cálida*』(1934), 『*Poemas de dolor antiguo*』(1945), 『*El corazón de los labios*』(1947) 등이 있다.

Giménez Bartlett, Alicia (알리시아 히메네스 바르트렛) 알바세테(Albacete) 출생의 여류소설가(1951~)이다. 어린 시절부터 인문학적 지식을 익히고 문학작품을 창작하는데 관심이 많았다. 『*Exit*』(1984)라는 단편소설로 비평가와 독자들에게 훌륭한 평을 받았고, 이후로도 지속적으로 작품을 출간한다. 주요작품으로는 『*Pájaros de oro*』(1987), 『*Caídos en el valle*』(1989) 등이 있다.

G

Giménez Caballero, Ernesto (에르네스토 히메네스 카바예로) (1899~1988) 마드리드에서 태어난 스페인 작가이다. 아프리카 전쟁에 대한 자신의 경험을 전기로 담은 『*Notas marruecas de un soldado*』(1923)를 발표하면서 문학을 시작하였다. 인생은 파시스트 정당인 팔랑헤(Falange)의 가입을 중심으로 나눠볼 수 있다. 가입 전에는 잡지 <Revista de Occidente> 및 신문 <El sol>에서 집필활동을 하며, <Gaceta Literaria>라는 잡지를 창간하며 27세대를 주도해 나갔다. 그러나 팔랑헤에 가입하고 난 후 파시스트가 추구하던 전통적인 가치를 대변하며 문학활동을 전개해 나간다. 프랑코의 독재에 힘입어 『*La Conquista del estado*』, 『*El fascio*』, 『*El Debate*』, 『*El circuito imperial*(1929)』 등 많은 문학작품을 양산하였다.

Giménez Frontín, José Luis (호세 루이스 히메네스 프론틴) (1943~) 바르셀로나(Barcelona) 태생. 스페인 시인, 소설가, 수필가이자 번역가이다. 스페인어만큼 카탈루냐어로 많은 작품을 남겼다. 작품들은 20세기 후반의 카탈루냐의 두드러진 작품으로 여겨진다. 대표작으로 『*El pájaro pico de oro*』(1982), 『*Historia del pequeño chamán*』(1984), 『*La flauta mágica*』(1987) 등이 있다.

Gimferrer, Pere (페레 힘페레르) 1945년 바르셀로나 출생. 어린 나이에 이루어진 등단과 숙련됨, 그리고 그의 시세계를 구성하는 요소들로 인하여 새로운 시운동의 주도적인 인물이 되었다. 특출한 시적 직관은 시에서 로맨틱하고 모더니즘적인 음조와 결합한다. 대표작으로 『*Mensaje del Tetrarca*』(1963) 등이 있다.

Gimferrer, Pere* (페레 힘페레르) 시인, 평론가, 번역가. 카탈루냐어와 스페인어로 작품활동을 했다. 현존하는 비평가들 중에서 뛰어난 비평가로 인정받고 있는 그는 그가 속한 세대의 작가 중에서 비평의 수준으로 인해 가장 평가받고 있는 작가 중의 한 사람이다. 법학과 철학 그리고 문학을 공부했고, <Serra D'Or>, <Insula>, <El País> 등 여러 잡지사와 신문의 칼럼니스트로 일했으며, 1985년부터 스페인 왕립 학회 회원이다. 가스테엣(Gastellet)이 편집한 유명한 시선집인 『*Nueve novísimos poetas españoles*』에 포함되어 있는 최고의 시인들 중 한 사람이다. 현재 문학에 있어 가장 대담한 목소리를 내고 있는데, 프랑스와 스페인의 초현실주의, 특히 글의 자동기술법은 물론이고 단순 시적 명상이나 바로크와 상징주의적 전통을 포함하고 있는 감정과 관능성을 보여준다. 작품에는 관능성을 보여주는 에로틱한 열정과 참여주의 시의 특징이 공존한다. 스페인어로 쓴 시 중 『*El mensaje del Tetrarca*』(1963), 국립시상 호세 안토니오 프리모 데 리베라(Premio Nacional de Poesía José Antonio Primo de Rivera)인 『*Arde el mar*』(1966), 『*La muerte en Beverly Hills*』(1968), 『*Extraña frutas y otros poemas*』(1969) 그리고 『*1963～1969 Poemas*』(1969, 1979 그리고 1988), 여기에, 1970년부터 카탈루냐어로 출판하기 시작한: 『*Els miralls*』(1970), 『*Hora foscant*』(1971), 『*Foc cec*』(1973), 호안 브로사(Joan Brossa)가 서문을 쓴 『*L'espai deset(El espacio desierto)*』(1977), 『*Poesía: 1970～1977*』(1978), 『*Como un epíleg*』(1988), 『*Aparicions Apariciones y otros poemas*』(1982), 국가 문학상을 수상한 『*Premio Nacional de Literatura El vendaval*』(1988, 1989년 카탈루냐어와 스페인어로 다시 출판됨), 『*Y La Llum*』(1991, 1992년 카탈루냐어와 스페인어로 다시 출판), 『*L'obrador del poeta*(1970～1996)』(1996), 『*Noche en el Ritz*』(1996), 『*24 poemas*』(1997), 『*Y la Antología poética*』(1999), 『*El diamante en el agua*』(2002), 『*El diamant dins l'aigua*』(2001)이 있다. 스페인어로 쓰인 시들만 포함되어 있는 『*Poemas 1962～1969*』(2000), 그리고 『*Marea solar, marea lunar*』(2000, 재발간 2002), 평론상(Premio de la Crítica)을 받은 소설인 『*Fortuny*』(1983)가 있고, 수많은 비평서들 중에서는 『*La poesía de J. V. Foix*』(1974), 『*Max Ernst*』, 『*La dissolució de la identitat*』(1977), 『*Radicalidades*』(1978; 재편집 1999), 『*Lecturas de Octavio Paz*』(1980), 아나그라마 비평상(Premio Anagrama de Ensayo)을 받은 『*Dietario*』(1984～1985; 2권) 카탈루냐어로 편집된 『*Dietaris*』(1981～1982; 2권) 등 헤아릴 수 없으며, 지속적으로 작업을 하고 있다. 그리고 아우지아스 마르크(Ausiás March) 번역으로 국가 번역상(Premio Nacional de Traducción)을 수상했다.

Girón, Diego (디에고 히론) (1530～1590) 세비야(Sevilla) 태생의 스페인 작가이다. 후안 데 말 라라(Juan de Mal Lara)에 의해 세워진 알라메다 데 에르쿨레스 아카데미(La Academia de la Alameda de Hércules)에 속해 있었다. 세비야(Sevilla) 학파의 다른 시인들의 존경을 받았다. 시작품은 동시대 작가의 언급을 통해서만 알려졌다.

Gironella, José María (호세 마리아 히로네야) 헤로나 태생의 작가(1917～2003)이다. 처녀작은 『*Ha llegado el invierno y tú no estás aquí*』(1945)라는 시이다. 프랑코 시대에 독자들에 의해 많이 읽혀진 작가들 중 한 명이고 여행과 관련된 다양한 작품들을 쓰기도 했다. 여행을 주제로 한 대표적인 작품으로는 『*El Japón y su duende*』(1964), 『*China, lágrima innumerable*』(1965) 등이 있다.

Gnosis o Noetic vision (새로운 세계관) 신비주의에서 가장 중요한 의미를 지니고 논란이 되는 것이 바로 새로운 세계관을 체득하는 것으로 주로 '앎'으로 번역된다. 하지만 지적인(이해 가능한) 대상은 아니며 차라리 경험에 가깝고 이해될 수 없기에, 말해질 수 없지만 느낄 수 있는 것이라고 얘기하고 있다.

Godínez, Felipe (펠리페 고디네스) 세비야 출생의 작가(1588~1639)이다. 신학박사로서 연설과 변론에 능하였지만 유태인이라는 이유로 기소되어 1년 이상의 감옥생활과 6여 년의 유배형을 선고받기도 했다. 주요작품으로는 성서에 바탕을 두고 있는 『*Las lágrimas de David*』, 『*La mejor espigadera*』, 『*Aun de noche alumbra el sol*』을 들 수 있다.

Godoy y Sala, Ramón de (라몬 데 고도이 이 살라) (1867~1917) 라 코루냐(La Coruña) 태생. 스페인 시인이며 기자이다. 1902년과 1903년 초기에 편집장으로 있었으며, 시에는 스페인 바로크 문학과 루벤 다리오(Rubén Darío)의 영향이 엿보인다. 대표작으로 『*Aspiraciones*』(1901), 『*Los jácaros*』(1917), 『*En el camino*』(1917), 『*Tizona*』(1915) 등이 있다. ➡ Barroco(바로크)

Goicoechea, Ramón Eugenio (라몬 에우헤니오 고이코에체아) (1922~) 빌바오(Bilbao) 태생의 문학비평가이자 소설가이다. 현실주의 소설작품으로 『*Dinero para morir*』(1958), 『*El pan mojado*』(1958)가 있고 60년대 소설 실험주의를 반영하면서 작품 『*Memorias sin corazón*』을 냈다. 이후 아나 마리아 마투테(Ana María Matute) 소설가와 결혼했다.

Gómez Arcos, Agustín (아구스틴 고메스 아르코스) (1933~1998) 알메리아(Almería)의 에닉스(Enix) 태생의 극작가이다. 고향에서 목자와 공예품 가공자로서 어린시절을 보냈다. 이후 바르셀로나(Barcelona)로 가서 법학을 공부했고 동시에 연극동아리에 들어갔다. 1967년에 프랑스로 떠나기로 결심한다. 그의 극작품은 정치적, 종교적 탄압과 배척을 목적으로 하였다. 대표작으로는 『*Elecciones generales*』(1960), 『*Diálogos de la herejía*』(1964), 『*Los gatos*』(1965) 등이 있다.

G

Gómez de Avellaneda, Gertrudis (헤르트루디스 고메스 데 아베야네다) 스페인인 아버지와 쿠바인 어머니 사이에서 1814년에 태어나 1873년에 사망한 쿠바 태생의 스페인 여성 작가이다. 어려서부터 책읽기를 좋아했으며, 인생의 대부분은 스페인에서 보냈다. 시, 소설, 극작품 등 다양한 문학 분야에서 활동했으며, 특히 서정시에서 두각을 보였다.

Gómez de Baquero, Eduardo (에두아르도 고메스 데 바케로) (1866~1929) 마드리드(Madrid) 태생. 스페인 작가, 문학비평가이다. <El Imparcial>지에서 서평가로 활동했고 20세기의 가장 중요한 문학비평가로 꼽힌다. 대표작으로는 『*Novelas y novelistas*』(1918), 『*El renacimiento de la novela en el siglo XIX*』(1924), 『*Pirandello y compañía*』(1928) 등이 있다.

Gómez de Castro, Álvaro (알바로 고메스 데 카스트로) 1521년 출생한 스페인 출신(1521~1586)의 시인이다. 펠리페 2세(Felipe II) 때 산 이시도르(San Isidoro) 작품을 전대의 수사본과 비교 대조하는 작업을 맡았다. 대표적인 작품으로는 『*De Rebus gestís Francisci Ximentii*』, 『*In Sancti Isidori origines e Idyllia aliqua*』 등이 있다.

Gómez de Ferrol, Pedro (페드로 고메스 데 페롤) 출생과 죽음은 실질적으로 알려져 있지 않다. 단지 15세기 후반에 살았으며 살라망카 시가집 중 하나로 보전되고 있는 『*Pasión de Cristo*』의 다양한 버전만이 남아 있다. 이 작품에서 산프란시스코회의 신앙심에 대한 영향력은 상당했다. 고메스 만리케(Gómez Manrique)의 갓 태어난 아이의 고통을 다룬 『*Representación del Naçimiento de Nuestro Señor*』 작품을 상기시켜준다.

Gómez de la Serna, Gaspar (가스파르 고메스 데 라 세르나) (1918~1974) 바르셀로나(Barcelona) 태생. 스페인 변호사이면서 기자로 그리고 연사로 활동했다. 작가 라몬 고메스 데 라 세르나의 사촌이다. 역사, 여행, 문학을 주제로 한 방대한 수필작품을 냈다. 대표작으로는 『*Después del desenlace*』(1945), 『*Libro de Madrid*』(1949), 『*Toledo*』(1953), 『*Viaje a las Castillas*』(1953), 『*Cuaderno de Soria*』(1959) 등이 있다. ➡ Gómez de la Serna, Ramón(라몬 고메스 데 라 세르나)

Gómez de la Serna, Ramón* (라몬 고메스 데 라 세르나) 소설가이자 수필가로 20세기 스페인 문학에서 가장 영향력 있는 작가들 중 한 명이다. 분류가 불가능하고, 독창적이며, 극단적 형태의 창시자로, 언어의 가장 전통적인 틀을 깨버린다. 법학을 공부했고, 문학과 신문에 종사했으며, 아버지를 위해 만든 잡지 <Prometeo>(1908~1912)에 기고했다. 이 잡지에는 『마리네티의 미래주의 선언』과 같은 아방가르드의 중요한 글들이 실려 있다. 1909년부터 카르멘 데 부르고스(Carmen de Burgos)와 열정적인 사랑을 했고, 1931년 루이사 소포비치(Luisa Sofovich)를 만나 인생의 마지막까지 그녀와 함께한다. 보헤미안적인 삶과 밤 문화를 즐기는 그는 1914년 카페 데 폼보(Café de Pombo)의 명성 높은 모임을 만들었다. 미술 및 문학에 있어 당대 중요인물들이 이 카페의 회원들이었으며, 이들 중에는 호세 베르가민(José Bergamín), 마우리시오 바카리세(Mauricio Bacarisse), 이 모임을 훌륭한 화폭에 담아 기록을 남겼던 화가 구티에레스 솔라나(Gutiérrez Solana)가 있다. 스페인 내전이 발발하자, 1936년 부에노스아이레스로 떠나 그곳에서 생을 마감한다. 신예술과 문학적 실험의 옹호자이자, 교조적인 것에서 멀리 떨어져 있고, 전 세계적으로 알려진 것처럼 작품은 다양하고 풍만하다. 80개 이상의 작품들이 여러 많은 언어로 번역되었으며, 여기에는 이야기, 소설, 수필, 사설, 메모가 있다. 모든 작품에는 작품의 중심축 역할을 하는 열정 가득한 그레게리아(greguería)가 등장하는데, 그는 그레게리아를 은유 더하기 유머라고 정의한다. 일관성 결여, 지나친 상상력, 바로크주의 그리고 조각화 등이 소설을 통해서 분출된다. 고메스 데 라 세르나의 작품들은 현실에서 일어나는 카오스, 단절 그리고 위반 같은 것들을 새로운 인식으로 다가간다. 거짓과 속 빈 것처럼 보이는 방법을 사용하는 것은 사실주의의 방식보다 더욱 사실적이게 된다. 특히 연극작품들의 경우 거의 대부분 성(性)적 충돌에 집중하며, 지나친 독백으로 인해 기대했던 만큼의 성공을 거두진 못한다. 다른 나머지 작품들은 정해진 하나의 주제의 책들, 자서전적인 글이나 자세하게 묘사하는 예술과 문학의 여러 다른 사람들 중에서 케베도(Quevedo), 바예 잉클란(Valle-Inclán)이나 고야(Goya)와 같은 인물들의 전기들이 있다. 초기 작품 중에서 다음 작품들이 대표작이다: 『*Entrando en fuego*』(1905), 『*El concepto de nueva literatura*』(1909), 『*Mis siete palabras*』(1910), 『*El libro mudo(secretos)*』(1911). 소설; 『*El ruso*』(1913), 『*El doctor inverosímil*』(1914), 『*La viuda blanca y negra*』(1917), 『*El Gran Hotel*』(1922), 『*El secreto del acueducto*』(1922), 『*El incongruente*』(1922), 『*La quinta de Palmyra*』(1923), 『*El novelista*』(1923), 『*Cinelandia*』(1923), 『*El chalet de las Rosas*』(1923), 『*El torero Caracho*』(1926), 『*La mujer de ámbar*』(1927), 『*El caballero del hongo gris*』(1928), 『*La hiperestésica*』(1928), 『*La Nardo*』(1930), 『*Policéfalo y señora*』(1932), 『*¡Rebeca!*』(1936), 『*El hombre perdido*』(1946), 『*Las tres gracias*』(1948). 여기에 단편소설들로는 『*Seis falsas novelas*』(1927)와 『*El dueño del átomo*』(1928)가 있다. 출판된 연극작품들로는 『*La utopía*』(1909), 『*El drama del* *palacio deshabitado*』(1909), 『*Beatriz*』(1909), 『*La corona de hierro*』(1911), 『*La casa nueva*』(1911), 『*El lunático*』(1912), 『*Ex –votos*』(h. 1912)와 『*El teatro en soledad*』(1912)가 있다. 그 외에도 1910년과 1911년 사이에 쓴 판토마임 다섯 편과 1932년에 쓴 오페라 카를로(Carlot)이 있는데, 이 작품은 1988년까지 출판되지 않았다. 또한 『*Los medios seres*』(1929)와 『*Las escaleras*』(1935)도 무대에만 올랐다가 1988년에 출판되었다. 수없이 많은 글들을 계속 출판했으며, 『*Obras completas*』은 1956년에 출판되었다. 나중에 최종적이고 완전하다고 인정되는 전집은 사후, 1996과 1997년 사이에 4권의 책으로 나왔다.

Gómez de Liaño, Ignacio (이그나시오 고메스 데 리아뇨) (1946～) 마드리드(Madrid) 태생. 수필가, 소설가이면서 시인이다. 철학 박사학위를 땄으며 마드리드 콤플루텐세 대학교(La Universidad Complutense de Madrid)의 정치학부에서 사회학 교수로 있었다. 대표작으로는 『*Arcadia*』(1981), 『*Nauta y estela*』(1981), 『*Mi tiempo: escritos de arte y literatura*』(1984), 『*Salvador Dalí*』(1985) 등이 있다.

Gómez de Toledo, Gaspar (가스파르 고메스 데 톨레도) 16세기 작가로 톨레도(Toledo) 태생이라는 것을 제외하곤 생애에 대해 알려진 바가 없다. 작품 중에서는 『*Tercera parte de la comedia de Celestina*』만이 전해져 내려온다. 이 작품에서는 실바(Feliciano de Silva)의 원작보다 비극적인 측면을 더 강조하였다.

Gómez Hermosilla, José Mamerto (호세 마메르토 고메스 에르모시야) (1771～1837) 마드리드(Madrid) 태생. 스페인 작가이다. 헤타페(Getafe) 자선학교 학생들과 라틴어와 수사학을 공부하였다. 그 후 마드리드 산토 토마스 학교(El colegio de Santo Tomás de Madrid)에서 3년의 철학, 4년의 신학공부를 마쳤고 산 이시드로(San Isidro)에서 교회의 도덕과 규율에 따른 규정과 예배의식을 배웠다. 1814년과 1820년 사이 프랑스에 추방되어 있은 후 돌아오면서 <El Sol>, <El Censor>, <El Imparcial>에서 편집자로 일했다. 1823년 자유사상에 반하고 후에 다양한 버전으로 출판된 『*El Jacobinismo*』 작품을 냈다. 이 작품은 반동사상의 어머니라 여겨진다.

Gómez Ojea, Carmen (카르멘 고메스 오헤아) (1945～) 히혼(Gijón) 태생. 소설가이다. 오비에도 대학교(La universidad de Oviedo)에서 낭만주의 문학을 전공하였다. 많은 작품을 남겼지만 그중 몇 가지만이 유명하다. 대표작으로는 1981년 나달 문학상(Premio Nadal)을 받은 『*Cantiga de agüero*』, 『*Otras mujeres*』, 『*Fabia*』(1982) 등이 있다.

Gómez Rufo, Antonio (안토니오 고메스 루포) (1954～) 마드리드 태생의 스페인 작가이자 변호사이다. 법학 학위를 받고 다양한 공공 및 민간 활동에 변호사로서 활약을 했다. 마드리드 문화 센터(El Centro Cultural de la Villa de Madrid)의 담당자이다. 1987년부터 문학작품을 출간하기 시작했다. 대표작으로 『*Cualquier noche puede salir el sol*』(1978), 『*Ecología y constitución*』(1979), 『*Opera 5*』(1982), 『*El último goliardo*』(1984) 등이 있다. 「*El diablo tiene un plan*」이란 기사로 호세 마리아 페만상(el premio José María Pemán)을 받은 적이 있다.

Gómez Texada de los Reyes, Cosme (코스메 고메스 텍사다 데 로스 레예스) 16세기 말 톨레도(Toledo)의 탈라베라 데 라 레이나(Talavera de la Reina)에서 태어났다. 그곳에서 말년에 사제로 지냈고 자서전을 썼다. 대표작으로 『*El filósofo*』(1650), 『*Nochebuena*』(1661) 등이 있고, 『*El león prodigioso*』(1권은 1636년에 2권은 1673년에 출간) 출간 후에 명성을 얻기 시작하였다.

Gómez, Valentín (발렌틴 고메스) (1843~1907) 사라고사(Zaragoza)의 페드롤라(Pedrola) 태생. 스페인 기자, 극작가, 소설가로 활동했다. 극작품으로는 『*La dama del rey*』(1877), 『*La novela del amor*』(1879), 『*Un alma de hielo*』(1882) 등이 있다. 또한 1890년에 소설 『*El señor de Calcena*』를 출간했다. 깊은 종교적 신념으로 일간지와 잡지사에서 논쟁을 일으키는 기사를 썼다.

Góngora y Ayustante, Manuel de (마누엘 데 공고라 이 아유스탄테) (1889~1953) 그라나다(Granada) 태생. 스페인 시인, 극작이면서 기자이다. 1908년에 1년간 마드리드 중앙대학교(Universidad Central de Madrid)에서 고고학을 공부하였다. 1931년 그라나다 대학의 문학부에서 강의를 했고 동시에 잡지 <Blanco y Negro> 편집장으로 일했다. 대표작으로 『*Curro el de Lora*』(1925), 『*La paz del molino*』(1927), 『*La petenera*』(1928) 등이 있다.

González Anaya, Salvador (살바도르 곤살레스 아나야) (1879~1955) 말라가(Málaga) 태생. 스페인 시인이자 소설가이다. 말라가의 역사가로 일했었다. 『*Cantos sin eco*』(1899), 『*Medallones*』(1900)와 같은 종교적 시작품을 내면서 문학활동을 시작했다. 이후 『*Rebelión*』(1905), 『*La sangre de Abel*』(1915), 『*El castillo de vas y no volverás*』(1921)와 같은 소설을 내면서 이름을 알렸다.

González Aranguren, Jorge (호르헤 곤살레스 아란구렌) (1938~) 산 세바스티안(San Sebastián) 태생. 스페인 문학비평가, 소설가, 시인으로 활동했다. 실존주의를 바탕으로 작품을 썼다. 대표작으로 『*La vida nos sujeta*』(1971), 『*Largo regreso a Ítaca*』(1972), 『*De fuegos, tigres, ríos*』가 있고 1977년 아도나이스 문학상(Premio Adonais)을 받았다.

G

González Blanco, Andrés (안드레스 곤살레스 블랑코) (1886~1924) 쿠엔카(Cuenca) 태생. 스페인 시인, 소설가이자 수필가이다. 1904년까지 아스투리아스(Asturias)에서 유년시절을 보냈고 마드리드(Madrid)로 옮겨갔다. 스페인과 미국 보도사에서 일하면서 다양한 수필작품을 냈다. 대표작으로 『*Los contemporáneos*』(1907~1910), 『*Historia de la novela en España desde el Romanticismo a nuestros días*』(1909), 『*Elogio de la crítica*』(1911) 등이 있다.

González Blanco, Edmundo (에드문도 곤살레스 블랑코) (1877~1938) 아스투리아스(Asturias)의 루안코(Luanco) 태생. 수필가이면서 소설가이다. 마드리드에서 문학을 공부하였고 보도사에서 일하기 시작했다. 수필 중 『*El materialismo*』(1907), 『*Iberismo y germanismo*』(1917), 『*El universo invisible*』(1929) 등이 유명하다. 소설은 극적인 내용을 담으려 했으나 관심을 끌진 못했다.

González Carvajal, Tomás (토마스 곤잘레스 카르바할) (1747~1843) 세비야(Sevilla) 태생의 스페인 시인이자 학자이다. 스페인어와 역사 아카데미(Las academias Española y de la Historia)를 담당했으며, 카디스(Cádiz) 왕실의 재무 장관이었다. 또한 잡지 <El Correo Literario>에 실바노 필로메노 이 데 카피탄 무냐토네스(Silvano Filomeno y de Capitán Muñatones)라는 가명으로 기고하였다. 시는 18세기 고전주의풍 속에서 프라이 루이스 데 레온(Fray Luis de León) 문학의 명확성을 비판한다.

González de Amezúa, Agustín (아구스틴 곤잘레스 데 아메수아) (1881~1956) 마드리드(Madrid) 태생의 스페인 학자이자 문학비평가이다. 20년간의 연구 끝에 중앙대학교(Universidad Central)에서 법학 박사학위를 받았지만 그의 소명은 역사와 문학이었다.

많은 책임과 존경과 함께 왕립 스페인어, 역사 아카데미(Las Reales Academias de la Lengua, de la Historia) 회원이었고, 관심을 두었던 분야는 황금세기 문학과 역사였다. 역사 연구 중 3권으로 출간된 이사벨 데 발로이스(Isabel de Valois) 왕비의 자서전이 알려져 있다.

González de Bobadilla, Bernardo (베르나르도 곤잘레스 데 보다디야) (~1587) 작가에 대해서는 카나리아 섬 태생이라는 것 외에는 알려진 바가 없다. 작품 중에서는 1587년 알칼라 데 에나레스(Alcalá de Henares)에서 출간된 『*Ninfas y pastores de Henares*』가 유일하게 전해져 내려온다. 이 작품은 서사시와 목가소설이 혼합된 작품이며 작품 중 일부에서는 아리오스토(Ariosto) 작품을 모방하고자 했음을 엿볼 수 있다.

González de Clavijo, Ruy (루이 곤잘레스 데 클라비호) (~1412) 14세기 후반 마드리드(Madrid) 출생, 1412년에 사망한 스페인 작가, 외교관이다. 작품 『*Embajada a Tamorlán*』은 중세 스페인 여행 서적 중 가장 뛰어난 것 중 하나로 평가받는다. 이 작품에서 작가는 15세기 초에 외교적 임무를 받고 동방으로 떠난 여정에 대해 서술하고 있다.

González del Castillo, Juan Ignacio (후안 이그나시오 곤살레스 델 카스티요) (1763~1800) 카디스(Cádiz) 태생. 스페인 극작가이다. 카디스의 풍속주의적 사이네테(sainete) 장르를 대표하는 작가로 꼽힌다. 대표작으로는 『*Un día de toros en Cádiz*』, 『*La feria del puerto*』, 『*El soldado fanfarrón*』, 『*Felipa la chiclanera*』 등이 있다.

González Garcés, Miguel (미겔 곤잘레스 가르세스) (1916~) 라 코루냐(La Coruña) 태생의 스페인 작가이다. 첫 번째 작품은 카스티야어로 쓰였다. 대표작으로 『*Isla de dos*』(1953), 『*Poema del imposible sosiego*』(1954), 『*El libro y el verso*』(1958), 『*Alrededor del mar*』(1961) 등이 있다. 후기에 들어서야 갈리시아 민요에 기원을 둔 갈리시아어 시를 출판했다. 시는 아름다우며 간결하다는 평을 받는다.

González Ledesma, Francisco (프란시스코 곤잘레스 레데스마) (1927~) 바르셀로나(Barcelona) 태생의 스페인 소설가, 수필가이다. 필명인 실버 케인(Silver Kane)으로 잘 알려져 있다. 대표작으로 『*Crónica sentimental en rojo*』(1984)가 있으며 이 작품으로 플라네타상(Premio Planeta)을 받은 바 있다. 또한 2006년에는 페페 카르발호상(El primer Premio Pepe Carvalho)을 받아 추리문학에서 인정을 받았다.

González Palencia, Ángel (앙헬 곤잘레스 팔렌시아) 1889년 9월 4일 쿠엔카(Cuenca)에서 태어난 스페인의 문학비평가이자 아랍문화 전문가이다. 대표적인 스페인 문학으로는 『*El arzobispo don Raimundo de Toledo*』(1942), 『*Pedro de Medina*』(1940) 등이 있으며, 아랍문학으로는 『*Influencia de la Civilización Árabe*』(1931), 『*Versiones Castellanas del Sendebar*』(1946) 등이 있다.

González Serrano, Urbano (우르바노 곤잘레스 세라노) (1848~1904) 라 마타(La Mata)의 나발모랄(Navalmoral) 태생의 카세레스(Cáceres)인 수필가이다. 크라우제 철학의 일부분을 구성했고 교육기관(La Institución Libre de Enseñanza)에 참여하였다. 대표작으로는 『*La sociología científica*』(1884), 『*La psicología fisiológica*』(1886), 『*Psicología del amor*』(1888) 등이 있으며 1874년 마누엘 데 라 레비야(Manuel de la Revilla)와 공동작품인 『*Elementos de ética o filosofía moral*』이 있다.

González, Ángel* (앙헬 곤살레스) [오비에도(Oviedo), 1925] 시인이다. 유년과 청년시절을 고향에서 보냈다. 스페인 내전 동안 학업을 중단했다가 1944년 학업을 마친다. 심

G

한 결핵으로 인해 레온(León) 지방의 한 고지대 마을에서 3년 동안 치료해야 했다. 이 시기에 27세대 시인들과 후안 라몬 히메네스(Juan Ramón Jiménez)의 작품들을 탐독하면서 시간을 보내게 된다. 결핵에서 회복 후 교육학과 법학을 오비에도에서 그리고 신문학을 마드리드에서 공부한다. 마드리드에서 오래 살다가 1972년 미국으로 건너간다. 생의 많은 시간을 앨버커키(Alburquerque)에서 보냈고, 가끔씩만 스페인과 멕시코를 오간다. 1974년부터 1993년 은퇴할 때까지 스페인 문학 교수로 뉴멕시코 대학에서 강의했다. 1997년 스페인 한림원에 입회했다. 50년 세대의 사회 시 분야에서 가장 돋보였던 시인 중 하나로 평가받는다. 시에서는 절망, 인간의 이기주의, 고독을 향한 노래를 볼 수 있다. 그리고 자주 사랑과 생명에 대한 강한 회의주의가 나타나며, 반낭만주의적이고 사실주의적인 시 세계를 유지한다. 또한 이 세상에서 나와 집단 사이의 균형을 유지하면서도 가끔 낙담도 하고 우울해 하기도 한다. 후안 라몬 히메네스와 마차도(Machado)의 애찬가로, 사회 시인이라는 자신의 과거를 잊지 않으면서도, 우연한 사건과 기지를 도입하여 절망과 실망을 유머와 함께 다뤘다. 카를로스 보우소뇨(Carlos Bousoño)와 비센테 알레이산드레(Vicente Aleixandre)의 응원으로 작품들을 출판하기로 용기를 얻었다. 대표작으로는 아도나이스상(Premio Adonais)의 선외가작을 수상한 『*Áspero mundo*』(1956), 『*Sin esperanza con vencimiento*』(1961), 안토니오 마차도(Antonio Machado)상을 수상한 『*Grado elemental*』(1962), 『*Palabra sobre palabra*』(1965, 1968, 1972 그리고 1977), 『*Tratado de urbanismo*』(1967, 1976), 『*Breves acotaciones para una biografía*』(1969), 『*Procedimientos narrativos*』(1972), 『*Muestras de algunos procedimientos narrativos y de las actitudes sentimentales que habitualmente comportan*』(1976과 1977), 그리고 다른 수많은 작품들이 있다. 9년이라는 공백을 뒤로하고 독자들이 많이 기다렸던 시집인 『*Otoños y tras luces*』(2001)가 있다. 여러 수필들 중에서는 다음의 작품들이 대표적인 작품이다. 『*Juan Ramón Jiménez*』(1973), 『*El grupo poético de 1927*』(1976), 『*Gabriel Celaya*』(1977), 그리고 『*Antonio Machado*』(1979; 재판 1999), 여기에 신문사설 모음인 『*Cincuenta años de periodismo a ratos y otras prosas*』(1998)은 물론, 『*Ángel González en la generación del 50. Diálogo con los poetas de la experiencia*』(1998)도 있다. 여러 중요한 상을 수상했으며, 1985년, 아스투리아 왕자상(Príncipe de Asturias), 1991년 살레르노(Salerno) 그리고 1996년 소피아 여왕상도 수상한다.

Goytisolo Gay, José Agustín (호세 아구스틴 고이티솔로 가이) (1928～1999) 바르셀로나 출신의 작가이다. 20세기 후반 스페인 문학을 대표하는 소설가 후안 고이티솔로, 루이스 고이티솔로 등의 형이기도 하다. 가문은 비록 바르셀로나에 기반을 두었으나 카탈루냐어가 아닌 오직 카스티야어만 사용하였다. 1938년 폭탄 테러로 어머니를 잃은 사건은 그에게 엄청난 영향을 미쳤고, 어머니의 이름을 따 딸의 이름을 훌리아라고 붙였다. 시 중 가장 널리 알려진 『*Palabras para Julia*』에서는 어머니와 딸에 대한 사랑을 표현하였고, 이 시는 파코 이바녜스(Paco Ibáñez) 등의 가수들이 노래로 불러 더욱 유명해졌다. 시들은 반프랑코적인 동시에 새로운 휴머니즘을 지향한다. ➡ Goytisolo, Juan(후안 고이티솔로)

Goytisolo, José Agustín* (호세 아구스틴 고이티솔로) 시인. 법학과 정치학에서 학위를 받았으며 50세대의 대표적인 작가이고, 후안 루이스 고이타솔로(Juan Luis Goytisolo)의 형이다. 케베도(Quevedo)와 마차도(Machado)의 영향을 양쪽에서 반반 동일하게 받았고, 스페인 전통 시의 형식적 근원을 개혁하는데 관심을 가지고 있었다. 항상 직접적인 언어를 사용했고, 심지어 구어적인 언어도 사용했다. 그의 언어는 명석함, 비평 그리고 감정 사이의 소통을 추구했고, 루이스 가르시아 몬테로(Luis García Montero)의 표현을 빌리자면 "아이러니한 향수, 향수에 젖은 모순"이다. 여러 작가들 중에서 에스피우(Espiu), 파솔리니(Pasolini), 파베세(Pavese)나 운가레티(Ungaretti)에 대한 번역이 뛰어나다. 근본적으로 시인이었다. 작품활동은 『*El retorno*』(1955)로 시작하는데, 이 시집은 스페인 내전에서 폭격으로 돌아가신 어머니께 바친 슬픈 장편시다. 이어 보스칸상(Premio Boscán)을 수상한 『*Salmos al viento*』(1956)는 같은 세대의 동료들과 함께 시도했던 풍자문학의 도입이라는 대담성을 의미하기도 했다. 『*Claridad*』(1960)을 출판했고, 마지막 두 작품은 『*Años decisivos*』(1961)을 통해 다시 출판되었다. 『*Algo sucede*』(1968), 『*Bajo tolerancia*』(1977), 『*Taller de arquitectura*』(1977), 『*Del tiempo y del olvido*』(1977), 이전 시 모음집에 이 제목을 단 작품을 더한 작품집인 『*Palabras para Julia y oras canciones*』(1980; 1999년 재출판), 『*Los pasos del cazador*』(1980), 『*Aveces gran amor*』(1981), 『*Sobre las circunstacias*』(1983), 이 외에도 여러 작품들이 있다. 그중에서도 『*Poemas catalanes contemporáneos*』(1969), 『*Nueva poesía cubana*』(1972), 『*José Lezama Lima*』(1973) 그리고 『*Posible imagen de Jorge Luis Borges*』(1974)가 돋보인다. 아도나이스(Adonais), 아우시아스(Ausiàs), 마치(March) 그리고 바르셀로나 시립상과 플로렌시아 금상(Medalla de Oro de Florencia)도 받았다.

Goytisolo, Juan* (후안 고이티솔로) 소설가이자 바르셀로나 대학에서 법학을 공부했다. 호세 아구스틴(José Agustín)과 루이스 고이티솔로(Luis Goytisolo)와 형제이다. 1956년 파리로 망명 후, 갈리마르(Gallimard) 출판사의 문학 분야 고문으로 일했다. 파리와 마라케츠(Marrakech)를 오가며 살았고 가끔 스페인에서 머물렀다. 스페인 현시대 소설의 가장 명성 높은 작가들 중 한 명이며, 국제 정치에 가장 깊이 연류된 현실 참여적인 작가 중의 한 명이다. 작가는 공동체에 자신이 받은 언어와는 다른 언어를 돌려주어야 하는 의무를 지닌다고 굳게 믿고 있다. 초기 소설로는 나달 문학상(Premio Nadal) 수상작인, 『*Juego de manos*』(1954)와 유년기와 청소년기에 겪은 스페인 내전의 실경험 그리고 그 나이에 파생되는 문제들을 그린, 『*Duelo en el paraíso*』(1955)가 있다. 여러 작품들이 많지만, 예외적인 산문으로 새로운 일련의 문학적 시험이나 도전인 것들도 있다. 『*Las semanas del jardín*』(1977)이 대표적이다. 고이티솔로가 자신의 창조적 능력을 보여주었던 그의 자서전과 같은 글들이 있다. 『*Coto vedado*』(1985)와 『*En los reinos de Taifas*』(1986)가 있는데, 작가는 여기서 자신의 문화적 성장 과정에 대해 자세히 설명하고 있으며 또 그 자신의 내면의 삶을 이야기한다. 이 두 권의 책은 『*Memorias*』(2002)로 다시 출판된다. 여행에 관련한 여러 책을 쓴 작가이기도 하다. 『*Campos de Nijar*』(1960)와 알메리아(Almería) 지방의 소외된 지역인 알카사바(Alcazaba)를 다룬 『*La Chanca*』(1963)가 있다. 지역 삶에서 얻은 혹독한 경험담을 담은 이 책은 2001년 완전 새로운 글로 출판되었다. 『*La Chanca, veinte años después*』는 1985년 <Contracorriente> 잡지에, 호세 앙헬 발렌테(José Ángel Valente)의 서문과 함께 실렸다. 그의 이야기책들도 기억해야만 한다. 호세 하네스(José Janés)의 젊은 문학가상 수상작인 『*El mundo de los espejos*』(1952), 『*Para vivir aquí*』(1960), 『*Fin de fiesta*』(1962) 등을 비롯해 수필작품들로 『*Problemas de la novela*』(1959)와 이후에 출판된 여러 수많은 작품들도 있다. <El País> 신문사에서 전쟁에 대한 보도 기자로 일했다. 보도 기사로 다룬 전쟁들 중에는 유고슬라비아에서의 전쟁과 관련한 사건들을 말하는 「*Argelia en el vendaval*」(1994)이 있고, 또 다른 보도 기사집인, 『*Paisajes de guerra*』(1996; 증편 출판 2001)는 체첸과 러시아 사이의 충돌에 대해 주로 다뤘고, 보스니아, 알제리 그리고 팔레스틴에서의 폭력사도 중점적으로 다뤘다. 이슬람 국가들을 다니면서 쓴 여행 기사인, 「*De la Ceca a La Meca*」(1997), 그리고 「*Pájaro que ensucia su propio nido*」(2001)에서는 1975년부터 2000년 사이의 기사와 수필을 모아 출판했다. 『*España y sus ejidos*』(2003)는 입국 이민에 관한 주제로 작성한 인터뷰와 기사들을 모은 책이다. 스페인 국영방송인 TV 프로그램으로 역사와 아랍 전통에 관한 다큐멘터리 「*Alquibla*」의 시나리오 작가이기도 하다. 1985년 전 작품으로 에우로팔리아(Europalia)상을 수상했다.

Gracia, Antonio* (안토니오 그라시아) 시인. 알리칸테(Alicante) 대학 문학 교수로 알리칸테 의회 소속인 후안 힐-알베르(Juan Gil-Albert) 문화회에서 시와 연극작품집 출판을 주도하였으며, 여러 다른 작품집 출판에도 참여하고, 알가리아(Algaria)를 이끌고 있다. 1983년까지 글쓰기를 15년 동안 그만 둔다. 이 기간 동안 자신의 시를 다시 뒤돌아보는 기회를 가졌다. 이 두 번째 시기에 희망은 죽음을 극복하고, 그의 시는 연대감과 신중함에 더 무게를 둔다. 『*La estatura del ansia*』(1975), 『*Palimpsesto*』(1980), 『*Los ojos de la metáfora*』(1987), 재편집된 『*Fragmentos de identidad. Poesía 1968～1983*』(1993)에는 이전 작품에 출판되지 않은 『*Iconografía del infierno*』와 『*Poética para una poesía sin poetas*』 두 권이 첨가되었다. 이 작품 이후, 긴 침묵의 시간을 가졌다. 이는 『*Pliegos*』(1997)의 출판으로 다시 시집을 출판하기 시작했고, 『*con Hacia la luz*』(1998)가 그 뒤를 잇고, 이후로는 작품집인 『*Memorial. Libro de los anhelos*』(1999) 외에도 『*Reconstrucción de un diario*』(2001), 『*La epopeya interior*』(2002)를 출판했는데, 특히 마지막 작품으로 작가는 신비 문학 시상인 페르난도 리엘로상(Premio Fernando Rielo de Poesía Mística)을 받는다. 행복상(Premio Alegría)을 수상한 『*El himno en la elegía*』(2002)의 작가이기도 하다.

Gracián, Baltasar* (발타사르 그라시안) 소설가이자 논설가. 완전한 이름은 발타사르 그라시안 이 모랄레스(Baltasar Gracián y Morales)이다. 톨레도(Toledo)에 살았던 성직자인 삼촌 안토니오 가르시안이 그를 가르쳤고, 부모님은 기독교에 입각해서 그를 이끌었으며, 1619년 예수회에 가입했다. 사라고사에서 신학을 공부했으며, 1627년에는 사제로 임명되었다. 이때부터 여러 도시에서 문법, 신학 그리고 철학을 가르친다. 그리고 1635년, 기독교에 더욱 헌신하기로 맹세를 하고, 우에스카(Huesca)로 이주했고, 여기서 인문학자로 학식이 높았으며, 그의 학문의 보호자가 된 빈센시오 후안 데 라스타노사(Vincencio Juan de Lastanosa)를 알게 된다. 이 인문학자는 그라시안을 알게 된 그 순간부터 그의 후원자가 되었고, 궁정과 문학 분야의 여러 거물들에게 그를 소개해 준다. 1639년 아라곤과 나바라(Aragón y Navarra) 부왕(副王)의 고해신부로 임명되고, 1640년 왕궁을 방문하고, 마드리드(Madrid), 타라고나(Tarragona) 그리고 발렌시아(Valencia)에서 복음을 전한다. 그리고 레이다(Léida)에서 프랑스인들과 전투 중이던 군인들의 종군사제로 임명되고 우에스카로 발령된다. 1651년에 상부 사람들의 동의 없이 『*El Criticón*』을 출판한 후 문제가 제기된다. 당국은 1657년 이 책의 3부가 출판되고 난 후 책의 유통을 금지한다. 수도원으로 거처를 옮기려고 했던 그의 바람은 거부당하고, 1658년 타라소나 학교(Colegio de Tarazona)의 교장직을 맡으나, 그는 이 임무를 받고 8개

G

월 후 이 도시에서 죽음을 맞는다. 출판은 『*El Héroe*』(1637, 비록 그 초판은 사라졌지만, 1647년 우에스카에서 만들어졌으며, 알려진 첫 판은 1653년 마드리드의 것이다)로 시작, 라스타노사(Lastanosa)가 비용을 담당하고, 당국의 승인도 받지 않고 예수회의 엄격한 검열을 피하기 위해 로렌소 그라시안(Lorenzo Gracián)이라는 필명으로 책을 출판한 일로 인해서 교단에서 고위직 사람들의 미움을 얻는다. 1646년 『*El Discreto*』를 출판했다. 이 책에서 예의와 신중에 따라 훌륭한 인간의 패턴을 세우려 한다. 1655년 많은 작품 중에서, 『*El Comulgatorio*』가, 사로고사(Zaragoza)에서 빛을 보았으며, 이 작품은 그리스도인의 삶에 대한 50개의 묵상으로 이루어진 기도서로 엄밀하게 종교적 성격을 띤 유일한 작품으로 자신의 이름으로 서명한 책이었다. 작품들은 생전에 프랑스어, 영어, 스웨덴과 이탈리아어로 번역되었으며, 시간이 흘러감에 따라 루마니아, 네덜란드, 독일, 러시아, 폴란드어로 번역되었다. 이로 인해 전 세계적으로 인정받는 중요한 작가가 되었고, 우리나라에도 잘 알려지게 되었다. 1960년 『*Obras completas*』가 출판되었다.

Gracioso* (그라시오소)　'코메디아 누에바(Comedia nueva)'의 전형적인 등장인물들 중 가장 특징적인 것을 꼽는다면 무엇보다도 '익살꾼'이라는 의미인 '그라시오소'를 들 수 있을 것이다. 물론 스페인 연극사에서 '그라시오소'라는 인물의 시발점은 17세기 '국민연극'이 아니었다. 스페인 고전 연극사에서 투박한 목동, 어리석은 자, 바보 등을 '그라시오소'라는 기호의 선례들로 여기는 것은 그동안 가장 일반화된 시도로 간주되었다. 구체적인 예로, 로페 데 루에다(Lope de Rueda)의 작품에 나오는 '바보'들이 후에 로페나 칼데론의 '그라시오소'라는 인물을 형성하는 데 있어 일정 부분 지울 수 없는 흔적을 남겼다는 것은 부인할 수 없는 사실이다. 즉, 그 이전부터 '그라시오소'의 선례로 여겨질 만한 비슷한 유형들이 이미 존재해 왔던 것이다. 그러나 17세기 '국민연극' 이전에 '그라시오소'의 선례가 되었던 등장인물들은 대체로 산발적인 성격의 것이었고, 하나의 정형화된 인물로서 극 전개상 일정 부분의 역할을 담당하는 지속적인 극 중 캐릭터로 자리잡은 것은 비로소 로페 시대에 이르러서이다. '그라시오소'란 자신의 주인이 의도하는 바를 돕는 충실한 하인이며, 동시에 영리하고 재치와 유머가 넘치는 조언자이기도 하다. 또한 다른 사람의 선심을 항상 찾아다니며, 실컷 먹고 자는 탐욕스럽고 응석받이 같은 삶을 추구하기도 한다. 위험에 처했을 때에는 비겁하거나 매정해질 정도로 민감한 반응을 보인다. '그라시오소'의 신분은 극 중 주인의 활약에 따라 주인을 동행하는 하인, 군인 또는 학생 등이 되기도 한다. 즉, 이 '그라시오소'가 갖는 극 중 역할은 단순한 웃음과 유머의 창출 외에도 때에 따라서는 자신의 주인인 주인공에 대한 현명하고도 현실적인 조언자의 역할을 하기도 하고, 소심하거나 부족한 주인을 대신해 자신이 직접 나서 문제를 해결하는가 하면, 다른 한편 자신의 안위를 위해 주인을 배반하기도 하고, 심지어는 자신의 주인이 저지른 과오로 인해 그의 반대편에 서기도 하는 등 '그라시오소'가 자신의 주인과 관련하여 나타내는 극 중 모습은 참으로 다양하다고 할 수 있다. 그리고 '그라시오소'의 주인인 '갈란', 즉 남자주인공은 이러한 '그라시오소'의 성격과 행위에 늘 대칭적 위치에 서 있다. '그라시오소'가 현명하게 행동할 때 그는 경솔한 언행을 보이며, 소심한 겁쟁이로 '그라시오소'가 행동하면 반면 그는 용감하게 처신한다. 한마디로 말해, '그라시오소'와 '갈란'이라는 두 가지 캐릭터는 극 중 역할상으로는 조연과 주연이지만, '그라시오소' 없는 '갈란'과 '갈란' 없는 '그라시오소'는 로페의 극에서는 상상조차 할 수 없을 만큼, 이들 둘의 위상은 상호보완적이고 동시에 대칭적이다. 『*Don Quijote*』의 돈키호테와 산를 연상케 하는, 이 상이하고 대칭적인 두 가지 요소의 끊임없는 대립과 상호보완은 주지하다시피 바로크 미학이 추구하는 전형적인 이원적 구도와 그 맥을 같이 한다고 볼 수 있다.

Gramática de la lengua castellana (카스티야어 문법서) 안토니오 네브리하에 의해 1492년 처음으로 출판된 스페인어 문법 서적. 최초의 유럽 로망스어 문법책이라는 점에서도 의의가 있다. 이 문법서는 철자법, 운율체계와 음절, 어원학, 통사를 다룬 책 네 권과 외국어로 카스티야어를 가르치기 위한 다섯 번째 책으로 구성되어 있다. ➡ Nebrija, Antonio de(안토니오 데 네브리하, 1444～1522)

Gran conquista de Ultramar (위대한 해외 정복) 제1차 십자군 전쟁 동안 이루어진 예루살렘 정복에 대해 소설적인 내용과 특징을 많이 담아낸 연대기이다. 1291～1295년 사이에 집필된 것으로 추정된다. 프랑스 서사시 『*El Caballero del Cisne*』, 『*Berta la de los grandes pies*』 등에서 유래한 이야기들이 수록되어 있다.

Granada de la bella (아름다운 그라나다) 1896년에 발표된 스페인의 98세대 작가 앙헬 가니벳의 수필이다. 가니벳은 자신의 고향인 그라나다의 이상적 이미지(Poesía)를 작품을 통해 창조해 낸다. 그라나다는 발전됨과 동시에 활력이 넘치는 도시임을 강조한다. ➡ Generación del 98(98세대)

Granada, fray Luis de* (프라이 루이스 데 그라나다) [그라나다(Granada), 1504－리스보아(Lisboa), 1588] 저술가, 번역가 그리고 전기작가. 진짜 이름은 루이스 데 사리아(Luis de Sarriá)였다. 갈리시아의 비천한 가문의 아들로 아버지를 잃고 고아가 되면서부터 텐디아(Tendilla) 백작의 보호를 받았다. 백작은 그를 자신의 자식들의 몸종이 되도록 하여 그들과 함께 공부하도록 기회를 제공했다. 산토 도밍고(Santo Domingo) 교단에 입회하였고 바야돌리드(Valladolid)의 산 그레고리오(San Gregorio) 학교에서 공부했다. 이곳에서 여러 사람들을 알게 되었고, 이들 중에는 멜초르 카노(Melchor Cano)가 있다. 교회의 여러 직책을 맡고 나서, 1557년 포르투갈 교구장이 되며, 비세우(Viseu)의 주교, 브라가(Braga)의 대주교 자리 제안을 뿌리친다. 안달루시아(Andalucía)와 에스트레마두라(Extremadura)에서 선교자로 이들 지역에서 유명한 사람이 되었으며, 아빌라의 성 요한(san Juan de Ávila)의 친구였다. 코르도바(Córdoba) 페리아(Feria) 백작 집에서 머물며 알게 되었던 그에게서 웅변의 방법에 대해 영향을 받았다. 1558년 종교재판 앞에서 자신의 작품을 변론해야만 하게 되었다. 라틴어, 스페인어, 포르투갈어로 웅변체 문장의 고유한 특성인 길고 매끄러운, 풍부한 단어와 높은 정확성을 가지는 구조를 가지고 있는 글을 썼다. 중요한 작품들을 썼으며, 그중에는 전기, 서원 소 책자, 설교, 번역 등이 있다. 작품에는 기독교에 대한 옹호와 신성에 관한 깊은 이론 그리고 절대 완벽을 구성하는 부분으로 또 신성한 메시지의 전달자로 보며, 가장 의미 없는 사실들의 세세한 관찰에서 프란시스코적 경향이 보이는 자연에 대한 찬가를 그리고 있다. 14권으로 이루어진 작품 『*Sus Obras*』는 1906년부터 마드리드에서 출판되기 시작했다.

Grande Lara, Félix* (그란데 라라 펠릭스) [메리다(Mérida), 바다호스(Badajoz), 1937] 시인이자 소설가이며 평론가이다. 독학으로 공부했고, 유년기와 청소년기에 목동, 포도 수확, 떠돌이 장사꾼 등의 여러 직업을 전전했고, 마드리드에서는 콰데르노스 이스파노아메리카노스(Cuadernos Hispanoamericanos)의 부국장을 역임했다. 서정시의 개혁가들 중 한 사람으로 알려진 시에서는 실존주의의 깊고 고통스러운 사회적 의무감을 느낄 수 있다. 언어에 대해 관심을 가졌었고, 개인적 기억은 물론 집단의 기억에 대한 참여를 주장하였다. 작품으로는 『*Taranto*』, 『*Homenaje a César Vallejo*』(1971)를 비롯하여 아도나이스상(Premio Adonais)을 수상한 『*Las piedras*』(1964)가 있다. 이 작품에는 자신의 첫 책을 헌정했던 페루 시인과 안토니오 마차도(Antonio Machado)의 영향이 엿보인다. 기푸스코아상(Premio Guipúzcoa)을 받은 『*Música amenazada*』(1966), 카사 데 라스 아메리카스상(Premio Casa de las Américas)을 수상한 『*Blanco Spirituals*』(1967), 전집형태인 『*Biografía*』(1971)가 있다. 이 작품집에는 네루다에게서 얻은 시, 산문시집인 『*Puedo escribir los versos más tristes esta noche*』(1971)가 포함되어 있다. 또한 시집인 『*Años*』(1975), 국립문학상인 『*Las rubaiyatas de Horacio Martín*』(1978), 그리고 전집: 『*1958～1984 Poesía completa*』(1986)는 1989년에 첨가되었다. 『*Occidente, ficciones, yo*』(1968), 『*Apuntes sobre poesía española de posguerra*』(1970), 국립 플라멩코학상 수상작인 『*Memoria del flamenco*』(1979), 『*Elogio de la libertad*』(1984), 『*Once artistas y un dios. Ensayos sobre literatura hispanoamericana*』(1986), 『*García Lorca y el flamenco*』(1992) 등 여러 중요한 수필의 작가이기도 하며, 이와 마찬가지로 가브리엘 미로상(Gabriel Miró) 수상작인 『*El perro*』(1967), 『*200 Por ejemplo, doscientas*』(1968), 『*Parábolas*』(1975), 『*Las calles*』(1980), 『*Lugar siniestro este mundo, caballeros*』(1980), 『*La balada del abuelo Palancas*』(2003). 또한 여러 이야기의 작가이기도 하며, 에우헤니오 도르스상(Eugenio D'Ors)으로 이 장르에서 그를 인정, 이야기들은 『*Fábula*』(1991), 『*Decepción, Enmienda a la totalidad*』(1994) 그리고 『*Té con pastas*』(2001)에 담겨있다.

Grande, Fé (펠릭스 그란데)　(1937～) 바다호스 태생의 작가이다. 특정 문학 조류에는 속하지 않지만 가장 뛰어난 스페인 현대 서정시인 중 한 명으로 꼽힌다. 2004년 스페인 국가문예상(Premio Nacional de las Letras Españolas)을 받았다. 양, 소를 돌보는 목동, 외판원 등의 직업을 거치고 문학활동에 전념하기 위해 플라멩코 기타연주자로 직업을 바꾸었다. 1957년 마드리드로 이주한 후 전쟁의 참혹함을 겪었다. 『*Las Piedras*』(1963), 『*Música amenazada*』(1966) 등의 시집을 냈다.

Grandes, Almudena (알무데나 그란데스)　(1960～) 마드리드(Madrid) 태생의 스페인 소설가이다. 마드리드 콤플루텐세 대학교(Universidad Complutense de Madrid)에서 지리학과 역사학 학위를 받았다. 대표작 『*Te llamaré Viernes*』(1991)는 대도시 속의 소통두절과 고독, 좌절을 다룬 소설이다. 그 외의 소설로는 『*Las edades de Lulú*』(1990), 『*Atlas de geografía humana*』(1998) 등이 있다.

Granell, Manuel (마누엘 그라넬)　(1906～) 오비에도(Oviedo) 태생의 수필가이며 비평가이다. 그곳에서 법학과 철학을 연구하였다. 시민전쟁 후에 베네수엘라(Venezuela)로 추방당하였고, 카라카스 대학교(La universidad de Caracas)에서 강의를 시작하였다. 별명인 마누엘 크리스토발(Manuel Cristóbal)로 출간된, 짧은 시작품인 『*Umbral*』(1941) 이 외에도 넓은 범위의 철학과 인류학을 주제로 한 작품을 출간하였다. 그 외의 작품으로 『*Lógica*』(1949), 『*El humanismo como responsabilidad*』(1959), 『*El hombre*』, 『*Un falsificador*』(1968) 등이 있다.

Granés, Salvador María (살바도르 마리아 그라네스)　(1838～1911) 마드리드(Madrid) 태생. 스페인 기자이면서 극작가이다. 1864년 첫 극작품인 『*Don José, Pepe y Pepito*』 성공 이후에 문학에 전념하기 위해 법학 공부를 포기했다. 유머러스한 재능으로 모스카텔

(Moscatel)이란 별명하에 해학적이고 풍자적인 책을 출간했다. 『*Gente Vieja*』, 『*La Filoxera*』 등과 같은 간행물을 출판하는 데에 참여했다. 대표작으로는 『*Dos leones*』(1874), 『*En el nombre del padre*』(1886), 『*Sustos y enredos*』(1888) 등이 있다.

Grau Delgado, Jacinto (하신토 그라우 델가도) (1877~1958) 스페인보다 외국에 더 잘 알려진 작가이다. 여러 장르와 다양한 문체의 실험을 통해서 자기의 문학적 자질을 드러낸 작가였다. '다양한 주제, 초점, 기교 그리고 문체 등을 완벽하게 연구해야만 나의 연극작품을 온전하게 이해할 수 있을 것이다'라고 스스로 공언할 정도로 그의 연극은 다채롭게 구성되어 있다.

Greguería (그레게리아) 라몬 고메스 데 라 세르나가 1910년부터 쓰기 시작하여 일생 동안 계속해서 관심을 쏟았던 용어이다. 라몬 고메스가 만들어낸 이 용어는 명확한 정의를 내리기는 힘들지만 이전의 예술과 차별적인 어떤 장르를 생각해 내기 위해 심사숙고한 것이다. 흔하게 쓰는 말이 아닌 어떤 낱말을 마치 복권 추첨함에서 구슬이 나오듯 우연히 떠올랐다고 회상한다. 따라서 그레게리아는 그 생성원리가 '유머와 은유'로 이루어져 있다. 이것은 은유, 사물의 모양, 소리의 유사성, 언어의 유희 등을 통해 사물을 새롭게 인식하는 방식이다. ➡ Gómez de la Serna, Ramón(라몬 고메스 데 라 세르나)

Grien, Raúl (라울 그리엔) (1924~) 라 코루냐(La Coruña) 태생. 스페인 소설가이다. 숙련된 상인으로 1960년에 베네수엘라(Venezuela)로 옮겨갔다. 작품은 여러 스페인어권 나라에서 출판되었다. 대표작으로는 『*A fuego lento*』, 『*Cuatro esquinas*』(1967), 『*La novela futura*』(1959), 『*Mujeres únicas*』(1971) 등이 있다.

Grimalte y Gradissa (그리말테와 그라디사) 후안 데 플로레스(Juan de Flores)의 감상소설이다. 보카치오의 소설 『*Piameta*』의 뒷이야기를 다룬 후속작 성격의 작품으로 사회에서 용인 받지 못하는 사랑에 빠진 주인공들과 그로 인해 겪는 고통이 주 내용이다.

Gris, Juan (후안 그리스) (1887~1927) 스페인 화가이며 본명은 호세 빅토리아노 카멜로 카를로스 곤잘레스 페레스(José Victoriano Carmelo Carlos González-Pérez)이다. 후안 그리스(Juan Gris)로도 알려져 있다. 스페인의 마드리드에서 태어나 삶 대부분을 프랑스에서 보내며 훌륭한 회화작품과 조각품을 남겼다. 그의 작품들은 예술계에 새로운 장르를 창출하는 데 이바지하였다.

Grisel y Mirabella (그리셀과 미라베야) 후안 데 플로레스(Juan de Flores)가 쓴 감상소설이다. 두 주인공의 죽음으로 결말을 맺는다. 공주인 미라베야와 기사인 그리셀 사이의 이루어질 수 없는 사랑에 대한 소설이며, 엄청난 성공을 거두어 영어, 이탈리아어, 프랑스어로 번역되었다.

Gritos del combate (전투의 절규) 가스파르 누녜스 데 아르세(Gaspar Núñez de Arce)의 1875년 작품으로 당시의 도덕적, 정치적, 종교적 갈등에 관한 시 모음으로 시대의 악에 마주 선 애국자의 고뇌를 표현하면서 자신의 무절제를 반성하고 자유를 질책하고 있다.

Grosso, Alfonso (알폰소 그로소) (1928~1995) 세비야 출신의 작가이다. 50세대 작가에 속하며 스페인 사회적 사실주의의 대표적 인물이다. 실험적 성격의 다양한 형식적 실험을 스페인 소설에 도입했을 뿐만 아니라 장르소설의 한 갈래로만 평가받던 탐정소설을 완전한 문학 장르로 끌어올렸다. 대표작으로는 『*La buena muerte*』(1976), 『*Los invitados*』(1978), 『*El correo de Estambul*』(1980)이 있다.

Gual, Adriá (아드리아 구알) (1872~1943) 위대한 연극 개혁가로 평가받는 바르셀로나 출신의 극작가이다. 그의 작품은 상징주의적이고 자연주의적인 성격을 띠고 있다. 대표작으로는 농촌을 주제로 한 『*Misteri de dolor*』가 있으며, 이 작품은 1904년에 상연되었다.

Gubern, Roman (로만 구벤) (1934∼) 바르셀로나(Barcelona) 태생. 스페인 작가, 역사가이면서 영화평론가이다. 법학을 전공하였고 대학 영화 동아리에서 회장을 맡은 바 있다. 프랑코 체제하에서의 검열과 법령을 주제로 한 그의 논문은 1981년 그의 책 『*La función política*』에서 소개되었다. 『*Cinema Universitario*』, 『*Nuestro cine*』, 『*Triunfo*』, 『*Destino*』와 같은 공동작품을 냈고, 1964년 첫 영화 스크립트를 완성하였다. 이 외에도 스페인 국영 텔레비전 방송에서 『*Mañana será otro día*』(1967), 『*España otra vez*』(1968), 『*Un invierno en Mallorca*』(1969)와 같은 프로그램의 스크립트를 썼다.

Gude, Antonio (안토니오 구데) 1946년 비고(Vigo)에서 출생한 스페인 작가이자 체스 전문가이다. 어렸을 적부터 체스에 심취하여 1979년에는 <El Ajedrez>라는 잡지를 발간한다. 또한 하케(Jaque)사(社)의 파블로 아길레라(Pablo Aguilera)와 함께 1987년부터 1995년까지 체스에 관한 『*Revista Internacional de Ajedrez*』를 발행하였다. 그가 집필한 체스에 관한 서적들은 여러 번 베스트셀러에 올랐으며, 자신의 체스에 대한 관심을 문학, 영화 등 다양한 장르에 융합시키고자 하였다. 베스트셀러가 된 대표적인 서적으로는 『*Escuela de Ajedrez*』(1997), 『*Escuela de táctica en ajedrez*』(2000), 『*El Método 64 de entrenamiento en ajedrez*』(2010) 등이 있다.

Guelbenzu, José María (호세 마리아 겔벤수) 마드리드 출생의 작가(1944∼)이다. 판사 마리아나 데 마르코(Marianade Marco)를 주인공으로 한 탐정소설 시리즈의 작가로 더 잘 알려져 있다. 시를 씀으로써 작가로서의 활동을 시작하였고, 대표적인 작품으로는 『*El mercurio*』, 『*Antifaz*』, 『*El pasajero de ultramar*』, 『*La noche en casa*』가 있다.

G

Guerra Garrido, Raúl (라울 게라 가리도) 마드리드 태생의 소설가이다. 많은 수의 작품을 가지고 있으며 『*La guerra del wolfram*』으로 1984년 플라네타상(Premio Planeta)을 수상하였다. 중요한 작품으로는 『*Cacereño*』(1970), 『*La fuga de un cerebro*』(1973), 『*Pluma de pavo real*』(1977), 『*La costumbre de morir*』(1981) 등이 있다.

Guerras civiles de Granada (게라스 시빌레스 데 그라나다) 히네스 페레스 데 이타(Ginés Pérez de Hita, 1544∼1619)의 모로소설로 작품을 제1부와 제2부로 구분하여 기술하였다. 제1부는 역사적이라기보다 소설적 구성을 띠고 있는데, 1492년 그라나다가 함락될 순간의 분위기를 모로인들을 중심으로 하여 묘사했다. 제2부는 보다 역사적 사실에 바탕을 두고서 기록하였으며 알푸하라(Alpujarra)의 모로족이 스페인의 통치를 반대해서 일으킨 반란(1568∼1571)을 다루었다. 기독교도들 못지않게 명예를 중시하고 용맹성을 발휘한 모로족의 모습을 담았으며 그들의 문화가 낭만적으로 고양된 작품이다.

Guevara, fray Antonio de* (프라이 안토니오 데 게바라) [트레세뇨(Treceño), 칸타브리아(Cantabria), 1481-몬도녜도(Mondoñedo), 루고(Lugo), 1545] 서출 태생 귀족 가문의 차남으로 어려서부터 가톨릭 국왕(Reyes Católicos)의 궁정에서 일했고, 후안 왕자의 몸종이었다. 바야돌리드의 성 프란시스코(San Francisco de Valladolid) 수도원에서 공부했고, 여러 수도원으로 거처를 옮기며 지냈으며, 카를로스 1세는 그를 1521년 궁정 사제로 임명하였다. 1526년에는 연대기 작가로 임명되어 1537년까지 이 직책을 수행했다. 구아딕스(Guadix)와 몬도녜도(Mondoñedo)의 주교, 발렌시아(Valencia)의 종교재판관을 역임했고, 그의 작품은 널리 퍼져 읽혔다. 『*Relox de príncipes o Libro áureo del emperador*

Marco Aurelio』(Valladolid, 1529)를 썼다. 두 부분으로 구성되었으며, 그중 첫 부분은, 마르코 아우렐리오라(Marco Aurelio)라는 인물을 둘러싼 상황에 대한 가르침이며, 1518년과 1524년 사이에 쓰였다. 이후 해적판으로 그의 허가 없이 세비야(Sevilla), 리스보아(Lisboa) 그리고 사라고사(Zaragoza)에서 출판되었던 『*Libro áureo*』가 첨가되었다. 이 글에서 (1529년 합본된 판본) 로마 황제의 몇 가지 철학적이고 선정적인 서신을 삽입해서 묘사하며, 거의 모든 곳에서 허구적인 자료에 기초한 모범이 되는 인물의 삶을 만들어낸다. 작품은 왕자 교육을 위한 교육적인 목적으로 끝난다. 또 다른 두 작품의 작가이기도 하다. 먼저 『*Vida de diez emperadores*』(1539)는 로마 황제들의 풍습이 제공하는 도덕적인 이야기인데, 나중에 『*Década de Césares*』로 제목을 바꿨다. 그리고 『*Aviso de privados y doctrina de cortesanos*』(바야돌리드, 1539)가 있는데, 이 작품은 『*Despertador de cortesanos*』로도 알려져 있다. 『*Castiglione*』에게서 영감을 받은 것으로 총 2부로 각각 10장(capítulo)으로 나누어져 있다. 전기풍의 일화, 몸종들의 모험 그리고 가난한 궁인들에서 영감을 받은 글들로 채워져 있었다. 또한 『*Menosprecio de corte y alabanza de aldea*』(바야돌리드, 1539)를 출판했다. 여기에 『*Arte de marear*』(1539), 여러 인물들에게 보낸 112편의 편지인 『*Epístolas familiares*』(바야돌리드, 1539와 1542), 『*Oratorio de religiosos y ejercicio de virtuosos*』(바야돌리드, 1542), 1549년 사후에 출판된 바이블적 작품으로 성인들과 옛 역사를 다룬 『*Salamanca*』(1545)가 있다. 1994년 이미 언급했던 『*Libro áureo de Marco Aurelio*』, 『*Década de Césares*』를 시작으로 전집 『*Obras completas*』 출판이 시작되었다.

Guía de pecadores (기아 데 페카도레스)　1547년에 출간된 루이스 데 그라나다(Fray Luis de Granada)의 저서이다. 교훈적인 내용이 간결한 문체로 표현되었다. 기독교의 덕목을 알리기 위한 목적에서 쓰였으나 종교재판소의 금서목록에 올랐다.

Guía y avisos de forasteros adonde se les enseña a huir de los peligros que hay en la corte (기아 이 아비소스 데 포라스테로스 아돈데 세 레스 엔세냐 아 우이르 데 로스 펠리그로스 케 아이 엔 라 코르테)　1620년에 출판된 안토니오 리냔 이 베르두고(Antonio de Liñán y Verdugo)의 대표작이다. 궁정인이 서술자로 등장하고, 14개의 이야기로 구성되어 있다. 제국의 수도인 마드리드 궁정의 풍속을 세세하게 묘사한 작품이다.

Guillem de Berguedà (기옘 데 베르게다)　(1138~1192) 스페인 귀족 시인이다. 비스콘데 데 베르게다(Vizconde de Berguedà)에서 태어났다. 베르탄 데 본(Bertrán de Born)과 리카르도 코라손 데 레온(Ricardo Corazón de León)의 친구였다. 프로방스어로 총 31개의 시를 썼다. 시들은 그의 적들을 비판하고 동료들을 감싸는 내용이다. 대표작으로는 『*El Planh*』(planto o elegía)이 있다.

Guillem de Cabestany (기옘 데 카베스타니)　서양 음유시인으로 로세욘(Rosellón) 태생이다. 8세기 초반에 많은 작품이 알려졌고, 9개의 칸소(canso)가 남아 있다. 이베리카반도에 있으면서 톨로사의 나바스 전투(La batalla de las Navas de Tolosa, 1212)에서 페드로 데 아라곤(Pedro II de Aragón)의 명령에 대항했다.

Guillén, Jorge* (호르헤 기옌)　[바야돌리드(Valladolid), 1893－말라가(Malaga), 1984] 시인이자 문학 평론가. 27세대를 대표하는 시인이며, 20세기 중요 작가들 중 하나로 평가받는다. 마드리드와 그라나다에서 철학과 문학을 공부했다. 1924년 박사학위를 받았고, 파리 소르본 대학에서 외국인 강사로, 무르시아, 옥스퍼드, 세비야 대학의 교수를 지냈다. 1936년 망명 이후, 1971년까지 여러 미국 대학에서 가르쳤다. 그해 이탈리아로 이주했고 프랑코 사망 이후 스페인으로 완전 귀국했다. <Litoral>, <Poesía>, <Carmen>, <Revistas de Occidente>, <Indice> 등에 기고했으며, <Guerrero Ruiz>와 <Verso y Prosa> 잡지를 만들기도 하였다. 현대 순수시의 가장 대표적인 시인으로 평가받는다. 시를 쓸 때 항상 구체적인 상황이나 현실로부터 출발하는데, 그것들로부터 가장 순수한 관념이나 느낌을 추출하기 위한 것이었다. 이러한 창작 방법을 토대로 그의 고유한 문체가 만들어진다. 시어는 배제와 선택의 엄격한 과정을 거친 고도로 정제된 언어이며, 또한 손쉬운 음악성이나 감수성을 직접적으로 자극하는 방법을 배제한 언어, 즉 장식적 요소를 제거한 순수한 언어인 것이다. 그래서 시가 난해하다는 평가를 받는 것은 장식적 요소 때문이 아니라 시어가 고도로 압축되고 응축된 결과이다. 또한 각 구절과 시어 하나하나가 제시하고자 하는 것의 본질을 그대로 드러내고자 하기 때문이기도 하다. 문체의 가장 큰 특징은 사물의 본질에 대한 지속적인 관심에서 비롯된다는 것이다. 즉, 시에는 명사와 명사구가 매우 빈번하게 등장하는데, 이는 그 같은 본질에 대한 관심을 잘 증명해 주는 증거이다. 『*Aire nuestro*』라는 제목으로 묶어 출판했다. 『*Cántico*』, 『*Clamor*』, 『*Homenaje*』가 수록되어 있으며, 1961년에는 『*Lenguaje y poesía*』를 출간했다.

Guillén, Rafael (라파엘 기옌) (1933~) 그라나다 출신의 시인이다. 50세에 문학활동을 시작했고, 1994년 스페인 국가문학상(Premio Nacional de Literatura)을 받았다. 시의 형식에 많은 주의를 기울였다. 주제적인 측면에서는 사회시를 거부하며 실존적이고 초월적인 것에 대한 탐구가 주를 이룬다. 『*Pronuncio amor*』(1960), 『*Hombre en paz*』(1966) 등의 작품을 남겼다.

G

Gullón, Ricardo (리카르도 구욘) (1908~1991) 아스토르가(Astorga)의 레옹(León) 태생의 문학비평가이다. 그곳에서 1925년에서 1928년 사이 레오폴도 파네로(Leopoldo Panero)와 루이스 알론소 루엔고(Luis Alonso Luengo)와 함께 잡지 <La Saeta>, <Humo>를 출간했다. 27세대, 36세대 구성원들과 활발한 교류를 가졌다. 대표작으로는 『*Fin de semana*』(1934)와 1948년까지 출간되지 못했던 『*El destello*』 등이 있다.

Gutiérrez-Gamero y de Romate, Emilio (에밀리오 구티에레스 가메로 이 데 로마테) (1844~1936) 마드리드(Madrid) 태생. 스페인 정치가이면서 소설가, 기자이다. 정치 이외에도 다양한 분야에서 활동을 하면서 1867년 이후로 법학박사 학위를 수료하였으며, 1919년 왕립 스페인어 아카데미(La Real Academia de la Lengua)에 들어갔다. 소설작품은 현실주의 경향을 띄고 감상주의가 특징이다. 대표작으로 『*Los de mi tiempo*』(1897), 『*La derrota de Mañara*』(1907), 『*Clara Porcia*』(1925) 등이 있다.

Guzmán de Alfarache (구스만 데 알파라체) 마테오 알레만(1547~1614?)이 쓴 피카레스크 소설로, 『*Lazarillo de Tormes*』와 함께 전형적인 스페인 악한소설의 대표작으로 꼽힌다. 17세기 유럽 전역에서 흥행을 거두었다. 세비야 출신 주인공 구스만(Guzmán)이 극악무도했던 자신의 삶을 감옥에서 회상하는 내용이다. 여러 일화로 구성되어 있으며 지나친 물질만능주의와 도덕성의 타락을 꾸짖는 의도를 지닌다. ➡ Matero Alemán(마테오 알레만)

H

Hacia otra España (또 다른 스페인을 향하여) 1899년에 발표된 스페인 98세대 작가 라미로 데 마에스투의 작품이다. 98세대의 전형적인 정신과 지향성에 대해 말하고 있다. 특히 작가는 당시 스페인의 과학, 농업 및 산업의 상태에 대해 비판하면서, 국가재건을 하고자 했다. ➡ Generación del 98(98세대)

Halcón (알콘) 스페인 내전 후 1945년에서 1949년 동안 스페인 바야돌리드(Valladolid)에서 출판된 시 간행물이다. 마누엘 알론소 알칼데(Manuel Alonso Alcalde), 루이스 로페즈 앙글라다(Luis López Anglada), 아르칸디오 파르도(Arcadio Pardo) 등이 중심이 되어 만들었으며 가르실라시스모(Garcilasismo)의 한 흐름으로 볼 수 있다. 간행물에는 여러 작가들이 참여했는데 대표적으로는 루이스 페냐(Ruiz Peña), 라파엘 모랄레스(Rafael Morales), 가르시아 니에토(García Nieto), 프란시스코 피노(Francisco Pino) 등이 있다.

Halcón, Manuel (마누엘 알콘) (1902~1989) 세비야(Sevilla) 출신 작가이다. 작품에는 안달루시아(Andalucia) 대지에 대한 작가의 애정이 드러나 있으며, 사실주의적 기법으로 풍속을 자세히 묘사한다. 『*El hombre que espera*』(1922), 『*Fin de raza*』(1927) 등의 소설을 썼다.

Hamartia (하마르티아) 비극의 결말을 생성하는 그리스 비극 고유의 극적기법이다. 주인공이 범한 과오 또는 실수는 반드시 주인공의 '판단착오'나 '본의 아니게 저지른' 것이어야 한다.

Haro Ibars, Eduardo (에두아르도 아로 이바르스) (1948~1989) 탕헤르(Tánger)에서 태어나 마드리드(Madrid)에서 사망했다. 시인이면서 소설가이다. 또 기자로서 라디오와 언론사에서 일한 바 있다. 첫 소설은 60년대에 쓰인 『*Manipulaciones*』지만 출간되지 못한 상태에 있었고 이 보다 더 먼저 『*El polvo azul*』이 출간되었다. 1974년 첫 시집이 발간되었는데 제목은 『*Gay Rock*』이고 2년 후 『*Pérdidas blancas*』란 작품으로 인해 푸엔테 쿨투랄상(El premio de poesía Puente Cultural)을 받았다.

Haro Tecglen, Eduardo (에두아르도 아로 테글렌) (1924~2005) 마드리드(Madrid)의 포수엘로 데 알라르콘(Pozuelo de Alarcón) 태생. 기자, 연극비평가, 작가이다. 젊은 시절부터 언론사에서 일하면서 국제 정치, 영화, 연극, 텔레비전과 관련된 기사를 썼다. 반체제주의자와 비관주의적의 성격으로 작품은 꾸밈없이 솔직하지만 조심스럽고 진실성을 특징으로 한다. 문학활동은 1948년 『*La callada palabra*』를 출간하는 것에서부터 시작한다. 대표작으로 『*Una frustración: los derechos del hombre*』(1969), 『*Biografía completa de*

Mao Tse Tung』(1970), 『*La sociedad de consumo*』(1973), 『*España, primera plana*』(1973) 등이 있다.

Hartzenbusch, Juan Eugenio de (후안 에우헤니오 하르첸부쉬) (1806~1880) 마드리드에서 독일인 목수 아버지와 스페인인 어머니 사이에서 태어나 아버지의 공장에서 일하다가 후에 학문에 몰두하였다. 시도 쓰고 매우 흥미 있는 우화 묶음인 『*Fábulas morales*』(도덕 우화집)을 만들었으며 단편도 썼지만 무엇보다도 연극에서 가장 두드러졌다.

Helios (엘리오스) 1903~1904년 사이에 출간된 스페인 문학잡지. 모데르니스모 운동의 촉진에 기여했다. 총 11호가 출간되었으며, 스페인 시인인 후안 라몬 히메네스와 라몬 페레스 데 아얄라, 그레고리오 마르티네스 시에라 등의 문인들이 주축이 되어 창립했다.

Hermana San Sulpicio, La (산 술피시오 수녀) 안달루시아 지방의 분위기와 생활을 훌륭히 묘사한 1889년 작품으로 아르만도 팔라시오 데 발데스의 가장 훌륭한 작품으로 꼽힌다. 한 달 내에 종교에 입회하게 될 산 술피시오와 산후르호라는 젊은 의사가 사랑하게 되어 결국 술피시오는 수도원에서 퇴소하고 의사와 결혼하게 되는 내용이다.

Hernández Ruano, Diego (디에고 에르난데스 루아노) (1902~) 우엘바(Huelva) 출신의 단편소설 작가이다. 알라크란(Alacrán) 스타일의 사실주의 소설을 쓴다. 『*El pasado que viene*』(1956), 『*Huellas del buey*』(1961) 등을 출간했다.

Hernández, Miguel* (미겔 에르난데스) (1910~1942) 36세대에 속한 대표적 시인인 그는 1910년 오리우엘라(Orihuela)에서 출생하였다. 14세까지 잠시 예수회 학교에서 수학하였는데, 타고난 문학적 재능과 많은 독서량은 집안의 가난했던 경제 사정으로 인해 중단해야 했던 학교교육을 어느 정도 보상해주었다. 게다가 어려서부터 해왔던 목동생활로 인해, 자연과의 교감을 통해 피부에 와 닿고 일상적인 경이로움들이 인생에서 많은 의미를 갖는다는 사실을 이해할 줄 알았으며, 이러한 이유로 작품은 대지에 그 뿌리를 두었다. 1931년 처음으로 마드리드에 갔지만 좌절감과 대도시에 대한 거부감으로 고향 오리우엘라로 돌아온다. 그 후 1934년에 다시 마드리드로 가서 문학동호회에 가입하여 향후 그의 시세계와 사회주의라는 사상적 발돋움을 하는 데 경정적인 전기가 된 파블로 네루다(Pablo Neruda)와 만난다. 내전 중인 1936년 공화군에 입대했고 1년 후 결혼하여 러시아에서 한 달을 보낸다. 그러나 내전이 공화파의 패배로 끝이 나자 1939년 투옥되어 1942년 알리칸테(Alicante)에서 폐결핵으로 생을 마감할 때까지 끊임없이 시를 썼다. 대표작으로는 『*Perito en lunas*』(1933), 『*Viento del pueblo*』(1937), 『*Cancionero y romancero de ausencia*』(1938~1941) 등이 있다.

H

Herrera Petere, José (호세 에레라 페테레) (1909~1977) 과달라하라(Guadalajara) 태생의 작가이다. 초현실주의 계열의 작품을 썼고, 프랑스, 스위스, 멕시코 등지로 망명을 다녔다. 소설 중 『*Niebla de cuernos*』는 스위스와 프랑스에서 망명자로 살아가는 스페인 사람들에 대한 풍자가 담긴 소설이다.

Herrera y Ribera, Rodrigo de (로드리고 데 에레라 이 리베라) (1592~1657) 마드리드(Madrid) 태생. 스페인 극작가이다. 스페인 예수회 학교(Colegio Imperial de los jesuitas en Madrid)에서 공부를 했다. 로페 데 베가(Lope de Vega)는 저서 『*Laurel de Apolo*』에서 그를 칭찬했고 세르반테스(Cervantes)는 그를 저명한 문체와 보기 드문 미덕을 지니고있다고 묘사했다. 대표작으로 『*Del cielo viene el buen rey*』, 『*El primer templo de España*』, 『*La fe no ha menester armas*』 등이 있다. ➡ Teatro nacional(국민연극)

Herrera, Fernando de (페르난도 데 에레라) 세비야(Sevilla) 출신의 스페인 시인. 시는 형식의 완벽성을 페트라르카 시의 특징인 시의 끝말에서 반복되는 후렴구로 표현하였고 보스칸(Juan Boscán)과 가르실라소(Garcilaso)에 의해 보급되었다. 동시대 사람들에게는 필명 "엘 디비노(El divino)"로 소개되었다. ➡ Escuela Poética Sevillana(세비야 시파)

Hervás y Cobo de la Torre, José Gerardo (호세 헤라르도 헤르바스 이 코보 데 라토레) 스페인 마드리드의 풍자 시인이다. 태어난 연도는 정확하지 않으나 대략 17세기 말로 추정되며 1742년 사망하였다. 성직자, 변호사 등을 역임하였으며 호르헤 피티야스(Jorge Pitillas)라는 가명으로 문학활동을 하였다. 사망한 연도에 발행된 대표적인 저서인 『*Sátira contra los malos escritores*』(1742)는 후기 바로크의 지나친 과장성과 재기를 비판하고 있다.

Hervás y Panduro, Lorenzo (로렌소 에르바스 이 판두로) (1735~1809) 쿠엔카(Cuenca)의 호르카호 데 산티아고(Horcajo de Santiago) 태생으로 스페인 암호 통신자이다. 그는 농민의 가정에서 태어났으며 1749년에 마드리드 예수회(La Compañía de Jesús en Madrid)에 들어갔고 후에 알칼라(Alcalá)에서 철학과 신학을 공부하였다. 알려진 바와 같이 본래의 직업은 언어학 분야이나 그는 작품활동을 그만 두고 인문학 지식의 요약본을 완성하기를 원했다. 이러한 작품들은 가톨릭 정교의 신지식을 담고 있고 천문학과 물리 인류학과 같은 학구적 소재로 구성되어 있다. 대표작으로 『*Catálogo de las lenguas de las naciones conocidas*』(1800~1805), 『*Viaje estático al mundo planetario*』(1793~1794)가 있다.

Hiato (이아토) 연속되는 두 모음을 분리해서 발음하는 것을 말한다: grú－a, pa－ís, ca－er, dis－cu－tí－ais. 음운론적인 측면에서, 이아토는 강세가 없는 열린모음(a, e, o)과 강세가 있는 닫힌모음(i, u)이 결합할 경우: raíz, laúd, reír, oír; 강세가 있는 닫힌모음과 강세가 없는 열린모음이 결합할 경우: María, ríe, frío; 같은 모음이 연속해서 올 경우: azahar, poseer, chiita, alcohol; 그리고 서로 다른 열린모음이 함께 올 경우: caer, aorta, teatro, etéreo, poeta.

Hidalgo, Gaspar Lucas (가스파르 루카스 이달고) (1560~1619) 마드리드 출신의 작가이다. 생애와 관련된 자세한 사항은 알려지지 않았다. 일화집 『*Carnestolendas de Castilla, dividido en las tres noches del domingo, lunes y martes de Antruejo*』는 마드리드에서 열린 카니발 기간 중 마지막 3일 동안 주민들에게 주어졌던 자유에 대한 글이다. 이 책은 종교재판소에 의해 금지되었다.

Hidalgo, Manuel (마누엘 이달고) 마드리드에서 18세기 중반에 작품활동을 했던 작가이다. 호세 데 카니사레스(José de Cañizares)의 희곡의 속편인 『*El Asombro de Francia, Marta la Romarantina*』를 써 상당한 대중적 인기를 끌었다.

Hierro del Real, José (호세 이에로 델 레알) (1922~2002) 마드리드 출생. 유년 및 청년기를 산탄데르(Santander)에서 보냈다. 그곳에서 잡지 <Proel>의 시 그룹에 참여했고, 1947년 청년기의 갈등에 대한 표현과 얻을 수 없었던 운명의 강렬한 모색으로 말미암아 매우 인상적인 처녀 시집들인 『*Tierra sin nosotros*』(1947)와 『*Alegría*』(1947)를 출간하였다. 다음 시집들에는 성숙한 목소리로 실존의 고통을 노래하는데, 『*Con las piedras, con el viento*』(1950), 『*Quinta del 42*』(1952) 등이 있다.

Himenea (이메네아)　토레스 나아로(Bartolomé de Torres Naharro)의 희극이다. 셀레스티나의 첫 부분 줄거리를 차용하였다. 사랑과 명예를 주제로 하며 환상적 요소들이 들어 있다. ➡ Renacimiento(르네상스)

Hipérbole (과장법)　묘사, 행동, 특징을 실제 이상으로 작거나 크게 설명하여 효과를 얻는 수사법을 말한다.

Historia de las ideas estéticas (스페인 미학 사상사)　1882년에 출간된 메넨데스 펠라요가 전기에 썼던 저술 중에서 가장 뛰어나다는 평가를 받는 작품이다. 예술과 문학에 대한 스페인의 학설과 이론을 타 유럽 국가들의 것과 비교 연구한 작품이다. ➡ Menéndez Pelayo, Marcelino(마르셀리노 메넨데스 펠라요)

Historia de los bandos de los Zegríes y de los Abencerrajes, caballeros moros de Granada (세그리와 아벤세라헤 파벌의 이야기 또는 그라나다의 내전)　1595년에 쓰인 히네스 페레스 데 이타(Ginés Pérez de Hita)의 모리스코 소설이다. 작품 속에서 작가는 그라나다 정복 이전의 사건들을 다룬다. 또한 그라나다의 지방색이 다채롭게 묘사되었다. ➡ Renacimiento(르네상스)

Historia de los heterdoxos españoles (스페인 이교도의 역사)　메넨데스 펠라요가 특유의 박식함과 열정으로 쓴 작품이다. 먼저 스페인의 정통성과 민족정신의 개념을 정립한 뒤, 역사 속에서 가톨릭의 교리로부터 이탈한 자들을 이단으로 간주하고 비판하였다. ➡ Menéndez Pelayo, Marcelino(마르셀리노 메넨데스 펠라요)

Historia del Abencerraje y la hermosa Jarifa (이스토리아 델 아벤세라헤 이 라 에르모사 하리파)　황금세기에 스페인에서 엄청난 인기를 끈 소설로 아랍인을 주제로 한다. 호르헤 몬테 마요르(Jorge de Montemayor)의 소설 『*Los siete libros de la Diana*』에 포함된 짧은 이야기로, 작가는 알려져 있지 않고, 아랍인 주인공 하이파와 아벤세라헤의 사랑 이야기를 줄거리로 한다. 이후 로페 데 베가도 그의 희극 『*El remedio en la desdicha*』에서 이 작품의 줄거리를 활용하는 등 스페인 문학에 많은 영향을 끼쳤다.

Historia Natural de Indias (인디아스의 자연사)　『*La Historia general y natural de las Indias*』라고도 불리는 곤잘로 페르난데스 데 오비에도(Gonzalo Fernández de Oviedo)가 신대륙 발견 후 쓴 문서이다. 인디아스(Indias)의 공식적인 연대기를 쓴 첫 번째 인물로, 당대 스페인 사람의 눈으로 본 신대륙의 식물군, 동물지, 종족 등을 생생하고 자세히 묘사하였다.

Historiadores del Perú (페루의 역사가)　스페인의 잉카 제국의 정복을 저술한 연대작가를 가리킨다. 대표적으로는 스페인의 유명 시인인 가르실라소 데 라베가(Garcilaso de la Vega)의 사촌인 고메스 수아레스 데 피게로아(Gómez Suárez de Figueroa)가 있으며 그는 잉카 가르실라소 데 라베가(Inca Garcilaso de la Vega)라고도 불린다. 주로 펠리페 2세(Felipe II) 때의 인물이 포함된다.

Historiografía (역사적 성격 작품 연구)　역사에 관해 쓰인 모든 작품, 역사 혹은 어느 작가에 대한 전기문 또는 비평문, 역사적인 주제의 성격을 지니고 있는 모든 작품을 총칭하여 말한다. 18세기부터 한 나라의 역사를 사회문학으로 분류, 그 중요성을 인식하기 시작하여 사회과학의 한 분야로 발전하고 있으며, 주로 인간 삶의 모습이 시간에 따라 변화하는 것을 묘사 및 서술한다.

Hojeda, Diego de (디에고 데 오헤다)　(1570～1615) 세비야 출신의 시인이다. 일찍이 아

H

메리카 대륙으로 건너갔고, 1591년에는 페루 리마의 산토 도밍고 교단의 수도원에서 학생들을 가르치며 지냈다. 계속해서 신학공부를 하여 1606년에는 신학박사 학위를 받았다. 복음서에서 영감을 받아 그리스도의 고난에 관해 쓴 서사시 『*La Cristiada*』가 대표작인데, 종교적 소재를 바로크의 과식주의 기법으로 표현한 작품이다.

Hola (올라) 스페인 대표 주간잡지 중 하나이다. <Pronto> 다음으로 스페인 내에서 가장 많이 팔리고 있는 잡지다. 안토니오 산체스(Antonio Sánchez)에 의해 1944년 창설되었으며 현재 편집장으로는 안토니오 산체스의 손자인 에두아르도 산체스 페레스(Eduardo Sánchez Pérez)가 있다. 스페인 국내뿐만 아니라 전 세계에도 그 영향력을 펼치고 있는데 현재까지 영국, 프랑스, 멕시코, 브라질 등 70여 개국의 나라에서 각기의 모습으로 변형되어 발간하고 있다.

Hombres del Norte (북구인들) 스페인 98세대 작가 앙헬 가니벳(Ángel Ganivet)의 수필이다. 함순(1859~1952), 입센(1828~1906)과 같은 북유럽의 유명 철학자 및 사상가들에 대한 연구서이다. ➡ Generación del 98(98세대)

Homenaje (오마주) 스페인 27세대 작가인 호르헤 기엔 이 알바레스(Jorge Guillén y Álvarez)의 세 번째 작품집이다. 이전의 두 작품들과는 전혀 다른 내용을 보이며, 여러 삶들의 모임이라는 무제를 달고 역사, 예술, 문학 등에서 위대한 업적을 남긴 인물들에게 바친 시가 수록 되어 있다. ➡ Guillén, Jorge(호르헤 기엔)

Homilías de Organyà (오르가냐의 설교집) 카탈루냐어로 쓰인 문학적 성격의 문서로 알려진 것 중 가장 오래된 문서이다. 속라틴어가 카탈란어로 발달하는 중간 단계의 언어가 등장하기 때문에 언어 발달사적 측면에서 연구 가치가 높다. 1904년 호아킨 미렛 이 산스(Joaquín Miret i Sanz)에 의해 한 목사관에서 발견되었다. 12세기에 만들어진 것으로 보이며 복음서와 사도서에 대한 6개의 설교가 포함되어 있다.

honra (정조) 명예, 영예를 뜻하기도 하지만 주로 여성의 정절을 의미한다. 스페인에서는 여성의 정조를 가문의 명예와 결부시켜 생각하였기에 여성에게 심각한 규제를 두었고 이와 관련하여서는 살인도 마다하지 않았다. 정조는 많은 문학과 희곡의 소재가 되어 당시 스페인 사회상을 여실히 보여주고 있다.

Horatius en España (스페인에서의 호라티우스) 메넨데스 펠라요(Menéndez Pelayo)의 저서로 위대한 시인인 호라티우스가 스페인 문학에 끼친 영향을 고찰하였다.

Horé, María Gertrudis de (마리아 헤르트루디스 데 오레) (1742~1801) 카디스(Cádiz)에서 태어난 스페인 시인이다. 잘 알려진 작품으로는 페르난 카바예로(Fernán Caballero)에 의해 소설화된 『*La Hija del Sol*』뿐이다. 현대적 재능으로 '태양의 딸'이라는 별명을 얻었고 이것은 위에서 언급한 책 제목이기도 하다. 시작품은 현재 두 개의 사본으로 존재하고 마드리드 국립 박물관(la Biblioteca Nacional de Madrid)에서 소장하고 있다.

Hormigón Blázquez, Juan Antonio (후안 안토니오 오르미곤 블라스게스) (1943~) 사라고사(Zaragoza) 태생. 스페인 극작가, 수필가, 문학비평가, 연극 감독 겸 의사이다. 사라고사 대학에서 의학을 공부하여 전문의 과정을 밟았다. 문학에 대한 열정으로 의사를 포기하였다. 사라고사 대학 극단에서 뛰어난 활동으로 여러 상을 수상하고 이름을 알리기 시작했다. 그 후 프랑스로 가서 극단활동을 계속하였고 연이은 성공으로 스페인으로 돌아와 연극예술학교(A Real Escuela Superior de Arte Dramático, RESAD)를 이끌고 수업을 하는 등 여러 활동을 하였다. 대표작으로는 『*Valle Inclán: cronología y documentos*』

(1978), 『*Valle Inclán y su tiempo*』(1982) 등이 있다.

Hospital General (오스피탈 헤네랄) 마누엘 폼보 앙굴로(Manuel Pombo Angulo)가 1948년 출간한 작품이다. 작가는 이 소설에 유럽 실존주의를 스페인화하여 담아냈다. 또한 작가의 개인적 경험이 반영된 것이 특징이다.

Hoyo Martínez, Arturo del (아르투로 델 오요 마르티네스) (1917~2004) 마드리드(Madrid) 태생. 스페인 작가이면서 편집자이다. 메다르도 프라일레(Medardo Fraile), 마누엘 루에이로 레이(Manuel Lueiro Rey)와 함께 전후 스페인 현대 작품의 주요 선구자로 뽑힌다. 일간지 <El Sol>에서 일하기 시작해 전쟁이 끝났을 무렵 마드리드 콤플루텐세 대학(La Universidad Complutense de Madrid)에서 로망스 문학을 공부하기 시작했다. <Ínsula> 그룹의 일원으로서 작품활동을 했다. 대표작으로 『*Primera caza y otros cuentos*』(1965), 『*El pequeñuelo y otros cuentos*』(1967) 등이 있다.

Hoyo Solórzano y Sotomayor, Cristóbal de (크리스토발 데 오요 솔로르사노 이 소토마요르) (1677~1762) 테네리페(Tenerife) 출신의 작가이다. 당시 마드리드에 대한 강도 높은 비판을 담은 작품을 발표하여 종교재판소와 갈등을 겪었다. 『*Cartas diferentes*』(1741), 『*Carta de Lisboa*』(1743) 등의 작품들을 남겼다.

Hoyos y Vinent, Antonio de (안토니오 데 오요스 이 비넨트) (1886~1940) 마드리드 출신 작가이다. 신비주의 또는 세속적 사랑을 주제로 하는 단편소설들을 썼다. 대표작으로는 『*Del huerto del pecado*』(1909), 『*El monstruo*』(1915)가 있다.

Hoz y Mota, Juan Claudio de la (후안 클라우디오 데 라 오스 이 모타) (1622~1714) 마드리드 출신의 작가이다. 칼데론 학파(Escuela de Calderón)에 속했다. 종교적 주제의 작품들, 소설적 희곡들을 썼다. 『*San Dimas*』, 『*El villano del Danubio*』와 같은 작품들을 남겼다.

Huete, Jaime de (하이메 데 우에테) 16세기 테루엘(Teruel) 출신의 작가이다. 고전주의 문화의 중요한 작가 중 하나로 꼽히며, 라스무스주의에 대한 애착을 가졌다. 『*Comedia intitulada "Tesorina"*』와 『*Comedia llamada "Viridiana"*』가 대표작이다.

Húmara Salamanca, Rafael (라파엘 우마라 살라망카) 19세기 세비야(Sevilla) 태생의 작가이다. 프랑스 문화에 박식했고, 역사소설들을 썼다. 『*Ramiro, conde de Lucena*』(1823), 『*Los amigos enemigos*』(1834)와 같은 작품들을 출간했다.

Hurtado de Mendoza, Diego (디에고 우르타도 데 멘도사) 1503년경 그라나다(Granada)에서 태어난 시인이자 외교관이다. 이탈리아의 스페인 대사관에서도 일을 하는 등 외교술에 뛰어난 능력을 가졌다. 또한 문학에서도 16세기 군인계급 귀족과 인문학의 조정 역할을 하며 능력을 평가받았다. 스페인 최초의 피카레스크 소설인 『*Lazarillo de Tormes*』의 작가로 추정되기도 한다.

Hurtado de Toledo, Luis (루이스 우르타도 데 톨레도) (1510?~1585?) 톨레도 출신의 시인이자 소설가이다. 알제리 원정에 참여하였고, 1550년에는 사제가 된다. 목가적 성격의 작품 『*Égloga Silviana del galardón de amor*』, 『*Teatro pastoril*』을 썼다. 직접 문학작품을 창작했을 뿐 아니라 각색자, 번역자, 편집자로서도 활발하게 활동하였다. ➡ Menéndez Pelayo, Marcelino(마르셀리노 메넨데스 펠라요)

Hurtado de Velarde, Alfonso (알폰소 우르타도 데 벨라르데) (1580~1638) 멕시코 과달라하라(Guadalajara) 출신의 극작가이다. 특히 주제적인 측면에서 로페 데 베가의 연극

H

론에 충실한 작품을 썼다. 『*La gran tragedia de los siete infantes de Lara*』(1615)가 대표작이다. ➡ Lope de Vega(로페 데 베가)

Hurtado y Valhondo, Antonio (안토니오 우르타도 이 발온도) (1825~1878) 카세레스(Cáceres) 출신 작가이다. 아주 젊은 시절부터 희곡을 쓰기 시작했으며, 로만세 장르에서도 두각을 나타냈다. 『*El romancero de la princesa*』(1852), 『*Herir en la sombra*』(1866) 등의 작품이 있다.

I

Iban Al-Jatib (이반 알 하빗) 1311년 그라나다(Granada)의 로하(Loja)에서 태어난 스페인 알-안달루스(Al-Ándalus)의 시인이자 역사가이자 전기작가(1311~1374)이다. 주로 그라나다의 상황을 묘사하는 주제를 가진 시를 썼으며, 알람브라의 벽면에 그의 시 몇 편이 작성되어 있다. 말년에는 무함마드 5세에 의해 궁정에서 추방을 당해 교수형에 처해진다.

Icaza, Francisco de (프란시스코 데 이카사) (1863~1925) 멕시코 출신으로 비평가이자 시인으로 활동했다. 초기 모데르니스모의 경향을 띠고 멕시코 언어, 역사, 문화 아카데미의 멤버로 활동했던 학구적이며 교양 있는 시인 중 한 명이다. 대표작으로는 『*El Quijote durante tres siglos*』가 있다.

Idearium español (스페인 정신) 스페인 98세대 작가 앙헬 가니벳의 가장 대표적인 수필이다. 스페인 민중의 심리학과 조국의 재건을 위해서 국민들이 취해야 하는 행동 원리에 관해서 매우 예리하고도 시사적인 내용을 담고 있다. 이 저작은 세 부분으로 구성되어 있다. 당시 가니벳은 국민들이 유구한 전통과 개인주의적 정신 질서에 충실하다면 무기력 상태에서 벗어날 수 있다고 믿었다. 이것은 작품을 통해 인간이 자기 스스로의 운명을 개척할 수 있는 능력을 갖고 있다는 세네카주의적 신념에서 비롯된 믿음을 표출하기도 한다. ➡ Generación del 98(98세대)

Ideas sobre la novela (이데아스 소브레 라 노벨라) (1925) 오르테가(Ortega)는 이 수필집에서 소설 장르에 대한 관점을 피력하였다. 그에 의하면 소설은 새로운 주제를 발견하지 못하고, 소수 독자의 증가하는 미학적 욕구를 충족시키지 못함으로써 고갈되었다. 이러한 사고는 당시 소설에 명백한 영향을 주었다.

Idiolecto (개인어) 그리스어에서 파생했으며[idios(개인)+leksis(언어)] 각 개인의 말을 하는 특성을 의미한다. 이와 같은 특성들은 어휘, 문법, 문장, 억양, 발음 등에서 나타난다.

Iglesias Alvariño, Aquilino (아킬리노 이글레시아 알바리뇨) 1909년 갈리시아(Galicia) 지방의 루고(Lugo)에서 태어난 스페인 작가(1909~1961)이다. 11음절과 긴 행의 배열로 매우 정형적인 작품을 주로 집필하였다. 가예고(Gallego)로 주로 집필하였으며 대표적인 작품으로 『*Señardá*』(1930), 『*Corazón ao vento*』(1933), 『*Cómaros verdes*』(1947), 『*De día a día*』(1960), 『*Lanza de soledá*』(1961) 등이 있다. 또한 카스티야어(Castellano)로 작품 및 비평활동을 하기도 하였다.

Iglesias de la Casa, José (호세 이글레시아스 데 라 카사) 1748년 살라망카(Salamanca)에서 태어난 스페인 시인이자 사제(1748~1791)이다. 시풍은 공고라(Góngora)와 케베도(Quevedo)의 영향을 받았다. 당대의 부도덕한 풍습들을 비난하며 풍자적 또는 목가적인 작품을 주로 집필하였는데, 1783년 사제로 임명된 후에는 『*La niñez laureada*』(1785)와 『*La teología*』(1790) 등 심오한 작품을 집필하기 시작하였다.

Iglesias Hermida, Prudencio (프루덴시오 이글레시아스 에르미다) (1884~1919) 라 코루냐(La Coruña) 태생의 스페인 기자, 소설가이다. 마드리드 중앙대학교(La Universidad Central de Madrid)에서 문학을 공부했다. 주로 작품에 사랑과 에로틱한 환상적인 이야기를 담았다. 대표작으로 『*De mi museo*』, 『*Horas trágicas de la Historia*』, 『*De caballista a matador de toros*』 등이 있다.

Iglesias Serna, Amalia (아말리아 이글레시아스 세르나) 팔렌시아(Palencia)에서 출생한 스페인 시인(1962~). 두에우스토 대학교(Universidad de Deusto)에서 스페인어학을 전공하였으며 대표작으로는 『*Mar en sombra*』(1989), 『*Dados y dudas*』(1996) 등이 있으며, 시문집 『*Las diosas blancas*, 『*poesía de los 80*』도 유명하다. 2006년에 시문집 『*Lázaro*』를 발간하였는데 상상, 명상, 근심 등의 다양한 인간의 섬세한 심리를 엮은 사랑과 죽음에 관한 작품이다.

Ilustración* (계몽주의) 철학적이고 문학적인 운동으로서 그것의 절정은 18세기에 일어났고, 인식과 문제들의 결정에 대한 수단으로써 이성의 수용 능력에 대한 최고의 확신으로 특성 지어진다. 스페인에서는 페르난도(Fernanado) 6세와 카를로스(Carlos) 3세의 통치 기간과 겹친다. 비록 당시 스페인의 국가적 쇠퇴가 추후 계몽주의 본격적인 발전과 전개를 방해하였지만, 그 기간 동안에 그들의 지역학적 지역들(특히 카탈루냐)의 상당 부분의 활발한 유행과 비록 소심했지만 정치적인 권력에서의 협력적인 움직임은 카바루스(Cabarrús), 카달소(Cadalso), 캄포마네스(Campomanes), 캄프마니(Capmany), 카바니예스(Cavanilles), 페이호오(Feijoo), 에르바스 이 판두로(Hervás y Panduro), 호베이야노스(Jovellanos), 무티스(Mutis) 등 많은 부유한 계몽주의 집단의 출현을 용이하게 하였다. 그럼에도 불구하고 그들은 전통적인 신학에 대한 사고의 주도성과 이러한 뿌리내림에 의해 조건 지어졌다. 왕립 언어, 역사, 의학 한림원과 현(現) 스페인 국립 자연과학박물관(Museo Nacional de Ciencias Natualres)의 전신(前身)인 자연사 왕립 전시실(Real Gabinete de Historia Natual) 등의 창설은 스페인 계몽주의가 달성한 찬란한 결과물이었다.

Imaginismo (이미지즘) 1910년에 시작하여 1917년까지 지속된 영미 문학운동 중 하나이다. 형식주의에 대한 반동으로 시작되었으며 선구자는 에즈라 파운드(Ezra Pound)이다. 이미지즘은 색과 새로운 운율을 통해 감정의 직접적인 인상을 표현하는 것을 기반으로 한다.

Imperial, Francisco (프란시스코 임페리얼) 이탈리아 출생의 문학가로 알레고리오-단테이즘(Alegórico-dantesaca)의 시초를 이끌었다. 작품 중 『*Dezir a las siete virtudes*』는 단테의 작품과 아주 유사하며 『*Cancionero de Baena*』의 가장 귀중한 작품으로 손꼽힌다. 과거 스페인 궁정시의 딱딱하고 차가운 느낌의 문체에서 밝고 창조적인 느낌의 필체로의 전환을 시도한 것이 카스티야어(Castellano) 시의 지평을 넓혔다는 평가를 받는다.

Índice (인디세) 1951년 후안 페르난데스 피게로아콤프라(Juan Fernández Figueroacompra)에 의해 제작된 간행물로 『*El Bibliófilo*』의 부록이다. 초기에는 미미한 성과를 보였으나 1957년에는 약 8,000부의 판매 성과를 기록하며 스페인뿐만 아니라 라틴아메리카에서도 많은 독자들의 사랑을 받았다. <Ínsula>에 대항할 만한 유일한 간행물로써, 대담 형식으

로 쓰였다. 하지만 바로하(Baroja)와 프란시스코 페르난데스 산토스(Francisco Fernández Santos)에 대한 글을 써 1954년과 1961년 각각 간행물 압류를 겪기도 하였다. 이 간행물의 주요 참여 인물로는 후안 라몬 히메네스(Juan Ramón Jiménez), 하이메 페란(Jaime Ferrán), 알폰소 코스타프레다(Alfonso Costafreda) 등이 있다.

Instituto Cervantes (세르반테스 협회) 스페인 정부에 의해 1991년 5월 11일에 설립된 기관으로, 미겔 데 세르반테스(Miguel de Cervantes)의 이름을 따서 지었다. 마드리드와 세르반테스의 출생지인 알칼라 데 에나레스(Alcalá de Henares) 두 곳에 기반을 두고 있으며, 스페인어를 장려하고 스페인과 라틴아메리카 문화를 전파하는 목적으로 설립되었다. 델레(DELE) 시험 주관, 스페인어 가상 수업, 스페인어 교사 양성 등 활발한 활동을 하고 있다.

Instituto de Estudios Madrileños (마드리드 연구기관) 마드리드에 위치한 연구기관으로 마드리드 지방의 문화와 역사의 연구, 진흥 및 전파를 목적으로 한다. 1951년 10월 10일 카에타노 알카사르 몰리나(Cayetano Alcázar Molina), 루이스 아라우호 코스타 블랑코(Luis Araújo−Costa Blanco), 호아킨 데 엔트람바사구아스(Joaquín de Entrambasaguas), 호세 시몬 디아스(José Simón Díaz) 등에 의해 설립되었다. 주로 마드리드와 관련된 주제의 논문이나 문학 간담회를 열고 1966년부터 매년 마드리드 잡지인 <Anales del Instituto de Estudios Madrileños>를 발간한다.

Ínsula (인술라) 1946년 1월 1일에 발간된 문학 간행물이다. 최초 엔리케 카니토(Enrique Canito)에 의해 간행되었으며 초기에는 과학과 문학의 통합에 주력하였다. 시간이 흐름에 따라 당대의 다양한 여러 주제에 대해 집필한 간행물들을 발행하였다. 카스티야(Castellana) 뿐만 아니라 카탈루냐(Cataluña), 갈리시아(Galicia) 지방의 문학들도 포함한다.

Intelectuales (지식인들) 인만 폭스(Inman Fox)는 지식인들이란 "제도권 정치, 사회 질서에 반대하는 사상가 혹은 문필가 계급"에 속하는 사람들로 정의한다. 저항적인 성격을 지니며, 주로 지적 업무에 종사하는 소부르주아지 계급에 속하고 자유주의 사상을 신봉한다. 또한 이들은 국가의 제반 문제에 대해 지배층과 일반 대중의 중간그룹으로 조정자가 되고자 했으며, 어느 특정체제의 교조주의 혹은 권위적 도그마를 싫어했다.

Iparraguirre, José María (호세 마리아 이파라기레) (1820～1881) 스페인 작가로 우렛수(Urretxu)의 비야레알(Villareal) 태생이다. 파이스 바스코(País Vasco)의 모든 음악사와 문학사를 다루는 즉흥시인 중 한 명이다. 작품은 낭만주의의 가장 순수한 정신을 구현하며, 그 마을의 전통을 회복시키려는 노력이 담겨있다.

Iriarte y Cisneros, Juan de (후안 데 이리아르테 이 시스네로스) (1702～1771) 푸에르토 데 라 크루스(Puerto de la Cruz) 태생의 작가이다. 파리에서 볼테르(Voltaire)의 밑에서 공부했고, 그로부터 많은 영향을 받았다. 시집인 『*Taurimachia, matritensis, sive taurorum ludi*』(1725)는 라틴어로 쓴 시들을 모아놓은 것이다.

Iriarte, Tomás de (토마스 데 이리아르테) (1750～1791) 오로타바 출신의 시인, 우화작가, 극작가이다. 인문주의적 가풍 속에서 자랐으며, 14세 때부터 삼촌인 후안 데 이리아르테에게서 문학 교육을 받았다. 18세부터 왕실 극단을 위해 프랑스 희곡들을 번역하기 시작했고, 티르소 이리아르테라는 가명으로 첫 작품 『*Hacer que hacemos*』를 발표했다. 그가 발표했던 여러 장르 중에 우화로 가장 많은 명성을 얻었다. 『*Fábulas literarias*』은 다양한 운율을 사용하여 여러 문인들을 유머스럽게 공격한 글이었다. 이 작품의 출간으로 인해 이리아르테는 수많은 개인적인 논쟁에 휩싸였다.

Iribarren Paternáin, Manuel (마누엘 이리바렌 파테르나인) (1902~1973) 팜플로나(Pamplona) 출신의 소설가이자 극작가이다. 희곡들은 풍속주의 경향이 있다. 가장 잘 알려진 작품은 『*La otra Eva*』이다.

Irigoyen, Ramón (라몬 이리고옌) (1942~) 팜플로나(Pamplona) 태생. 스페인 작가이면서 번역가이다. 시 분야부터 언론분야, 작사활동까지 다양한 장르를 넘나들었다. 언론활동 중 지금은 사라진 일간지인 <El Independiente> 시평란에 『*Madrid: sus gentes, calles y monumentos*』란 제목으로 마드리드에 대해 투고한 바가 알려져 있다. 시작품으로 『*Cielos e inviernos*』(1979), 『*Los abanicos del caudillo*』(1982) 등이 있으며 다양한 장르의 작품을 남겼고 이 외에도 그리스어 번역가로서 활동를 했다.

Isla (이슬라) 1933년 카디스(Cádiz)에서 발행되기 시작한 간행물이다. 1935년에는 헤레스 데 라프론테라(Jerez de la Frontera)로 넘어가 페드로 페레스 클로텟(Pedro Pérez Clotet)의 지휘 아래 재출판되었다. 스페인 내전 기간 내내 출판이 되었기 때문에 27세대(generaciones del 27)에서 36세대(generaciones del 36)까지의 문학적 행보를 살펴볼 수 있다. 내전 후 1937년에서 1940년 동안에는 불안정한 사회 상황 속에서 순수시를 주장하기도 하였다. 대표적으로 루이스 로살레스(Luis Rosales), 히메네스 페란(Jaime Ferrán), 아드리아노 델 바예(Adriano del Valle) 등의 글들을 찾아볼 수 있다.

Isla, José Francisco de (호세 프란시스코 데 이슬라) (1703~1781) 예수회 신부. 1758년 『*Historia del famoso predicador Fray Gerundio de Campazas, alias Zotes*』라는 교훈적 소설을 썼는데 과식주의로 가득 찼을 뿐인 타락한 당시의 설교에 대해 풍자를 담고 있다.

Isoglosa (등어선) 관념상의 선으로서 언어의 특성이 다른 지역을 구분하는 것을 말한다. 이 특성은 음운론적, 어휘적, 강세 등의 특성이 될 수 있다. 예를 들어 스페인에서는 ‘s’를 치찰음으로 발음하는 지역과 ‘s’를 발음하지 않거나 ‘h’처럼 흡입하는 형식으로 발음하는 지역으로 구분할 수 있다.

Izquierdo, Luis (루이스 이스키에르도) 1936년 바르셀로나에서 출생한 스페인 시인이자 수필가이다. 바르셀로나 대학의 스페인 문학 정교수였으며, 안토니오 마차도(Antonio Machado), 페드로 살리나스(Pedro Salinas) 등 여러 시인들의 생애에 관한 다양한 수필을 썼다. 시인으로서도 많은 활동을 하였는데 대표적인 작품으로는 『*Supervivencias*』(1970), 『*El ausente*』(1979), 『*Calendario del nómada*』(1983) 등이 있다.

J

Jácaras (하카라)　소극의 하위 갈래. 아랍에서 기원했다. 용어의 기원에 대해서는 여러 가지 설명이 있는데 크게는 '체스'를 뜻하는 아랍어라는 설명과 '다른 사람을 화나게 하다'라는 아랍어에서 기원했다는 설이 있다. 소재적인 면에서 다른 소극들과 큰 차이를 보이는데 주로 범죄자, 불량배들을 소재로 삼았다.

Jacob ben ezra, Moisés Ben (모이세스 벤 하콥 벤 에스라)　1055년경에 그라나다(Granada)에서 태어난 유대계 스페인 시인이다. 청소년시절에 쓴 245개의 시는 주로 사랑과 우정에 관한 것이었으며, 『*Sheri Hakhol(El libro del collar)*』이라는 제목으로 발간되었다. 대부분의 내용이 풍자적이며 종교적 요소도 들어 있는 것이 특징이다.

Jarcha (하르차)　아랍어나 히브리어로 쓰인 모아사아 시의 마지막에 나타나는 후렴구를 의미한다. 초기 카스티어로 쓰였으며 주로 사랑에 대한 애절한 마음을 표현한다. 대부분 짧고 반복성이 강한 것이 특징이며, 카스티야 서정시의 기원으로 여겨진다.

Jardiel Agustín, Enrique (엔리케 하르디엘 아구스틴)　스페인 기자이며 극작가이다. 사라고사(Zaragoza)의 킨토(Quinto)에서 태어났다. 엔리케 하르디엘 폰셀라의 아버지이다. <La Correspondencia de España durante veinticinco años>에서 편집 업무를 했고 그의 두 작품 『*La gloria del inventor*』, 『*El primer baile*』만이 남아 있다. ➡ Jardiel Poncela, Enrique(엔리케 하르디엘 폰셀라)

Jardiel Poncela, Enrique* (엔리케 하르디엘 폰셀라)　(1901～1952) 마드리드 태생의 극작가로 최근 들어 비평계에서 가장 주목받는 작가들 중의 한 명인데, 생전에 스페인의 희극을 개혁하기 위해 유머와 시를 희극에 접목시키고자 노력하였다. 이 두 요소의 결합이야말로 진정한 해학을 탄생시킬 수 있다고 믿었기 때문이다. 가장 많은 대중의 주목을 받았던 극작품들로는 『*Usted tiene ojos de mujer fatal*』(1933), 『*Un marido de ida y vuelta*』(1939), 『*Eloísa está debajo de un almendro*』(1940), 『*Blanca por fuera y rosa po dentro*』(1943) 등이 있다.

Jardín de flores curiosas (하르딘 데 플로레스 쿠리오사스)　1570년에 나온 안토니오 데 토르케마다(Antonio de Torquemada)의 저서이다. 인문주의, 철학, 신학, 지리학 소재를 다루었고, 이탈리아, 프랑스, 영국에서도 번역되었다.

Jarnés, Benjamín (벤하민 하르네스)　사라고사 지방의 코도(Codo)에서 1888년에 태어나 <Revista de Occidente>의 문학비평가로 활동하였다. 내전 뒤 멕시코에 망명한 이후 마드리드에서 1949년에 사망하였다.

Jáuregui y Aguilar, Juan de (후안 데 하우레기 이 아길라르)　(1583～1641) 세비야 출신

의 시인, 화가, 문학비평가이다. 이달고 집안 출신이고, 로마에서 그림을 공부했다. 세르반테스의 초상화를 그리기도 했고, 이탈리아에서 고전주의 영향을 받아 초기에는 과식주의에 대해 반감을 보였으나 후기 작품으로 갈수록 과식주의 영향을 받은 작품들이 등장한다. 저서로는 문학비평 이론서 『*Discurso poético contra el hablar culto y oscuro*』, 서정시 모음집 『*Rimas*』, 공고라의 과식주의 영향을 받은 시들이 담긴 『*Orfeo*』 등이 있다.

Jáuregui y Hurtado de la Sal, Juan Martínez de (후안 마르티네스 데 하우레기 이 우르타도 데 라 살) 세비야 출신의 화가, 작가, 시인(1583～1641)이다. 세르반테스의 초상화를 그린 인물로 알려져 있으며 공고라의 가장 격렬한 비판가였다가 나중에는 공고라 학파의 대표적 시인 중의 하나가 되었다. 장식적 어휘의 뛰어난 구사, 다채롭게 수식된 시들의 감각적인 화려함은 결과적으로 공고라의 영향이었다. 『*Discurso poético contra el hablar culto y oscuro*』(1624), 『*Antídoto contra la pestilente poesía de las Soledades*』(1624), 『*Apología de la verdad*』(1625), 『*Orfeo*』(1624) 등의 작품이 있다.

Jerónimo de Salas Barbadillo, Alonso (알론소 헤로니모 데 살라스 바르바디요) 1581년 마드리드에서 태어난 스페인 소설가이자 극작가, 시인(1581～1635)이다. 스페인 황금세기의 바로크 문학에 속하는 인물이다. 1609년 서사시인 『*Patrona de Madrid restituida*』를 발간하였고 1612년부터 이베리아반도를 돌며 악자소설 『*La hija de la Celestina o la ingeniosa Elena*』를 집필하였다.

Jiménes Pinto, Sebastián (세바스티안 히메네스 핀토) 1965년 카디스(Cádiz)의 헤레스 데 라프론테라(Jerez de la Frontera)에서 출생한 스페인 시인이다. 고향에서 법 공부를 하였으며, 헤레스의 시 문예그룹의 대표자이자 시 잡지인 <Fuentevieja>의 설립자이다. 시는 스페인 국내에서 큰 인기를 끌었는데 대표적인 작품으로는 『*Luz de Sur*』, 『*Mares de Vinagre*』, 『*Como todos los martes*』 등이 있다.

Jiménez Ballesta, Juan (후안 히메네스 바예스타) 20세기 중반 시우다드 레알(Ciudad Real)에서 태어난 스페인 작가, 역사가, 신문기사이다. 초기에 인문학을 공부하였으며 마드리드 아우토노마 대학(Universidad Autónoma de Madrid)에서 철학 및 문학 과정을 마쳤다. 시우다드 레알의 다른 소도시들에 관한 일곱 권의 책을 출판하였으며, 그중 아빌라(Ávila) 지방의 소도시인 뮤냐나(Muñana)의 역사를 집필한 것으로 유명하다. 대표적인 작품으로는 『*Un lugar del valle de Amblez*』(1995)와 『*De Villarejo del Valle: Historia y tradición de una villa*』(1993)가 있다.

Jiménez De Ayllón, Diego (디에고 히메네스 데 아이욘) 16세기 카디스(Cádiz)의 아르코스 데 라프론데라(Arcos de la Frontera)에서 태어난 스페인의 르네상스 시인이자 군인이다. 생애에 대해서는 잘 알려져 있지 않다. 대표적인 작품은 『*Los famosos y heroicos hechos*』인데 이 작품은 스페인 영웅을 그린 민족 무훈 서사시이며, 카디스 작가가 카스티야어로 쓴 첫 번째 작품으로 알려져 있다.

Jiménez de Enciso, Diego (디에고 히메네스 데 엔시소) 세비야 출생의 여류시인이자 극작가(1585～1634)이다. 10개의 극작품 중에 『*El príncipe don Carlos*』, 『*Los Médicis de Florencia*』가 가장 유명하다. 이 외에 『*Los celos en el caballo*』, 『*En casamiento con celos*』, 『*El valiente sevillano*』 등의 작품이 있다. 그녀의 작품에서 여성 인물이 나오는 경우는 매우 드물다.

Jiménez de Quesada, Gonzalo (곤잘로 히메네스 데 케사다) 1506년 그라나다(Granada)

에서 태어난 스페인 연대기 작가이다. 1536년부터 1572년까지 콜롬비아를 탐험, 정복하였다. 그곳을 새로운 그라나다(Nueva Granada)라고 명하며 현재 콜롬비아의 수도인 보고타(Bogotá)를 세웠다. 또한 1569년부터 1572년까지는 엘도라도(El Dorado)를 찾아 탐험을 떠났지만 완전히 실패로 돌아간다. 3년 후 수에스카(Suesca)로 돌아가 자신의 기억을 더듬으며 연대기를 작성하여 서신 및 조항들과 함께 후세에 전하였다. 대표적인 저서로 『*El Antijovio*』(1567), 『*Indicaciones para el buen gobierno*』(1549), 『*Memorias sobre los descubridores y conquistadores que entraron conmigo a descubrir y conquistar este Nuevo Reino de Granada*』(1576)가 있다.

Jiménez de Urrea, Jerónimo (헤로니모 히메네스 데 우레아) (1513~1564) 사라고사(Zaragoza) 출신의 군인이면서 소설가이다. 기사소설 장르를 썼고, 아리오스토(Ariosto)의 『*Orlando furioso*』를 패러디하기도 했다. 대표작은 『*Libro del increíble caballero don Clarisel de las Flores*』이다.

Jiménez de Urrea, Pedro Manuel (페드로 마누엘 히메네스 데 우레아) (1485~1524) 사라고사(Zaragoza)의 에필라(Épila) 태생. 스페인 귀족이면서 산문가이자 시인이다. 15세기 교양시의 모델로 언급되는 뛰어난 시작품을 남긴 작가이다. 작품에서 르네상스의 새로운 사회적, 정치적, 문화적 변화를 동화하지 못하고 엘리트 귀족주의를 구현했다. 대표작으로 『*Batalla de amores*』, 『*Jardín de la hermosura*』, 『*Casa de sabiduría*』, 『*Peligro del mundo*』 등이 있다.

Jiménez Lozano, José (호세 히메네스 로사노) (1930~) 아빌라(Ávila)의 랑가(Langa) 태생. 스페인 수필가, 소설가, 시인이자 기자이다. 스페인 비평 부문 국민 문학상(El Premio Nacional de la Crítica)(1988), 카스티야 레온 문학상(El Premio Castilla y León de las Letras)(1989), 스페인－라틴아메리카 국민 문학상(El Premio Nacional de las Letras Españolas)(1992)과 같은 많은 상을 받아 문학성을 증명한 바 있다. 1995년 퇴직할 때까지 일간지 <El Norte de Castilla>에서 편집장으로 있었다. 대표작으로 『*Nosotros los judíos*』(1961), 『*Un cristiano en rebeldía*』(1963) 등이 있다.

Jiménez Mantecón, Juan Ramón (후안 라몬 히메네스 만테콘) 1881년 12월 23일 우엘바(Huelva)에서 태어난 스페인 시인이다. 현대적인 감각의 시를 많이 썼으며, 1956년 노벨 문학상을 받았다. 대표적인 작품으로는 『*Platero y yo*』(1917), 『*Diario de un poeta recién casado*』(1917) 등이 있다.

Jiménez Martos, Luis (루이스 히메네스 마르토스) (1926~2003) 코르도바(Córdoba) 태생. 스페인 수필가, 시인이자 소설가이다. 시인으로서 1969년 스페인 국민 문학상(el Premio Nacional de Literatura)을 수상한 바 있다. 시에 대한 열정으로 안달루시아(Andalucia) 현대 시 연구를 하며 영향을 미쳤다. 대표작으로 『*Por distinta luz*』(1963), 『*Con los ojos distantes y Los pasos litorales*』(1970), 『*Madre de mi ceniza*』(1982), 『*Molino de Martos*』(1986) 등이 있다.

Joan Montseny(Federico Urales) (호안 몬트세니, 페데리코 우랄레스) (1864~1942) 카탈루냐 출신의 작가, 언론인 및 아나키스트이다. 영국으로 망명을 떠났다 마드리드로 돌아와 순수한 아나키즘을 표방하며 <La Revista Blanca>를 창간했다. 망명 후부터는 페데리코 우랄레스(Federico Urales)라는 필명으로 활동했고, 『*El Luchador*』 등의 소설을 남겼다.

Jorge Manrique* (호르헤 만리케) 귀족이자 카스티야 지방 시인으로서, 1440년경에 팔렌시아(Palencia)의 파레데스 데 나바(Paredes de Nava)에서 태어나 쿠엔카(Cuenca)의 카스티요 데 가르시무뇨스(Castillo de Garcimuñoz)에서 1479년 4월 24일에 죽었다. 의심할 여지 없이 중세 기사도문학의 가장 두드러진 견본으로 간주된다. 시작품은 어느 시대에서도 스페인어 시에 있어서 최고 중 하나로 평가받아왔다. 시들의 끊이지 않는 명성에 의해, 호르헤 만리케의 주변의 연속된 신화, 전설 그리고 사실의 역사를 산출되어지는 복잡한 결론이 나왔지만, 이런 모든 것에도 불구하고, 그의 삶과 작품에서 발전된 매우 고조된 시대의 모든 성격들이 객관적으로 나타나 있다. 호르헤 만리케는 가톨릭 부부왕(los Reyes Católicos) 시대에 시가를 썼었던 사람들 중 가장 모범적인 시인이었고, 16세기의 전반까지도 영향력은 여전했다. 또한 대표작인 『*Coplas a la muerte de su padre*』는 어떠한 미학적 변화에도 개의치 않는 경지에 이른 작품으로 평가된다. 호르헤 만리케의 장엄한 시는 현재의 순간을 포함해 모든 시대의 독자들을 감동시켰고 놀라게 하였다.

José Echegaray y Eizaguirre* (호세 에체가라이) 1832년 마드리드에서 태어나 1916년 사망한 엔지니어, 수학자, 멜로드라마 작가이다. 1894년 스페인 한림원에 가입했고 1904년 프랑스 시인인 프레데릭 미스트랄(Frédéric Mistral)과 공동으로 노벨 문학상을 수상했다. 인간적인 열정에 집중하면서 전설 같은 주제를 다루지 않는 신낭만주의적인 드라마는 커다란 성공을 이룩한다. 양심의 갈등, 간통, 결투 같은 문제를 다룰 때 장황스럽게 다루고, 결국은 자살로 귀결된다. 오늘날은 조롱거리가 되는 부자연스럽고 과장된 언어를 사용했고, 운문으로 쓰인 작품들은 부자연스러운 시적 수단이다. 인물들은 생기가 없고 인물들이 겪고 있는 상황은 사실성이 떨어진다. 수수께끼 같은 극의 전개 덕분에 관객의 관심을 이끄는 재주를 가지고 있다. 60여 작품 중에서 대표작으로 『*En el puño de la espada*』(1875), 『*La muerte en los labios*』(1880), 『*El hijo de don Juan*』(1892), 『*La duda*』(1898), 『*A fuerza de arrastrarse*』(1905)를 들 수 있다.

José Zorrilla* (호세 소리야) 1817년 2월 21일 바야돌릿(Valladolid)에서 태어났고 1893년 1월 23일 마드리드에서 사망한 스페인 태생의 극작가이자 시인이다. 스페인의 돈 카를로스(Don Carlos) 5세의 추종자이자, 보수적이고 전제주의를 지지하는 사람인 호세 소리야(José Zorrilla)의 아들이었다. 어머니는 니코메데스 모랄(Nicomedes Moral)이고, 왕립 대법원(Real Chancillería)의 기록관이었는데, 매우 인자한 여성이었다. 바야돌릿에서 수년을 보낸 후 그의 가족은 마드리드에서 생활하였는데, 마드리드에서 그의 아버지는 경찰의 직속 상관으로서 엄청난 헌신과 함께 일했고, 아들 호세 소리야는 예수회로부터 관리되는 "귀족들의 세미나(Seminario de Nobles)"에 입학하였다. 그 후 호세 소리야가 9살 때, 가족은 완전히 한 곳에 정착하기 위해 부르고스(Burgos)와 세비야(Sevilla)로 이주했는데, 그곳들에서 학교의 극 상영들에 참여하였다. 서정시, 서사시, 희곡 등 모든 시에 관한 장르를 개척했다. 무엇보다도, 작가가 등장인물과 상황 그리고 다양한 운율들을 다루는 감동적인 숙련도가 두드러졌다. 가장 저명한 극작품은 『*Don Juan Tenorio*』이다.

Jovellanos, Gaspar Melchor de (가스파르 멜쵸르 데 호베야노스) 18세기 시인으로 그의 시는 시의 쇠퇴기라고 할 수 있는 당시의 분위기를 반영하듯이 문학은 단지 실용적인 사상을 전달하기 위한 것으로만 여겨진 문예관을 나타내며 다른 한편으로는 깊은 감정을 피함으로써 비실질적이며 가벼운 것의 시학을 예시하였다.

Juan Arbó, Sebastià (세바스티안 후안 아르보) 카탈루냐 출신 작가(1902～1984). 카탈루냐어와 카스티야어(castellano)를 구사하였다. 지방적 색채가 강한 작품을 추구한 자연주의 작가지만, 악자소설의 전통을 이어받기도 한다. 1940년 카스티야어로 번역된 『*Tierras de Ebro*』에서는 유년시절과 청년시절의 암포스타(Amposta)와 토르토사(Tortosa) 지방의 풍경과 사람들을 그린다. 한편 악자소설의 전통을 이어받은 소설 『*El pueblo*』, 『*El campo*』, 『*La ciudad*』 등 일련의 작품들이 독자들의 각별한 관심 속에 읽힌다.

Juan de los Ángeles, Fray (Juan Martínez) (프라이 후안 데 로스 앙헬레스, 후안 마르티네스) (1536～1609) 톨레도 출신의 성직자이자 작가이다. 본명은 후안 마르티네스이고, 성 프란시스코 교단의 수사이다. 알칼라 데 에나레스에서 라틴어, 희랍어, 히브리어를 공부했고, 살라망카 지역에서 공부하면서 프라이 루이스 데 레온에게 강의를 들었다. 『*Triunfos del Amor de Dios*』, 『*Lucha espiritual y amorosa entre Dios y el alma*』 등의 작품을 통해 신과의 사려 깊고 정교한 사랑에 대한 이론을 세웠다.

Juan de Mairena (후안 데 마이레나) 안토니오 마차도가 내전 기간에 쓴 산문 문학이며 후안 데 마이레나는 그가 창조해 낸 가공인물로 철학자이자 시인이다. 이 작품에서 마차도는 시적, 철학적, 사회적 혹은 정치적 문제에 관한 가치 있고 예리한 성찰을 하고 있다. ➡ Generación del 98(98세대)

Juan del Valle Caviedes (후안 델 바예 카비에데스) (1645～1697) 스페인 출신이지만 생의 대부분을 페루에서 보낸 통렬한 풍자조의 문체를 가진 시인이다. 최대 걸작인 『*El diente del Parnaso*』에서 조소로부터 도덕적 성찰로 이어지는 본질적인 비순응주의를 훌륭히 표현한 것으로 잘 알려져 있다.

Juan Diana, Manuel (마누엘 후안 디아나) 1818년 세비야(Sevilla) 태생의 스페인 소설가이자 극작가(1818～1881). '호기심 많은 건방진 이(El Curioso Impertinente)'라는 가명을 사용하였다. 작품들 중 희곡이 가장 잘 알려져 있으며 대표작으로 『*No siempre el amor es ciego*』(1841), 『*¡Es un bandido!*』(1843), 『*Receta contra las suegras*』(1862) 등이 있다.

Juan José (후안 호세) 호아킨 디센타(Joaquín Dicenta)의 연극으로 1895년에 초연되었다. 사랑과 질투 때문에 사랑하는 여인과 십장을 살해하는 한 미장이를 주인공으로 삼았다. 행동 공간이 되는 작업환경과 십장과의 대립, 그로 인한 실직, 절도, 투옥 이러한 것들은 작품을 자본가에 의한 노동자의 착취로 설정할 수 있는 사회적 혹은 프롤레타리아 연극으로 간주할 수 있게 한다.

Juan Ruiz de Alarcón* (후안 루이스 데 알라르콘) (1581～1639) 비록 멕시코에서 태어났지만, 17세기 스페인의 극에서 가장 저명한 극작가들 중의 한 명이었고, 마드리드에서 사망했다. 생애는 우리에게 거의 알려지지 않았지만, 그럼에도 불구하고 생애의 일부는 추측이 가능하다. 아스투리아스 데 산티야나(Asturias de Santillana) 가(家)의 출신으로서, 아버지는 펠리페(Felipe) 2세의 군단장이었고 이후에 멕시코의 국립 재정부의 중요한 직무를 수행하였다. 알라르콘은 대략 16세기 말 혹은 17세기 초에 스페인으로 왔고, 살라망카(Salamanca)에서 계율과 법률을 공부하며 지냈다. 신체적인 약점(유전적인 꼽추였다)은 로페 데 베가(Lope de Vega)와 케베도(Quevedo) 등 그 당시에 유명한 작가들로부터 조롱의 대상이었다. 3년에서 4년 정도 멕시코 여행 후에 마드리드에 정착하였고, 루이스 데 벨라스코(Luis de Velasco)와 메디나 데 라스 토레스(Medina de las Torres) 공작에 의해 후원을 받았다. 조소와 불신 사이에서 극작가로서의 경력은 마드리드에서 본격적으로 시작되었다. 당시의 수많은 극작가들처럼 그도 역시 로페의 추종자였지만, 단순히 로페의 연극을 따르기만 하는 것에서 그치지 않고 끊임없이 자신의 연극을 혁신하고자 하였다. 연극의 특징은 세심하고 용의주도하게 작품을 가다듬고 논리적으로 극을 이끌어가려고 애를 쓴다는 점이다. 이러한 이유로, 오직 24개의 극작품만 저술하였다. 가장 유명한 것은 『*La verdad sospechosa*』, 『*Las paredes oyen*』, 『*Ganar amigos*』 등이다.

Juan Valera* (후안 발레라)　(1824～1905) 1824년 10월 8일 코르도바(Córdoba) 주의 카브라(Cabra)에서 태어났고 1905년 4월 18일 마드리드에서 사망한 스페인 태생의 소설가이자 외교관이다. 서간체, 저널리즘, 문학비평, 시, 연극, 단편소설과 소설 등 모든 문학 장르를 개척하였다. 완성된 작품들은 46권에 다다른다. 소설가로서, 두 개의 기본적인 관념이 있다. 1) 소설은 삶을 반영해야 하지만, 이상적이고 아름다운 방법이 아니다. 사실주의자였는데, 환상과 감정의 과잉을 거절하고 명확한 환경을 가려냈기 때문이지만, 동시에 사실의 슬프고 잔인한 측면을 지워내려고 노력했기 때문이다. 갈도스가 소설을 사실의 충실한 반영으로 간주했다는 측면에서 그와 갈도스와의 차이점은 분명하다. 2) 소설은 예술이고, 아름다움의 창조이다. 그리고 이것이 바로 소설의 목적이다. 따라서 작품의 필체도 매우 신경을 써야 한다. 교정, 정확함, 간결함 그리고 조화가 그 특징이다. 작품들의 주제는 근본적으로 둘로 나뉠 수 있다. 하나는 애정적 갈등이고, 다른 하나는 종교적 갈등이다. 『*Pepita Jiménez*』는 가장 중요한 소설 작품으로 간주된다.

Juanita la Larga (길쭉한 화니타)　1896년에 발표된 스페인의 사실주의 작가 후안 발레라의 소설이다. 나이, 국적, 사회 계층의 차이를 초월하는 사랑과 정열을 표현한 작품이다. 파코라는 청년이 답답한 자신의 마을을 떠나 돌아오지 않기로 마음먹으면서 사랑하는 사람을 만나는 장면을 시작으로 소설은 전개된다. ➡ Juan Valera(후안 발레라)

Jueces en la noche (후에세스 엔 라 노체)　안토니오 부에로 바예호가 1979년에 출간한 작품이다. 이전의 작품에 비해 상징성이 상당히 자제되었고 다소 직접적으로 정치적인 영역에 대해 목소리를 담고 있는 희곡이다. ➡ Buero Vallejo, Antonio(안토니오 부에로 바예호)

Juglar* (음유시인)　중세 시대에 이곳저곳을 방랑하며 구전되던 각종 이야기, 전설, 영웅담 등을 대중들에게 읊어 주었던 일종의 음유시인을 일컫는 말이다. 중세는 극적 특징과 이와 관련된 관람물들의 오래된 전통들이 그들의 조상에서부터 상속되었다. 즉, 음유시인과 곡예사, 악사와 무용수 혹은 매우 유명한 외지인 등은 모든 이들은 고문서에서 희극광대와 연극배우 옆에 함께 발견되었고 자주 이름을 공용했다. 음유시인들의 직무는 대략적인 중요한 변화들과 함께, 과거의 그들의 조상들을 더 먼 과거로 가라앉히는 것이다. 음유시인은 로마시대에 고전 희극과 함께 공존했었고, 몇 세기 후에 고전 희극이 쇠퇴하고 사라질 때에도 살아남았다. 그래서 고전주의적 세계와 중세 사이에 연속성을 부여하는 일종의 가교가 되었던 것이다. 중세 로망스어의 문학에서는, 음유시인들의 역할은 다루고자 하는 역사적 시대에 따라 확대 혹은 축소되었다. 비록 이러한 그들의 한정적인 기능에도 불구하고, 전 세기에서부터 어떤 예술작품의 구전을 보증하는 중심인물로서 음유시인들을 간주해왔다. 사실, 메넨데스 피달(Menéndez Pidal)에 따르면, 음유시인들은 대중 앞에 음악, 문학, 수다, 마법, 곡예, 제스처 또는 다른 것들과 함께 대중들을 즐겁게 해주고 삶을 연출하며 평판을 얻으며 돈을 벌었던 모든 사람들인 것이다.

Julio José Iglesias de la Cueva (훌리오 호세 이글레시아스 데 라 쿠에바)　(1942～) 마

드리드 출신의 스페인의 가수이자 작곡가이다. 14개 언어로 80장의 음반을 발매, 전 세계적으로 3억 장의 음반을 팔았다. 소니 뮤직 엔터테인먼트에 의하면 세계에서 가장 많은 음반을 판 음악가 5명에 든다. 아버지의 뜻에 따라 법학 학위를 받았고 레알 마드리드 CF의 2군 팀이었던 AD 플루스 울트라에서 골키퍼로 활약하기도 하였으나, 1963년 10월 22일 자동차 사고를 당하여 1년 반 동안 병원에서 치료를 받았다. 투병 생활 동안 간호사가 선물한 기타를 연주하고 라디오를 들으며 슬프면서도 낭만적인 곡들을 직접 작곡하기도 하면서 가수의 길로 접어들었다.

Junyent Rodríguez, Sebastián (세바스티안 훈예트 로드리게스)　1948년 마드리드(Madrid)에서 태어난 스페인 극작가이자 배우(1948～2005)이다. 어릴 적부터 연극 및 방송활동에 큰 관심을 가지고 있었으며, 연극 감독 및 시나리오 작업을 주로 하였다. 주로 일상의 소재를 주제로 하여 인간 사이의 갈등 및 사회 비판을 하였다.

Jurado López, Manuel (마누엘 후라도 로페스)　(1942～) 세비야(Sevilla) 출신의 작가이다. 시들은 시와 비평이라는 두 가지 측면을 모두 가지고 있다. 고전적 형식들을 즐겨 사용한다. 『*Va madurando el tiempo*』(1976), 『*Doble filo*』(1986) 등의 시집을 냈다.

L

La Academia de San Carlos (산 카를로스 예술원) 1781년 멕시코시(Ciudad de México)에서 스페인 국왕 카를로스 3세 요청으로 “Real Academia de San Carlos de las Nobles Artes de la Nueva España”라는 이름의 예술원이 세워졌다. 라틴아메리카 최초의 예술원으로 스페인으로부터 신고전주의가 소개되는 데 결정적인 역할을 하였다. 즉, 스페인 학자들은 이 예술원을 통하여 르네상스의 복귀를 꾀하는 신고전주의 양식을 라틴아메리카에 도입하였고, 이는 바로크 양식의 종식을 가져왔다.

La acción de Trágica (비극의 행위) 비극의 행위는 고귀하거나 진지한 것이어야 한다. 그러나 진지한 행위라 하여 모든 것이 다 비극이라 인정되는 것은 아니고 아리스토텔레스의 시학에 따르면 두려움을 자아내는 진지한 행위에 한정한다. 또한 이 가운데 카타르시스가 일어나는 행위, 그로 인해 관객이 등장인물을 동정하거나 그와 동질하다고 느끼게 된다면 그것이 비극의 행위이다.

La agonía del cristianismo (기독교의 고뇌) 1925년에 발표된 작품으로 스페인 98세대 작가 미겔 데 우나무노의 『*Del sentimiento trágico de la vida*』(1913)와 함께 고뇌할 줄 아는, 뼈와 살을 가진 인간에 대한 수필이다. 제목에서 고뇌란 단어는 투쟁(lucha)이라는 어원적 의미에서 사용된 것이다. 그리스도를 열렬히 찬양하는 우나무노의 근본적인 기독교 정신이 깃들어 있다. ➡ Generación del 98(98세대)

La aldea perdida (라 알데아 페르디다) 1903년에 발표된 아스투리아스 출신의 작가 팔라시오 발데스(Armando Palacio Valdés, 1853~1938)의 소설이다. 소설의 배경은 아스투리아스의 한 계곡 마을인데, 산업공해로 인한 탁한 분위기에 대항하여 마을을 지키려는 시도가 나타난다. 풍속주의적, 지역주의적, 사실주의적 범주에 속하는 소설이다.

La amante (연인) (1926) 알베르티의 두 번째 작품집으로 순수한 민중적 어조가 잘 드러난다. 짧은 노래 (cantarcillo)를 묶은 이 시집은 순수시의 놀라운 경지를 보여준다. 즉, 동생과 함께 카스티야를 여행하면서 썼던 순수한 창작이며, 또한 지고한 사랑의 세계를 보여 주고 있다. ➡ Alberti, Rafael(라파엘 알베르티)

La Araucana (아라우카나) 1569년에 출판된 에르시야 이 수니가(Alonso de Ercilla y Zúñiga)의 서사시이다. 총 3부로 구성되어 있고, 스페인의 중남미 대륙 발견과 정복에 대한 내용을 담고 있다. 평이하고 자연스러운 문체가 사용되었고, 중세 기사소설의 환상적인 요소가 포함되었다.

La Arcadia* (라 아르카디아) 로페(Lope)가 알바(Alba) 공작의 궁에서 생활하던 기간인 1598년에 출간한 르네상스풍의 장편 목가소설이다. 원래 당시 목가소설에서는 종종 감상적인 이야기들 속으로 실제의 주인공들이 숨겨지기도 하는데, 이 경우 당시의 독자들에게는 작품에 등장하는 주인공들이 실제로는 누구를 의미하는지를 알아내는 것도 목가소설을 읽는 즐거움 중의 하나였다. 이러한 당시의 경향에 편승하여 로페는 자신이 섬기는 알바 공작의 실제 사랑이야기를 『*La Arcadia*』에 삽입하였는데, 이 소설에 등장하는 목동 안프리소(Anfriso)가 바로 알바 공작 자신이었던 것이다. 게다가 이 소설에 등장하는 벨라르도(Belardo)라는 인물은 로페 자신을 암시하고 있다. 또한 이 소설에는 자연에 대한 탁월한 묘사가 일품인데, 이를 위해 로페는 자연－특히 들녘－에 대한 자신의 개인적인 영감과 당시에 유행하였던 르네상스풍의 관례화된 비유법들을 작품 안에서 서로 적절하게 융화시키고 있다. 그리하여 유난히 자연에 대해 살아 있는 생생한 감정을 소유하였던 로페는 이 소설에서 특히 풍경에 대한 특유의 색채감 있는 묘사로 후대의 학자들에게 많은 찬사를 받기도 하였다. 또한 다른 작품에서와 마찬가지로 『*La Arcadia*』에도 역시 로페는 수많은 서정시들을 삽입하였는데, 여기서 삽입된 서정시들은 이 소설을 위해 별도로 만들어진 것이 아니고 대부분 이전에 이미 창작된 시들 중 이 소설에 적합한 것들을 골라 소설 속에 삽입한 것으로, 따라서 시기적으로 『*La Arcadia*』와 다소 동떨어진 것들도 있다. 이 삽입된 시들 중에는 이후에 로페의 가장 훌륭한 시들 중의 일부로서 평가받는 것들도 포함되어 있는데, 한마디로 말해, 『*La Arcadia*』에서는 로페의 일부 로만세 작품을 제외한 초기 로페의 모든 종류의 시들이 총망라되어 있다고 해도 과언이 아닌 것이다. 그러나 이 작품에서는 결점도 발견되어지는데, 학자들은 무엇보다도 『*La Arcadia*』에서 로페가 식물들에서부터 천체에 이르기까지 헤아릴 수 없을 정도로 많은 사물들에 대한 학문적 지식들을 지나치게 현학적으로 기술하였다는 점을 지적하고 있다.

La Austriada (라 아우스트리아다) 1584년 코르도바 출신의 후안 루포(Juan Rufo, 1547～1625)에 의해 쓰인 서사시로 기사도에 대해 다룬 시이다. 돈 후안 데 아우스트리아가 모로족의 반란을 진압한 이야기를 쓴 것으로 용감한 스페인 기사에게 바치는 작품이다. 이는 1568년 작가가 모로족과의 전투에 참여했던 것과도 관련 있다고 볼 수 있다.

La barraca (라 바라카) 스페인의 시인, 극작가인 페데리코 가르시아 로르카(1898～1936)의 대학생 극단. 스페인 제2공화국 시기인 1932년 6월에 설립되었다. 스페인 시민전쟁 발발로 활동을 중단할 때까지 농촌을 중심으로 74개 지역에서 순회공연을 하였다. 스페인 고전극들을 공연하여 연극의 보급에 크게 공헌했다. ➡ Federico García Lorca (페데리코 가르시아 로르카)

La bomba increíble (믿을 수 없는 폭탄) 스페인 27세대 작가인 페드로 살리나스의 소설이다. 20세기의 두려운 현실 앞에서 느끼는 불안감과 원자폭탄의 끔찍함이 묘사된다. ➡ Salinas, Pedro(페드로 살리나스)

La busca (모색) 1904년에 발표된 스페인 98세대 작가 피오 바로하(1872～)의 작품이다. 이 작품은 『*Mala hierba*』(1904), 『*Aurora roja*』(1904)과 함께 삶을 위한 투쟁을 주제로 한 3부작이다. ➡ Baroja y Nessi, Pío(피오 바로하)

La característica medieval de La Celestina (셀레스티나의 중세적 요소) 성과 쾌락을 가장 근원적인 인간의 본능과 사회 권력 사이에 생겨날 수 있었던 갈등 관계를 재현해낸 작품으로, 끝까지 쾌락을 탐하고 이기적 욕심을 가졌던 『*La Celestina*』의 인물들은 하나같이 죽음으로 내몰렸다. 이는 기독교 사회의 도덕주의 리얼리즘이 구현된 것이라고 보기에도 무리가 없다. ➡ La celestina(라 셀레스티나)

La característica moderna de La Celestina (셀레스티나의 근대적 요소) 셀레스티나 그녀 자체가 근대인이다. 성과 쾌락을 상품과 자본으로 삼아 사회적 소외와 억압을 극복했던 그녀는 성이 순결한 성, 명예롭지 못한 성으로 나뉘었던, 성에 대한 감시와 억압이 강행되던 처녀막이 일종의 상징적 감옥이 되던 이 시대에 당당히 처녀막 재생시술자로서 당대 권력기제를 무력화시켜 육체를 해방시키고, 개인의 욕망과 이익에 충실할 것을 당부하는 모습을 보였다. ➡ La celestina(라 셀레스티나)

La casa de Bernarda Alba* (베르나르다 알바의 집) 스페인 문학사에서 27세대의 대표적 시인이자 극작가인 페데리코 가르시아 로르카(Federico García Lorca)의 생애 마지막 극작품인 『*La casa de Bernarda Alba*』는 그동안 수많은 학자들에 의해 로르카 연극의 최절정으로 평가되어져 왔다. 그럼에도 불구하고 이 작품은 아직도 학자들 사이에서 그 장르적 분류 조차에서도 확실한 해답이 제시되지 못하고 있는 게 그 실정이다. 어떤 학자들은 이 연극이 바로 로르카가 언급했던 비극 3부작의 마지막 작품이라고 주장하는가 하면, 또 다른 학자들은 이 작품을 아예 비극이 아닌 일반 드라마로 간주하기도 한다. 『*La casa de Bernarda Alba*』는 '스페인 시골 마을의 여인 드라마(Drama de mujeres en los pueblos de España)'라는 부제를 가지고 있다. 부제가 암시하고 있듯이, 이 연극은 지극히 스페인적인, 구체적으로는 작가의 고향인 안달루시아(Andalucía)적인 분위기와 요소를 곳곳에 지니고 있다. 실제로 작품에서 이에 대한 예들을 어렵지 않게 발견할 수 있다. 우선 3막으로 이루어진 이 작품의 무대 배경은 하나같이 흰색이다. 그리고 주지하는 바와 같이, 이러한 흰색 벽과 건물은 안달루시아 지방에서 가장 흔히 볼 수 있는 색이다. 뿐만 아니라 안달루시아 특유의 불같이 뜨거운 여름을 배경으로 안달루시아의 들녘에서 흔히 볼 수 있는 올리브 밭도 연극의 곳곳에서 묘사되어지고 있다. 이러한 안달루시아 고유의 전원적 분위기는 어려서부터 로르카의 예술적・문학적 감수성이 형성되는 밑바탕이 되었던 것이다. 이러한 이유로 『*La casa de Bernarda Alba*』는 비평가들에 따라 '전원극(drama rural)', '전원적 비극(tragedia rural)' 또는 '안달루시아극(drama andaluz)'으로 여겨지기도 한다. 이 작품의 주제는 관점에 따라 여러 가지로 나누어 생각해 볼 수 있겠지만, 무엇보다도 '권력'과 '자유'라는 두 거대세력 간의 대립과 충돌에 주목해볼 필요가 있다. 우선 연극 전반에 걸쳐 베르나르다는 자신의 집에서 모든 하녀들과 자신의 노모, 그리고 다섯 명의 딸들 위에 군림하는 절대적인 권력자로 묘사되고 있다. 연극이 시작되고 베르나르다가 처음으로 말한 대사와 연극의 제일 마지막에 말한 대사는 똑같이 "조용히 해!(Silencio!)"이다. 연극의 처음에는 단순히 하녀에게 한 말이었지만, 연극의 마지막에는 막내딸 아델라(Adela)의 어처구니없는 자살로 심하게 동요하는 하녀들과 자신의 모든 딸들에게 변함없이 자신의 뜻에 거스르지 말 것을 요구하는 섬뜩하고 단호한 명령이었다. 즉, 조용히 하라는 말 한마디로써 베르나르다는 자신의 가치관에 반(反)하려는 딸들의 자유의지를 원천적으로 봉쇄하고자 하는 폭군적 절대자의 이미지를 상징화하고 있는 것이다. 실제로 베르나르다는 1막에서 "이 집에서 내가 명령하는 것은 이루어진다"라고 선언한다. 요컨대 딸들에게 있어서 베르나르다는 결코 자상한 어머니가 아닌, 죽은 아버지의 전권(全權)을 이어받은 절대적 복종의 대상에 다름 아닌 것이다. 그럼에도 불구하고 베르나르다의 다섯 딸들이 모두 하나같이 어머니가 원하고 명령하는 대에 따라 수동적으로 꼭두각시처럼 움직이는 것만은 결코 아니었다. 베르나르다는 그녀들 각각에게 동일한 강도의 비합리적 강요와 명령을 부여하였지만, 그녀들은 이에 대해 각자 나름대로의 생각을 가지고 있었으며, 또한 어머니에 대한 그녀들의 반응도 서로 달랐다. 즉, 어머니 베르나르다는 부정할지 몰라도, 그녀들은 어머니의 전횡을 겪으며 복종과 반역 사이에서 무엇을 선택할지에 대한 자유의지를 분명히 소유하고 있었던 것이다. 베르나르다의 전횡과 폭력 앞에 다섯 딸들 중 자신의 자유의지를 가장 명확하게 표출하는 인물은 다름 아닌 막내 아델라라 할 수 있다. 언니들과 달리 그녀는 자신의 의지를 실현하는 데 있어서는 단호하고 망설임이 없다. 아델라는 처음부터 언니들과 달랐다. 어머니 베르나르다가 강요하는 감옥과도 같은 상중(喪中) 기간에 대해 아델라는 직접적인 반감을 거침없이 나타낸다. 어머니 베르나르다의 전횡과 감옥 같은 집으로부터 벗어나고자 하는 아델라의 의지는 궁극적으로 그녀가 사랑하는 페페 엘 로마노(Pepe el Romano)와의 방해받지 않는 만남을 위한 것이다. 즉, 아델라의 최종적 욕망은 페페와 약혼한 앙구스티아스(Angustias) 언니로부터 그를 도로 빼앗아 결혼이라는 제도와 관습을 통해 그와의 축복받는 결합을 꿈꾸는 게 아니었다. 오히려 그녀가 진정으로 원하는 것은 이러한 공개적이고 틀에 박힌 방식이 아닌, 아무도 알지 못하고, 그 누구의 방해도 두려워하지 않아도 되는 은밀하고 영원한 그와 자신만의 비밀의 안식처를 갖는 것이었다. 그런데 어느 날 밤 베르나르다의 집에 몰래 들어온 페페가 아델라와 밀회를 즐기다가 그만 식구들에게 발각되어 황급히 도망을 치게 되었는데, 도망치는 그를 향해 어머니 베르나르다가 쏜 총에 맞아 그가 죽었다고 하는 마르티리오(Martirio)의 거짓말을 그대로 믿고 아델라는 정말로 그가 죽었다고 생각한다. 그리고 페페가 세상에 존재하지 않는 이상 아델라에게 들판의 신선함과 밤하늘이 주는 아름다움 따위 등은 이제 아무런 의미가 없게 되었다. 이러한 그녀에게 남은 선택이라곤 페페의 뒤를 따르는 것뿐이다. 결국 아델라는 자살로 생을 마감한다. 아델라는 용감하게 죽음으로써 모든 이에게 관습의 부당성과 자신이 얼마나 페페를 진정으로 사랑했는지를 알리려 했던 것이다.

La celestina* (라 셀레스티나) 칼리스토와 멜리베아의 비극적 사랑이야기를 다룬 작품으로 1499년 스페인의 작가 페르난도 데 로하스(Fernando de Rojas)가 발표한 대화체 형식의 소설로, 15세기 스페인 문학은 물론 천 년의 역사를 자랑하는 스페인 문학 전체를 통틀어도 『*Don Quijote*』 다음으로 중요한 위치를 차지할 만큼 문학적 가치가 뛰어난 작품으로 평가되고 있다. 후에 『*La celestina*』는 로페 데 베가(Lope de Vega), 세르반테스(Cervantes), 케베도(Quevedo) 등 스페인의 여러 유명한 작가들에게 지대한 영향을 끼쳤는데, 특히 스페인 연극의 대중화에 결정적인 기여를 한 17세기 극작가 로페 데 베가는 『*La celestina*』에서 직접적인 영감을 얻어 『*La Dorotea*』와 『*El caballero de Olmedo*』 등을 쓴 것으로 알려져 있다. 또한 『*La celestina*』는 독일어, 프랑스어, 이탈리아어, 네덜란드어, 영어 등으로 번역되어 그 명성이 유럽 전역으로 퍼져나갔다. 이 작품이 등장했던 때는 문예사조의 흐름이 중세에서 르네상스로 이행되는 과도기였는데, 그로 인해 이 작품에는 중세적인 요소와 르네상스적인 요소가 혼재되어 있다. 예를 들어, 윤리적으로 또는 가톨릭 교리적으로 문제가 많은 언행을 일삼던 칼리스토가 실수로 사다리에서 떨어져 어이없게 비참한 최후를 맞고, 사리사욕에 눈이 멀어 살인을 저지른 칼리스토의 하인들이 참수형을 당하며, 물질적 탐욕과 주술에 사로잡힌 셀레스티나가 잔인하게 살해당하는 것 등은 권선징악이라는 전형적인 중세적 테마에 속한 사항들이다. 반면, 매춘부들의 대화에서 태생적인 혈통보다는 개개인의 능력과 덕성이 더 중요하다는 메시지가 암시되고, 쾌락을 추구하고 인생을 즐겁게 바라보는 인간적인 면들이 곳곳에 묘사되며, 멜리베아의 자살처럼 개인의 운명을 개인의 의지대로 결정하는 것 등은 명백한 르네상스 사상의 단면을 보여주고 있는 대목이라 할 수 있는 것이다. 이 작품의 초판본은 1499년 부르고스(Burgos)에서 출판된 것으로 총 16장으로 되어 있었고, 1500년에 출판된 톨레도(Toledo)본과 1501년에 출판된 세비야(Sevilla)본도 역시 16장으로 되어 있다가, 1502년에 출판된 살라망카본과 톨레도본, 세비야본에서 5장이 첨가되어 비로소 지금의 총 21장의 모습을 갖추게 되었다. 그 후에도 작품에 대한 재판은 계속되어 『*La celestina*』의 판본은 1570년 것까지 존재한다. 처음 출판할 당시 이 작품의 제목은 『*Tragicomedia de Calisto y Melibea*』이었지만 1519년 이태리어 번역본에서 『*Celestina*』라는 제목을 처음 사용하게 되었고, 이어 1569년 출판된 스페인 알깔라(Alcalá)본에서부터 이 작품의 제목은 정식으로 『*La celestina*』로 굳어졌다. 오늘날은 여기에 여성 정관사를 앞에 첨가하여 제목을 『*La Celestina*』로 하는 경향이 있다. 『*La celestina*』의 문체는 자연 발생적이고 표현력이 뛰어난 대화체며, 활력 있고 유연한 언어가 작품의 전반을 지배하고 있다. 이러한 대화적인 문체와 생동감 있는 언어 덕분에 등장인물들의 개성과 감정이 매우 효과적으로 묘사되어 있다. 이를 통해 이 작품은 스페인 문학사에 면면히 흐르는 사실주의 전통의 효시이자 표본으로 자리매김할 수 있었던 것이다. 학자들에 따라서는 이 작품의 장르를 상연을 전제로 하지 않는 희곡으로 보는 경우도 있다. 겉으로 봐서는 이 작품이 연극 대본의 형태를 띠고 있기 때문이다. 그러나 원본의 분량이 웬만한 장편소설만큼이나 길고, 상연될 무대에 대한 구체적인 언급도 찾아볼 수 없으며, 극적 분위기나 배우들의 연기를 지시하는 지문들도 전혀 없는 데다가, 장면의 수가 많으며 그 종류가 다양함을 고려해 보건대, 작가 로하스가 이 작품을 쓰면서 실제의 상연을 염두에 둔 것 같지는 않다.

La Codorniz (라 코도르니스)　1941년부터 1987년까지 발간된 스페인 문학, 휴먼 잡지. 미겔 미우라에 의해 만들어졌으며, 28x38cm 크기이다. 스스로를 '가장 현명한 독자들을 위한 안달루시아 최고의 잡지' 또는 '휴먼 잡지의 최고참'이라 칭할 정도로 대중화되었고 후기 여러 잡지들에도 큰 영향을 끼쳤다. ➡ Mihura, Miguel(미겔 미우라)

La Colmena (벌집)　(1951) 카밀로 호세 셀라(Camilo José Cela) 의 소설로 스페인 신문인 <El Mundo>에 실린 20세기 스페인 소설 100선 중에 하나로 꼽힌다. 내란 이후 밖으로는 2차 대전과 안으로는 독재정치라는 어려운 상황에서 특히 내란으로 황폐화된 1942년의 마드리드 사람들의 삶을 작가 개입 없이 그려놓은 실존적인 작품이다.

La comedia nueva o El café (신연극, 혹은 카페)　모라틴의 1792년 작품으로 산문으로 된 2막극이다. 당시 스페인 연극에 대한 심각한 우려를 그리고 있다. 주인공 돈 엘레우테리오(Don Eleuterio)라는 교양이 없는 사람이 후기 바로크 극을 모방해 쓴 『*El cerco de Viena*』라는 연극을 공연하려 하자 그의 여동생과 약혼한 에르모헤네스는 흥행이 성공할 것이라 용기를 주는 내용이다. ➡ Sainete(사이네테)

La conjuración de Venecia (베네치아의 음모)　마르티네스 데 라 로사(Martínez de la Rosa)의 작품으로 고전주의 단일성이 무너지고 감정의 갈등과 싸움이 과장되어 표현되고 있는 점에서 낭만주의 극의 경향을 따르지 않고 있다. 이 작품으로 스페인 연극에 낭만주의가 시작되었다고 볼 수 있다.

La conquista del reino de Maya (마야 왕국의 정복)　1897년에 발표된 스페인 98세대 작가 앙헬 가니벳의 소설이다. 유쾌하지 못한 유머와 짙은 회의주의가 묻어나는 이 소설은 주인공 피오 시드가 아프리카의 어느 제국을 정복한다는 이야기이다. 이 소설을 통해

L

서 작가는 유럽의 문명과 식민주의, 산업발전을 비방하면서 그것이 모든 발광의 근원이라고 규정하고, 스페인 사회의 풍습과 도덕에 대해서도 풍자하고 있다. 유럽의 식민주의를 비판하면서도 고대 사회에 대한 향수를 보여주고 있는 작품이다. ➡ Generación del 98(98세대)

La constante Amarilis (변함없는 아마릴리스)　1609년 출간된 크리스토발 수아레스 데 피게로아(Cristóbal Suárez de Figueroa)의 목가소설이다. 오비디우스의 영향이 상당히 엿보이며, 산문과 운문을 함께 사용했다. 아마릴리스에 등장하는 인물들이 그대로 나오는데 다만 후안 안드레스 우르타도 데 멘도사는 메안드로가 변한 것이며, 아마릴리스는 마케다 공작의 딸인 마리아 데 카르데나스로 정체를 감추고 나타난다.

La crisis del humanismo (인문주의의 위기)　1919년에 발표된 스페인 98세대 작가 라미로 데 마에스투(Ramiro de Maeztu)의 작품이다. 이 작품에서 스페인의 정신적 방향성의 변화를 분석하고 있다. ➡ Generación del 98(98세대)

La Cristiada (라 크리스티아다)　1611년 디에고 데 오헤다(Ojeda, Diego de)에 의해 쓰인 종교적인 서사시로 작품의 줄거리는 최후의 만찬에서부터 죽음에 이르기까지 예수 그리스도의 수난기이다. 모두가 다 알고 있는 이야기로 구전되어 온 것을 운문으로 썼기 때문에 그다지 독창적이지 못하다. 작품에 나타난 우의법, 초자연적인 장대함, 묘사적 기법 등의 감각은 철저히 바로크적이다.

La crítica literaria en España (스페인 문학적 비평)　스페인 98세대 작가 아소린(Azorín)이 1893년에 발표한 작품이다. 아소린은 본 작품을 통해 자신의 인생에서 배운 스페인의 인문학적 지식뿐만 아니라 그에 대한 섬세한 관찰 능력을 펼쳤다. ➡ Generación del 98(98세대)

La crónica sarracina (사라센 연대기)　페드로 델 코랄(Pedro del Corral)에 의해서 1430년경에 쓰였다가 1511년에 간행된 스페인 최초의 역사소설이라 할 수 있다. 아랍군의 침공(711)을 받은 비시고도족의 마지막 왕 돈 로드리고(don Rodrigo)를 둘러싼 전설들을 담고 있으며 고도족의 테마를 다룬 유일한 작품으로 분류된다.

La dama duende (요정부인)　스페인 극작가인 칼데론이 1629년에 발표한 희곡작품으로 망토와 검의 희곡에 속하며 눈에 보이지 않는 애인에 대한 내용을 담는다. 내용은 큐피드와 인간 영혼의 신화로부터 유래한다. 줄거리의 치밀한 구성과 극적 상황이 주는 긴장감에다 박력 있는 리듬과 화려한 서정성을 더하여 흥미를 자아낸다. ➡ Calderón de la Barca(칼데론 데 라 바르카)

La dama errante (라 다마 에란테)　1908년에 발표된 스페인 98세대 작가 피오 바로하의 작품이다. 작가의 대표적인 소설 『*El árbol de la ciencia*』, 『*La ciudad de la niebla*』와 함께 민족에 대한 작가의 사상을 나타낸다. 작품은 주인공 아라실과 그의 딸 마리아가 테러리스트를 만나게 되어 경찰에 쫓기게 되면서 사건이 전개된다. ➡ Baroja y Nessi, Pío(피오 바로하)

La desheredada (무산자)　1881년에 발표된 스페인의 사실주의 작가 베니토 페레스 갈도스의 소설이다. 이 작품에서는 자연주의의 영향(유전과 사회)이 감지되며, 정치적 사건을 정확하게 언급하면서 역사적 맥락에 적합한 인물을 표현한다. ➡ Pérez Galdós, Benito(베니토 페레스 갈도스)

La destruccion o el amor (라 데스트룩시온 오 엘 아모르)　비센테 알레익산드레(1898~

1984)의 소설(1935)이다. 내용은 사랑의 충동에 의한 개인의 파멸을 주제로 하고 있다. 인간의 삶은 불완전하고 고통의 근원이며 번뇌의 샘이라는 그의 관점이 드러나는 작품이다. ➡ Aleixandre y Merlo, Vicente(비센테 알레이산드레 이 메를로)

La Diana (라 디아나) 호르헤 데 몬테마요르(Jorge de Montemayor, 1520~1561)의 대표적인 목가 소설이다. 16세기 중반 인기를 얻었으며 줄거리는 주인공 목동 시레노(Sireno)와 디아나라는 처녀의 애틋한 사랑을 다루고 있다.

La Dorotea* (라 도로테아) 1632년에 출판된 『*La Dorotea*』는 방대한 로페의 문학세계에서 가장 중요한 작품들 중의 하나로 평가되며, 아울러 많은 비평가들에 의해 스페인이 배출한 가장 아름다운 산문작품들 중의 하나로도 여겨지고 있다. 이 작품은 5막으로 구성되어 있는데, 로페 자신은 이를 “산문으로 된 연극(Acción en prosa)”이라고 지칭하고 있다. 그 이유는 이 작품이 비록 연극의 형태를 띠고는 있지만 로페 자신은 실제 상연을 염두에 두고 쓴 것이 아니기 때문이다. 『*La Dorotea*』의 이야기 구조에는 『*La Celestina*』의 흔적이 간간이 엿보이기도 하나, 실제로는 로페 자신의 개인적인 경험에 의한 독창적인 창작물이라고 봐야할 것이다. 『*La Dorotea*』를 쓸 당시의 로페는 이미 젊은이와는 거리가 멀었다. 즉, 인생과 문학의 온갖 부침을 다 겪어 낸 나이 들고 힘없는 노인에 불과했던 것이다. 이렇게 인생의 황혼기에 접어든 로페가 자신이 젊은 시절에 열병처럼 앓았던 엘레나 오소리오(Elena Osorio)라는 여인과의 불같은 첫사랑을 자신이 겪었던 다른 사건들과 함께 조화를 이루며 바로 이 『*La Dorotea*』라는 작품을 통해서 다시 한 번 재현시켰던 것이다. 마음속에서 단 한 번도 이 엘레나라는 연인과 나누었던 첫사랑의 감정을 잊지 않았던 로페는 자신의 인생에서 가장 아름다운 시절들을 지나온 시절별로 『*La Dorotea*』를 통하여 생동감 있게 표현하고 있다. 한편, 『*La Dorotea*』의 서문에서 로페는 이 작품을 매우 젊었을 때 이미 집필하기 시작했으나 나중에 이를 분실하였고 분실한 것을 다시 복원한 후 노년의 시기에 접어들어서야 비로소 완성하였다고 밝히고 있다. 이는 집필의 시작은 비록 젊었을 때였지만 이 작품의 거의 대부분은 로페가 노년의 시기에 들어섰을 때 쓰였다는 해석을 가능케 해준다. 그 증거로 『*La Dorotea*』의 여주인공으로 엘레나 오소리오와 마르타 데 네바레스(Marta de Nevares)의 모습이 동시에 발견되어지기도 하는데, 특히 이 소설에서 로페는 몇몇의 시들을 자신의 말년의 사랑인 마르타 데 네바레스에게 헌정하기도 하였다. 게다가 『*La Dorotea*』에서 로페는 자신이 말년에 행했던 공고라(Gómgora)에 대한 비난과 조소의 글을 실기도 하였으며, 1614년 자신이 사제서품을 받은 사실까지도 이 작품에서 암시하고 있다. 아무튼 『*La Dorotea*』는 지은이 로페가 훌륭하게 지켜 온 시선한 젊음과 믿을 수 없을 만큼 생기로 넘치는 완숙함을 서로 절묘하게 융합시킨 작품으로 풀이된다. 로페에게 소설은 그리 친숙한 분야가 아니다. 그럼에도 불구하고 남다른 재능을 보이고 있는 연극이라는 수단을 버리고 『*La Dorotea*』를 창작하기 위해 굳이 생소한 산문의 형태를 취한 이유는 무엇이었을까? 『*La Dorotea*』에서 영감을 얻으며 작품에 등장하는 인물들의 대화를 산문으로 나타내기로 결심한 로페는 그 해답을 『*La Dorotea*』의 서문에서 나타내고 있다. 로페가 서문에서 언급한 바에 의하면, 그는 이 작품을 단순한 문학작품이 아니라 사실을 나타내는 것으로 여겨지길 바랐던 것이다. 즉, 로페에게 운문은 문학을 위한 것이지, 사실을 묘사하는 수단으로는 부적합한 것이었고, 반면 산문은 문학이 아닌 사실을 나타내기 위해 적합한 수단으로 여겨졌던 것이다. 등장인물들이 시적 세계가 아닌 현실에서 일어나는 사실을 운문으로 읊는다는 것은 당시 로페에겐 다소 어색하였을 것이다. 더구나 연극의 가장 중요한 핵심 중의 하나는 극적 이야기를 구성하는 사건 그 자체인데, 『*La Dorotea*』에선 사건 그 자체보다 그 사건이 왜, 어떻게 일어나는지에 대한 묘사가 더 중요했으므로 이를 위해 아마도 로페에겐 운문이 아닌 산문의 형태가 더 필요했을 것으로 여겨진다. 로페의 인생에서 일어났던 갖가지 일화들이 곳곳에 삽입되어 있는 『*La Dorotea*』의 줄거리는 다음과 같다. 여자주인공 도로테아(엘레나 오소리오를 암시)는 우아함과 아름다움, 그리고 지성미를 갖춘 기혼녀이다. 그녀는 남편이 없는 틈을 타 페르난도(로페 데 베가를 암시)라는 한 젊고 가난한 시인과 사랑에 빠지나 그와의 관계를 청산하기로 결심한다. 이러한 그녀의 결정에는 그녀가 좀 더 쓸모가 있는 남자들과 사귀기를 바라는 그녀의 어머니 테오도라(Teodora, 엘레나의 어머니 이네스 오소리오를 암시)의 영향이 특히 컸다. 결국 도로테아는 아메리카 대륙에서 벼락부자가 된 돈 벨라(don Bela, 엘레나가 사귀었던 프란시스코 페레놋 데 그란벨라를 암시)라는 남자를 알게 되었고, 이들의 관계는 헤라르드다(Gerarda)라는 중매쟁이를 통해 발전된다. 이를 안 페르난도는 도로테아를 너무도 사랑함에도 불구하고 그녀를 잊기로 결심하며 마드리드를 떠나고자 한다. 그러나 그에게는 돈이 없었고, 결국 아직도 그를 사랑하고 있는 예전의 연인인 마르피사(Marfisa)의 도움을 얻게 된다. 이 바람에 페르난도는 본의 아니게 옛 애인인 그녀를 다시 사랑하게 된 척하고 만다. 페르난도는 세비야에서 약간의 세월을 보내지만 도저히 도로테아를 잊을 수가 없어 다시 마드리드로 돌아온다. 그리고 밤중에 도로테아의 집을 배회하다가 돈 벨라와 맞닥뜨리는 바람에 그에게 상처를 입히고 만다. 어느 날 페르난도는 프라도(Prado)에서 헤라르드다의 딸인 펠리사(Felisa)에게 자신의 지난 이야기를 들려주는데, 그 앞에는 도로테아가 자신의 모습을 가리고 몰래 그의 말을 엿듣고 있었던 것이다. 그러나 그녀는 이내 정체를 페르난도에게 들키고 둘은 다시 화해를 하게 된다. 그러나 페르난도의 전 애인인 마르피사가 이러한 그의 행동에 대해 비난을 퍼붓고, 그러자 페르난도는 도로떼아가 돈 벨라와의 관계를 청산했다는 사실에 만족해하며 다시 마르피사에게 돌아간다. 그러면서 동시에 페르난도는 도로테아가 돈 벨라로부터 받았던 돈과 선물들을 그에게 재차 선물하자 경제적 문제를 해결하기 위해 거절하지 않고 받아 드린다. 결국 페르난도는 도로테아를 완전히 버리게 되고, 돈 벨라는 비참한 죽음을 맞이하며, 헤라르드다는 도로테아에게 줄 물을 구하러 다니다가 한 동굴에서 떨어져 죽고 만다. 도로테아는 스페인 문학이 창출해낸 수많은 위대한 여성상들 중에서도 특히 두드러진 인물로 평가된다. 그녀는 유난히 복잡한 심리를 소유한 여성으로서, 페르난도와의 개인적인 열정을 즐기면서도 동시에 물질적 화려함에 대한 욕구를 만족시키기 위해 돈 벨라에게 모든 것을 바칠 줄도 알았다. 그러나 그렇다고 그녀가 또 다른 가치들을 향유하기 위해 이러한 비도덕적 행위를 중단하는 것은 아니었다. 다시 말해서, 그녀가 돈 벨라에게 모든 것을 다 바치면서도 동시에 페르난도에게도 마음을 열었던 것은 단순한 도덕적 불감증 때문이 아니었다. 즉, 그녀가 페르난도를 끝까지 포기하지 않았던 것은 페르난도가 단순히 자기를 사랑하는 한 매력적인 젊은 남성이라는 차원을 뛰어넘어, 그가 아름다운 시들을 통해서 자기 자신을 불멸의 존재로 만들어 줄 수 있는 뜨거운 열정을 지닌 시인이었기 때문이다. 도로테아도 역시 시를 지었다. 시뿐만 아니라 다른 종류의 예술도 창작하였다. 그리고 심지어는 철학적으로 신중한 사색을 하기에도 이르렀다. 왜냐하면 그녀는 자신이 지닌 아름다움과 그 아름다움으로 인한 만족이 한낱 덧없는 존재에 불과하다는 것을 잘 알고 있었기 때문이다.

La edad de oro (황금시대) 루이스 부뉴엘이 두 번째로 제작 및 감독을 한 영화이다. 살바도르 달리(Salvador Dalí)가 공동으로 각본 작업을 하였으며, 첫 영화 「*Un perro andaluz*」(1929)처럼 초현실주의적 이미지가 돋보이고, 한계와 장애물을 넘어서려는 열정적인 사랑에 대한 의미를 보여준다. ➡ Buñel, Luis(루이스 부뉴엘)

La Esfinge (스핑크스) 미겔 데 우나무노(Miguel de Unamuno)의 1909년 작품으로 여기에서는 영광과 역사 속에서의 삶, 후세에 이름을 남기고자 하는 욕망의 매력과 영원에서의 삶과 평안함, 그리고 휴식이 주는 즐거움 사이에 벌어지는 의식의 갈등을 중심 주제로 삼고 있다. ➡ Generación del 98(98세대)

La España negra (검은 스페인) 스페인 인상주의 작가 다리오 데 레고요스 이 발데스(Dario De Regoyos y Valdés)가 스페인 여행 후 발표한 연작이다. 화폭의 스페인은 자연주의적이면서 전(前) 상징주의적으로 표현되어 그의 염세적인 추억을 옮겨놓았다.

La Exposición del Libro de Job (라 에스포시시온 델 리브로 데 홉) 프라이 루이스 데 레온의 욥기 해설서로 1572~1591년에 쓰였고, 1779년에 출판되었다. 루이스 데 레온의 산문 중 가장 방대한 작품이고, 산타 테레사(Santa Teresa)의 맨발의 카르멜 수도회를 이어받은 아나 데 헤수스(Ana de Jesús)에게 헌정되었다. ➡ Fray Luis de León(프라이 루이스 데 레온)

La familia de Pascual Duarte (파스쿠알 두아르테 가족) 노벨문학상 수상 작가 카밀로 호세 셀라(Camilo José Cela)의 작품. 전형적인 피카레스크 소설(novela picaresca)로서 주인공 파스쿠알 두아르테는 어려서는 가정폭력을 경험하고 결혼 후에는 자식들의 죽음과 아내의 외도 등 끊임없는 불행과 배신을 겪는다. 스페인 내전 이후의 증오와 폭력으로 얼룩진 사회의 모습과 그로 인해 혼돈스럽고 불안한 대중심리를 반영하고 있다.

La Fiel infantería (라 피엘 인판테리아) 1943년에 발표된 라파엘 가르시아 세라노(Rafael García Serrano)의 전쟁소설 중 하나이다. 내전 선언으로 시작되는 내전 이야기를 다루다 결국 검열의 수모를 겪어야만 했던 작품이다.

La Gaceta Literaria (가세타) 마드리드에서 1927~1932년 사이에 출판되었던 문학잡지. 에르네스토 히메네스 카바예로와 기예르모 데 토레가 주축이 되어 창간되었다. 문학, 예술, 정치분야의 아방가르드 예술의 전파에 기여했다.

La Gatomaquia (라 가토마키아) 1634년 로페 데 베가(1562~1635)에 의해 쓰인 작품으로, 이 작품을 쓸 때 'Tomé de Burguillos'라는 필명을 사용하였다. 독창적이고 재미있는 형식으로 2,802개의 행과 7개의 연으로 이루어졌다. 내용은 암고양이 사파킬다(Zapaquilda)를 사모하는 사랑의 연적인 수고양이 미시푸스(Micifuz)와 마라마키스(Marramaquiz)에 관한 이야기이다. ➡ Lope de Vega(로페 데 베가)

La gaviota (갈매기) 페르난 카바예로(Fernán Caballero)의 1849년 작품으로 주인공의 갈매기라는 작품 제목이 상징하듯 고향으로 돌아올 수밖에 없는 현실을 그린다. 즉 결코 떠날 수 없는 것이 보금자리로서의 고향이라는 내용을 담고 있다.

La hija de celestina (라 이하 데 셀레스티나) 1612년 출판된 알론소 헤로니모 데 살라스 바르바디요(Alonso Jerónimo de Salas Barbadillo)의 피카레스크 소설. 여성 악자를 주인공으로 삼으며, 작품은 돈 로드리고에게 사기를 친 엘레나가 도망가는 장면에서 시작한다. 주인공 엘레나가 1인칭으로 직접 자신의 삶에 대해 이야기하는 부분과 3인칭 화자가 등장하는 부분이 혼재되어 있다.

La hija del capitán (대위의 딸) 1927년 출간된 바예 잉클란의 희곡. 프리모 데 리베라(Primo de Rivera)의 독재와 군부에 대한 강도 높은 비판적 내용을 담고 있는데 그로 인해 바예 잉클란은 희곡 출간 후 출판본을 압수당했고, 짧은 기간 동안이지만 작가 자신도 투옥되었다. ➡ Valle-Inclán(바예 잉클란)

La llama de amor viva (라 야마 데 아모르 비바) 산 후안 데 라 크루즈(San Juan de la Cruz, 1542~1591) 대표 시작 중 하나이다. 신의 대리자로 강림할 성령을 간절히 기다리는 영혼의 기원을 강렬한 어조와 함께 난해한 비유, 상징, 이미지 등을 배합하여 표현하였다. 특히 시인은 새로운 삶을 위해 일단 육신이 죽어야 한다는 상징적 의미를 밤의 이미지를 통해 형상화시킨다. 그리하여 어둠의 심연 속에서 능동적인 정화를 거쳐 신의 은총이 닿는 곳으로 상승하여 신성을 함께 나누면서 신비적 합일의 체험을 한다.

La Lola se va a los puertos (롤라, 항구로 가다) 1929년에 발표된 극작품으로 스페인 작가 마누엘 마차도 루이스(Manuel Machado Luis)와 안토니오 마차도 루이스(Antonio Machado Luis) 형제의 합작품이다. 작품 속에서 주인공 롤라는 스페인 카디스 지역의 아름다운 플라멩코 가수이다. 많은 남자들은 그녀를 사로잡기 위해 노력하고, 그중 디에고가 자신의 집으로 그녀를 초대하며 일어나는 에피소드가 극 속에서 나타난다.

La Lozana andaluza (라 로사나 안달루사) 1528년 출판된 프란시스코 델리카도(Francisco Delicado)의 피카레스크 소설로 대화체로 이루어져 있다. 원제는 『*Retrato de la Loçana andaluza*』이다. 몸을 파는 여자 로사나를 주인공으로 내세워 16세기 로마 하층민들, 특히 종교재판소 설립 이후 스페인에서 로마로 옮겨간 유대인 하층민들의 삶을 생생하게 그리고 있다. ➡ Novela picaresca(피카레스크 소설)

La Madre naturaleza (대자연) 에밀리아 파르도 바산(Emilia Pardo Bazán)의 『*Los Pazos de Ulloa*』의 속편이다. 이 작품에서 우요아 후작과 사벨 사이에서 태어난 페루쵸와 후작의 정실 사이에서 난 딸 마놀리타 사이에 불붙는 사랑을 테마로 한다. 이 사랑은 페루쵸가 마놀리타의 정체를 알게 되면서 실망하고 떠나는 것으로 끝난다.

La Maja desnuda (옷을 벗은 마하) 1800년 그려진 프란시스코 데 고야(Francisco de Goya)의 95x190cm 크기 유화작품이다. 당시 스페인은 보수적인 봉건 사회였기 때문에 이 그림은 스페인 사회에 큰 충격을 주었고 고야는 1815년 이 작품으로 인해 종교재판에 회부되어 조사를 받기도 하였다. 그림 속의 마하는 옷을 벗은 채 침대에 비스듬히 누워있다. 두 손으로는 머리를 받치고 정면을 응시하는 그녀의 시선은 대담하고 관능적이다. '마하(Maja)'는 스페인어로 풍만하고 매력적이며, 요염한 여자라는 뜻이다. 이 누드화의 모델에 대해서는 고야와 연인관계였다는 알바 부인이라는 추측 또는 고야의 상상 속의 인물이라는 등 아직까지 명확하게 밝혀진 바가 없다. 고야는 이 그림을 그린 뒤 3년 후 「*La maja vestida*」를 그렸다. 두 작품 모두 현재 스페인 마드리드 프라도 박물관(Museo del Prado)에 소장되어 있다.

La Maja vestida (옷을 입은 마하) 1803년 그려진 프란시스코 데 고야(Francisco de Goya)의 작품이다. 고야의 또 다른 작품인 「*La maja vestida*」와 함께 한 여인의 도도하고 관능적인 자태를 표현하였다. 이 작품은 「*La maja vestida*」의 모델 얼굴은 물론 포즈, 배경, 캔버스 크기까지 완벽하게 일치한다. 다만 옷을 입고, 벗고의 차이일 뿐이지만, 다양한 색채와 부드러운 톤으로 관능미뿐만 아니라 여성스러움을 강조했다는 평가를 받는다.

La Malquerida (빗나간 사랑의 여인) 베나벤테의 1913년 작품으로 비록 정당한 평가를 받고 있지는 못하지만 중요한 극작품들 중의 하나이다. 의붓아버지를 사랑하는 딸의 정열이 어머니의 죽음을 초래하는 이 작품은 행동에 있어서 힘이 없고 통속극의 성격에서 크게 벗어나지 못하는 것 또한 사실이다. ➡ Benavente, Jacinto(하신토 베나벤테)

La mayor soberbia humana de Nabucodonosor (라 마요르 소베르비아 우마나 데 나부코도노소르)　안토니오 미라 데 아메스쿠아(Antonio Mira de Amescua)의 희곡이다. 느부갓네살 왕이 신에 대항하는 인간의 오만을 상징하는 인물로 등장한다.

La Mojigata (위선자)　레안드로 페르난데스 데 모라틴의 1804년 작품으로 8명이 등장한다. 내용은 티르소 데 몰리나의 작품에 나오는 신앙심 깊은 마르타(Marta)와 비슷한 여주인공 클라라(Clara)는 자신이 싫어하는 결혼을 하지 않기 위해 신앙에 철저히 몰두한 것처럼 가장한 후 나중에 진정으로 사랑하는 사람과 결혼을 하는 것으로 구성되어 있다. ➡ Fernández de Moratín, Leandro(레안드로 페르난데스 데 모라틴)

La Mosquea (라 모스케아)　쿠엔카의 교회 법률가인 호세 데 비야비시오사(Villaviciosa, José de, 1589~1658)가 쓴 작품(1615)으로 내용은 파리와 모기 및 그 밖의 곤충들 사이의 서사시적인 싸움이다. 바로크 세기는 이러한 패러디적 시각에 매우 심취해 있던 시기이다. 즉, 풍자를 통해 주제를 나타낸다.

La moza de cántaro* (물동이를 인 처녀)　로페 데 베가(Lope de Vega)의 극작품. 17세기 초 스페인의 사회상이 매우 잘 반영된 풍속 연극(comedia de costumbres), 또는 복잡한 구조의 분규극(comedia de enredo)으로 분류되는 작품이다. 1625년경에 쓰인 이 연극은 로페의 다양한 극적 재능과 극작 기법들이 잘 축약되어 있는 작품임에도 불구하고, 국내에서는 이 작품에 대한 연구가 전무하고, 스페인에서도 그동안 충분한 연구가 이루어지지 않은 작품이다. 주된 테마는 이와 유사한 로페의 다른 연극들에서와 마찬가지로 '사랑'이라 할 수 있다. 우선 여주인공 도냐 마리아(Doña María)의 사랑이 형성되는 과정을 살펴보면, 그녀는 원래 론다(Ronda) 지방의 고귀한 집안 출신의 귀족 처녀인데 그녀의 아버지가 그녀의 구혼자인 돈 디에고(Don Diego)로부터 심한 모욕을 당하는 바람에 아버지의 손상된 명예를 회복하기 위해 돈 디에고를 살해한 뒤 마드리드로 도주해서 신분을 숨긴 채 이사벨(Isabel)이라는 물동이를 나르는 비천한 신분의 하녀로 지내게 되는데, 이러는 과정에서 돈 후안(Don Juan)이라는 고귀한 신분의 '갈란'이 그녀의 아름다운 모습에 반해 그녀와 사랑에 빠지게 된다. 물론 그녀는 죄를 짓는 바람에 비천한 신분으로 자신을 숨기고 생활하는 처지인데다가 원래 남자와 사랑에 빠진 것을 좋아하지 않았던 천성으로 인해 처음에는 돈 후안의 사랑을 받아들이지 않았지만, 끊임없이 구애하는 돈 후안을 향해 조금씩 마음의 문을 열게 된다. 결국 도냐 마리아는 늠름하고 멋진 돈 후안을 사랑하기로 결심한다. 그리고 그녀의 친구 레오노르(Leonor)가 물동이를 나르는 하녀에 불과한 그녀와 고귀한 신분의 돈 후안 사이에 존재하는 신분의 차이를 걱정하자, 오히려 돈 후안을 사랑할 것이라는 자신의 결심을 더욱 공고히 한다. 그러나 위기는 이내 곧 찾아온다. 친구 레오노르가 모시는 고귀한 신분의 미망인인 도냐 아나(Doña Ana)가 이미 돈 후안을 사모하고 있다는 사실을 알게 된 것이다. 게다가 도냐 마리아는 도냐 아나를 사모하는 고귀한 신분의 또 다른 남자인 백작의 명령에 의해 돈 후안이 도냐 아나의 시중을 들며 그들이 함께 있는 것을 우연히 목격하고 질투로 눈이 멀 지경이 된다. 그리고 돈 후안이 자신이 아닌 비천한 신분의 하녀인 도냐 마리아를 사모하고 있다는 것을 알고 있는 도냐 아나 역시 그녀의 출현에 긴장하지 않을 수 없게 된다. 결국 이 세 남녀 사이에는 팽팽한 긴장감이 감돌고 만다. 한편, 심각한 명예 훼손을 당한 아버지에 대한 도냐 마리아의 영웅적인 복수 행위는 결국 살해당한 돈 디에고의 친척들에 의해 용서를 받고 왕의 사면까지 받게 되는데, 이 사실을 전하는 공작의 편지를 받은 백작이 이사벨로 위장한 하녀가 바로 그 도냐 마리아인지도 모르고 그녀가 듣는 가운데 모든 사람들에게 이 소식을 공표한다. 그러나 자기가 사랑하는 이사벨이 바로 그 도냐 마리아라는 사실을 아직 알지 못하는 돈 후안은 수많은 번민 끝에 도냐 아나의 하녀 레오노르와 자신의 하인 마르틴(Martín)의 결혼식에서 모든 사람들에게 도냐 마리아와 자신이 결혼할 것임을 선언하고, 비로소 이 대목에서 이 연극의 갈등은 최고조에 이르게 된다. 이에 도냐 마리아는 이제 자신의 죄가 사면된 이상 더 이상 자신의 원래 신분을 속일 필요가 없기 때문에 모든 사람들 앞에서 본인이 바로 도냐 마리아라고 밝히며 모든 갈등을 잠재운다. 결론적으로, 도냐 마리아는 자신을 끝가지 포기하지 않은 돈 후안을 자신의 자유의지로써 주체적으로 선택한다. 즉, 그녀는 당시의 여인들이 지녔던 특유의 수동적인 태도가 아닌, 자기 고유의 자유의지와 적극적인 태도로 돈 후안과의 사랑을 선택하고 성취하였던 것이다. 이를 통해 도냐 마리아는 모든 어려움을 극복하고 자신이 자유의지로 선택한 사랑하는 돈 후안과 행복하게 맺어진다.

La Noche del sábado (토요일 밤) 베나벤테의 1903년 작품으로 겨울 산장을 배경으로 한다. 주인공들은 망명한 왕자들과 공주들, 몰락한 귀족들 그리고 현실에서 도피하여 상상 속에서 살아가는 실패한 예술가들이다. 작품은 '인생에 있어서 어떤 위대한 것을 이루기 위해서는 현실을 파괴해야만 한다. 즉, 우리의 앞길을 가로막는 환경들을 치워야 한다. 그리고 유일한 현실인 이상을 향하여 우리는 꿈의 길을 계속 걸어 나가야만 한다'는 명제를 시사한다. ➡ Benavente, Jacinto(하신토 베나벤테)

La noche oscura del alma (영혼의 어두운 밤) 스페인의 신비주의를 최고 수준으로 끌어올린 사제이자 시인인 산 후안 데 라 크루스(San Juan de la Cruz, 1542~1591)의 유명한 시작품이다. 연인들 간의 밀회를 연상케 하는 신비적 몽상을 캄캄한 밤의 상징성을 통해 설명하였는데 스페인 신비주의 문학 중 가장 서정적인 작품이다. 신과 영혼 간의 영적인 합일을 설명하기 위한 도구로서 육체적 사랑을 노골적으로 활용하는 것을 자제하는 것이 특징이다.

La Numancia (누만시아) 미겔 데 세르반테스의 비극작품으로 셀티베로(Celtíbero) 전투에서 2세기에 로마인의 손에 참패한 누만시아에서 영감을 받아 역사적 사실을 재구성하여 작품을 썼다. 세르반테스의 전기 작품으로 4막으로 구성되어 있으며 세르반테스 사후에 더욱 인정받았다. 고전주의 색채와 집단 주인공이라는 특징이 나타나며 슐레겔(August Wilhelm Schlegel, 1767~1845), 쇼펜하우어(Arthur Schopenhauer, 1778~1860), 괴테(Johann Wolfgang von Goethe, 1749~1832) 등이 이 작품을 최고의 비극으로 꼽았다고 한다. ➡ Saavedra, Miguel de Cervantes(미겔 데 세르반테스 사아베드라)

La Paz del sendero (오솔길의 평화) 라몬 페레스 데 아얄라(Ramón Pérez de Ayala)가 문학에 발을 내디딘 작품으로 1903년 작품이다. 모데르니스모적 은밀함의 특징을 지녔으며 이후의 작품들과 시가 비록 재미있기는 했지만 명성을 얻는 데 도움이 되지는 못했다.

La perfecta casada (라 페르펙타 카사다) 1583년에 출판된 프라이 루이스 데 레온의 저작으로 출판되자마자 큰 인기를 끌었다. 결혼 생활의 안내서이고, 잠언을 해설하는 부분과

L

여성의 덕목은 주변 환경을 조화롭게 하는 것임을 이야기하는 부분으로 나뉜다. ➡ Fray Luis de León(프라이 루이스 데 레온)

La Pesca (고기잡이) 가스파르 누녜스 데 아르세(Gaspar Núñez de Arce)의 1884년 작품으로 감상적 성격이 강한 서술시이다. 그는 부드러운 감정을 낭만주의 시에 잘 담고 있지만 그의 내적 문제들을 개인적 차원이 아니라 당시 사회에 대한 방향 제시를 하는데 치중한다.

La picara Justina (악녀 후스티나) 1605년 출간된 스페인 피카레스크 소설. 정확한 저자는 아직 밝혀진 바 없으며, 프란시스코 데 우베다(Francisco de Úbeda), 안드레스 페레스 신부(Fray Andrés Pérez) 등으로 문학비평가들 사이에서 추측만 이루어지고 있을 뿐이다. 1605년 처음 출간될 때는 『*Los entretenimientos de la Pícara Justina*』라는 제목이 붙여졌다가 같은 해 바르셀로나에서 출판업자 세바스티안 데 코르메야스에 의해 『*La Pícara montañesa llamada Justina*』라는 제목으로 재편집되어 출간되었다. 그 당시에는 드물게 여성이 주인공이라는 점에서도 주목할 만한 작품이다. ➡ Novela picaresca(피카레스크 소설)

La Pipa de kif (키프의 파이프) 1919년에 발표된 스페인 모더니즘 작가 라몬 델 바예 잉클란의 시이다. 도깨비의 환상적이고 기괴한 이미지를 보여주고 있다. ➡ Valle－Inclán (바예 잉클란)

La pródiga (라 프로디가) 1882년에 발표된 스페인의 사실주의 초기 소설작가 페드로 안토니오 데 알라르콘의 단편소설이다. 당시 많은 이들의 주목을 받지 못함으로 인해 작가가 마지막으로 남긴 작품이다. 여전히 자유로운 사랑과 가톨릭 결혼 보호를 주장하나, 이 작품에서는 특히 사치 및 방탕에 대한 반대 의견을 두드러지게 표현한다. ➡ Alarcón Y Ariza, Pedro Antonio de(페드로 안토니오 데 알라르콘 이 아리사)

La Prudencia en la mujer (라 프루덴시아 엔 라 무헤르) 1622년에 발표된 티르소 데 몰리나의 작품이다. 역사적 성격의 희극으로 마리아데 몰리나(María de Molina) 여왕의 섭정을 다루고 있다. ➡ Tirso de Molina(티르소 데 몰리나)

La prudente Abigaíl (라 프루덴테 아비가일) 1642년에 발표된 안토니오 엔리케스 고메스(Antonio Enríquez Gómez)의 희극이다. 성경에서 모티브를 가지고 왔으며, 남성의 충직함과 여성의 현명함에 대한 작품이다.

La prueba de las promesas (라 프루에바 데 라스 프로메사스) 1617년에 완성되고, 1634에 출판된 후안 루이스 데 알라르콘의 작품이다. 등장하는 주인공들은 알라르콘의 다른 작품인 『*Las paredes oyen*』, 『*El examen de maridos*』 등에서도 동일하게 등장한다. 인간의 배은망덕함을 다루었다. ➡ Juan Ruiz de Alarcón(후안 루이스 데 알라르콘)

La rebelión de las masas (대중의 반란) 스페인 철학가 오르테가 이 가세트(Ortega y Gasset)의 저서. 1929년 <El Sol>지에 기고한 글을 모아 1930년에 출간했다. 사회·문화 분야에서 대중들의 등장과 힘, 역할에 대한 설명을 하고 있다. 여기서 오르테가는 대중을 다소 야만적이며 원시적인 집단으로 보면서 교육받은 지식인 계층과 대조시킨다. 또 이러한 대중들이 사회·문화 전반을 주도해나가려는 현상을 다소 비판적인 시각으로 설명하고 있다. 후에 프랑크푸르트학파를 비롯한 여러 대중문화 연구에 큰 영향을 끼친 선구자적 이론서로 평가받는다.

La Regenta (라 레헨타) 레오폴도 알라스(Leopoldo García－Alas y Ureña)의 작품으로 대략 800에서 1,000쪽로 구성되어 있으며 한 사회의 거대한 전경과 또한 인간의 가장 본질적인 문제들을 다루고 있다. 젊은 여인 아나 오소레스의 감상적인 신앙심과 낭만적인 쾌락 사이에서의 방황을 내용으로 한다.

La Reina del Sur (남부의 여왕)　스페인 작가 아르투로 페레스 레베르테(Arturo Pérez Reverte)가 2002년 발표한 범죄소설이다. 522쪽에 달하는 장편소설로 스페인인 아버지와 멕시코인 어머니 사이에 태어난 주인공 테레사 멘도사(Teresa Mendoza)가 스페인과 멕시코를 넘나들며 일어나는 이야기를 담고 있다. 여성의 심리묘사를 그린 뛰어난 소설이며 주인공의 삶을 통해 인생의 희로애락에 대한 성찰을 느끼게 해주는 작품이다.

La relajación de Comedia (희극의 완화효과)　올손은 드라마 장르로서 희극의 정수는 관객의 긴장이 완화되는 데 있다고 보았다. 그리고 이것은 '다름의 효과'가 발생되는 것으로 일어나는 효과이다. 희극과 비극을 구분 짓는 기준으로도 사용되며, 희극의 완화에 다다르기 위해서 세 가지의 단계가 필요하다. 희극의 행위는 기능이 없어야 하며, 웃음을 자아내고 이로 인해 발생되는 '다름'의 효과를 볼 수 있어야 한다.

La Revista Blanca (백색지)　호안 몬트세니에 의해 창간된 스페인 개인주의적 아나키즘 잡지로 사회학과 예술에 관련된 글을 실었다. 1898년에서 1905년 사이의 1기, 1923년에서 1936년까지의 2기로 출판시기가 구분된다. 1기에는 레오폴도 알라스, 우나무노, 페르난도 히네르 데 로스 리오스, 마르몰 등의 작가들이 글을 실었고, 8,000부 가까이 판매되면서 당대 아나키즘 잡지 중 가장 큰 성공을 거두었다. 2기 때는 철학적 아나키즘을 표방하며 아나코-생디칼리즘과 CNT를 비판했다. 이 시기에는 페데리카 몬트세니, 디에고 아바드 데 산티얀 등의 작가들이 조력했다.

La Romería de San Isidro (산 이시드로를 향한 순례)　1820～1823년경 고야에 의해 제작된 140x438cm 크기의 캔버스 작품이다. 고야의 블랙 페인팅(Pinturas negras) 중 한 작품으로 눈이 움푹 파인 한 기타연주자에 이끌려 죽음으로 가는 행렬이다. 현재 스페인 마드리드 프라도 미술관이 소장하고 있다.

La segunda parte de la Diana (라 세군다 파르테 데 라 디아나)　살라망카 출신의 의사이자 호르헤 데 몬테마요르(Jorge de Montemayor, 1520～1561)의 가까운 친구였던 알폰소 페레스(Alonso Pérez)가 1564년에 『*La Diana*』(1559)의 속편으로 발간한 책이다. 이후에도 16세기와 17세기에 걸쳐 여러 차례 재간행되었다. 『*La Diana*』와 마찬가지로 전원 속의 목동생활을 이상화시켜 감상적이고 플라토닉한 사랑이 작품 전체에 흐르고 있다.

La soledad sonora (낭랑한 소리의 고독)　스페인 작가 시인 후안 라몬 히메네스(Juan Ramón Jiménez)의 작품이다. 이 작품을 쓸 시기에 작가는 스페인 모데르니스모 적인 작품들을 남겼는데, 이 작품 또한 모데르니스모적인 특징을 지닌다. 보다 발전된 음악적 효과나 다양한 운율과 시행의 활용 및 현란한 이미지와 암시적 언어 등이 이러한 특징이다.

La Suerte o la muerte (행운 혹은 죽음)　헤라르도 디에고가 1941년 이후에 출간한 시집이다. 날렵하고도 재치 있는 어조로, 그리고 때로는 엄숙한 어조로 투우의 세계를 노래하고 있다. ➡ Diego, Gerardo(헤라르도 디에고)

La Tertulia de la Fonda de San Sebastián (산 세바스티안 문학 토론모임)　마드리드에 세워진, 첫 현대적인 문학 토론모임이다. 부엔 구스토 아카데미(Academia del Buen Gusto)보다 20년 전에 니콜라스 페르난데스 데 모라틴(Nicolás Fernández de Moratín, 1771～1773)에 의해 창설되었다. 당시의 우수한 작가들이 많은 작품을 읽고 토론하기 위해 모였으며 오직 시, 연극, 투우, 사랑 등에 대한 이야기만이 허락되었다.

La tía Tula (툴라 아줌마) (1921) 스페인 98세대 작가 미겔 데 우나무노(Miguel de Unamuno)의 대표적인 소설 중 하나이다. 우나무노의 다른 소설처럼 작가 자신의 철학적, 사상적 문제가 문학적으로 투영된다. 하지만 특별히 이 소설에서는 명시된 몇몇의 순간들에서 아주 섬세한 에로티즘을 표현한다. 소설의 내용은 툴라 아줌마라고 불리는 여자주인공이 모성애에 대한 불안감을 해소시키기 위해 희생하고, 빗나간 모성의 감정을 승화시킴으로 전개된다. ➡ Generación del 98(98세대)

La Tierra de Alvargonzáles (알바르곤살레스의 땅) 안토니오 마차도(Antonio Machado)의 작품. 음울한 이야기를 담은 장편의 로만세이다. 마차도가 새로운 사가집(romancero)을 쓸 목적으로 과거의 시 작법을 다시 활용한 작품이다. ➡ Generación del 98(98세대)

La úlcera (라 울세라) 후안 안토니오 순수네기(Juan Antonio Zunzunegui, 1901～1982)의 대표작(1949) 중 하나이다. 블랙유머와 그로테스크한 형상으로 인간심리의 왜곡된 모습을 리얼하게 묘사한다. 리얼리즘 소설이며 독자들에게 커다란 반향을 불러 일으켰다.

La vanagloria repentina (갑작스러운 허영심) 홉스(Hobbes)의 이론으로 다른 이들, 혹은 그들 자신을 기쁘게 하는 왜곡된 형태의 행위가 갑작스럽게 상대방에 의해서 이해되는 경우에 '웃기는 자'라는 개념이 형성된다는 것이다. 여기는 예외가 있다고 올손이 제기하였는데 바로 이러하다. 전쟁터에서 승리하여 적을 마주보고 서 있다고 가정해 보았을 때 안전하다는 감정이나 일종의 기쁨을 맛 볼 수는 있겠지만 상대방 측 입장에서 봤을 때 이것이 엄밀히 말해서 웃기다고는 말하기 어렵다고 하였다.

La Venda (안대) 미겔 데 우나무노(Miguel de Unamuno)의 1898년 작품이다. 1897년에 경험한 자신의 종교적 위기의식을 반영한 것인데, 이성과 신앙 중 어느 것이 진리에 접근하는 더 훌륭한 방법인가 하는 주제를 설정하였다. ➡ Generación del 98(98세대)

La verdad sospechosa (의심스러운 진실) 17세기 극작가 후안 루이스 데 알라르콘의 걸작으로 펠리페 3세(Felipe III)가 사망하기 전 1618년과 1621년에 걸쳐서 쓰였다. 거짓말을 입버릇처럼 하는 부잣집 아들이 주인공으로 결국 도덕성의 결여와 부친에 대한 불효 등으로 사랑하지 않는 여자와 결혼해야 하는 딱한 처지에 처한다. 이 작품은 프랑스의 코르네이유(Corneille)에 의해 『*Le menteur*』란 제목의 희곡으로 번안되어 크게 환영 받은 바 있다. ➡ Juan Ruiz de Alarcón(후안 루이스 데 알라르콘)

La vida del Buscón* (사기꾼의 삶) 17세기 작가 프란시스코 데 케베도(Francisco de Quevedo)의 대표작 중의 하나인 『*La vida del Buscón*』은 16세기 작가미상의 『*Lazarillo de Tormes*』, 그리고 1599년과 1604년에 각각 1, 2부가 출간된 마테오 알레만(Mateo Alemán)의 『*Guzmán de Alfalrache*』와 함께 스페인의 3대 피카레스크 소설로 평가된다. 1626년 사라고사(Zaragoza)에서 출판된 이 소설에는 피카레스크 소설의 전형적인 특징들인 하층민 출신 주인공인 악자(pícaro)의 자서전적인 형태의 이야기 전개, 사실주의적 묘사, 사회의 어두운 면들에 대한 고발과 풍자 등이 고스란히 담겨져 있다. 이 작품에는 공간적 배경에 대한 사실적이고 구체적인 묘사는 찾아보기 어렵다. 그럼에도 불구하고 케베도는 당시 스페인 사회가 지녔던 어두운 면들과 서민들의 지난한 삶들을 무서우리만치 사실적으로 묘사하고 있다. 이렇게 사기와 비참함이 판을 치는 17세기 초 스페인의 하층 사회에서 이 소설의 주인공인 파블로스(Pablos)는 이 작품의 제목이 나타내고 있듯이 그야말로 사기꾼의 전형으로서 그 사회에 적응하며 생존해나간다. 그러나 파블로스가 처음부터 악의 나락에서 헤매었던 것은 아니다. 오히려 그는 어려서는 매우 순진하고 심성이 올바른 아이였다. 오히려 파블로스는 자기를 놀리고 괴롭혀대는 친구들에게 조차도 관대한 면을 보이는 착한 심정을 지니기도 하였다 그러나 파블로스는 여러 종류의 악한들의 교묘한 계략에 속아 넘어가거나 그들로부터 수많은 괴롭힘을 당하는 등, 다양한 어려움을 겪으면서 조금씩 험하고 어두운 세상에 눈을 떠가기 시작한다. 결정적으로 그가 변한 계기는 자신이 모시는 돈 디에고(Don Diego)와 함께 알칼라(Alcalá)로 유학을 떠나서 그곳의 주위 사람들로부터 수많은 학대와 고통을 겪고 난 이후라고 할 수 있다. 실제로 파블로스는 시간이 갈수록 알칼라에서 온갖 사기와 악행을 공공연하게 또는 은밀하게 저질렀고, 알칼라에서 이러한 사악한 행위들을 실행에 옮기면서 결과적으로 그는 후에 마드리드와 세비야(Sevilla)에서의 본격적인 사기꾼으로서의 삶에 대한 기반을 닦았던 것이다. 요컨대, 온갖 고통과 비참함과 악행들로 가득 찬 밑바닥 사회의 한복판에서 파블로스는 심한 절망감과 두려움, 무엇보다도 그토록 험난한 세상에서 마지막으로 기댈 부모나 형제조차도 없다는 극심한 외로움에 시달리면서 결국 믿을 것은 오로지 자기 자신뿐이라는 생각과 함께 이렇게 자신에게 닥쳐온 위기의 삶에 대처하는 방법으로서 그 누구보다도 더 사악하고 사기꾼 같은 인간이 되는 방법을 선택하게 된 것이다. 그것은 더 나은 삶을 성취한다는 것이 파블로스와 같은 하층민들에게는 현실적으로 불가능에 가까웠던 당시의 스페인 사회를 고려해본다면 불가피한 선택일 수도 있었다. 어차피 구조적으로 사악함을 제압하거나 차단할 힘과 능력이 없다면 자신을 괴롭히는 사악함보다 자기 자신이 더 사악해지는 것이야말로 괴롭힘으로부터 벗어나는 유일한 길일 수도 있기 때문이다. 그 후 파블로스는 마드리드에서 본격적으로 사기와 악행을 일삼으며 살아가다가 이전의 주인인 돈 디에고의 배반으로 몸과 마음이 완전히 피폐해진 끝에 톨레도(Toledo)를 거쳐 세비야에까지 흘러들어오게 된다. 그리고 세비야에서 결국 파블로스는 자신의 인생에서 가장 치명적인 죄를 저지르고 마는데, 바로 술에 만취해 경찰관 두 명을 칼로 살해한 것이다. 세상의 사악함과 비참함으로부터 탈출하기 위해 자신이 더욱 사악해지기로 결심한 파블로스였지만, 그 사악함으로부터 멀어지려하면 할수록 점점 더 끔찍해지는 자신의 모습을 발견하고는 그러한 자신의 모습에 결국 그는 질리고 만다. 결국 파블로스는 스페인에서의 생활을 청산하고 신대륙이라는 새로운 삶의 터전을 찾아 떠나지만, 위기의 삶으로부터 근본적으로 벗어나기에 파블로스는 이미 비참한 현실 안에 너무나도 깊숙이 빠져있었다. "신대륙에서의 내 상황은 더 악화되었다. 삶 자체와 습관은 그대로이면서 그저 장소만 바뀐다고 결코 상황이 개선될 수는 없는 것이기 때문이다" 라는 그의 마지막 고백은 비참한 현실에 갇혀 어찌할 바를 모르는 그의 심정을 잘 나타내주고 있다. 소설 『*La vida del Buscón*』에서 이 모든 것은 결국 무엇을 의미하는가? 처음에 파블로스는 현실과 세상의 사악함이 주는 고통으로부터 벗어나기 위해 그 현실과 세상에 존재하는 어느 악보다도 더 사악해지기로 결심하였다. 그러나 이는 마치 진통제가 환자의 고통을 줄여주는 것에 불과할 뿐 환자의 병에 대한 근본적인 치료는 될 수 없는 것과도 같았다. 아무리 사악한 사기꾼이 되어도 이에 따른 징벌적 불행은 그를 계속해서 괴롭혔다. 소설에서 그 불행의 마지막 단계가 바로 신대륙으로 건너간 후 더욱 악화되어 버리고 만 파블로스의 처지일 것이다. 그렇다면 파블로스에게 현실의 고통으로부터 탈출할 수 있는 근본적인 대책은 무엇일 수 있었을까? 가장 확실한 방법 중의 하나는 바로 하층민 파블로스의 신분이 근본적으로 상승하는 것일 터인데, 그 누구보다도 파블로스 자신이 이를 잘 알고 있었다. 그래서 마드리드에서 파블로스는 사기꾼으로서 자기가 그 동안 터득한 모든 수단과 방법을 동원하여 귀족 출신의 부유한 청년으로 가장한 다음 도냐 아나(Doña Ana)라는 돈 많은 집안의 여자와 결혼하려 했던 것이다. 그러나 그녀와 결혼하기 위해 파블로스가 세운 모든 사기와 계략은 그의 진짜 신분을 누구보다도 잘 알고 있는 이전 주인 돈 디에고의 등장으로 모두 물거품이 되었고, 결혼은 고사하고 파블로스는 돈 디에고의 건달들에게 거의 죽을 지경이 되도록 두들겨 맞은 후 한 많은 마드리드를 도망치듯 떠나게 된 것이다. 요컨대 이 실패가 의미하는 바는 첫째, 마드리드에서 사악해질 만큼 사악해졌지만 파블로스는 결국 세상의 사악함이 주는 고통으로부터 완전히 벗어나는 데 실패하였다는 것이고, 둘째, 이로써 그는 넘을 수 없는 현실의 벽에 갇혀 변화의 가능성이 사라져버린 자신의 위기의 삶을 평생 짊어지며 살아야 하는 자신의 비관적인 처지를 깨닫는 계기가 되었다는 사실이다. 케베도 특유의 독설과 어두운 유머, 그리고 기지주의적 문체가 돋보이는 이 소설은 케베도가 작가로서 성공하는데 많은 기여를 한 작품으로 평가되고 있다.

La vida del escudero Marcos de Obregón (시종 마르코스 데 오브레곤의 삶)　1618년에 출판된 비센테 에스피넬의 작품. 당시 풍속에 대한 묘사가 잘 이루어져 있으며, 자전적 성격과 피카레스크적인 요소가 들어 있다. ➡ Espinel, Vicente(비센테 에스피넬)

La vida es sueño* (꿈과도 같은 인생)　17세기 바로크문학의 최고봉으로 일컬어지는 극작가 칼데론 데 라 바르카(Calderón de la Barca)의 대표작이자 17세기뿐 아니라 스페인 문학 전체를 통해서도 불후의 명작들 중의 하나로 평가되는 그의 연극 『*La vida es sueño*』는 1635년에 쓰여서 무대에서 공연되었고 그 이듬해에 정식으로 출판되었다. 세르반테스(Cervantes)의 『*Don Quijote*』에서 시작된 스페인의 바로크문학은 지금 살펴보고자하는 극작가 칼데론의 대표작 『*La vida es sueñ*』에서 그 정점에 다다르게 되는 것이다. 즉, 칼데론의 『*La vida es sueñ*』은 상이한 두 가지의 이야기가 한 무대에서 동시에 전개되는 이중적 구조－하나는 세히스문도의 꿈과 현실 사이를 오가는 번뇌의 이야기이고, 다른 하나는 로사우라(Rosaura)와 아스톨포(Astolfo) 간의 사랑과 명예의 이야기이다－현실과 이상의 끊임없는 대칭과 조화, 화려한 수사가 돋보이는 등장인물들의 대사, 현실의 시공을 초월하는 환상적인 분위기 등 바로크문학이 지향하는 제반 요소들이 온전하게 반영된 17세기 스페인 바로크문학의 정수인 것이다. 이 연극의 주인공 세히스문도(Segismundo)가 겪는 위기의 삶은 작품 안에서 줄곧 현실과 환상의 경계를 넘나들며 전개되고 있다. 물론 현실과 환상의 경계에서 혼란스러워하는 것은 관객이나 독자가 아니라 작품의 주인공 세히스문도 자신이다. 그러나 극 중에서의 이러한 세히스문도의 혼란스러움과 끊임없는 번뇌가 관객과 독자들에게 설득력 있는 것으로 다가간다면 현실과 환상을 넘나드는 그의 실존적 고뇌는 관객 또는 독자들과 얼마든지 이성적으로 공유될 수 있을 것이다. 주지하다시피 세히스문도는 성장해서 아버지인 바실리오(Basilio) 왕을 짓밟고 왕위를 차지하게 될 것이라는 점성술의 예언을 막기 위해 태어나자마자 바실리오 왕의 명령에 의해 탑에 갇혀 현실과 철저하게 격리된 채 짐승처럼 살아간다. 그리고 세월이 흐른 후 점성술의 예언이 적중될지 여부를 알기 위해 바실리오 왕은 세히스문도를 잠재운 뒤 탑 밖의 세상인 왕궁으로 데려오는데, 왕궁에서 잠에서 깨어난 세히스문도는 한순간에 바뀐 세상에 매우 혼란스러워한다. 그러나 이후 세히스문도는 왕궁에서 난폭한 행동을 보이게 되고, 바실리오 왕은 이런 세히스문도를 다시 탑에 가두고 왕궁에서 있었던 일은 모두 꿈이었다고 여기도록 다시 그를 깊이 잠재운다. 다시 꿈에서 깨어난 세히스문도는 자신이 도로 탑 안에 갇혀있는 것을 깨닫고 다시 혼란에 빠진다. 이제 세히스문도에게 자신이 두 발을 딛고 서있는 세상의 '현실'과 '꿈'의 경계는 극단적으로 모호해져버린 것이다. 이러한 사실을 경험하기 전의 세히스문도에게 '현실'과 '꿈'의 경계는 분명한 것이었다. 그리고 그 경계는 다름 아닌 탑이었다. 즉, 탑 속에 갇혀 자유를 박탈당한 채 유지해야 했던 비참한 삶이 '현실'이었다면 경험해보지 못한 탑 밖의 삶은 '꿈' 또는 '환상' 그 자체였다. 그러나 이제 세히스문도에게 이러한 명확한 경계는 사라졌다. 즉, 그에게 '현실'이라고 여겨졌던 탑 안에서의 삶이 오히려 '꿈'일 수도 있다는 것을 깨달은 것이다. 이러한 깨달음을 통해 세히스문도는 자가(自家)적으로 진화하기 시작한다. 이제 끔찍한 현실에서 벗어나려고 발버둥치는 것이 한없이 헛된 일일 수도 있다는 것을 깨달은 이상, 세히스문도는 그동안 자신이 지녔던 포악함, 잔인함, 무자비함 등을 버리기로 한 것이며, 이렇게 세히스문도는 새롭게 태어남으로써 자가 진화된 새로운 세히스문도가 된 것이다. 이렇게 자가 진화된 세히스문도의 모습은 3막에서 본격적으로 나타난다. 3막에서 세히스문도의 숨겨진 이야기를 알게 된 일단의 군인들이 바실리오 왕을 배반하고 세히스문도를 부추겨서 반란을 일으키려 하고, 새롭게 태어난 세히스문도는 이러한 군인들의 제안에 광기로 가득 찼던 이전의 자아와 충돌하게 된다. 이전의 자신이 지녔던 광기가 세히스문도 자신을 괴롭혔지만 세히스문도는 이를 성공적으로 제압한다. 그리고 오히려 담담한 마음으로 반란군을 지휘하게 된다. 그러자 그동안 줄곧 경계가 모호하였던 '현실'과 '꿈'은 이제 다시 그 경계가 명확해진다. 즉, 세히스문도에게 한때 '꿈'과 '환상'에 다름이 아니었던 탑 밖의 삶은 군인들이 바실리오 왕에 대해 반란을 일으키고 자신이 이에 대한 지휘자가 됨으로써 '현실'이 되어버린 것이다. 세히스문도에게 이는 '환상적인 현실'이 아닐 수 없다. 그리고 이 '환상적인 현실'과 맞닥뜨리는 순간 세히스문도는 참으로 어려운 선택을 해야 하는 위기를 맞는다. 아버지 바실리오 왕의 군대를 무찌르고 반란이 성공으로 끝나자 반란군의 총지휘자로서 세히스문도는 패배한 적의 우두머리인 아버지를 심판해야하는 처지가 된 것이다. 이미 자신에게 내려졌던 점성술의 예언을 알고 있던 세히스문도는 모든 것이 예언대로 돌아가려는 것에 전율하나, 이 위기의 상황에서 그는 아버지를 용서해줌과 동시에 오히려 왕인 아버지를 배반한 반란군을 자신이 갇혔던 탑 안에 가둠으로써 예언이 실현되는 것을 제지한다. 세히스문도가 이러한 결심을 하게 된 원동력은, 이렇게 잔인한 운명도 어쩌면 꿈일 수도 있고 이렇게 꿈과도 같은 운명을 극복하는 방법이야말로 그것이 꿈일 수도 있다는 것을 담담히 받아드린 후에 생기는 신중함과 온화함 그리고 여유로운 마음가짐을 발휘하는 것이라는 사실을 깨달았기 때문이다. 세히스문도는 자기 발아래 엎드린 아버지 바실리오왕을 용서한다. 세히스문도가 반란군의 지휘자가 되기 전까지 느꼈던 위기는 어떻게 보면 실존적인 고민에 가까운 것이었다. 그러나 그는 반란군을 지휘하며 아버지를 상대로 승리를 거두고, 자신에게 내려진 점성술의 예언과 아버지라는 혈육을 심판해야하는 절박한 위기의 순간에 그동안의 번뇌 속에서 자신이 터득한 바를 실행에 옮긴 것이다. 요컨대, 세히스문도는 꿈과 현실의 경계를 넘나들며 터득한 인생의 진리를 '몽환적 현실'에 적절하게 적용함으로써 자칫 돌이킬 수 없는 실수를 범할 수도 있는 위기를 슬기롭게 모면하였던 것이다.

La vida y hechos de Estebanillo González, hombre de buen humor (라 비다 이 에초스 데 에스테바니요 곤살레스, 옴브레 데 부엔 우모르) 1646년에 출간된 피카레스크 소설로, 작품에는 이 소설이 에스테바니요 곤살레스(Estebanillo González) 스스로가 쓴 것이라고 나와 있으나 실제 저자가 누군지는 아직 확실하게 밝혀지지 않았다. 30년 전쟁을 배경으로, 자신이 병사로, 소식꾼으로 섬겼던 주인들 밑에서 겪었던 일들을 서술하는 형식으로 이루어져 있다. ➡ Novela picaresca(피카레스크 소설)

La voluntad (의지) 1902년에 발표된 스페인 98세대 작가 아소린의 작품이다. 극적 갈등 구조는 배제되어 있으나, 그 외에 서정성, 뛰어난 묘사, 개성적인 인상 포착 그리고 회상 등이 그 중심을 이루고 있다. ➡ Generación del 98(98세대)

La voz a ti debida (너로 인한 절규) 스페인 27세대 작가인 페드로 살리나스의 시집이다. 후안 라몬 히메네스의 지대한 영향을 받은 그는 이 작품에서 사랑의 감정 속으로 들어가 섬세한 감수성을 나타낸다. ➡ Salinas, Pedro(페드로 살리나스)

La Vuelta al mundo de un novelista (한 소설가의 세계 일주) 블라스코 이바녜스가 1923년에 떠난 세계 일주 여행기. 총 3권으로 이루어져 있는데 제1권은 미국, 쿠바, 파나마, 하와이, 일본, 한국, 만추리아 지역, 제2권은 중국, 마카오, 홍콩, 필리핀, 자바, 싱가포르, 캘커타, 미얀마, 제3권은 인도, 수단, 누비아, 이집트에 대한 기록이 담겨있다. 당시 일제 식민지하에 있던 한국에 대한 기록을 살펴보면 그는 한국의 독립에 냉소적으로 기술했지만 당시 같은 시대적 상황에 있던 필리핀의 독립에 대해서는 적극적으로 지지를 표명하고 있다. ➡ Blasco Ibáñez, Vicente(블라스코 이바녜스)

La Zapatera prodigiosa (경이로운 여 구두수선공) 1930년 초연된 스페인 극작가 페데리코 가르시아 로르카의 희곡. 부부의 불안한 관계를 다루고 있다. 극 내부에 꼭두각시 인형극을 삽입하는 실험적인 기법이 돋보이며, 여성의 영혼을 인간 영혼의 알레고리로 발전시킨다. ➡ Federico García Lorca(페데리코 가르시아 로르카)

Labarta Pose, Enrique (엔리케 라바르타 포세) 1863년 아 코루냐(A Coruña)의 바호(Bajo)에서 태어난 스페인 시인이자 사설작가이다. 갈리시아어뿐만 아니라 카스티야어로도 많은 작품을 썼다. 갈리시아(Galicia) 지방의 <Humorística Galicia>(1888), <El País Gallego>(1888), <La pequeña patria>(1890), <Extracto de la Literatura>(1893) 등 여러 해학적인 잡지들을 제작하였다.

Labordeta, Ángela (안헬라 라보르데타) (1967～) 테루엘(Teruel) 태생. 스페인 소설가이다. 내면파와 개인적이면서 서정적인 어조를 특징으로 하는 소설작품을 남겼다. 2001년까지 세 작품을 출간했으며 최근 각광받는 젊은 소설가 중의 한 명으로 여겨진다. 첫 오페라인 『*Así terminan los cuentos de hadas*』(1994)를 출간하면서 90년대 중반의 스페인 문학에 영향을 주었다. 이 외에도 대표작으로 『*Rapitán*』(1997)이 있고 소설 『*Bombones de licor*』(2000)를 출간하기도 했다.

Labordeta, Miguel (미겔 라보르데타) (1921～1969) 사라고사(Zaragoza) 출신 작가다. 그의 삶과 문학은 출생지와 밀접하게 연관되어 있고, 초현실주의로부터 많은 영향을 받았다. 『*Transeúnte central*』(1950), 『*Los Soliloquios*』(1969) 등의 시집을 냈다.

Labrador rico* (부유한 농민) 주지하는 바와 같이, 로페 시대의 스페인 사회가 직면했던 수많은 문제점들 중 가장 심각했던 것은 다름 아닌 피폐된 경제 상황이었다. 이미 펠리페 2세(Felipe II) 시대부터 하락의 기미가 보이기 시작한 국가의 재정은 17세기 펠리페

3세(1598~1621)가 왕위에 오르면서 사회의 각 부문에서 그 궁핍의 여파를 여실히 나타내기 시작한다. 그리고 이러한 위기를 극복하기 위해 사회 개혁을 절실히 요구하는 목소리가 곳곳에서 들려오게 되는데, 그 당시 개혁을 외쳤던 세력은 크게 두 가지 방향으로 나누어 볼 수 있다. 하나는 진보적 가치관에 입각하여 당시 사회의 부조리한 면들을 제거함으로써 진정한 사회 개혁을 성취하려 했던 진보주의적 세력이고, 또 다른 하나는 수구적 성향을 바탕으로 그동안 유지되어왔던 기존의 사회 체제를 더욱 공고히 함으로써 사회 전체를 보수적 방향으로 재정비하려 했던 기득권 세력이다. 전자의 대표적인 예는 16세기 인문주의적 사고방식에 기초를 둔, 소위 '개인주의자(individualista)'라 불리었던 이들이라 할 수 있고, 후자는 당연히 당시 사회의 지도적 위치에 있었던 기존 제도의 수혜자들이었다. 펠리페 3세가 즉위할 때 즈음 이 두 세력은 사회 내에서 비교적 평행선을 그으며 공존하였으나, 진보적 개혁을 외치는 세력은 그들의 지나치게 이상주의적이고 실현 불가능성을 내포한 개혁안으로 신랄한 비판과 조롱의 대상이 됨으로써 이내 그 목소리가 묻혀버리게 되었고, 반면 보수적 성향의 기득권 세력이 주도하는 사회 재정비 작업은 점점 탄력을 받게 된다. 한편 당시의 기득권 계층이 표방하는 사회적 위기 탈출 방안으로서의 사회적 재정비가 의미하는 것이 바로 철저하게 고정불변한 피라미드식 신분 계층구조를 기반으로 하는 '절대왕정(monarquía absoluta−señorial)'의 확립임은 주지의 사실이다. 그리고 이 절대왕정제는 펠리페 3세 시대를 거치며 스페인 사회에 확고부동하게 자리를 잡게 된다. 절대왕정제의 전제조건인 피라미드식 신분 체계는 계층 간의 이동이 예외적으로 발생할 수도 있었으나 이는 개인적인 사건에 불과하며 이 또한 사회 구성원들의 기존 서열 체계를 무너뜨리지 않는 범위 내에서만 가능하였고, 그 구조상 신분 상승은 원칙적으로 봉쇄되어 있었다. 한편 국가로서는 납세와 병역의 의무를 수행하며 피라미드 신분 구조를 밑에서 떠받치고 있는 대다수 서민 계층의 노고와 불만을 무마시킬 필요가 절실하였다. 더군다나 이 경우, 바닥난 재정의 문제를 심각하게 안고 있던 국가로서는 그나마 재정적으로 근근이 버틸 수 있는 여지를 마련하기 위해서는 이 납세자들의 존재가 더없이 절실하였던 것이다. 그러나 국가가 주목하였던 것은 모든 납세자들이 아니었고, 당시 스페인 사회에 존재했던 바로 '부유한 농민(labrador rico)' 계층에 속한 자들이었다. 왜냐하면 그들의 풍부한 재산이야말로 당시의 기득권 계층이 각종 의무로부터 벗어나 무한히 누릴 수 있는 권리들을 담보해 줄 수 있는 가장 중요한 재원이었기 때문이다. 『*Don Quijote*』 1부 28장에 등장하는 도로테아(Dorotea)는 자신의 아버지에 대해 "제 불행은 어쩌면 우리 부모님이 훌륭한 가문에 태어나지 않은 탓으로 생긴 것인지도 몰라요. 하지만, 자기 신분을 부끄럽게 생각해야 할 만큼 그렇게 천한 출신은 물론 아니고, 제 불행이 양친의 신분이 낮은 데 원인이 있다는 생각을 지워줄 만큼 지체가 높지 않다는 말씀이지요. 간단히 말씀드리자면, 우리 아버님은 농사꾼이기는 하지만 남부끄러운 피는 조금도 섞여 있지 않은 평범한 평민으로 또한 세상에서 흔히 말하는 신물이 나도록 오랜 그리스도교도입니다. 그러나 꽤 많은 재산과 훌륭한 분들과의 교제로 차츰 귀족이라고 불리어지고 나중에는 기사라는 칭호까지 받게 되었지요."라고 말하는데, 그녀의 이 말을 살펴보면, 당시의 '부유한 농민'이라는 계층의 구체적인 실체를 좀 더 쉽게 짐작할 수 있다. 요컨대, 당시 기울어질 대로 기울어진 스페인 사회를 그나마 재정적으로 지탱하는 역할을 하였던 가장 커다란 세력 중의 하나가 바로 이러한 부유한 농민 계층이었던 것이다. 로페의 연극 『*El villano en su rincón*』 등이 이러한 문제가 반영된 작품이라 할 수 있다.

Lacaci, María Elvira (마리아 엘비라 라카시) (1929~1997) 라 코루냐(La Coruña) 출신 작가이다. 전후 사회시의 대표적 시인 중 한 명이다. 『*Humana voz*』(1957), 『*Sonido de Dios*』(1962)와 같은 시집들을 썼다.

Lacruz, Mario (마리오 라크루스) (1929~2000) 바르셀로나 출신의 작가이다. 1998년까지 편집자로 일하며 안토니오 뮤뇨스 몰리나(Antonio Muñoz Molina), 훌리오 야마사레스(Julio Llamazares)와 같은 작가들을 발굴했다. 정신분석에 관한 소설, 두 세대 이상에 걸쳐 진행되는 한 가족의 이야기 또는 탐정소설을 썼다. 특히 탐정소설은 프랑코 체제의 억압을 주제로 삼았다. 작품 대부분은 생전에 미출간되었고 사후에 가족들에 의하여 발견되었다.

Laffite y Pérez del Pulgar, María de los Reyes (마리아 데 로스 레예스 라피테 이페레스 델 풀가르) 세비야(Sevilla) 출생의 여류소설가, 수필가(1902~1986)이다. 페미니즘을 주제로 한 비평 『*María Blanchard*』(1944), 『*La secreta guerra de los sexos*』(1948)가 유명하다. 주요 소설작품으로는 『*La flecha y la esponja*』(1959), 『*Recuerdos y cavilaciones*』(1983)가 있다.

Laffón, Carmen (카르멘 라폰) (1936~2004) 스페인 화가이자 조각가이다. 그녀는 스페인 내란을 직접적으로 겪지 않았으나, 전후 초기 사회적 위기를 견뎌내야 했던 시기에서 활동을 하였다. 죽은 자연이나 관심을 끌지 못하는 세세한 물건 등을 주제로 택하여, 다른 화가들로부터 선호 받지 못하는 것들을 선별하여 따듯하고도 섬세하게 그려내는 등 그의 작품에서는 여성미가 두드러진다. 그녀는 2013년 안달루시아의 자연스러운 여성상 등 기타 여러 상을 수상하였다

Lagos, Concha (콘차 라고스) (1913~) 코르도바(Córdoba) 출신의 작가이다. 그녀의 작품들은 내면파적 성격에 실존주의와 종교적인 차원이 결합된 것들이다. 『*Balcón*』(1954), 『*Tema fundamental y Golpeando el silencio*』(1961) 등을 출판했다.

Laguna, Andrés (안드레스 라구나) (1499~1569) 세고비아(Segovia) 출신의 의사이자 작가이다. 개종한 유대인 집안 출신이고, 문학, 역사, 철학, 정치 등 다양한 분야에서 30권 이상의 책을 썼다. 확실하지는 않지만 『*Viaje a Turquía*』의 유력한 작가로 추정되며, 그 외에 『*De mundo*』(1538), 『*De natura styrpium*』(1543) 등을 썼다.

Laiglesia, Álvaro de (알바로 데 라이글레시아) (1918~1981) 산 세바스티안(San Sebastián) 태생으로 스페인 작가이다. 여러 해학적인 소설을 남겼다. 대표작으로 『*Un náufrago en la sopa; En el cielo no hay almejas*』, 『*Dios le ampare*』, 『*imbécil*』, 『*Licencia para incordiar*』 등이 있고 또한 미우라(Mihura)와 공동작품인 『*El caso de la mujer asesinadita*』와 같은 다양한 희극으로 극 장르까지 활동영역을 넓혔다.

Laín Entralgo, Pedro (페드로 라인 엔트랄고) 1908년 테루엘(Teruel)에서 출생한 스페인 수필가이자 교수, 의사이다. 다재다능한 인문학자로서 자신의 방대한 과학적 지식을 역사, 예술, 문학, 철학에 대입시키려 하였고, 20세기 스페인의 위대한 사상가 가운데 한 명으로 손꼽힌다. 또한 마드리드 콤플루텐세(Complutense) 대학교에서 교수직을 역임한 바 있다. 히스패닉 사회와 문화에 대한 수필로는 『*La generación del 98*』(1945), 『*España como problema*』(1949), 『*A qué llamamos España*』(1971)가 있으며, 그 외에도 의학, 문학, 희곡 등 다양한 장르의 문학을 선보였다.

Laísmo (라이스모) 레이스모(Leísmo)와는 반대로, 여성 간접 목적대명사 le(s)를 대신해서 la(s)를 잘못 사용하는 현상을 말한다.

(1) a. Yo le di un beso a Josefa.

(참고: http://buscon.rae.es/dpdI/SrvltConsulta?lema=laismo)

Lamana, Manuel (마누엘 라마나) (1922~) 마드리드 출신의 작가이다. 정치적 억압으로 인해 프랑스와 아르헨티나에서 망명 생활을 했다. 시민전쟁과 전후 사회에 대한 작품들을 쓴다. 작품으로는 『*Otros hombres*』(1956), 『*Los inocentes*』(1959)가 있다.

Lamarque de Novoa, José (호세 라마르케 데 노보아) (1828~1904) 세비야(Sevilla) 출신의 작가. 작품들은 애국주의적이고 고전적인 성격을 갖는다. 『*Recuerdos de las montañas. Baladas y leyendas*』(1879), 『*Desde la montaña. Cartas*』(1883) 등을 썼다.

Lamillar, Juan (후안 라미야르) (1957~) 세비야(Sevilla) 태생의 작가이다. 시란 다른 현실을 구성하기 위한 순간을 되찾는 것이라고 생각한다. 『*Muro contra la muerte*』(1982), 『*La Generación de los ochenta*』(1988) 등의 시집을 냈다.

Landa, Mariasun (마리아순 란다) 1949년 스페인 바스코(País Vasco) 지방의 렌테리아(Rentería)에서 태어난 바스크 출신 작가이다. 파리에서 철학 학위를 받았으며, 발렌시아 대학교에서 철학과 문학 공부를 마쳤다. 자신의 고향에서 주로 활동을 하며 바스크어로 된 아동, 청소년 문학에 조예가 깊다. 저서는 카스티야어뿐만 아니라 다른 여러 나라언어로 번역되었으며, 대표작으로는 『*La Pulga Rusika*』가 있다.

Landero, Luis (루이스 란데로) (1948~) 바다호스 태생 작가이다. 1960년까지 농촌에서 살다가 마드리드로 이주했다. 첫 번째 소설 『*Juegos de la edad tardía*』(1989)로 스페인 국가문학상(Premio Nacional de Literatura)을 받으며 문단의 이목을 끌었다. 두 번째로 발표한 소설 『*Caballeros de fortuna*』(1994) 역시 뛰어난 평가를 받았다. 두 소설 모두에서 작가는 아이러니, 심오함, 문체적 순수함을 결합해 정체성의 탐구와 날카로운 심리 상태를 묘사했다.

Lando, Ferrán Manuel (페란 마누엘 란도) 세비야(Sevilla)에서 태어난 스페인 시인이자 서정작가이다. 태어난 연도가 정확히 기록되지 않았으며, 1450년 사망했다. 후안 2세(Juan II) 때의 가장 대표적인 작가 중 한 명이며, 그의 라이벌이었던 알폰소 알바레스 데 비야산디노(Alfonso Álvarez de Villasandino)에 비해 기교적인 시를 쓰는 것이 특징이다. 주로 교리, 도덕, 철학적인 주제의 시를 많이 집필하였다.

Lapidario (라피다리오) 스페인 중세 시대 보석을 주제로 하여 과학과 미신적인 요소를 조화롭게 섞은 뛰어난 작품이다. 약 1250년경 알폰소 10세(Alfonso X el Sabio)에 의해 제작되었다. 1276년과 1279년 개정판이 출판되었으며 현재 엘 에스코리알(El Escorial) 도서관에 보관되어 있다.

Lara González, José (호세 라라 곤잘레스) 스페인의 시우다드 레알(Ciudad Real)에서 태어난 스페인 시인이자 역사가이다. 20세기 인물로 어렸을 적부터 인문학과 문학에 큰 관심을 보였다. 많은 시를 집필하였고 유명 인사 및 자신의 고향의 대표적인 장소들을 묘사한 작품들이 많다. 특히 작품 수집을 좋아했는데 돈키호테의 경우 다양한 작가들에 의해 쓰인 52부의 책을 보유하고 있다.

Laredo, Bernardino de (베르나르디노 데 라레도) 1482년 세비야(Sevilla)에서 태어난 성 프란시스코회의 문학가이자 의사이다. 귀족 집안에서 출생하여 의학을 공부하고 포르투갈의 후안 3세(Juan III)의 전문의를 역임하였다. 그 후 산 프란시스코회에 들어가 사제가 되지는 않았지만 의학과 문학을 아우르는 인물이 되었다. 대표작은 『*Subida del monte Sión*』(1535)이며 이 작품은 자연을 묘사한 간결한 문체가 특징이다.

Larra, Luis de (루이스 데 라라)　(1862~1914) 마드리드 출신의 작가이다. 사르수엘라(zarzuela)와 희극 장르를 즐겨 썼고, 극장을 직접 운영하기도 했다. 대표작은 『*La coleta del maestro*』(1902)이다.

Larra, Mariano José de (마리아노 호세 데 라라)　(1809~1837), 프랑스의 점령 당시 라라(Larra)는 나폴레옹 편에 선 군의관의 아들로 마드리드에서 태어났다. 작가로서 그의 전성기는 1834년 역사소설 『*El doncel de don Enrique el Doliente*』와 극작품 『*Doña Macías*』를 저술했을 때이다.

Larrea, Juan (후안 라레아)　(1895~1980) 스페인 출신으로 시인이자 수필가였고 스페인 전위파의 대표적인 시인들 중 하나였다. 보르헤스와 마찬가지로 극단주의를 표방하기도 했다. 대표작으로는 『*Guernica*』(1977)가 있다.

Larrubiera, Alejandro (알레한드로 라루비에라)　(1869~1935) 마드리드 출신의 작가이다. 마드리드 부르주아들의 환경을 다루는 소설들을 썼고, 사르수엘라(zarzuela)나 사이네테(sainete) 장르의 작품을 쓰기도 했다. 『*El crimen de un avaro*』(1888), 『*Uno y repique*』(1890), 『*Los charros*』(1902) 등을 출판했다.

Las Academias Morales de las Musas (라스 아카데미아스 모랄레스 델 라스 무사스) 1642년에 출간된 안토니오 엔리케스 고메스(Antonio Enríquez Gómez)의 작품이다. 이 작품은 아나 데 아스투리아스(Ana de Asturias, 혹은 안 도트리슈)에게 헌정된 것이고, 목가시, 애가, 소네트 등을 포함하고 있다.

Las adelfas (아델파)　스페인 작가 마누엘 마차도 루이스와 그의 동생 안토니오 마차도 루이스가 합작으로 발표한 극작품이다. 작품은 죽은 남편을 잊지 못해 살아가는 여인이 남편의 친구였던 카를로스 몬테스에게 도움을 청하면서 자신과 가족의 삶의 의미를 찾아가는 이야기로 전개된다.

Las Bizarrías de Belisa* (용감한 벨리사)　'망토와 검의 극' 또는 '대도시 배경 연극'으로 분류되는 '일상적 희극성'을 나타내는 로페(Lope)의 대표적 극작품이라 할 수 있다. 따라서 이 작품의 무대가 되는 곳은 당시 일반 서민들이 일상생활에서 늘 지나치게 되는 실제 마드리드의 거리들이다. 그리고 등장하는 인물들 역시 서민들과 격리되어 궁전에서 신비롭게 생활하는 귀족들이 아닌, 관객들과 동시대의 일상생활에서 흔히 마주칠 수 있는 유한계급의 마드리드 젊은이들이다. 즉, 신분은 그리 높지 않으나 천하지도 않으며, 물려받은 재산이 많거나 부모가 부유함으로 인해 특별히 일을 할 필요가 없는 당시의 도시 부르주아적 젊은이들이 바로 이 작품의 주인공들인 것이다. 그러므로 이 작품에서 관객들이 느낄 수 있는 희극성의 출발점은 바로 작품 자체가 갖는 분규, 뒤얽힘, 또는 복잡다단한 줄거리 구조라 할 수 있는 것이다. 따라서 이 작품에 종종 나오는 벨리사의 기이하고도 터무니없는 행동이라든지, 벨리사－돈 후안(Don Juan)－루신다(Lucinda)－엔리케(Enrique) 간의 복잡한 사랑을 둘러싼 음모와 오해, 속임수와 배신 등도 모두 이러한 관점으로 바라보아야 한다. 다시 말해서, 관객들은 극 중 배경이 되는 자신들의 실제 사회에 적응하지 않고 이를 비웃는 주인공들의 태도에 대해 낯섦을 느낀다고 할 수 있으며, 이러한 낯섦이 바로 이 작품이 갖는 희극성의 출발점이 되는 것이다. 그러므로 이 작품의 주인공들은 공통적으로 무절제하거나 반항적이고 냉소적인 태도로 일관한다. 구체적으로 살펴보면, 남자주인공 돈 후안은 장자상속이라는 당시의 그릇된 사회적 제도의 희생양으로, 차남이라는 이유로 부득이하게 군복무를 한 인물로서, 군대에서 루신다라는 여자에게 반해 모든 것을 탕진하고 이를 안 아버지로부터 버림까지 받은 몰락한 군인이다. 이런 그가 사회에 대해 반항적이거나 냉소적인 태도를 보이는 것은 당연한 일일 것이다. 한편 여주인공 벨리사의 연적인 루신다가 돈 후안과의 관계에서 오로지 관심을 가지고 있는 것은 사랑에 대한 진실 되고 헌신적인 감정이 아니라, 어떻게 하면 그와의 사랑에 있어 자신이 주도권을 쥘 수 있으며, 어떻게 하면 그가 자기 앞에 무릎을 꿇고 사랑을 애걸하게 만들까 하는 문제에만 집중되어 있다. 루신다는 내심 돈 후안을 사랑하나, 이런 이유로 늘 그에게 냉소적인 태도로 일관한다. 다시 말해, 경쟁자인 벨리사나 사랑의 대상인 돈 후안 모두에게 그녀는 탐욕스럽고 유별난 인물인 것이다. 벨리사 역시 당시의 관례화 된 여성의 이미지에서 탈피하여 돈 후안과의 사랑에 있어서 주도권을 굳게 움켜쥐는 미모의 여장부로 묘사된다. 구체적으로 말해서, 작품의 초기에 벨리사의 친구 셀리아(Celia)가 돈 후안과의 사랑에 빠진 벨리사를 나무라며 한 다음의 대사에서 짐작할 수 있듯이, 벨리사는 돈 후안을 사랑하게되기 전까지만 해도 자기를 사랑하는 모든 남자를 경멸하고 조롱하며 이용하는 것을 즐겨온 여자였다. 그럼에도 불구하고 벨리사는 그저 남자를 조롱하는 것만으로 만족해하는 여자가 아니다. 자기가 진정으로 사랑하게 된 돈 후안을 만나자 그녀는 그에게 먼저 프러포즈를 직접 하는가 하면, 자기를 만나러 오지도 않는 그에게 섭섭한 감정을 숨기지 않고 드러내는 적극성을 보인다. 그러나 무엇보다도 이 작품을 통해 관객들의 관심을 집중시키는 것은 바로 아름다운 벨리사에게는 어울리지 않는 그녀가 지닌 남성적 용맹함과 믿기 힘든 괴력이다. 그녀는 돈 후안을 돕기 위해 칼을 들고 남자들과의 결투도 마다하지 않고, 남장을 한 채 위험에 처한 돈 후안을 구해주는 등, 때로는 뛰어난 무사처럼 총명하고 용맹하게, 때로는 훌륭한 대장부처럼 관대하고 아량이 넓게 행동한다. 즉, 작품의 제목이 말해주듯이, 벨리사의 아름다움은 여성에 대한 당시의 기존 관념처럼 결코 나약하고 수동적인 아름다움이 아닌 것이다. 벨리사의 애인 돈 후안이 작품 내내 형편없이 몰락하고 타락한 군인으로 능력도 없고 무기력한 남자로 묘사됨으로써 늠름한(?) 벨리사와 확연한 대비를 이룬다는 사실은 관객의 눈요기 이상의 메시지가 담겨있다고 볼 수 있다. 실제로 이 작품에서 벨리사와 돈 후안은 관객들에게 당시 연극에서의 전통적인 남녀역할이 뒤바뀐 듯한 인상을 주고 있다. 예를 들어, 방금 언급한 벨리사의 남성적 용맹함과 처신 외에도, 돈 후안은 많은 재산을 소유한 벨리사에게 선택되어져 자신의 운명을 한 번 바꿔보려는 소극적이고 수동적인 이미지를 나타내 보인다. 앞서 살펴보았듯이, 여자는 남자에 의해 선택되어지는 소유물에 불과하다는 당시의 기존 개념에 비추어 보건대, 이는 남성 중심적 시각으로 모든 것을 바라보았던 당시의 관습에 대한 조소라 할 수 있을 것이다. 관객들은 이 연극에서 당시의 남성 중심적 잣대와, 여성들의 고통을 외면한 채 이를 이용해 자신들의 기득권을 챙기려는 남성들에 의한 부조리한 기존 관습이 여지 없이 조롱당하고 있음을 느꼈을 것이다.

Las condiciones sociales que motivaran el nacimiento de esta tendencia dramatica (궁정희곡의 태동에 영향을 준 사회적 배경) 17세기가 지나가면서 르네상스의 개혁적 성향은 결론적으로는 절대군주의 영향하에서 기층사회를 강화하는 방향으로 나아갔다. 인간중심주의에 대한 반동으로서 사회질서를 개혁하는 사회의 시도를 연극을 통해 했으며 시민, 귀족들이 그 중심세력이었다. 그들이 연극을 통해 비판하고자 했던 것은 사회전체가 아니라 명예에 대한 규칙들이었다. 또한 연극은 절대권력을 이상화된 것이라고 선전하기에 아주 효율적으로 사용되었다.

Las confesiones de un pequeño filósofo (어느 하찮은 철학자의 고백) 1904년에 발표된 스페인 98세대 작가 아소린(Azorín)의 작품이다. 자서전적인 내용을 담고 있어서 작가에게 아소린이라는 필명을 안겨주기도 하였다. ➡ Generación del 98(98세대)

Las Eróticas (라스 에로티카스) 1618년 출판된 에스테반 마누엘 데 비예가스(Esteban Manuel de Villegas)의 시집. 이 책은 아나크레온풍의 7음절 시들과 역사적인 내용을 담은 11음절 시들의 두 부분으로 나뉜다. 이 시집에는 작가의 상당한 자부심이 드러나 있으며 이로 인해 시집의 출간과 함께 많은 적들이 생기기도 했다.

Las galas del difunto (라스 갈라스 델 디푼토) 바예 잉클란의 1926년 작품으로 돈 후안의 주제를 탈신화(脫神話)한 작품이다. 주인공인 후아니토 벤톨레라(Juanito Ventolera)의 이름을 보더라도 '돈 (*Don*)'이라는 경칭어가 빠져 있으며 축소어로 표기되어 있는 걸로 봐서 그 변화된 성격을 짐작할 수 있다. ➡ Valle－Inclán(바예 잉클란)

Las inquietudes de Shanti Andía (샨티 안디아의 불안) 1911년에 발표된 스페인 98세대 작가 피오 바로하의 작품이다. 행동이 지배적인 요소로 등장하고 있는 이 소설은 오랜 항해 끝에 귀향한 어느 바스크 출신 선원의 모험을 그린 작품이다. ➡ Baroja y Nessi, Pío(피오 바로하)

Las Máscaras (가면들) 라몬 페레스 데 아얄라(Ramón Pérez de Ayala)의 1917년에 발표된 수필작품으로 여기서 연극비평가로서의 모습을 보여 준다. 그의 비평은 일반적으로 크게 인정받는 편이다.

Las mocedades del Cid (라스 모세다데스 델 시드) 1605년과 1615년 사이에 쓰인 역사적 전설을 다룬 기옌 데 카스트로의 극작품이다. 엘 시드의 전설을 바탕으로 처 시메나의 사랑과 명예의 갈등을 묘사했다. 주된 내용은 영웅의 청년기 때부터 최고 전성기 때까지 훌륭한 전사, 충성스러운 신하, 완벽한 기독교인 그리고 모범적인 애인과 아들으로서의 역할에 대한 것이다. 기옌 데 카스트로의 최고의 걸작으로 평가받는다. ➡ Castro, Guillén de(기옌 데 카스트로)

Las mujeres sin hombres* (여인천하) 스페인이 낳은 불세출의 극작가 로페 데 베가(Lope de Vega)의 극작품으로 1621년 마드리드에서 처음 출판되었다. 로페가 살아생전 저술한 총 2천여 편의 작품들 중 고대 신화를 바탕으로 한 극작품들은 다른 종류의 극작품들에 비해 그 수도 상당히 적고, 연구도 비교적 덜 된 분야에 속한다. 『*Las mujeres sin hombres*』는 고대 그리스신화에 등장하는 그 유명한 헤라클레스의 전설을 바탕으로 쓰인 작품으로, 이 작품에는 커다란 두 개의 공간적 축이 일관되게 형성되어 있는데, 하나는 '외적 공간'으로서 이 공간은 남성들이 활동을 하는 영역이고, 다른 하나는 '내적 공간'으로 이는 오직 여성들만을 위한 공간이다. 헤라클레스가 이끄는 그리스군대가 차지하는 외적 공간의 중심은 야영지다. 이곳은 앞으로 아마존 왕국을 정복하기 위해 그곳의 여전사들과 전투를 치러야 할 헤라클레스 일행에게 전열을 가다듬고 전투를 준비하기에 더없이 적절한 장소이다. 그리고 여성들의 공간인 내적 공간의 핵심은 아마존 왕국 안에 위치한 왕궁이다. 이곳은 성벽으로 둘러싸인 도시 내부에 위치하고 있어, 아마존 여인들

L

이 외부의 위협으로부터 보호받으며 안전하게 거주할 수 있는 공간이다. 이 두 공간은 성벽을 경계로 구분되고 서로 대립하는데, 극의 마지막에서 헤라클레스 군대는 결국 이 견고한 성벽을 넘어 아마존 왕국을 점령하고 파괴한다. 그러나 여기서 말하는 점령과 파괴는 단순히 여인들을 전멸시키기 위한 것이 아니고, 그녀들이 이루어놓은 여인천하를 제거함으로써 남성과 여성의 조화로운 합일을 통하여 균형 잡힌 새로운 세계를 건설하기 위함이었다. 이와 같은 남성성과 여성성의 조화와 균형을 묘사하는 데 있어서 로페의 『여인천하』에서는 외적 공간과 내적 공간의 균등하고 일관적인 묘사와, 마지막에 이 두 세계를 구분하여왔던 성벽이 제거된다는 공간적 은유를 통해 보다 효과적으로 무대에서 묘사되었던 것이다.

Las Obras de Garcilaso de la Vega con Anotaciones de Fernando de Herrera (가르실라소의 작품과 페르난도 데 에레라의 주석) 1580년에 세비야에서 출판된 페르난도 데 에레라(Fernando de Herrera)의 저서로 제목에서 알 수 있듯이 가르실라소 데 라 베가의 시에 대한 작가의 분석이 담겨있다. 그러나 이 책에서는 가르실라소의 시뿐만 아니라 일반적인 시 창작, 문학비평, 수사학에 대한 작가의 의견이 요약되어 있다.

Las paredes oyen (벽에도 귀가 있다) 17세기 극작가 후안 루이스 데 알라르콘의 주요작품 중의 하나이다. 이웃 사람의 험담을 일삼는 악덕을 비판한 내용을 담고 있다. 1617년에 발표되었고 1627년과 1636년에는 궁정극으로 선택되었다. 1628년에는 『*La Parte primera de las comedias alarconianas*』의 한 부분으로 발표되었다. 1882년에 자필로 보이는 원고가 발견되어 오수나 공작(Duque de Osuna) 도서관에서 보관하고 있다. ➡ Juan Ruiz de Alarcón(후안 루이스 데 알라르콘)

Las Partidas (라스 파르티다스) 중세 시대의 가장 중요한 법전이다. 알폰소(Alfonso) 왕의 명령으로 제작되었으며 로마법의 영향을 받았다. 일상의 세세한 모습까지에도 규제 조항이 있는 것이 특징이다. 이는 귀족들의 권리를 침해한다는 이유로 큰 반대에 부딪혀 오랫동안 상용화되지 못하였다.

Las seiscientas apotegmas (라스 세이시엔타스 아포테그마스) 전형적인 스페인 역사 서사시로 1596년 출간된 후안 룰포(Juan Rulfo)의 작품이다. 707개의 도덕적 금언들과 그에 관련된 짧은 역사적 일화들이 담겨있고, 차가우면서도 우아한 문체가 사용되었다.

Las Sergas de Esplandián (에스플란디안의 모험) 가르시 로드리게스 데 몬탈보(Garci Rodríguez de Montalvo)가 14세기 기사소설 『*Amadís de Gaula*』를 15세기에 맞춰 개정하면서 덧붙인 속편이다. 『*Las Sergas de Esplandián*』에서는 아마디스의 큰 아들이 주인공이 되어 모험을 떠난다. 이 책에서는 칼리피아 여왕에 의해 통치되는 여성들만 사는 캘리포니아라는 섬이 나온다. 스페인 탐험가들이 실제로는 반도였던 멕시코 서부 지역의 섬을 발견하고 그 섬이 아마존 여성들에게 통치된다는 소문을 듣고는 이 책에서 영감을 받아 그 지역을 캘리포니아라고 이름 붙였다. ➡ Amadís de Gaula(아마디스 데 가울라)

Las tragedias grotescas (괴상한 비극) 1907년에 발표된 스페인 98세대 작가 피오 바로하의 작품이다. 이 작품은 『*Los últimos románticos*』, 『*La feria de los discretos*』와 함께 과거를 주제로 한 3부작이다. 이 작품은 『*Los últimos románticos*』에서 처럼 나폴레옹 3세 시절 프랑스 파리로 이민을 간 스페인사람들의 이야기를 전개하고 있다. ➡ Baroja y Nessi, Pío(피오 바로하)

las tres características de la comedia palatina (궁정희극의 세 가지 특징) 첫 번째

특성은 펠리페 3세(Felipe III, 1578~1621)가 집권하던 시기의 희곡이었고, 두 번째는 관객들이 등장인물에게 동질감을 느끼지 않으며, 너무 이질적이고 환상적인 공간이 배경으로 하여 이를 통해 관객들은 현실에선 불가능한 것(공간, 시간적 한계를 뛰어넘음)이 가능하게 된다는 것을 경험할 수 있다. 세 번째로 주로 귀족의 삶에서 일어나는 사건을 이야기하여, 궁극적으로는 궁중희극의 역설 뒤에 숨겨진 의미를 밝혀내는 것이 목표가 된다.

Lasso de la Vega, Ángel (앙헬 라소 데 라 베가) (1831~1899) 카디스(Cádiz) 태생의 작가다. 작품활동 외에도 고전작품 번역, 문학사 연구에도 관심을 보였다. 주로 희극이나 사르수엘라(zarzuela)와 같은 극작품들을 썼다. 대표작으로는 『*Una deuda de honor*』(1863)가 있다.

Lastanosa, Vincencio Juan de* (빈센시오 후안 데 라스타노사) (1607~1681) 조예가 깊은 고대 미술 전문가이자 스페인 문학과 예술의 후원자였다. 특히 스페인 문학에서는 17세기의 위대한 수필가인 발타사르 그라시안(Baltasar Gracián)의 후원자로 널리 알려져 있다. 매우 부유한 가문의 귀족으로, 그가 태어난 도시인 우에스카(Huesca)의 코소 알토(Coso Alto)에서 살았다. 그는 마지막 순간까지 예술과 지식인을 사랑하는 문화의 장려자, 지식의 생산자, 의견을 구성하는 대학자이자, 수집가 그리고 독학자였다. 과학을 사랑하고, 여러 개 언어가 가능한 학자인 그는, 그의 입장에서 더 낯선 연금술을 공부하는 것에 흥미가 있었다. 그는 엄청난 수의 세계적인 석학 과학자들과 대화를 했었고, 일부는 그들의 의견을 표현하고 소모임을 갖기 위해 그의 집까지 직접 오가곤 하였다. 카탈루냐(Cataluña)의 전쟁 중에 그의 직책들이 필요했을 때에는, 우에스카의 징병된 군대들에게 명령을 내려 몬손(Monzón)에서 전투를 벌이기도 하였다. 카탈리나 카스톤 이 구스만(Catalina Castón y Guzmán)이라는 세비야(Sevilla) 출신의 여인과 결혼하여 19년 동안 행복한 결혼생활을 영위하였는데, 그녀는 14번의 출산에 따른 건강악화로 세상을 떠났다. 그의 집에는 훌륭한 박물관이 있었고, "라스타노사의 집을 보지 못한 사람은, 작품을 보지 못한 것이다"라는 관용구가 아라곤(Aragón)에서 만들어낼 정도였다. 그곳은 예술작품들[루벤스(Rubens), 틴토레토(Tintoretto), 리발타(Ribalta), 카라바지오(Caravaggio), 리베라(Ribera) 혹은 티치아노(Tiziano)의 작품들]과 항상 화폐수집 전문가로서의 명성을 그에게 가져다준, 그리스와 로마의 만 개의 동전처럼 매우 중요한 수집품과 골동품 무기들로 가득 찼다. 훌륭한 정원을 설립하여 그곳에서 진기한 종들을 경작하였고, 이는 그를 저명한 식물학자로 여길 만한 것이었다. 또한 자연과학 박물관도 설립하였고, 그 박물관에서는 타 대륙의 보석들, 피레네 산맥과 몬카요 산의 화석들을 분류하고 보존하기도 하였다. 그러나 가장 돋보였던 것은 수학, 천문학, 문학, 식물학, 역사 등에 대한 책들을 차곡차곡 축적하여 선별한 7천 권의 책이 있는 도서관이었다. 그가 주관한 소모임들의 친구들과 성심껏 그곳에 갔었는데, 그의 친구들은 역사학자 후안 프란시스코 안드레스 데 우스타로즈(Juan Francisco Andrés de Uztarroz), 시인이자 번역가 마누엘 데 살리나스(Manuel de Salinas), 기메라(Guimerá) 백작, 가스파르 갈세란 데 피노스(Gaspar Galcerán de Pinós), 연대기 작가 프란시스코 히메네스 데 우레아 (Francisco Ximénez de Urrea)와 디에고 호세 도르메르(Diego José Dormer), 화가 후세페 마르티네즈(Jusepe Martínez), 화가이자 판화가이자 작가인 프란시스코 데 아르티가(Francisco de Artiga), 법률가 후안 프란시스코 몬테마요르(Juan Francisco Montemayor), 그리고 당시의 저명한 수필가인 발따사르 그라시안(Baltasar Gracián) 등이었다. 정신적인 것과 물질적인 것 모두에 도량이 넓은 사람이었고, 예술과 문학의 후원가이자, 인내심 있는 비평가인 동시에 일부 작품들에 대한 편집자이기도 했다. 발타사르 그라시안은 그 모든 것에 관한 많은 증거들을 남기었다.인류에 있어 엄청난 유산이 사라지는 것이었다. 그의 죽음 이후로 그가 소유했던 모든 것이 파괴되거나 분산되었다. 전 유럽에 걸쳐 장엄한 그 도서관의 책들을 일부만을, 주로 수도 스톡홀름, 프라하, 마드리드 그리고 런던에서, 찾아낼 수 있을 것이다.

Laverde Ruiz, Gumersindo (구메르신도 라베르데 루이스) (1835~1890) 산탄데르(Santander) 출신의 작가이자 철학자이다. 보수적이며 가톨릭적 성향이 짙어 크라우제주의(krausismo) 작가들과 논쟁을 벌였다. 시는 상징적이고 낭만주의적인 작품들을 썼다. 저서로는 『*Ensayos críticos sobre Filosofía, Literatura e Instrucción Pública españolas*』(1868)이 대표적이다.

Laviano, Manuel Fermín de (마누엘 페르민 데 라비아노) (1700~1800) 스페인의 극작가이다. 궁정 소속 작가였고, 국가적이고 영웅적인 느낌의 주제로 비극 및 희극작품들을 썼다. 『*La afrenta del Cid vengada*』(1784), 『*La conquista de Mequinenza por los Pardos de Aragón*』(1787) 등의 작품을 남겼다.

Lazarillo Castigado (라사리요 카스티가도) 『*La vida de Lazarillo de Tormes*』의 변형작이다. 종교재판소 검열로 『라사리요 데 토르메스』의 출판이 금지된 후, 원작에서 일부를 삭제하고 출판한 것이다. ➡ Lazarillo de Tormes(라사리요 데 토르메스)

Lazarillo de Tormes* (라사리요 데 토르메스) 1554년 출판된 작가미상의 소설로, 스페인뿐만 아니라 세계문학사에서 악자소설(novela picaresca)의 효시가 되는 작품이다. 1552년 또는 1553년에 이미 출판된 것으로 추정되나, 당시의 출판본은 소실되었고, 지금은 1554년에 출판된 것만 존재한다. 1554년의 출판본은 부르고스(Burgos)와 암베레스(Amberes) 그리고 알칼라 데 에나레스(Alcalá de Henares)에서 『*La vida de Lazarillo de Tormes y de sus fortunas y adversidades*』라는 제목으로 출간되었다. 학자들은 실제로 이 소설이 쓰인 연대가 출판 연도와 큰 차이가 없는 것으로 보고 있다. 최근에는 카세레스(Cáceres)에서 우연히 새로운 판본이 발견되었는데, 이 판본은 기존의 판본들과는 상당한 차이가 있는 것으로 알려져 학계에 적지 않은 파장을 일으키고 있다. 이 소설이 지니고 있는 에피소드적이고 주변의 일상적 삶이 반영된 저서전적인, 당시로써는 매우 파격적인 서술 구조는 큰 성공을 거두었다. 이 소설은 크게 7개의 장으로 나뉘어져 있는데, 각 장마다 악자 라사로의 삶의 다양한 측면들이 묘사되어져 있다. 작품의 주인공이자 악자인 라사로는 자신의 출생과정을 설명하는 것으로부터 자신의 이야기를 시작한다. 그는 도둑질 버릇이 있는 제분업자 아버지와 품행이 좋지 못한 어머니 사이에서 토르메스 강 근처에서 태어났다. 그의 어머니는 아버지가 죽자 한 흑인남성과 동거를 하기도 한다. 어린 라사로는 어머니에 의해 한 잔인하고 속임수에 능한 맹인에게 넘겨져 그와 함께 생활하면서 수많은 역경을 겪게 되는데, 이를 견디다 못해 그로부터 도망치면서 라사로는 그와 주고받았던 각종 속임수와 조롱들을 날카롭게 서술한다. 그 이후로 라사로가 시중을 들었던 마케다(Maqueda)의 탐욕스러운 신부는 그를 거의 굶겨죽일 뻔하였는데, 라사로는 이 신부와 겪은 에피소드를 통해 악자로서 험한 세상에 생존하기 위한 전략들을 배우는 데 한 걸음 더 진일보하게 된다. 그러나 무엇보다도 악자 라사로에게 가장 충격적이고 잊지 못할 인상을 남겨준 경험은 바로 가난한 귀족을 모실 때 겪었던 일이었을 것이다. 그 가난한 귀족은 자신의 비참한 생활을 드러내지 않으려고 늘 애썼는데, 어찌나 그의 가난이 비참했던지 그나 라사로나 별반 다를 게 없었다. 그러한 주인을 불쌍히 여긴 라사로가 오히려 그에게 딱딱한 빵을 가져다 줄 정도였는데, 그는 결국 채권자들에게 쫓겨 자취를 감추고 말았다. 그 밖에도 이 작품에서 라사로는 자신이 모셨던 다양한 부류의 인간들을 사실적으로 묘사하고 있는데, 마지막에 라사로는 산 살바도르(San Salvador) 수석사제의 하녀와 결혼하여 한 가정을 꾸리게 된다. 이 소설을 계기로 이상주의적이고 이국적인 픽션들로 가득 채워졌던 당시 스페인 산문의 문학적 경향은 중대한 변화를 겪게 된다. 즉, 적나라하고 복합적인 당시 사회의 현실을 충실하게 반영하는 문학이 대두되기 시작하였던 것이다. 그것이 바로 악자소설의 출발점이다.

Lecturas españolas 1912년 발표된 스페인 98세대 작가 아소린의 작품이다. 그는 고전작품에 대한 연구를 매우 세밀하고도 자신의 해석 방법으로 하여 독자들의 스페인 고전문학에 대한 새로운 눈을 뜨게 하였다. 본 작품 또한 스페인의 고전문학에 대해 비평을 한 작품이다. ➡ Generación del 98(98세대)

Ledesma, Alfonso de (알폰소 데 레데스마) 세고비아 출신의 평범한 시인(1552~1623)이다. 바로크 기지주의 추종자의 한 사람이다. 기지주의(conceptismo)로부터 이름을 딴 작품 『*Conceptos Espirituales*』를 썼으며, 수많은 속담과 민요들을 담은 『*Juegos de Noche Buena*』와 매우 난해한 글로서 간주되는 『*Romancero y Monstruo Imaginado*』를 썼다.

Leísmo* (레이스모) 직접목적 대명사 'lo(s)' 또는 'la(s)'를 대신해서 'le(s)'를 잘못 사용하는 현상을 말한다. 레이스모의 사용이 점차 확대됨에 따라, 아래 제시된 예문 (1b)에서 볼 수 있듯이, 남성 단수 직접목적 대명사 lo를 대신해서 le를 사용하는 것은 받아들여질 수 있다.

(1) a. Tu padre no era feliz. [···] Nunca lo vi alegre.
    b. Tu padre no era feliz. [···] Nunca le vi alegre. (TBallester Filomeno [Esp.1988]). 반면, 아래 예문 (2b)와 같이, 남성 복수 직접목적 대명사 'los'를 'les'로 사용하는 것은 권하지 않는다.

(2) a. Casi nunca los vi con chicas.
    b. *Casi nunca les vi con chicas. (Vistazo [Ec.] 3.4.97). 지칭하는 대상이 무생물일 경우에는 절대로 'le(s)'를 사용해서는 안 된다.

(3) a. El libro que me prestaste lo leí de un tirón.
    b. *El libro que me prestaste le leí de un tirón. 또한, 지칭하는 대상이 여성일 경우에도 'la' 대신 'le'를 사용하는 것은 일반적으로, 받아들여지지 않는다.
    [참고: 예외인 경우는 예의의 레이스모(Leísmo de cortesía)를 참조]

(4) a. La consideran estúpida.
    b. *Le consideran estúpida. 이들과 유사한 개념으로 라이스모(laísmo)와 로이스모(loísmo)가 있다.

Leísmo de cortesía* (예의의 레이스모) 레이스모 (leísmo)와 마찬가지로 직접목적 대명사 'lo(s)' 혹은 'la(s)' 대신 'le(s)'를 사용하는 현상을 말하지만, 구체적으로, 지칭하는 대상이 '당신(usted)'을 가리킬 때를 의미한다. 이는 'lo(s)'나 'la(s)를 사용했을 경우에 지칭하는 대상이 제3자인 'él' 또는 'ella'를 말하는 것인지 'usted'을 의미하는지에 대한 혼돈을 피하기 위해서 사용되기 시작했으며, 현재는 많은 화자들에게서 보이는 현상이므로 스페인 왕립 한림원(Real Academia Española)에서도 받아들이는 현상이다. (1) Ande, y discúlpelo[a él], que yo en seguida LE acompaño[a usted]. (MDíez Expediente[Esp. 1992]) 다음 예문 (2)와 같이 여성을 존칭해서 말할 때의 경우에는 일반화 된 것은 아니지만, (3)과 같이 대상이 여성이어도 인사말과 같은 정해진 문장에서는 옳은 표현으로 간주되어야 한다. (2) ¿Quiere que LE acompañe?[Dirigido a una mujer] (3) Le saluda atentamente.

Leiva y Ramírez de Arellano, Francisco de (프란시스코 데 레이바 이 라미레스 데 아레야노) (1831~1899) 카디스(Cádiz) 태생 작가이다. 고전작품들을 번역하는 데에도 관심이 많았고 주로 사르수엘라(zarzuela)나 희극을 썼다. 『*La juglaresa*』(1867), 『*Un viaje a la eternidad*』(1879) 등을 남겼다.

Lejárraga, María de la O (마리아 데 라 오 레하라가) 라 리오하(La Rioja) 출생의 여류작가(1874~1974)이다. 1914년부터 여성운동과 정치운동에 참여했으며, 페미니스트로서 교육과 노동 분야에서의 여성의 평등과 권리를 주장했다. 작가로서 수많은 소설, 수필, 희곡을 썼고 대부분의 작품에서 그녀의 페미니즘 사상을 엿볼 수 있다. 주요작품으로는 『*La mujer ante la República*』(1931), 『*Viajes de una gota de agua*』(1954), 『*Fiesta en el Olimpo*』(1960) 등이 있다.

Lenguaje y poesía (언어과 시) 호르헤 기옌의 1961년 시론집이다. 특히 곤살로 데 베르세오(Gonzalo de Berceo)에서 가브리엘 미로(Gabriel Miró), 그리고 자기 세대의 시인들에 이르기까지 스페인의 여러 작가들에서 나타난 문학언어의 제 양식(modalidades del lenguaje literario)을 중점적으로 다룬다. ➡ Guillén, Jorge(호르헤 기옌)

Lentini, Rosa (로사 렌티니) (1957~) 바르셀로나(Barcelona) 태생. 스페인 작가이다. 카탈루냐 시인 하비에르 렌티니(Javier Lentini)의 딸이다. 어렸을 때부터 책과 시에 대한 열정을 보였다. 대표작으로 『*La noche es una voz soñada*』(1994)와 『*Despedida del sueño de Venus*』(1998) 등이 있다. 이 작가에 의하면 그의 시는 여성을 위한 문학작품의 고유한 특징인 프라이버시의 과장성을 보여준다.

León Hebreo (레온 에브레오) 리스본 출생의 유태인으로 시인, 철학자, 의사(1460~1523)이다. 태어나자마자 아버지와 스페인 땅으로 이주하였다. 1492년 스페인의 유태인 추방 이후에는 이탈리아에 머물렀다. 가장 유명한 작품 『*Dialoghi d'amore*』은 이탈리아어로 쓰였으며, 그는 작품에서 세상을 하나의 조화로 인식하며 지식이 아니라 사랑을 통하여 신과 하나가 될 수 있다고 피력한다. 이러한 그의 철학은 중세 시대의 그리스, 아랍, 유태인 시인들에게 많은 영향을 미쳤다.

L

León Merchante, Manuel de (마누엘 데 레온 메르찬테) (1631~1680) 구아달라하라(Guadalajara)의 파스트라나(Pastrana) 태생. 극작가이면서 시인과 신부를 겸했다. 알칼라(Alcalá)에서 공부를 마치고 막간극 등의 작품을 썼고 대표작으로 『*Los pajes golosos*』, 『*El abad del Campillo*』, 『*El Pericón*』, 『*El gato y la montera*』 등이 있다. 시작품은 사후에 3권의 분량으로 출간되었다.

León, Felipe de (펠리페 데 레온) (~1728) 스페인 화가이고 세비야(Sevilla)에서 사망하였다. 무리요(Murillo)의 스타일을 모방하여 많은 작품이 혼동된다. 그의 작품의 대부분은 세비야에 있다. 대표작으로 『*Elías subiendo al cielo en un carro de fuego*』이 있다.

Leonardo de Argensola, Bartolomé Juan (바르톨로메 후안 레오나르도 데 아르헨솔라) (1561~1631) 우에스카(Huesca) 지방 출신의 시인이다. 법학과 철학, 그리스어를 전공했다. 살라망카 지역에 거주하면서 프라이 루이스 데 레온을 만나 문학적 영향을 받았고, 이 시기부터 문학활동을 한 것으로 추정된다. 호라이우스를 문학적 모델로 삼아 간결한 문체를 사용했으며, 과도한 기교나 대담한 메타포의 사용을 자제했다. 시집인 『*Rimas de Lupercio y del doctor Bartolomé Leonardo de Argensola*』와 산문집 『*Alteraciones populares de Zaragoza*』, 『*Comentarios para la Historia de Aragón*』 등이 있다.

Leonardo de Argensola, Lupercio (루페르시오 레오나르도 데 아르헨솔라) (1559~1613) 우에스카(Huesca) 지방 출신의 극작가이자 시인. 바르톨로메 후안 레오나르도 데 아르헨솔라와 형제지간이다. 라틴어에 조예가 깊었으며, 동생 바르톨로메 후안과 마찬가지로 호라티우스에 깊은 관심을 보였다. 레모스 백작을 따라 이탈리아로 갔고, 그곳에서 생을 마감했다. 세네카의 영향이 엿보이는 비극 3부작 『*Filis*』, 『*Isabela*』, 『*Alejandra*』 중 『*Filis*』는 유실되었다. 시는 크게 사랑시, 도덕시, 풍자시의 세 종류로 구분된다.

Leoncio Pancobro (레온시오 판코브로) 호세 마리아 알파로(José María Alfaro)의 전쟁소설이다. 당시 유행하는 문체에 입각해 서정적이고 격정적인 필치로 한 여성 팔랑헤주의자의 자서전적인 이야기를 묘사했다.

Lera García, Ángel María de (앙헬 마리아 데 레라 가르시아) 스페인 과달라하라 출생의 소설가(1912~1984)이다. 사실주의적인 소설을 썼으며, 극적인 관점에서 스페인의 사회적 문제를 그려낸 작가이다. 24살 때 스페인 내전을 겪으며 느낀 놀라움과 충격으로 그와 관련된 작품을 쓰기도 하였다. 『*Las últimas banderas*』로 1967년 플라네타상(Premio Planeta)을 수상하였다.

Lerchundi, José María (호세 마리아 레르춘디) 오리오(Orio)에서 태어난 스페인 작가이자 동양학자 및 성직자(1836~1896)이다. 모로코의 물레이 하산(Muley Hassan)에서 외교관 역할을 하며 대부분의 생애를 모로코에서 지냈다. 1874년부터 스페인 한림원(Real Academia Española)의 회원을 역임하였으며 대표 저서로는 『*Vocabulario Español~Arábigo del dialecto de Marruecos*』(1892), 『*Crestomatía arábigo –española*』(1881) 등이 있다.

Leyenda de Don Rodrigo, La 무훈시(Cantar de gesta)의 한 종류이다. 이미 사라졌지만 로마 시대에 기원을 두고 현재 산문으로 변경된 작품이기 때문에 그 기원을 찾아볼 수 있다. 로마인에 근거하면 이 작품은 세 파트로 이야기가 구성되어 있다. 톨레도(Toledo) 왕의 집권과 폭력, 그 왕과 돈 훌리안(Don Julián) 백작의 딸, 돈 로드리고(Don Rodrigo)의 복수와 참회이다.

Leyenda de Margarita La Tornera 중세시대에 널리 알려졌던 이야기이다. 알폰소 10세의 『*Cantigas de Santa Maria*』에 실려 있다. 이 이야기는 다음과 같은 기적을 내용으로 한다. 수도원의 회계 담당자인 마르가리타 수녀는 수도원 금고 열쇠를 성모상에 버려두고 연인과 함께 수도원을 떠나지만 곧 자신의 죄를 뉘우치고 돌아온다. 하지만 그 사이에 성모가 도망친 수녀를 대신하여 그녀의 업무를 수행하였기 때문에 아무도 그녀의 부재를 눈치 채지 못했다.

Leyes de Grimm y Verner (레예스 데 그림 리 베르네르) 음성학 작품의 시리즈로써, 인도유럽어에서 게르만조어로 발달되면서 서로 관계되는 음소 사이의 음성의 조화에서 나온 특징을 다룬 연구이다. 다른 언어의 발달사를 공부하는데 이 종류의 법칙은 응용될 수 있다.

Leyva, José (호세 레이바) 세비야 태생의 작가(1938~)이다. 실험주의적, 독창적, 아방가르드적 작품을 주로 썼다. 『*Leitmotiv*』(1972), 『*La circuncisión del señor solo*』(1972), 『*Heautotimoroumenos*』(1973), 『*Europa*』(1988) 등의 작품이 있다. 실험주의적 소설뿐만 아니라 실험주의적인 극작품을 쓰기도 했다.

Libre albedrio (자유의지) 가톨릭교회에서는 선택에 관한 개개인의 의지와 관련한 용어이지만 희곡에서는 주로 자신에게 주어진 운명이나 사회적인 요구에 굴복하지 않고 자신의 의지를 실천하는 것을 뜻한다.

Libro áureo de Marco Aurelio (마르쿠스 아우렐리우스의 황금도서) 1528년 세비야(Seviila)에서 출판된 안토니오 게바라의 소설이다. 로마 황제 아우렐리우스(Marco Aurelio)에 관한 그리스어 필사본 발견이라는 형식을 취하고 있으나 이 소설에 나온 아우렐리우스에 관한 이이기는 완전히 작가의 상상력에 기반한 것이다. 교훈주의적인 성격이 강하다. ➡ Guevara, fray Antonio de(프라이 안토니오 데 게바라)

Libro de Alexandre 1178년~1250년 사이에 쓰인 것으로 추정되는 중세 스페인 서사 문학이다. 알렉산더 대왕에 대한 이야기를 담고 있다. 중간 중간 여담이나 저자의 박식함을 자랑하는 내용으로 빠지기도 하지만 논리적이며 부드러운 전개를 보여준다. 총 10,700행 2,675연으로 이루어져 있다. 카스티야어(Castellano)로 1205년경 쓰인 작자 미상의 저서이다. 쿠아데르나 비아(Cuaderna vía)의 형식을 따르며 일반적인 후글라르(Juglar)의 작품들보다 복잡하고 기교적인 수사기법을 많이 사용하였다. 하지만 작자는 자신을 후글라르라고 칭하고 있다.

Libro de buen amor* 이타 지방의 수석사제(Arcipreste de Hita)이자 시인인 후안 루이스(Juan Ruiz)가 대략 1330년에서 1334년경에 쓴 풍자적 내용의 서정시이다. 14음절의 4행시 형식으로 쓰인 총 1728행에 달하는 방대한 양의 작품인 『*Libro de buen amor*』는 외형적으로 자전적인 형식을 취하고 있지만, 내용의 상당 부분은 작가 가신에게 실제로 일어난 일이 아닌 꾸며낸 이야기이다. 소위 중세 스페인의 승려문학(Mester de Clerercía)에 속하는 이 작품은 14세기 당시의 승려문학뿐만 아니라 중세 전체, 더 나아가서 천년의 스페인 문학사에 길이 남을 만한 수작으로 학자들은 평가하고 있다. 이 작품은 다양한 소재와 다양한 형식을 지닌 일화들로 구성되어 있는데, 주로 이 이야기들은 가공의 사랑이야기들을 실감나는 자서전적 방식으로 풀어나가는 작가의 의도에 의해 하나로 모아진 것이라고 할 수 있다. 특히 작가는 이 작품의 한 부분을 형성하는 에피소드에서 돈 멜론 델 라 우에르타(Don Melón de la Huerta)라는 가공의 인물을 통해 직접 자기 자신을 묘사하고 있는데, 이 에피소드를 통해 우리는 당시 스페인 사회를 구성하는 모든 종류의 다양한 인간상들을 목격할 수가 있는 것이다. 스페인 중세 문학에서 후안 루이스만큼 변화무쌍한 현실을 포착하여 이를 작품에서 생생하고, 활력 넘치고, 구체적으로 묘사해낸 인물은 거의 없다. 그만큼 『*Libro de buen amor*』에서 보여준 후안 루이스의 사실주의적 문체는 매우 놀랍고도 중요한 그의 특징이라 할 수 있는 것이다. 작품의 주 이야기가 진행되면서 도덕적인 테마의 각종 우화들이 삽입되기도 하는데, 이 작품에는 이 뿐만 아니라 각종 비유나 교훈, 설교, 그리고 맹인들이나 학생들이 부르던 불량기가 엿보이는 당시의 노랫말들까지 발견되어지기도 한다. 게다가 성모 마리아나 예수그리스도에 대한 찬미와 함께 다소 이교도적인 분위기의 서정시들도 함께 수록되어 있기도 하다.

Libro de la oración y meditación (리브로 델 라 오라시온 이 메디타시온) 1554년에 출간된 루이스 데 그라나다(Fray Luis de Granada)의 저서이다. 기도에 대한 5장과 명상에 관한 14장으로 구성되어 있고 종교재판소의 금서목록에 올랐다.

Libro de los cien capítulos 13세기에 나온 정치적, 도덕적 금언 모음집. 책 제목은 100개의 장이나 실제로는 50개의 장으로 구성되어 있고, 짤막한 우화들을 포함하고 있다. 왕자와 그의 신하들의 교육을 위해 편찬되었으며, 『*Flores de Filosofía*』와 같은 이후에 나오는 격언시들에 영향을 미쳤다.

Libro de los estados 스페인 중세 작가인 돈 후안 마누엘(Don Juan Manuel)의 대표 저서 중 하나로서, 1327부터 1332까지 쓰였다. 이는 14세기 이상적인 사회 모습을 제시하고 있으며, 기독교적 교리가 자주 등장하고 기독교 개종을 소재로 한 『*Barlaam y Josafat*』과 유사하다.

Libro de los gatos 1410년에 출간된 스페인 중세 우화집으로 교훈적 성격을 띤다. 영국 13세기 설교가 오도 데 셰리톤(Odo de Cheriton)의 작품을 번역한 것이지만, 스페인판으로 옮겨지면서 서문이 생략되고 많은 양의 격언이 추가적으로 삽입되었다. 세상에 존재하는 기만들을 밝혀내며 악한 성직자와 귀족을 비판한다.

Libro de Paso honroso de Suero de Quiñones 페드로 로드리게스 데 레나(Pedro Rodríquez de Lena)에 의해 쓰인 스페인 연대기. 돈 수에로 데 키뇨네스(Don Suero de Quiñones)와 9명의 기사들이 오스피탈 데 오르비고(Hospital de Órbigo)의 다리를 지킨 사건이 기술되어 있다. 연대기 제목의 파소 온로소(Paso Honroso)는 그 다리에서 열린 기마 결투전을 지칭하는 이름이다. 중세 연대기로써는 드물게 단일한 사건에 대한 기록이며, 일반적인 연대기에 비해 픽션적 요소가 많이 가미되어 있다.

Libro de poemas 1921년에 출간된 페데리코 가르시아 로르카의 첫 번째 작품집으로 그가 19세에서 22세 사이에 썼던 시들이 수록되어 있다. 그의 문체는 점차적으로 형성되어 가던 중이었다. ➡ Federico García Lorca(페데리코 가르시아 로르카)

Libro del caballero Zifar 13세기에 쓰인 스페인 초기 모험소설이다. 작자 미상이나 톨레도의 신부 페란 마르티네스(Ferrand Martínez)가 저자일 것이라고 추측되기도 한다. 이후에 등장하는 중세 기사 로맨스 소설과 많은 공통점이 있다. 로마 장교 플라키두스(Placidus)로 살다 회심한 순교자 성 에스타키우스(Eustachius)의 전기에서 모티브를 차용했다.

Libro del Cavalero y del Escudero 스페인 중세 작가인 돈 후안 마누엘(Don Juan Manuel)의 대표 저서 중 하나이다. 늙은 중세 기사(Caballero)가 젊은 중세 기사에게 주는 기사도에 대한 조언이 담겨있다. 또한 종교 및 과학 지식에 대한 서술로 이루어진다. 이는 라몬 율(Ramón llull)의 『*Llibre del orde de Cavalleria*』의 영향을 받았다.

Libro del Conde Lucanor 스페인 중세 작가인 돈 후안 마누엘(Don Juan Manuel)의 대표 저서 중 하나이다. 1328년에서 1334년 지어진 산문작품으로 삼촌인 알폰소 10세의 과업을 물려받아 완성하였다. 이는 14세기 산문 거작 중 하나로 평가받으며 『*El conde Lucanor*』이라는 제목뿐만 아니라 『*Libro de los exiemplos del conde Lucanor et de Patronio*』, 『*Libro de Patronio*』, 『*Libro de los enxiemplos*』으로도 불린다.

Libro del Saber de Astronomía 중세 스페인의 천문학 서적이다. 신의 섭리를 발견하기 위해 천문학에 지대한 관심을 가지고 있던 알폰소 10세에 의해 제작되었다. 아랍의 번역 자료와 프톨로미(Ptolomeo, 2세기 그리스 천문학자 겸 수학자)의 사상에 기반하여 만들어졌다. 이 책의 부교재로 일식에 대한 내용을 담은 『*Tablas alfonsíes*』는 스페인 내에서도 큰 호응을 얻으며 다른 언어로도 번역되었다.

Liébana, Beato de (베아토 데 리에바나) (701?~798) 아스투라스 출신의 모사라베 수도사이자 지리학자, 신학자이다. 성 베아토라고도 불린다. 776년 쓰인 『*Comentario al Apocalipsis de San Juan*』의 저자로 특히 잘 알려져 있다. 이 주해집은 중세에 높은 인기를 누렸다. 대부분의 저서들은 스페인의 양자론과 아랍 무슬림에 대한 기독교 상징으로 간주된다.

Liñán y Verdugo, Antonio (안토니오 리냔 데 베르두고) 스페인 황금세기 시대의 작가이다. 생애에 대해서는 알려진 바가 적지만 쿠엔카(Cuenca) 지방의 바라 델 레이(Vara del Rey)에서 태어났다고 추측한다. 대표작은 『*Guía y avisos de forasteros adonde se les enseña a huir de los peligros que hay en la corte*』(1620)이며 이는 14개의 이야기로 구성된 바로크의 영향을 많이 받은 악자소설이다. ➡ Siglo de oro(황금세기)

Linares Becerra, Luis (루이스 리나레스 베세라) (1887~1931) 마드리드 출신의 작가이다. 『*Canciones rebeldes*』(1908)는 신문과 시의 결합을 시도한 것으로 그의 90편이 넘는 작품들 중 가장 중요한 것으로 꼽힌다. 그 외에도 『*Alma negra*』(1907) 등을 썼다.

Linares Rivas, Manuel (마누엘 리나레스 리바스) 산티아고 데 콤포스텔라 출신의 작가, 정치가(1867~1938)이다. 국회의원이자 상원의원, 극작가로도 활동하였고, 특히 풍속희극작품을 쓴 것으로 유명하다. 작품은 교훈적인 내용이 주를 이루며, 20세기의 스페인의 대표적 극작가인 하신토 베나벤테(Jacinto Benavente, 1866~1954)의 영향을 많이 받았다. 주요작품으로는 『*El ídolo*』(1906), 『*La fuerza del mal*』(1914), 『*Aire de fuera*』(1903), 『*La garra*』(1914) 등이 있다.

Lira (리라) 이탈리아에서 영향을 받은 7－11－7－7－11음절 5행시를 리라라고 한다. 운율은 a－B－a－b－B 형태를 취한다. 가르실라소 데 라 베가(Garcilaso de la Vega)가 처음으로 선보였으며 황금세기 시인들이 자주 사용했다.

Literatura aljamiada (아랍어 문학) 아랍어 문학은 표기는 아랍어 문자로 되어 있지만 카스티야 어나 로망스어로 쓰인 작품들을 일컫는다. 기독교로 개종하지 않고 기독교인들과 함께 살던 무데하레스(Mudéjares)들이 카스티야어를 배우고 받아들이면서 나타나게 되었다.

Literatura española 1915~1920년 사이에 쓰인 세하도르(Cejador)의 작품이다. 양과 범위는 방대하지만, 스페인 문학의 귀족주의적 전통을 제대로 이해하지 못한 그의 폐쇄적인 비평 태도와 방법론적 엄격성의 부재와 같은 오류들이 눈에 띈다.

Llaguno y Amírola, Eugenio de (에우헤니오 데 야구노 이 아미롤라) (1724~1799) 메나가라이(Menagaray) 태생. 스페인의 계몽주의 선도적 인물이다. 귀족가문에서 태어났지만 바스크(País Vasco) 지역의 관습처럼 프랑스 학교에 보낼만한 경제적 여유가 없어 개인교사를 통해 라틴어와 스페인어를 배웠다. 궁정에서 사회적 문화적 현실에 관심을 가져 문학과 정치 클럽에 참여하였다. 대표작으로 『*Crónica de los Reyes de Castilla Don Pedro, Don Enrique II, Don Juan I y Don Enrique III de Don Pedro López de Ayala*』(1779~1780), 『*Sumario de los Reyes de España por el Despensero Mayor de la Reina Doña Leonor y adiciones* *anónimas*』(1781) 등이 있다. ➡ Ilustración(계몽주의)

Llamazares, Julio (훌리오 야마사레스) (1955~) 레온(León)의 베가미안(Vegamián) 태생. 스페인 시인이자 소설가이다. 완전한 이름은 훌리오 알론소 야마사레스(Julio Alonso Llamazares)이다. 법학과 언론학을 공부했고 젊었을 때 시를 쓰기 시작했다. 초기에는 바로(Barro) 시 그룹에 속해 있었고 후에는 쿠아데르노스 레오네스 데 포에시아(Cuadernos Leones de Poesía) 그룹을 창설했다. 시작품은 주로 문학잡지에 실렸다. 첫 번째 작품은 『*La lentitud de los bueyes*』이며, 이 외에도 『*Memoria de la nieve*』(1983), 『*Luna de Lobos*』 등이 있다.

Llanas Aguilaniedo, José María (호세 마리아 야나스 아길라니에도) (1875~1921) 우에스카(Huesca)의 폰스(Fonz) 태생의 스페인 작가이다. 바르셀로나(Barcelona)에서 유년기를 보내고 세비야(Sevilla)에서 지내면서 카탈루냐 현대 작가와 프랑스 후기 낭만주의 작품의 영향을 받았다. 1899년 『*Alma contemporánea*』를 출간했다. 마드리드에서 언론사이면서 일하면서 학문연구와 번역을 병행했다. 대표 소설작품으로 『*Del jardín del amor*』(1902)가 있다.

Llanto por Ignacio Sánchez Mejías 로르카의 대표작 중 하나이다. 절친한 우정을 맺었던 투우사 이그나시오 산체스 메히아스의 죽음을 애도한 내용을 담고 있다. 민중적 어조와 초현실주의가 조화롭게 결합되어 있고 총 네 부분으로 구성되어 있다. ➡ Federico García Lorca(페데리코 가르시아 로르카)

Llopis, Jorge (호르헤 요피스) (1919~1976) 알리칸테(Alicante) 출신의 작가이다. 그의 작품에는 유머와 풍자가 가득하다. 희극적 작품을 주로 쓰지만 추리소설도 쓴 바 있다. 『*Niebla en el bigote*』(1962), 『*La última opereta*』(1960) 등의 작품이 있다.

Llorente, Jesús (헤수스 요렌테) (1972~) 카디스(Cádiz) 태생의 작가이다. 참신하고 놀라운 목소리를 가진 시인이라는 평가를 받으며 음악에도 많은 관심을 갖고 있다. 시의 주제는 보편적인 것들로 삼는다. 대표작은 『*Luna Hiena*』(1998)이다.

Llorente, Juan Antonio (후안 안토니오 요렌테) 라 리오하(La Rioja) 출생의 문학자(1756~1823)이다. 자유주의 사상을 지향했으며 다양한 문학작품을 썼다. 『*Observaciones críticas sobre el romance de Gil Blas de Santillana*』로 문학계에서 명성을 얻었으며 이 외의 대표작으로는 『*Historia de la Inquisición*』이 있다.

Llorente, Teodor (테오도르 요렌테) 발렌시아(Valencia) 출생의 작가(1836~1911)이다. 보수주의적 성향을 지녔으며 문학에 대한 관심이 지대했다. 발렌시아어를 보존하기 위하여 주로 그 지역의 언어로 작품을 썼다. 대표작으로는 『*Librito de versos*』(1885)가 있다.

Llovet Sánchez, Enrique (엔리케 요벳 산체스) 말라가(Málaga) 출생의 작가, 기자, 문학비평가(1918~)이다. 문학적으로 서술한 여행안내서 『*España viva*』로 스페인 국민 문학상(Premio Nacional de Literatura)을 수상(1967)했다. 또한 유명한 영화들을 잘 각색한 작가로 매우 유명하다. 그중 가장 유명한 각색작은 『*Tengo diecisiete años*』이다.

Llovet Soriano, Juan José (후안 호세 요베트 소리아노) (1895~?) 산탄데르(Santander) 출신 작가이다. 모데르니스모 계열의 작가로 분류되고 프랑스 문학을 스페인어로 번역하기도 했다. 시집 『*El rosal de la leyenda*』(1913), 『*Pegaso encadenado*』(1914)를 냈다.

Llull, Raimon (라몬 율) 스페인의 철학자이자 신학자, 문학자 그리고 시인이었다. 신앙심이 두터웠으며, 그의 이름을 라틴화한 Raimundo Lulio(라이문도 룰리오)로도 알려져 있다.

1232년 팔마 데 마요르카에서 태어났으며 1315년 6월 29일 사망하였다. 그를 기념하는 축제는 3월 29일 행해진다. 문어체 카탈루냐어의 창시자 중 한 명으로 간주된다.

Lo invisible 1927년 발표된 스페인 98세대 작가 아소린(Azorín)의 연극작품이다. 아소린은 연극에 새로운 변화를 주고자 신비스럽고도 추상적인 분위기를 통하여 죽음을 주제로 한 3부작으로 본 작품을 썼으나, 당시 큰 성공은 거두지 못하였다. ➡ Generación del 98(98세대)

Lo risible (웃기는 것) 올손의 희극에서 말하는 risa(웃음)의 개념이 그 전체가 아닌 일부측면에만 해당되는 설명인 것을 보아도 우리는 '웃기는 것'이란 웃음 자체의 특성을 성명하는 것이 아니라는 것을 알 수 있다. 이와 같은 방식으로 '이성적인 것'이 이성의 특성을 설명해주는 것은 아니다. 웃음의 정수는 그 안에 있는 철학에 있으며 웃음이 발생되는 다양한 상황은 정상적이거나 혹은 비정상적인 외부자극에 의해서 형성된다.

Loa* (로아) 무대의 단편 극시 혹은 도입부로서 연극의 시작을 알리는 간결한 부분이다. 16세기의 초기 작품들에서는 때때로 가벼운 이야기를 전개시켰었던 서문이라고도 하였다. 그것은 운문으로 쓰이곤 했다. 16세기 말에 단편 극시, 즉 'loa'라는 용어가 일반화되기 시작했는데, 특히 17세기 들어 다양한 종류의 단편 극시가 포함된 아구스틴 데 로하스 빌얀드란도(Agustín de Rojas Villandrando)의 『*El viaje entretenido*』(1604)의 출현 후에 이 용어의 쓰임새가 더욱 일반화되었다. 초기에는 단편 극시는 거의 희극에서 분리할 수 없는 부분이었고, 고유한 극작가에 의해 쓰인 주제의 한 개괄이자 암시였다. 시간이 지남에 따라 극적 경관 내에서 1인칭적인 가치를 형성했었다. 17세기 당시에는 굳이 동일한 작가에 의해 쓰인 것이 필요한 게 아니었고 다른 시인들에 의해도 쓰일 수 있는 것이었다. 로아는 도입 부분들과 함께 연극의 발전에서 중요한 부분을 담당했으며, 희극 배우들이 연출하기에 앞서 관객들에 의해 보여주고 들려지기 위하여 낭송되었다. 그 목적은 청중의 호의를 얻고 연극이 본격적으로 시작되기 전에 청중들을 정숙하게 만들기 위한 것이었다.

Loa (로아, 단편 극시) 황금세기에 발달한 소극의 하위 갈래. 연극의 대략적인 내용을 담은 노래이다. 사전적으로 운문이라는 뜻을 가지고 있다. 연극이 시작하기 전에 분위기를 형성하고 관객의 흥미를 유발하기 위한 목적으로 공연된다. 처음에는 배우가 독백형식으로 작품에 대한 간단한 설명을 했으나 이후 점차 대화 형식으로 바뀌었다. 음악적인 어조가 특징인데 가끔은 기타, 비우엘라, 수금과 함께 노래되어지기도 했다. 연극이 공연되는 마을의 유명인사들, 마을, 그날의 성인에 대한 찬미가 이루어지기도 했다. ➡ Comedia(코메디아)

L

Lobo Lasso de la Vega, Gabriel (가브리엘 로보 라소 데 라 베가) (1559~1615) 마드리드(Madrid) 태생. 스페인 작가이다. 에르난 코르테스(Hernán Cortés)의 작품을 토대로 서사시, 『*Primera parte de Cortés valeroso y Mexicana*』(1588)를 썼고 후에 『*La Mexicana*』란 이름으로 재발간되었다. 이 외에도 『*Elogios en loor de tres famosos varones: Don Jaime, rey de Aragón, don Fernando Cortés, marqués del Valle, y don Álvaro de Bazán*』, 『*marqués de Santa Cruz*』(1601)를 출간했다.

Lobo, Eugenio Gerardo (에우헤니오 헤라르도 로보) (1679~1750) 톨레도 출신의 시인이자 군인이다. 펠리페 5세 근위대의 지휘관을 지냈는데 사람들은 경멸적인 의미를 담아 그를 시인 지휘관(capitán coplero)이라고 불렀다. 예이다, 몬테마요르, 오란 지역의 전투에서 공을 세웠고, 펠리페 5세와 함께 이탈리아 정벌을 떠났다. 하지만 프랑스 피정복민들에게 가혹하다는 이유로 승급을 박탈당했고 페르난도 4세가 즉위하고 나서야 중장이 되었다. 풍자시에서 재능을 보였고, 그가 떠났던 군사원정을 주제로 하는 몇 편의 글을 썼다. 대표작으로는 당시 스페인 상황을 풍자한 『*Exhortación político−cristiana a la nación española*』, 오란 전투의 이야기를 담은 『*Riesgo épico*』 등이 있다.

Loísmo (로이스모) 레이스모(Leísmo)와는 반대로, 남성 간접 목적대명사 le(s)를 대신해서 lo(s)를 잘못 사용하는 현상을 말한다.

(1) a. Les dije que no se movieran de aquí.

b. *Lo.s dije que no se movieran de aquí.

(참고: http://buscon.rae.es/dpdI/SrvltConsulta?lema=Loísmo)

Lola, espejo escuro (롤라, 에스페호 에스쿠로) 1900년에 발표된 다리오 페르난데스 플로레스(Darío Fernández Flórez)의 작품이다. 주제는 한 창녀의 기억과 내전 후의 마드리드가 처한 분위기이다. 1인칭 소설로 악자소설과 흡사하며 작품을 통해 사회 전체의 모습과 주인공이 활동하는 무대의 분위기를 보여준다.

Lomas Cantoral, Jerónimo de (헤로니모 데 로마스 칸토랄) (1542～1600) 바야돌리드(Valladolid) 태생의 시인이다. 다소 진중하고, 철학적이며, 설교적인 어조의 시들을 썼다. 시집으로는 『*Obras*』(1578)가 남아 있다.

Lope de Vega* (로페 데 베가) 스페인 문학의 황금세기(16, 17세기)는 물론 스페인 문학사 전체를 통해서도 가장 대표적인 극작가로 손꼽히는 로페 데 베가는 세르반테스와 함께 스페인이 배출한 가장 걸출한 작가로 세계문학사에서 자리매김 되고 있다. 어려서부터 문학에 남다른 재능을 보였던 로페는 1562년 마드리드의 하류 가정에서 출생하였는데, 그의 생애는 무수한 여인들과의 수많은 로맨스, 극작가로서의 성공과 이에 따른 명성－그가 획득한 '천재들의 불사조(Fénix de los ingenios)'라는 칭호가 이를 잘 대변해주고 있다－그리고 말년에 겪었던 계속된 불행 등 파란만장의 연속이었고, 그의 문학작품은 이러한 그의 인생만큼이나 그 질과 양에 있어서 실로 경탄할 만큼 다양하고 방대하다. 즉, 로페는 세계문학사에서 가장 많은 작품을 산출한 문인으로 평가받고 있는데, 구체적으로 그는 1635년 일생을 마감할 때까지 1800여 편의 극작품과 400여 편의 성찬신비극－현재까지 전해 내려오는 것은 470여 편 정도－그리고 각종 희곡과 시집에 삽입되어 있는 3,000여 편의 소네트와 로만세 등 무수히 많은 시와 산문을 생산하였다. 이로 인해 동시대의 문인이었던 세르반테스로부터 '자연이 낳은 괴물(monstruo de la naturaleza)'이라는 별명을 얻기도 하였다.그러나 무엇보다도 스페인 문학사에서 당시 그가 이루어놓은 가장 큰 업적은 '국민연극(Teatro Nacional)'으로 대변되는 연극의 대중화에 있을 것이다. 즉 17세기가 시작되면서부터 로페에 의해 주도된 국민연극은 기존의 연극이 가지고 있었던 비대중성을 지양하고 연극의 내용을 철저히 대중의 기호에 맞게 이끌었던 것이다. 예를 들어, 아리스토텔레스의 3단일성을 무시하고 비극적 요소와 희극적 요소를 적절히 혼합하며 또한 극의 길이를 5막에서 3막으로 축소시킨 것 등이 로페의 국민연극이 당시의 스페인 연극계에서 새로이 확립하였던 점들이다. 이러한 그의 대중 지향적 극창작에 대한 이론적 배경은 그의 유명한 저서 『*Arte nuevo de hacer comedias*』(1609)에 잘 나타나 있다. 당시의 국민연극 운동은 수많은 윤리적, 미학적 논란 속에서도 대중의 상당한 지지를 획득하며 큰 성공을 거두었으며, 시간이 지남에 따라 로페의 국민연극은 당시 스페인 연극계에서 거스를 수 없는 시대적 대세로 인정되어진다. "작품연보" 로페 데 베가의 극작품은 앞서 언급했듯이 현재 전해지는 것만 470여 편에 달한다. 그 가운데 비교적 널리 알려진 주요작품들의 연보를 나열하며, 『*El acero de Madrid*』(1608~1612), 『*Peribáñez y el comendador de Ocaña*』(1610), 『*El villano en su rincón*』(1611), 『*Fuenteovejuna*』(1612?~1614?), 『*La dama boba*』(1613), 『*El perro del hortelano*』(1613), 『*La vengadora de las mujeres*』(1615?~1620), 『*Amar sin saber a quién*』(1620~1622), 『*El mejor alcalde el rey*』(1620~1623), 『*El caballero de Olmedo*』(1620~1625), 『*La hermosa fea*』(1630~1632), 『*El castigo sin venganza*』(1631), 『*Las bizarrías de Belisa*』(1634) 등이 있다.

López Acebal, Francisco (프란시스코 로페스 아세발) (1866~1933) 히혼(Gijón) 태생. 스페인 극작가이면서 소설가이다. 프란시스코 아세발(Francisco Acebal)로 더 잘 알려져 있다. 잡지 <La Lectura>의 창설자이다. 대표작으로 『*Huella de almas*』(1901), 『*Rosa rústica*』(1909), 『*De mi rincón*』(1901) 등이 있다.

López Allué, Luis María (루이스 마리아 로페스 아유에) (1861~1928) 우에스카(Huesca) 출신 작가이다. 아라곤(Aragón) 지방의 주민들과 풍속에서 문학적 영감을 받았다. 대표작으로 『*Capuletos y montescos*』(1900), 『*Alma montañesa*』(1913) 등의 시집이 있다.

López Aranda, Ricardo (리카르도 로페스 아란다) (1934~1996) 산탄데르(Santander) 태생의 극작가이다. 사회적 주제를 다루었으며, 주변부적 인물들을 작품에 등장시켰다. 대표작은 『*Nunca amanecerá*』(1958)이다.

López Bago, Eduardo (에두아르도 로페스 바고) (1855~1931) 알리칸테(Alicante) 출신 작가다. 프랑스의 사실주의 및 자연주의 소설에서 영향을 받았다. 작품들은 진정성 있고, 사회적 연구가 돋보인다. 저서로는 『*Los amores*』(1876), 『*El periodista*』(1884), 『*Carne de nobles*』(1887) 등이 있다.

López de Anglada, Luis (루이스 로페스 데 앙글라다) 세우타(Ceuta) 출생의 작가(1919~2007)이다. 『*Contemplación de España*』로 스페인 국민 문학상(Premio Nacional de Literatura)을 수상(1961)하였다. 고전적 주제와 애국심을 주제로 다양한 시를 창작했다. 대표작으로는 『*La vida conquistada*』(1952), 『*Padre del mar*』(1988) 등이 있다.

López de Ayala, Adelardo (아데라르도 로페스 데 아얄라) (1829~1879) 안달루시아 출신인 그는 정치적으로 온건한 자유주의의 성격을 지녔으며 국회의원과 의회 의장을 역임하였다. 문화에 대한 폭넓은 지식의 소유자이며 17세기 연극의 전문가인 그는 섬세한 시작품과 함께 두 시기로 나누어지는 극작품을 썼다.

López de Ayala, Pero (페로 로페스 데 아얄라) (1332~1407) 스페인의 정치인, 역사학자, 시인, 연대기 학자이다. 카스티야의 명성 있는 귀족가문 출신으로 원래는 성직자가 되기 위한 교육을 받을 예정이었으나, 형의 죽음으로 인해 계획이 취소되고 갓 20살을 넘긴 시점에서 카스티야의 페드로 1세(Pedro I) 궁정에서 복무하게 된다. 풍자적이고 교훈적인 시인 『*Libro Rimado de Palacio*』의 저자로 잘 알려져 있다.

López de Gómara, Francisco (프란시스코 로페스 데 고마라) 1512년 소리아(Soria) 지방의 고마라(Gómara)에서 태어난 스페인 역사가이자 성직자이다. 그는 신대륙에 한 번도 가보지 않았지만 스페인의 멕시코의 정복에 관한 내용인 『*Historia General de las Indias*』(1552)를 집필하였다. 날카롭고 세련되고 필체가 특징이며 솔리스(Solís) 전까지 가장 문예에 정통한 신대륙의 연대기 작가라는 평을 받는다.

López de Hoyos, Juan (후안 로페스 데 오요스) 1511년 마드리드에서 출생한 르네상스 시대의 작가이자 인문학자이다. 미겔 데 세르반테스 사아베드라(Miguel de Cervantes Saavedra)의 스승으로 추측되는 인물이며, 『*Declaración de las armas de Madrid y algunas antigüedades*』를 쓴 작가이다.

López de Jerez, Francisco (프란시스코 로페스 데 헤레스) 1497년 세비야(Sevilla)에서 출생한 스페인의 정복자인 동시에 연대기 작가이다. 15살 때 부터 아메리카로 넘어가 살았으며, 잉카 정복자인 프란시스코 피사로(Francisco Pizarro)의 비서 역할을 하였다. 그 후 잉카제국에 대해 자신이 직접 보고 느낀 것을 생생하게 기록한 『*Verdadera relación de la conquista del Perú y provincia de Cuzco, llamada la Nueva Castilla*』(1534)을 남겼다.

López de Saa, Leopoldo (레오폴도 로페스 데 사아) (1870~1936) 부르고스(Burgos) 출생 작가이다. 풍속적이면서도 유머러스한 작품들을 통해 이름을 알렸다. 『*El ciudadano Flor de Lis*』(1904), 『*Bruja de amor*』(1917) 등을 썼다.

López de Sedano, José (호세 로페스 데 세다노) (1700~1800) 스페인 극작가이다. 일대기에 대한 많은 정보가 알려지지 않았다. 동시대의 후안 호세 로페스 데 세다노(Juan José López de Sedano)와 자주 혼동된다. 비극 『*La silesia*』와 희극 『*El huérfano inglés*』(1796)을 썼고 또한 프랑스어와 이탈리아어로 번역되었다.

López de Úbeda, Juan (후안 로페스 데 우베다) (?~1593) 톨레도 출신의 시인, 시문집 편집자이다. 당시에 인기 있는 세속 문학에 종교적 의미를 담아 개작하는 방식으로 작품 활동을 하였다. 대표작은 『*Romance de Nuestra Señora y Santiago patrón de España*』이다.

López de Yanguas, Hernán (에르난 로페스 데 얀구아스) 소리아(Soria) 출생의 작가(1470~1540)이다. 우의적 희극을 주로 썼는데 대표작으로는 『*Farsa del mundo y moral*』(1518), 『*Diálogo del mosquito*』(1521) 등이 있다. 또한 스페인의 속담을 모아 출판한 『*Cincuenta preguntas vivas con otras tantas respuestas*』(1550)로 유명하다.

López Enguíados, José (호세 로페스 엔기아도스) (1773~1814) 스페인 작가이며 발렌시아의 산 에스테반(San Esteban)에서 태어났다. 산 페르난도 학술원과 산 카를로스 학술원(Las Academias de San Fernando y San Carlos) 학교에서 이른 나이부터 예술적 재능을 깨달았고 우등생이 되었다. 1804년 왕궁에서 호세파 오르티스 이 아르케스(Josefa Ortiz y Arqués)와 결혼해 카를로스 4세로부터 결혼 선물로 “Grabador de Cámara” 직위를 받았다. 대표작으로 초상화 「*Capitán general don Ventura Caro*」, 「*Fernando VII a caballo*」가 있다.

López Gorgé, Jacinto (하신토 로페스 고르헤) (1925~) 알리칸테(Alicante) 태생의 작가이자 문학비평가이다. 언론 매체를 통해 시문학을 활성화시키기 위해 노력했으며 작품에는 문학적 탐구심이 잘 나타나있다. 저서로는 『*La soledad y el recuerdo*』(1951), 『*Dios entre la niebla*』(1952~1972) 등이 있다.

López Gradolí, Alfonso (알폰소 로페스 그라돌리) 발렌시아(Valencia) 출생의 시인(1943~)이다. 서정적이고 종교적인 감성의 시를 주로 썼다. 주요작품으로는 『*El sabor del sol*』(1968), 『*Los instantes*』(1969) 등이 있다. 또한 전위주의적 작품을 쓰기도 했는데, 대표작으로는 『*Quizá Brigitte Bardot venga a tomar una copa esta noche*』(1971)가 있다.

López Maldonado, Gabriel (가브리엘 로페스 말도나도) (?~1915) 스페인 작가이다. 세비야 야간 학회(Academia de los Nocturnos) 회원이었고, 형식적 기교가 뛰어

난 시인이었다. 고상하고 도덕적인 내용을 시로 표현했다. 대표작은 『*Cancionero*』(1586)으로 세르반테스(Cervantes)의 『*El Quijote*』에서도 언급된다.

López Marín, Enrique (엔리케 로페스 마린) (1868～1919) 로그로뇨(Logroño) 출신 작가이다. 유머가 넘치는 극작품들을 썼으며, 각종 잡지에도 기고자로 참여했다. 『*El enigma*』(1895), 『*El tío Pepe*』(1897) 등을 남겼다.

López Mozo, Jerónimo (헤로니모 로페스 모소) (1942～) 히로나(Girona)에서 태어난 작가이다. 독립 연극과 전위주의 흐름에서 많은 영향을 받았고, 다양한 형식을 실험했다. 대표작은 『*Matadero solemne*』(1969)이다.

López Ochoa, Juan (후안 오초아 로페스) 스페인 아스투리아(Asturias) 출생의 문학가(1864～1899). 1892년부터 마드리드 신문 <La Justicia>에서 정치풍자적인 내용을 게재하였다. 현실주의적 관점에서 문학활동을 하였으며 대표적인 단편소설은 『*Su amado discípulo*』(1894), 『*Los señores de Hermida*』(1896), 『*Un alma de Dios*』(1898)이다.

López Pacheco, Jesús (헤수스 로페스 파체코) (1930～1997) 마드리드에서 태어난 작가이다. 스페인 사회 현상을 다룬 소설과 시들을 썼다. 작품 중에서는 『*Central eléctrica*』(1958), 『*La hoja de parra*』(1977)가 유명하다.

López Parada, Esperanza (에스페란사 로페스 파라다) 마드리드 출생의 여류작가(1962～)이다. 작가는 특히 시 부문에서 굉장히 유명한데, 시는 20세기 순수주의 시와 매우 유사하다. 4편의 시 『*El fruto de fronteras*』(1984), 『*Género de medallas*』(1985), 『La cinta roja』(1987), 『*Los tres días*』(1994)로 비평계와 독자들에게 호평을 받았다.

López Pelegrín, Santos (산토스 로페스 펠레그린) 과달라하라(Guadalajara) 출생의 작가(1801～1846)이다. 사회와 정치를 풍자하는 기사, 투우와 관련한 연대기를 주로 썼다. 대표작으로는 『*Filosofía de los toros*』(1842)가 있다.

López Rubio, José (호세 로페스 루비오) (1903～1996) 스페인 작가이며 그라나다의 모트릴(Motril)에서 태어났다. 내전으로 중단했던 극작활동을 1944년에 재개했는데, 이는 여러 분야에서의 활동을 거친 뒤의 일이었다. 즉, 그는 할리우드에서 거주하기도 하였으며 스페인에서 영화감독을 하여 그의 희곡인 『*Alberto*』를 영화화하기도 하였다. 희극이 가지는 근본적 특징은 놀라운 대화 기법, 뛰어난 무대 연출, 사고와 감정을 절묘하게 융합시킨 점 등이다. 대표작으로 『*Celo del aire*』(1950), 『*Una madeja de lana azul celeste*』(1951) 등이 있다.

López Salinas, Armando (아르만도 로페스 살리나스) (1925～) 마드리드 출신의 작가이다. 청년기에는 스페인 공산당원으로 활동했다. 사회 문제에 대해 날카롭고 비판적이다. 가장 주목받는 전후 사회주의 리얼리즘 계열의 작가 중 한 명이다. 대표작은 『*La mina*』(1960)이다.

López Soler, Ramón (라몬 로페스 솔레르) 바르셀로나(Barcelona) 출생의 작가(1806～1836)이다. 로페시오(Lopecio)라는 필명을 사용했으며 수많은 기사를 썼으며 문학 장르 중에는 시, 연극을 창작했다. 대표작으로는 『*Las señoritas de hogaño y las doncellas de antaño*』(1832), 『*Los bandos de Castilla o El Caballero del Cisne*』(1830) 등이 있다.

López, Ángeles (앙헬레스 로페스) 1969년 마드리드에서 출생한 스페인 신문기자이자 작가이다. 스페인의 '13송이 장미(trece rosas)'의 일원인 마리티카 바로소(Martina Barroso)의 실화를 담은 역사소설 『*Martina, la rosa número trece*』을 쓰면서 유명해졌으며, 이 책은

스페인 전역으로 약 20,000만부가 팔렸다. 다른 작품인 『*Apoikía*』와 『*Trastorno afectivo bipolar*』 또한 훌륭한 작품으로 인정받고 있다. 대표적인 시집으로는 『*Iscariote*』, 『*Congrios y cormoranes*』가 있으며, 현재 약 20여 년 동안 라디오, 방송, 텔레비전에서 기자, 극작가, 방송인으로도 다양한 활동을 하고 있다.

López, José (호세 로페스)　(1650) 스페인 화가이며 세비야에서 태어났다. 무리요(Murillo)의 훌륭한 제자들 중 하나이다. 대표작으로 『*San Felipe*』가 있다.

López, Mario (마리오 로페스)　(1918～2003) 코르도바(Córdoba) 출신의 작가이다. 코르도바의 칸티코(Cántico)라는 모임의 일원이었다. 양식화되고 명쾌한 시를 쓴 것으로 알려져 있다. 『*Garganta y corazón del sur*』(1951), 『*Universo de pueblo*』(1960)와 같은 시집들을 냈다.

López－Casanova, Arcadio (아르카디오 로페스－카사노바)　루고(Lugo) 출생의 시인, 수필가, 언어학자(1942～)이다. 카스티야어와 갈리시아어로 수많은 작품을 썼다. 현대인의 윤리, 종교, 철학과 관련하여 작가가 지닌 고민과 우려를 작품에 드러냈다. 대표작으로는 『*Hombre último*』(1961), 『*Razón de iniquidad*』(1991) 등이 있다.

Lorenzo, Pedro de (페드로 데 로렌소)　스페인 키세레스(Cáceres) 출신의 변호사, 기자, 작가(1917～)이다. 시, 소설, 수필 등 다양한 장르의 작품을 출판하였으며, 주의 깊은 산문작가로서 정교한 문제를 가지고 있다. 에세이 작가로서 더욱 유명한 그의 소설 중에는 『*Los álamos de Alonso Mora*』(1970), 『*Gran café*』(1974)와 『*El hombre de la Quintana*』(1978) 등이 있다.

Los Amantes de Teruel　후안 에우헤니오 하르첸부쉬(Juan Eugenio Hartzenbusch)의 낭만주의 걸작으로 디에고 마르시야와 이사벨 데 세구라가 연인으로 등장한다. 귀족가문 출신이나 가난한 디에고를 이사벨의 집에서 거절한다. 돈으로 인해 사랑하는 사람과의 결혼이 이뤄지지 못하고 끝내 주인공 모두 자결하는 비극으로 끝난다.

Los Caprichos (로스 카프리초스)　고야의 4대 판화집 중 하나로 1793년에서 1739년경에 제작된 80여 점의 판화작품이다. 로스 카프리초스에 실린 판화들은 1792년 완전히 귀머거리가 된 고야의 내적 변화와 계몽 사조의 영향을 가장 잘 전달하고 있는 작품집이다. 주로 부패한 성직자, 마녀, 방탕한 귀족들이 등장하여 당대의 부패한 사회 현실을 반영하고 있다. 이 판화집에는 전통적인 에칭(etching) 기법과 애쿼틴트(aquatint)기법을 사용하였는데 에칭 기법은 주로 동판 등의 금속판에 밑그림을 그려 산(酸)으로 부식시켜 판화를 만드는 기법이며 애쿼틴트 기법은 그늘과 같은 짙고 깊은 선에 엷은 색조를 보완함으로써 수채화처럼 부드러운 효과를 나타낼 수 있는 기법이다.

Los cigarrales de Toledo　1621년에 발표된 티르소 데 몰리나의 작품이다. 작가가 메르데스 교단(la Orden de la Merced)의 수사로서 왕성하게 활동을 하던 시기에 쓰였으며, 여러 편의 산문, 시, 소설을 모은 책이다. ➡ Tirso de Molina(티르소 데 몰리나)

Los coloquios satíricos　1553년에 나온 안토니오 데 토르케마다(Antonio de Torquemada)의 저서이다. 베나벤테 공작(Antonio Alfonso de Pimentel)에게 헌정되었고, 몇몇 목가소설 풍의 이야기가 실려있다.

Los Intereses creados　하신토 베나벤테의 1907년 작품으로 그의 작품들 중에서 가장 현실적인 내용의 작품이다. 아마도 그것은 그의 이상주의에 기인한 것으로 보인다. 왜냐하면 그 인물들과 행동이 현실적인 것(lo actual)에서 도출된 것이기 때문이다. 이 작품은 주

L

인과 하인 사이의 관계에서 이루어지는 점에서 이탈리아의 예술 희극의 전통에 부합하며 고대 스페인 연극과도 이어진다. ➡ Benavente, Jacinto(하신토 베나벤테)

Los locos de Valencia* 로페 데 베가(Lope de Vega)에 의해 주도된 17세기 스페인의 '국민연극' 이전에 나타난 로페의 초기 극작품들에 대한 본격적인 연구는 '국민연극'의 연극들에 비해 상대적으로 미진한 실정이다. 따라서 우리가 접해온 그의 연극세계와 다소 거리가 있는 이 시기의 그의 초기 연극작품을 살펴봄으로써, 17세기 스페인의 '국민연극'을 주도한 로페가 아닌, 신인 극작가로서 그의 또 다른 면을 밝혀 보는 것도 매우 의미 있는 일이라고 본다. 바로 이를 위한 로페의 극작품으로서 『*Los locos de Valencia*』에 주목해 볼 필요가 있다. 1590년에 저술한 것으로 추정되는 『*Los locos de Valencia*』은 로페의 대표적인 초기 극작품이라 할 수 있는데, 이 작품을 통하여 우리는 '국민연극'이전의 로페 연극에 대한 면면을 가늠해 볼 수 있는 단서들을 발견할 수 있다. 로페와 그의 추종자들에 의해 확립되어진 '국민연극'이 창출한 가장 전형적인 캐릭터라 할 수 있는 등장인물 '그라시오소(gracioso)'가 갖는 극 중 역할은 단순한 웃음과 유머를 창출하는 것 외에도 자신의 주인과 관련하여 참으로 다양하다고 할 수 있는데, 흥미롭게도 『발렌시아의 광인들』에서는 이러한 역할을 담당하는 '그라시오소'라는 존재가 별도로 등장하지 않는다. 그러나 그렇다고 '그라시오소'의 역할 그 자체가 완전히 부재한 것은 아니다. 이 작품의 주인공인 플로리아노(Floriano)가 벨트란(Beltrán)이라는 이름을 가지고 정신병자 행세를 할 때 그에게서 '그라시오소'적 요소가 종종 발견되고 있는데, 따라서 플로리아노가 동시에 '그라시오소'의 역할도 어느 정도 담당하고 있다고 볼 수 있는 것이다. 즉, '국민연극'에서 발견되어지는 '그라시오소'와 남자주인공 간의 대칭적이고 이원적인 구조가 초기 로페의 작품에서는 나타나지 않고 있으며, 이는 로페의 초기 작품에서 발견되어지는 중요한 극작술상의 특징이라고 할 수 있을 것이다. 또한 이 작품의 주제적 특징으로는 연극의 곳곳에서 묘사되고 있는 바흐친의 카니발적 광기를 들 수 있다. 예를 들면, 바흐친이 카니발의 개념을 설명하기 위해 종종 언급한 고기에 대한 포식 또는 이와 관련한 저급한 비유라든지, 각종 성적 암시, 그리고 고매한 가치에 대한 격하 등이 작품 도처에서 발견되고 있다. 그러나 무엇보다도 이 연극이 갖는 가장 큰 카니발적 특징은 작가 로페가 발렌시아의 정신병원을 통해 바로 '전도된 세상'을 묘사하고 있다는 사실에서 발견된다. 이 '전도된 세상'은 가부장적 권위와 최고 국가권력에 대한 남녀주인공의 부정과 조롱으로 나타나기도 하고, 병원장의 딸인 페드라(Fedra)와 그녀의 하녀 라이다(Laida) 간의 신분적 위계질서의 전복을 통해 나타나기도 한다. 카니발이 끝나면 모든 게 이전의 상태로 되돌아가듯이, 이러한 '전도된 세상'은 극의 말미에서 전도되기 이전의 세상으로 모두 환원되며 정리가 되지만, 이 '전도된 세상'을 통해 암시되었던 유토피아는 관객들의 머릿속에 지워지지 않을 것이다. 그리고 이를 통해 궁극적으로는 '국민연극'에서 나타나는 희극성과 초기 로페의 연극에서 보이는 희극성의 근본적인 차이가 감지될 수 있다. 요컨대, 전자의 희극성은 관객이 극적 상황으로부터 심리적으로 동화되지 않은 채 일상생활에서 꿈꾸어왔던 이상적 사회를 연극을 통해서나마 목격해보면서 경험하게 되는 것이고, 후자는 관객이 직접 극적 상황에 심리적으로 몰입하고 심지어는 함께 참여함으로써 연극 안에서나마 개혁이 실제로 이루어지는 것을 직접 경험해 보면서 느끼는 것이다. 따라서 후자가 전자보다 다소 노골적이고 개혁적인 희극성을 띠었다고 할 수 있을 것이다. 이 작품의 주인공 플로리아노는 실수로 왕위 계승자인 왕자를 살해하고 이를 숨기기 위해 친구의 도움으로 발렌시아로 가서 벨트란이라는 미치광이 행세를 하며 그곳의 정신병원에 입원한다. 그리고 에리필라는 자신이 원하지 않는 결혼을 강요하는 부모님에게 복수하기 위해 자신의 하인을 유혹하여 함께 발렌시아로 도망치나 그녀가 지닌 값비싼 보석들을 탐낸 하인의 배신으로 보석은 물론 입고 있던 옷까지 모두 빼앗기고 정신병자로 오해받아 플로리아노가 있는 정신병원으로 오게 된다. 그리고 자신의 신분을 숨기기 위해 그녀는 정신병원에서 엘비라(Elvira)라는 가명을 쓰는데, 한창 미치광이 행세를 하던 플로리아노는 정신병자로 끌려온 이 에리필라의 아름다운 자태를 보고 그녀에게 첫눈에 반한다. 에리필라 역시 플로리아노의 훌륭한 외모에 끌리게 된다. 이 두 남녀는 자신들이 처한 절박한 상황도 잊은 채, 이내 서로에게 깊이 매료되고 만다. 한편, 왕자 살해범을 쫓던 사법집행관 리베르토(Liberto)가 발렌시아의 정신병원에까지 찾아오자 플로리아노는 자신이 저지른 죄가 탄로 나 목숨이 위태로워질 수 있는 위기를 맞기도 한다. 그러나 플로리아노와 에리필라는 서로 간의 사랑과 신뢰를 바탕으로 자신들이 미치광이로 여겨진다는 사실을 역이용해 슬기롭게 위기를 모면하기도 한다. 그러나 이들의 관계도 위기를 맞게 된다. 플로리아노를 짝사랑하는 정신병원장의 딸 페드라가 플로리아노의 마음을 얻기 위해 미치광이 노릇을 하자, 정신병원장 헤라르도(Gerardo)가 그녀를 달래기 위해 그녀와 플로리아노의 허위결혼식을 계획하였는데, 이 사정을 모르는 에리필라는 플로리아노가 변심한 줄 알고 그에게 절교를 선언한 것이다. 허위결혼식에서 플로리아노가 페드라와 정말로 결혼하는 줄로 아는 에리필라는 절망하여 그에게 심한 저주의 말을 퍼붓는다. 그러나 이들의 악화된 관계는 오래지 않아 다시 회복된다. 플로리아노가 살해했다고 믿었던 왕자가 사실은 왕자가 아니라 왕자의 하인으로 밝혀졌고, 에리필라 역시 그녀를 배신했던 하인이 결국 죄를 뉘우치고 그녀에게 용서를 빎으로써 그녀의 명예도 회복된 것이다. 동시에 페드라와 플로리아노의 결혼식도 허위였음이 밝혀지고, 자신들의 '광적인' 사랑을 회복한 로리아노와 에리필라는 정신병자에서 정상인으로 돌아와 행복한 결혼식을 올림으로써 극은 끝맺는다.

Los malcasados de Valencia 1595~1604년 사이에 쓰인 것으로 추정되는 기옌 데 카스트로의 작품이다. 레돈디야(redondilla, 4행시) 시법을 사용했으며, 환멸적이고 불만족스러운 결혼 생활을 주제로 한다. ➡ Castro, Guillén de(기옌 데 카스트로)

Los Medios seres 1929년에 라몬 고메스 데 라 세르나가 상연하였다. 이 작품은 모든 인간들이 자신 속에 내재하고 있는 공허감을 채우기 위한 보상심리를 추구한다는 내용으로 되어 있다. 즉 작품 속에서 보게 되는 반쪽 인간들은 실재하는 인간들의 모습을 그린 것이다. ➡ Gómez de la Serna, Ramón(라몬 고메스 데 라 세르나)

Los pastores de Belén* 1612년에 출간된 소설로, 로페가 끔찍이도 아꼈으나 일찍 세상을 떠나고 만 그의 아들 카를로스 펠릭스에게 헌정된 작품이다. 이 소설은 로페의 연극 이외의 작품들 중에서 가장 정성을 들인 것들 중의 하나로 여겨지며, 이 소설의 부제인 "신성한 아르카디아(Arcadia al lo divino)"에서도 보듯이, 일종의 목가소설로 간주될 수 있다. 실제로 『*Los pastores de Belén*』에서는 문학경연대회나 대중적 놀이들처럼 당시 보편화되었던 목가소설적 요소들이 많이 발견된다. 그러나 이 소설의 배경은 르네상스적 목동들과 그들이 살던 시대가 아니라 예수그리스도가 탄생하기 몇 주 전의 베들레헴이다. 이 소설에서 몇몇의 목동들은 베들레헴 근처에 모여서 성경의 여러 이야기들과 성모 마리아, 그리고 그리스도의 강림을 알리는 예언들에 대해 이야기를 나눈다. 그런 후 이들은 곧이어 발생하는 여러 가지 신비스러운 일들에 관여하게 된다. 경건한 전통과 전설들, 그리고 성스러운 갖가지 이야기들이 제공하는 모든 요소들을 취합한 로페는 이를 통해 감동적인 시와 진정한 아름다움으로 가득 찬, 그의 수많은 작품들 중에서 가장 탁월한 것들 중의 하나로 평가되는 이 『*Los pastores de Belén*』을 창작하였던 것이다. 또한 이 소설을 통해 로페는 대부분의 스페인 국민들이 느끼는 집단적 감정들을 다시 한 번 문학이라는 형태의 예술로 훌륭히 승화시켰던 것인데, 구체적으로, 예수그리스도의 탄생과 구세주의 강림이라는, 스페인 대중의 시각으로 봤을 때 지극히 단순하고도 친근하며 명백한 사실과 이를 통해 형성되는 대중의 신앙심이 이 작품에서 다루어졌던 것이다. 이와 같은 『*Los pastores de Belén*』에 대한 여러 학자들의 비평을 종합해보면, 이 작품이 갖는 구체적인 문학적 가치는 크게 세 가지로 요약될 수 있을 것이다. 첫째는 로페가 순박하고 꾸밈없는 감정을 어린 아기와도 같은 부드러움으로써 『*Los pastores de Belén*』이라는 절묘한 형태 위에 투영하고 있다는 점이고, 둘째는 로페에게 많은 영향을 끼쳤던 이탈리아풍의 회화적 요소가 작품의 곳곳에서 한껏 시각적인 매력을 발산하고 있다는 점이며, 마지막으로 셋째는 다른 작품들에서와 마찬가지로 『*Los pastores de Belén*』에서도 역시 에로틱하고 육감적인 요소가 드러나고 있다는 점이다. 이는 다른 작품들에 비해 이 소설에서는 상대적으로 그 강도가 경감되었으나, 무엇보다도 이러한 관능적 요소야말로 예술적으로는 로페를 한껏 높이 치켜세워 주는 반면, 도덕적으로는 그를 한없는 나락으로 떨어뜨려 버리고 마는, 언제나 로페와 자신의 문학적 정체성을 규정지어 주는 길잡이와도 같은 요소라 할 수 있는 것이다. 『*Los pastores de Belén*』에 나온 것과 같은 에로틱한 테마들의 대다수는 '다윗과 밧세바'라든지 '암논과 다말'과 같은 실제 성경에 나오는 이야기들에서 영감을 얻은 것들이나, 작품의 원래 줄거리와 지나치게 동떨어진 이야기인데다가, 워낙 인간적인 자유분방한 분위기가 반영됨으로 인해 당시 종교재판소로부터 다소간의 의혹을 사기도 하였으며, 이를 게기로 이 작품의 상당한 부분이 삭제되기도 하였다. 작품에 대한 이러한 검열은 계속 지속되는 것은 아니었지만, 로페는 일단 문제가 되는 부분은 삭제를 하고 나중에 이 작품의 새로운 판본에 다시 원래의 모습을 복원시켜야 했다. 아무튼 로페의 『*Los pastores de Belén*』은 17세기 당시 공전의 히트를 친 작품이었음에 틀림이 없는 듯하다. 이 작품은 1612년 초판을 시작으로 그 후 12번이나 재출판이 되었던 것이다.

Los Pazos de Ulloa　파르도 바산(Emilia Pardo Bazán)의 소설 중에서 가장 자연주의적 성격을 지니고 있는 작품이다. 1883년에 발표되었다. 줄거리는 다음과 같다; 우요아 후작의 재산 관리인은 후작의 재산을 정리할 것을 요구하는 신부에게 적대감을 가지고, 후작의 부인은 남편의 무자비한 대우에 신부에게서 고귀한 진실성을 찾게 된다. 그러나 결국 신부는 내쫓아지고 후작의 부인은 남편의 가혹한 처우로 죽음에 이른다.

Los pueblos　1905년에 발표된 스페인 98세대 작가 아소린(Azorín)의 수필이다. 스페인에 대한 아소린의 깊은 애정과 스페인의 아름다운 풍경이 생생하게 묘사되어 있다. ➡ Generación del 98(98세대)

Los Tellos de Meneses*　로페 데 베가(Lope de Vega) 연극의 대중 지향적 성향을 드러내기 위한 하나의 유용한 수단으로 활용되어졌던 좋은 예가 되는 극작품이다. 이 연극의 주인공인 부유한 농민 텔요(Tello)는 이 연극에서 여러 사람들에게 존경받는 인물로 묘사된다. 예를 들어, 이 연극의 여주인공인 레온(León)왕국의 공주 엘비라(Elvira)가 자신을 강제로 모로족 왕과 결혼시키려는 아버지를 피해 도주하다 어느 산골짜기에서 길을 잃고 헤매던 중 한 농부를 발견하고 그에게 근처에 도움을 받을만한 집을 물어보자, 그는 “여기서부터 한 레구아 반 정도를 가면 텔요 데 메네세스라는 분의 농장이 나오는데, 그분은 모든 사람들의 존경을 받는 분이니, 거기에서 보호를 받을 수 있을 겁니다”라고 알려준다. 또한 텔요 농장의 하인인 멘도(Mendo)가 엘비라를 데리고 텔요의 농장으로 향하는 길에 그녀가 텔요가 어떤 인물인지 궁금해하자, 그는 한껏 으스대며, “이봐 산골 아가씨, 여기에서 텔요 데 메네세스 집안이 가장 유명하고, 가장 부유하고, 또한 많은 이유들로 인해서 모든 사람들의 존경을 가장 많이 받고 있어”라고 설명한다. 또한 연극에 직접 묘사된 부유한 농민 텔요의 언행에서도 역시 농민이라는 미천한 신분에 어울리지 않는 관대함과 올곧은 성품을 엿볼 수 있다. 예를 들어, 텔요의 모범적이고 훌륭한 됨됨이를 잘 알고 있는 그의 친구들인 아이바르(Aibar)와 바토(Bato)는 성당 건설에 필요한 자금을 기부할 것을 부탁하기 위해 텔요의 농장을 방문한다. 그런데 마침 농장 안에서 크게 떠드는 소리가 들리고, 이윽고 텔요와 그의 하인 실비오(Silvio)가 나타나는데, 실비오가 어린 새끼 돼지를 잡아서 한쪽 다리를 몰래 먹어치운 것에 대해 텔요가 심하게 그를 나무라는 중이었다. 그때 텔요가 자신을 방문한 친구들을 발견하고 어쩐 일이냐며 반기나, 그들은 아무 말 없이 오던 길을 되돌아가려고 한다. 엄청난 재산을 소유한 텔요가 고작 새끼 돼지의 다리 한쪽에 이토록 큰 소란을 피우는 것을 본 그의 친구들이 크게 실망한 것이다. 그러자 뜻밖에도 텔요는 기부에는 인색하면 안 된다며 그들이 처음에 예상했던 것보다 훨씬 더 큰 기부를 흔쾌히 약속한다. 이뿐만 아니다. 텔요는 농장에서 일하는 하녀들이 차고 넘침에도 불구하고 엘비라의 딱한 처지를 동정하여 그녀를 기꺼이 하녀로 맞아들이고 비싼 옷을 선물해주는 관대함과 자비를 베풀기도 한다. 반면, 자신의 아들이 일하지 않고 빈둥대며 사치와 놀이로 돈을 낭비하자 아들을 가차 없이 꾸짖으며 아들에게 잃은 돈 100레알의 열 배인 1,000레알을 자신에게 가져오라고 단호하게 명령한다. 이러한 텔요이기에, 그의 명성은 이미 레온왕국의 왕이자 엘비라의 아버지인 오르도뇨(Ordoño)에게까지 알려지고, 왕은 편지로 그에게 모로족과의 전투에 필요한 비용 2만 두까도를 요구한다. 이에 텔요는 기꺼이 왕의 요구를 수락하고, 아들을 통해서 2만 두까도를 왕에게 전달한다. 이상의 과정에서 엘비라와 아들 텔요는 서로에게 호감을 느끼게 되고, 그들의 관계는 점점 더 가까워진다. 물론 아들 텔요가 엘비라의 진짜 신분이 공주라는 것을 알지 못하기 때문에 가능한 일이다. 그리하여 나중에 오르도뇨 왕이 텔요에게 사의를 표하기 위해 그의 마을을 친히 방문할 무렵 이미 이 두 남녀는 서로를 깊이 사랑하는 사이가 되는데, 이들의 사랑은 뜻하지 않은 일로 결실을 맺게 된다. 즉, 오르도뇨 왕이 마을에서 자신이 좋아하는 토르티야(tortilla) 요리를 대접받아 먹게 되는데, 그 요리에서 자신이 딸에게 선물한 반지가 나오고, 화가 난 왕이 토르티야를 만든 하녀를 불러 처벌하려 하는데, 그 하녀가 바로 산속으로 도망치다 죽은 알았던 자신의 딸 엘비라임을 알아보고 감격에 겨워한다. 잃었던 딸을 되찾은 왕은 기뻐하며 그녀를 강제로 결혼시키려 한 자신의 과오를 뉘우친다. 그리고 그녀가 원하는 남자와 결혼시킬 것을 굳게 약속하고, 이에 따라 엘비라는 왕인 아버지의 정식 허락 하에 농부의 아들인 텔요와 결혼을 하게 된다.

Los trabajos de Persiles y Segismunda 미겔 데 세르반테스 사아베드라(1547~1616)의 유작. 세르반테스 사망 후 그의 부인이 출판한 작품이다. 장르는 비잔틴 소설류에 속한다. 허구와 환상의 공간을 만들면서 왕족인 페르실레스와 세히스문다는 북유럽의 나라들과 스페인을 거쳐 로마에 도착한 후에 결혼한다는 내용을 담고 있다. ➡ Saavedra, Miguel de Cervantes(미겔 데 세르반테스 사아베드라)

Los Trabajos del infatigable creador Pío Cid 1898년에 발표된 『*Los trabajadores del infatigable creador Pío Cid*』는 스페인 98세대 작가 앙헬 가니벳의 『*La conquista del reino de Maya*』 소설 연작이다. 스페인의 의욕 상실 문제와 무기력함, 그리고 국가재건에 필요한 활력의 문제를 제기하고 있다. ➡ Generación del 98(98세대)

Los últimos románticos 1906년에 발표된 스페인 98세대 작가 피오 바로하의 작품이다. 『*Las tragedias grotescas*』, 『*La feria de los discretos*』와 함께 과거를 주제로 한 3부작이다. 이 작품은 『*Las tragedias grotescas*』과 마찬가지로 나폴레옹 3세 때 프랑스 파리로 이민을 간 스페인사람들의 이야기를 전개하고 있다. ➡ Baroja y Nessi, Pío(피오 바로하)

Losada Castro, Basilio (바실리오 로사다 카스트로) 루고(Lugo) 출생의 작가, 언어학자, 번역가(1930~)이다. 갈리시아어로 된 다양한 서적을 출판했고 갈리시아어로 된 문학작품을 다양한 언어로 번역했다. 대표작으로 『*Poetas gallegos de posguerra*』(1971), 『*Poetas gallegos contemporáneos*』(1972)가 있다.

Lostalé, Javier (하비에르 로스탈레) (1942~) 마드리드에서 태어난 작가이다. 젊은 시절부터 창작활동에 몰두했다. 『*La rosa inclinada*』라는 장시로 문단의 주목을 받기 시작했다. 이 작품은 세계의 지식 너머에 있는 것을 향한 모험과 같은 작품이다. 그 이후로도 계속 운명과 아름다움에 대한 탐구를 시를 통해 형상화했다. 『*Hondo es el resplandor*』(1998)은 그의 대표적인 시집이다.

Lozano de Vílchez, Enriqueta (엔리케타 로사노 데 빌체스) 무르시아(Murcia) 출생의 여류시인, 소설가, 극작가(1830~1895)이다. 낭만주의적 시, 종교적 시를 주로 썼는데, 대표작으로는 『*La lira cristiana*』(1857)가 있다. 또한 부르주아를 위한 대중소설을 주로 썼다. 유명한 소설로는 『*Consuelo y juicio de Dios*』가 있다.

Lozano, Cristóbal (크리스토발 로사노) 알바세테(Albacete) 출생의 시인, 소설가, 극작가(1609~1667)이다. 주로 성인과 관련된 일화, 성경에 나오는 테마를 사용해 다양한 작품을 썼다. 대표작으로 『*Trágicos sucesos de don Carlos*』(1638), 『*Los reyes nuevos de Toledo*』(1667) 등이 있다.

Luca de Tena, Juan Ignacio (후안 이그나시오 루카 데 테나) (1897~1975) 마드리드 출신의 작가이다. 칠레와 그리스의 스페인 외교관으로 파견되기도 했다. 희곡 중 『*Don José, Pepe y Pepito*』(1953)는 각 세대 간의 질투를 다룬 작품이며, 『*El cóndor sin alas*』(1951) 역시 몹시 흥미로운 희곡이다.

Luca de Tena, Torcuato (토르쿠아토 루카 데 테나) (1923~1999) 마드리드 출신의 언론인이자 작가이다. 잡지 <Blanco y Negro>와 일간지 <ABC>의 설립자인 토르쿠아토 루카 데 테나(Torcuato Luca de Tena y Álvarez−Ossorio)의 손자이며, 아버지 후안 이그나시오 루카 데 테나(Juan Ignacio Luca de Tena) 역시 극작가였다. 아버지와 함께 첫 번째 소설인 『*La otra vida del capitán Contreras*』(1953)을 극화하여 공연하기도 했다. 『*Los hijos de la lluvia*』(1986)가 대표작이며, 그 외에도 청소년기에 대한 소설 『*Edad prohibida*』(1958), 광기에 대한 소설 『*Los renglones torcidos de Dios*』(1979) 등이 있다.

Lucas Acevedo, José (호세 루카스 아세베도) (1866~?) 무르시아(Murcia) 출신 작가이다.

소설, 희곡, 시와 같이 다양한 장르를 두루 섭렵하였다. 풍속적이고 전원적인 언어 사용에 능하다. 가장 잘 알려진 작품은 사르수엘라 『*La mano de Dios*』(1914)이다.

Lucena, Juan de (후안 데 루세나)　(1430～1506) 스페인의 인문학자이자 외교관으로 활동했다. 로마에서 이후 교황 2세가 되는 추기경 에네아 실비오 피콜로미니 밑에서 서기관으로 일하며 법학을 공부했다. 1463년 집필한 『*Libro De Vita Beata*』가 대표작이다. 키케로 스타일의 대화 형식으로 구성되어 있으며, 철학저서와 문학작품의 중간적 성격을 가진다.

Lucena, Luis de (루이스 데 루세나)　15세기 중반에 활동하던 스페인 작가이다. 두 편의 작품이 전해지는데 하나는 감상소설의 선에 위치한 『*Repetición de amores*』, 하나는 체스 교본인 『*Arte de ajedrez*』이다. 두 편 모두 가톨릭 공동왕의 아들 돈 후안(Don Juan)에게 헌정되었다.

Luceño y Becerra, Tomás (토마스 루세뇨 이 베세라)　(1844～1931) 마드리드 출신 극작가이다. 라몬 데 크루스(Ramón de la Cruz)의 스타일과 전통을 따른다. 희곡에는 마드리드의 풍속이 섬세하게 묘사되어 있다. 『*La fiesta nacional*』(1882), 『*Los lunes de "El Imparcial"*』(1894) 등이 비교적 잘 알려진 작품이다.

Luces de bohemia　스페인 모더니즘 작가 라몬 델 바예 잉클란의 작품이다. '도깨비(espepento)'라는 부제답게 이 작품은 바예 잉클란의 도깨비 시대, 즉 괴기 문학의 시기를 열었던 최초의 작품이다. 당시 스페인의 왜곡되고 부패한 사회 현실과 그로 인한 민중들의 비극적 삶을 비판적인 시각으로 그리고 있다. ➡ Valle－Inclán(바예 잉클란)

Lucio y López, Celso (셀소 루시오 이 로페스)　(1865～1915) 부르고스(Burgos) 출신의 작가이다. 시, 희곡 장르를 주로 썼으며, 언론사에 당시 풍속을 비판하는 칼럼을 활발히 게재했다. 대표작은 『*Fresas de Aranjuez*』(1903), 『*Género chico*』(1906)이다.

Luelmo, José María (호세 마리아 루엘모)　(1907～1991) 바야돌리드(Valladolid) 출신의 작가이다. 청년기부터 전위주의 시문학에 가담하였고, 성숙기에는 서정적이고 관조적인 방향으로 발전했다. 『*Inicial*』(1929), 『*Ventura preferida*』(1936)와 같은 시집들이 좋은 반응을 얻었다.

Luis de Góngora* (루이스 데 공고라)　1561년 7월 11일에 코르도바(Córdoba)에서 태어나고 1627년 5월 23일 고향에서 뇌졸중에 의해 사망한 스페인 출신의 시인이자 극작가이다. 스페인의 시작(詩作)에 있어서 바로크 과식주의의 최고 대표자이자, 당시에 미학의 발전에 가장 많은 영향을 끼친 사람 중 한 명이다. 고전적인 라틴어에서 시발된 통사론적이고 어휘적인 과식주의에서 영감을 받은, 시적 문체의 개작이 오늘날까지 도달한 스페인어 서정시에서 한 획을 그었다. 예수회에서 공부를 했었던 것으로 보인다. 코르도바 성당에서 봉급을 받았던 성직자인 외삼촌이 특권을 그에게 양보했을 때 사제로 서품되었지만 신앙심의 부족은 그의 전 생애 동안 분명했고, 마음속에는 여성에 대한 열정이 엿보였다. 무엇보다도, 도박에 대한 열정은 마드리드의 체류 기간 동안에 수많은 우롱과 그의 마지막 붕괴의 원인이 되었다. 또한 유대인 가문의 혈통이라는 가설은 특히 동시대의 유명한 문인이었던 케베도(Quevedo)에게 그의 새로운 시들을 "유대교 계율을 지키는 사람"의 시로 평가하도록 했고, 유대인이라는 추측과 함께 케베도에 의해 그의 코가 동일시되어지는 조롱의 원인이 되었다. 1576년에서 1580년 사이에 살라망카(Salamanca)에서 종교적인 계율들을 공부했지만, 졸업은 하지 못했다. 정확하게 첫 번째 시는 1580

년에 만들어졌고 칸토 데 칼리오페(Canto de Calíope)에서 세르반테스(Cervantes)의 칭찬을 받은 게 그로부터 5년 후였다. 1617년에 이미 시인으로서 유명했고 마드리드에 정착하여 완전한 정식 사제로서 서품되었다. 레르마(Lerma) 공작의 도움과 함께 왕의 주임 사제로 임명되기도 하였다. 가장 두드러지는 작품은 『*Soledades*』와 『*Fábula de Polifemo y Galatea*』 등이다.

Luis hidalgo, José (호세 루이스 이달고)　1919년 산탄데르 출생의 스페인작가, 시인, 예술가(1919~1947)이다. 지역 시인들과 산탄데르 지방의 간행물인 <Proel>을 발행하였으며, 『*Raíz*』(1943), 『*Los animales*』(1944), 『*Los muertos*』 등 총 세 권의 책을 집필하였다.

Luján, Néstor (네스토르 루한)　(1922~1995) 바르셀로나(Barcelona)에서 태어난 작가이다. 역사적 성격의 소설들을 많이 썼다. 스페인 식문화, 투우, 지정학에도 관심을 보였다. 작품 중에서는 『*Decidnos, ¿quién mató al conde?*』(1987), 『*Los espejos paralelos*』(1991)가 잘 알려졌다.

Luque, Aurora (아우로라 루케)　알메리아(Almería) 출생의 여류작가(1962~)이다. 다양한 그리스 시를 카스티야어로 번역했으며, 고전적인 느낌의 시를 주로 창작했다. 주요작품으로는 『*Hiperiónida*』(1982), 『*Problemas de doblaje*』(1990) 등이 있다.

Lusitanismo(Portuguesismo) [루시타니스모(포르투게시스모)]　포르투갈어에서 파생되거나 영향을 받은 어휘나 표현을 뜻한다. 스페인어에서 루시타니스모는 bandeja(쟁반), caramelo(사탕) 등이 있다.

Lustonó, Eduardo de (에두아르도 데 루스토노)　(1849~1906) 마드리드에서 태어난 작가이다. 잡지에 기고할 때는 알비요(Albillo)라는 가명을 사용하기도 했다. 문체는 풍자적이며 중점적으로 다루는 주제는 사회 비판이다. 단편소설들은 『*El quitapesares*』(1870), 『*El hazmerreír*』(1871)와 같은 단편집으로 엮어졌다.

Luzán y Claramunt, Ignacio (이그나시오 루산 이 클라라문트)　사라고사(Zaragoza) 출생의 작가(1702~1754)이다. 『*Las reglas de la poesía en general*』(1737)이라는 작품으로 신고전주의 운동을 위한 토대를 마련하였다. 이 외에도 『*La virtud coronada*』(1742) 등의 작품이 있다. ➡ Neoclasicismo(신고전주의)

Luzán, Ignacio de (이그나시오 데 루산)　본명은 이그나시오 데 루산 클라라문트 데 수엘베스 이 게라(Ignacio de Luzán Claramunt de Suelves y Gurrea, 1702~1754)이며 스페인 비평가이자 시인이다. 사라고사(Zaragoza)에서 태어났으며 어린 시절 삼촌의 보호 아래 자랐다. 이후 밀라노에서 공부하였고, 카타니아(Catania) 대학에서 철학을 전공하였다. 1723년 하급 성직을 받았지만 교회로 들어가는 것을 포기했다. 1733년 스페인에서 사업을 시작하여 몬손(Monzón)에서 살았고 문학에서 혁신적 경향의 학자로 마드리드에서 알려졌다. 가장 인상적인 작품은 『*La Poetica, ó Reglas de la poesia en general y de sus principales especies*』(1737)이다.

M

Machado Ruiz, Manuel (마누엘 마차도 루이스) 1874년 세비야(Sevilla)에서 태어난 스페인 시인(1874~1947)이다. 안토니오 마차도(Antonio Machado)의 형제로 많은 작품활동을 공동 작업하였다. 스페인 모더니즘(Modernismo)의 대표적인 인물 중 한 명으로 손꼽힌다.

Machado y Álvarez, Antonio (안토니오 마차도 이 알바레스) 1848년 산티아고 데 콤포스텔라(Santiago de Compostela)에서 태어난 스페인 민속주의 학자이다. 가명 데모필로(Demófilo)로 잘 알려져 있으며 스페인 민속주의 연구의 시초 연구자로 손꼽힌다. 세비야(Sevilla)에서 재판장 및 법학과 교수, 잡지 편집자를 역임하였으며 작품 중 대다수가 유럽 전 지역으로 번역되었다. 대표작으로는 『*Folklore andaluz y Bases del folklore español*』(1881), 『*Colección de cantes flamencos*』(1881), 『*Colección de enigmas y adivinanzas*』(1883) 등이 있다.

Machado y Ruiz, Antonio (안토니오 마차도 이 루이스) 세비야(Sevilla) 출생의 시인으로 '98년대' 대표작가 중 한 명이다. 장엄하고 명상적인 느낌을 주는 시를 주로 썼다. 대표작으로 『*Las Adelfas*』(1928), 『*La Lola se va a los puertos*』(1929) 등이 있다. ➡ Generación del 98(98세대)

Machismo (마치스모) 마초(macho)에 어원을 두는 마치스모는 스페인 한림원(Real Academia Española: RAE) 사전에 의하면 "여성들에 대한 남성들의 절대적 권력 태도", 즉 남성우월주의 의식을 말한다. 여성단체들의 정의에 의하면 마치스모는 "여성을 차별하는 행동의 집합"이라고 한다.

Macías Picavea, Ricardo (리카르도 마시아스 피카베아) (1847~1899) 스페인 칸타브리아의 산탄데르(Santander)에서 태어난 작가이다. 지방색이 뚜렷한 것이 작품의 특징이고 앙헬 가비넷(Ángel Ganivet)으로부터 주제적 측면에서 영향을 받았다. 대표작은 『*La tierra de campos*』(1897)이다.

Macías y García, Marcelo (마르셀로 마시아스 이 가르시아) 아스토르가(Astorga) 출생의 성직자, 교수, 작가(1843~1941)이다. 심미적인 낭만주의 소설을 주로 썼는데 대표작으로는 『*Toque de alba*』(1887)가 있다. 또한 종교적 시, 조예 깊은 수필을 쓰기도 했는데 주요작품으로는 『*Elogio del sabio benedictino Fr. Benito Jerónimo Feijoo*』(1887), 『*Poetas religiosos inéditos del siglo XVI*』(1890)가 있다.

Madrid, Fray Alonso de (프라이 알론소 데 마드리드) 산 프란시스코회의 사제이자 스페인 종교문학의 대표적인 작가이다. 삶에 관한 자료는 불명확하지만 1480년에서 1485년 사이 마드리드에서 출생하였다고 추측한다. 대표작은 『*Arte para servir a Dios*』(1521)로 섬세한 심리 분석이 특징이다.

Maeztu y Whitney, Ramiro de (라미로 데 마에스투 이 위트니) (1875~1936) 바스크 지방의 비토리아(Vitoria) 출신으로 전통적인 가톨릭식의 교육을 받고 성장하였다. 이후 저널리즘에 종사하면서 쿠바 문제에 대한 논평을 기고하였는데 이 글이 마드리드의 신문에 소개되면서 명성을 얻게 되었다. ➡ Generación del 98(98세대)

Maeztu, Gustavo de (구스타보 데 마에스투) 알라바(Álava) 출생의 화가, 작가(1887~1947)이다. 풍속주의적이고 생동감 넘치는 작품을 주로 썼다. 처녀작 『*El imperio del gato azul*』(1911)을 시작으로 다양한 작품을 창작했다.

Maimónides (마이모니데스) 모세 벤 마이몬(Moshé ben Maimón), 무사 이븐 마이문(Musa ibn Maymun)이라고도 하며, 그리스도교인들 사이에서는 라비 모이세스 엘 에힙시오(Rabí Moisés el Egipcio)로도 알려져 있다. 1135년 코르도바(Córdoba)의 유대인 집안에서 태어나 1204년 이집트의 푸스타트(Fustat)에서 사망하였다. 중세 시대의 중요한 철학자 중 하나였으며 의사, 율법학자로서도 명성을 떨쳤다. 『*La guía de perplejos*』(1190), 『*Guía de la buena salud*』(1198) 등을 저술하였다.

Mal Lara, Juan de (후안 데 말 라라) (1524~1571) 세비야 출신의 시인, 문법학자, 인문학자이다. 바르셀로나와 살라망카 대학교에서 인문학 학위를 수여받았고, 특히 고향인 세비야 지역에서 상당한 인문학적 영향력을 발휘했다. 세비야 시파의 중심이 되는 인문학 아카데미인 로드리고 산타에야 학교(Colegio de Maese Rodrigo de Santaella)를 설립했다.

Mala hierba 1904년에 발표된 스페인 98세대 작가 피오 바로하의 작품이다. 이 작품은 『*La busca*』(1904), 『*Aurora roja*』(1904)와 함께 삶을 위한 투쟁을 주제로 한 3부작이다. 본 3부작에서는 풍성한 이야깃거리와 마드리드 변두리의 다양한 풍속 등이 재미있게 그려져 있다. 특히 암담한 마드리드의 처참한 광경을 반영한다. ➡ Baroja y Nessi, Pío(피오 바로하)

Maldonado, Luis (루이스 말도나도) 살라망카(Salamanca) 출생의 작가이자 교수, 정치가(1860~1926)이다. 풍속적인 주제와 흥미진진한 스토리 전개로 독자들에게 인기가 있었다. 대표작으로는 『*Las querellas del ciego de Robliza*』(1894), 『*Del campo y de la ciudad*』(1903) 등이 있다.

Malón de Chaide, Pedro (페드로 말론 데 차이데) 나바라(Navarra)에서 1530년 출생한 스페인 문학가(1530~1589)이다. 종교적 색채를 띤 작품을 주로 선보였으며, 대표작으로는 『*Libro de la conversación de la Magdalena*』(1588)가 있다. 생기 있고 대중적인 필체가 특징이며 종교문학 작가 중 색채 표현 및 사물 묘사가 가장 뛰어난 작가라고 할 수 있다.

Maluenda, Antonio de (안토니오 데 말루엔다) 1554년 스페인 부르고스(Burgos)에서 태어난 스페인 시인이다. 살라망카(Salamanca)에서 신학을 공부하였으며 이탈리아 로마에서 대부분의 생애를 보냈다. 1584년 산 미얀(San Millán)의 수도원장으로 임명 받았으며, 작품 중 유일하게 알려져 있는 것은 『*Cancionero*』인데 이는 사랑, 종교, 도덕에 관한 소네트를 엮은 작품이다.

Maluenda, Jacinto Alonso (하신토 알론소 말루엔다) (?~1658) 발렌시아(Valencia)에서 태어난 작가이다. 희극 극장의 책임자였기 때문에 당시 연극적 분위기에 친숙했다. 연극은 풍자적이며, 시에는 유머가 담겨있다. 대표작은 『*Cozquilla del gusto*』(1629)이다.

Manegat, Julio (훌리오 마네가트) 1922년 바르셀로나에서 태어난 스페인 작가이다. 저명한 신문기자이자 작가인 루이스 공사가 마네갓 히메네스(Luis Gonzaga Manegat Jiménez)의 아들이며, 철학과 신문방송을 전공하였다. 1946년부터 <Noticiero Universal> 신문 발간에 참여, 집필하였고 그 외에도 약 150권 이상의 책을 발간하면서 잡지, 라디오 방송, 텔레비전, 교직활동 등 다양한 활동을 하였다. 대표저서로는 『*La ciudad amarilla*』(1958), 『*Ellos siguen pasando*』(1979) 등이 있다.

Manent i Cisa, Marià (마리아 마넨트 이 시사) 바르셀로나(Barcelona) 출생의 작가, 번역가, 문학비평가(1898～1988)이다. 순수주의적 시를 주로 썼으며 이 외에도 문학과 관련된 연구서와 에세이를 출판했다. 대표작으로는 『*Rupert Brook*』(1931), 『*Versions de l'anglès*』(1938) 등이 있다.

Manfredi Cano, Domingo (도밍고 만프레디 카노) 세비야(Sevilla) 출생의 작가, 기자(1918～1998)이다. 스페인 내전 후의 사회상을 매우 현실적으로 표현한 소설을 주로 썼다. 주요작품으로는 『*La rastra*』(1956), 『*A los pies de los caballos*』(1959) 등이 있다.

Manrique de Lara, José Gerardo (호세 헤라르도 만리케 데 라라) 1922년 그라나다(Granada)에서 출생한 스페인 작가이다. 다양한 주제의 다작 작가로 유명하며 문화적 소재, 풍부한 지식, 뛰어난 기술 등을 특징으로 한다. 또한 전후 문학에 큰 영향을 받았다. 대표적인 작품으로는 『*Poetas sociales españoles*』(1974), 『*Pedro el Ciego*』(1954) 등이 있다.

Manrique, Gómez (고메스 만리케) (1412～1490) 스페인 시인, 극작가, 정치인, 군인으로 활동했다. 일찍부터 정치생활에 뛰어들었다. 이사벨 여왕과 페르난도의 결혼에 기여한 공을 인정받아 톨레도의 왕실 대리관으로 임명받았다. 대표적인 작품으로는 시 『*Planto de las virtudes y la poesía*』, 희곡 『*Representación del nacimiento de nuestro señor*』가 있다. 동시대의 유명한 시인 호르헤 만리케의 삼촌으로도 알려져 있다. ➡ Jorge Manrique(호르헤 만리케)

Mantero, Manuel (마누엘 만테로) (1930～) 세비야(Sevilla) 출신의 작가이자 교수이다. 시는 내면주의를 특징으로 하며 사실주의적인 분위기와 상상력이 완벽한 조화를 이룬다는 평을 받는다. 『*La carne antigua*』(1954), 『*Tiempo del hombre*』(1960) 등이 잘 알려진 작품이다.

Manterola, José (호세 만테롤라) 1849년 산 세바스티안(San Sebastián)에서 태어난 스페인 시문집 수집가이다. 산 세바스티안 국립도서관의 도서관원과 <Euskal～Erria>(에우스케라로 된 시문집 잡지)의 설립자이자 편집장을 역임하였다. 바스크어의 첫 번째 시문집인 『*Cancionero vasco*』(1877～1880)의 저자로 큰 중요성을 가지고 있다.

Mantuano, Pedro (페드로 만투아노) (1585～1656) 스페인의 작가이다. 벨라스코(Velasco)의 서기관과 밀라노의 총독과 공동으로 일했다. 대표작은 『*Advertencia a la historia de Juan de Mariana*』이다.

Maqamat (마카마트 문학) 아랍 문학의 한 장르이다. 10세기에 알 하마다니에 의해 창시되어 다음 세기에 알 하리리 작품을 통해 번창하였다. 뛰어난 기교의 산문과 각운의 시가 섞여 말하기 형식으로 전달된다.

Maragall, Joan (조안 마라갈) 1860년 바르셀로나(Barcelona)에서 출생한 스페인의 대표적인 카탈루냐(Catalunya)시인이다. 카탈루냐식 이름은 'Joan Maragall i Gorina'이다. 카스티야어(Castellano)로 시를 쓰기도 하지만, 대부분의 시는 카탈루냐어(Catalán)로 쓰여 있다. 1892년부터 현대 문학 운동을 장려하며 다른 문학가들과 함께 잡지 <L'Avenç, Catalonia i Luz>를 발간하였으며, 현재 카탈루냐 현대문학의 아버지로 알려져 있다.

Maratón de Lectura de Don Quijote (돈키호테 읽기 마라톤 행사) 마드리드 예술회관(Círculo de bellas artes)의 주최로 열리는 행사로, 대략 48시간 동안 전 세계인이 세르반테스의 『*Don Quijote*』를 자국어로 읽는 행사이다. 인종, 직업, 계층, 언어 등의 제한 요건이 없으며 최근에는 비디오 화상중계를 통해 실시간 동시 참여도 가능해졌다. 전 세계인이 참가하는 이 행사는 『*Don Quijote*』가 하나의 스페인 문학작품을 넘어서 지구촌 전역의 '인문학 축제'로 확대된 것에 그 의미가 있다.

Marchena Ruiz de Cueto, José (호세 마르체나 루이스 데 쿠에토) (1768~1821) 세비야 출신의 시인이다. 프랑스로 건너가 혁명과 관련된 사람들과 친분을 유지하다가 프랑스의 침공 때 돌아와 백과전서파의 사상으로부터 커다란 영향력을 받으면서 몰리에르와 볼테르의 작품들을 번역하였다.

Marco y Sanchís, José (호세 마르코 이 산치스) (1830~1895) 발렌시아(Valencia)에서 태어난 작가이다. 문화 잡지들에 활발하게 참여하였고 수많은 후기 낭만주의적 연극들을 집필했다. 『*La pava trufada*』(1856), 『*Libertad en la cadena*』(1857), 『*El sol de invierno*』(1860) 등의 작품들을 무대에 올렸다.

Marco, Joaquín (호아킨 마르코) (1935~) 바르셀로나 출신의 작가이다. 전위주의적인 실험성과 주위 환경에 대한 감수성, 구어체, 도덕적 측면의 혼합이 그의 시 특징이다. 『*Los virus de la memoria*』(1994)의 발표로 시인으로의 입지를 다졌다. 스페인 및 라틴아메리카 문학 학자로도 명성이 높고, 『*Nueva literatura en España y América*』(1972) 등의 비평서를 출간했다.

María delgado, Jacinto (하신토 마리아 델가도) 기본 연혁은 나와 있지 않은 스페인 소설가이다. 『*Don Quijote*』 속 등장인물을 이용하여 소설을 쓰는 작가이며, 대표작으로는 『*Adiciones a la historia del ingenioso hidalgo don quijote de la mancha*』(1786)가 있다.

Mariana Pineda (마리아나 피네다) 스페인 극작가 페데리코 가르시아 로르카의 희곡. 마리아나 데 피네다 무뇨스(Mariana de Pineda Muñoz)라는 실존인물의 이야기를 바탕으로 한다. 1927년 6월 바르셀로나에서 초연되었다. 1927년 초연은 로르카가 직접 연출했으며, 살바도르 달리가 의상과 무대배경을 맡았다. ➡ Federico García Lorca(페데리코 가르시아 로르카)

Mariana, Juan de (후안 데 마리아나) (1535~1624) 톨레도 출신의 작가, 신학자, 역사가이다. 17세에 예수회에 들어갔고, 24세부터 로마, 시칠리아 등 유럽을 돌며 신학을 강의했다. 저서 중 『*Discurso de las cosas de la Compañía*』는 예수회에 대한 비판이 담겨있다는 이유로 예수회 고위성직자들에 의해 출판이 금지되었다.

M

Marín, Fray Pedro (프라이 페드로 마린) 실로스 수도원(Monasterio de Silos)의 수도사로, 카스티야어(Castellano)로 수도원에서 쓰인 첫 번째 작품 『*Miráculos de Santo Domingo*』의 저자이다. 당시에는 수도원에서 오직 라틴어만를 사용하며 문서를 작성해야 했기 때문에 카스티야어로 처음 쓰인 문서라는 점에서 의의를 갖는다.

Marina* (마리나) 천문학적 판매량을 기록하며 전 세계적인 돌풍을 일으켰던 『*La sombra del viento*』, 『*El juego del ángel*』, 『*El Prisionero del Cielo*』의 작가 카를로스 루이스 사폰(Carlos

Ruiz Zafón, 1964~)이 청소년 소설 『*El príncipe de la niebla*』(1993), 『*El palacio de la medianoche*』(1994), 『*Las luces de septiembre*』(1995)에 이어 발표함으로써 연작소설의 종지부를 찍은 마지막 작품이 『*Marina*』이다. 카를로스 루이스 사폰의 초기 연작 소설 『*El príncipe de la niebla*』, 『*El palacio de la medianoche*』, 『*Las luces de septiembre*』는 사춘기 소년들의 순수한 세계와 섬뜩한 악의 세계를 묘사하고 있으며, 판타지와 공포, 모험 등이 절묘하게 어우러져 있다. 작가의 말처럼 10대 청소년부터 청장년을 비롯해 60~70대 노년 독자들이 읽어도 즐겁고 행복할 수 있는 아름다운 작품들로 완성시킨 것이다. 『*Marina*』는 작품활동 초기 청소년을 위한 소설에서 일반 성인 독자층을 겨냥한 본격 소설로 들어가는 중간 단계에서 일종의 다리 역할을 한 작품이다. 카를로스 루이스 사폰은 스스로 작가라면 누구나 자신의 작품 중에 가장 아끼는 작품이 있기 마련이라며, 자신에게는 『*Marina*』가 바로 그런 작품이라고 밝히고 있다. 소위 '청춘'이라 불리는 축복받은 시기와 작별을 고하는 작품, 정확히 파악할 수는 없지만 나날이 그리워지고 평생 그리워하게 될 그 무언가가 영원히 깃들게 된 작품 말이다. 『*Marina*』는 1970년대 후반 스페인 바르셀로나를 무대로 하고 있다. 주인공 오스카르 드라이(Óscar Drai)는 함께 휴가를 보낼 시간조차 없는 바쁜 부모님 덕분에 가족과 떨어져 기숙학교에서 생활하고, 방과 후 학교를 몰래 빠져나가 동네를 헤집고 다니는 게 취미인 10대 소년이다. 어느 날 오스카르는 여느 때처럼 과감히 외출을 시도했다가 폐허가 다 된 저택을 발견하고, 우연히 그 집에 사는 또래 소녀 마리나(Marina)와 친구가 되어 예기치 못한 모험의 장으로 들어서게 된다. 문제는 처음에는 장난처럼 시작했던 모험이 위험천만하고 섬뜩한 공포로 발전해나간다는 것이다. 이 모험을 위해 카를로스 루이스 사폰은 공포영화에서나 볼 수 있을 법한 모든 장치를 동원한다. 어디서 흘러오는지 모를 사체가 썩는 듯한 악취, 뒤틀린 인체의 모습을 담은 기이한 사진들, 죽은 피부로 뒤덮이고 눈구멍만 뚫린 채 스스로 살아나 서툴게 관절을 움직여대는 꼭두각시 인형들, 절단된 사지가 널브러져 있는 인체 실험실과 프랑켄슈타인을 떠올리게 하는 의사, 그리고 무엇보다 눈앞에 보이지는 않지만 온몸의 세포 하나하나를 공포로 일깨우는 듯한 기분 나쁜 소리와 차디찬 냉기 등 이 모든 것을 1인칭 화자의 시각에서 생생하게 묘사해낸다. 이렇게 오스카르와 마리나는 철저히 격리된 시공간 속에서조차 두려운 타자의 존재감과 시선을 느낀다. 하지만 나이 어린 10대의 주인공들에게 그들을 지켜주고 도와줄 만한 어른은 없다. 자신들만이 거대한 악과 위험한 세상에 맞서 싸우는 유일한 존재인 것이다. 『*Marina*』는 『*El príncipe de la niebla*』나 『*El palacio de la medianoche*』처럼 외형적으로는 판타지와 모험이 어우러진 소설을 표방한다. 굳이 차이점이 있다면 좀 더 많은 죽음이 존재하는 것뿐이다. 작가는 『*Marina*』에서 청춘과 영원한 이별을 고하기라도 하려는 듯이 주인공 소녀마저도 죽음으로 이끈다. 그 때문에 다른 작품에서 다룬 우정과 사랑, 가족, 신의 등의 주제에 '이별'이라는 주제가 발견되는 것이다.

Marinero en tierra (육지의 선원) 라파엘 알베르티의 처녀시집으로 1925년에 출간되어, 스페인 국민 문학상(Premio Nacional de Literatura de España)을 수상하는 등 엄청난 성공을 거두었다. 작품집에 흐르고 있는 기본적인 정서는 그의 고향 땅과 염전, 그리고 바다에 대한 향수(nostalgia)인데, 이는 동시에 마드리드로부터 벗어나고자 하는 열망으로 이어진다. ➡ Alberti, Rafael(라파엘 알베르티)

Mariona Rebull (마리오나 레불) 1944에 발표된 이그나시오 아구스티(Ignacio Agustí

Peypoch)의 작품으로 작가가 30년에 걸쳐 야심적으로 계획한 『*La ceniza fue árbol*』라는 연작선집의 제1권이다. 이 연작선집은 『*El viudo Ríus*』(1945), 『*Desiderio*』(1957), 『*19 de julio*』(1965) 등으로 계속된다.

Mariscal Montes, Julio (훌리오 마리스칼 몬테스) (1922~1977) 카디스(Cádiz) 출신의 시인이다. 안달루시아 50세대(Generación andaluza del 50)의 구성원 중 한 명이다. 작품은 자전적이면서도 비관적인 어조를 보인다. 『*Corral de muertos*』(1953), 『*Poemas de ausencia*』(1957) 등의 시집을 냈다.

Marquerie, Alfredo (알프레도 마르케리에) (1907~1974) 마온(Mahón)에서 태어난 작가이다. 창작활동 외에도 해외 특파원, 연극비평가, 칼럼니스트 등 다양한 활동을 했다. 주로 유머러스하고 풍속주의적인 소설들을 썼다. 대표작으로는 『*Blas y su mecanógrafa*』(1939), 『*La antesala del infierno*』(1975)가 꼽힌다.

Marquina, Eduardo (에두아르도 마르키나) (1879~1946) 스페인 극작가이다. 처음에는 역사극에서 출발하여 기발하고 화려한 운문을 구사하였는데 때로는 서사적 음조로, 때로는 향수적인 음조의 시로써 작품을 써나갔다. 그리고 그의 서정시는 순수한 사실주의에 속하며 그가 지닌 역사관은 예찬론적이고 모범적이다.

Marquina, Pedro (페드로 마르키나) (?~1886) 사라고사(Zaragoza) 출신의 작가이다. 시에 있어서는 후기 낭만주의 미학을 충실하게 따르면서 국가주의적이고 과장된 연극을 쓰기도 한다. 『*Papel impreso*』(1878), 『*Palabra de aragonés*』(1882) 등을 남겼다.

Marsé, Juan (후안 마르세) (1933~) 바르셀로나 출신의 작가이다. 13세까지만 교육을 받고 그 후에는 보석 세공소에서 도제공으로 일하며 몇몇 잡지에 글을 기고하기 시작했다. 소설들은 주로 바르셀로나를 배경으로 삼으며 전후 사회의 도덕적 타락을 비롯하여 계층 간의 차이, 잃어버린 유년기 등을 분석한다. 기법적인 측면에서는 사회적 사실주의 기법을 사용하면서도 전위주의의 실험적 기법을 종종 시도한다. 2008년에 세르반테스상을 받았다. 『*Últimas tardes con Teresa*』(1966), 『*Rabos de lagartija*』(2000) 등이 대표작이다.

Marsillach, Adolfo (아돌포 마르시야크) 바르셀로나(Barcelona) 출생의 시나리오 작가, 배우, 영화감독(1928~2002)이다. 『*Hamlet*』, 『*Pigmalión*』 등의 고전작품을 자신의 방식으로 해석하여 영화로 만들었는데 영화계로부터 굉장한 찬사를 받았다. 이 외에도 『*El zoo de cristal*』(1947)이 큰 성공을 거뒀다.

Martín Abril, José Luis (호세 루이스 마르틴 아브릴) 1918년 바야돌리드(Valladolid)에서 태어난 스페인 소설가, 수필가이다. 시청에서 공직생활을 했고, 스페인 방송(Televisión Española) 및 학교에서 활동을 하기도 하였다. 문학활동에서는 탐미주의적이고 전통적인 가치를 추구한다는 것이 특징이다. 대표적인 작품으로는 『*A lo largo del sendero*』(1965), 『*Las nubes bajas*』(1968) 등이 있으며 『*El viento se acuesta al atardecer*』(1973)로는 세르반테스상(Premio Cervantes)을 받았다.

Martín Elizondo, José (호세 마르틴 엘리존도) (1922~) 스페인 작가로 비즈카야(Vizcaya)의 게초(Guecho)에서 태어났다. 젊은 시절부터 프랑스에서 살았고 좌파 정치 사회의 극작가이다. 대표작으로는 『*Juana creó la noche*』(1960), 『*La guarda del puente*』(1966), 『*Las iluminaciones*』(1976), 『*Las hilanderas*』(1980)가 있다.

Martín Gaite, Carmen (카르멘 마르틴 가이테) (1925~2000) 살라망카(Salamanca) 출신

의 작가이다. 50세대 작가군에 속한다. 살라망카 대학에서 철학을 전공했다. 대표작인 전원에서의 무의미한 삶에 대해 환멸을 느끼는 중산층 청년의 이야기를 다룬 『*Entre visillos*』로 나달 문학상(premio Nadal)을 수상했고, 그 외에도 스페인 국민 문학상을 비롯해 여러 차례 각종 문학상을 받았다. 소설 집필 외에도 릴케, 브론테 등의 작품을 스페인어로 번역했고 TV 드라마의 각본을 쓰기도 했다.

Martín Garzo, Gustavo (구스타보 마르틴 가르소) (1948~) 바야돌리드 출신의 심리학자이자 작가이다. 아이들과 청소년을 위한 심리상담소 운영과 작품 창작을 병행했다. 『*Una tienda bajo el agua*』(1991)는 첫 번째 소설로 어느 노인과 그를 돌보는 한 여자의 이야기이다. 여성성의 비밀을 다룬 소설 『*El amigo de las mujeres*』(1991)의 출판과 함께 문학계에 알려지기 시작했다. 『*El lenguaje de las fuentes*』(1993)로 국민 소설 부문 문학상(Premio Nacional de Narrativa), 『*Las historias de Marta y Fernando*』(1999)로 나달 문학상(Premio Nadal)을 받았다.

Martín Recuerda, José (호세 마르틴 레쿠에르다) (1922~2007) 그라나다에서 태어난 작가이다. 초기의 서정적이고 부드러운 분위기에서 점차 다양한 작품세계를 발전시켰다. 20세기 스페인 연극의 가장 대표적인 두 개의 흐름과 연결되어 있다. 즉, 표현주의, 잔혹한 장면 묘사 측면에서는 바예 잉클란(Valle-Inclán), 자유를 향한 열정에 관한 주제, 시적인 어휘 측면에서는 로르카 가르시아(García Lorca)의 전통을 계승했다. 초기에는 서정적이고 다정한 분위기의 작품을 썼다. 이 단계에 속하는 작품으로는 『*El enemigo*』(1943), 『*El teatrito de don Ramón*』(1957) 등이다. 후기에 접어들수록 사회 문제에 관심을 가지고 전후 스페인 사회의 부정의를 다룬 작품을 썼다. 이 단계에 해당하는 작품으로는 『*Los salvajes en Puente San Gil*』(1961), 『*Las conversiones*』(1980) 등이 있다.

Martín, Paco (파코 마르틴) 1940년 루고(Lugo)에서 태어난 스페인 작가이다. 갈리시아의 대표적인 작가로 아동, 청소년 문학 분야의 주요 작가이다. 대표적인 아동, 청소년 작품으로는 『*Muxicas no espello*』(1971), 『*No cadeixo*』(1976) 등이 있다. 『*Das cousas de Ramón Lamonte*』(1985)라는 작품을 통해 아동과 청소년 국민 문학상(Premio Nacional de Literatura Infantil y Juvenil)을 받았다.

Martínez Ballesteros, Antonio (안토니오 마르티네스 바예스테로스) (1929~) 스페인 작가이며 1929년 톨레도에서 태어났다. 전위주의 극작가이다. 검열로 인해 잘 알려지지 않은 나라에 그의 작품이 있고 투명한 방법으로 글 쓰는 것을 단념하였다. 대표작으로 『*En Oestiada 39*』(1960), 『*Los mendigos*』(1961) 등이 있다.

Martínez de la Rosa, Francisco de Paula (프란시스코 데 파울라 마르티네스 데 라 로사) (1781~1862) 낭만주의 극의 시초라 할 수 있다. 그라나다 태생으로 훌륭한 의회 웅변가로 정치가, 자유주의자, 탁월한 문인으로 손꼽힌다. 거의 모든 종류의 문학을 거쳤으며 크게 신고전주의 시기와 낭만주의로의 접근 시기로 나누어 볼 수 있다.

Martínez de Meneses, Antonio (안토니오 마르티네스 데 메네세스) (1608~1662) 스페인 극작가이자 시인이며 1608년 톨레도에서 태어났다. 다른 작가들과 함께 작품을 썼다. 『*La renegada de Valladolid*』는 벨몬테(Belmonte)와 모레토(Moreto)와 함께 썼다. 밀란(Milán)궁정 내의 음모를 내용으로 다룬 『*Los Esforcias de Milán*』이 유명하다.

Martínez Mediero, Manuel (마누엘 마르티네스 메디에로) (1939~) 바다호스(Badajoz) 출신의 작가이다. 당시 많은 작가들이 그랬던 것처럼 프랑코 정권의 검열 때문에 사실주의와 상징주의 문학에서 갈등하다 사회적 사실주의(realismo social)와 전위주의적 실험성이 혼합된 극을 썼다. 대표작으로는 『*Juana del Amor Hermoso*』(1983), 『*Papa Borgia*』(1985), 『*Por el niño de Belén*』(1994)이 꼽힌다.

Martínez Sarrión, Antonio (안토니오 마르티네스 사리온) (1939~) 알바세테 출신의 시인 및 번역가이다. 노비시모 그룹에 속한다. 뛰어난 독창성이 돋보이며, 풍부하고 밀도 높은 문화적 지식이 드러나는 것, 전위주의적 경향이 시의 특징이다. 『*De acedía*』(1985), 『*Ejercicio sobre Rilke*』(1988)가 대표시집으로 꼽힌다.

Martínez Sierra, Gregorio (그레고리오 마르티네스 시에라) 마드리드 출생의 시인, 소설가, 극작가(1881~1947)이다. 시인으로서의 활동은 처녀작 『*Flores de escarcha*』(1900)로 시작했으며 『*La casa de la primavera*』(1907)의 출판으로 현대 시대에 가장 눈에 띄는 작가들 중 한 명으로 평가되었다. 동시에 다양한 소설을 출간하는데, 주요작품으로 『*Sol de la tarde*』(1904), 『*La humilde verdad*』(1905) 등이 있다. 그러나 가장 열정을 쏟은 분야는 극장르로 하신토 베나벤테(Jacinto Benavente, 1866~1954)의 추종자였다. 대표작으로는 『*La sombra del padre*』(1909), 『*El ama de casa*』(1910) 등이 있다.

Martítez Cachero, José María (호세 마리아 마르티네스 카체로) 오비에도 태생의 작가(1924~)로서 1940년대의 대표적 소설가로 꼽힌다. 작품으로는 『*Novelistas españoles de hoy*』(1945), 『*Cuentos de Clarín*』(1953), 『*Escritores y artistas asturianos*』(1955) 등이 있는데 1940년대 스페인 소설 중에서 많은 독자를 확보하였다. 그 후에도 지속적인 작품활동을 하였다.

Mas y Prat, Benito (베니토 마스 이 프라트) (1846~1892) 세비야(Sevilla)에서 태어난 작가이다. 『*Hojas secas*』(1872), 『*Idea de Dios*』(1879)와 같이 낭만적이고 애조 띤 시와 소설 『*La redoma de homúnculus*』(1880)를 출간했다.

Más, José (호세 마스) 1885년 세비야(Sevilla)에서 출생한 스페인 작가(1885~1940)이다. 전직은 무역상인이었다. 주로 자연을 주제로 한 소설, 문학비평, 여행집을 집필하였다. 하지만 작품들이 명확한 구조와 양식이 없어 대중적으로는 잘 알려지지 않은 작가이다.

Masacre en Corea (한국에서의 학살) 1951년 패널에 유채로 그려진 110×210cm 크기의 피카소 작품이다. 1950년 발발한 한국 전쟁의 참상을 입체주의적 관점으로 그린 것으로, 파블로 피카소는 한 번도 한국에 오지 않았지만, 전쟁에 대한 보도를 접하고 이 작품을 그렸다고 한다. 캔버스 왼쪽에는 벌거벗은 여인들과 아이들이, 오른쪽에는 이들에게 총과 칼을 겨누고 있는 철갑 투구의 병사들이 있다. 어린이들은 여인의 품속으로 달려들거나, 이런 무시무시한 상황조차 파악되지 않는 듯 흙장난을 하고 있다. 총을 겨누고 있는 이가 누구인지 명확하지 않지만, 1950년 10월부터 12월까지 황해도 신천군 일대에서 벌어진 민간인 학살과 연관되어 있다는 점만 알려져 있다. 피카소는 이 작품을 통해 전쟁의 잔혹함을 표현하고자 했다. 현재 프랑스 피카소 미술관에 소장되어 있다.

Masip Roca, Paulino (파울리노 마십 로카) 레리다(Lérida) 출생의 작가이자 기자(1899~1963)이다. 스페인 내전 동안 공화당을 지지하는 글을 일간지인 <La Vanguardia de Barcelona>에 게재했다. 문학계에서는 극작품, 소설을 주로 썼는데 주요작품으로는 『*El báculo y el paraguas*』(1930), 『*Marta Abril*』(1953) 등이 있다.

Masó, Salustiano (살루스티아노 마소) (1923~) 마드리드에서 태어난 작가이다. 초기에는 『*Contemplación y aventura*』(1957)에 나타나는 것처럼 서정적 자기반성과 사회적 문제들을 결합한 시들을 썼다. 반면 『*Así es Babilonia*』(1978)와 같은 후기 작품에는 명백한 경험주의적 특징이 두드러진다.

Masoliver Ródenas, Juan Antonio (후안 안토니오 마솔리베르 로데나스) 바르셀로나(Barcelona) 출생의 작가, 번역가, 문학비평가, 대학교수(1939~)이다. 사랑, 성, 죽음과 관련된 주제를 가지고 다양한 단편소설을 썼다. 대표작으로는 단편소설 모음집 『*La sombra del triángulo*』(1996)가 있다.

Mata Domínguez, Pedro (페드로 마타 도밍게스) 마드리드 출생의 시인, 소설가, 극작가, 기자(1875~1946)이다. 모든 장르의 문학작품을 창작했지만 특히 소설 분야에서 독자들의 사랑을 받았으며, 1916년에서 1936년 사이에 가장 많이 읽힌 소설을 쓴 작가 중 한 명으로 꼽힌다. 대표작으로는 『*La catorce*』(1913), 『*El misterio de los ojos claros*』(1920) 등이 있다.

Mateo Díez, Luis (루이스 마테오 디에스) (1942~) 레온 태생 작가이다. 시로 출판활동을 시작했지만 소설이 작품의 대부분을 차지한다. 카스티야 이 레온(Castilla y León) 지역의 전통에 매혹되었고, 그것들을 소재로 작품을 썼다. 교훈적 요소를 문학에 넣는 것을 기피하고 스토리 측면에 집중했다. 『*La fuente de la edad*』(1986)가 대표작이다.

Matero Alemán* (마테오 데 알레만) (1547~1615) 세비야(Sevilla)에서 태어난 스페인 태생의 작가로, 유년시절에 다녔던 교회에서 1547년 9월 28일 세례를 받았고, 1615년경에 멕시코에서 사망했다. 대표작인 피카레스크 소설 『*Guzmán de Alfarache*』와 함께 피카레스크 장르가 최종적인 공식화에 도달한다. 아버지는 세비야에 있는 국립 교도소의 외과의사의 직무를 1557년에서부터 맡아온 개종자였는데, 어린 마테오를 낳기 전 세비야로 이주하였다. 어려서부터 학문을 닦았고, 마에세 데 로드리고(Maese de Rodrigo) 대학교에서 1564년에 예술과 철학을 공부하여 우수한 성적으로 졸업하였다. 살라망카(Salamanca)와 알칼라 데 에나레스(Alcalá de Henares)의 대학교에서 의학을 공부하기 시작했지만 1567년 일어난 아버지의 죽음은 학사 졸업장을 받지 못한 채 그것들을 포기하게 만들었다. 1586년에는 마드리드로 이주하였고, 그곳에서 다양한 직무를 수행하였다. 그러다 그 유명한 『*Guzmán de Alfarache*』 1부를 1599년에 출간하였다. 1601년에는 채무들로 가득 차 있는 세비야로 돌아왔고, 이로 인해 1602년에 감옥에 투옥되기도 하였다. 그 후 1604년에 『*Vida de San Antonio*』를 발표하고 판매차 리스본으로 갔는데, 그때 『*Guzmán de Alfarache*』 2부의 원고를 소지하고 있다가 같은 해에 출간하였다.

Matilla, Luis (루이스 마티야) (1939~) 산 세바스티안(San Sebastián) 출신의 작가이다. 바예-잉클란에게 많은 영향을 받았다. 독창적인 아이디어와 연극적 실험성, 신민중주의가 작품의 중심을 이루는 요소들이다. 아이들을 대상으로 한 연극작품 집필에도 힘을 썼다. 『*Una dulce invasión*』(1966), 『*Ejercicios en la red*』(1969), 『*Ejercicios para equilibristas*』(1982)가 특히 높은 평을 받는 작품들이다.

Matín del, Barco Centenera (바르코 센테네라 마르틴 델) (1535~1602) 스페인 출신의 신부이자 시인이다. 서사시 『*La Argentina*』(1602)를 통해서 시 자체를 역사적 기술임과 동시에 하나의 허구로 만들었다.

Matoses, Manuel (마누엘 마토세스) (1844~1901) 발렌시아(Valencia)에서 태어난 작가다. 종종 안드레스 코르겔로(Andrés Corguelo)나 암브로시오 라멜라(Ambrosio Lamela)와 같은 가명으로 기고했다. 명랑하고 유쾌한 그의 촌극들은 당시에 상당한 성공을 거두었다. 『*A primera sangre*』(1874), 『*Los gorrones*』(1882) 등을 썼다.

Maturana y Vázquez, Vicenta (비센타 마투라나 이 바스케스) (1739~1859) 카디스(Cádiz) 출신의 작가이다. 낭만주의와 감상주의가 작품의 가장 큰 특징이다. 『*Poesías*』(1841), 『*Sofía y Enrique*』(1829) 등을 썼다.

Matute, Ana María (아나 마리아 마투테) 1926년 바르셀로나(Barcelona) 출생의 스페인 소설가이다. 스페인 한림원(Real Academia Española)의 소속으로 2010년 세르반테스 문학상(Premio Cervantes)을 받은 세 번째 스페인 여성으로서, 20세기 스페인 내전 이후 최고의 현대 여성 작가 중 한 명으로 손꼽힌다. 모더니즘과 초현실주의의 대표적인 인물로 손꼽히는 그녀는, 대부분의 작품에서 전후 물질만능주의와 개인주의의 폐해를 꼬집는 현실비관주의적 시각을 발견할 수 있다. 대표적인 작품으로는 『*Olvidado rey Gudú*』(1996)와 『*Aranmanoth*』(2000)가 있다.

Maura y Gamazo, Gabriel (가브리엘 마우라 이 가마소) (1879~1963) 마드리드 출신의 작가, 변호사, 정치인이다. 소설 『*Recuerdos de mi vida*』(1934)는 자전적 성격의 작품으로 마치 스페인의 역사적 상황과 인물들이 모인 화랑을 떠올리게 한다. 그 외에도 『*Rincones de la historia*』(1910)를 비롯한 여러 역사적 에세이들을 발표했다.

Maura, Julia (훌리아 마우라) (1910~1971) 마드리드에서 태어난 작가이다. 부르주아적 희극을 썼으며 하신토 베나벤테(Jacinto Benavente)로부터 큰 영향을 받았다. 작품으로는 『*La mentira del silencio*』(1944), 『*Siempre*』(1952) 등을 썼다.

Maury Benítez, Juan María (후안 마리아 마우리 베니테스) (1772~1845) 말라가(Málaga)에서 태어난 작가이다. 스페인 독립 전쟁 기간 동안 친불파 인사였고 1814년 파리로 이주했다. 작품에는 고전주의적이고 낭만주의적 색채가 물들어 있다. 『*Esvero y Almedora*』(1840)가 대표작이다.

Maya con muñeca (인형을 든 마야) 피카소의 작품으로 1938년 캔버스에 유채로 그린 73.5x60cm의 크기의 작품이다. 자신의 딸인 마야의 얼굴 정면과 옆면을 한 번에 보여주는 그림이다. 입체주의에 입각하여 평면인 캔버스에 정면성을 지키면서 형태를 분해하여 마야를 표현하였다. 눈을 보면 정면에서 바라본 형태를 띠지만 코는 약간 측면에서 본 형태다. 다리 또한 왼쪽 발과 오른쪽 발은 자연스러운 포즈를 취하고 있지 않다. 하지만 이런 형태로 표현된 얼굴은 왠지 온화하고 평화스러운 분위기를 자아내고 있다. 또한 입체주의 작가들은 색채 표현을 중시하지 않지만 「*Maya con muñeca*」의 색채가 초기 입체파의 그것보다 훨씬 밝아지고 다양해졌다는 점이 특징이다. 이 작품은 파리 피카소 미술관에 소장되어 있다. *마야는 1935년 피카소의 나이 54세에 네 번째 연인인 마리 테레즈 발테르와의 사이에서 얻은 딸이다. 원래 이름은 마리아 데 라 콘셉시온이다.

Mayáns y Siscar, Gregorio (그레고리오 마얀스 이 시스카르) 발렌시아(Valencia) 출생의 작가(1699~1781)이다. 발렌시아 대학에서 법학과 교수로 재직했으며 스페인어 분야에서 활발한 연구활동을 하였다. 대표작으로는 『*Opus magnum*』(1737), 『*Retórica*』(1757) 등이 있다.

Mayoral Díaz, Marina (마리나 마요랄 디아스) (1942~) 루고 출신의 작가이다. 『*Mayoral Díaz, Marina*』(1979), 『*Contra muerte y amor*』(1985)에서 탐정소설 기법을 사용하였으며, 『*La única libertad*』(1982)은 메타소설 기법이 사용된 소설이다. 작품 내에 외부 현실에 대한 비판과 등장인물의 내적인 세계를 혼합하는 것이 특징이다.

Mayorazgo* (장자 상속제) 부모가 죽으면 장남 혼자서 그들의 모든 재산과 권리를 물려받는다는 장자상속제라는 제도는 1505년 스페인에서 최초로 법으로 제정된 이래, 19세기에 이르러 완전히 폐기될 때까지 그 내용의 불합리성으로 인해 스페인 사회에서 끊임없는 논란과 문제점들을 야기해 왔었다. 그런데 무엇보다도 16세기부터 18세기까지 존속되었던 이 장자상속제가 가지고 있었던 보다 근본적인 문제점은 이 제도를 법제화하는 과정에서 일반인들의 동의라든지 민주적인 절차, 또는 대다수에게 수긍이 갈 만한 정당한 이유 등이 기본적으로 전제가 된 것이 아니라, 그 유일한 근거가 법리적인 사실과는 너무도 거리가 먼 바로 '관습'이라는 현상에 있다는 것이다. 그리고 '관습'이라는 용어에 대한 법률 내에서의 잘못된 사용에 근거를 둔 이 제도로 인해 객관적 권리의 창출이 단순히 관습을 통해 이루어졌던 것이다. 따라서 이러한 방식으로써 등장한 장자상속제는 이 제도에 대한 입법화가 없었으면 부여받지도 못했을 헌법적 기능까지 떠맡을 수 있게까지 되었다. 한마디로 말해서, 이 제도의 유일한 근거가 되었던 것은 그저 막연히 장남이 모든 것을 계승한다는 사실이 일종의 풍습으로서 먼 과거부터 스페인 사회에서 존재해 왔다는 점이다. 즉, 막연한 관습과 이에 대한 사회의 묵인으로써 그동안 부모의 재산과 권력을 상속받았던 장남은 이 제도가 법제화된 이후에는 공식적인 권리로서 부모에 대한 상속권을 우선적으로 주장할 수 있었던 것이다. 그리고 이 점은 이 제도의 법리적 모순으로 이어진다. 즉, 어떤 권리가 여러 가지 주관적 관점들로 다르게 해석되어지는 것을 여러 공정한 규정의 적용을 통해 객관적인 해석으로 유도하는 것이 법률의 올바른 역할과 취지라 할 수 있으나, 위의 설명에서 보듯, 반대로 당시 스페인 사회는 '장자상속제'라는 하나의 객관적 해석－그 해석이 옳든 그르든, 일반인들의 지지를 받든 받지 못하든－을 법률을 통해 먼저 정해 놓고 논리적으로 타당하고 더욱 객관적이어야 할 그 근거를 '관습'이라는 지극히 주관적인 사실에서 찾고 있는 오류를 범한 것이다. 어떤 주관적 해석이 타당성을 부여받으려면 그 근거는 객관적이어야 하고, 어떤 객관적 해석이 옳다고 인정받기 위해서는 그보다 더 객관적인 근거를 제시해야 할 것이다. 그런데 당시 스페인의 장자상속제는 그 객관적 법률의 해석에 대한 근거를 거꾸로 주관적 사실에서 찾고 있었으며, 따라서 이는 지극히 법리적 모순이라 아니할 수 없는 것이다. 이토록 어설픈 근거를 통해 법제화된 장자상속제가 30년도 아니고 자그마치 300년이 넘도록 그 생명을 유지하였다는 사실에 스페인 역사학자들도 놀라고 있으며, 이는 소유하고 있는 기득권을 놓지 않으려는 장자상속제의 수혜자들이 그동안 얼마큼 이 제도에 대해 집착을 했었는지를 단적으로 나타내주는 사실이라 할 수 있다. 스페인 문학에서 이러한 장자상속제를 모티브로 한 작품으로는 17세기 극작가 티르소 데 몰리나(Tirso de Molina)의 『*El castigo del penséque*』과 『*Quein calla, otorga*』를 들 수 있다.

Mayorga Ruano, Juan Antonio (후안 안토니오 마요르가 루아노) (1965～) 현재도 왕성히 활동중인 마드리드 출신의 희곡작가이다. 어린 시절부터 예사롭지 않은 지적 호기심을 보였다. 마드리드의 왕립 희곡 예술학교(Real Escuela Superior de Arte Dramático)의 교사로 있다. 대표작으로는 『*La tortuga de Darwin*』(2008), 『*La paz perpetua*』(2008), 『*Hamelin*』(2005) 등이 있다.

Meana, Fernando (페르난도 메아나) (1885～1943) 히로나(Girona)에서 태어난 작가이다. 티르소 메디나(Tirso Medina)라는 가명으로 작품을 냈다. 사실주의적인 기법에 반체제주의와 유머를 혼합했다. 대표작은 『*La dama de los peces de colores*』(1924)이다.

Médem, Julio (훌리오 메뎀) (1958~) 스페인 영화감독이다. 산세바스티안에서 출생이며 영화비평을 시작으로 다수의 단편과 장편 영화를 찍었다. 대표적인 작품으로 「*Vacas*」(1992), 「*Lucía y el sexo*」(2001) 등이 있으며, 1993년 영화 「*Vacas*」를 통해 고야상(Premios Goya) 최우수 감독상을 수상했다.

Medina, Jacinto Polo de (하신토 폴로 데 메디나) (1603~1676) 무르시아 출신의 작가. 무르시아 지역에서 교육받고 자랐으며, 1630년에 마드리드로 이주하여 첫 번째 작품집 『*Academias del jardín*』을 출간한다. 1638년 성직 임명을 받았고, 무르시아의 산 풀헨시오 신학교의 학장을 지냈다. 공고라의 신화적 소재를 다루는 기법을 따라 『*Fábulas burlescas de Apolo y Dafne y de Pan y Siringa*』를 썼으며, 『*Hospital de incurables y Viaje de este mundo al otro*』에서는 케베도의 영향이 엿보인다.

Medina, Pedro de (페드로 데 메디나) 세비야(Sevilla) 출생의 작가, 성직자(1493~1567)이다. 우주학을 전공하여 우주, 자연의 신비와 관련된 책을 출판하였다. 주요작품으로는 『*Arte de navegar*』(1545), 『*Regimiento de navegación*』(1552) 등이 있다.

Medinilla, Baltasar Eliseo (발타사르 엘리세오 메디니야) 톨레도(Toledo) 출생의 작가(1585~1620). 로페 데 베가(1562~1635)와 절친했으며, 『*Descripción de Buenavista*』(1617)는 로페 데 베가의 『*La descripción de la abadía, jardín del duque de Alba*』를 모방한 작품이다. 이 외 시, 산문 등을 창작했는데 가장 유명한 작품으로는 『*Limpia Concepción de la Virgen Nuestra Señora*』(1617)가 있다. ➡ Lope de Vega(로페 데 베가)

Meditaciones del Quijote (키호테에 관한 명상) 스페인 철학가인 호세 오르테가(José Ortega y Gasset)의 저서로 1914년 출간되었다. 주로 그 전에 신문이나 잡지 등에 기고했던 짧은 에세이들을 모은 것이다. 원래 이 책은 『*Meditaciones*』라는 시리즈물 중 첫 번째 책으로 기획되었으나 나머지 책들은 출간되지 않았다. 나와 나를 둘러싼 환경의 불가분성에 대해 논하고 있다.

Medrano, Francisco de (프란시스코 데 메드라노) (1570~1607) 세비야 출신의 시인이다. 1584년 예수회에 입회하였으나 1602년 학업과 명상에 몰두하기 위해 예수회에서 나왔다. 호라티우스의 영향을 강하게 받았으며 작품에서 도덕적이고 철학적인 주제를 많이 다루었다. 『*A las ruinas de Itálica*』와 같은 작품들이 남아 있다.

Medrano, Sebastián Francisco (세바스티안 프란시스코 메드라노) 마드리드 출생의 작가, 성직자(1600~1653)이다. 자신이 처한 상황, 신앙심과 관련된 주제로 다양한 시를 창작했다. 대표작으로는 『*Soliloquios del Ave María*』(1629)가 있다.

Mejía o Mexía, Pedro (페드로 메히아) (1497~1551) 세비야 출신의 작가 및 인문학자이다. 세비야와 살라망카에서 법과 인문학을 공부하였고, 에라스무스의 사상에 많은 관심이 있었으며 그와 직접 편지를 주고받기도 했다. 저서 중 가장 널리 읽힌 책은 역사적 산문집인 『*Silva de varia lección*』이다.

Mellizo, Felipe (펠리페 메이소) 코르도바(Córdoba) 출생의 기자, 작가(1932~2000)이다. 뉴스 평론가, 기자, 특파원 등 언론 분야에서의 활동을 더 활발히 했지만, 작가로서도 다양한 작품을 출판하였다. 대표작으로는 『*El lenguaje de los políticos*』(1968), 『*De letras y número*』(1986) 등이 있다.

Memoria para el arreglo de la policía de los espectáculos y diversiones públicas y su origen en España 카스티야 평의회(Consejo de Castilla)에서 역사 학술원에

법률개정을 위해 요구한 것을 담당하던 호베야노스(Jovellanos)가 쓴 책이다. 1790년 첫 번째 버전 후에 1796년에 명확한 두 번째 버전이 출간되었다. 이 책은 두 개의 부분으로 나누어진 하나의 연구이다. 첫 번째는 역사적 특징을 지니며 스페인 내에 대중의 여흥의 발전과 그 기원을 다룬다. 두 번째는 더 비판적이고 개혁적인 특징을 지닌다. 마을이 제한된 오락의 형태를 지니고 있는 것에 대한 해결책을 제안한다. 그것들은 과장된 광경의 개혁을 위한 매우 흥미로운 제안이다.

Memorias de un hombre de acción (1913~1935) 피오 바로하의 작품으로 독립전쟁과 카를로스 왕위계승전쟁에 참여했던 바로하의 먼 친척인 에우헤니오 아비라네타(Eugenio Aviraneta)의 회고를 기초로 쓴 소설들을 모은 것이다. ➡ Baroja y Nessi, Pío(피오 바로하)

Mena, Juan de (후안 데 메나) 1411년 코르도바(Córdoba)에서 출생한 스페인 시인이다. 르네상스 전 시기의 단테의 알레고리 학파 출신이며, 『*Laberinto de Fortuna*』의 작품이 유명하다. 시의 언어를 저속한 표현에서 고상하고 품격 높은 수준으로 끌어올린 스페인 최초 시인이며, 라틴어를 쉬운 말로 바꾸는 전치법, 신조어 등을 사용하여 시를 널리 전파시켰다.

Méndez Ferrín, Xosé Luis (호세 루이스 멘데스 페린) (1938~) 이전의 소설에 나타난 갈리시아(Galicia)의 정통성에 맞서서 상징적이고 형식성에 몰두한 작가이다. 대표작으로는 『*Arrabaldo do Norte*』와 『*Retorno a Tagen Ata*』가 있으며 그 후 노선을 바꾸어 사실주의 및 사회문학에 몰두했다.

Méndez Rubio, Antonio (안토니오 멘데스 루비오) 바다호스(Badajoz) 출생의 시인(1967~)이다. 시어가 가지고 있는 깊은 의미에 주목하여 다양한 시를 창작하였다. 처녀작 『*Llegada a Dublín*』(1992)은 독자와 비평계에서 엄청난 칭찬을 받았다. 자유주의 사상을 지향하는 시를 주로 썼는데 주요작품으로는 『*Fugitivo tesoro*』(1993), 『*El fin de mundo*』(1995) 등이 있다.

Méndez, José (호세 멘데스) (1952~) 스페인 단편시 작가이며 아스투리아스(Asturias)의 라 루비에라(La Rubiera)에서 태어났다. 스타일은 정제되어 있고 개인적이다. 시집으로 『*El oficio de la necesidad*』(1980), 『*En esta playa*』(1985), 『*Esquirla*』(1996)가 있다.

Méndez, Pablo (파블로 멘데스) 1975년 마드리드 출생의 스페인 시인이자, 편집자, 비평가이다. 1993년 18살의 나이에 첫 시집인 『*Palabras de aire*』(1993)를 발간하였으며, 시문학 출판사인 비트루비오(Ediciones Vitruvio)를 창설하였다. 2011년 『*Ana Frank no puede ver la luna*』라는 시를 통해 마드리드 비평 부문 문학상(Premio de la Critica de Madrid)상을 수상했다. 대표적인 작품으로는 『*Barrio sin luz*』(1996), 『*Patio interior*』(1998) 등이 있다.

Mendicutti, Eduardo (에두아르도 멘디쿠티) (1948~) 카디스(Cádiz) 태생의 작가. 언론의 보도기자이자 문학비평가로도 활동했다. 반어법과 풍부한 감성을 활용하여 사회적, 개인적 관념을 폭넓게 탐구한다. 작품 중에서는 『*Cenizas*』(1974), 『*Ultima conversación*』(1984) 등이 잘 알려졌다.

Mendoza Méndez de Vives, María (마리아 멘도사 멘데스 데 비베스) (1821~1894) 스페인 시인이며 말라가의 아르달레스(Ardales)에서 태어났다. 풍부하고 다양한 작품 덕으로 19세기 후반의 훌륭한 여성문학가 중의 한 명으로 여겨진다. 대표작으로 『*Romance*』

(1839), 『*A una fuente*』(1839), 『*El anciano*』(1839) 등이 있다.

Mendoza Monteagudo, Juan (후안 멘도사 몬테아구도) 1575년 출생한 스페인 시인. 생애에 대해 알려진 바는 적다. 15살의 나이로 세계를 탐험하기 위해 스페인을 떠나 1599년 칠레에 도착한다. 그곳에서 산문으로 된 칠레 연대기인 『*Las guerras de Chile*』(1960)을 집필하였다. 이 작품은 16세기 말의 칠레의 모습을 알 수 있는 중요한 자료이다.

Mendoza, Eduardo (에두아르도 멘도사) 바르셀로나 출생의 소설가(1943~)이다. 1975년 첫 작품 『*La verdad sobre el caso Savolta*』가 출판되고 이 작품은 독자에게 놀라움과 열광을 안겨 주는데 비평계에서는 견고함과 노련함을 보여 준 보기 드문 작품이라는 일치된 평가를 내린다. 작가는 이 작품으로 오늘날 가장 권위 있는 스페인 문학상인 Premio de la Crítica를 수상한다. 1979년 두 번째 작품 『*El misterio de la cripta embrujada*』가 출판되었다.

Menéndez Agusty, José (호세 메넨데스 아구스티) (1875~1901) 마드리드 출신 작가, 기자이다. 부르주아적인 작품들을 주로 썼다. 작품들은 다소 피상적이라는 평가를 많이 받는다. 『*La hija de don Quijote*』, 『*El cazador de doncellas*』와 같은 소설들을 발표하였다.

Menéndez Pelayo, Marcelino (마르셀리노 메넨데스 펠라요) 1856년 11월 3일 산탄데르(Santander)에서 태어나 1912년 5월 19일 같은 도시에서 사망한 스페인 태생의 문학비평가이다. 지적으로 매우 조숙했고, 바르셀로나에서 철학과 어학의 대학과정을 필두로, 마드리드와 바야돌릿(Valladolid)을 거쳐 유럽의 여러 도시들의 다양한 여행을 통하여 견문을 넓혔다. 이 형성기에 요넨스(Llorens), 밀라 이 폰타날(Milá i Fontanal) 그리고 라베르데(Laverde)에 의해 지적으로 영향을 받았다. 1878년에 겨우 21살이라는 나이로 마드리드의 콤플루텐세 대학(Universidad Central de Madrid)의 문학 정교수가 되었다. 2년 후 스페인 왕립 한림원에, 1822년에는 스페인 역사 한림원(Readl Academia de la Historia)의 회원이 된다(그 후 9011년 이곳의 원장이 된다). 그 이후에 윤리과학과 정치(Ciencias Morales y Políticas, 1889)와 산 페르난도(San Fernando, 1892)의 회원이 되었다. 또한 1884년부터 여러 번 국회의원과 상원 의원으로 선출되었다. 1898년에 국립도서관을 운영하기 위해 가르치는 것을 그만두었다. 철학, 시, 역사, 문학 등에 대한 방대한 양의 책들을 썼다. 이 중 중요한 것은 『*La ciencia española*』(1874), 『*Historia de los heterodoxos españoles*』(1880~1882), 『*Calderón y su teatro*』(1881), 『*Historia de las ideas estéticas en España*』(1882~1886), 『*Estudios de crítica literaria*』(1884~1908), 『*Orígenes de la novela*』(1905~1910) 등이다.

Menéndez Pidal, Juan (후안 메넨데스 피달) 1861년 마드리드 출생의 스페인 시인이자 문학비평가이다. 서거한 해에 스페인 한림원(Real Academia Española)에 임명되었다. 주로 돈 로드리고(Don Rodrigo), 프란세시요 데 수니가(Francesillo de Zúñiga), 크리스토발 데 카스티예호(Cristóbal de Castillejo)에 관한 연구뿐만 아니라 민속문학가로서 서정시를 집필하였다.

Menosprecio de corte y alabanza de aldea 1539년에 출판된 안토니오 게바라의 작품이다. 궁정에서의 지성적인 삶과 자연의 삶을 대비시켰고, 전원적인 삶에 대한 향수와 목가적인 삶이 이상화되었다. ➡ Guevara, fray Antonio de(프라이 안토니오 데 게바라)

Meogo, Pero (페로 메오고) 13~14세기 갈리시아어로 작품을 쓴 스페인 작가이다. 생애에 대해 자세히 알려져 있지 않으나 성직자였을 것으로 추정한다. 서정시는 수준 높은 형식적, 상징적 정제를 갖추고 있다. 메오고의 시들은 『*Nueve cantigas de amigo*』라는 작품집에 실려 전해졌다.

Mercader y Cervellón, Gaspar (가스파르 메르카데르 이 세르베욘) 17세기 발렌시아(Valencia)에서 태어난 작가이자 역사가이다. 작품 중 가장 뛰어난 것은 목가소설인 『*El prado de Valencia*』(1600)이다. 이 책에는 그가 소속되어 있었던 야간학회(Academia de los Nocturnos) 회원들의 시 몇 편도 함께 수록되어 있다.

Merino y Pichilo, Gabriel (가브리엘 메리노 이 피칠로) (1862~1903) 마드리드 출신으로 작가이자 기자이다. 대표작으로 『*La hermana de la caridad*』(1901), 『*Electroterapia*』(1901), 『*Frutos coloniales*』(1885) 등 부르주아적 성격의 희극과 사르수엘라를 썼다.

Merino, Ana (아나 메리노) 마드리드 출생의 여류작가(1971~)다. 상상력을 자극하는 신비로운 분위기를 지닌 시를 주로 창작하여 독자들이 시의 의미를 추론하도록 유도하였다. 주요작품으로는 『*Preparativos para un viaje*』(1995), 『*Los días gemelos*』(1997) 등이 있다.

Merino, Andrés (안드레스 메리노) 스페인 알라바(Álava)에서 태어난 작가이다. 작품들의 명성에 비해 생애에 대해 알려진 바는 적다. 주로 유토피아에 대한 주제로 집필하였으며 '익명의 철학가(El Filósofo Incógnito)'라는 필명을 사용하였다. 대표적인 작품으로는 『*Su gobierno y causa de su ruina*』, 『*El hombre feliz*』 등이 있다.

Merino, José María (호세 마리아 메리노) 1941년 스페인의 아 코루냐(A Coruña)에서 태어난 시인이자 수필가, 소설가이다. 스페인 한림원(Real Academia Española)의 소속으로, 주로 시, 여행 수필, 비평, 아동문학에 관한 문학활동을 하였다. 책은 세계 각국의 언어로 번역되었으며 1993년 스페인 국민 아동문학상(Premio Nacional de Literatura Juvenil)을 받기도 하였다.

Merlin y otras cantigas celtas (켈트의 칸티가) 에두아르도 파니아구아(Eduardo Paniagua)의 무시카 안티구아(Música Antigua) 그룹의 칸티가 작품이다. 전 유럽에 영향을 미친 켈틱 문화에 힘입어 스페인의 카스티야와 안달루시아 또한 켈트의 영향을 많이 받았다. 휘슬, 백파이프, 하프 등 켈틱 문화 특유의 악기를 사용하여 스페인 칸티가와 조화를 이루고 있다.

Mesa Toré, José Antonio (호세 안토니오 메사 토레) 말라가(Málaga) 출생의 시인, 문학비평가(1963~)이다. 깊이 있고 독창적인 시를 쓴 작가로 유명하다. 다양하고 성숙한 표현의 사용으로 비평계의 칭찬을 받았다. 대표작으로는 『*En viento y agua huidiza*』(1985), 『*Jóvenes en el daguerrotipo*』(1987)가 있다.

Mesa y Rosales, Enrique de (엔리케 데 메사 이 로살레스) 1878년 마드리드에서 태어난 스페인 시인, 칼럼리스트, 연극비평가(1878~1929)이다. 어렸을 적부터 스페인 고전문학에 관심을 가지고 자신이 살던 지역의 일화를 담은 전통시(poesía tradicionalista)를 창작하였다. 후에는 루벤 다리오(Rubén Darío)의 작품에 큰 영감을 받아 카스티야(Castilla) 지방의 풍경을 주제로 작품을 집필하였다. 또한 가족, 일상, 사랑 등의 주제를 가지고 『*Tierra y alma*』(1906), 『*Cancionero castellano*』(1911), 『*El silencio de la cartuja*』(1917), 『*La posada y el camino*』(1920) 등의 작품을 선보였다.

Mesa, Cristóbal (크리스토발 메사) 바다호스(Badajoz) 출생의 시인이자 작가(1561~1633)이다. 유명한 인문주의자였으며 고전주의 작품에 대한 관심이 풍부했다. 서사시인 『*Las*

Navas de Tolosa』(1594)와 돈 펠라요(don Pelayo) 왕과 관련된 전설을 묘사한 『*La restauración de España*』(1607) 등이 유명하다.

Mesonero Romanos, Ramón de (라몬 데 메소네로 로마노스) (1803~1882) 마드리드 출생으로 전형적인 중산계급의 성격을 지녔다. 특히 마드리드에 대한 작가의 큰 애정이 엿보이는 풍속주의 작품들을 많이 남겼다.

Mester de clerecía* (성직자문학) 중세, 특히 13~14세기의 성직자들에 의해 형성된 새로운 형태의 문학을 일컫는 용어이다. 담화의 서술성, 쿠아데르나 비아(cuaderna vía, 1행 14음절의 4행시)에서 고유한 연으로 형성되는 도식적 사용, 교육적이고 도덕적인 경향의 주제들과 문체적 창작, 대중이 이해하기 쉬운 일상 언어의 정제된 사용, 교양적 모범의 시적 학파의 전형적인 형태 등이 기본적으로 전개된다는 것으로 특징지을 수 있는데, 이를 위한 한정적인 특정 형태는 없다. 실제로 광범위한 의미로 볼 때, 당시의 성직자는 그들의 지식이 수반하는 사회적이고 문화적인 책임을 의식하고 발전시키는 박식한 사람들을 뜻한다고 할 수 있는 것이었는데, 이러한 의미는 그들의 교육이 한 수도원에서 발전되어오곤 했던 것을 거의 필연적으로 암시하지만, 승려 혹은 성직자로서는 아니었다. 즉, 생각보다 종교적 색채가 그리 강하지 않았던 것이다. 당시의 이러한 형태의 문학적 성향을 나타내었던 가장 대표적인 작가로 곤살로 데 베르세오(Gonzalo de Berceo), 후안 루이스(Juan Ruiz) 등을 들 수 있다. 특히 후자는 『*Libro de buen amor*』의 작가로 많이 알려져 있다.

Mester de juglaría* (서민문학) 위대한 문헌학자 메넨데스 피달(Menéndez Pidal)은 자국 이베리아반도의 문학 초창기에 문학이 창작을 이해하는 두 가지의 완전히 상반적으로 분리되는 방식을 제안했다. 한 부분은 설화적인 운율과 같이 쿠아데르나 비아(1행 14음절의 4행시)를 발전시킨 박식한 시인인 '성직자문학(mester de clerecía)'이었고, 다른 부분은 음유시인들에 의한 문학이었는데, 이것이 바로 중세의 '서민문학(mester de juglaría)'인 것이다. 그들은 서사시의 전달을 담당하고, 그들의 시법은 일련의 시에서 절대적인 지배와 자유로운 운율이 그 특징이었다. 근대적인 비평이 성직자문학적인 전례를 여러 번 지속적으로 이용하는 동안, 서민문학을 이용할 때 훨씬 더 많은 신중함을 보여주었고, 무엇보다 더 이상 감히 이 두 가지 형태의 문학을 근본적으로 서로 대립되는 것으로 간주할 수는 없었다. 사실상, 일련의 서사시에 대립하는 쿠아데르나 비아의 특별함에도 불구하고 어떠한 형태의 작품들과 다른 형태의 작품들 사이의 경계를 자르는 것을 확립할 때 신중함이라 불리는 공통적인 구성 요소의 한 다양성이 존재했다. 필시 어느 한 부분에서 고유한 요소들이 나올 때까지 양쪽은 긴 시를 이용하고, 정해진 양식을 사용하였다. 게다가 두 문학의 학파들, 그리고 한 명의 동일한 시인에게 동시에 나타날 수 있는 이 두 양식이 추구하는 임무들에 대한 근본적인 분리는 이제 비논리적이라는 것을 우리는 알고 있다.

Mestre, Juan Carlos (후안 카를로스 메스트레) 레온(León) 출생의 시인, 기자(1957~)이다. 1982년 칠레로 이민을 가면서, 그 나라의 자유와 민주주의를 위한 투쟁을 주제로 한 다양한 작품을 썼다. 『*Antífona del otoño en el valle del Bierzo*』라는 작품으로 아도나이스 문학상(Premio Adonais)을 수상하였다.

Metaficción (메타픽션) 영어로는 'metafiction'이라고 하며, 픽션을 뛰어 넘어 그 자체의 구조를 반영하는 픽션을 지칭한다. '픽션적' 구조들이 어떻게 생성되고 리얼리티가 어떻게 서술적 가정과 관습들을 통해 걸러지고 변형되는가를 탐색한다. 작가 자신이 쓴 글에 대해 의심하고 불신하며, 환상, 상상 등을 통해 자기 자신의 글 쓰는 행동에 대한 자의식을 말한다.

Metge, Bernat (베르낫 메트헤) 바르셀로나(Barcelona) 출생의 작가(1345~1413)이다. 정부에 대한 반란으로 투옥되었고 그 시기 동안 창작활동을 했다. 우의적 시 『*Llibre de fortuna e prudència*』(1381), 이탈리아 작가 페트라르카(Francesco Petrarca, 1304~1374)의 작품을 스페인어로 처음으로 번역한 『*Historia de Valter e Griselda*』로 유명하다.

Mexía de la Cerda, Luis (루이스 메히아 데 라 세르다) (1580~1635) 스페인 극작가이다. 바야돌리드에 위치한 대사관 재판소에서 기록관으로도 일했고 산 후안 데 디오스(San Juan de Dios)의 시복식과 열성식에 입회인으로 참가했다. 『*Tragedia famosa de Doña Inés de Castro, reina de Portugal*』이 가장 유명한 작품이다.

Mey, Sebastián (세바스티안 메이) (1586~1641) 발렌시아(Valencia)에서 태어난 작가이다. 가족 중에서는 화가와 발렌시아 대학교(Universidad de Valencia)의 그리스어 교수가 있을 정도로 풍부한 문화적 환경이었다. 『*Fabulario de cuentos antiguos y nuevos*』(1613)은 57편의 단편소설과 우화를 담은 것이다.

Miguel Navarro, Martín (마르틴 미겔 나바로) (1600~1644) 사라고사(Zaragoza)에서 태어난 성직자이자 작가이다. 그의 미학은 이탈리아를 여행하는 동안 접했던 이탈리아풍 고전주의이며, 친구인 바르톨로메 아르헨솔라(Bartolomé Leonardo de Argensola)의 영향을 많이 받았다. 시들은 『*Tratado de Geografía*』와 『*Tratado de Cosmografía*』에 수록되어 있다.

Mihura, Miguel* (미겔 미우라) (1905~1977) 마드리드에서 태어난 극작가로 아버지가 배우이자 극단주인 연유로 어려서부터 연극적 분위기에서 성장하였다. 그는 스페인 내전 기간 중 <La ametralladora>라는 민족주의적 성향의 해학적 잡지를 운영하기도 하였고, 1941년에는 <La codorniz>를 설립하여 1946년까지 운영하면서 독창적이고 신선하며 거침없는 해학을 선보이기도 하였다. 1953년 이후 연극 창작 작업을 재개하여 1968년까지 활동하였다. 삶은 큰 사건 없이 흘렀고, 냉정하고 느긋하면서 친절한 독신남으로서 대중의 마음을 사로잡았으며, 대중이 자신에게 요구하는 바에 잘 호응해 나갔다. 1976년 스페인 한림원 회원으로 선출되었고, 1977년 마드리드에서 사망하였다. 대표작으로는 무엇보다도 『*Tres sombreros de copa*』(1932)가 유명하다.

Milagros de Nuestra Señora 스페인 시인인 곤살로 데 베르세오가 쓴 작품이다. 라틴어 원전들로부터 성모 마리아가 행한 기적 이야기 25편을 모은 것으로 1250년경 스페인 방언 중 하나인 리오하 방언으로 쓰였다. 당시 승려문학의 형식적 특징인 쿠아데르나 비아(cuaderna via, 1행 14음절 4행 형식의 연) 형태를 사용했다. 목초지에서 순례자의 휴식을 꽃향기, 새소리 등 목초지의 사물에 빗대어 비유적으로 표현하였다. 당대 성모 마리아를 찬양하는 유사한 여러 작품이 있지만 그중 가장 참신하다는 평가를 받는 작품이다.
➡ Berceo, Gonzalo de(곤살로 데 베르세오)

Millás, Juan José (후안 호세 미야스) 1946년 발렌시아(Valencia)에서 태어난 스페인 소설가이자 사설가이다. 2013년 현재에도 활발히 활동하고 있는 인물이며, 1974년 아버지에게 보내는 서간문 형식의 소설로 문단에 데뷔하였다. 초기에는 자전적인 소설들을 발표하였으며 80년대에 이르러 실존적인 경향의 작품들을 집필하였다. 그 후 포스트모더니즘 영향 아래 다양한 해체를 시도하는 문학작품 활동을 하였다. 주로 문학 장르의 해체와 혼합이 특징적이다.

Miñano y Bedoya, Sebastián (세바스티안 미냐노 이 베도야) 팔렌시아(Palencia) 출생의 작가(1779～1845)이다. 하원의원으로 잠시 정치계에 진출하였다. 당시 정치 상황을 주제로 다양한 작품을 썼으며 대표작으로는 『*Lamentos políticos de un pobrecito holgazán*』(1820), 『*Discurso sobre la libertad de la imprenta*』(1820)가 있다.

Mingote, Antonio (안토니오 밍고테) 바르셀로나(Barcelona) 출생의 작가, 삽화가(1919～2012)이다. 유머러스한 삽화를 다양한 잡지, 신문에 실었으며 몇 편의 소설도 썼다. 대표작으로는 『*Las palmeras de cartón*』(1948), 『*Los revólveres hablan de sus cosas*』(1953) 등이 있다.

Miquelarena, Jacinto (하신토 미켈라레나) 빌바오(Bilbao) 출생의 작가이자 기자(1891～1962)이다. 세계 1, 2차 대전과 스페인 내전 동안 ABC 방송국 등 다양한 나라에서 특파원으로 활동하였다. 그 기간 동안 연대기적 성격의 작품을 주로 썼는데 『*El gusto de Holanda*』(1929), 『*Unificación*』(1938) 등이 대표작이다.

Mira de Amescua, Antonio (안토니오 미라 데 아메스쿠아) 그라나다(Granada) 출생의 극작가, 시인(1574～1644)이다. 스페인 황금세기의 대표작가 중 한 명이며, 극작가로서 명성을 얻게 된 작품은 『*Rojas Villandrandos Loa*』(1603)이다. 이 외 연극작품으로는 『*La adversa fortuna de Don Bernardo de Cabrera*』, 『*El ejemplo mayor de la desdicha*』가 있다. ➡ Siglo de oro(황금세기)

Miralles, Alberto (알베르토 미라예스) (1940～2004) 알리칸테 출신의 작가이자 연극 연출가이다. 관객들에게 정치적 영향을 주기 위한 목적으로 정치적 연극을 주로 썼다. 2005년 국민 극 부문 문학상(Premio Nacional de Literatura Dramática)을 받은 바 있으며, 유럽 전위주의와 실험주의의 영향을 받아 바르셀로나 극 협회(Instituto de Teatro de Barcelona) 내에 카타로 그룹(el grupo Cátaro)을 만들었다. 이 그룹은 스페인 극단에 혁신적인 분위기를 불어넣었다. 『*Céfiro agreste de olímpicos combates*』(1981), 『*Una semana pintada de negro*』(1983), 『*El último dragón del Mediterráneo*』(2000) 등을 썼다.

Miras, Domingo (도밍고 미라스) (1934～) 시우다드 레알에서 태어난 작가이다. 사회에서 소외된 주변적 인물들, 논쟁적 인물들 중심으로 역사, 풍속적 작품들을 많이 썼다. 미라스의 극을 살펴보면 바예-잉클란의 전율주의(esperpento)의 명백한 영향을 쉽게 발견할 수 있다. 『*Fedra*』(1971), 『*La Saturna*』(1973), 『*Las brujas de Barahona*』 등을 썼고, 『*De San Pascual a San Gil*』(1975)로 로페 데 베가상(Premio Lope de Vega)을 받았다.

Misterio del agua, El (1926～1927) 에밀리오 프라도스의 작품이다. 작가는 자연에 대한 시인의 상이한 느낌을 적었는데, 예를 들어서 하늘과 물 또는 낮과 밤 등 상이한 형태의 사물을 대조시키면서 자연을 그리고 있다. ➡ Prados, Emilio(에밀리오 프라도스)

Misticismo* (신비주의) 신학적 해석에 의하면, 신비주의란 완벽에 이르기 위한 인간 정신의 단련을 의미하는 고행주의(ascética)를 통해 성취될 수 있는 최종적인 종교적 단계로서, 고행의 두 가지 단계인 '정정의 단계(vía purgativa)'와 '계시의 단계(vía iluminativa)'를 사전에 완수함으로써 다다르게 된다. 실제로 고행의 두 단계를 모두 거치고 신비주의까지 이르는 경우는 매우 드문데, 이렇게 도달한 신비주의의 단계를 '합일의 단계(vía unitativa)'라 한다. 이 합일의 단계는 신과의 내적인 합일에 이르는 마지막 단계인 셈인

데, 이때 이 세상은 이미 아무런 의미도 없는 것이 되며 영혼은 아름다운 절대성과 완전한 섭리 속에서 신과 하나로 일치하게 된다. 이러한 신비주의를 체험하게 되는 자들은 육체와 영혼의 완전한 분리와 신과의 소통이이라는 황홀한 경지를 체험하게 된다고 한다. 스페인 문학사에서 이러한 신비주의를 모티브로 한 문학의 전개 시기는 좁은 의미에서는 1560년에서 1600년까지의 비교적 길지 않은 시기를 포함한다. 이 시기에 스페인 문학에서 바로 그 유명한 산타 테레사 데 헤수스(Santa Teresa de Jesús)와 산 후안 데 라 크루스(San Juan de la Cruz)의 신비주의에 대한 위대한 교리들이 전개되었던 것이다. 그러나 이렇게 신비주의를 지나치게 엄격한 의미로만 해석한다면, 비슷한 시기에 세상에 나온 수많은 고행주의(ascetismo)에 대한 서적들을 분류하는 데 적지 않은 문제점이 발생할 수 있다. 따라서 광범위한 의미에서의 신비주의는 16세기 당시의 모든 종교 관련 서적에까지 적용되기도 한다. 신비주의를 이렇게 넓은 의미로 바라볼 때 스페인 문학사에서의 신비주의는 시기적으로 크게 4단계의 전개 양상을 보이는데, 즉 1500년까지의 준비의 단계(periodo de preparación), 1500년에서 1560년까지의 동화의 단계(periodo de asimilación), 1560년에서 1600년까지의 공헌과 생산의 단계, 마지막으로 1600년 이후의 쇠퇴의 단계가 바로 그것이다.

Moaxaja (모아사하) 중세 스페인 시 형태 중 하나. 아랍 문화와 스페인 문화가 혼재하던 안달루시아 지역을 중심으로 9세기경 탄생했다. 모아사하라는 단어는 치장이라는 의미를 가지고 있다. 3～6연으로 연의 수가 제한되어 있고, 하르차(jarca)라는 후렴구로 끝을 맺는다.

Mocedades de Rodrigo 작자 미상의 무훈시로 1350～1360년에 어느 팔렌시아(Palencia)의 성직자가 쓴 것으로 추정된다. 제목에서 알 수 있듯이 엘 시드의 청년기를 다루고 있다. 엘 시드를 주인공으로 삼는 마지막 무훈시이며, 13세의 엘 시드가 히메나의 아버지 돈 고메스 데 고르마스를 어떻게 죽였는지 말하면서 전개된다. 1,164개의 시행만 전해지고 있고 상상적, 환상적 요소들이 많이 부가되어 있다. ➡ El Cid(엘 시드)

Modernismo (모데르니스모) 98세대가 느껴야 했던 세기말 징후의 하나로 실증주의 사조에 눈을 뜨면서 기존의 문학 장르의 진부함을 탈피하고 점점 더 개성과 독창성을 추구하는 등 전향적인 태도를 가지지만, 기독교가 부단히 세속화되는 가운데 가톨릭을 따르고자 하는 수구적 태도를 동시에 지니게 된다.

Mogrovejo de la Cerda, Juan (후안 모그로베호 데 라 세르다) (1600～1670) 마드리드에서 태어난 작가이다. 페루에 건너가 쿠스코(Cuzco)의 통치자가 되었다. 『*Memorias de la Gran Ciudad del Cuzco, cabeza de los Reynos del Perú*』라는 작품은 자서전적이면서 페루에 거주하는 스페인 사람들에 대한 상세한 정보를 제공한다. 또한 『*La endiablada*』에서는 마드리드와 인디오들의 풍습을 풍자하고 있다. 많은 수의 희곡을 비롯한 작품들이 유실되었다.

Moguel y Urquiza, Juan Antonio (후안 안토니오 모겔 이 우르키사) (1745～1804) 기푸스코아(Guipúzcoa)에서 태어난 작가이다. 파스칼(Pascal)의 『*Pensées*』(1670)를 바스크어로 번역했다. 도덕적 교훈을 주기 위한 의도로 작품활동을 했다. 소설 『*Perú abarca*』(1955)는 최고의 바스크소설 중 하나로 꼽힌다.

Moix, Ana María (아나 마리아 모익스) 바르셀로나 출생의 작가(1947～)이다. 시작품은 실험주의적 서정시가 주를 이루는데, 대표작으로는 『*Baladas del dulce Jim*』(1969), 『*Call me*

Stone』(1969), 『*No time for flowers*』(1971)가 있다. 『*Julia*』(1970), 『*Ese chico pelirrojo al que veo cada día*』(1971), 『*La maravillosa colina de las edades primitivas*』(1981) 등의 소설을 출판했다.

Mojiganga* (모히강가) 간단하게 말해서 희극의 하부 장르로 구체적으로 17세기 당시의 연극에서 뒤풀이를 담당했던 축제의 대표적인 예다. 연극이 끝난 직후 행하던 일종의 짧은 극으로, 주로 동물이나 우스꽝스러운 형상을 한 모습으로 변장한 배우들이 등장해 요란스럽고 익살맞게 관객의 흥을 돋음으로써 연극의 즐겁고 유쾌한 뒤풀이 분위기를 연출해내곤 하였다. 분위기가 카니발의 가장행렬과 매우 흡사하다. 따라서 17세기 당시 스페인의 정식 연극은 “loa → 1막 → entremés(막간극) → 2막 → baile(춤) → 3막 → mojiganga”의 순서로 진행되었다. 정식의 3막 연극 외에도 loa, entremés, baile, mojiganga라는 네 가지의 별도의 볼거리와 즐길 거리가 관객들에게 제공되었던 것이다.

Molina Campos, Enrique (엔리케 몰리나 캄포스) (1930~) 마드리드에서 태어난 작가이다. 고도의 형식적 세련미와 서정성을 추구한다. 사랑, 도덕 등이 주요한 주제이다. 『*En verdad os digo*』(1956), 『*Poemas del hilo*』(1967) 등의 시집을 냈다.

Molina Foix, Vicente (비센테 몰리나 포익스) 알리칸테 출신의 작가이다. 1973년 El premio Barral de Novela를 수상하였으며 유명작으로는 『*Museo provincial de los horrores*』(1970), 『*Busto*』(1973), 『*La comunión de los atletas*』(1979), 『*Los padres viudos*』(1970)가 있다. 또한 극문학에도 관심이 있어서 『*Los abrazos del pulpo*』(1985)라는 극작품도 썼다. 2002년에는 『*El vampiro de la calle Méjico*』를 출판하였는데, 이 작품을 통해 El premio Alfonso García－Ramos를 수상하였다.

Molina, Roberto (로베르토 몰리나) (1883~1958) 알바세테(Albacete)에서 태어난 작가이다. 사실주의, 자연주의 경향의 작품들을 썼고 당시 부르주아들의 생활풍속을 반영했다. 대표작은 『*Un veterano*』(1913), 『*Los demonios de Potranco*』(1918) 등이다.

Molinos, Miguel de (미겔 데 몰리노스) (1628~1696) 테루엘(Teruel) 출생의 작가이자 성직자이다. 신비주의 신학과 비슷한 정적주의(quietismo) 운동의 중심적인 인물이었는데, 당시 교회는 정적주의를 이단으로 선고했다. 정적주의는 간단하게 하나님과의 합일을 위해서는 영혼이 절대적 정적 속에 있어야 한다고 주장한 신앙운동이다. 후안 바우티스타 카탈라(Juan Bautista Catalá)라는 가명으로 작품활동을 했고, 작품들 역시 정적주의 사상을 기반으로 한다. 『*Guía espiritual*』이 대표작이다.

Monarquía absoluta* (절대군주제) 17세가 시작될 당시 스페인 사회가 겪었던 위기는 이미 16세기 후반부터 사회의 제반 분야에서－특히 경제적 측면에서－명백하게 감지되어 온 것이었다. 사회, 경제적으로 피폐해져 가는 당시 스페인에게서 위기로부터의 탈출은 그야말로 시급한 과제가 아닐 수 없었다. 먹을 것과 일자리를 찾기 위한 타지로의 유랑이 서민들 사이에서 횡행하였고, 이러한 인구 이동에 수많은 목숨을 앗아갔던 전염병 페스트의 대유행까지 겹쳐, 17세기가 시작될 무렵 스페인 사회는 인구의 감소까지 겪게 된다. 이는 16세기 후반부에서 17세기 전반부에 걸쳐 당시 스페인 사회가 안고 있었던 위기가 얼마나 심각했었는지를 짐작할 수 있는 대목이다. 그러나 당시 스페인 사회는 이러한 위기의 타개책으로 처음부터 강력한 절대군주제를 확고히 하지는 않았다. 16세기 후반부에서 17세기가 시작될 무렵까지만 하더라도 르네상스의 영향을 받은, ‘개인주의자(individualista)’라 불리는, 다소 비현실적이기는 하지만 급진적인 세력의 기존 체제에 대한 비판과 개혁에 대한 외침이 남아 있었고, 대중의 기존 사회체제에 대한 불만도 무조건적으로 무시되어지거나 억압당하지는 않았다. 다시 말해서, 당시 사회의 기득권계층이 이러한 사회 불만 세력들의 존재로부터 위기의식을 느끼게 되고, 이들의 요구를 사회체제를 위협하는 불순하고 위험한 것으로 간주하며, 그들의 기득권을 지키기 위해 동요하는 사회 분위기를 바로잡으려 보수적 성향을 가지고 사회 체제의 재정비를 시도하는 기간이 바로 16세기 후반부에서 17세기로 넘어가는 시기였으므로, 이 시기는 이데올로기적으로 혁신을 외치는 진보의 불씨가 보수의 물결 속에서 아직은 꺼지지 않고 남아 있던 시대라 할 수 있는 것이다. 물론 주지하다시피, 17세기 문턱을 넘어서면서 스페인 사회는 절대군주제의 강화라는 보수적 사회 재편이 대세로서 완전히 자리를 잡는다. 즉, 당시의 스페인이 겪었던 총체적 위기로부터 벗어나고자 했던 것은 진보나 보수 양측의 공통된 목표였지만, 17세기 초반, 즉 펠리페(Felipe) 3세 이후 사회의 기득권 계층이 선택한 방식은 절대군주제의 본격적 강화를 통한 보수적 방식으로의 위기 타개였던 것이다. 이에 따라 절대군주라는 개념의 이론적 정립이 17세기 이후에 실현되었는데, 이는 주로 신학적 관점에 의한 것으로, 구체적으로 말해서 절대군주는 모든 권력 위에 군림하고, 통치행위에 있어서 오직 신만이 그에게 책임을 물을 수 있으며, 따라서 절대군주는 바로 다름 아닌 신의 뜻을 지상에서 실현하는 신의 대리인이라는 것이다. 따라서 이러한 절대군주제하의 사회는 절대군주를 정점으로 하는 전형적인 불변의 피라미드식 신분구조를 띠는 것을 그 특징으로 한다. 이러한 절대군주제를 배경으로 하는 스페인문학 작품은 수없이 많으나, 무엇보다도 17세기 극작가 로페 데 베가(Lope de Vega)의 연극 『*Fuenteovejuna*』가 가장 대표적인 예가 될 수 있을 것이다.

Moncada, Sancho de (산초 데 몬카다)　16세기 말에 태어나고 17세기 초에 사망한 스페인의 작가, 경제학자, 역사가 그리고 철학자였다. 톨레도(Toledo)의 사그라다스 에스크리투라스(Sagradas Escrituras)의 선생님이었으며, 당시 인구통계학과 경제학의 전문가였다. 주목할 만한 저서로는 1619년에 쓴 『*Población y aumento numeroso de la Nación española*』, 그리고 18세기까지 새롭게 수정되어 출판되고 공부된 『*Discursos*』가 있다. 이 저서들에서는 보호무역주의를 주장하고 있다.

Moncayo y Gurrea, Juan de (후안 데 몬카요 이 구레아)　(1600～1656) 작가로 사라고사(Zaragoza)에서 태어났으며 귀족집안 출신이다. 공고라의 과식주의를 따랐고 성경적, 신화적 주제로 시를 썼다. 시집 『*Poema trágico de Atalanta e Hipomenes*』(1656), 『*Rimas*』(1652) 등을 남겼다. ➡ Culteranismo(과식주의)

Monner, Ricardo (리카르도 모네르)　(1853～1927) 바르셀로나(Barcelona)에서 태어난 작가이다. 지적, 문화적으로 활발한 활동을 했던 작가이며 문학비평가로도 활동했다. 『*Fe y amor*』(1879), 『*Oraciones, rimas y cantares*』(1887) 등 몹시 감상적인 시집들을 냈다.

Monroy y Silva, Cristóbal de (크리스토발 데 몬로이 이 실바)　(1612～1649) 세비야(Sevilla) 출신의 작가이다. 몇 편의 역사서도 발간하였으나 극작가로서 명성이 더 높았다. 연극은 로페 데 베가(Lope de Vega)로부터 영감을 받은 동시에 칼데론(Pedro Calderón de la Barca)의 계승자로 분류된다. 작품집으로는 『*Pedro Calderón de la Barca*』(1646), 『*Comedias de los mejores autores*』(1652) 등이 있다.

Montemayor, Jorge de (호르헤 데 몬테마요르)　(1520?～1561) 포르투갈 출신 작가이나, 거의 모든 작품을 스페인어로 썼다. 포르투갈식 이름은 'Jorge de Montemor'이다.

1543년 펠리페 2세와 포르투갈 왕녀 마리아의 결혼식에 성가대원으로써 동행하여 스페인에 갔다. 대표작인 『*Los siete libros de la Diana*』는 스페인 최초의 목가소설이다. 1561년 사랑을 둘러싸고 벌어진 결투에서 사망하였다.

Montengón y Paret, Pedro (페드로 몬텐곤 이 팔레트) (1745~1824) 알리칸테(Alicante) 출신의 성직자이자 작가이다. 예수회 수사였고 1767년의 강제추방 사건 때 이탈리아로 망명했고 교단에서 나왔다. 루소(Rousseau)의 영향을 받아 쓴 소설 『*Eusebio*』(1786~1787)로 인해 스페인 낭만주의 문학의 선구자 중 한 명으로 꼽힌다. ➡ Romanticismo (낭만주의)

Montero, Isaac (이삭 몬테로) (1936~2008) 마드리드에서 태어난 작가이자 기자이다. 증언문학, 보도문학 성격의 소설들을 썼고 사회, 정치적 상황에 비판적이었다. 『*Una cuestión privada*』(1964), 『*Al final de la primavera*』(1966) 등의 작품을 남겼다.

Montero, Rosa (로사 몬테로) 마드리드 출생의 여류작가(1951~)이다. 작품은 여성독자들에게 특히 인기가 있었고, 비평계에서도 주목을 받았다. 유명한 작품으로는 『*Cinco años de país*』(1982), 『*La vida desnuda*』(1994) 등이 있다.

Montes, Eugenio (에우헤니오 몬테스) 오렌세(Orense) 출생의 작가, 기자(1897~1982)이다. 역사와 문화를 알리기 위한 다양한 에세이를 썼다. 주요작품으로는 『*El viajero y su sombra*』(1940), 『*Elegías europeas*』(1949) 등이 있다.

Monteser, Francisco Antonio de (프란시스코 안토니오 데 몬테세르) 세비야(Sevilla) 출생의 작가(1602~1668)이다. 로페 데 베가(Lope de Vega, 1562~1635)의 『*El caballero de Olmedo*』라는 비극작품을 익살스러운 버전으로 각색한 작가로 유명하다. 주로 막간극을 썼고 주요작품으로는 『*Restauración de España*』가 있다. ➡ El caballero de Olmedo (올메도의 기사)

Montesino, Ambrosio (암브로시오 몬테시노) (1444?~1514) 스페인의 성직자이자 시인, 번역가이다. 이사벨 여왕의 작곡가로 대중적으로 알려졌고, 많은 인기를 누렸던 노래집(크리스마스 음악이 주가 된)을 출판했다. 산프란시스코회에 입회하였고, 톨레도의 국왕성 요한 수도원의 수사로 있다가 1492년 왕실 고해신부로 가톨릭 공동왕의 궁정에 오게 되었다. 가톨릭 공동왕의 궁중에 있던 시인들 중에서는 보기 드물게 이탈리아 문학의 영향을 거의 받지 않고 스페인 전통시의 계보를 이었던 것이 그의 시의 특징이다.

Montesinos, José Fernández (호세 페르난데스 몬테시노스) 1897년 그라나다(Granada)에서 태어난 스페인 문학비평가이자 역사가이다. 마드리드(Madrid), 독일의 함부르크, 프랑스의 푸아티에(Poitiers)에서 교수직을 연임하였으며 이후 미국 캘리포니아로 이주하여 문학활동을 하였다. 특히 스페인 황금세기 문학을 주제로 비평활동을 하였으며 로페 데 베가(Lope de Vega)를 심도 있게 연구하였다. 대표작으로는 『*Estudis sobre Lope*』(1951), 『*Introducción a una historia de la novela en España*』(1955) 등이 있다.

M

Montesinos, Rafael (라파엘 몬테시노스) 세비야(Sevilla) 출생의 작가(1920~2005)이다. 전후세대 주요작가 중 한 명으로 꼽힌다. 주로 강한 리듬을 지닌 우울한 분위기의 개인적 시를 썼다. 대표작으로는 『*Balada de amor primero*』(1944), 『*Las incredulidades*』(1948) 등이 있다.

Montiano y Luyando, Agustín de (아구스틴 데 몬티아노 이 루얀도) (1687~1764) 바야돌리드(Valladolid)에서 태어난 극작가이다. 신고전주의에 속한다. 이그나시오 데 루산

(Ignacio de Luzán), 페드로 에스탈라(Pedro Estala)와 함께 18세기 스페인 연극 주요 이론가 중 한 명이다. 주요작품은 『*Discursos sobre las tragedias españolas*』(1750~1753)이다. ➡ Neoclasicismo(신고전주의)

Montoro, Antón de (안톤 데 몬토로) (1404~1480) 코르도바(Córdoba)에서 태어난 작가이다. 1473년 코르도바에서 일어났던 유대인 학살을 피해 세비야(Sevilla)로 거주지를 옮겼다. 시집 『*Cancionero*』에는 시인으로서의 역량이 충분히 발휘되었고 진지하면서도 익살스럽게 사랑의 요청을 다루었다.

Montoto y Rautenstrauch, Luis (루이스 몬토토 이 라우텐스트라우치) (1851~1929) 세비야(Sevilla)에서 태어난 민속학자이자 작가이다. 젊은 시절부터 지식인 및 문인들과 관계를 맺었다. 시, 소설, 단편소설, 희곡, 문학비평 등 다양한 장르의 글을 쓰며 명성을 얻었다. 작품들 대부분은 『*Obras completas*』(1909~1915)라는 제목으로 엮어져 출판되었다.

Mor de Fuentes, José (호세 모르 데 푸엔테스) 우에스카(Huesca) 출생의 작가(1762~1848)이다. 다양한 주제를 가지고 작품을 썼다. 대표작으로는 항해를 위한 쉬운 방법을 설명한 『*Elogio de Gravina*』(1806), 자신의 피렌체 여행기를 서술한 『*El Patriota*』(1813) 등이 있다.

Mora, Fernando (페르난도 모라) (1878~1939) 마드리드에서 태어난 작가이다. 익살스럽고 풍속적인 작품을 썼고 당시에 큰 대중적인 인기를 끌었다. 작품에서는 특히 마드리드 하층민에 대한 반어적이고 날카로운 초상이 두드러진다. 『*Los vecinos del héroe*』(1910), 『*Las tres Marías*』(1917) 등을 남겼다.

Mora, José Joaquín (호세 호아킨 모라) 카디스(Cádiz) 출생의 작가, 기자, 혁명가(1783~1864)이다. 신고전주의, 낭만주의적 작품을 주로 썼다. 한편으로 정부에 대한 공격적인 글을 쓰기도 했다. 대표작으로는 『*Leyendas españolas*』(1840), 『*El Gallo y la Perla*』(1847) 등이 있다.

Moraleja y Navarro, José (호세 모랄레하 이 나바로) (1711~1763) 마드리드에서 태어난 작가이다. 인문학에서 과학까지 폭넓은 분야의 소양을 갖추었다. 엔트레메스 『*El alcalde medico*』(1793), 50권에 달하는 연감 『*Piscatores*』(1744~1763) 등을 펴냈다.

Morales, Ambrosio (암브로시오 모랄레스) [코르도바(Córdoba) 1513~1591] 스페인의 인문학자, 역사학자, 고고학자이자 성직자이다. 학자 가문에서 출생하여 알칼라 대학(Universidad de Alcalá)에서 학문을 닦았다. 1533년 성 헤로니모회(Orden de San Jerónimo)에 입단하며 사제가 되었다. 독서에 관심이 많아 개인 도서관을 가질 정도로 열성이 있었고 엘 에스코리알 도서관(Biblioteca de El Escorial)의 실질적인 관리인이기도 했다.

Morales, Rafael (라파엘 모랄레스) 톨레도(Toledo) 출생의 작가(1919~2005)이다. 인간의 고통과 고독, 절망, 죽음의 문제를 서정적인 필체로 표현했다. 대표작으로는 『*El corazón y la tierra*』(1946), 『*La máscara y los dientes*』(1962), 『*La rueda y el viento*』(1971) 등이 있다.

Morán, Jerónimo (헤로니모 모란) 1817년 바야돌리드(Valladolid)에서 출생한 스페인 작가이다. 『*Doctrina de Salomón*』(1849)과 『*Vida de Miguel de Cervantes*』(1863) 같은 뛰어난 도덕 윤리 서적을 집필하였음에도 불구하고 희곡에 더 큰 관심을 보였다. 낭만주의 희곡을 옹호하여 『*Los cortesanos de don Juan II*』(1839), 『*Don Ramiro*』(1840), 『*La ocasión por* *los cabellos*』(1840)를 집필하였다. 『*Fra Diávolo*』(1857), 『*La dama blanca*』(1858), 『*Las damas de la camelia*』(1861)의 사르수엘라 대본 또한 썼다.

Moreno Godino, Florencio (플로렌시오 모레노 고디노) (1829~1906) 마드리드에서 태어난 작가이다. 유별나고 보헤미안적인 삶을 살았고 몹시 독창적인 글을 썼다. 희곡작품인 『*Nerón*』(1892), 시집 『*Sonetos de broma*』 등을 냈다.

Moreno Jurado, José Antonio (호세 안토니오 모레노 후라도) (1946~) 세비야(Sevilla) 출신의 작가이다. 그리스어에 능통해 그리스 문학을 번역하기도 했다. 고전주의 문학의 영향을 받아 시는 균형이 잡혀있고 잘 세공되어 있으며 고요하다. 『*Canciones y poemas*』(1969), 『*Ditirambos para mi propia burla*』(1974), 『*Daimon en la niebla*』(1980) 등을 비롯한 많은 시집들이 있다.

Moreno Torrado, Luis (루이스 모레노 토라도) (1853~?) 바다호스(Badajoz) 지역의 작가이다. 어려운 가정 형편으로 학업을 포기하고 일을 시작해야 했고 고문서 보관자로 일한 경험이 있다. 몇 편의 희극을 쓰기도 했지만 작품활동은 시에 더 중점이 맞추어져 있다. 저서로는 『*Explosiones del sentimiento*』(1884), 『*Idilios y elegías*』(1896) 등이 있다.

Moreno Villa, José (호세 모레노 비야) 말라가(Málaga) 출생의 화가, 작가, 비평가(1887~1955)이다. 울트라이스모(ultraísmo)의 영향을 많이 받았으며 초현실주의적 시를 주로 창작했다. 작품들은 『*Pelirroja*』라는 시집으로 출판되었다.

Moreno, Miguel (미겔 모레노) (1591~1635) 마드리드에서 태어난 작가이다. 개인적인 스타일의 소설 『*El cuerdo amante*』(1628), 『*La desdicha en la constancia*』, 경구집 『*Flores de España*』(1635) 등을 썼다.

Moreto, Agustín* (아구스틴 모레토) 1618년에 마드리드에서 태어나고 1669년 10월 28일 같은 도시에서 사망한 스페인 태생의 작가로, 특히 17세기 저명한 극작가들 중의 한 명으로 평가된다. 그의 바로크적인 극은 칼데론 데 라 바르카(Calderón de la Barca)와 같이 스페인 황금세기의 다른 위대한 인물들과 함께 마드리드의 무대에서 함께 했다. 또한 모레토는 칼데론과 함께 공동으로 극작을 하기도 하였다. 17세기 동안 쓰인 로페의 극작품의 일부 계승자들은 그의 극을 도덕의 끝을 향하도록 만들었다. 반면에, 모레토는 그의 극에서 품위, 아름다움과 유희로 승부를 걸었다. 작품들은 대중들을 개선하기 위한 것이 아니라 아름다운 시들과 우아함과 함께 정해진 복잡한 역사들과 함께 대중들의 기분 전환을 시키기 위한 것이었다. 필요한 경우 극은 음악과 춤으로 풍성해지도 하였다. 모레토는 또한 익살스럽고 감정적인 요소들을 적절히 혼합하는 것에 탁월한 솜씨를 발휘한 대가였다. 이를 통해 대중은 익살꾼들의 출현들에 싫증나지 않았고, 과도한 사랑의 고통에 대해 지루해하지도 않았다. 대표적인 작품들에는 『*No puede ser el guardar a una mujer*』, 『*El desdén con el desdén*』, 『*El lindo don Diego*』 등이 있다.

Morfema (형태소) 분석 가능한, 의미를 가진 최소의 언어 단위를 뜻한다. 예를 들어, de, no, yo, le, el libro, can－tar, casa－s 등. casas의 경우에는 casa와 복수를 나태는－s의 2개의 형태소로 구성되어 있다.

Mozárabe* (모사라베) 11세기 말까지 이슬람교도 지배 아래 있던 스페인에서 거주했던 이슬람교로 개종하지 않았던 기독교도를 지칭하는 용어이다. 스페인의 기독교인들이 말하기를, 스페인에서 아랍의 지배에 있었던 동안, 그들의 가톨릭 종교를 행하는 것을 허용해주었던 것 대신에 법률에 의거하여 아랍의 규율을 받아들였었다. 이슬람의 영역에서 거주하는 이러한 기독교인들을 명명하기 위하여 무스타크리브 아랍어(arabe mustacrib)로부터 만들어진 단어이다. 이 단어는 '아랍인들처럼 행동하기를 원하는 자'를 의미한다. 이슬람교도들에 인한 이베리아반도의 침공 이후 한 중요한 부분이 스페인 기독교 사회에서 존재하였는데, 이는 그들이 그들의 신앙과 삶의 방식에 충실해야 한다는 것이었다. 처음에는 그들과의 관계는 허용되었었고 이슬람 당국들은 이러한 새로운 사회 계층의 편성을 허용했었다. 이슬람 통치하의 각각의 도시에서 모사라베들은 같은 지역 혹은 교외에서 모두 함께 있었고, 이것은 서고트족 사람들과 로마 통치하의 이스파니아 사람들과의 구별 없이 모사라베 사람이라는 이름을 받게 하였다. 이러한 모사라베 사람들에서 비록 종을 치던 것은 금지되었지만 그들의 신앙을 올리던 기독교 교회들이 보존되었고, 동시에 그곳에 머물고 있었던 주교들의 위계와 성직자의 존엄이 유지되었다. 아랍연대기들 또한 이슬람 영역에서 수많은 수도원 모사라베들의 존재를 언급했다. 동시에 특정 정부와 행정부들과 함께 시민의 입장에서 그들을 포함시켰다. 모사라베 사람들은 이슬람 정부의 허가 하에 같은 모사라베 사람들에 의해 선출된 관리에 의해 지배되었다. 가장 중요한 장은 'comes' 혹은 백작이었고, 세금들은 재무관 혹은 'exceptor'에 의해 수금되었고, 사법부는 사법관에 의해 운영되었는데, 그들의 임명은 아랍 정부에 의해 확증되었다. 이러한 사법관은 'quadí al－nasara'라고 불렸고 로마법에 의거해 모사라베 사람들에게 법률을 제정하였다. 아랍인들과 모사라베 사람들 사이에 소송들은 이슬람 재판소에서 해결되었었고, 또한 이슬람 계율에 관한 위반 역시 다루어졌다.

Mrs. Coldwell habla con su hijo (미시스 콜드웰 아블라 콘 수 이호) 1953년에 발표된 카밀로 호세 셀라(Camilo José Cela)의 작품이다. 작품은 죽은 아들 때문에 미쳐버린 여인이 아들에게 보내는 상상적인 편지들을 모은 것이다. 모두 212장이지만 짧은 장으로 산문시 형식이며 꿈속의 상상으로 가득하다.

Muelas, Federico (페데리코 무엘라스) (1910～1974) 쿠엔카(Cuenca) 지역의 작가이다. 관습적인 문체와 형식의 틀 안에서 시를 썼다. 일부는 고전주의에서 또 다른 일부는 대중주의에서 뿌리를 찾을 수 있다. 저서로는 『*Aurora de voces altas*』(1934), 『*Temblor*』(1941) 등이 있다.

Muerte de Munuza(o Pelayo), La (무에르테 데 무누사 오 펠라요, 라) 후안 멜렌데스 발데스(Juan Meléndez Valdéz)의 극작품이다. 1769년 쓰였고 1771년과 1772년 사이에 수정되었다. 작가가 서문에 써놓은 것에 따르면 출간하기 전에 작품을 발표할 생각이었다고 한다. 그러나 미발표 상태로 남아 있었다. 1782년에 히혼(Gijón)에서 한 그룹에 의해 발표되었다고 한다. 5개의 막으로 나누어지고 역사적인 주제를 가지며 코바동가(Covadonga) 전투 전날 있었던 일을 다룬다. 작시법은 11음절의 로만세(romance)를 따르며 당시의 비극작가들에 의해 선호되었다.

Muertes de perro (무에르테스 데 페로) 프란시스코 아얄라(Francisco Ayala)의 1958년 작품. 사회, 정치적 요소가 아닌 개인적인 문제에 초점을 맞춘다. 도덕적 문제에 초점을 두었으나 결코 작가가 개입하여 판단의 여지를 남기지는 않았다.

Mujer nueva, La (무헤르 누에바, 라) 카르멘 라포렛(Carmen Laforet)이 1956년에 출간한 소설이다. 자전적인 내용이 많이 들어 있으며 작가가 가톨릭으로 개심하게 된 사건을 중심으로 다루고 있기 때문에 가톨릭 소설이라고도 할 수 있다.

Mulder, Elisabeth (엘리사베스 물데르) 바르셀로나(Barcelona) 출생의 여류작가(1904～

1987)이다. 현대사회에서의 삶, 독립적인 여자주인공을 내세운 작품을 주로 썼다. 대표작으로는 『*Sinfonía en rojo*』(1929), 『*La hora emocionada*』(1931) 등이 있다.

Muñiz, Carlos (카를로스 무니스) (1927～1994) 스페인 극작가이며 마드리드 출신이다. 변호사와 공무원으로서도 일했다. 작품에는 자연주의와 함께 비관주의와 비판적인 정신을 반영하며, 프랑코(Franco) 장군의 독재기간 동안 억압되고 하찮게 여겨진 현실을 다룬다. 대표작으로 『*En silencio*』(1956), 『*El grillo*』(1956), 『*Ruinas*』(1958) 등이 있다.

Muñiz, Mauro (마우로 무니스) (1931～) 스페인 작가이자 기자이다. 아스투리아스(Asturias)의 히혼(Gijón)에서 태어났다. 시민 문학과 전후 사회의 영향을 많이 받았다. <El comercio>와 <El Español> 등의 일간지에서 편집장으로 일했다. 『*La paga*』(1963) 작품집과 『*La huelga*』(1968) 소설을 썼다.

Muñiz, Teresa (테레사 무니스) (1942～) 스페인 화가이며 1942년 마드리드에서 태어났다. 마드리드의 Escuela de Bellas Artes de San Fernando 미술학교에서 공부를 했고 안토니오 로페스(Antonio López)의 수업을 들었다. 그 수업은 그의 첫 예술활동에 결정적인 영향을 미쳤다. 그의 현실주의적 경향은 1976년부터 초현실주의적인 경향을 띠기 시작했다.

Muñoz Arconada, César María (세사르 마리아 무뇨스 아르코나다) (1898～1964) 팔렌시아(Palencia)의 아스투디요(Astudillo) 태생의 스페인 작가로 울트라이스모(Ultraísmo, 스페인 개혁운동)을 시작했다. <Diario palentino>, <Alfar>, <Meseta>, <apel de aleluyas> 등의 신문사에서 일했으며 대표작으로 『*La turbina*』(1930), 『*Los pobres contra los ricos*』(1933), 『*Río Tajo*』(1938) 등이 있다.

Muñoz Molina, Antonio (안토니오 무뇨스 몰리나) 1956년 하엔(Jaén) 지방의 우베다(Úbeda)에서 태어난 스페인 현대문학 작가이다. 신문 편집, 문화부 활동 및 다양한 문학 활동을 하였다. 대표작으로는 『*El invierno en Lisboa*』이 있다.

Muñoz Petisme, Ángel (앙헬 무뇨스 페티스메) 사라고사(Zaragoza) 출생의 시인, 음악가(1961～)이다. 처녀작 『*Cosmética y terror*』(1984)로 문학계에 진출하였으며, 인간의 본성을 가감없이 묘사하는 작품을 주로 썼다. 대표작으로는 『*El océano de la escritura*』(1989), 『*Habitación salvaje*』(1990) 등이 있다.

Muñoz Seca, Pedro (무뇨스 세카) 카디스(Cádiz) 출신의 스페인 극작가(1881～1936)이다. 세비야에서 대학생활을 하며 학생 신분으로 작품활동을 시작하여 큰 호평을 받았다. 그 후 마드리드로 옮겨와 그리스어, 라틴어, 히브리어 교수직을 연임하며 1904년 첫 희곡인 『*El contrabando*』를 발표하여 큰 성공을 이뤘다. 대표적인 작품으로는 『*El verdugo de Sevilla*』, 『*La venganza de Don Mendo*』, 『*El último pecado*』 등이 있다. 스페인 내전이 발발하자 공산주의 의용병에 의해 살해당했다.

Muntadas Jornet, Juan Federico (후안 페데리코 문타다스 호르넷) (1826～1912) 바르셀로나(Barcelona) 출생의 작가이다. 낭만주의적 시, 역사시를 주로 썼다. 당시 스페인 사회 현실을 반영한 작품 『*Gil Pérez de Marchamalo*』(1866)로 유명세를 탔다.

Muralla, La (무라이야, 라) (1954) 호아킨 칼보 소텔로(Joaquín Calvo Sotelo)의 작품이다. 작품은 중심 주제와 절묘한 사건 전개로 인해서 발표 당시에 관객들에게 큰 인상을 주었다. 작품의 사건 전개 방식은 일반적인 카타르시스 혹은 감정 정화의 효과와는 상반되는 것이다. 주인공 호르헤는 자신의 구원을 위해서 농장을 국가에 반환하려 하나 가족들이 반발한다. 실제적으로 반환이 이루어지지 않고도 그의 영혼은 구원받는다는 내용이다.

Murciano González, Antonio (안토니오 무르시아노 곤살레스) 카디스(Cádiz) 출생의 작가(1929~)이다. 잡지 <Alcaraván>을 창간했으며 안달루시아 지방의 문화를 연구했다. 대표작으로는 『*Navidad*』(1952), 『*Amor es la palabra*』(1957) 등이 있다.

Murciano González, Carlos (카를로스 무르시아노 곤살레스) 카디스(Cádiz) 출생의 작가(1931~)이다. 다양한 북미 문학을 번역하였으며 1970년 『*Este claro silencio*』로 스페인 국민 문학상(Premio Nacional de Literatura)을 수상하였다. 이 외 주요작품으로는 『*Tiempo de ceniza*』(1961), 『*Un día más o menos*』(1963) 등이 있다.

N

Nada (나다) 카르멘 라포렛(Carmen Laforet)의 작품으로 1944년에 나달 문학상(Premio Nadal)을 최초로 수상했다. 내전 후의 바르셀로나(Barcelona)를 무대로 작 중 인물들의 행동이 시작되고 이러한 상황이 작품 전체의 배경을 이룬다.

Narazín (나라신) 1895년에 발표된 스페인의 사실주의 작가 베니토 페레스 갈도스의 소설이다. 작품을 통해서 작가는 진보사상의 긍정적인 면모를 나타내고, 제도화된 정치의 한계를 나타내고 있다. 또한 당시 부당함과 가난 혹은 불평등에 대항하여 맞서 싸우는 사람들에 대한 옹호를 하고 있다. ➡ Pérez Galdós, Benito(베니토 페레스 갈도스)

Natas, Francisco de las (프란시스코 데 라스 나타스) 16세기 스페인의 극작가이다. 대중적인 언어로 글을 썼기 때문에 거친 표현들이 많이 등장한다. 희곡 『*Comedia Tidea*』(1550)는 『*La Celestina*』와 동일한 줄거리를 바탕으로 쓴 것이다. ➡ La celestina(라 셀레스티나)

Naturalismo* (자연주의) 19세기의 문예사조로 객관적인 형태의 사실을 재현하고 이러한 측면에서 어떠한 것도 누락하지 않는 것이다. 이러한 사조에 있어서 최고의 대표자이자 이론을 세우고 추진하는 사람은 에밀 졸라(Émile Zola) 작가였다. 스페인에서 크라우제의 철학에 근접한 생각에 직면한 사람들 혹은 갈도스(Galdós)와 비센테 블라스코 이바녜스(Vicente Blasco Ibáñez)와 같은 좌익 작가들이 이러한 운동에 참여했다. 그럼에도 불구하고, 갈도스의 『*La desheredada*』 등과 같은 일부 예외를 제외하면, 스페인에서 사용된 것은 자연주의의 이데올로기적 주장(무신론, 실증론, 결정론)을 충실히 따르는 졸라식의 진실한 자연주의가 아니라 일부 형식적인 자원들을 추출하는 타협적인 양식이었다.

Navales, Ana María (아나 마리아 나발레스) (1935~2009) 사라고사(Zaragoza)에서 태어난 작가이다. 사라고사 대학(Universidad de Zaragoza)에서 서간 문학을 주제로 논문을 쓰고 박사학위를 받았고 여성 문학, 특히 버지니아 울프(Virginia Woolf)의 작품에 능통하다. 소설 『*Una máquina gris y verso*』(1972), 『*Mi tía Elisa*』(1983), 시집 『*Los espías de Sísifo*』(1981) 등을 발표했다.

Navarrete y Frenández Landa, Ramón de (라몬 데 나바레테 이 페르난데스 란다) 1822년 마드리드 태생의 스페인 소설가이자 극작가(1822~1889)이다. <La Gaceta>라는 잡지의 편집장이었으며 아스모데오(Asmodeo)라는 가명으로 여러 사설을 집필하였다. 풍속주의적 소설을 주로 집필하였으며 대표작으로는 『*Madrid y nuestro siglo*』(1845)가 있다.

Navarrete, José de (호세 데 나바레테) 1836년 카디스(Cádiz)에서 태어난 스페인 소설가,

극작가이다. 정치 사설가로도 유명하며, 집에서 발레라(Valera), 알라르콘(Alarcón) 등의 작가들과 함께 문학 모임을 가진 것으로 유명하다. 대표작품으로는 『*Las llaves del estrecho*』(1882), 『*La cesta de la plaza*』(1875) 등이 있다.

Navarro Ledesma, Francisco (프란시스코 나바로 레데스마) (1869∼1905) 톨레도(Toledo) 지역의 작가이다. 일간지 <ABC>의 설립자 중 한 명이다. 에세이 문학작가이기도 하지만 그가 쓴 에세이보다는 세르반테스의 전기인 『*El ingenioso hidalgo Miguel de Cervantes*』(1905)로 더 잘 알려졌다.

Navarro Villoslada, Francisco (프란시스코 나바로 비요스라다) 나바라(Navarra) 출생의 작가(1818∼1895)이다. 가톨릭 교조주의자였으며 자신의 이데올로기를 알리기 위해 <El Pensamiento Español>을 창간하였다. 멜로드라마풍의 소설 『*Amaya o los vascos en el siglo VIII*』(1879)로 인기를 끌었다.

Navarro, Juila (훌리아 나바로) 1953년 마드리드(Madrid)에서 태어난 스페인 신문기자, 작가이다. 약 30년 이상 스페인 주요 방송국에서 방송활동을 하였다. 문학활동으로는 주로 역사 및 신문기사 및 수필을 집필하였다. 몇 개의 소설 작품은 이례적으로 큰 성공을 이루며 약 30개 이상의 언어로 번역되는 등 스페인 이외의 다른 나라에서도 큰 사랑을 받았는데 대표작으로는 『*La Hermandad de la Sábana Santa*』가 있다.

Nebrija, Antonio de* (안토니오 데 네브리하) 스페인의 대표적 인문주의자이자 고문서와 암호 해독가로 본명은 안토니오 마르티네스 데 칼라 이 하라바(Antonio Martínez de Cala y Jarava)이다. 스페인 세비야(Sevilla)의 네브리하(Nebrija)에서 1444년에 태어났고 마드리드의 알칼라 데 에나레스(Alcalá de Henares)에서 1522년 7월 2일에 죽었다. 다른 수많은 작품들 중에서 무엇보다도 스페인어의 첫 번째 문법책의 작가였다. 자신의 인생에서 그가 우리에게 남겨준 많은 정보들이 있는데, 작품들의 일부에서 서문의 편지들과 머리말에서 수집되었다. 1495년에는 알칸타라(Alcantara) 기사단의 단장이고, 동시에 보호자이자 친구였던 후안 데 수니가(Juan de Zúñiga)에게 보내는 편지에서-이 편지로부터 '스페인어-라틴어 어휘'에 대한 그의 저술이 시작되었다-자기 자신에 대한 간략한 전기를 구상했다. 여기에서 네브리하 땅에서 지냈던 유년기를 회상함과 동시에 그의 연구에서 완벽하게 헌신했던 청소년기를 기억했다. 첫 번째로는 살라망카(Salamanca)에서, 그리고 그 후에는 이탈리아에서. 유년기는 그의 부모님들이 이탈리아에서의 귀환과 그의 고향을 기리기 위해 작문했던 시들에서 가장 감동적이고 다정했던 기억들과 함께 그려진다. 그곳에서 그의 집을 회상하고, 그들의 첫 번째 행보와 그의 어머니의 노래들이 포함된다. 뛰어난 간결함의 찬송을 위한 작품들로 인하여, 그들의 형제와 자매들과(매우 젊었을 때 죽음을 맞이한) 그의 부모님에 관하여 무엇인가 알 수 있었고, 그들은 중간 계층이었다. 그렇게, 안토니오 마르티네스 데 칼라 이 하라바는 출신지에서 라틴어들의 필수적인 기초 과정을 배웠다고 알려진다. 후세에, 그 자신 본래의 네브리하가 준 다른 소식들에 의하면, 당시의 다른 많은 학자들과 마찬가지로 그는 스페인 안팎으로 여행을 통해서 학문적 경력을 완성했다고 알려져 있다. 정확히 산 클레멘테(San Clemente)의 스페인 수도원에서 장학생으로서 볼로니아에서 체류를 했었고, 이후 행보를 정하게 되었다. 사실상, 이러한 이탈리아에서의 여행은 네브리하가 스페인에서 인문주의에 관한 대부분의 토대들에 대해 주요한 보호자를 하도록 결정하였다.

Neira Vilas, Xosé (호세 네이라 빌라스) (1928∼) 농부의 아들로 태어나서 20세 때에 아르헨티나로 이민을 갔다. 여러 가지 인생 경험들과 아울러 갈리시아(Galicia)에 대한 그의 회상을 작품으로 한 『*Memorias dun neno labrego*』가 대표작이다.

Neoclasicismo* (신고전주의) 신고전주의라는 단어는 19세기 전체를 통하여 등장하였는데, 18세기 중반부터 철학에서 형성되어지고 계속적으로 문화의 모든 분야에 전달되어진 운동을 경멸적인 형태로 명명하기 위해 나타났다. 이러한 변화에 대한 책임은 계몽주의에 있었는데, 삶과 인문지식의 모든 측면을 합리적으로 다룬 욕망과 함께 계몽주의는 그 후 줄곧 인간관계들을 정돈하고 자연의 이신론적인 한 개념을 수반했었던 한 독립적인 윤리에 의한 인간의 존재에 대한 조직자로서의 종교의 역할을 대신했었던 것이다. 계몽주의와 백과전서파는 인간을 우주의 중심으로 변환시켰고, 산업적이고 과학적인 진보와 삶의 모든 상태들의 개선을 위해 공헌할 수 있었던 이 모든 것들 가능하게 하였다. 계몽주의 학예(學藝)의 영역에서 관능주의자와 데카당파 예술가들과 같은 로코코 양식을 거부하면서, 교화의 한 진전을 이루었다. 신고전주의는 18세기 말까지 지속되었으며, 이 시기에 대부분의 스페인 바로크 문학은 무시되었고 연극에서는 삼일치가 승리한다. 또한 서정시는 사실상 공허한 시로 인식되며 모든 경우에 산문주의가 자리를 잡는다.

Neoplatonismo (신 플라톤주의) 플라톤의 사상에 기반한 르네상스 시기 철학으로 이상적인 아름다움과 정신적인 사랑을 숭배하는 것을 옹호했다.

Neville, Edgar (에드가르 네비예) 마드리드 출생의 작가, 영화인, 외교관(1899~1967)이다. 워싱턴의 주미 스페인 대사관에서 근무하는 동안 다양한 미국의 영화 대본을 번역하였고, 『*Don Clorato de Potasa*』라는 극작품을 쓰기도 했다. 또한 영화감독으로서도 활동하였는데, 대표작으로는 『*Yo quiero que me lleven a Hollywood*』(1931)가 있다.

Nido ajeno, El (타인의 둥지) 하신토 베나벤테의 1894년 초연작이다. 중산계층의 유부녀의 역할을 묘사하였다. 이 작품은 다루어진 주제 - 여성의 탈선 - 때문에, 그리고 에체가라이의 문체와는 거리가 먼 반수사학적 문체로 인해서 크게 실패하였다. ➡ Benavente, Jacinto(하신토 베나벤테)

Nieto de Molina, Francisco (프란시스코 니에토 데 몰리나) (1730~?) 카디스(Cádiz)에서 태어난 작가이다. 풍자시, 익살시, 문학 이론에 뛰어났다. 시 『*La Perromaquia*』(1765)는 로페 데 베가(Lope de Vega)의 『*La Gatomaquia*』에서 영감을 받아 쓴 것이다. 그 외에도 풍자 수필 『*El Fabulero*』(1764), 로페 데 베가의 극작술을 옹호하는 글 『*Discurso en defensa de las comedias de Lope Félix de Vega Carpio y en contra del "Prólogo crítico"*』(1768) 등을 썼다.

Nieto, Ramón (라몬 니에토) 라 코루냐(La Coruña) 출생의 작가, 변호사(1934~)이다. 현실주의 소설을 주로 썼는데, 프랑코 독재 시기의 부르주아 계급을 비판하는 작품을 주로 창작했다. 대표작으로는 『*La fiebre*』(1960), 『*El sol amargo*』(1961) 등이 있다.

Nieva, Francisco (프란시스코 니에바) (1927~) 시우다드 레알에서 태어난 작가이다. 파리, 베네치아, 로마, 베를린 등 유럽 각지를 돌아다니며 오랜 시간을 보냈다. 1949년부터 희곡을 썼지만 작품을 처음으로 무대에 올린 것은 1971년에 와서였다. 바로크적인 언어와 바예-잉클란적 기법을 사용해서 전후 중산층에 의해 만들어진 예술의 평범성을 날카롭게 비판했다. 1986년에 한림원 회원으로 선출되었다. 『*Tórtolas, crepúsculo y telón*』(1972), 『*Manuscrito encontrado en Zaragoza*』(1991)는 가장 뛰어난 작품으로 평가받는다.

Nifo y Cagigal, Francisco Mariano (프란시스코 마리아노 니포 이 카히갈) 테루엘

(Teruel) 출생의 작가(1719~1803). 마드리드의 첫 번째 일간지 <Diario Noticioso>를 창간(1758)하면서 스페인 언론의 근대화에 기여하였다. 문학에서는 소네트를 주로 창작하였는데, 대표작으로 『*A la feliz y gloriosa unión de España y Portugal*』(1785)이 있다.

Niseno, Fray Diego (프라이 디에고 니세노) 17세기 스페인의 종교 작가이다. 작품 『*El político del cielo*』(1637~1638)는 성경의 이삭과 야곱 이야기를 기반으로 신의 섭리에 대해 해석한 것이다. 그 외에도 성 바실리오와 사도 요한의 전기를 집필했다.

No hay mal que por bien no venga 1630년 이전에 쓰인 것으로 추정되며, 『*Don Domingo de don Blas, El acomodado don Domingo de don Blas*』라는 제목으로도 알려진 후안 루이스 데 알라르콘의 작품이다. 주인공 돈 도밍고는 이상적인 부르주아 계층 인물로, 알폰소(Alfonso)왕의 충직한 신하이다. ➡ Juan Ruiz de Alarcón(후안 루이스 데 알라르콘)

Nocedal y Romea, Ramón (라몬 노세달 이 로메아) (1842~1907) 마드리드 출신의 작가, 기자, 정치인이다. 전통주의와 가톨릭주의의 극단적인 옹호자였다. 그의 글들은 총 아홉 권으로 구성된 전집 『*Obras completas*』(1907~1927)로 엮어졌다.

Noche de guerra en el Mueo del Prado* 27세대 시인으로 우리에게 더욱 잘 알려진 라파엘 알베르티(Rafael Alberti)는 사실 1981년에 국민 연극 대상(Premio Nacional de Teatro)을 수상하는 등 극작가로도 상당한 명성을 얻은 바 있다. 그는 스페인의 정치적 상황이 극도로 혼란에 빠졌던 1930년부터 일련의 정치극들을 창작하게 되는데, 특히 격동의 시기인 내전 직후에 내전으로 혼미했던 당시 스페인의 시대상을 반영하는 극작품들을 속속 발표하면서, 당시 비평가들로부터 민중의 피를 통하여 형성된 혁명과 스페인의 연극을 서로 일맥상통하도록 만들었다는 호평을 받기까지 한다. 알베르티에 의해 창작된 여러 정치극들 중 『*Noche de guerra en el Mueo del Prado*』은 특히 그의 극적 재능이 유감없이 발휘된 최고의 수작이라 할 수 있다. 이 작품은 알베르티가 완성시킨 후 무려 23년이라는 긴 세월이 흐른 1978년 12월이 되어서야 비로소 그의 조국 스페인에서 첫 상연이 실현되는 등, 파란만장한 사연을 유난히도 많이 겪었던 작품이다. 우선, 이 작품은 처음 완성된 이래 세 차례에 걸쳐 수정 작업이 이루어짐으로써 그 판본만 서로 다른 네 가지의 모습으로 존재한다. 첫 번째 모습인 1955년도 판은 유실되는 바람에 세상에 빛을 보지 못했지만, 알베르티의 설명에 의하면, 1956년에 이루어진 첫 수정 작업은 기존의 작품에 서막을 첨가시킨 것이었다 하므로 1955년 판과 그 이듬해 것과의 차이는 단지 서막의 유무에 있음을 알 수 있으며, 따라서 현존하는 이 작품의 모습은 1956년도부터 비로소 시작됨을 알 수 있다. 두 번째 수정에 의한 1975년 판은 기존의 작품에 존재하는 독립된 여러 에피소드들에 고야와 피카소를 상징하는 두 인물의 조우 장면을 첨가시킨 것이었고, 세 번째 수정에 의한 1978년도 판은 당국의 검열에 의해 삭제되었던 몇몇 대사를 다시 복원시켜 출판한 것이다. 이 작품의 공간적 배경은 내전이 한창 진행 중이던 때의 프라도 박물관이다. 박물관에 진열되었던 각종 예술품들은 공습을 피하기 위해 이미 지하실로 옮겨져, 박물관의 화랑 및 진열장은 텅 빈 상태에서 무대의 막이 오른다. 그리고 이 연극에 등장하는 인물은 서막의 작가(Autor)와 내전 참전 의용군 두 명을 제외하면 모두가 지하실로 옮겨진 바로 그 미술품들에 그려져 있는 가공의 인물들이다. 스페인 대표적 화가인 고야의 인물들이 살아 움직이며 극의 진행을 이끌어가는 환상적 분위기와 민중의 영원한 승리를 염원하는 장중한 분위기가 하나로 융합되어 다른 극에서는 볼 수 없는 독창적인 효과가 두드러지는 것이 바로 이 작품만의 매력인 것이다.

Noches lúgubres, Las (1790) 호세 카달소 이 바스케스(José Cadalso y Vázquez)의 작품이다. 그는 영국, 프랑스, 독일의 모든 낭만주의자들의 작품을 접했고, 그러한 영향이 이 작품에 드러난다. 연인의 죽음에 대해 과도하게 감상적으로 다루고 있는 작품이다.

Noel, Eugenio (에우헤니오 노엘) 마드리드 출생의 작가(1885~1936)이다. 플라멩코와 투우를 반대하는 다양한 기사를 썼으며, 스페인 전쟁 연대기 『*La España Nueva*』(1909)로 인기를 끌었다. 이 외 작품으로는 『*Vidas de santos, diablos, mártires, frailes*』(1916), 『*Las siete cucas*』(1927) 등이 있다.

Nogales, José (호세 노갈레스) (1850~1908) 우엘바(Huelva)에서 태어난 작가이다. 관습적이고 풍속적인 소설들을 썼으며 종종 단편도 발표했다. 『*Mosaico*』(1891), 『*Mariquita León*』(1901)과 같은 소설을 남겼다.

Nogués y Milagro, Romualdo (로무알도 노게스 이 밀라그로) 사라고사(Zaragoza) 출생의 작가, 군인(1824~1899)이다. 군대, 예술 등 다양한 주제를 가지고 작품을 썼다. 주요작품으로는 『*Cuentos para gente menuda*』(1887), 자서전 『*Aventuras y desventuras de un soldado viejo natural de Borja*』(1898) 등이 있다.

Nombela y Tabares, Julio (훌리오 놈벨라 이 타바레스) 마드리드 출생의 작가, 기자(1836~1919)이다. 대중소설, 연작소설을 주로 썼다. 주요작품으로는 『*Desde el cielo*』(1857), 『*Una mujer muerta en vida*』(1861) 등이 있다.

Nora, Eugenio G. de. (에우헤니오 데 노라) 레온(León) 출생의 시인(1923~)이다. 작품 중 현대 소설에 대한 비평을 담은 작품 『*La novela española contemporánea*』(1898~1927)가 가장 훌륭한 작품으로 꼽힌다. 이 외의 주요작품으로는 『*Contemplación del tiempo*』(1947), 『*Siempre*』(1953) 등이 있다.

Noriega Varela, Antonio (안토니오 노리에가 바렐라) (1869~1947) 갈리시아어(gallego) 시인이자 언론인이다. 1904년부터 작품활동을 했다. 1895~1913년 사이에는 풍속주의적인 작품을 주로 썼으며, 1910년부터는 루벤 다리오의 작품에 감명을 받고 모데르니스모로 기울었다. 작품에는 소박하고 겸허한 것들에 대한 관심이 담겨있다.

Novais Tomé, José Antonio (호세 안토니오 노바이스 토메) (1925~) 마드리드에서 태어난 작가이다. 철학, 법, 언론학을 전공했다. 『*Nocturnos*』(1947), 『*Poemas de Amsterdam*』(1957) 등의 시집을 냈다.

Novás Calvo, Lino (리노 노바스 칼보) 라 코루냐(La Coruña) 출생의 작가(1905~1983)이다. 7살 때 가족과 쿠바로 이민을 갔으며, 쿠바의 가장 가난한 사람들의 삶을 상징, 간결체를 사용해 소설을 썼다. 대표작으로는 『*El negrero*』(1933), 『*La luna nona y otros cuentos*』(1942) 등이 있다.

Novecentismo (1900년 세대) 20세기 스페인의 초기에 나타는 문학적 운동 및 기류를 뜻한다. 모더니즘과 98세대(Generación del 98)의 바로 직후의 문학가들이 모여 전 세대와는 확연히 다른 형태를 추구하였으며 대표적인 문학가로는 호세 오르테가 이 가셋(José Ortega y Gasset), 그레고리오 마라뇽(Gregorio Marañón), 가브리엘 미로(Gabriel Miró), 페레스 데 아얄라(Pérez de Ayala) 등이 있다. '1900년 세대'라는 용어는 카탈루냐(Cataluña)의 에우헤니오 도르스(Eugenio d'Ors)에 의해 구체적으로 명명되었다.

Novela bizantina española (스페인 비잔틴 소설) 16~17세기의 그리스 고전문학의 번역

본 또는 그리스 문학에 영향을 받아 재발행된 소설 장르를 의미한다. 모험소설이라고도 불리며, 대부분 사랑과 모험에 관한 이야기를 주제로 다루고 있다. 그러나 주로 그리스의 헬리오도로(Heliodoro)와 아킬레스 타시오(Aquiles Tacio)의 작품에만 한정되어 있다. ➡ Renacimiento(르네상스)

Novela costumbrista (풍속소설)　풍속소설은 그 나라의 세태와 인정, 풍속을 주로 그리는 소설로 시정소설, 세태소설이라고도 한다. 일찍이 일어난 일을 독자에게 나타내어 보이는 것이며 작품 속의 사건은 이미 일어났던 것이라는 데에 특색이 있다.

Novela de caballerías* (기사도 소설)　중세에 처음 등장했던 소설의 일종인데, 16세기 르네상스 시대에 들어와서도 영웅적인 정신의 고양과 이상주의에 부합되는 스페인인들의 취향에 맞는 데다가, 아메리카와 유럽 등지에서 활약하는 전사들의 무용담 등에 힘입어 인기가 지속되었다. 왕립 스페인어 한림원의 사전에서 "기사도의 책"은 "편력 기사 혹은 순례 기사들의 공상적인 행동이나 수훈들을 이야기하는 소설의 종류"라는 표현으로 정의한다. 그리고 모범사전(El Diccionario de Autoridades)은 "기사도의 책들은 공상적인 영웅들의 허위의 역사들과 사실들을 가지고 있는 것들이라고 말한다. 소설 속에서 말해지는 영웅들은 무장한 기사들인 척 이러한 이름을 사용한다"라고 설명하였다. 또한 당시의 용어 사전인 『*Tesoro de Convarrubias*』은 "순례 기사의 무훈을 다루면서, 많은 즐거움을 가지지만 덜 유용한 기만적이고 구미에 맞는 허구인 기사의 무훈을 다루고, 마치 페보의 기사와 나머지들(caballero de Febo y los demás)의 가라오르 경의 아마디스의 책들(los libros de Amadís)과 같은 것이다"와 같은 설명으로 그 특징을 나타낸다. 결론적으로, 기사도 소설은 한 기사가 일생 동안 행한 유별난 순례, 혹은 편력 기사의 무훈과 관련된 산문 형식으로 된 장편의 이야기이고, 이교도와의 전투에서 강력한 군대를 지휘하거나 기마전에 참여하는 많은 수의 기사들과 경이로운 인간에 대항한 전투에 기초하여 명성과 명예를 찾는 아득한 땅에서의 긴 일련의 여행들이다. 한마디로, 기사도 소설이란 말을 탄 주인공의 허구의 자서전이라고도 할 수 있을 것이다.

Novela histórica (역사소설)　역사 속의 특정 인물, 사건, 역사적 배경이 문학적으로 재창조된, 소설의 한 장르이다. 문학과 역사 분야 연구자들도 인정하듯이, 역사 기술과 역사 소설의 경계가 명확하지는 않다.

Novela morisca (모로풍의 소설)　16세기 스페인에서 유행한 이상주의적 소설로, 스페인에 지대한 영향을 끼친 모로풍적 소설이다. 모로인들이 주인공으로 나와 그들과 기독교인과의 사이의 공존과 화해의 이상적인 관계를 다룬 이야기이다. 당시 이념적 갈등을 완화하고 평화를 유지하기 위한 소망에서 발생된 문학적 장르라고 할 수 있다. ➡ Renacimiento(르네상스)

Novela pastoril* (목가소설)　목가소설은 이상주의적 내용과 신플라톤적 미학으로 특징지어지는 스페인 르네상스풍 산문을 나타내는 가장 기본적인 문학 형식들 중의 하나라고 할 수 있다. 목가소설의 초기 개념들은 비록 이탈리아의 복카치오(Boccaccio)나 산나차로(Sannazaro), 또는 비르질리오(Virgilio), 그리고 16세기 초반의 궁정 서정시들과 산문들에서 발견되어지는 것이지만, 목가소설은 이후 16세기 후반에 들어서 스페인에서 본격적으로 전개되기 시작하면서 그 절정을 맞았고, 그 절정은 다음 세기인 1620년대까지 연장되어 나타났다. 이를 구체적인 작품을 통해 좀 더 자세히 언급하면, 스페인에서의 목가소설의 본격적인 시작은 1559년 호르헤 데 몬테마요르(Jorge de Montemayor)가 출간한 『*Los siete libros de la Diana*』라는 소설로부터 비롯되었으며, 그 끝은 1633년에 발표된 『*Los pastores del Betis*』라고 할 수 있을 것이다. 목동이라는 인물은 오로지 목가소설에만 등장하는 것은 아니다. 목동은 당시의 연극이나 시에서도 자주 등장하곤 하였다. 게다가 목동이라는 캐릭터가 갖는 특징만이 오로지 르네상스적 미학을 나타낸다고도 말할 수는 없을 것이다. 목동은 고전 시대에 완벽하게 승리와 성공을 성취한 캐릭터라 할 수 있으며, 중세 시대에 이르러 비르질리오의 목가문학 덕분에 이러한 목동이라는 캐릭터가 재등장하였던 것이다. 그리고 중세의 끝 무렵에 남녀 목동들은 이미 궁중의 시가집에서뿐만 아니라 전통적 방식과 대중적 방식으로 형성된 시집에서도 서정의 세계를 완전히 장악한 캐릭터였던 것이다. 목동은 당시 성탄을 기념하는 연극의 상연 덕분에 연극의 분야에서도 두각을 나타내기 시작하였다. 하지만 이는 고전에 대한 영향이라고도 볼 수 있는데, 목동의 출현은 후안 델 엔시나(Juan del Enzina)의 경우 그의 작품에서 결과적으로 매우 아름다운 느낌을 주었고, 이러한 스타일을 전원적 분위기가 아닌 그의 도시적 색체의 작품인 『*Égloga de Plácida y Victoriano*』에조차 적용하기를 꺼려하지 않았으며, 힐 비센테(Gil Vicente)의 경우는 성찬신비극에도 목가적 분위기를 접목시키는 문학적 시도를 감행하였다. 또한 연극에서의 목동의 출현은 다양한 형태의 풍자에 대한 대중의 기호에 따른 것이기도 하였다. 이러한 목동의 문학적 이미지가 스페인 밖으로는 13세기 말 프랑스로 옮겨지기도 하였다.

Novela picaresca* (피카레스크 소설) 16세기에서 17세기 사이 스페인에서 유행한 문학 양식의 하나로, '악자소설' 또는 '건달소설'이라고도 한다. '피카레스크'라는 용어는 이 소설들의 주인공을 스페인어로 '피카로(pícaro)'라고 부른 것에서 유래되었는데, 여기서 '피카로'는 약삭빠르고 이기적이며 재치 있는 처신을 통해 거친 삶을 헤쳐 나가는 하층 빈민 인물을 의미한다. 소설에서 피카로는 대체로 가난하게 태어난 후 의지할 곳도, 사람도 없어 가정과 사회를 떠나 여행하면서 온갖 부류의 사람을 만나고 다양한 사건을 경험하게 된다. 사람들의 자비로움을 받아들이거나 호의를 악용하는 삶의 방편은 주로 절도, 사취, 속임수 같은 악의 세계의 산물이다. 때로는 타인을 위해 봉사하겠다고 결심하지만 곧 나태하고 모험적인 삶으로 되돌아간다. 주인공을 중심으로 많은 사건이 연속되어 이루어지며, 대부분 마지막에는 주인공의 뉘우침과 혼인으로 끝이 난다. 이 방면의 첫 작품은 1554년에 나타난 작가미상의 『*Vida de Lazarillo de Tormes y sus fortunas y adversidades*』라 할 수 있다. 곧 유럽 여러 나라로 퍼져 광범위한 독자층을 만들어낸 이 소설은 날카로운 현실 풍자와 비판, 그리고 반(反)교권주의 때문에 종교재판소에 의해 금서로 지정되기도 했다. 훗날 세계문학사에 근대 풍속소설의 효시로 평가되기도 한다. 대체로 1인칭 서술자 시점을 취하는 피카레스크 소설은 주인공이 자기 삶을 고백하는 형식을 취함으로써 독자들과 작품 사이의 친밀감을 만들어내고 독자가 작품을 좀 더 실감나게 읽을 수 있도록 유도한다. 여행을 하면서 주인공이 보고 겪게 되는 사회의 부조리나 부패에 대한 묘사는 불합리하고 불평등한 사회에 대한 고발 기능을 담당하기도 한다. 한편 주인공은 여행을 통해 자신의 삶을 되돌아보고 뉘우치면서 정신적으로 성장하게 된다. 특히 17세기에 등장하는 피카레스크 소설에는 풍자와 해학에 넘치는 사실주의가 두드러지는데, 이는 이후의 스페인 소설사에 커다란 영향을 미치게 된다. 피카레스크 소설의 주제는 인간 사이의 '사랑'보다는 '현실적인 생존문제'라 할 수 있다. 플롯은 대체로 독립적인 여러 개의 에피소드로 이루어져 있지만, 전체적으로는 서로 긴밀한 관계를 가지고 있다. 1554년에 『*Vida de Lazarillo de Tormes y sus fortunas y adversidades*』의 출간된 후 17세기 들어 피카레스크 소설은 본격적인 전성기를 맞는다. 특히 마테오 알레만(Mateo Alemán: 1547~1614?)의 『*Guzmán de Alfarache*』(1부: 1599, 2부: 1604)와 비센테 에스피넬(Vicente Espinel: 1550~1624)의 『*Vida del escudero Marcos de Obregón*』(1618), 그리고 프란시스코 데 케베도(Francisco de Quevedo: 1580~1645)의 『*Historia de la vida del Buscón don Pablos, ejemplo de vagabudos y espejo de tacaños*』 등이 유명하다.

Novela policíaca (추리소설/탐정소설) 추리소설(탐정소설)은 그 시작과 기원이 불분명하나, 에드가 앨런 포우와 함께 시작되었다고 이야기하기도 한다. 주로 수수께끼 같은 범죄로 이루어진 미스테리한 이야기로 정의되며, 주인공은 주로 탐정이거나 경찰이다.

Novela política (정치소설) 직접 또는 간접적으로 정치에 관한 내용을 다루는 소설로 풍자나 프로파간다를 위한 것일 수 있다.

Novela pseudohistorica (사이비역사소설) 18세기에 등장한 반 허구적 역사소설로 교훈적인 목적을 가지고 있으며 정확한 역사적 사실의 전달이나 역사적 고찰보다는 허구적 인물의 무용담을 그리는 데 중점을 두고 있다. 많은 조사와 연구를 필요로 하는 역사 소설과는 이러한 점에서 상반된다.

Novela rosa (연애소설) 낭만주의소설이라고도 알려져 있으나 낭만주의 시대의 문학(novela romantica)와 구분 짓기 위해 연애소설(노벨라 로사, novela rosa)로 불린다. 연인의 사랑에 관한 내용이 주를 이루는 연애소설로 몇몇 학자들은 'novela rosa'를 대신하여 'romance'라는 단어를 쓸 것을 권장한다.

Novela sentimental (감상소설) 스페인 15세기에 유행한 연인들의 감정을 분석한 소설의 한 종류이다. 16세기 중반까지 그 유행이 지속되어 세르반테스의 시대까지 계속되다가 점점 그 열기가 식어져 갔다. 서사시나 소설, 종종 서간문에 포함되기도 한다. ➡ Renacimiento(르네상스)

Novela social (사회소설) 일상생활의 주제를 다룬 소설로 사회사실주의의 영향을 받았으며 가장 극적인 소산물로는 자연주의가 있다.

Novelas ejemplares y amorosas (노벨라스 에헴플라레스 이 아모로사스) 1637년에 출판된 마리아 데 사야스(María de Sayas y Sotomayor)의 소설집이다. 심리적인 요소들이 많이 사용되었으며, 세르반테스의 영향을 찾아볼 수 있다.

Novo y Colsón, Pedro de (페드로 데 노보 이 콜손) (1846~1931) 카디스(Cádiz)에서 태어난 작가이다. 선원으로 근무했었던 경험을 활용하여 글을 쓴다. 『*Última teoría sobre la Atlántida*』(1879)를 비롯해 바다를 주제로 하는 에세이들을 썼으며, 그의 희곡 중 가장 유명한 작품 『*Vasco Núñez de Balboa*』(1882) 역시 동명의 유명한 스페인 탐험가를 주인공으로 한다.

Nuevas andanzas y desventuras de Lazarillo de Tormes 1944년에 발표된 카밀로 호세 셀라(Camilo José Cela)의 소설작품. 16세기 악자소설 『*Lazarillo de Tormes*』의 주인공을 당시의 사회로 끌여 들여 해학과 조소에 가까운 현실묘사를 시도하고 있다. ➡ Lazarillo de Tormes(라사리요 데 토르메스)

Nuevas canciones (새로운 노래) 1924년 발표된 스페인 작가 안토니오 마차도(Antonio Machado Luis)의 세 번째 시집이다. 여기서 그의 시는 새로운 방향을 추구하기 시작하였으나, 여전히 풍경에 대한 묘사가 남아 있다. 그중 『*Proverbios y cantares*』라는 민중가요 형식으로 되어 있는 짧은 시는 작가의 철학적 고뇌가 담겨있다. ➡ Generación del 98(98세대)

Núñez Cabeza de Vaca, Álvar (알바르 누네스 카베사 데 바카) (1490~1558) 스페인 출신으로 플로리다 탐험과 정복에 참전하면서 라틴아메리카와 연을 맺기 시작했다. 10년 동안 멕시코 만에서 캘리포니아 만까지를 거치면서 아메리카에서의 위태로운 경험들 중 환상적인 것들로만 이루어진 『*Naufragios*』를 남겼다.

Núñez de Reinoso, Alonso (알론소 누네스 데 레이노소) (1492?~1552) 과달라하라(Guadalajara) 지방 출신의 작가이다. 이탈리아와 포르투갈 등지를 여행하면서 사 드 미란다(Sá de Miranda), 베르나르딤 리베이루(Bernardim Ribeiro)와 같은 당대 저명한 작가들과 친분을 맺었다. 이탈리아를 여행하며 『*Los amores de Clareo y Florisea y los trabajos de la sin ventura Isea, natural de la ciudad de Éfeso*』를 출간했는데, 이 작품은 스페인 최초의 비잔틴 소설로 간주되는 소설이다.

Ocampo, Florián de (플로리안 데 오캄포) (1513~1590?) 사모라에서 태어난 스페인의 역사가이자 작가이다. 1541년 의회의 요청으로 카를로스 1세(Carlos I)의 연대기 작가가 되었다. 대표작으로 『*Las cuatro partes enteras de la crónica de España*』, 『*Historia del Cardenal Cisneros*』가 있다.

Ocharán Mazas, Luis de (루이스 데 오차란 마사스) (1858~?) 스페인 빌바오(Bilbao) 출신의 소설가. 대부분의 소설은 풍속주의(Costumbrismo: 예술 작품이 사회 관습과 그것들의 전시를 바라는 예술 운동과 경향을 나타내는 말이다)를 따르며 등장인물들의 내면 심리를 잘 표현했다는 평을 받는다. 여성의 이름으로 출간된 『*Ángela*』(1887), 『*Marichu*』(1916), 『*Lola*』 이 세 권의 책이 널리 알려져 있다.

Ochoa, Eugenio de (에우헤니오 데 오초아) 기푸스코아(Guipúzcoa) 출생의 작가, 비평가(1815~1872)이다. 『*Un día del año*』(1823), 『*Incertidumbre y amor*』(1835)를 포함하여 12편의 희극을 썼으며 빅토르 위고(Víctor Hugo, 1802~1885)의 작품 『*Hernani*』를 번역하였다.

Ocios de mi juventud (오시오스 데 미 후벤툿) (1771) 호세 카달소 이 바스케스(José Cadalso y Vázquez)의 작품이다. 이 작품에서 작가는 신고전주의적 시상에 알맞은 수많은 시를 모았다. 그리고 그것들을 통하여 아나크레온(고대 그리스의 서정 시인)풍의 공허함과 전원적, 신화적 픽션을 통한 그의 취미와 사포풍의 아도니스 구격(句格)의 시구를 이용하면서 라틴 시학을 재창출하려는 시도를 보여 주고 있는 작품이다.

Octava (옥타바) 11음절 8행시 형식을 옥타바(또는 Octava real)라고 부른다. 스페인 사람들에게 가장 익숙한 11음절을 사용하며 두운을 취한다. 황금세기 시인들이 많이 사용하던 형식이다.

Octosílabo (8음절의, 8음절 시구) 한 행에 음절이 8개로 이루어진 시를 말한다. 스페인의 많은 작가들이 8음절 시구를 만들었는데, 그중 미겔 에르난데스의 『*El niño yuntero*』에서 잘 나타나 있다.

Odas Anacreónticas (오다스 아나크레온티카스) 후안 멜렌데스 발데스(Juan Meléndez Valdéz)의 시작품이다. 작가의 초기 작품으로 당시 다른 유럽의 시들이 그러하듯 감수성의 동요가 나타난다. 아나크레온풍의 전통과 전원, 목가시적 전통이 쾌락주의적이고 부드러우며 다소 가벼운 18세기의 새로운 정신적 경향과 결합되어 가고 있다. 기본적인 주제는 단순한 감각적 충동의 사랑이다. 경쾌하고 재치 있는 리듬과 축소사로 작품에 부드럽고 사랑스러운 분위기를 부여한다.

O

Olaizola, José Luis (호세 루이스 올라이솔라)　산 세바스티안(San Sebastián) 출생의 소설가(1927~)이다. 다양한 허구적 플롯, 인물을 만들어내는 데 소질이 있었으며 모든 연령층의 독자들에게 사랑을 받았다. 대표작으로는 『*A nivel de Presidencia*』(1974), 『*El ajuste*』(1975) 등이 있다.

Oliva, Hernán Pérez de (에르난 페레스 데 올리바)　(1497~?) 코르도바(Córdoba) 출신의 작가이다. 산문은 우아하고 조화롭고, 어느 시점부터는 오로지 운문 집필에만 몰두하였다. 작품으로는 『*Tratado de la lengua castellana*』, 『*De las potencias del alma*』, 『*Diálogo sobre la dignidad del hombre*』 등이 있다.

Oliva, Salvador (살바도르 올리바)　스페인 헤로나(Gerona) 출신의 카탈루냐어(Catalán) 시인이다. 대학교수 겸 셰익스피어의 모든 작품을 카탈루냐어로 번역한 것으로 유명하다. 영국문학의 영향을 많이 받은 작가이며 대표작으로는 『*Métrica Catalana*』(1980), 『*Introducción a Shakespeare*』(2001)이 있다.

Oliver Belmas, Antonio (안토니오 올리베르 벨마스)　카르타헤나(Cartagena) 출생의 작가(1903~)이다. 루벤 다리오(Rubén Darío, 1867~1916)의 작품 연구에 몰두하였으며 연구한 내용을 바탕으로 『*Cantos de vida y esperanza*』(1963)를 출판하였다. 이 외 작품으로는 『*Mástil*』(1927), 『*De Cervantes a la poesía*』(1944) 등이 있다.

Oliver i Sellarés, Joan, o "Pere Quart" (조안 올리베르 이 세야레스)　(1899~1986) 스페인 시인, 극작가이자 비평가로 바르셀로나의 사바델(Sabadell)에서 태어나 시우닷 콘달(Ciudad Condal)에서 사망하였다. 토착어인 카탈란어로 많은 작품을 썼다. 대부분의 작품에 필명인 페레 쿠아르트(Pere Quart)로 서명하였다. 대표작으로 『*Vacances Pagades*』가 있다.

Olmo, Lauro (라우로 올모)　(1922~1994) 오렌세(Orense)에서 태어난 작가이다. 스페인 시민전쟁의 발발로 학업이 중단되었지만 마드리드 문예 그룹(Ateneo de Madrid)의 도서관에서의 독서를 통해 독학했다. 1955년 처음으로 자신의 희곡 『*El milagro*』를 공연했고, 같은 해 『*Doce cuentos y uno más*』로 레오폴도 알라스상(El premio Leopoldo Alas)을 받았다. 사회적 사실주의 계열에 속하며, 사회 개혁에 기여하기 위한 목적으로 작품을 썼다. 작품의 사회비판적 성격이 강해 대부분의 작품이 검열을 거친 후 금지되었고, 그로 인해 『*La condecoración*』(1965)과 같은 작품은 프랑스에서 초연되었고, 1977년까지 스페인에서 한 번도 무대에 오르지 못했다.

Onís, Federico de (페데리코 데 오니스)　(1885~1966) 스페인 출신으로 작가이면서 문학에 조예가 깊은 학자이다. 모데르니스모 자체를 중점적으로 다루었는데 이는 『*Estudios críticos sobre el modernismo*』에서 잘 나타난다.

Onomatopeya (의성어)　자연적 소리의 언어학적 흉내 혹은 재생산이다. 대표적인 의성어들로는 'bum', 'pam', 'clic', 'zigzag' 등이 있다. 의성어는 언어와 음운의 구조로 인해 언어에 따라 달라질 수 있다.

Ordaz, Jorge (호르헤 오르다스)　스페인 바르셀로나에서 1946년 출생한 문학가이다. 대표작으로는 『*La perla de Oriente*』(1993)가 있으며 나달 문학상(Premio Nadal)의 결승 후보에까지 올랐다. 또한 아동문학가로 알려져 있는데 필리핀의 재해를 다룬 『*Perdido Edén*』(1998)이 유명하다.

Orejudo Utrilla, Antonio (안토니오 오레후도 우트리야)　마드리드 출생의 작가이자 대학

교수(1962~)이다. 『*Ventajas de viajar en tren*』(2000)으로 안달루시아 소설상(Premio Andalucía de Novela)을 수상하였고, 독일의 종교개혁의 역사를 흥미롭게 그린 작품인 『*Reconstrucción*』(2005)으로 문학비평계에서 찬사를 받았다.

Ormaechea, Nicolás de (니콜라스 데 오르마에체아) (1888~1961) 20세기 초반 바스크(Vasco) 문학의 대표적인 시인 중 하나이며 'Orixe'라고 불린다. 바스코 국민의 노래인 장시 『*Euskaldunak*』의 저자이다.

Orozco, Beato Alonso de (베아토 알론소 데 오로스코) 1500년 톨레도(Toledo) 지방의 오로페사(Oropesa) 출생의 스페인 황금시대 문학가이다. 종교적 색채의 작품을 라틴어와 스페인어로 집필하였다. 대표작으로는 『*Vergel de oración y Monte de contemplación*』(1544)이 있으며, 특히 라틴어로 쓰인 『*Consideraciones acerca de los nombre de Cristo*』는 프라이 루이스 데 레온(Fray Luis de León)의 작품에 큰 영향을 끼쳤다고 알려져 있다. ➡ Siglo de oro(황금세기)

Orta, Eladio (엘라디오 오르타) 우엘바(Huelva) 출생의 시인(1957~)이다. 자연을 보호하고 문화를 지키자는 다양한 사회운동을 하였고, 상대적으로 문학계에서의 활동은 적다. 생동감 있는 표현, 진실성을 담은 시를 주로 썼으며 대표작으로는 『*Encuentro en H*』(1994), 『*Resistencia por estética*』(1999) 등이 있다.

Ortega Munilla, José (호세 오르테가 무니야) 쿠바 출생의 소설가, 기자(1856~1922)이다. 19세기 말~20세기 초 스페인에서 문화의 중요성을 인식하여 알리는 활동을 하였다. 주로 자연주의, 풍속묘사 소설을 썼으며 대표작으로는 『*El salterio*』(1881), 『*El fauno y la dríada*』(1882) 등이 있다.

Ortega Spottorno, José (호세 오르테가 스포토르노) 마드리드 출생의 작가, 에디터(1916~2002)다. 스페인 일간지 <El País>의 명예회장이며 20세기 스페인 사람들의 문화, 지적 수준 향상에 영향을 미친 사람 중 하나로 꼽힌다. 문학활동으로 몇 편의 소설을 썼는데 『*El área remota*』(1990), 『*Historia probable de los Spottorno*』(1992) 등이 있다.

Ortega y Frías, Ramón (라몬 오르테가 이 프리아스) 그라나다(Granada) 출생의 문학자(1825~1883)이다. 진보주의자였으며 입헌군주제와 교조주의에 반대하였다. 70~100편 정도의 소설을 썼으며 독창적이라기보다 이미 알려진 플롯을 모방한 경우가 많다. 대표작으로는 『*Secretos de Felipe II*』(1880), 『*El monaguillo de las Salesas*』(1868) 등이 있다.

Ortega y Gasset, José (호세 오르테가 이 가세트) (1883~1955) 스페인 수필가, 철학가이다. 주요 출판물로는 <Revista de Occidente>라는 잡지가 있으며 이것은 스페인어 문화권에 큰 영향을 미쳤다.

Ortega, Esperanza (에스페란사 오르테가) 팔렌시아(Palencia) 출생의 여류작가(1959~)이다. 순수주의적, 간결체의 시를 주로 썼다. 대표작으로는 『*Algún día*』(1988), 『*Mudanza*』(1994) 등이 있다.

Ortiz, Agustín (아구스틴 오르티스) 16세기 아라곤(Aragón) 출신의 작가. 작품 『*Radiana*』는 페르난도 데 로하스(Fernando de Rojas)의 『*La Celestina*』(1499)를 모방한 것이다. 5막으로 구성된 희극이며 힐 비센테(Gil Vicente), 토레스 나아로(Torres Naharro)의 영향이 엿보인다. ➡ La celestina(라 셀레스티나)

Ory, Carlos Edmundo de (카를로스 에드문도 데 오리) (1923~2010) 카디스(Cádiz) 출생. 1955년 이래 해외 거주. 그가 선택한 전위주의적 노선으로 인해 전후 시단의 독보적인 인물이 되었다. '내현실주의(Intrarrealismo, 1951년 창단)'와 '열린 시 공장(Taller de la poesía abierta, 프랑스에서 1968년 창단)' 등의 운동을 주창하면서 실험주의적 노선을 걸었다. 작품 대부분은 잡지에 산재되어 발표되거나 출간되지 않은 채로 남아 있다가 최근에 들어 지대한 관심을 불러일으키고 있다. 이러한 현상은 『*Poesía 1945~1969*』라는 시선집의 출간으로 말미암았다.

Os vellos non deben de namorarse(Los viejos no se deben enamorar) (오스 베이요스 논 데벤 데 나모라르세, 로스 비에호스 노 세 데벤 에나모라르세) 1941년 부에노스아이레스에서 초연된 카스텔라오(Alfonso Daniel Rodríguez Castelao)의 연극이다. 갈리시아어(gallego)로 써졌다. 3막으로 된 가면극으로서 어울리지 않는 열정으로 죽음에 이른 많은 늙은이들의 이야기들을 연극화하였다.

Osar morir dando la vida (오사르 모리르 단도 라 비다) 후안 데 사발레타(Juan de Zabaleta)의 대표작 중 하나이다. 칼데론 연극의 영향을 많이 받은 이 희곡의 주제는 죄인의 속제라는 주제를 다루고 있다.

Osuna, Fray Francisco de (프라이 프란시스코 데 오수나) 1497년 세비야(Sevilla) 지방의 오수나(Osuna)에서 태어난 스페인 산 프란시스코회의 사제. 카를로스 5세(Carlos V) 때 대표적인 종교문학가 중 하나로 경험주의적 작품을 썼다. 대표작인 『*Abecedario espiritual*』(1527)는 산타 테레사 데 헤수스 수녀에게 큰 영향을 끼친 책으로 유명하다.

Otero Pedrayo, Ramón (라몬 오테로 페드라요) 갈리시아의 오렌세(Orense) 출생의 역사가이자 수필가이자 소설가, 시인(1888~1976)이다. 단편소설 작가로 활동을 시작한 후에 『*Os camiños de vida*』를 발표하였는데 19세기 갈리시아 지방을 그리고 있다. 갈리시아 문학작가들 중에서 훌륭한 문체의 작가로 유명하다.

Otero, Blas de (블라스 데 오테로) (1916~1979) 빌바오 출생의 스페인 시인이다. 스페인 사회시의 대표적인 시인으로 종교적 시기, 실존적 시기, 사회적 시기로 시작 활동 시기를 나눌 수 있다. 대표적인 시집으로는 인간의 고통스러운 외침에 귀를 닫은 신에 대한 원망을 표현한 『*Ángel fieramente humano*』가 있다.

Otro, el (타인) 우나무노의 극작품으로 카인과 아벨처럼 형제간의 증오로 인한 계속되는 싸움 속에서 자아(yo)의 정체성(identidad)을 추구한다. ➡ Generación del 98(98세대)

Otxoa, Julia (훌리아 오트소아) 기푸스코아(Guipúzcoa) 출생의 여류시인, 소설가(1953~)이다. 작품에서 인종, 계급 간의 차별에 대항하고 진보적인 이데올로기를 그려냈다. 대표작으로는 『*Luz del aire*』(1982), 『*Cuaderno de bitácora*』(1985) 등이 있다.

Ovando y Santarén(o Santarem), Juan de (후안 데 오반도 이 산타렌, 산타렘) 말라가(Málaga) 출생의 시인, 극작가, 군인(1624~1706)이다. 인문학적 지식이 풍부하였으며 과식주의적 시를 주로 썼다. 주요작품으로는 『*Ocios de Castalia*』(1663), 『*Poemas lúgubres*』(1665) 등이 있다.

Ovillejo (8음절 3행시) 3개의 8음절이 나타나는 작시법이다. 4음절 행과 5음절 이상의 행이 서로 어긋매끼는 시형에서 자음운이고, 4행시에서는 3개의 어긋매끼는 시형이 나타난다. 『*Don Quijote*』(1605)의 몇 부분에서도 이 기법이 사용된다.

Oxímoron (모순어법) 서로 반대되는 말을 하나의 표현으로 결합시켜 새로운 개념을 혹은 강력한 표현을 위해 사용한다. 예를 들어, '영원한 순간(un instante eterno)', '달콤한 폭력(violencia dulce)' 등이 있다.

P

Pabellón de reposo 1944년에 발표된 카밀로 호세 셀라(Camilo José Cela)의 소설작품이다. 요양소에 있는 환자들의 환상과 고뇌를 묘사하는 '비행동파(de la inacción)' 소설이다.

Pablo Casals (파블로 카살스) (1876~1973) 파블로 카살스로 널리 알려진 파우 카살스 이 데피요(카탈루냐어: Pau Casals i Defilló)는 스페인 카탈루냐 지방에서 출생한 첼로연주자이자 지휘자이다. 현대 첼로 연주의 아버지로 불린다. 소년시절 요한 제바스티안 바흐의 무반주 첼로 모음곡을 헌책방에서 발견하고 초연한 바 있다.

Pacheco del Río, Francisco (프란시스코 파체코 델 리오) 스페인 화가이자 이론가이다. 1564년에 산루카르 데 바라메다(Sanlúcar de Barrameda)에서 태어나 1644년 세비야에서 사망하였다. 후안 페레스(Juan Pérez)와 레오노르 델 리오(Leonor del Río)의 아들이나 그들의 성을 따르지 않고, 같은 이름을 가진 삼촌의 성을 따랐다. 디에고 벨라스케스와 아론소 카노의 스승으로도 잘 알려져 있다. 성상뿐만 아니라 동시대의 예술 작품에 대한 자세한 설명이 담긴 논문은 17세기 스페인 예술 연구의 중요한 자료이다.

Pacheco y Gutiérrez Calderón, Joaquín Francisco (호아킨 프란시스코 파체코 이 구티에레스 칼데론) (1808~1865) 스페인 정치가이자 작가이자 법률가이다. 세비야의 에시하(Écija)에서 태어나 마드리드에서 사망하였다. 세비야에서 법률 공부를 하고 마드리드로 옮겨갔다. 이때 문학에 흥미를 느껴 브라보 무리요(Bravo Murillo)와 페레스 에르난데스(Pérez Hernández)와 함께 『*Boletín de Jurisprudencia y Legislación*』이란 책 3권을 썼다. 그리고 1839년 홀로 네 번째 판을 출간하였다. 이 외에도 시와 극작품 등을 썼다.

Padilla, Fray Pedro de (프라이 페드로 데 파디야) 하엔 출신의 시인이다. 1585년 산타 테레사 데 헤수스의 맨발의 카르멜 수도회에 입회하여 수사가 되었다. 다양한 주제로 고전풍의 시를 썼으며, 특히 로페 데 베가에 의해 높은 평가를 받았다. 『*Jardín espiritual*』(1585), 『*Thesoro de varias poesías*』(1580) 등의 시집이 있다.

Padrón, Justo Jorge (후스토 호르헤) (1943~) 그란 카나리아(Gran Canaria) 출신의 작가이다. 바르셀로나 대학에서 법과 철학을 공부한 후 고향으로 돌아와 문학에 전념했다. 1968년에 호세 아구스틴 고이티솔로(José Agustín Goytisolo)의 시선집 『*Nueva poesía española*』(1968)에 작품이 실리며 역량 있는 젊은 시인으로 주목받았다. 1973년 보스칸 시 문학상(Premio Boscán), 1997년 카나리아 문학상(Premio Canarias de Literatura)을 비롯해 수많은 상을 받았다.

Palacio Valdés, Armando (아르만도 팔라시오 발데스) 아스투리아스(Asturias) 출생의 사실주의 작가, 문학비평가(1853~1938)이다. 신앙과 사랑을 최고의 가치로 여겨 인생을 선의를 가지고 낙천적으로 그렸다. 대표작으로는 『*Marta y María*』(1993)가 있으며 바다와 어민들의 생활을 그린 『*José*』(1885)가 있다.

Palencia, Ceferino (세페리노 팔렌시아) (1860~1928) 쿠엔카(Cuenca)에서 태어난 극작가이다. 부인 마리아 알바레스 투바우(María Álvarez Tubau)가 운영하는 극단의 순회공연에 참여하여 스페인, 중남미 지역을 돌아다녔다. 분위기, 성격 묘사 부분에서는 일정한 성취를 보이지만 일관성이 부족하다는 평을 받는다. 『*El guardián de la casa*』(1881), 『*La charra*』(1884) 등을 썼다.

Palmerín de Oliva (팔메린 데 올리바) 1511년 출간된 스페인 기사 소설로 원제는 『*El libro del famoso y muy esforzado caballero Palmerín de Olivia*』이다. 『*Amadís de Gaula*』(1508)의 영향이 엿보인다. 콘스탄티노플의 공주와 마케도니아 왕자의 사생아로 태어난 올리바의 사랑과 모험 이야기를 다룬다. 이 작품의 뒤를 이어 각기 다른 작가들이 후속작을 썼고, 총 6권에 이르는 팔메린 시리즈를 형성할 정도로 인기 있는 작품이었다. ➡ Novela de caballerías(기사도 소설)

Palmireno, Juan Lorenzo (후안 로렌소 팔미레노) (1524~1579) 스페인의 극작가, 교육가, 인문학자이다. 사라고사와 발렌시아에서 공부를 하고 1550년 시학 강의를 맡게 된다. 교육학에 관련된 서적들을 주로 출판했으며 1556년 알카니스 지역으로 이동해 교육학을 연구했다. 1561년 발렌시아로 돌아와 그리스어와 수사학 강의를 했다. 극작가로서는 교육적인 목적을 가진 인문주의적 희극을 주로 썼다.

Palol, Miquel de (미켈 데 파롤) (1953~) 바르셀로나(Barcelona)에서 태어난 작가이다. 다양한 소설을 발표했는데 그중 『*Igur Neblí*』(1994), 『*El jardín de los siete crepúsculos*』(1992), 『*El legislador*』(1997)이 두드러진다. 이 중 『*El jardín de los siete crepúsculos*』는 7막 동안 7명의 다른 화자들이 등장하여 핵전쟁 대피소에서 일어난 동일한 이야기를 다른 관점에서 들려주는 구조를 취했다.

Palomino Jiménez, Ángel (앙헬 팔로미노 히메네스) 톨레도(Toledo) 출생의 작가(1919~2004)이다. 주로 단편소설을 썼고 이 외에도 영화 대본, 텔레비전 프로그램의 대본을 쓰기도 했다. 대표작으로는 『*Mientras velas las armas*』(1949), 『*El milagro turístico*』(1972) 등이 있다.

Pàmies i Bertran, Teresa (테레사 파미에스 이 베르트란) 예이다(Lleida) 출생의 여류작가(1919~2012)이다. 20여 편의 작품을 썼고 대부분의 작품은 카탈란어로 되어 있다. 여성의 지위 향상을 위해 노력하였다. 주요작품으로는 『*Crónica de la Vetlla*』, 『*Va ploure tot el día*』가 있다.

Panero, Juan (후안 파네로) 레온(León) 출생의 시인(1908~1937)이다. 인문주의자였으며 문화와 관련된 간행물을 출판하면서 작가로서 이름을 알렸다. 사랑, 죽음, 고독, 시간의 흐름이라는 소재를 가지고 시를 썼으며 시집으로는 『*Cantos del ofrecimiento*』(1936)가 있다.

Panero, Juan Luis (후안 루이스 파네로) 마드리드 출생의 시인(1942~)이다. 『*Antes de que llegue la noche*』(1984)로 바르셀로나 문학상(Premio Ciudad de Barcelona)을 수상한다. 이 외에도 다양한 시를 썼다. 주요작품으로는 『*Los trucos de la muerte*』(1975), 『*Desapariciones y fracasos*』(1978)가 있다.

Panero, Leopoldo (레오폴도 파네로) 1909년 레온(León)에서 태어난 스페인 시인. 영국 캠브리지 대학교에서 법학 공부를 하였으며, 프랑코 독재 시대 때 문화정책에 큰 영향력을 끼친 인물 중 하나이다. 전통적인 경향의 문학을 추구하며 사랑과 신에 대한 믿음을 강조한 실존주의를 실현시켰다. 세속주의와 인간 내면에 대한 자신의 성찰을 주제로 한 시들이 뛰어나며 마드리드 신문 중 하나인 <La Libertad>에서 활동하기도 하였다.

Panero, Leopoldo María (레오폴도 마리아 파네로) 마드리드 출생의 시인(1948~)이다. 다양한 장르의 문학작품을 창작했지만 초현실주의적 시를 쓰면서 작가로서 명성을 얻었다. 대표작으로는 『*Por el camino de Swan*』(1968), 『*Así se fundó Carnaby Street*』(1970) 등이 있다.

Panés, Antonio (안토니오 파네스) (1625~1676) 그라나다(Granada)에서 태어난 작가이다. 신비주의 문학을 썼고 산 프란시스코 교단 소속 수사였다. 대표작으로는 『*Estímulo de amor divino*』, 『*Escala mística*』 등을 남겼다.

Paradox, rey 1906년에 발표된 스페인 98세대 작가 피오 바로하의 소설이다. 3부로 구성된 환상소설로서 아프리카에 대한 유럽 국가들의 식민지 정책을 비판하고, 기독교 문명에 대해서도 신랄한 비판의 뜻을 담고 있다. ➡ Baroja y Nessi, Pío(피오 바로하)

Paravicino y Arteaga, Fray Hortensio Félix (프라이 오르텐시오 펠릭스 파라비시노 이 아르테아가) (1580~1633) 마드리드 출신의 시인, 설교가. 예수회 학교에서 교육 받았고, 1600년 삼위일체회(la orden trinitaria)에 입회했다. 1616년 왕실 설교가가 되었고, 펠리페 3세의 장례식에서도 연설했다. 『*Obras posthumas, divinas y humanas*』에는 세속적인 시와 종교적인 시가 모두 담겨있으며, 공고라의 과식주의 영향이 나타나 있다.

Pardo Bazán (파르도 바산) (1851~1921). 스페인 최초 자연주의 도입자로 여류 소설가, 기자, 수필가이자 비평가이다. 대표작품인 『*La madre naturaleza*』(1887)와 이후 『*La Prueba*』(1890)를 통해 이상주의 경향을 나타냈다. 말년에는 마드리드대학교에서 로망스어 문학을 강의하였다.

Pardo Bazán, Emilia (에밀리아 파르도 바산) 라 코루냐(La Coruña) 출생의 여류작가(1851~1921)이다. 19세기 문학계의 중요한 인물 중 한 명으로 꼽히며 스페인 자연주의 작품 중에서 가장 뛰어난 인물로 평가된다. 주요작품으로는 『*Jaime*』(1886), 『*Pascual López*』(1879) 등이 있다. ➡ Naturalismo(자연주의)

Pardo de Figueroa, Mariano (마리아노 파르도 데 피게로아) (1828~1918) 카디스(Cádiz) 출신의 작가이다. 법학을 전공했다. 동시대 여러 문인들과 활발하게 교류하였다. 요리, 우표수집, 문장학, 가계연구 등에 관련된 에세이들을 썼다. 작품으로는 『*Epistolario del Doctor Thebussen y Rodríguez Marín, con breves notas de este último*』(1942), 『*Segunda ración de artículos*』(1894) 등이 있다.

Pardo, Jesús (헤수스 파르도) 산탄데르(Santander) 출생의 작가, 번역가, 기자(1927~)로 자서전 성격의 작품을 주로 썼다. 주요작품으로는 『*Ahora es preciso morir*』(1982), 『*Ramas secas del pasado*』(1984)가 있다. 또 다른 작품 『*Autorretrato sin retoques*』(1996)는 전후 시대 지식인의 무능력함에 대한 자신의 기억을 담은 책이다.

Parmacon (파르마콘) pharmacy(조제실)과 pharmacon(희생양)이란 단어의 합성어로, '약'과 '독'이라는 의미를 동시에 지니고 있다. 플라톤은 '글'이 시공간의 제약을 받지 않는다는 장점과 독자의 오독 가능성에 대한 단점을 '파르마콘'의 '약'과 '독'에 비유하여 이야기하기도 했으며, 로마 시대엔 정치적 혼란기에 처벌했던 감옥의 죄인들을 지칭하기도 했다.

Pasamonte, Gerónimo de (헤로니모 데 파사몬테) (?~1604) 아라곤(Aragón) 출신의 작

가이다. 레판토 해전에 참여하였다가 포로로 잡혀 1574년부터 1592년까지 수감되었다. 스페인으로 돌아와 포로 경험을 살려 『*Vida y trabajos*』를 썼다. 마르틴 데 리케르(Martín de Riquer)는 파사몬테가 『*Don Quijote*』의 위작 2부를 쓴 아베야네다(Avellaneda)라고 주장했다.

P

Paso de armas (파소 데 아르마스)　중세 유럽의 가장 큰 유흥거리 중 하나였던 단막극의 일종으로 방어자(mantenedor)라 불리는 무사가 통로를 막고 있으며 기사들이 그를 무찌르고 문을 통과하는 내용을 다루고 있다. 중세 기사도 정신을 잘 묘사한 이 단막극은 스페인에서 크게 성행했으며 바야돌리드(Valladolid) 등 각지에서 축제의 일환으로 개최되기도 했다.

Paso Honroso (파소 온로소)　1434년 레온(León)의 기사 수에로 데 키뇨네스(Suero de Quiñones)가 당시 자신이 사랑에 빠진 부인을 위해 주연한 『*Paso de armas*』로 중세 유럽의 가장 유명한 극 중 하나이다. 이를 통해 사랑과 여인의 포로가 된 기사에 대한 개념이 확립되었으며 이후의 단막극들에 지대한 영향을 끼쳤다.

Paso y Cano, Manuel (마누엘 파소 이 카노)　(1864～1901) 그라나다(Granada)에서 태어난 작가이다. 감당할 수 없을 정도의 울적함을 담은 시를 쓴다는 평가를 받는다. 극작가로서 아들 호아킨 디센타(Joaquín Dicenta)와 함께 『*Curro Vargas*』, 『*Rosario la Cortijera*』를 썼다.

Paso, Alfonso* (알폰소 파소)　(1926～1978) 마드리드에서 태어난 극작가로 160편에 이르는 작품을 발표하였는데, 현대 작가들 중 파소보다 더 많은 작품을 발표한 이는 없다. 또한 그는 가장 큰 대중적 성공을 거둔 작가이기도 하다. 마드리드에서 한 달에 한 편씩 그의 연극이 상연되는 경우도 여러 번 있었다고 한다. 그러한 그도 초기에는 개혁적이고 혁명적인 주제의 작가가 되려고 하였다 하지만 성공을 위하여 대중과 타협하고, 약간의 비판적인 색채를 지닌 순응적이고 해학적인 연극에 전념하였다. 이러한 성향은 여러 비평가들로부터 대중과의 타협이라는 작품의 한계를 지적하도록 유도하였다. 대표작으로는 『*Los pobrecitos*』, 『*La boda de la chica*』, 『*La corbata*』, 『*Cosas de papá y mamá*』 등이 있다.

Paso, Antonio (안토니오 파소)　그라나다(Granada) 출생의 스페인 작가(1870～1958)이다. 초기에는 신문기자로 활동하다가 희곡에 전념하여 약 200여 개의 작품을 썼다. 주로 다른 작가들 아르니체스(Arniches), 아바티(Abati), 무뇨스 세카(Muñoz Seca), 아들인 알폰소 파소(Alfonso Paso)와 공동 작업을 하였다. 사이네테(sainete), 사르수엘라(zarzuela)와 희곡을 주로 썼는데 대표작으로 『*El infierno*』, 『*El arte de ser bonita*』, 『*Nieves de la Sierra*』, 『*La bendición de Dios*』 등이 있다.

Paz en la guerra (전쟁 속의 평화)　1897년에 발표된 스페인 98세대 작가 미겔 데 우나무노(Miguel de Unamuno)의 소설이다. 스페인의 제2차 카를로스 왕위 계승 전쟁 기간의 빌바오 사람들의 생활을 그린 작품으로 민중의 삶이 그려졌다는 점에서 우나무노의 중요한 사상적 개념의 하나인 내역사(內歷史, intrahistoria) 사상이 드러난 역사소설로 분류된다. ➡ Naturalismo(자연주의) ➡ Generación del 98(98세대)

Pedraza Martínez, Pilar (필라르 페드라사 마르티네스)　톨레도(Toledo) 출생의 여류소설가, 수필가(1951～)이다. 소설 속에서 다양한 문제를 제기하고 독창적인 글을 쓴 작가로 유명하다. 여성들에 의해 20세기 말 가장 뛰어난 작가로 평가받기도 했다. 대표작으로는 『*Máquinas de presa: la cámara vampira de Carl Th. Dreyer*』(1996), 『*Federico Fellini*』(1993)

등이 있다.

Pedrero Díaz-Caneja, Paloma (팔로마 페드레로 디아스-카네하) 마드리드 출생의 여류극작가, 배우, 연극 감독(1957~)이다. 매우 시각적이고 화려한 무대를 주로 연출했다. 또한 극대본을 쓸 때 단어, 문체의 사용에 많은 주의를 기울여 완성도 높은 작품을 만들어 냈다. 대표작으로 『*La llamada de Lauren*』(1985), 『*Besos de lobo*』(1986) 등이 있다.

Pedro López García (페드로 로페스 가르시아) 막스 아웁의 1936년 작품이다. 스스로가 원하지 않는 전쟁에 강제로 참여해서 결국에는 적군에 가담함으로써 전쟁을 인정하게 되는 한 병사의 변화되는 모습을 이 작품에서 그렸다. ➡ Aub, Max(막스 아웁)

Pedro Sanchez (페드로 산체스) 1883년에 발표된 스페인의 사실주의 소설작가 호세 마리아 데 페레다(José María de Pereda)의 소설이다. 산악 지방의 어느 한 청년인 주인공의 기억을 바탕으로 한 자서 형식으로 쓰인 소설이다. 현실에 대한 풍자적인 요소와 자서 형식의 연상이 두드러지게 나타난다. ➡ Realismo(사실주의)

Pedrolo, Manuel de (마누엘 데 페드롤로) (1918~1990) 레리다 출신의 작가이다. 작품을 통해 불가해한 세계 속의 인간적인 문제를 다루었다. 탐정소설 작가로 유명하다. 대표작으로는 『*Cruma*』(1957), 『*Homes i No*』(1957), 『*L'us de la matèria*』(1963)가 있다.

Pellicer Moscardó, Javier (하비에르 페이세르 모스카르도) 1978년 발렌시아(Valencia)에서 태어난 스페인 작가이며, 환상문학과 역사문학에 조예가 깊다. 공상과학과 공포, 환상문학으로 유명하며, 환상문학 페스티벌 크라이트쇼상(Premio Cryptshow Festival de Relato Fantástico)과 커사서스 단편문학상(Premio de Novela Corta Katharsis) 등 해당 분야에서 많은 수상작을 내며 널리 알려지게 되었다. 대표작으로는 『*Crónicas de la Marca del Este*』(2011), 『*Monstruos de la razón I*』(2009) 등이 있으며, 특히 단편소설인 『*La Sombra de la Luna*』(2011)는 세이브더칠드런의 '한 권 일 유로(1libro 1euro)' 프로젝트를 통해 무료로 배포되기도 하였다.

Pellicer, José (호세 페이세르) (1602~1679) 스페인 사라고사(Zaragoza) 출신의 작가. 살라망카와 마드리드에서 인문학 공부를 마친 후 루이스 데 공고라(Luis de Góngora)의 문체를 이어받아 스페인 시의 토양을 닦았다.

Pemán, José María (호세 마리아 페만) (1898~1981) 매우 다양한 면모를 보여 주는 카디스(Cádiz) 출신 작가로서 구태의연하게도 30년대까지도 마르키나(Eduardo Marquina) 스타일의 연극을 계속하였다. 순수 주관적으로 역사를 해석해 도출해낸 작품에서 전통주의적이고 가톨릭적인 이상을 추구하였다.

Peñas arriba (페냐스 아리바) 1895년에 발표된 스페인의 사실주의 소설작가 호세 마리아 데 페레다(José María de Pereda y Sánchez Porrúa)의 소설이다. 자연의 절경을 찬양하는 작품으로 등장인물 모두가 아름다운 풍경을 배경으로 등장한다. 시골의 지방 사투리가 구체적으로 표현된다. ➡ Realismo(사실주의)

pentasílabo (펜타실라보, 5음절어) 말 그대로 5음절로 이루어진 어휘를 뜻한다.
예) Li-te-ra-tu-ra

Pepita Jiménez (페피타 히메네스) 후안 발레라의 1874년 작품으로, 주인공 루이스는 신앙심 깊은 신학도로 그의 사랑은 늘 하나님을 향하며 세속적인 삶에는 흥미가 없다. 그러자 어느 날 보게 된 페피타에게 사랑의 감정을 느끼고 하나님에 대한 사랑과 페피타에 대한 사랑이 갈등을 일으킨다. 후에 페피타의 사랑 고백을 듣고 아버지의 허락과 찬사로

끝을 맺는다. ➡ Juan Valera(후안 발레라)

Peraile Redondo, Meliano (멜리아노 페라일레 레돈도) 쿠엔카(Cuenca) 출생의 작가(1922~2005)이다. 100편 정도의 이야기를 썼지만 특히 단편소설 작가로 유명하다. 주요작품으로는 『*Tiempo probable*』(1965), 『*Cuentos clandestinos*』(1970) 등이 있으며 오라 문학상(Premio La Hora), 스페인 가족 문학상(Premio Familia Española) 등 다양한 상을 받기도 했다.

Pereda, José María de (호세 마리아 데 페레다) (1833~1906) 19세기 스페인 소설가 중 가장 잘 알려진 사람이다. 산탄데르(Santander) 학교에서 수학하였고 포병회사에 갈 목적으로 1852년에 마드리드로 가 수학했다. 3년 후 이 직업을 포기하고 귀향하여 1858년에 지역 잡지 <La Abeja montañesa>에서 집필 경력을 쌓기 시작했다. 또한 매주 'El Tío Cayetín'이라는 기사를 썼고 1864년에 'Escenas montañesas'라는 제목 아래 지역 삶과 방식을 사실적으로 묘사한 사람으로 손꼽혔다. 대표작으로는 『*De Tal palo tal astilla*』(1880), 『*Esbozos y rasguños*』(1881), 『*El Sabor de la Tierruca*』(1882)가 있다.

Pereira González, Antonio (안토니오 페레이라 곤살레스) 레온(León) 출생의 시인, 소설가(1923~)이다. 레온의 작가들 중 가장 뛰어난 인물 중 한 명으로 평가되며 풍경, 관습, 일상생활을 주제로 다양한 작품을 썼다. 대표작으로는 『*Del monte y los caminos*』(1966), 『*Cancionero de Sagres*』(1969) 등이 있다.

Pereira, Juan Manuel (후안 마누엘 페레이라) 1965년 바르셀로나에서 태어난 스페인 작가이다. 서사식의 창의적인 줄거리와 명쾌한 문장이 특징이다. 1966년 작품인 『*El baúl de Fernando Pessoa*』, 『*Pelé estuvo aquí*』가 대표작이다.

Pérez Andújar, Javier (하비에르 페레스 안두하르) 1965년 바르셀로나의 산 아르단 데 베소스(San Adrián de Besós) 태생의 스페인 작가이다. 바르셀로나 대학교에서 스페인어 학위를 받았으며, 바르셀로나 지역 방송인 '독서 공간(Salón de Lectura)', '책 읽는 시간(L'Hora del Lector)'을 제작하였다. 잡지 <Taifa>의 편집장을 역임하였고, <Mondo Brutto>와 신문 <El País>에서 많은 사설을 집필하였다. 그 후 문학 집필에 전념하여 2007년 첫 소설인 『*Los príncipes valientes*』를 발간하여 많은 사랑을 받았다.

Pérez Casaux, Manuel (마누엘 페레스 카사욱스) 1930년 카디스(Cádiz)에서 태어난 스페인 극작가이다. 스페인 새로운 연극(Nuevo Teatro Español) 그룹의 작가에 속하며 소극(중세 희극의 한 장르)과 실험주의적 성격의 작품을 주로 창작하였다. 『*La cena de los camareros*』(1964), 『*Historia de la divertida ciudad de Caribdis*』(1969)가 대표작이며 『*La familia de Carlos IV*』(1972)로 1973년 시체스(Premio Sitges)상을 수여받았다.

Pérez de Ayala y Fernández del Portal, Ramón (라몬 페레스 데 아얄라 이 페르난데스 델 포르탈) 1880년 오비에도(Oviedo)에서 태어난 스페인 시인, 소설가, 기자, 외교관이다. 다양하고 질 높은 소설들을 집필하였으며, 대부분 풍자, 유머, 익살스러운 주제를 하였다. 또한 98세대(Generación del 98)의 작가들에게 많은 문학적 영향을 받아 허무주의, 염세적인 성격을 띤다. 20세기 중반 스페인의 뛰어난 소설가 중 한 명으로 평가받으며, 1928년 스페인 언어 한림원(Real Academia Española de la Lengua)의 회원으로 채택되었다. 대표적인 작품으로는 『*Amistades y recuerdos*』(1961), 『*Tinieblas en las cumbres*』(1907), 『*El ombligo del mundo*』(1924) 등이 있다.

Pérez de Ayala, Martín (마르틴 페레스 데 아얄라) 발렌시아(Valencia) 출생의 성직자

(1503~1566)이다. 세고비아(Segovia)의 주교였으며, 발렌시아의 대주교였다. 수많은 작품 중 가장 유명한 작품은 『*El Discurso de la vida del ilustrísimo señor don Martín de Ayala*』(1905)인데, 작가 자신의 자서전으로 수도원에 머무르면서 겪게 되는 인생의 변화를 묘사한다.

Pérez de Guzmán, Fernán (페르난 페레스 데 구스만) (1376~1458) 스페인의 역사학자이자 시인이다. 귀족의 지위로나 문학적으로나 걸출한 집안 출신으로 삼촌은 페로 로페스 데 아얄라(Pero López de Ayala), 조카는 후안 2세 시기의 가장 중요한 문인 중 한 명이었던 산티야나 후작(Marqués se Santillana, Iñigo Lopez de Mendoza)이다. 시 『*Proverbios*』, 『*Diversas virtudes*』는 몹시 도덕적이고 교훈적인 것이 특징이다. 산문 중 가장 잘 알려진 것은 전기집인 『*Generaciones é Semblanzas*』이다.

Pérez de Herrera, Cristóbal (크리스토발 페레스 데 에레라) (1556~1618) 스페인의 작가. 정치적으로 중립을 지켰으며 빈민층과 부랑자 문제에 특별한 관심을 기울였다. 그가 세운 노숙자 보호소는 훗날 왕립 병원이 되었다. 펠리페 2세와 펠리페 3세의 회고록을 쓰기도 했다.

Pérez de Hita, Ginés (히네스 페레스 데 이타) (1544~1619) 무르시아(Murcia) 지방 출신의 소설가, 시인이다. 디에고 우르타도 데 멘도사의 역사서 『*Guerra de Granada*』를 기반으로 그라나다 정복전쟁에 관련해 쓴 소설인 『*Historia de los bandos de los Zegríes y de los Abencerrajes*』의 출간과 함께 작가로 잘 알려지게 되었다. 이 작품은 『*Guerras civiles de Granada*』라는 제목으로 더 잘 알려져 있다.

Pérez de la Ossa, Humberto (움베르토 페레스 데 라 오사) (1897~) 알바세테(Albacete)에서 태어난 작가이다. 마리아 게레로 극장(Teatro María Guerrero)의 공동 감독이었다. 1924년에 소설 『*La santa duquesa*』(1924)로 스페인 국민 문학상(Premio Nacional de Literatura)을 받았지만 다른 작품으로는 별다른 주목을 받지 못했다.

Pérez de Montalbán, Juan (후안 페레스 데 몬탈반) (1602~1638) 마드리드 출신의 작가이다. 개종자(converso) 집안 출신이다. 알칼라(Alcalá)에서 공부하며 로페 데 베가(Lope de Vega)와 인연을 맺었고, 그의 연극론에 영향을 받았다. 대표작으로는 『*La monja alférez*』, 『*Diego García de Paredes*』, 『*La doncella de labor*』 등을 썼다.

Pérez de Urbel, Fray Justo (프라이 후스토 페레스 데 우르벨) 부르고스(Burgos) 출생의 작가, 성직자(1895~1979)이다. 역사, 예술, 종교, 정치와 관련된 주제를 가지고 수많은 작품을 썼다. 시 중에서는 『*A Santo Domingo de Silos*』(1913), 『*In terra pax*』(1928)가 유명하며 에세이 중에서는 『*las Semblanzas benedictinas*』(1925~1928), 『*San Eulogio de Córdoba*』(1928) 등이 유명하다.

Pérez Escrich, Enrique (엔리케 페레스 에스크리크) 발렌시아(Valencia) 출생의 극작가, 소설가(1829~1897)이다. 감상적 연극, 사르수엘라를 쓰면서 문학계로 진출하였다. 특히 소설을 쓰면서 작가로서 엄청난 명성을 얻었고 대표작으로는 『*La pasión y muerte de Jesús*』(1856), 『*La dicha en el bien ajeno*』(1857)가 있다.

Pérez Estrada, Rafael (라파엘 페레스 에스트라다) 말라가(Málaga) 출생의 작가, 삽화가, 변호사(1934~2000)이다. 산문시를 주로 썼는데 주요작품으로는 『*Valle de los galanes*』(1968), 『*La bañera*』(1970)가 있다. 또한 극작품을 쓰기도 했는데 『*Edipo aceptado, los sueños*』(1971)로 가르시아 로르카상(Premio Federico García Lorca)을 수상하였다.

Pérez Fernández, Pedro (페드로 페레스 페르난데스)　세비야(Sevilla) 출생의 극작가(1884~1956)이다. 세카 페드로 무뇨스(Pedro Muñoz Seca, 1881~1936)와 146편의 극작품을 공동 집필하였으며 이 중 83편이 무대에서 상연되었다. 작가가 혼자 쓴 극작품 중 성공한 것으로는 『*Los extremeños se tocan*』, 『*La OCA*』, 『*Anacleto se divorcia*』 등이 있다.

Pérez Galdós, Benito* (베니토 페레스 갈도스)　(1843~1920) 스페인 카나리아 제도의 라스 팔마스(Las Palmas de Gran Canarias) 섬에서 출생한 갈도스는 바스코 혈통의 유복한 가정의 10번째 아들이었고(아버지는 군대의 중령이었다), 유년기에서부터 독서, 음악 그리고 그림에 의해 이른 재능을 보였던 내성적이고 경계심이 많은 아이였다. 세르반테스(Cervantes) 이후 스페인 태생의 가장 위대한 소설가로서 수많은 사람들에 인정받았으며, 스페인 문학사에서 매우 중대한 화자이자 스페인에서 19세기의 사실주의 소설의 가장 뛰어난 대표자들 중 한 명으로 평가받는다. 사실주의 이후에 낭만주의 사조로부터 일정한 거리를 유지하면서 산문에 엄청난 표현력을 더함으로써, 갈도스는 당시의 스페인 소설의 개관을 변형시켰다. 막스 아웁(Max Aub)의 말에 따르면, 갈도스는 로페 데 베가(Lope de Vega)와 같이 "자신의 심원하고 침착한 직관과 사실주의의 모든 것"과 함께 가식 없는 대중들이 즐길 볼거리를 집대성하였고, 세르반테스와 같이 "예술적으로 변형시켜" 재생산한 후 대중에게 다시 제공하였던 것이다. 따라서 그는 "로페 이후 어떤 작가보다도 더 대중적이었고, 세르반테스 이후 어떤 작가보다도 더 세계적이었다." 갈도스는 1897년부터 스페인 왕립 한림원의 회원이었고, 1912년에는 노벨상 후보에 지명됨에 이르렀다. 또한 여러 행정 구역에서 다양한 기회에서 국회의원으로 선거되는 것을 포함하여 정치에 대한 열정도 입증했었다. 대표 소설작품으로는 『*Episodios Nacionales*』, 『*Fortunata y Jacinta*』, 『*Doña Perfecta*』 등이 있다.

Pérez Lugín, Alejandro (알레한드로 페레스 루힌)　(1870~1926) 마드리드에서 태어난 소설가이다. 『*La casa de la Troya*』(1915)는 그의 소설 중에서 가장 높은 평가를 받는 것으로 산티아고 데 콤포스텔라(Santiago de Compostela)의 학생 생활에 대한 감상적 소설이다. 이 소설은 후에 마누엘 리나레스 리바스(Manuel Linares Rivas)에 의해 연극으로 공연되었다. 그 외에도 안달루시아(Andalucia) 투우사의 삶을 다룬 『*Currito de la Cruz*』(1921)와 같은 소설들을 발표했다.

Pérez Montalbán, Isabel (이사벨 페레스 몬탈반)　코르도바(Córdoba) 출생의 여류시인(1964~)이다. 부르주아 사회의 부당함과 불평등을 반대하는 시를 주로 썼다. 사회 현실을 드러내기 위해 사회 하층 계급이 쓰는 언어를 사용하기도 했다. 대표작으로는 『*Cartas de amor a un comunista*』(1999)가 있다.

Pérez Prat, José María (호세 마리아 페레스 프랏)　살라망카(Salamanca) 출생의 소설가(1917~1999)이다. 후안 이투랄데(Juan Iturralde)라는 필명을 사용했으며, 스페인 내전이 야기한 감정적 상처를 소설로 표현하였다. 1970년대 문학계에서 독자, 비평가들로부터 굉장한 찬사를 들었다. 대표작으로는 『*El viaje a Atenas*』(1975), 『*Labios descarnados*』(1975) 등이 있다.

Pérez Sánchez, Manuel Antonio (마누엘 안토니오 페레스 산체스)　라 코루냐(La Coruña) 출생의 시인(1900~1929)이다. 모든 작품은 갈리시아어로 쓰였으며 전위주의적 작품을 주로 썼다. 주요작품으로는 『*Máis Alá*』(1928), 『*De catro a catro, follas sin data dun diario de abordo*』(1928) 등이 있다.

Pérez y Pérez, Rafael (라파엘 페레스 이 페레스) (1891～1984) 알리칸테(Alicante) 출신의 소설가이다. 연애소설을 주로 썼지만 등장인물들의 정신 상태에 대한 깊이 있는 탐구가 결여되었다는 평가를 받는다. 그중 카를리스타 전쟁을 배경으로 하는 『*La niña de Ara*』는 가장 뛰어난 작품으로 꼽힌다.

Pérez, Alonso (알론소 페레스) 살라망카(Salamanca) 출신 스페인 시인으로 출생 연도와 사망연도는 정확하게 알려져 있지 않고, 다만 16세기에 출생했을 것이라고 짐작한다. 몬테 마요르의 친구였으며, 1564년 몬테 마요르의 소설 『*Los siete libros de la Diana*』의 2부격인 『*Segunda parte de la Diana*』를 출간했는데 이 작품은 수많은 디아나 후속작 중 가장 많은 인기를 끌었다.

P

Pérez, Antonio* (안토니오 페레스) (1540～1611) 출생은 미스테리로 가득하다. 카를로스 5세와 펠리페 2세의 비서였던 곤살로 페레스(Gonzalo Pérez)의 아들인 것으로 추정된다. 부친은 성직자 신분으로 아들을 낳았다는 비난을 받았고, 그로 인해 늘 구설수에 시달리곤 하였다. 그러나 1542년 마침내 황제 카를로스 5세에 의해 곤살로의 합법적인 아들로서 인정받기에 이르며 에볼리 군주(Príncipe de Eboli)의 영지에서 성장했다. 1552년 교육을 위해 알칼라(Alcalá), 로바이나(Lovaina), 살라망카(Salamanca), 파두아(Padua) 대학들을 두루 거치며 지식을 연마하였다. 오랫동안 이탈리아에 머무르면서 그곳 문화의 영향을 많이 받게 되었다. 에볼리에 의해 스페인 궁정으로 돌아오게 되었고 이곳에서 국가 업무를 다루는 것에 대해 부친의 지도를 받기 시작하였다. 부친 곤살로가 1556년 4월 사망하면서 이탈리아 관련 비서실 업무를 대신 담당하게 되었다(1556년 10월 29일). 그러나 그때까지만 해도 왕은 그를 정식으로 임명하는 것을 주저하였는데, 승인에 앞서서 먼저 결혼과 방탕한 생활의 청산이 전제되어야 하였기 때문이다. 결국 안토니오 페레스는 1567년 12월이 되어서야 왕의 비서로서 정식으로 인가를 받을 수 있었다. 늘 왕의 지척에 있을 수 있다는 업무의 특성과 개인적 자질, 그리고 왕의 신임이 두터워지면서 단번에 영향력 있는 궁정 내 인사로 부상하게 되었고 에볼리 파의 주요 멤버가 될 수 있었다. 사치스럽고 과시가 심한 생활을 시작했으며, 이를 유지하기 위해 자신의 직책을 이용, 탈법적인 보상, 즉 관직 매매, 뇌물 등과 같은 검은 거래를 주저하지 않았다. 이 중 일부에는 안토니오와 부적절한 관계를 맺고 있었던 에볼리 부인도 연루되었던 것으로 보인다. 그는 펠리페 2세의 이복동생인 후안 데 아우스트리아(Juan de Austria)에 대해 왕이 의심을 품도록 유도하였으며, 동시에 개인적인 이득을 위하여 후안 데 아우스트리아와 접촉을 유지하기도 하였다. 한편 돈 후안을 감시할 필요가 있다고 왕을 설득하면서 자신의 친구인 후안 데 에스코베도(Juan de Escobedo, 1575년)를 돈 후안의 비서로 배치하였다. 그러나 에스코베도는 곧 레판토의 영웅, 돈 후안을 전폭적으로 지지하는 입장으로 돌아서게 되었고, 상황은 돈 후안이 저지대국가(Países Bajos)로 파견되면서 더 복잡하게 얽히게 되었다(1576년 4월). 한편 영국 왕위에 대한 돈 후안의 야망은 펠리페 2세의 우려를 더욱 증폭시키는 계기가 되었다. 1576년 6월 돈 후안은 에스코베도를 마드리드로 보내면서 그의 플랑드르 통치가 용이해질 수 있도록 지원받고자 하였다. 페레스는 자신의 이중게임을 폭로할 수 있는 에스코베도가 마드리드에 오게 되면서 신변의 위협을 느끼기 시작하였고 따라서 그를 돈 후안의 배후에서 배신을 조정할 수 있는 인물로 지목하며 왕에게 그를 제거해야 한다고 설득하였다. 이를 통해 안토니오 페레스는 자신의 정적이 자연스럽게 사라지기를 원했고, 왕이 이 범죄에 연

루되게 하고자 하였다. 여러 번의 독살 시도가 실패로 끝나고 난 뒤 결국 에스코베도는 페레스의 사주를 받은 몇몇 심복들에 의해 살해되었다(1578년 3월 21일). 왕은 점차 에스코베도의 유가족과 궁정 내에 있는 페레스의 정적들로부터 압력을 받기 시작했고, 자신이 기만당했다는 것을 깨닫게 되면서 그의 옛 비서로부터 벗어나고자 결심하였다. 결국 펠리페는 나이 든 그란벨라(Granvela)를 오도록 명령하면서 새로운 정치의 시작이자 페레스의 몰락을 재촉하였다. 그란벨라 추기경이 도착하는 당일에 안토니오 페레스는 체포되었고(1579년 7월 28일), 그때까지도 여전히 자신의 비서 업무에서 완전히 벗어나지 않았다. 왕은 페레스를 살인죄로 고발하는 것보다 방문 소송을 통하여 부패 죄로 기소하는 것이 더 적절하다고 생각하게 되었다. 긴 소송 끝에 페레스는 2년의 투옥생활과 10년의 망명생활, 업무수행 정지와 무거운 벌금을 언도받게 되었다. 동시에 그를 살인죄로 고발, 소송에 들어가게 하기 위하여 수색이 진행되었다. 1589년 6월 그는 공식적으로 범죄에 기소되었고 얼마 뒤에 고문을 받게 되었다. 자신의 패배를 자인하면서 1590년 4월 19일 페레스는 아라곤으로 도망갔고 거기서 아라곤 출신의 자격으로 특별자치법(fuero)에 의탁하였다. 아라곤에서 열렬한 지지를 받을 수 있었는데 이는 페레스가 아라곤의 자유 수호와 자신의 명분을 일치시킬 줄 알았기 때문이었다. 펠리페는 종교재판소를 내세워 페레스가 개신교 지역으로 도주하고자 시도했다는 죄목을 덧붙일 수 있었다(1591년 5월 16일). 그러나 그를 종교재판소의 감옥으로 이송하려는 두 차례의 시도는 모두 민중의 큰 불만을 사며 폭동을 야기했고, 지방특권을 침해하는 것으로 이해되었다. 이 사건은 마드리드에서 큰 우려를 낳았고 결국 상황을 정리하고자 군대를 파견하기에까지 이르게 되었다. 군대가 아라곤으로 진입하자(1591년 10월 15일) 페레스는 곧바로 프랑스로 도주하였다(1591년 12월 24일). 왕의 전 비서는 프랑스에서 환대를 받았다. 그는 프랑스 군주에게 스페인의 지배 아래 있는 땅들의 다양한 지역들을 교란시킬 야심찬 프로젝트를 제공하였다. 1593년에 페레스는 영국으로 건너가서 여왕의 총애를 입고 있는 에섹스 백작(Conde de Essex)의 후원을 입게 되었고, 그에게 장차 카디스를 공격(1596년)하기에 용이한 정보를 제공해 주었다. 그는 스페인과 전쟁을 시작하려던 앙리 4세(Enrique IV)의 요청에 의해 프랑스로 돌아왔다(1595년 7월 2일). 1596년 5월에 그는 프랑스–영국 동맹을 체결할 목적으로 영국으로 돌아갔다. 그러나 이 계획이 실패하면서 또 다시 프랑스로 돌아가야 했다. 하지만 1598년 5월 2일 베르벵 조약(Paz de Vervins)이 체결되면서 페레스는 프랑스 궁정에서 정치적 영향력을 모두 상실하게 되었다. 스페인으로부터 사면을 얻어내고자 여러 번의 시도를 했지만 실패로 끝나고 모두에게 잊힌 존재로 파리에서 빈곤 속에서 마지막 생을 마감하여야 했다(1611년). 종교재판소는 사후에 그의 명예를 회복시켜 주었다(1615년 4월 7일). 다수의 저서를 집필하였는데, 그중에서 『*Relaciones*』와 『*Cartas*』가 유명하며 여러 판본들이 나오게 되었다. 이 저서들은 『*Leyenda negra*』의 형성과 유포에 많은 영향을 끼쳤다.

Pérez–Reverte, Arturo (아르투로 페레스–레베르테)　카르타헤나(Cartagena) 출생의 작가, 기자(1951～)이다. 특파원으로 근무하다 뒤늦게 문학계로 진출하였다. 소설을 주로 썼으며 국내에서뿐만 아니라, 20개 이상의 국가에서도 성공을 거두었다. 대표작으로는 『*El húsar*』(1986), 『*El maestro de esgrima*』(1988), 『*La tabla de Flandes*』(1990) 등이 있다.

Peribáñez y el comendador de Ocaña* (페리바네스와 오카냐의 기사단장)　17세기 스페인의 극작가인 로페 데 베가(Lope de Vega)의 극작품이다. 로페 사후(死後)인

1641년에 출판되었으며, 다른 극작품들인 『*Fuenteovejuna*』와 『*El mejor alcalde, el rey*』와 함께 절대권력자의 권력 남용을 주제로 한 연극이라 할 수 있다. 많은 학자들이 『*Fuenteovejuna*』를 통하여 작가 로페가 집단적 영웅주의의 승리를 실현하였다고 지적하는데, 이에 반해 『*Peribáñez y el comendador de Ocaña*』에서는 오직 주인공인 페리바녜스와 그의 아내 카실다(Casilda), 그리고 카실다의 정조를 유린하려는 오카냐의 기사단장인 돈 파드리케(Don Padrique)의 삼각관계에 그 사건의 전개가 전적으로 집중된다. 즉, 『*Fuenteovejuna*』에서 보여주었던 집단적 영웅으로서의 민중은 『*Peribáñez y el comendador de Ocaña*』에서 목숨까지 걸며 자신과 자신의 아내의 명예를 지키려는 농민 페리바녜스라는 개인적인 영웅으로 그 양상이 바뀐 것이다. 게다가 『*Peribáñez y el comendador de Ocaña*』에서 권력 남용을 휘두르는 오카냐의 기사단장인 돈 파드리케는 『*Fuenteovejuna*』의 페르난 고메스(Fernán Gómez)처럼 정치적인 인물로 묘사되고 있지도 않다. 『*Peribáñez y el comendador de Ocaña*』에서 돈 파드리케는 카실다의 미모에 반하여 그녀를 소유하고자 하는 욕망에 눈이 먼 지극히 개인적인 인물로 나올 뿐이다. 즉, 돈 파드리케는 연극에서 기사단장으로서 행동하고 있는 것이 아니라, '사랑에 빠진 남자'로서 행동하고 있는 것이다. 또한 돈 파드리케는 주인공 페리바녜스에게 복수의 칼을 맞고 숨을 거두기 전에 자신의 잘못이 무엇인지 알고 뉘우치는 모습까지도 보인다. 카실다라는 남의 아내를 탐한 죄로 그녀의 남편 페리바녜스에 의해 응분의 대가로 처참한 죽음을 맞이하지만, 자신의 잘못을 인정하고 부하에게 더 이상의 복수를 하지 말 것까지 당부하는 돈 파드리케의 최후의 모습을 보며 관객들은 정의가 실현되었음을 깨달은 동시에 오카냐의 기사단장이라는 고귀한 신분의 인물을 살해하고 만 주인공 페리바녜스가 맞게 될 앞으로의 운명에 대해 궁금증을 갖게 될 것이다. 더군다나 페리바녜스의 살인 행위가 국왕 엔리케 3세에게까지 알려지고, 페리바녜스의 살인이 왕과 그의 신하들에게 왜곡되게 전달되어 그 정당성을 인정받지 못함으로써 페리바녜스의 운명은 관객들에게 그야말로 풍전등화처럼 위태롭게 느껴지게 된다. 자신의 아내를 탐하려는 부정한 기사단장을 살해하여 자신과 자신의 아내의 명예를 지키려 한 페리바녜스의 정당성은 국왕 엔리케 3세의 진노를 통해서 그 절박함이 희석되고 만다. 즉, 페리바녜스가 살해한 인물이 오카냐의 기사단장이라는, 일개 비천한 그로서는 가까이 가기조차도 힘들 만큼 고귀한 신분의 귀족이라는 것과, 특히 국왕 엔리케 3세가 총애하는 인물이라는 점으로 인해 이 연극에서 나타난 정당방위로서의 페리바녜스의 살인 행위는 더 이상 설 자리를 잃게 되는 것이다. 이제 관객에게 무대에서는 고귀한 신분의 기사단장을 감히 살해하고 도망친 비천한 신분의 뻔뻔스러운 농부 페리바녜스와 그의 아내 카실다의 최후만이 남은 것은 것으로 보인다. 게다가 극 중에서 사람들이 점점 페리바녜스와 카실다에 대해 동정을 하기 시작했음에도 불구하고 왕은 자신이 총애하는 신하를 살해한 페리바녜스에 대한 응징을 포기하지 않는 고집스러운 면을 보인다. 그러나 극은 페리바녜스가 자신의 정당성을 설명하려고 직접 왕을 찾아가면서 커다란 전환점을 맞는다. 자신이 총애하는 신하를 살해한 범인이 목전에 있고, 그를 당장 처단하라는 명령을 신하들에게 내렸음에도 불구하고, 페리바녜스가 자신을 '정의의 수호자'라고 지칭하자 왕은 진정하고 우선 그의 설명을 들어보기로 한다. 왕은 모든 귀족의 우두머리이지만, 동시에 모든 대중들을 이끌어가야 하는 인물이기도 하다. 즉, 이 연극에서 왕은 자신이 총애하는 신하인 돈 파드리케가 살해된 것에 대해 응징을 다짐하지만, 무조건적으로 돈 파드리케 편에만 설 수는 없는 처지인 것이다. 이러한 입장의 왕이기에, 페리바녜스의 최후의 진술을 듣기로 한다. 그리고 페리바녜스의 진실이 담긴 이야기를 들은 후 왕의 태도는 응징을 다짐했던 때와 완전히 바뀐다. 결국 엔리케 3세는 정의의 편에 서서 자신이 총애하던 신하를 살해한 페리바녜스의 행위를 정당한 것으로 인정해 주기로 한 것이다. 이뿐만이 아니다. 엔리케 3세는 더 나아가 페리바녜스를 오카냐 주민들의 대장으로 임명하고 공격과 방어를 할 수 있는 무기를 가져올 권리를 부여해준다. 이에 대해 깊은 감명을 받은 페리바녜스는 "사람들이 전하를 정의의 수호자 돈 엔리케라고 부르는 데에는 다 이유가 있었사옵니다"라고 화답한다. 이로써 엔리케 3세는 자기 자신이 사람들에게 불리기를 원했던 별칭인 '정의의 수호자' 역할을 진정으로 수행한 셈이 된 것이다. 다시 말해, 엔리케 3세는 페리바녜스의 살인 행위를 정당한 것으로 인정해줌으로써 지극히 인간적이고 민주적인 정의를 실현한 것이다.

P

Periquillo el de las gallinas (페리키요 엘 델 라스 가이나스) 1668년에 발표된 프란시스코 산토스(Francisco Santos)의 피카레스크 소설이다. 이 소설의 주인공은 라사리요처럼 특정 기간 동안 장님의 시중을 들었다. ➡ Novela picaresca(피카레스크 소설)

Pernas, Ramón (라몬 페르나스) (1952~) 루고(Lugo) 출신의 작가이다. 소설 『*Si tú me dices ven*』(1996)은 역사적 연대와 사랑과 관련된 주제를 혼합한 작품이며 깊은 형이상학적, 도덕적 성찰이 반영되어 있다. 이 외에도 『*El pabellón azul*』(1998), 『*Brumario*』(2001) 등의 저자이다.

Perucho Gutiérrez, Joan (호안 페루초 구티에레스) 바르셀로나(Barcelona) 출생의 작가, 기자, 예술비평가(1920~2003)이다. 초현실주의적 작품을 주로 썼으며 작품에서 신비롭고 판타지적인 요소가 많이 나타난다. 주요작품으로는 『*Roses, somriures i diables*』(1965), 『*Aparicions i fantasmes*』(1968) 등이 있다.

Picatoste, Felipe (펠리페 피카토스테) 1834년 마드리드에서 출생한 스페인 수필가이다. 1968년의 혁명(Revolución del 68)이 승리로 끝난 후 잡지 <La Gaceta>를 창간하고 스페인 국내 출판계를 이끌었다. 문학비평과 역사에 관해서도 다수의 저서를 남겼다. 대표작으로는 『*Centenario de Calderón*』(1881), 『*La estética en la naturaleza en la ciencia y en el arte*』(1882) 등이 있다.

Picón, Jacinto Octavio (하신토 옥타비오 피콘) 마드리드 출생의 소설가, 수필가, 기자(1852~1923)이다. 풍속을 묘사하는 소설을 주로 썼으며 자신의 자유주의적 이데올로기를 드러내는 에세이를 자주 썼다. 주요작품으로는 『*El enemigo*』(1887), 『*La honrada*』(1890) 등이 있다.

Picón, Jacinto Octavio (하신토 옥타비오 피곤) (1852~1923) 마드리드(Madrid) 태생. 스페인 소설가, 수필가이면서 기자이다. 풍속 묘사가 풍부한 화려한 소설작품을 냈다. 대표작으로 『*La hijastra del amor*』(1884), 『*Juan Vulgar*』(1885), 『*El enemigo*』(1887), 『*La honrada*』(1890) 등이 있다.

Pierna, Milagros (밀라그로스 피에르나) (1951~) 사모라(Zamora) 태생. 스페인 소설가이며 극작가이다. 인간주의 전통에 몰두해 있었던 그는 다양한 분야의 장르를 넘나들었는데 그중에서도 극작품이 뛰어나다. 대표작으로 『*Una blanda muerte o Melibea*』, 1995년 Galiana상을 받은 짧은 소설인 『*Los espejos de Charing Cross*』, 마찬가지로 1995년 구아달라하라 지방상(Premio de Provincia de Guadalajara)을 받은 『*Mitologías*』 등이 있다.

Piferrer y Fabregas, Pau (파우 피페레르 이 파브레가스)　(1818～1848) 바르셀로나 출신의 작가, 언론인, 역사가, 비평가이다. 민속시, 대중시를 주로 썼으나 시집 『*Retorno a la feria y Canción de la primavera*』의 출간을 기점으로 낭만주의 시를 쓰기 시작했다.

Pimentel, Luis Vázquez Fernández (루이스 바스케스 페르난데스 피멘텔)　루고(Lugo) 출생의 시인(1895～1958)이다. 의학을 전공하고 의사로 일했다. 작가로서는 프랑스 상징주의의 영향을 많이 받았으며 사후 출판된 시집 『*Sombra do aire na herba*』(1959)로 높이 평가받았다.

Piña, Juan de (후안 데 피냐)　(1566～1643) 쿠엔카(Cuenca) 출신의 작가이다. 로페 데 베가(Lope de Vega)의 친구이자 숭배자인 만큼 그의 작품세계에서 많은 영향을 받았다. 『*Novelas ejemplares y prodigiosas historias*』(1624), 『*Varias fortunas*』(1627) 등을 출판했다.

Pinar, Florencia (플로렌시아 피나르)　15세기 여성의 문학창작이 제한되던 시기에 나타난 스페인 여성 시인 중 한 명이다. 생애에 대해서는 잘 알려져 있지 않지만 높은 계층에 속하는 여성일 것으로 추측된다. 여섯 개의 시문집을 발간하였으며 여성의 에로티즘을 잘 표현했다는 평가를 받는다.

Pinilla, Ramiro (라미로 피니야)　(1923) 빌바오(Bilbao) 태생의 작가이다. 1960년에는 『*Las ciegas hormigas*』(1960)로 나달 문학상(premio Nadal)을 받았다. 비평계와 대중 양측 모두에게 잘 수용됨에도 불구하고 일상적인 출판계를 멀리하며 대중에게 알려지는 것을 원하지 않는다. 출신 지역에 대한 애착이 소설에서 잘 나타난다. 『*Seno*』(1971), 『*La Gran guerra de doña Toda*』(1978) 등의 저자이다.

Pinillos, Manuel (마누엘 피니요스)　(1914～1989) 사라고사(Zaragoza) 태생의 작가이다. 잠시 직업을 가졌으나 생의 대부분은 시작에 전념하였다. 국내외 문학잡지에 활발하게 기고하였고 절대성에 대한 탐색이 문학 세계의 중심축을 이룬다. 저서에는 『*A la puerta del hombre*』(1948), 『*La muerte o la vida*』(1955), 『*El corral ajeno*』(1962)가 있다.

Pino Gutiérrez, Francisco (프란시스코 피노 구티에레스)　바야돌리드(Valladolid) 태생의 스페인 시인(1910～2002)이다. 92세에 생을 마감해 오랜 생을 살았다. 어떠한 유행, 스타일 그리고 이념과 다르게 유일하게 이름을 알린 많은 작품을 냈다. 이러한 작품들로 20세기 스페인 시 원조이자 창설자로 알려졌다. 대표작으로 『*A la nueva ventura*』(1934), 『*Méquina dalicada*』(1929～1939)와 『*Vuela pluma*』(1957) 등이 있다.

Pinocho　피노키오라는 의미의 스페인어로, 이탈리아 극작가인 카를로 콜로디(C.Collodi)의 『*Le Aventure di Pinocchio*』의 스페인어 번역본이다. 사투르니노 카예하(Saturnino Calleja)의 아들인 라파엘 카예하(Rafael Calleja Gutiérrez)에 의해 1912년 번역, 출간되었다. 본래의 작품과 달리 스페인 풍토에 맞는 표현과 서술 장치를 사용한 것이 특징이다. 기존과 전혀 다른 유형의 피노키오를 창조하여 나무인형의 형상을 지니고 있지만, 자신의 모습에 실망하지 않고 이상향을 찾아 모험을 즐기는 모습을 연출한다. 스페인 20세기 초 '아동문학의 황금기'에 포함되는 작품이다.

Pinturas Negras (블랙 페인팅)　1819년부터 1823년까지 프란시스코 데 고야(Francisco de Goya)가 70대에 그렸던 14개의 유화작품을 가리킨다. 고야는 질병으로 청력을 잃었기 때문에 자신의 집에 일명 '귀머거리의 집(Quinta del Sordo)'이라는 벽화 시리즈를 만들어 작품을 전시하였다. 그리고 열네 점의 작품은 한결같이 어둡고 기이하기 때문에 '블랙 페인팅'이라고 불린다. 벽화의 작품들은 제목 지어지지 않은 채 집 안에 전시되어 있었지만, 1828년 고야의 친구인 안토니오 브루가다(Antonio Brugada)에 의해 캔버스로 옮겨지고 세상의 빛을 보게 되었다.

Pla i Casadevall, Josep (조셉 플라 이 카사데발) (1897~1981) 카탈루냐어(catalán)로 활동하던 언론인이자 작가이다. 프랑스, 이탈리아, 영국, 독일, 러시아 등지에서 기자로서 활약했다. 바르셀로나 대학(Universidad de Barcelona)에서 의학을 공부하려고 했으나 첫 번째 학기에 법학으로 전공을 바꾸었다. 에우헤니오 도르스(Eugeni d'Ors) 등 당대의 명성 있는 지식인들이 참여하는 문예모임(tertulia)에 참여하며 문학적 소양을 길렀고, 당대 문인 중 특히 피오 바로하(Pío Baroja)를 동경하였다. 카탈루냐어(catalán)와 문화에 대한 억압이 심했기에 프랑코 독재체제에 대한 거부감을 느끼면서도 출판활동을 위해 정치적으로는 온건한 입장을 고수했다. 문체는 단순하고, 명료하면서도 아이러니함을 담는다는 것이 특징이다. 인공적이고 공허한 수사학을 배제하고자 노력했다. 작품에서는 주관적인 시각으로 동시대의 문제들을 다루고 있다.

Platero y yo 후안 라몬 히메네스(Juan Ramón Jiménez, 1881~1958)의 서정시(1914)이다. 모더니즘 시대의 음악적 요소가 많이 드러나는 작품으로, 서정적인 부드러움과 자연과의 교감을 엿볼 수 있다. 작품활동 시 항상 완벽함을 추구하였는데, 이 작품에서 역시 그러한 정교함이 보인다.

Plautus (플라우투스) 고대 로마의 희극작가로 테렌티우스와 함께 로마의 2대 희극작가로 손꼽힌다. 그리스 희극을 라틴어 속담과 그에 알맞은 극적인 운율을 구사하여 로마식으로 개작하였다. 대표작으로 애잔한 분위기의 『포로』와 고매한 윤리를 내세우는 『밧줄』 등이 있다.

Plaza, José María (호세 마리아 플라사) (1954~) 부르고스(Burgos) 태생의 작가이다. 1981년에 출판한 시집 『*Pequeña historia sagrada*』에는 종교적 색채가 강하게 들어 있다. 1983년에는 루이스 에두아르도 아우테의 전기를 출간했다.

Poema de Fernán González* 쓰인 연대는 확실하지는 않지만 1260년경에 지어진 서사시로, 페르난 곤살레스 백작의 업적들을 이야기한다. 베르세오(Berceo)는 물론 알렉산드레(Alesandre)의 책에서도 소재를 얻었고, 애국심 주제를 서사적인 노래와 종교적인 색채를 합친 이중적인 가치를 지닌 시로 만들어 자신의 수도원을 홍보하려고 하였다. 스페인을 세계에서 최고로 꼽고, 카스티야(Castilla)를 스페인에서 최고로, 그리고 영웅을 그 무엇보다도 더 높이 여긴다. 이 모든 시에서 그 임무는 카스티야와 아를란사의 성 베드로(San Pedro de Arlanza)를 찬양한다. 나헤라(Nájera) 연대기에서 언급하고, 영웅의 아를란사 성 베드로 수도원 설립과 같은 여러 자료들을 추가한다. 이 판본은 오늘날 752개의 쿠아데르나 비아(cuaderna vía)가 전해지고, 부족한 100여 개는 그 내용을 연대기들을 통해서만 추측할 수 있다. 사실 작가는 카스티야 통일에 있어 자신의 수도원에 주역할을 부여하려고 하였으며 이는 첫 번째 부분에 드러난다. 이후 알만소르(Almanzor)에 대항한 전투, 나바라(Navarra) 왕과의 관계 그리고 카스티야 독립에 관한 교섭 같은 세 가지 주요 주제가 펼쳐진다. 이들 주제는 동시에 세 적, 무어 사람들과의 세 전투 그리고 나바라 사람들과의 세 전투에서 나타나는 세 가지 요소의 구조와 일치한다.

Poema de Roda en honor de Ramón Berenguer IV 1149~1150년경에 지어진 것으로 보이는 라틴어 찬미가. 라몬 베렌게르(Ramón Berenguer IV)의 토르토사(Tortosa)와 예이다(Lleida) 정복을 찬양하는 내용이다. 서사시적 성격을 띠고 있으나 운율적인 측면에서 볼 때 서사시가 아닌 찬미가에 더 가깝다.

Poema trágico del español Gerardo y desengaño del amor lascivo 1615년에 출판된 곤살로 세스페데스 이 메네세스(Gonzalo de Céspedes y Meneses)의 연애소설이다. 제목에도 불구하고 작품 내에는 어떤 서사시적 또는 그와 유사한 장르의 요소가 없다는 것이 주목을 끈다. 주인공이 알 수 없는 운명의 힘에 의하여 온갖 불운과 고통의 희생양이 되는 내용을 담고 있다.

poesía arraigada (전통에 뿌리내린 시) 다마소 알론소(Dámaso Alonso)의 문학비평 용어. 1940년대 스페인 전후 시의 주요 흐름 중 하나이다. 뿌리 뽑힌 시(poesía desarraigada)와 반대로 조화로운 세계를 노래한다. 전통적인 시 형식을 즐겨 사용했고 낙관적이며 밝은 어조로 사랑, 종교적 감정, 아름다움을 노래한다. 후안 루이스 파네로(Juan Luis Panero), 호르헤 기옌(Jorge Guillén), 마리아 발베르데(José María Valverde) 등이 주요 시인이다(↔ poesía desarraigada). ➡ Alonso, Dámaso(다마소 알론소)

poesía desarraigada (전통에 뿌리내리지 않은 시) 다마소 알론소(Dámaso Alonso)의 문학비평 용어이다. 스페인 전후 시의 주요 흐름을 가리킨다. 블라스 데 오테로의 시 『*La tierra*』에 등장하는 표현을 이용했다. 단어 뜻 그대로 전후의 혼란스러운 스페인 사회 속의 고뇌를 담은 시들이 많으며, 신에 대한 반항적 태도, 인간의 고통과 실존의 문제를 다루고 있다. 회의적, 비관적 어조가 주를 이룬다. 가브리엘 셀라야, 블라스 데 오테로 등이 주요 시인이다(↔ poesía arraigada). ➡ Alonso, Dámaso(다마소 알론소)

Poeta en Nueva York 페데리코 가르시아 로르카의 작품으로 돈의 위력, 기계에 의한 인간의 노예화, 사회적 불의, 비인간화 등의 문제가 작품의 중심 주제를 구성하고 있다. 한편 뉴욕에서 받은 정신적인 감동과 문명세계의 모순에 대한 비판적 의식을 효과적으로 표현하기 위한 수단으로 초현실주의 기법(técnica surrealista)을 도입하였다. ➡ Federico García Lorca(페데리코 가르시아 로르카)

Poggio, Juan Bautista (후안 바우티스타 포히오) 1632년 테네리페(Tenerife)의 산타 쿠르즈 델 라 팔마(Santa Cruz de la Palma)에서 출생한 스페인 시인이자 극작가(1632~1707)이다. 바로크적 성향을 가지고 성모 마리아에 대한 단편 극시와 성찬신비극 등 많은 작품활동을 하였다. 하지만 작품의 대부분이 미출간되었다.

Policisne de Boecia (폴리시스네 데 보에시아) 돈 후안 데 실바 데 톨레도(Don Juan de Silva y Toledo)의 기사소설로 1602년 바야돌릿의 후안 이니게스 데 레베리카(Juan Iñíguez de Lequerica)에 의해 출판되었다. 원작의 제목은 『*Historia famosa del Príncipe Don Policisne de Boecia, hijo y único heredero de los Reyes de Beocia Minandro y Grumedela, y de sus ilustres hechos y memorables hazañas y altas caballerías*』이다. 주인공인 폴리시스테 데 보에시아(Policisne de Boecia)의 위업에 대해 서술했다. ➡ Novela de caballerías(기사도 소설)

Polisílaba (다음절) 음절이 여러 개로 구성된 단어를 뜻한다.
예를 들어, pu－bli－ca－ción, a－fei－ta－do 등이 있다.

Política española 후안 데 살라사르(Juan de Salazar)의 대표 저서로 가톨릭 공동왕부터 펠리페 3세 통치기까지를 다루는 작품이다. 1619년 발표되었으며 스페인 역사를 유대민족의 역사와 비교하여, 과거에 히브리인들이 선민이었다면 16, 17세기의 스페인인들은 신으로부터 선택받은 민족이라는 내용을 담고 있다.

Polo y Peyrolón, Manuel (마누엘 폴로 이 페이롤론) 쿠엔카(Cuenca) 출생의 정치가, 문학자(1846~1918)이다. 19세기에서 20세기로 넘어가는 과도기 때 과거의 전통을 유지하려는 보수주의자였고 가톨릭 수호를 위해 노력했다. 이러한 작가의 성향은 작품 속에서도 드러나는데 이런 보수주의적 관점이 나타나는 대표작으로는 『*Credo y programa del partido Carlista*』(1905)가 있다.

Pombo Angulo, Manuel (마누엘 폼보 앙굴로) 산탄데르(Santander) 출생의 시인, 소설가, 기자(1912~)이다. 『*En la orilla*』(1946)라는 소설로 문학계에 진출하였고, 『*Sin patria*』(1950)로 스페인 국민 문학상(Premio Nacional de Literatura)을 수상하였다. 이 외 주목할 만한 작품으로 『*Sol sin sombra*』(1954), 『*La sombra de las banderas*』(1969) 등이 있다.

Pombo, Álvaro (알바로 폼보) (1939~) 산탄데르 출신의 작가이다. 1966년부터 1977년까지 영국에서 거주하며 영국 문학 전통과 친숙해졌다. 문학활동의 시작은 시였으나 소설을 통해 재능을 드러내기 시작했다. 여성 주인공, 특히 중산층 여성을 주인공으로 즐겨 등장시켰고, 구어체를 빈번하게 사용했다. 『*Donde las mujeres*』(1996)로 국민 소설 부문 문학상(Premio Nacional de Narrativa), 『*La Fortuna de Matilda Turpin*』(2006)으로 플라네타상(Premio Planeta), 『*El temblor del héroe*』(2012)로 나달 문학상(Premio Nadal)을 받았다.

Ponce de León, Basilio (바실리오 폰세 데 레온) 그라나다(Granada)에서 출생한 스페인 시인이자 설교 집필가(1560~1629)이다. 살라망카의 수도사인 프레이 루이스 데 레온(Fray Luis de León)의 조카이며, 1605년 『*Sermones de Cuaresma*』를 통해 설교 집필로 큰 유명세를 얻었다. 수려하고 풍부한 표현이 특징적이다.

Ponce, Fray Bartolomé (프라이 바르톨로메 폰세) (?~1595) 아라곤 출생의 작가이며 시토 수도회의 수사이다. 종교적 성격의 목가소설을 썼고, 1581년 출간된 작품 『*Primera parte de la clara Diana a lo divino*』는 몬테 마요르의 소설 『*Los siete libros de la Diana*』를 신학적 관점에서 해석한 것이다.

Pondal Abente, Eduardo (에두아르도 폰달 아벤테) 라 코루냐(La Coruña) 출생의 시인(1835~1917)이다. 갈리시아어와 카스티야어로 작품을 썼으며 19세기 갈리시아 지역의 르네상스를 주도한 인물로 여겨진다. 성공을 거둔 작품으로는 『*Rumores de los pinos*』(1877), 『*Queixumes dos pinos*』(1886)가 있다.

Ponte, Pero da (페로 다 폰테) 폰테베드라(Pontevedra)에서 태어난 스페인 시인이다. 페르난도 3세의 궁정 시인이었다가 후에 아라곤 왕조로 넘어가 문학활동을 하였다. 1235년부터 작품활동을 시작하였으며 세르벤테시오(Serventesio)를 창작하였다고 알려져 있다.

Por tierras de Portugal y España (포르투갈과 스페인의 대지를 위하여) 1911년에 발표된 스페인 98세대 작가 미겔 데 우나무노(Miguel de Unamuno)의 수필이다. 본 작품을 통해서 우나무노는 진정한 스페인 풍경의 본질에 대해 말하며, 그의 자연에 대한 감수성을 표출한다. 작품은 두 부분으로 나누어져 있다. 첫 번째 부분에서는 스페인과 포르투갈의 대지와 문학에 대한 작가의 인상을 남기고, 두 번째에서는 카탈루냐, 갈리시아, 카나리아 제도 등에서 여행을 통해 느꼈던 스페인에 대한 깊은 사랑을 보여준다. ➡ Generación del 98(98세대)

Porcel y Salablanca, José Antonio (호세 안토니오 포르셀 이 살라블랑카) (1715~1794) 그라나다(Granada) 출신의 시인이자 성직자이다. 귀족의 사생아로 태어났다. 일찍부터 뛰어난 예술적 감각을 인정받았고, 당대에 가장 명성이 높은 문예그룹(Academia del Trípode, Academia del Buen Gusto)에 참여하였다. 후에는 토레팔마 백작의 추천으로 스페인 한림원 회원이 되었다. 공고라의 열렬한 추종자였고, 따라서 시 대부분은 복잡한 구조를 가진 과식주의풍이었다. 시 중 가장 대표적인 것은 『*El Adonis*』인데, 이 시는 가르실라소 데 라 베가의 직접적인 영향을 받기도 했지만, 스페인 문학사에서 가장 공고라의 영향을 강하게 받은 작품으로 남아 있다.

Porlan, Alberto (알베르토 포를란) 마드리드에서 1947년 태어난 스페인 시인이자 소설가이며, 전 세계적인 다큐멘터리 작가로도 유명하다. 사망 연도는 알려져 있지 않다. 작품 중에서 『*Quasar azul*』(1981), 『*pájaro*』(1981), 『*Luz de oriente*』(1991) 등이 유명하다.

Portal Nicolás, Marta (마르타 포르탈 니콜라스) 아스투리아스(Asturias) 출생의 소설가, 문학비평가(1930~)이다. 히스패닉 문학에 대한 관심이 지대했으며 특히 멕시코 문학을 깊이 있게 연구하였다. 이러한 연구를 바탕으로 집필한 작품으로 『*Proceso narrativo de la Revolución Mexicana*』(1976), 『*Análisis semiológico de 'Pedro Páramo'*』(1981) 등이 있다. 이 외 작품으로는 『*A tientas y a ciegas*』(1966), 『*Pago de traición*』(1983) 등이 있다.

Posadas Mañe, Carmen (카르멘 포사다스 마녜) (1953~) 우루과이(Uruguay)의 몬테비데오(Montevideo) 태생. 작가이다. 1985년 스페인 국적 또한 획득해 이중국적을 가졌다. 외교관의 자녀로 태어나 몬테비데오(Montevideo)에서 11년간 거주하고 이후에 부에노스아이레스(Bunos Aires), 런던, 마드리드(Madrid)와 모스크바로 거주지를 옮겼다. 아이들을 위한 다양한 책을 냈는데, 대표작으로는 『*Historias bíblicas*』, 『*Hipo canta*』, 『*Kiwi*』 등이 있다. 또한 『*El señor viento Norte*』 작품으로 1985년 국내 문학상을 받은 바 있다.

Positivismo (실증주의) 19세기 후반 서유럽에서 유래한 철학적 사조로 형이상학적 사변을 배척하고 사실에 대한 과학적 탐구를 강조하였다. 실증주의는 물리적 현상만이 아니라 사회적, 정신적 현상들까지 이러한 방법으로 설명하려는 지적 태도로 나타난다.

Postismo (포스티스모) 포스트 초현실주의 기류의 종류로 에두아르도 치차로 브리오네스(Eduardo Chicharro Briones), 카를로스 에드만도 데 오르리(Carlos Edmundo de Ory), 실바노 세르네시(Silvano Sernesi)에 의해 생성되었다. 어휘의 배열, 초현실주의적 이미지 등을 이용하여 시를 유머러스하게 변형시키는 것이 특징이다. 포스티스모를 사용한 대표적인 저서는 『*Postismo*』와 『*Caracola*』가 있다.

Prácticas de resistencia (저항 실행) 불만을 유발하는 요소에 대해 개인 또는 집단이 적극적 저항 또는 시위를 실천하는 것을 뜻하며 미쉘 푸코가 1968년 이후 등장한 이 사회적 움직임을 설명하며 그 개념이 구체화됐다.

Prada, Juan Manuel de (후안 마누엘 데 프라다) 사모라(Zamora) 출생의 작가(1970~)이다. 단편소설 모음집 『*El silencio del patinador*』(1995), 마드리드 집시들의 생활상을 담은 소설 『*Las máscaras del héroe*』(1996)로 독자들로부터 큰 인기를 얻었고 비평계에서도 좋은 평가를 받았다. 이 외에도 바로크 시대의 언어로 감상적 경험을 묘사한 소설 『*La vida invisible*』(2003)이 유명하다.

Prado, Andrés de (안드레스 데 프라도) 17세기경 과달라하라(Guadalajara)의 시구엔사(Sigüenza)에서 태어난 스페인 산문가이다. 생애에 대해서는 정확히 알려진 바가 없다. 로페 데 루에다(Lope de Rueda)의 영향을 많이 받았으며 『*Meriendas de ingenio y* *entretenimientos del gusto*』를 집필하였다.

Prado, Benjamín (벤하민 프라도) 마드리드 출생의 작가(1961~)이다. 동시대 작가들 중에서 가장 감수성이 풍부하고 흥미로운 이야기를 쓴 작가 중 한 명으로 평가된다. 시, 소설을 주로 썼고 대표작으로는 『*Asuntos personales*』(1991), 『*Cobijo contra la tormenta*』(1995)가 있다.

Prados, Emilio* (에밀리오 프라도스) (1899~1962) 27세대에 속한 시인들 중의 한 명으로, 1899년 말라가(Málaga)에서 태어났으며 유년시절을 출생지 말라가에서 보낸 후 마드리드에서 근대교육을 받으며 청년기를 보냈다. 그 과정에서 후안 라몬 히메네스(Juan Ramón Jiménez)와 가르시아 로르카(Gracía Lorca) 등을 알게 되고 그들과 교제한다. 그러나 폐질환으로 인하여 많은 시간을 스위스의 요양원에서 지내야 했다. 1924년에는 아버지가 물려준 출판사인 "Sur"에서 동료 알톨라기레(Altolaguirre)와 함께 문예지 <Litoral>을 발간하였으며, 여기서 라파엘 알베르티(Rafael Alberti), 로르카 등 27세대 작가들의 작품집들을 출간하기도 하였다. 그 역시 『*Tiempo*』(1925), 『*Vuelta*』(1927) 등 자신의 작품집도 발간하였다. 1939년 공화파가 내전에서 패배하자 기차로 피레네 산맥을 넘어 파리로 탈출한 후, 거기에서 멕시코로 건너가 살았다. 그는 멕시코에서 1962년 지병인 폐병으로 사망하였다.

Preciado, Nativel (나티벨 프레시아도) 마드리드 출생의 기자, 여류작가(1948~)이다. 잡지 <Tiempo>를 창간한 멤버 중 한 명이며, 문학 장르 중에서는 에세이, 소설을 썼다. 자신의 경험을 바탕으로 우정에 대해 쓴 에세이 『*Amigos íntimos*』(1998), 그녀의 첫 번째 소설작품 『*El egoista*』(1999)가 유명하다.

Premio Alfaguara de Novela (알파구아라 문학상) 1965년 알파구아라 출판사에 의해 만들어진 문학상이다. 1972년 이후로 시상이 중단되었다. 1980년 그루포 산티아나(Grupo Santillana)가 알파구아라 출판사를 인수하고 1998년부터 재개되었다. 상금은 미화 175,000달러에 달해 세계에서 가장 상금이 높은 문학상 중 하나이다.

Premio Cervantes (세르반테스상) 문학활동을 하는 스페인, 히스패닉 계열의 중요인물에게 매년 수여하는 상이다. 명망 있는 상으로 구체적인 상금은 없지만 수상을 통해 작가와 작품이 큰 명예를 얻는다.

Premio de Novela Ciudad de Torrevieja (토레비에하시 문학상) 2001년 랜덤하우스(Random House) 출판사의 자회사 플라사&하네스(Plaza&Janés)와 토리비에하 시청(Ayuntamiento de Torrevieja)이 공동으로 수여하기 시작한 상이다. 상금은 360,607유로로 세계에서 가장 높은 상금을 주는 문학상 중 하나이며, 심사위원은 플라사&하네스의 수석 편집자와 토레비에하 시장, 매년 바뀌는 문학비평가들로 구성된다.

Premio de Novela Fundación Lara (라라 소설 문학상) 매년 스페인 내 중요한 12개의 출판사(Editoriales Algaida, Anagrama, Destino, Espasa, Lengua de Trapo, Mondadori, Planeta, Plaza y Janés, Pre-Textos, Seix Barral, Siruela y Tusquets)들이 모여 스페인어로 출판된 가장 훌륭한 소설을 뽑아 본부 세비야(Sevilla)에서 주는 상이다. 2002년부터 수상을 시작하였으며, 특정한 출판사와 관계없이 스페인어로 쓰인 소설을 대상으로 한다. 심사관들은 각 출판사에서 한 명씩 선정되며, 한 심사위원당 타 출판사의 소설을 두 권 추천할 수 있다. 이 상은 전년도에 출판된 작품을 대상으로 한다. 상금은 15만 유로이며, 작가 개인을 위해서가 아니라 수상된 작품의 홍보와 판매 장려를 위해 쓰인다.

Premio Lope de Vega (로페 데 베가 연극상) 매년 마드리드 시에서 카스티야어로 쓰인 미발표 희곡을 대상으로 수여하는 상이다. 번역작이나 다른 작품을 차용하여 개작한 작품은 인정하지 않는다. 1932년 스페인 문학의 증진시키기 위한 목적으로 탄생했다. 스페인 시민전쟁의 발발로 1935~1947년 동안은 수상이 중단되었다.

Premio Nacional de las Letras Españolas (스페인-라틴아메리카 국민 문학상) 스페인어로 쓰인 작품에 수여하는 상으로, 스페인을 포함한 히스패닉권에서 널리 인정받는 상이다. 1984년 발족되었으며 스페인 문화부가 주관한다. 수상자는 4만 유로의 상금을 받는다.

Premio Nacional de Literatura de España (스페인 국민 문학상) 스페인 국내에서 출판된 다양한 영역의 문학 부분에 주는 총체적인 상을 의미한다. 스페인 문화부에서 총괄하며 스페인 문학(Premio Nacional de las Letras Españolas), 국내 소설 부문(Premio Nacional de Narrativa), 시 부문(Premio Nacional de Poesía), 수필 부문(Premio Nacional de Ensayo), 희곡 부문(Premio Nacional de Literatura Dramática), 아동 청소년 부문(Premio Nacional de Literatura Infantil y Juvenil)의 상이 있다.

Premio Nacional de Narrativa(España) (스페인 소설 부문 국민 문학상) 매년 스페인 문화부에서 주최하여 가장 훌륭한 스페인 소설 작품에 주는 상이다. 수상 조건으로는 스페인 작가이어야 하며 국내 스페인에서 사용되는 언어로 쓰인 소설이어야 한다. 전년도에 출간된 작품에 한해서만 심사하며 수상자는 2만 유로를 받는다. 이 상은 1949년부터 내무부의 프로젝트(Orden de creación)의 일환으로 생겨났지만 1977년 즈음 현재의 모습을 갖추게 되면서 스페인 소설 부문에 주는 상으로 전환되었다.

Premio Nacional de Poesía(España) (스페인 시 부문 국민 문학상) 매년 스페인 문화부에서 주최하여 가장 훌륭한 스페인 시작품에 주는 상이다. 본래 1922년 예술 교육청(Real Orden del Ministerio de Instrucción Pública y Bellas Artes)에서 주관한 시 부문 국내 경연(Concurso Nacional de Literatura en la modalidad de Poesía)에서 발전되었다. 수상 조건으로는 스페인 작가로서 스페인에서 사용되는 언어로 쓰인 시어야 한다. 또한 전년도에 출간된 작품에 대해서만 심사하며 수상자는 2만 유로를 받는다.

Premio Nadal (나달 문학상) 스페인의 권위 있는 문학상. 매년 1월 6일 발표되며, 전 세계적으로 스페인 소설을 확산시키는 역할을 하고자 했다. 1945년 카르멘 라포렛(Carmen Laforet, 1921~2004)의 『*Nada*』를 첫 작품으로 선정하여 성공을 거두었고, 이후 오늘날까지 스페인의 새로운 작가를 발굴하고 작품을 알리는데 큰 기여를 하고 있다.

Premio Planeta (플라네타 상) 매년 카스티야어(Castellano)로 쓰인 미발간 소설에 주는 상이다. 1952년부터 플라네타 그룹(Grupo Planeta)이 수여하는 이 상은 노벨문학상(Nobel Prize for Literature) 다음으로 문학적 가치가 있는 상이다. 호세 마누엘 라라 에르난데스(José Manuel Lara Hernández)에 의해 만들어진 상이며 10월 15일 성녀 테레사 축일에 상을 수여한다. 테레사는 호세 라라 에르난데스의 부인의 이름이기도 하다.

Prerrenacimiento (르네상스 이전 시대) 르네상스 전 시기를 일컬으며, 르네상스를 선구하는 예술가, 문학가들을 주목할 만하다. 시기적으로는 13세기부터 15세기 중반까지다.

Prerromanticismo (전기 낭만주의) 전 유럽에 낭만주의가 시작되는 시대의 예술적 사조 및 경향을 일컬으며, 신고전주의에 반대하는 사상들이 일어나는 시점을 의미한다. 이성적 사고보다는 느낌과 본능에 충실하고 짜인 형식과 형태에 얽매이지 않고 자연 그대로를 편견 없이 받아들이기 시작한다. 대표적인 문학 단체는 제2의 살라망카 학교 및 세비야 학파가 있으며, 이들 중에는 호세 카달소(José Cadalso), 마누엘 호세 킨타나(Manuel José Quintana y Lorenzo), 호세 마르체나(José Marchena)가 있다.

Presentismo (현재성) 연극의 현재성이란 관객이 경험하는 시간과 연극의 진행 시간을 동일한 차원에 있다고 느끼는 것이다. 보통 어느 시대의 연극작품을 공연하건 관객들은 사건을 무대에서 공연하는 당시 현재의 일로 받아들이고 작품은 영원한 현재성을 띠게 된다.

Prieto Martín, Antonio (안토니오 프리에토 마르틴) 스페인 알메리아(Almería) 출생의 작가(1930~)이다. 소설가, 수필가로 활동했으며 대표 소설작품 『*Tres pisadas de hombre*』(1955)로 Premio Planeta를 수상하였다. 다른 소설작품으로는 『*Buenas noches Argüelles*』(1956), 『*Vuelve atrás Lázaro*』(1958), 『*Encuentro con Ilita*』(1961)가 있다. 또한 다양한 에세이를 저술하였는데, 주요작품으로는 『*Los caminos actuales de la crítica*』(1969)가 있다.

Prieto, Indalecio (인달레시오 프리에토) (1883~1962) 스페인의 정치인이자 기자. 스페인 사회노동당(PSOE)의 당원으로 자유주의 성향의 신문사 <El Liberal>에서 일했다. 리베라 정권에 반대에 사회노동당 선언을 발표했다.

PROEL (프로엘) 'Promotora Española de Lingüística'의 약어로, 스페인어 진흥연구원이다. 이윤 창출의 목적 없이 언어학의 발전을 위해 설립된 비정부 기관이다. 기본 활동으로는 언어학의 전파, 소수 언어의 번역 등이 있다. 적도기니의 스페인어 활용 연구, 아라곤(Aragón) 지방의 새로운 문학 연구, 케추아어의 알파벳 활용 등 언어학 발달을 위한 여러 프로젝트에 참여하였다.

Proemio e carta al Condestable don Pedro (프로에미오 에 카르타 알 콘데스타블레 돈 페드로) 이니고 로페스 데 멘도사(Iñigo López de Mendoza, 1398~1458)의 작품이다. 돈 페드로(Don Pedro)에게 보낸 시집의 서문에 해당하는 산문집으로서 호라티우스(Horatius)의 『*Ars Poetica*』를 연상케 한다.

Pronto (프론토) 스페인의 주간잡지 중 하나로, 스페인 내에서 가장 많은 판매량 1위를 기록하고 있다. 여성 독자층을 겨냥하였으며 주로 미용, 텔레비전, 건강, 요리 등의 주제를 가지고 있다. 안토니오 고메스 아바드(Antonio Gómez Abad)에 의해 창설되었다. 스페인에 독보적인 영향력을 미치고 있는 잡지이지만 포털 사이트는 존재하지 않는다.

Propalladia (프로파야디아) 1517년에 나온 토레스 나아로(Bartolomé de Torres Naharro)의 시와 연극 모음집이다. 1920년 희극 『*Calamita*』를 추가하여 세비야(Sevilla)에서 재판되었다. ➡ Renacimiento(르네상스)

Proverbios morales (도덕적 격언) 스페인 14세기 유대인 율법학자인 산토브 데 카리온(Santob de Carrión)에 의해 쓰인 작품이다. 유대인 교육법에 관련하여 당대 카스티야 페드로 1세(Pedro I de Castilla) 왕에게 바쳐졌다. 쿠아데르나 비아(cuaderna vía)의 형식이 일곱 개의 시리즈로 구성되어 있으며 일상의 세속적인 삶에 대한 도덕적·염세론적 시각을 보여준다.

Proverbios y cantares (잠언과 노래) 안토니오 마차도의 『*Nuevas canciones*』의 백미인 짧은 시편의 모음이다. 민중가요 형식으로 구성되어 있으며 개념적인 표현과 때때로는 역설적이고 어두운 표현이 가미되어 있다. ➡ Generación del 98(98세대)

Puértolas Villanueva, Soledad (솔레다드 푸에르톨라스 비야누에바) 사라고사(Zaragoza) 출생의 여류작가(1947~)이다. 작가로서는 1980년부터 이름을 알리기 시작했는데 수많은 소설작품을 썼고 문학상도 수상하였다. 대표작으로는 『*El bandido doblemente armado*』(1980), 『*Burdeos*』(1986), 『*Queda la noche*』(1989)가 있다.

Puig i Ferreter, Joan (호안 푸익 이 페레테르) (1882~1956) 타라고나(Tarragona)에서 태어난 작가이다. 대지주의 아들로 태어났는데 이 사실은 작가의 삶과 작품 모두에 깊은 영향을 끼쳤다. 초기에는 아나키즘, 제2공화정으로부터 영감을 받은 시를 썼으나 후기에는 부르주아 취향에 맞는 글을 썼다. 저서에는 『*Senyora Isabel*』(1917), 『*Aigües encantades*』(1907) 등이 있다.

Puigblanch, Antonio (안토니오 푸이그블란치) (ca. 1773~1840) 마타로(Mataró) 태생. 스페인 정치가, 기자이면서 작가이다. 산토 토마스 학교(Colegio de Santo Tomás)와 마드리드 산 이시드로 학교(Estudios de San Isidro de Madrid) 그리고 알칼라 대학(Universidad de Alcalá)에서 공부를 완성하였고 에브레오(Hebreo)의 교수가 되었다. 그 후 1808년 『*Elementos de la lengua hebrea*』를 출간하였고, 나폴레옹 침략 조금 이전에 "Gaceta de Madrid(스페인 공식적 사건과 인물을 기록한 데이터베이스)"의 편집자로서 활동하였다.

Pujol, Carlos (카를로스 푸홀) (1937~2012) 바르셀로나(Barcelona) 태생. 스페인 시인, 소설가, 수필가, 번역가, 문학비평가 그리고 문학 교수로 활동하였다. 뛰어난 문학 재능은 모든 장르를 넘나들게 했다. 80년대 후반 1987년에 『*Gian Lorenzo*』를 출간하면서 스페인 시 분야에 접어들었다. 이 외에도 『*Desvaríos de la edad*』(1994), 『*Vidas de poetas*』(1995), 『*Los aventureros*』(1996) 등의 다양한 작품이 있다.

Pujol, Joan (호안 푸욜) (1514~?) 마타로(Mataró)에서 태어난 작가이다. 아우시아스 마르크(Ausiàs March)의 영향을 많이 받았고 그의 시에 대한 주석집을 내기도 했다. 가장 잘 알려진 작품은 『*Lepanto*』(1573)라는 서사시다. 세 편으로 되어 있고 레판토 해전을 주제로 한 것이다.

Pulgar, Hernando de (에르난도 데 풀가르) (1436~1492) 스페인의 작가이다. 톨레도 근방의 풀가르 지역에서 태어나 후안 2세의 궁정에서 교육받고 엔리케 4세의 왕실 비서로, 이사벨 여왕 치하에서는 왕실 고문관으로 임명되었다. 저서로는 가톨릭 공동왕의 선전을 위한 목적으로 출간된 『*Crónica de los Reyes Católicos*』, 카스티야의 저명한 귀족, 성직자, 학자들을 묘사한 『*Claros varones de Castilla*』가 있다.

Q

Qué Leer (무엇을 읽어야 하나?) 스페인 내에서 가장 많은 독자층을 보유하고 있는 문학잡지이다. 잡지의 이름에서 알 수 있듯이 책 읽는 것은 가장 감정적이고, 상상적이며, 삶의 지혜를 주는 경험이라고 주장하고 있다. 매달 새로운 서적의 소식과 전 세계적인 문학계의 사건 사고, 문학가들의 이야기를 담고 있다.

Queísmo* (케이스모) 문장의 어떠한 요소에 의해 요구되는 전치사가 접속사 'que' 앞에서 삭제되는 현상을 말한다. 일반적으로 전치사 'de'의 삭제 현상을 의미한다. 다음과 같은 경우에 전치사를 삭제하면 안 된다.

1) (전치사) 지배 보어(complemento de régimen와 함께 구성되는 대명동사의 경우에 전치사를 생략해서는 안 된다: alegrarse DE algo, arrepentirse DE algo, fijarse EN algo, olvidarse DE algo, preocuparse DE 혹은 POR algo 등

(1) a. Me alegro DE QUE hayáis venido.
b. *Me alegro QUE hayáis venido.

위의 동사들 중, 대명동사로 쓰이지 않는 경우에는 전치사를 동반하지 않는다. 이 경우에 종속절이 주어 혹은 직접목적어 역할을 한다.

(2) a. Me alegró QUE vinieras.
b. *Me alegró DE QUE vinieras.

2) 대명동사가 아닌 동사들이 전치사 지배 보어와 함께 나타날 때:
convencer DE algo, insistir EN algo, tratar DE algo 등

(3) a. Lo convencí DE QUE escribiera el artículo.
b. *Lo convencí QUE escribiera el artículo.

3) 전치사 보어(complementos preposicionales)와 함께 구성되는 명사의 경우:

(4) a. Iré con la condición DE QUE vayáis a recogerme.
b. *Iré con la condición QUE vayáis a recogerme.

(5) a. Tengo ganas DE QUE llueva.
b. *Tengo ganas QUE llueva.

4) 전치사 보어와 함께 구성되는 형용사의 경우:

(6) a. Estamos seguros DE QUE acertaremos.
b. *Estamos seguros QUE acertaremos.

5) 'a pesar DE QUE, a fin DE QUE, a condición DE QUE, en caso DE QUE'와 같은 관용구(locución)에서 생략 불가

6) 'Hasta el punto de que'의 구조에서 전치사 생략 불가: *Hasta el punto que.

7) caber, haber, dudar de algo, caer en la cuenta de algo, darse cuenta de algo 등의 동사 기능을 하는 관용구에서 전치사 생략 불가

(7) a. Nos dimos cuenta DE QUE era tarde.

b. *Nos dimos cuenta QUE era tarde.

*참고: "advertir, avisar, cuidar, dudar 그리고 informar" 동사는 두 형태로 쓰일 수 있다. 예를 들어 "advertir algo a alguien" 혹은 "advertir de algo a alguien", 즉 이러한 경우 전치사 de의 출현은 의무적이지 않다.

Q

Quevedo y Villegas, Francisco de (프란시스코 데 케베도 이 비예가스) 프란시스코 데 케베도라고 알려져 있는 그의 본명은 프란시스코 고메스 데 케베도 비예가스 이 산티바녜스 세바요스(Francisco Gómez de Quevedo Villegas y Santibáñez Cevallos, 1580～1645)로 스페인 황금세기 작가이다. 스페인 문학 역사에 가장 뛰어난 작가 중 하나로 여겨지며 단편과 극작품을 썼지만 시로 유명하다. 유명한 시작품으로는 『*El Parnaso español*』(1648)과 『*Las Tres Musas Últimas Castellanas*』(1670)가 있으며 극작품으로는 희극인 『*Cómo ha de ser el privado*』와 촌극인 『*Bárbara, Diego Moreno*』, 『*La vieja Muñatones*』 등이 있다. ➡ Siglo de oro(황금세기)

Quevedo, Nino (니노 케베도) 1929년 마드리드에서 태어난 소설가이자 시나리오 작가, 영화감독이다. 본래 이름은 베니그노 앙헬 케베도 힐(Benigno Ángel Quevedo Gil)이지만 주로 니노 케베도라고 불렸다. 「*Vivir mañana*」(1983), 「*Futuro imperfecto*」(1984)의 시나리오를 집필하였고 동시에 감독을 역임하기도 하였다. 소설 작품도 유명한데 대표적인 저서로는 『*Las noches sin estrellas*』(1961), 『*Las cuatro estaciones*』(1974) 등이 있다.

Quien calla, otorga* (침묵은 긍정의 대답) 전편 『오해에 대한 벌』에서 돈 로드리고(Don Rodrigo)의 입신양명을 향한 노력은 그의 우유부단한 처신이 빌미가 되어 실패로 끝난다. 그러나 후편 『*Quien calla, otorga*』의 결말에 가서는 아우로라 후작과 결혼을 함으로써 결국 원하던 행복을 쟁취하고야 만다. 돈 로드리고의 이러한 실패와 성공을 통해 작가 티르소 데 몰리나(Tiro de Molina)가 결론적으로 관객들에게 나타내려고 했던 것은 바로 당시의 스페인 사회에서 통용되었던 장자상속제라는 악법의 희생 제물로서 차남이 맞게 되는 고통과, 이 고통을 극복하면서 맛보게 되는 희망일 것이다. 구체적으로 말해서, 작가 티르소는 『오해에 대한 벌』에서 돈 로드리고가 자신의 주인인 디아나(Diana) 백작의 의중을 잘못 헤아림으로써 그녀의 사랑을 얻는데 실패하는 근본적 원인을, 장남에게 모든 권리와 부를 빼앗긴 차남들이 가질 수 있는 성격인 수동적이고 우유부단한 돈 로드리고의 태도에 둠으로써 당시의 차남이 가질 수밖에 없는 불운과 이에 따른 고통을 상징적으로 강조하고 있다. 『*Quien calla, otorga*』에서는 전편에서 저지른 실수를 두 번 다시 되풀이 하지 않음으로써 돈 로드리고는 최후의 승자가 될 수 있었고, 이를 통해 작가 티르소는 전편에서 묘사된 차남 특유의 불운도 결국은 의지에 따라 극복될 수 있다는 희망적인 최종 메시지를 관객들에게 전하고 있는 것이다. 전편에서 모든 것을 잃고 만신창이가 된 돈 로드리고는 설상가상으로, 디아나의 질투어린 방해로 클라벨라(Clavela)와의 결혼도 실패하고 만다. 이에 화가 머리끝까지 난 클라벨라는 그와의 결혼이 무위로 돌아간 것이 모두 디아나를 잊지 못하는 그의 마음 때문이라고 생각하고 자기 오빠를 시켜 그를 살해하려 한다. 천신만고 끝에 도망친 돈 로드리고는 클라벨라의 오빠로부터 쫓기

며, 디아나가 가라고 명령한 그녀의 사촌인 아우로라(Aurora) 후작의 성으로 향한다. 후편 『*Quien calla, otorga*』는 이렇게 쫓기게 된 돈 로드리고가 몸을 피신하고자 이태리 피아몬테(Piamonte) 지방에 위치한 살루소(Saluzo)라는 아우로라 후작의 성으로 황급히 들이닥치면서 시작된다. 얼떨결에 아우로라 후작 그리고 그녀의 여동생 나르시사(Narcisa)와 성의 뜰에서 조우한 돈 로드리고는 아우로라의 성에서 또 다른 모험과 로맨스를 펼치게 된다. 그런데 이번에는 전편보다 훨씬 더 복잡한 애정구도가 나타나는데, 즉, 전편에서처럼 아름다운 자매 아우로라와 나르시사라는 두 여자가 서로 마음속으로 돈 로드리고를 깊이 사모하지만 이 삼각관계 속에 카를로스(Carlos)라는 또 다른 인물이 끼어든다. 그리고 이 카를로스는 전편의 카시미로와는 달리, 어느 정도 아우로라와 나르시사의 마음을 사로잡는 데 성공을 거두어, 돈 로드리고, 아우로라, 나르시사, 카를로스라는 네 명의 남녀들 간의 관계는 서로 얽히고설킨 상당히 복잡한 양상을 띠게 된다. 게다가 오래전부터 나르시사를 깊이 사랑해 온 아스카니오(Ascanio)라는 인물까지 후에 이들의 애정 구도에 가담하여, 돈 로드리고의 성공과 출세를 향한 여정은 전편보다도 훨씬 더 어렵게 보인다. 그러나 돈 로드리고에겐 그만이 가지고 있는 무기가 있었다. 즉, 여기서 실패해서 고향으로 돌아가면 자신을 기다리는 거라곤 자신에게 복수하려 들 형과, 자신을 밖에서 실패하고 돌아온 차남이라고 여기며 무시하고 멸시할 주위 사람들의 따가운 시선일 뿐이라는 절박함과, 지난 번 디아나의 성에서 다 잡았던 성공을 놓친 이유가 다름 아닌 자신이 가지고 있는 사랑에 있어서의 무기력하고 우유부단한 성격 때문이라는 사실을 뒤늦게나마 깨달았다는 점이다. 다시 말해, 돈 로드리고는 이제 더 이상 물러설 곳이 없다는 절박함을 가지고 이전과 너무나도 유사한 지금의 상황에서 무엇을 조심하고 또 무엇을 슬기롭게 추진해야 하는지를 알고 이를 용기 있게 실천에 옮긴 것이다. 그 결과, 돈 로드리고는 아우로라와의 팽팽한 심리전에서 주도권을 잡는 데 성공한다. 후편 『*Quien calla, otorga*』는 그 전체 이야기 구조가 전편과 너무나도 흡사하다. 예를 들어, 로드리고를 포함해 두 쌍의 남녀가 전면에 나서서 서로 사랑을 차지하기 위해 고도의 심리전을 펼친다는 점, 주인공이 두 여자 사이에서 갈피를 잡지 못하고 우왕좌왕한다는 점, 작품의 이야기가 서로에 대한 오해로 복잡하게 얽히게 되는 시발점이 어둠 속에서 창문 사이로 나타난 여자를 주인공이 다른 여자로 착각하는 대목이라는 점, 마지막에 여자주인공이 돈 로드리고에게 수수께끼 같은 말을 통해 자신의 마음을 직접적으로 밝히지 않음으로써 돈 로드리고를 더욱 혼란스럽게 한다는 점 등 두 작품은 마치 쌍둥이와도 같은 구조를 지니고 있다. 그러나 무엇보다도 변화된 돈 로드리고의 모습은 이전과는 달리 사랑을 구하는 데 있어서 무기력하거나 소심한 면에서 벗어나서 이제는 좀 더 용기 있고 확신에 찬 태도를 보이고 있다는 점이다. 예를 들어, 아우로라의 동생 나르시사가 자신을 사모하고 있다고 확신하는 로드리고는 자신에게 밤이 깊을 때 몰래 철창문 사이에서 만나자고 편지를 보낸 성 안의 모 여인이 바로 나르시사일 거라고 확신을 하며, 아우로라의 질투에 찬 야간외출 금지령을 어기면서까지 그녀를 만나러 나가는 대담함과, 얻을 뻔하다 놓쳐버린 행복에 대한 집념을 보이기도 한다. 그리고 극이 점점 진행됨에 따라, 돈 로드리고는 이제 사랑의 문제에 있어서 더 이상 남의 눈치나 기회만을 엿보는 무기력한 남자가 아니라는 사실을 더욱 확실하게 입증하여 간다. 예컨대, 돈 로드리고는 나르시사뿐만 아니라 그녀의 언니 아우로라 역시 자기를 사랑하고 있다는 사실을 그녀의 자신에 대한 애매모호한 태도를 통해 어렴풋이 깨닫게 된다. 그리고 그는 전편에서와 마찬가지로 결국 이 두 여자 사이에서 선택을 강요받는 처지에 놓인다. 이에 그는 잠시 갈등을 하나, 전편에서처럼 이러지도 저러지도 못하는 우유부단하고 무기력한 모습 대신에, 자신의 행복을 위해 누구를 선택해야 하는지, 그리고 그 사랑을 최종적으로 획득하기 위해서는 또한 어떻게 처신해야 하는지를 신중히 생각하고 결심하는 용기 있고 슬기로운 태도를 나타내 보인다. 돈 로드리고를 향한 자신의 사랑의 감정을 끝까지 드러내 보이지 않는 아우로라에게, 이렇게 '변화된' 돈 로드리고는 그녀에게 그녀의 자신에 대한 감정이 어떤 것인지를 명확하게 묻는다. 이는 돈 로드리고에게는 배수의 진을 친 것을 의미하며, 이로써 극은 전편과 후편을 통하여 비로소 가장 중요한 절정의 순간에 이르게 된다. 결국, 돈 로드리고는 아우로라의 정원에서 몰래 그녀를 만나 둘의 사랑을 확인하고 드디어 결혼에 성공하며, 이를 통해 'Quien calla, otorga', 즉 '침묵은 긍정의 대답'이라는 격언의 문학적 배경이 확인되어진다. 전편의 제목 『오해에 대한 벌』이 주인공의 무기력하고 우유부단하며 기회주의적인 성향을 상징적으로 나타내고 있다고 한다면, 후편의 제목 『*Quien calla, otorga*』에는 이러한 부정적 측면을 극복한 용기 있는 주인공이 절박하고 어려운 상황을 반전시켜 나가는 슬기로움이 함축적으로 반영되어 있다고 말할 수 있을 것이다. 다시 말해, 전편에서는 소심하고 기회주의적인 성격이 디아나의 본심을 제대로 읽지 못하게 함으로써 그녀의 사랑을 얻는데 실패했지만, 후편에서는 지난번의 실패를 거울삼아 슬기롭고 용기 있는 결단으로 자신을 깊이 사모하고 있는 아우로라의 진짜 속마음을 꿰뚫어 봄으로써 그녀와의 결혼을 성취할 수 있었던 것이다.

Q

Quiñones Chozas, Fernando (페르난도 키뇨네스 초사스) (1930~1998) 치클라나(Chiclana) 태생의 스페인 작가이다. 스페인, 영국과 중남미 국가에서 강연을 했으며 시나리오 작가이기도 했으며, 스페인 텔레비전에서 연설을 하기도 했다. 부에노스아이레스(Buenos Aires)에서 La Nación상과 소설과 관련해서 Sésamo상, Semana de Estudios Flamencos de Málaga 등 다양한 상을 받았다. 대표작으로 『*Cinco historias del vino*』(1960), 『*La gran temporada*』(1960), 『*El viejo país*』(1978) 등이 있다.

Quiñones de Benavente, Luis (루이스 키뇨네스 데 베나벤테) 톨레도 출생의 작가(1593~1651)이다. 세르반테스 이후 가장 유명한 엔트레메스(Entremés) 작가로 대중적인 로만세와 전통시가, 민속적인 요소들을 해학과 풍자로써 유감없이 표현하였다. 주요작품으로는 『*El miserable*』, 『*El guarda Infante*』, 『*El murmurador*』, 『*El retablo de las maravillas*』 등이 있다.

Quiñones, Suero de (수에로 데 키뇨네스) 출생연월을 알 수 없는 15세기 스페인 시인이다. 중세 기사로서 푸에르테 벤투라(Fuerte Ventura), 이게루엘라(Higueruela) 전투 등 많은 전쟁에 참가하였다. 문학가로서는 사랑과 궁정 생활을 담은 시를 집필하였으며, 대표적인 저서로는 『*Por unos puertos arriba*』가 있다.

Quintana y Lorenzo, Manuel José (마누엘 호세 킨타나 이 로렌소) (1772~1857) 마드리드 출생의 스페인 시인. 르네상스로 가는 과도기의 중요한 인물 중 하나이다. 시는 신고전주의의 영향을 받아 대체로 도덕심, 애국심, 정치적인 내용을 소재로 하였다. 『*El Duque de Viseo*』(1801), 『*Poesías*』(1802)가 대표적인 작품이다.

Quintero Ramírez, Antonio (안토니오 킨테로 라미레스) (1895~1977) 스페인 극작가이다. 알바레스 킨테로(Álvarez Quintero)의 유머러스하고 풍속주의적 영향을 희곡에 반영했다. 다른 작가들과 협업하여 『*La copla andaluza*』(1929), 『*El alma de la copla*』(1930),

『*Los caballeros*』(1932) 등을 썼다.

Quintiliano (퀸틸리아누스) (35?～95?) 에스파냐 출신의 고대 로마 제정 초기의 웅변가이자 수사학자이다. 베스파시아누스 황제의 신임을 받아 로마 최초로 국가로부터 봉급을 받는 제1대 수사학 교수로 활약하였다. 만년에는 자신의 경험을 토대로 웅변과 수사학의 교과서이자 인간 육성에 관한 『변사가의 육성』을 저술하였다

Quinto, José María de (호세 마리아 데 킨토) (1925～2005) 과달라하라(Guadalajara)에서 태어난 연극비평가이자 작가이다. 1950년 알폰소 사스트레(Alfonso Sastre)와 함께 <La Hora>지에 사회 예술에 속하는 연극들을 옹호하는 성명서를 발표했다. 1960년에는 알폰소 사스트레와 함께 사실주의 연극 단체(Grupo de Teatro Realista, GTR)를 창단했다. 대표저서에는 『*Las calles y los hombres*』, 『*La tragedia y el hombre: notas estético－sociológicas*』 등이 있다.

Quiroga y Abarca, Elena (엘레나 키로가 이 아바르카) 산탄데르 출생의 여류소설가(1921～1995)이다. 낭만적인 감성을 아름다운 문장으로 엮어가는 작가로 유명하다. 대표작으로는 『*Tan significativos como La careta*』(1955), 『*La enferma*』(1955), 『*Grandes soledades*』(1983) 등이 있다.

Quirós, Pedro de (페드로 데 키로스) (1600～1667) 세비야(Sevilla) 태생의 작가이자 성직자이다. 사랑 시들은 로페 데 베가(Lope de Vega)의 『*La Dorotea*』에 실린 시들과 비견되곤 한다. 종교적 목가시인 『*Al nacimiento de Cristo*』 역시 뛰어난 작품이라는 평을 받는다. ➡ La Dorotea(라 도로테아)

R

R.A.B.A.S.F. (에레 아 베 아 세 에페) 'Real Academia de Bellas Artes de San Fernando'의 약자로 Instituto de España에 속하는 기관 중 하나이다. 마드리드에 기반을 두고 있으며 1752년 창립되었다. 미술, 건축, 조각, 회화 등 여러 예술 분야를 전시·홍보하는 데 주력한다.

Racionalismo (라시오날리스모) 합리주의[라틴어(ratio, razón)에서 유래]는 17, 18세기 동안 유럽 대륙에서 발전된 것이다. 르네 데카르트(René Descartes)는 특히 지각에 대한 경험적 역할에 중점을 두는 경험주의와는 대조적으로, 지식 습득에 있어 이성의 역할을 수행하는 사고라고 주장한다. 합리주의는 다양한 형태로 나타났지만 프랑스 철학자와 모든 과학의 이상을 기하학으로 나타낸 것이라고 믿는 17세기의 과학자 데카르트로부터 유래된 전통이라고 알려져 있다.

Racionero, Luis (루이스 라시오네로) (1940～) 레리다(Lérida)의 세오 데 우르헬(Seo de Urgel) 태생. 스페인 작가, 도시계획 전문가, 경제학자로 활동했다. 1965년 바르셀로나 학부에서 경제학 학위를 받았고 바르셀로나 고등기술학교(Escuela Técnica Superior de Barcelona)에서 산업기술공학을 공부하였다. 1977년 작가가 되기로 결심하고 헤로나(Gerona)에 정착하였다. 대표작품으로 『*Textos de Estética Laoísta*』(1976), 『*Sistema de ciudades y ordenación del territorio*』(1977) 등이 있다.

Rafols Casamada, Albert (알베르트 라폴스 카사마다) (1923～) 바르셀로나(Barcelona) 태생. 스페인 화가이자 일러스트레이터이다. 1945년 바르셀로나 타레가 학교(Academia Tárrega de Barcelona)에서 그림을 배웠고, 1946년 아내가 될 마리아 히로나(María Girona)가 있던 "Els Vuit 그룹"을 이루었다. 1989년 4월 마드리드의 솔레다드 로렌소 갤러리(Galería Soledad Lorenzo de Madrid)에서 전시회를 열었다. 작품들은 바르셀로나(Barcelona)의 현대 예술 박물관(Museo de Arte Moderno)과 마드리드의 소피아 왕립 박물관(Museo Nacional Centro de Arte Reina Sofía) 등에서 찾아볼 수 있다.

Ram de Viu, Luis (루이스 람 데 비우) (1864～1907) 사라고사(Zaragoza) 태생. 스페인 시인이며 당시 일간지 <Barcelona cómica>, <El Gato Negro>, <Diario catalán> 등의 출판을 동업하였다. 시작품은 그에게 죽음의 시인이라 별명이 붙여지게 한 강박관념에 사로잡힌 주제로 표명되어진다. 많은 작품이 애도적인 톤으로 쓰였다. 대표작으로 『*poema en tres cantos*』(1884), 『*Flores de muerto*』(1887), 『*Dos guitarras*』(1892) 등이 있다.

Ramírez Ángel, Emiliano (에밀리아노 라미레스 앙헬) (1883～1928) 톨레도(Toledo)에서 태어난 작가이다. 1907년에 출간한 소설 『*La Tirana*』(1907)와 함께 작가로 알려지기 시

작했다. 당시 중산층의 삶을 간결한 문체로 포착했다. 저서로는 『*La voz lejana*』(1915), 『*La voz lejana*』(1924) 등이 있다.

Ramírez Lozano, José Antonio (호세 안토니오 라미레스 로사노) (1950～) 바다호스(Badajoz)의 노갈레스(Nogales) 태생. 스페인 시인이자 소설가이다. 성직자 수업을 받기 위해 신학교에 들어갔으나 성직자가 되지는 못하였다. 천부적인 문학재능은 허구 소설과 시 분야에 전념하게 만들었다. 『*Canción a cara y cruz*』(1974)를 출판하면서 이름을 알리게 되었다. 이후 『*Hijos del hambre, del pueblo y del amor*』(1974), 『*Antifonario para un derrumbe*』(1977)와 같은 작품들을 계속 출간하였다.

Ramírez Pagán, Diego (디에고 라미레스 파간) (1524～1562) 무르시아(Murcia)에서 태어난 작가이다. 1562년에 출판된 시집 『*Floresta de varia poesía*』에는 수많은 애가들과 후안 데 메나(Juan de Mena), 가르실라소(Garcilaso de la Vega) 등의 시인들에게 바치는 찬사들이 수록되어 있다. 또 다른 시집으로는 『*A una violeta*』를 남겼다.

R

Ramos de Castro, Francisco (프란시스코 라모스 데 카스트로) (1890～1963) 마드리드에서 태어난 극작가이다. 주로 사이네테(sainete), 사르수엘라(zarzuela)와 같은 장르에 속하는 희곡들을 썼다. 후에는 희곡뿐만 아니라 영화 시나리오까지 창작의 분야를 넓혔다. 작품으로 『*Pare usted la jaca, amigo*』(1936), 『*La del manojo de rosas*』(1934) 등이 있다.

Ramos Martín, Antonio (안토니오 라모스 마르틴) (1885～?) 마드리드에서 태어난 작가이다. 아버지 미겔 라모스 카리온(Miguel Ramos Carrión) 역시 작가였다. 첫 번째 작품인 사이네테(sainete) 『*Pasacalle*』은 아버지와 함께 쓴 것이며 1905년에 마드리드에서 초연되었다. 이 밖에 『*El incierto porvenir*』(1913), 『*Los niños de Tetuán*』(1908) 등을 썼다.

Raquel* (라켈) 1778년 출간된 연극으로 알폰소 8세와 아름다운 유태인 여인 라켈 사이에 벌어진 슬픈 사랑이야기를 다루고 있는데, 18세기의 대표적 극작가인 가르시아 델 라 우에르타(García de la Huerta)의 대표작이다. 당시의 가장 성공적인 비극작품으로 평가되고 있으며, 신고전주의라는 당대의 규칙을 따라 작품에 우스꽝스러운 인물도 등장하지 않고, 운율도 영웅적 민요의 장엄한 11음절로 설정하였으며, 행동도 삼일치에 맞도록 하였다. 이처럼 신고전주의 기법에 충실하였지만 작품의 정신은 스페인적이며 민족적인 성격이 강한 것이 특징이다. 또한 다른 비극들에서는 찾아볼 수 없는 생생한 삶과 열정적 충동이 가득하다.

Raquel encadenada (포박 당한 라켈) 미겔 데 우나무노(Miguel de Unamuno)의 전통적인 가족관계 속에서 좌절한 어느 여인을 다룬 드라마로 1922년 작품이다. 그 좌절은 여인의 불임에 의한 것이 아니라 남편이 여인을 거부함으로써 비롯된 결과인 것이다. 이 작품은 또한 남편으로서의 남자(hombre－marido)의 위치를 버리고 아버지로서의 남자(hombre－padre)의 위치를 추구함으로써 얻어지는 가정 관계의 해방을 다룬 연극이다.
➡ Generación del 98(98세대)

Razón (이성) 이성은 스페인어로는 ‘Razón’ 라틴어로는 ‘Ratio’, 영어로는 ‘reason’이다. 일반적으로 인간을 동물과 구별시키는 인간 특유의 뛰어난 능력으로 간주되어 왔으며, 여러 가지 뜻을 갖는다.

1. 지성, 논리적, 개념적으로 생각하는 힘
2. 칸트가 말하는 실천이성으로 스스로 도덕적 법칙을 만들어 그것에 따르도록 의지를 규정하는 능력

3. 올바르게 사물을 인식하는 능력
4. 신의 계시에 대한 인간의 지
5. 인식된 이것저것의 지식을 보다 소수의 원리로 통일하는 힘
6. 우주, 세계의 진리를 아는 힘 로고스

등을 뜻한다.

Razón de amor (사랑의 이유) 스페인 27세대 작가인 페드로 살리나스(1891~1951)의 두 번째 시집이다. 작품에서는 다소간 어둡고 무거운 어조가 나타나고 있는데, 작가는 여기에서 사랑의 한계와 이에 대한 불가피한 종말에 대해서 이야기하고 있다. ➡ Salinas, Pedro(페드로 살리나스)

Real Academia de la historia (스페인 역사 왕립아카데미) 스페인 역사 연구를 위한 기관으로 "고대와 현대, 철학, 스콜라 철학, 군사, 과학, 문학과 예술 그리고 스페인 사람의 문화와 문명" 등을 연구한다. 스페인 역사 왕립아카데미의 기원은 1735년부터 역사의 문제를 논쟁하기 위한 왕립재판 변호사 훌리안 에르모시야(Julian Hermosilla)의 집에 여러 학자들이 모이는 데서 기원했다.

Real Academia de las Buenas Letras de Barcelona (바르셀로나 왕립 문학 한림원) 바르셀로나 Academia de los Desconfiados를 이어받아 1729년 창립되었다. 1752년 국가에 인정을 받아 Real이라는 명칭을 받았으며, 국가의 영향 아래 카탈란어 사전 편찬과 문학 관련 업무를 주로 한다.

Real Academia Española de la Lengua* (스페인어 한림원) 스페인의 여러 한림원들 중 가장 오래되어, 단순히 'Real Academia Española'라고도 한다. 스페인어[여기서는 스페인 카스티야(Castilla) 지방의 언어]의 고유성과 순수성을 보존하기 위하여 설립된 이 기관은 비예나(Villena) 후작으로 불리는 후안 마누엘 페르난데스 파체코(Juan Manuel Fernández Pacheco)라는 인물에 의해 그가 주재하였던 첫 번째 의회에서 1713년 7월 6일 처음 설립되었다. 이듬해 10월 3일에는 국왕 펠리페 5세에 의해 공식적으로 허가되었고, 1715년에는 이 기관에 대한 최초의 법규들이 제정되었는데, 기관의 설립 목적은, 기관에 새겨진 "순수하고, 불변하고 영광을 주는 언어(Limpia, fija y da esplendor)"라는 글귀에서 보듯, 스페인어에 대한 정화와 보존에 있다. 프랑스 한림원을 모델로 하여 설립되었다. 스페인어 한림원에서 출판된 여러 간행물들 중에서 가장 두드러진 것은 1914년에 출간되기 시작하였으며 수많은 작가들과 언어학적 현상들에 대한 다양한 학술 논문들을 부록으로 수록하는 『*Boletín de la Real Academia Española*』와 1726년과 1739년 출판된 스페인어 사전 『*Diccionario de autoridades*』, 그리고 1778년에 초판이 출간된 사전 『*Diccionario de la Academia*』, 스페인어 철자 사전인 『*Ortografía*』(1741년 초판)와 스페인어 문법서인 『*Gramática de la lengua*』(1771년 초판) 등이 있다. 그 밖에도 스페인어 한림원은 세르반테스(Cervantes), 알폰소 10세, 로페 데 베가(Lope de Vega), 후안 델 엔시나(Juan del Enzina) 등 스페인 문학사를 빛내는 불멸을 작가들을 선정하여 그들의 대표작들을 재편집하여 출판하기도 하였다. 처음에 스페인어 한림원은 법규를 만드는 권한이 부여된 1명의 회장과 24명의 정회원 그리고 1명의 비서로 구성되었었으나, 지금은 국내외에 거주하는 36명의 정회원으로 구성되어 있으며, 현제 유효한 법규는 1859년 8월 20일의 각령에 의한 것이다. 1879년 이후부터 스페인 외에 아메리카 대륙을 비롯한 스페인어 사용권 국가들의 참여가 허용되었다.

Real Academia Gallega (갈리시아 왕립아카데미) 갈리시아 지방의 문화, 특히 갈리시아어에 대해 연구진흥을 목적으로 세워진 기관이다. 갈리시아어로 공식적 명칭은 'Real Academia Galega'이며 약어로는 'RAG'이라 한다. 갈리시아어의 문법, 어휘, 철자 등의 기준을 확립하며 언어 진흥에 주요 목적을 둔다. 또한 갈리시아어의 날(Día de las Letras Gallegas)의 수상 문학가를 선발하는 데 참여한다. 갈리시아 문화 및 언어 진흥에 영향을 끼치는 사람들은 회원이 될 수 있다.

Real Conservatorio Superior de Música de Madrid (마드리드 음악원) 1830년 7월 15일에 지어진 마드리드 국립 음악 대학이다. 오랜 전통의 역사와 함께 많은 음악가를 배출하고 있다.

Realativismo cultural (문화상대주의) 절대적인 것은 없다는 입장을 가지는 상대주의의 한 가지로 세상에 존재하는 다양한 문화 사이에는 우열이나 옳고 그름은 없으며 단지 다름만이 있을 뿐이라는 이론이다. 포스트모더니즘의 영향을 받았으며 윤리적, 종교적 측면에서 논쟁의 대상이 되기도 한다.

R

Realismo* (사실주의) 문학적인 사실주의는 이데올로기적인 측면과 형식적인 측면에서 낭만주의와의 단절을 의미했던 하나의 미학 사조로, 스페인에서는 19세기 후반기에 유행하였다. 사실주의의 기본적인 특징들은 다음과 같았다.

1) 작품에서 사실의 정확하고 명확한 복제를 증명하려고 노력한다.
2) 감성적인 것과 선험적인 것들의 거부를 통하여 낭만주의에 반대한다. 반면에 역사적인 생성의 틀에서 사회적이고 개인적인 사실을 반영하는 데 열망한다.
3) 마찬가지로 문학적인 사실주의는 환상문학에도 직접적으로 반대한다.
4) 주제, 등장인물, 상황 그리고 장소를 포함하여 정확한 외형을 설명하기 위해 묘사에 있어서 자세한 방법을 사용한다. 정치적이고, 인간적이고, 사회적인 문제들을 설명하면서 일상적인 것들과 이국적이지 않은 것을 중심 주제로 한다.
5) 일상적인 언어 능력을 표현하고 상이한 등장인물들의 사용을 따르기 때문에 작품에서 이용되는 문체는 다양한 기록들과 언어의 수준을 내포하고, 이것들은 복합적인 것이고, 다른 것들에게 상호 영향을 미치고 발전한다.
6) 작품들은 사람들과 그의 경제적이고 사회적인 환경 사이에서 간접적인 한 관계를 나타내고, 역사는 등장인물들을 한 시대, 한 사회계층, 한 직무 등에 대한 증인으로 나타낸다.
7) 작가는 그의 사회에 영향을 주는 해악들을 분석하고, 재현하고, 알린다.
8) 가능한 가장 진실성 있고 객관적인 형태의 생각들을 전달한다.

이러한 문학 경향에 속하는 스페인의 가장 저명한 작가들과 작품으로는 페드로 안토니오 데 알라르콘(Pedro Antonio de Alarcón)의 『*El Sombrero de tres picos*』, 호세 마리아 페레다(José María Pereda)의 『*peñas arriba*』, 후안 발레라(Juan Valera)의 『*Pepita Jeménez*』, 그리고 베니토 페레스 갈도스(Benito Pérez Galdós)의 『*Episodios Nacionales*』와 『*Fortunata y Jacinta*』 등이다.

Rebelión de los personajes, La (레벨리온 델 로스 페르소나헤스, 라) 세실리오 베니테스 데 카스트로(Cecilio Benítez de Castro)가 1940년 출간한 소설이다. 이 소설은 문학을 통해 문학을 다루었으며 전후 사회문제에 대하여 회피주의적이라는 평가를 받는다.

Rebolledo, Bernardino de (베르나르디노 데 레보예도) (1597~1676) 레온(León)에서

태어난 작가로 터키군에 맞서 30년 전쟁에 참전한 군인이기도 하다. 1647년에는 스페인 대사로 덴마크에 파견되었고 그곳에서 『*Selva militar y política*』(1652)를 비롯해 많은 글들을 썼다. 공고라풍의 시가 주류를 이루던 시기에 공고라풍을 따르지 않고 아주 예외적인 시들을 썼다.

Reche Cala, Juan Carlos (후안 카를로스 리체 칼라) (1976～) 코르도바(Córdoba)에서 태어난 시인이다. 시집 『*La cítara de plástico*』의 출간 즉시 가장 촉망받는 젊은 시인으로 주목받았다. 이해하기 쉬운 구어체를 사용해 그의 청년기, 사회적 의식 등을 표현했다.

Redondilla* (레돈디야) 4행시의 일종으로, 네 번째 행과 첫 번째 행 그리고 두 번째 행과 세 번째 행의 운을 맞추는 기교에서 8음절 이하의 4개의 행을 가진 시이다(ABBA). 8음절 이하의 사용에 의해 구분되어지는 11음절 4행시와 같이 동일한 배치를 가진다. 동음 운은 대부분 일정하지만, 유음 운의 사례들을 접하기도 한다. 중세와 대중적이었던 궁중 문학 이후의 모든 작품을 쓰는데 있어서 많이 이용된 작시법 중 하나인데, 스페인어의 시들과, 간단한 민요들 그리고 시가들의 구조를 위해 사용되었기 때문이다. 후에 일련의 4행시들을 개척한 많은 작가들이 있었는데, 디에고 우르타도 데 멘도사(Diego Hurtado de Mendoza), 에레라(Herrera), 케베도(Quevedo) 등이 대표적이다. 특히 17세기 초 로페 데 베가(Lope de Vega)에 의해 주도되던 국민연극에서는 사랑을 표현할 때 이상적인 대사의 형태로 4행시의 일종인 이 레돈디야가 애용되기도 하였다. 낭만주의자과 모더니즘주의자 그리고 포스트모더니즘주의자들은 서민풍의 구조에서 4행시를 계속 사용했었다. 게다가 호세 소리야(José Zorrilla), 후안 에우헤니오 아르센부스치(Juan Eugenio Hartzenbusch)와 마누엘 베르톤 데 로스 에레로스(Manuel Bretón de los Herreros)의 극작품의 시가에서 다양한 구절들을 합치시켰다.

Regás, Rosa (로사 레가스) (1933～) 바르셀로나(Barcelona) 태생. 스페인 소설가, 수필가, 편집자이며 문화 촉진자이다. 스페인 현대 문학작품에서의 자리 확립은 60세가 넘어서야 가능했고 1994년 작품 『*Azul*』(1994)에 의해 명성 있는 나달 문학상(Premio Nadal)을 받았다. 또 작품 『*La canción de Dorotea*』(2001)에 의해 소설 분야에서 플라네타상(Premio Planeta)을 받아 2001년 소설적 재능을 다시 알렸다. 대표작으로 『*Viaje a la luz del Cham: Damasco, el Cham, un pedazo de tierra en el paraíso*』(1996), 『*Pobre corazón*』(1996) 등이 있다.

Regeneracionismo (중흥운동, 국력회복운동) 종교의 틀에서 벗어난 19세기 지식인들은 무기력감과 낡은 인습을 타파하고 스페인을 명실상부한 유럽 근대국가로 올려놓기 위해서 이른바 국력회복운동을 벌인다. 군인정신, 정복, 전투적 가치관, 시가도 정신에 기반을 두고 있는 귀족, 봉건사회 가치관을 무너뜨리고 교육, 기술, 도로망 발전 등 실용적이고 물질적인 해결책을 제시하고자 노력했다. 그중에서도 교육을 국력회복을 위해 가장 힘써야 할 부분이라고 여겼다. 그 뿌리는 실증주의에 두고 있으면서도 지향점은 언제나 도덕적, 이념적이었다.

Reguera Valdelomar, Juan de la (후안 데 라 레게라 발데로마르) 19세기의 스페인 변호사이면서 작가이다. 태생에 대한 정보는 알려져 있지 않다. 대표작으로 『*Arancel que deben observar por ahora los ministros subalternos de la Chancillería de Granada*』(1795), 『*Planes que manifiestan el número de pleitos, causas… despachados por las Salas de Hijosdalgos de la Chancillería de Granada*』(1795) 등이 있다.

Reina y Montilla, Manuel (마누엘 레이나 이 몬티야) (1856~1905) 코르도바(Córdoba)에서 태어난 정치인이자 작가이다. 누녜스 데 아르세(Núñez de Arce)의 영향을 많이 받았다. 문화와 실존에 관련된 주제로 후기 낭만주의풍의 시를 썼다. 저서로는 『*Andantes y Allegros*』(1877), 『*La vida inquieta*』(1894), 『*Poemas paganos*』(1896) 등이 있다.

Reinosa, Rodrigo de (로드리고 데 레이노사) (1450~1520) 중세 스페인 시인이다. 이 시인의 생애에 대해 알려진 바는 거의 없고 작품을 통해 추측할 뿐이다. 사랑, 풍자, 풍속, 종교 등 다양한 주제에 대해 시를 썼다. 목자, 포로, 불량배들의 특징적인 언어들을 시에 활용하였다. 작품으로는 『*Coplas de las comadres*』, 『*Coplas del huevo*』 등이 있다.

Reinoso, Félix José (펠릭스 호세 레이노소) (1772~1841) 세비야(Sevilla) 태생. 스페인 작가이다. 세비야 대학(La Universidad de Sevilla)에서 성직자 수업을 들었다. 세비야 신고전주의 인문학회 창설자 중 한 명이다. 1801년 산타 크루즈(Santa Cruz)의 사제관이 되어서 1804년 『*La inocencia perdida*』라는 시를 발표했다. 대표작으로는 『*Última palabra del Político Moruno*』(1820), 『*Don F. J. Reinoso al Anti –Persiano*』(1820), 『*Modelo de Ordenanzas municipales del pueblo*』(1821) 등이 있다.

R

Rejón de Silva, Diego Antonio (디에고 안토니오 레혼 데 실바) (1754~1796) 무르시아(Murcia)에서 태어났으며 스페인 화가이자 작가이다. 아버지는 디에고 벤투라 레혼 이 루카스(Diego Ventura Rejón y Lucas)이며 무르시아 귀족 자손이다. 또 피카레스크 소설인 『*Aventuras de Juan Luis*』, 『*Historia divertida que puede ser útil*』(1781)의 작가이다. 3개의 노래에 『*La Pintura*』라는 교육적인 시를 썼고, 레오나르도 다빈치와 레온 바티스타 알베르티의 그림을 다룬 내용을 번역했다. 또 스페인 작가들이 언급한 말을 서류로 남긴 『*Diccionario de las nobles artes*』(1788)를 출간했다.

Remedios curativos (치유의 음악) 에두아르도 파니아구아(Eduardo Paniagua)의 무시카 안티구아(Música Antigua) 그룹의 칸티가 작품이다. 작품집 중 가장 독특한 것으로 영혼의 치유와 회복에 관한 내용을 담고 있다. 음악이 정서적 안정과 치유에 영향을 미친다는 것을 고려하였으며 사람들에게 가장 친숙한 민요 선율을 도입하였다.

Remón, Fray Alonso (프라이 알론소 레몬) 쿠엔카(Cuenca) 출생의 작가(1565~1635)이다. 200여 작품을 썼다고 전해지지만 현재 남아 있는 작품은 7편뿐이다. 연대기, 희극을 주로 썼고 대표작으로 『*La espada sagrada y arte para los nuevos predicadores*』(1616), 『*Vida del caballero de Gracia*』(1620) 등이 있다.

Renacimiento* (르네상스) 문예부흥을 의미하는 르네상스는 일반적으로 유럽의 15세기 중반에서 16세기 후반부까지의 역사적 시기를 일컫는다고 할 수 있다. 이 시기의 문예와 학술은 옛 고대 시대에서 영감을 받은 강한 인문주의적 성격을 특징으로 하고 있다. 즉, 르네상스 시대의 사람들은 세상의 모든 사물들의 중심에 인간인 자기 자신이 위치해있다고 여겼던 것이다. 르네상스의 개념은 근대(Edad Moderna)의 시작을 알리는 예술의 시기에 온전히 적용될 수 있다. 르네상스라는 용어는 이탈리아의 유명한 조각가이자 화가이자 건축가였던 조르조 바사리(Giorgio Vasari)가 1570년에 세상에 내놓은 작품에서부터 유래되었다. 사실 당시 조르조가 생각해낸 개념은 19세기까지만 해도 광범위한 역사적·예술적 해석을 담아내는 것으로 여겨지지는 않았지만, 예술가의 정신적 태도에 있어서 당시로써는 매우 파격적이고 신선한 현상이었다고 할 수 있는, 고대예술로부터 비롯된 지극히 개인주의적인 개념과 사상을 형성하였다는 것만은 분명한 사실이었다. 실제로 르네상스는 의식적으로 이전 시기인 중세의 예술적 전통과의 단절을 시도하였다. 르네상스는 중세의 문예를 야만족들 또는 고트족의 것이라며 경멸하였고, 동시대의 북부유럽의 예술도 배격하였다. 유럽 예술의 전반적인 전개라는 시각으로 조망하여 볼 때, 르네상스는 당시까지만 해도 초국가적이라고 할 수 있었던 일률적인 스타일과의 단절을 의미하는 것이었는데, 이러한 르네상스는 시기적으로 다른 양상의 발전 단계를 나타낸다. 첫 번째는 15세기 전체에 해당되는 시기로, 주로 이탈리아에서 전개되었던 초기의 르네상스가 이에 해당한다. 두 번째 단계는 16세기 초기인 1500년에서 1525년경 사이에 본격적으로 전개되었던 후기 르네상스(Alto Renacimiento)를 의미하는데, 대략 이 단계는 1520~1530년경까지 이어졌다. 이 시기에는 매너리즘(Manierismo)으로 인한 반(反)고전주의적 성향이 엿보이던 시기였다. 이와 같이 이탈리아에서 르네상스가 전개되는 동안 그 나머지 유럽에서는 고딕양식이 전개되었으며, 특정 몇몇 분야를 제외하면 나머지 유럽에서는 16세기 초반이 지나서야 본격적으로 르네상스가 전개되었다. 이상과 같은 르네상스의 일반적인 특징은 대략 다음과 같은 세 가지로 나누어 볼 수 있다. 첫째, 고대 시대와의 밀접성이다. 르네상스에서는 고대 그리스·로마의 문예적 성향과 전통이 집중적으로 재조명받았으며, 따라서 르네상스 문학과 예술에서는 고대 시대의 신화와 전설이 자주 인용된다. 둘째, 자연(Natualeza)에 대한 예찬이다. 르네상스는 다분히 이상주의적 시각을 통해서 자연이 갖는 자연스러운 아름다움에 많은 관심을 기울였다. 마지막으로, 르네상스는 기존의 중세적 가치관으로부터 벗어나서 세상의 중심을 인간과 개인으로 여겼다.

Reprensión contra los poetas españoles que escriben en verso italiano (이탈리아 시행으로 시를 쓰는 스페인 시인들에 대한 비난) 크리스토발 데 카스티예호(Cristóbal de Castillejo)의 저작이다. 전통주의 문학을 옹호하며 이탈리아화된 시, 가르실라소풍의 시를 쓰는 스페인 시인들을 비난하는 내용이 담겨있다. 카스티예호는 이러한 시들을 이단적이고 종교재판소의 화형감이라고까지 비난했다.

Retana y Ramírez de Arellano, Álvaro (알바로 레타나 이 라미레스 데 아레야노) (1890~1970) 필리피나스(Filipinas) 태생의 작가, 화가, 음악가이다. 15세 때부터 뛰어난 글쓰기로 이름을 알리기 시작했다. 작가 외에도 다양한 활동을 하면서 100편 이상의 소설을 남길 정도로 활발하게 글을 썼다. 대표작으로는 마드리드와 바르셀로나의 최하류층의 삶을 담은 『*Carne de tablado*』(1918), 『*El crepúsculo de las diosas*』(1919)가 꼽힌다.

Retrato de Dora Maar (도라 마르의 초상) 1937년 캔버스에 유채로 그린 92×65cm 크기의 파블로 피카소의 작품이다. 도라 마르는 파블로 피카소가 마리테레즈 발테르와 연인 관계일 때인 1936년 만난 사진사로, 피카소는 도라 마르를 만난 1936년부터 1939년까지 그녀의 초상화를 많이 그렸다. 이 「*Retrato de Dora Maar*」(1937)도 그때 그린 작품 중 하나다. 작품에서는 검은 옷을 입고 의자에 앉아 오른손으로 얼굴을 받치고 있으며, 빨간 매니큐어가 칠해진 손을 통해 도도함과 지적인 면이 강조되고 있다.

Retratos de Marie Thérése Walter (마리 테레즈 발테르의 초상) 1937년 캔버스에 유채로 그린 100×81cm 크기의 파블로 피카소의 작품이다. 피카소의 연인인 마리 테레즈 발테르(Marie-Thérèse Walter, 1909~1977)를 그린 작품으로 부드러운 곡선과 밝고 가벼운 색감으로 표현된 마리 테레즈는 온화한 미소를 띠고 있다. 현재 파리 피카소 미술관 소장에 소장되어 있다.

Reverte, Javier (하비에르 레베르테) (1944~) 마드리드(Madrid) 태생. 스페인 작가이다. 아프리카에 대한 열정으로 긴 여행을 두 번이나 떠난 적이 있고, 그에 대한 내용은 작품 『*El sueño de África*』(1996)와 『*Vagabundo en África*』(1998)에서 확인할 수 있다. 중미 또한 작품의 모델로 삼아 『*Los dioses bajo la lluvia*』(1986)와 『*El aroma del copal*』(1986) 등의 작품을 냈다.

Revilla y Moreno, Manuel de la (마누엘 데 라 레비야 이 모레노) (1846~1881) 마드리드 태생의 작가이자 정치인이다. 크라우제주의, 칸트에 관심이 많았고 데카르트의 저서를 번역했다. 캄포아모르(Ramón de Campoamor)풍의 시를 썼다. 저서로는 『*Dudas y tristezas: poesías*』(1875), 『*La filosofía española*』(1876) 등이 있다.

Revista de Occidente (레비스타 데 옥시덴테, 서유럽 평론) 호세 오르테가 이 가세트에 의해 지어진 것으로 스페인 과학과 문화에 대해 다룬 것이다. 유럽뿐 아니라 라틴아메리카에서도 유포되었다.

Rey de Artieda, Andrés (안드레스 레이 데 아르티에다) (1549~1613) 군인, 극작가로 발렌시아(Valencia) 출신이다. 법학을 공부했고, 펠리페 2세와 3세 군대에서 복무했다. 베르나르도 카탈라 데 발레리올라가 세운 야간학회(Academia de los Nocturnos)의 회원이었다. 작품으로 4막으로 된 비극 『*Los Amantes*』, 『*Los encantos de Merlín*』 등이 있다.

Rey Moliné, Antonio (안토니오 레이 몰리네) (?~1936) 마드리드 출신으로 마드리드 보헤미아 문학을 대표하는 작가이다. 바예 잉클란(Valle-Inclán)의 『*Luces de Bohemia*』에 등장하는 인물인 도리오 데 가데스(Dorio de Gades)라는 이름으로 책에 서명했다. 저서로는 『*Tregua*』(1908), 『*Princesa de fábula*』(1910) 등이 있다.

Rey Soto, Antonio (안토니오 레이 소토) (1879~1966) 스페인 작가이며 오렌세(Orense) 지방의 산타 크루즈(Santa Cruz) 태생이다. 산티아고에 있는 대학과 중앙대학교(Universidad de Santiago en la Central)에서 법학과 철학 그리고 문학을 공부하였다. 시에 대한 애정은 <Orense La Nueva Época> 일간지에 첫 작품집을 내게 하였다. 대표작으로 『*Falenas*』(1905), 『*Nido de áspides*』(1911), 『*Campos de guerra*』(1916) 등이 있다.

Reyes Aguilar, Arturo (아르투로 레예스 아길라르) (1864~1913) 말라가(Málaga)에서 태어난 작가이다. 안달루시아를 배경으로 하는 풍속주의적 소설들을 썼다. 『*Cosas de mi tierra*』(1893), 『*La Galetera*』(1900) 등을 썼다.

Reyes Huertas, Antonio (안토니오 레예스 우에르타스) (1887~1952) 바다호스(Badajoz) 태생의 작가이다. 『*Lo que está en el corazón*』(1918)과 같이 풍속주의적 소설과 『*Tristezas*』(1908)에 실린 작품들에서 볼 수 있는 것처럼 모더니즘 경향의 시들을 썼다.

Rial, José Antonio (호세 안토니오 리알) (1911~2009) 카디스(Cádiz)의 산 페르난도(San Fernando) 태생. 스페인 작가이면서 기자이다. 후에 항해술을 배우기 위해 그만두었지만 숙련된 상업인이 되기 위해 공부를 시작하였다. 내란이 있었을 동안 공화당 좌파 군부대에 속해 있었으며 산타 크루즈(Santa Cruz)의 초현실주의 운동에 참여했다. 대표작으로 『*Venezuela Imán*』(1954), 『*Reverón*』(1954), 『*Jezabel*』(1965) 등이 있다.

Riaza, Luis (루이스 리아사) (1925~) 스페인 극작가로 마드리드 출신이다. 작품으로는 패러디와 비판적인 내용을 담은 『*El caballo dentro de la muralla*』(1962), 『*Los muñecos*』(1966), 『*Las jaulas*』(1969) 등이 있다.

Riba Bracons, Carles (카를레스 리바 브라콘스) (1893~1959) 고전작품들을 많이 접하였

고, 놀라운 문체상의 역량을 지녔다. 매우 정교하고, 함축적인 시작품은 프랑스의 발레리(Valery)나 호르헤 기옌(Jorge Guillén)의 작품과 같은 조류를 보인다.

Ribadeneyra, Pedro de (페드로 데 리바데네이라) 1526년 톨레도(Toledo) 출생의 스페인 전기 작가, 역사가, 황금시대의 종교 문학가이다. 본래의 이름은 페드로 오르티스 데 시스네로스(Pedro Ortiz de Cisneros)이지만 성인이 된 후에는 조부의 성을 사용하여 페드로 데 리바데네이라로 명명되었다. 산 이그나시오 데 로욜라(San Ignacio de Loyola)의 대표적인 제자 중 한 명으로 알려져 있다. 스페인 무적함대의 패배를 그린 『*Tratado de la Tribulación*』(1589)은 대표작으로 세네카 철학의 영향을 많이 받은 작품이다.

Ribera, Anastasio Pantaleón de (아나스타시오 판탈레온 데 리베라) (1600~1629) 마드리드(Madrid) 태생. 살라망카(Salamanca)와 알칼라(Alcalá)에서 법 공부를 했으나, 그 분야에서 일한 바 없다. 메디나시도니아(Medinasidonia) 공작의 비서이면서 세아(Cea) 공작과 벨라다(Velada) 후작의 총애를 받았다. 방탕하고 모험적은 인생을 살았으며 대표작으로 『*Origen de los Machucas*』, 『*El blasón de los Machucas*』가 있으나 현존하지 않는다. 그의 작품은 1634년 마드리드(Madrid)에서 다시 편집되었다.

Ribera, Suero de (수에로 데 리베라) (15세기) 작가의 생애에 대한 정보가 많지 않다. 시 작품 중 몇 가지는 귀족작품으로 알려져 있다. 더 많은 작품은 『*Cancionero de Palacio, de Baena*』, 『*Cancionero de Estúñiga*』에서 발견할 수 있으며, 그중 『*Misa de amores*』가 가장 잘 알려져 있다.

Ribero y Larrea, Bernardo Alonso (베르나르도 알론소 리베로 이 라레아) 18세기 스페인 작가이다. 『*Quijote de la Cantabria*』의 저자로 알려져 있다. 이 소설은 세르반테스의 『*Don Quijote*』를 뿌리로 하며 반귀족적 사상을 담고 있다. ➡ Don Quijote(돈키호테)

Ribó, Ignacio (이그나시오 리보) 1971년 바르셀로나에서 출생한 스페인 소설가이다. 카탈루냐어(catalán), 카스티야어(castellano)를 모두 사용하여 문학활동을 하였다. 대표적인 저서로는 『*La ley de la gravedad*』(2002)가 있는데, 현대사회의 물질만능주의를 비판한 작품이다.

Rico Verea, Manuel (마누엘 리코 베레아) (1948~) 라 코루냐(La Coruña)의 보이모르토(Boimorto) 태생. 갈리시아(Galicia)어와 카스티야어(Castellano)로 작품을 낸 작가이면서 민속학자이다. 교육에 종사하면서 학교수업 자료 편집과 라디오와 보도 기관에서 갈리시아(Galicia) 전통문화 융합에 참여하였다. 대표작으로 『*Cancioneiro popular das Terras do Tamarela*』(1989)가 있다.

Rico y Amat, Juan (후안 리코 이 아마트) (1821~1870) 알리칸테(Alicante)의 엘다(Elda) 태생. 스페인 기자이다. 마드리드(Madrid)에서 법학을 전공하였고 기자로 활동하였다. 일간지 <La farsa>와 <Don Quijote>를 창설하였으며, <El Semanario pintoresco español>, <La ilustración española> 등의 신문사에서 협력하였다. 대표작으로 『*entre los mismos*』(1855), 『*Historia política y parlamentaria de España*』(1860) 등이 있다.

Rico-Godoy, Carmen (카르멘 리코 고도이) (1939~2001) 프랑스 파리 태생. 스페인 기자이면서 작가이다. 저명한 호세피나 카라비아스(Josefina Carabias)의 딸이다. 어머니와 함께 유년시절을 파리에서 보냈고 내전 이후에 추방당하였다. 1944년 마드리드(Madrid)로 귀국해 공부를 시작했다. 대표작으로 『*Los alemanes en Francia*』, 『*vistos por una española*』(1989), 『*Como ser mujer y no morir en el intento*』(1990), 『*Como ser infeliz y disfrutarlo*』 등

이 있다.

Ridruejo, Dionisio (디오니시오 리드루에호) 1921년 소리아(Soria)에서 태어난 스페인 시인이자 수필가(1921~1975)이다. 방대하고 많은 서정 문학을 집필하였으며, 가르실라시스모(Garcilasismo)의 대표적인 인물이다. 간행물 <El Escorial>을 출판하였으며 36세대(Generación del 36) 후기 문학가에 속한다. 형식을 중요시 하고 전통적인 작시법으로 문학활동을 하였으며, 정치적으로도 큰 관심을 가지고 프랑코 정권에 반대하였다.

Rima (각운) 시구의 끝 부분이 동일하게 혹은 부분적으로 반복되어 알아차릴 수 있는 리듬으로, 행이 나눠지지 않은 시행에서 나타나는 동음현상이다.

Río Sainz, José del (호세 델 리오 사인스) (1884~1964) 산탄데르(Santander) 태생. 스페인 시인이다. 젊은 시절에 상선 선원이었고 이후 기자로 활동하였다. 일간지 <La Voz de Cantabria>의 창설자이고 포스트모더니즘 운동을 창설하며 시작품을 썼다. 대표작으로 『*Versos del mar y de los viajes*』(1912), 『*Versos del mar y otros poemas*』(1925)와 『*Estampas de la mala vida*』(1923) 등이 있다.

R

Rioja, Francisco de (프란시스코 데 리오하) (1583~1659) 세비야 출신의 시인이다. 법학을 공부했고, 카스티야 왕국의 연대기 작가직과 종교재판소의 고문역을 지냈다. 에레라(Herrera) 시의 영향을 많이 받았고, 조화로운 시작법이 특징이다. 『*Al jazmín*』, 『*Al clavel*』, 『*A la riqueza*』 등의 시를 남겼다.

Ríos Fernández, Julián (훌리안 리오스 페르난데스) (1941~) 폰테베드라(Pontevedra)의 비고(Vigo) 태생. 스페인 소설가이며 수필가이다. 젊은 시절에 일찍부터 인간주의와 예술적 교육으로 전향하였다. 80년대에 소설 『*Larva*』(1983)을 내면서 문학세계에 접어들었다. 대표작으로 『*Retrato de Antonio Saura*』(1991), 『*Las tentaciones de Antonio Saura*』(1991), 『*La vida sexual de las palabras*』(1991) 등이 있다.

Ríos y Nostench, Blanca de los(**Doña Blanca de los Ríos**) (블랑카 데 로스 리오스 이 노스텐치) (1862~1956) 황금세기의 연극에 대한 연구에 집착하였는데, 그중에서도 특히 티르소(Tirso)를 스페인 국민연극의 최대 인물로 평가하는 등 그에 대한 정열적인 재평가 작업을 전개하였다. ➡ Tirso de Molina(티르소 데 몰리나)

Robert, Roberto (로베르토 로베르트) (1830~1873) 바르셀로나(Barcelona) 태생. 스페인 소설가, 기자이면서 정치가이다. 짧은 생을 살았지만 문학가와 기자로서 방대한 활동을 하였다. 또한 카스티야어(Castellano)로 작품을 내면서 19세기 풍자적 작가 중 한 명으로 꼽힌다. 대표작으로 『*El último enamorado*』(1857), 『*Los cachivaches de antaño*』(1869), 『*Los tiempos de Maricastaña*』(1870) 등이 있다.

Robles Soler, Antonio (안토니오 로블레스 솔레르) 1895년 마드리드(Madrid)에서 출생한 스페인 작가(1895~1983)이다. 주로 안토니오 로블레스(Antonio Rrobles)라고 더 알려져 있으며 스페인의 현대 아동문학의 선구자이다. 1918년 마드리드의 일간지인 <La Tribuna>의 사설작가로 데뷔하여 활동하다가 1930년에 이르러 본격적으로 아동문학에 전념한다. 독창적인 상상력이 특징이며, 대표작으로는 『*Veintiséis cuentos por orden alfabético*』(1930), 『*8 Cuentos de las cosas de Navidad*』(1931), 『*Cuentos de los juguetes vivos*』(1932) 등이 있다. 스페인 내전 후에는 멕시코로 넘어가 1972년까지 멕시코 내에서 문학활동을 하였다.

Robrenyo, Josep (조셉 로브레뇨) (1780~1838) 바르셀로나(Barcelona) 태생. 스페인 작

가이다. 1811년부터 1820년까지 익살꾼 역할의 전문적인 배우로 활동했다. 헌법적인 원인의 덕으로 선전적인 의도와 정치적 내용을 담은 작품으로 극작가로서 이름을 알렸다. 대표작으로 『*L'hermano Bunyol*』, 『*Numància de Catalunya*』 등이 있다.

Roca de Togores, Mariano (마리아노 로카 데 토고레스) (1812~1889) 알바세테(Albacete) 태생으로 스페인의 정치가이자 작가이다. 온건파에 속해 1847년 포멘토(Fomento)의 장관으로 있었다. 또한 1865년 스페인 왕립학회(Real Academia Española)의 지휘관으로 있었으며 대표작품으로 『*El duque de Alba*』(1831), 『*Doña María de Molina*』(1837), 『*La espada de un caballero*』(1846) 등이 있다.

Rococó (로코코) 18세기 프랑스에서 생겨난 예술형식이다. 어원은 프랑스어 'rocaille(조개무늬 장식, 자갈)'에서 왔다. 로코코는 바로크 시대의 호방한 취향을 이어받아 경박함 속에 표현되는 화려한 색채와 섬세한 장식, 건축의 유행을 말한다. 직선을 싫어하고 휘어지거나 굽어진, 정교한 장식을 애호하는 점에서는 바로크와 공통적이나 바로크에 비해 로코코는 오히려 우아하고 곡선, 비상징적인 장식, 이국적인 풍취, 특히 중국 풍취가 두드러진다.

R

Rodoreda, Mercé (메르세 로도레다) (1910~) 가장 중요한 카탈루냐어(catalán) 소설가 중 한 명이다. 14살 연상의 친척과 결혼하였지만, 결혼 생활은 불행하였다. 불행한 결혼생활의 탈출구로써 소설을 쓰고 잡지에 기고하기 시작했다. 1962년에 대표작 『*La plaza del Diamant*』를 발표하였다. 이 작품은 역사 속에 선 한 여인의 인생을 시적으로 기술한 것으로, 30개 이상의 언어로 번역되었다.

Rodríguez Almodóvar, Antonio (안토니오 로드리게스 알모도바르) (1941~) 세비야(Sevilla)의 알칼라 데 구아다이라(Alcalá de Guadaira) 태생. 스페인 작가이다. 2005년 어린이와 청년 국내문학상(Premio Nacional de Literatura Infantil y Juvenil)을 수상한 바 있다. 또한 1973년 현대문학 박사학위를 받았고 세비야 대학교(La Universidad de Sevilla)와 카디스 대학교(El Colegio Universitario de Cádiz)에서 교육에 종사하였다. 『*Variaciones para un saxo*』(1986), 『*Un lugar parecido al Paraíso*』와 『*La princesa del lunar*』(1998) 등이 대표작이다.

Rodríguez Buded, Ricardo (리카르도 로드리게스 부뎃) 20세기의 극작가(1928~)로 일상생활을 다루는 작가이다. 작품은 사실주의와 허구 중간에 있으며 대표적인 두 작품으로는 『*En la madriguera*』(1959)와 『*Un hombre duerme*』(1960)가 있다. 『*En la madriguera*』는 여러 가정을 월세 상태로 머물게 하는 사회적 상황이 참을 수 없음을 생각하게 해주고, 『*Un hombre duerme*』에서는 사회정의가 요구하는 바, 즉 인간의 최소 권리인 존엄한 가정의 구성을 이행하지 않는 것을 고발한다.

Rodríguez Castelao, Alfonso Daniel (알폰소 다니엘 로드리게스 카스텔라오) (1886~1950) 로살리아 데 카스트로(Rosalía de Castro)와 함께 갈리시아(Galicia) 문학의 최고봉으로 꼽힌다. 작가이면서 화가로 빈곤한 갈리시아 사람들의 생활과 현실을 훌륭하게 화폭에 담기도 했다. 그림들과 문학작품들은 서로 영향을 주고받았으며, 그림들은 그의 문학작품에 불가결한 보조 역할을 하였다.

Rodríguez Chicharro, César (세사르 로드리게스 치차로) 1930년 마드리드에서 태어난 스페인 시인, 대학교수이다. 스페인 내전이 발발한 후 멕시코로 떠났으며 그곳에서 1984년에 생을 마감한다. <La palabra y el hombre>라는 잡지를 발간하기도 하며 멕시코, 베네수엘라, 미국 등지를 돌며 교수직을 역임하기도 한다. 대표적인 시문집으로는 『*Con una mano en el ancla*』(1952), 『*Eternidad es barro*』(1954), 『*Aventura del miedo*』(1962), 『*La huella de tu nombre*』(1963) 등이 있다.

Rodríguez de Arellano y el Arco, Vicente (비센테 로드리게스 데 아레야노 이 엘 아르코) (1750~1806) 나바라(Navarra) 태생의 스페인 작가이다. 생애에 대한 방대한 자료는 존재하지 않는다. 그러나 대략적으로 1750년에 태어나 1806년에 생을 마감했다고 알려져 있다. 극작품을 썼는데, 우리에게 알려진 것으로 『*El atolondrado*』(1778), 『*Navarra festiva en la proclamación de Carlos IV*』(1779)이 있고, 마드리드(Madrid)에 거주하면서 『*A padre malo buen hijo*』(1791), 『*Las tres sultanas o Solimán II*』(1793) 등의 작품을 냈다.

Rodríguez de la Cámara, Juan (후안 로드리게스 데 라 카마라) (1390~1450) 스페인 작가이다. 대략적으로 1390년에 엘 파드론(El Padrón)에서 태어났다. 후안 로드리게스 델 파드론(Juan Rodríguez del Padrón)이란 이름으로 알려져 있다. 소설가, 시인으로 후안 II세 궁정의 신하로 일했었다. 대표작으로 『*El siervo libre de amor*』, 『*Historia de los dos amadores Ardanlier y Liesa*』 등이 있으며, 『*el Cancionero de Baena*』, 『*el Cancionero General*』에서 그의 많은 작품을 볼 수 있다.

R

Rodríguez de Lista y Aragón, Alberto (알베르토 로드리게스 데 리스타 이 아라곤) (1775~1848) 세비야 출신의 작가 및 교육가이다. 15세의 나이로 교사 일을 시작했고, 20세에 세비야 대학의 웅변술 및 시학 교수가 되었다. 독립전쟁이 끝나고 1813년 추방되었다가 1817년 돌아왔다. 스페인으로 돌아온 후, 문학비평을 시작했다. 작품들의 특징은 신고전주의와 낭만주의 요소를 동시에 가진다는 것이다. 주요저서로는 『*Ensayos literarios y críticos*』, 『*Lecciones de literatura dramática española explicadas en el Ateneo Científico, Literario y Artístico*』가 있다.

Rodríguez del Padrón, Juan (후안 로드리게스 델 파드론) (1390~1450) 스페인 갈리시아 출신의 작가이다. 이달고 집안에서 태어났고 1441년 예루살렘에서 산 프란시스코 수도회의 수사가 되었다. 스페인에 돌아와서는 고향과 가까운 산 안토니오 데 에르본(San Antonio de Herbón) 수도원에서 지냈다. 대표작으로는 감성적인 소설 『*Siervo libre de amor*』, 도덕적 논문 「*Cadira de Honor*」이 있다.

Rodríguez Fer, Claudio (클라우디오 로드리게스 페르) 1956년 루고(Lugo)에서 태어난 스페인 갈리시아 출신 시인이다. 어문학 교수로 시문집인 『*Poemas de amor sen morte*』(1979), 『*Tigres de ternura*』(1981)가 유명하다. 또한 갈리시아 작품 수집가로 안셀 폴레(Ánxel Fole)와 호세 앙헬 발렌테(José Ángel Valente) 등의 갈리시아 작가의 작품들을 출판하였다.

Rodríguez Méndez, José María (호세 마리아 로드리게스 멘데스) (1925~2009) 스페인 작가이자 기자이며 1925년 마드리드에서 태어났다. <El Noticiero Universal>이라는 일간지에서 일했고 넓은 범위의 극작품을 썼다. 첫 작품은 『*El milagro del pan y de los peces*』(1953)이다. 수필 또한 썼다.

Rodríguez, Claudio (클라우디오 로드리게스) (1934~1999) 1934년 사모라(Zamora) 출생. 『*Don de ebriedad*』로 Premio de Adonais을 수상하였다. 그의 문체는 집중적이고 억제된 열정으로 이루어져 있으며 여기에 11음절 시구(endecasilabo)의 음악성이 가미되어 있다. 대표작으로 『*Conjuros*』(1958), 『*Alianza y condena*』(1965) 등이 있다.

Rof Carballo, Juan (후안 로프 카르바요) 1905년 루고(Lugo)에서 태어난 스페인 수필가, 의사이다. 주로 심리분석과 문화 인류학에 대한 신문기사들을 많이 쓰면서 다양한 장르의 문학활동을 했다. 대표작품으로는 『*Cerebro interno y sociedad*』(1952)와 『*Medicina y actividad creadora*』(1964)가 있다. 또한 1963년 다른 문학가들과 함께 잡지 <Cuadernos para el diálogo>(1963)를 발간하여 당대 스페인의 정치적, 종교적, 경제적, 문화적 문제를 구체적으로 거론, 비판하였다. 국가 검열의 문제에도 불구하고 그 잡지는 35,000부나 팔리며, 현재까지 민주주의 지성의 대표적인 출판본으로 각인되고 있다.

Rojas Vila, Carlos (카를로스 로하스 빌라) 바르셀로나 출생의 작가이자 대학교수(1928~)이다. 처녀작은 『*De barro y esperanza*』(1957)이고, 『*El asesinato de César*』라는 작품으로 Pemio Planeta를 수상하였다. 또한 『*El mundo mítico y mágico de Pablo Picasso*』라는 작품으로 1984년 Premio Espejo de España를 수상하기도 하였다. 많은 에세이를 쓰기도 했는데, 주요작품으로는 『*Diálogos para otra España*』(1966), 『*Problemas de la nueva novela española*』(1970) 등이 있다.

Rojas Villandrando, Agustín de (아구스틴 데 로하스 비얀드란도) (1572~1618) 마드리드 출신의 극작가이자 배우이다. 군인으로 프랑스, 이탈리아 지역을 전전했고, 살인죄로 고소당해 사원으로 도피하기도 했다. 극작품들 중 특히 로아(loa) 장르에서 문학적 재능이 돋보인다. 『*El viaje entretenido*』, 『*El natural desdichado*』, 『*El buen repúblico*』 등의 작품이 있다. 가장 후자의 작품은 미신적 내용을 담고 있다는 이유로 종교재판소의 금서 목록에 올랐다.

Rojas, Pedro Soto de (페드로 소토 데 로하스) (1584~1658) 그라나다(Granada) 출신의 과식주의 시인이다. 신학을 전공했으며, 셀바헤 학회(Academia Selvaje)에 속하여 아르디엔테(Ardiente)라는 이름으로 활동했다. 산 살바도르 교회의 참사회원을 지냈다. 신화적 우화인 『*Los rayos de Faetón*』은 공고라적 색채가 가장 강하게 드러나는 작품이다. 이 밖에 『*Desengaño de amor en rimas*』, 『*Paraíso cerrado para muchos, jardines abiertos para pocos con los fragmentos de Adonis*』와 같은 작품들이 있다. ➡ Culteranismo(과식주의)

Roldán, Jose María (호세 마리아 롤단) (1771~1828) 세비야(Sevilla) 태생. 스페인 시인이다. 신학을 전공하였고 인문학 학회(La Academia de Letras Humanas)의 창설자이다. 『*A la Resurrección de Jesucristo*』, 『*A la venida del Espíritu Santo*』와 같은 종교적인 작품집의 작가이다. 대표작으로 『*El hombre vivificador y destructor de la naturaleza*』가 있다.

Román, Diego (디에고 로만) (?~1497) 스페인 작가이다. 생애에 대한 정보가 많이 알려져 있지 않다. 현존하는 작품이 알바 공작(Duque de Alba)과 15세기 저명한 가요집 시인인 안톤 데 몬토로(Antón de Montoro)와 관계가 있다 추론된다 할지라도 가톨릭 왕들의 지휘 아래 있었다. 그 당시 취향인 애정시를 많이 썼고 『*Coplas de la Pasión con la Resurrección*』의 작가이다.

Romance* (로만세) 서사시 혹은 서정시로서, 연으로 나누어져 있지 않고, 홀수 연들이 분리되어 있는 동안 짝수 연들은 유음어들로 운을 맞추는데 한정된 일련의 8음절의 시로 구성되어 있다. 이러한 종결의 기본적인 의미는 15세기부터 스페인어로 고증되어진다. 이러한 의미에서, 4개의 행의 무리로 나눌 수 있고 후렴구와 노래를 사이에 넣을 수 있다. 문체론적 관점으로 봤을 때, 서정시는 서술 로만세와 구별되어야 한다. 초기의 것들로 알려진 로만세들은 15세기로 추정되는데, 메넨데스 피달(Menéndez Pidal)에 의

하면 이미 그 전부터 이에 대해 구전된 전통이 존재하였다. 로만세는 간단한 2행을 구성하기 위해 2개의 반행에서 나뉘어졌을 무훈의 노래에서 유래된 것 같다. 이미 바비에리(Barebieri)의 가요집과 일반 가요집에서 상당한 수의 로만세들이 있었다. 르네상스에서 그들의 주제와 예술적인 형태들이 서사시의 분야에서 기사소설에 나오는 모로인들, 목가적 종교적, 역사적, 풍자적인 주제와 사랑에 관한 주제로 양식화되었다고 확언할 수 있다. 바로크 시기 이러한 작품들이 흥행하였고, 당시 문학계의 주요 저명인사들에 의해 개척되었으며, 동시에 17세기 후반기에 11음절로 구성된 로만세 혹은 영웅 로만세들이 나타나기 시작했고, 그래서 신고전주의의 서사시와 연극들에 의해 선호된 형태로 변환되었다. 이 신고전주의 시대에는 또한 후안 메렌데스 발데스(J. Meléndez Valdés), 후안 파블로 포르네르(J. P. Forner), A 리스타(A. Lista)와 다른 이들에 의해 8음절 로만세가 개척되었다. 낭만주의에서는 계속해서 이러한 형태를 한 많은 작품들이 만들어졌다: 리바스(Rivas) 공작과 호세 소리아(J. Zorrilla)에 의해 수많은 로만세들이 만들어졌다. 그 후에는 안토니오 마차도(Antonio machado)의 『*La tierra de Alvargonzález*』에 수록된 로만세들과 페데리코 가르시아 로르카(Federico García Lorca)의 『*Romancero gitano*』 등이 주목할 만하다.

R

Romancero* (로망스 시가집)　주제나 시대에 있어 동일한 특성을 지닌 서로 다른 저자의 노래나 시들의 모음집이다. 출판의 목적은 여러 가지였다. 어떤 경우에는 시를 분류하기 위한 단순한 미학적인 목적이었고, 어떤 경우에는 한 유파 또는 시대 창작물들의 표본을 제공하기 위해서였다. 이는 동일한 하나의 장르에 속하는 작품들을 편집하려는 의도였다. 로망스 시가집은 르네상스 중반까지 이어진 중세 시의 모음집일 수도 있다. 로망스 시가집의 노래들 또는 시들은 사랑에 대한 주제부터 풍자나 도덕적 자성(自省)까지 사회의 모든 면을 다룬다. 거의 2세기에 걸쳐 카스티야 지방의 모든 시는 갈리시아-포르투갈 언어로 지어졌는데, 로망스 시가집의 시들이 카스티야어로 쓰이기 시작했던 14세기 중반 이후까지도 그랬다. 새로운 정치적이고 사회적 조건들의 결과로 카스티야어로 쓰였고, 갈리시아 서정시에 맞선 카스티야 서정시의 승리를 보여준다. 로망스 시가집 안에는 시학, 이탈리아학파들의 영향, 그리고 고전적 인문주의가 공존한다. 그 결과 예술과 완벽하고 이상적인 소수를 위한 대단히 다듬어진 시들도 쓰였다. 현재 약 700여 명의 저자들의 이름이 기록되어 있다. 소재들의 밀도와 복잡성은 분류와 후대의 연구를 어렵게 한다. 로망스 시가집은 두 종의 시로 분류할 수 있는데, 서정적 노래들은 단순하고 짧으며 사랑을 주제로 하며 노래를 위해 만들어진다. 그리고 설교, 이야기 또는 풍자적 가르침의 성격을 띠는 경구들은 더 길고 독서 또는 낭송을 위해서다. 스페인 문학의 중추적인 로망스 시가집들 중에서 대표적인 작품으로는 『*Cancionero de Ajuda*』, 『*Cancionero de Baena*』, 『*Cancionero de Collocci－Brancuti*』, 『*Cancionero de Palacio*』, 『*Cancionero de Stúñiga*』, 『*Cancionero general*』 등이 있다.

Romancero Gitano (집시 로만세집)　1928년 출간된 스페인 시인 페데리코 가르시아 로르카의 시집. 밤, 죽음, 하늘, 달을 주제로 하는 18개의 로만세들로 구성되어 있다. 메타포와 신화적인 방법으로 안달루시아와 집시라는 모티프를 형상화한다. 이 시집은 사회의 구석진 곳에서 권위에 쫓기는 삶을 사는 사람들의 고통을 반영한다. 시인은 이 시집에 대해 특정한 상황을 다루려는 것이 아닌 두 반목하는 힘의 끊임없는 충돌에 대해 묘사한 것이라고 밝혔다. ➡ Federico García Lorca(페데리코 가르시아 로르카)

Romances de Bernardo del Carpio (베르나르도 델 카르피오의 로만세) 스페인 중세 서사시이다. 주인공인 베르나르도 델 카르피오는 중세 아스투리아스 왕국의 전설적인 영웅으로 카스티야의 엘 시드와 같은 인물이라고 할 수 있다. 엘시드와 다르게 온전하게 전해 내려오지 않아 부분적으로 재구성되었다.

Romanticismo* (낭만주의) 낭만주의는 모든 필수적인 분야에서 정신의 비이성적인 힘들과 공상, 상상을 옹호하는 문예에 있어서 신고전주의에서 확립된 도식들을 파괴한 혁명적인 운동이다. 신고전주의는 아직 일부 작가들에서 존속하였지만, 신고전주의적인 의견들에 익숙해지는 많은 사람들이 리바스 공작(Duque de Rivas) 혹은 호세 데 에스프론세다(José de Espronceda)와 같이 열광적으로 낭만주의로 전환되었다. 게다가 어떤 사람들은 이미 처음부터 낭만주의에 대한 확신을 가지고 있었다. 스페인 문학에서는 19세기 전반기에 특히 시를 중심으로 유행하였다. "낭만주의"라는 단어의 기원은 분명하지는 않고, 게다가 이 문예운동의 발전은 나라들에 따라 변했다. 17세기에 이미 영국에서는 "비현실적인"이라는 의미와 함께 출현되었다. 사무엘 페피스(Samuel Pepys, 1633~1703)는 "감동의" 그리고 "사랑의"라는 뜻과 함께 낭만주의를 사용했다. 제임스 보스웰(James Boswell, 1740~1795)은 코르시가(Córcega)의 모습을 묘사하기 위해 사용하였다. 낭만주의자는 "열정적인" 그리고 "감정의"로 표현하기 위해 포괄적인 형용사로써 사용하였다. 그럼에도 불구하고, 독일에서는 "중세의"의 유사어로 요한 고트프리트 헤르더(Johann Gottfried Herder)에 의해 사용되기 시작하였다. "Romanhaft(소설의)"이란 단어는 더 정서적이고 열정적인 함축들과 함께 재사용되었다. 프랑스에서는 장-자크 루소(Jean-Jacques Rousseau)에 의해 "제네바의 호수(Lago de Ginebra)"의 묘사에서 사용되었다. 1798년 프랑스 한림원의 사전은 "romantique'(낭만주의-프랑스어)"의 문예적인 뜻과 일반적인 뜻을 다시 모았다. 스페인에서는 로망스어적인 표현을 하기 위하여 1805년까지 기다려야 했다. 유럽과 아메리카 전역에 보급되었던 낭만주의의 선구자들은 루소와 독일인 극작가 괴테이다. 19세기 초반 유행했단 스페인의 낭만주의는 느리고 간결했지만, 더욱 격렬했는데, 19세기 후기에 낭만주의적 문학에 대립적인 특징의 사실주의가 독점했기 때문이다.

Romea y Parra, Julián (훌리안 로메아 이 파라) (1848~1903) 사라고사(Zaragoza) 태생으로 스페인 작가이다. 유명한 배우 훌리안 로메아 얀구아스(Julián Romea Yanguas) 조카이다. 연극계에 종사하였고 스페인과 중남미 국가에서 상당한 명성을 얻었다. 대표 극작품으로 『*El señor Joaquín*』, 『*De Cádiz al puerto*』, 『*Doctor en medicina*』, 『*Salirse de madre*』 등이 있다.

Romero Esteo, Miguel (미겔 로메로 에스테오) (1930~) 코르도바 출신 작가이다. 작품들은 그로테스크한 사실주의 경향에 속하며, 독창성이 뛰어나다. 전위주의의 영향으로 극 언어의 해체를 시도했다. 희곡의 형태로 쓰였지만, 무대에서 공연되기에는 여러 제약이 많았기 때문에 실제 공연보다는 출판물로 남은 작품들이 더 많다. 『*Paraphernalia de olla podrida, de la misericordia y la mucha consolación*』(1975), 『*El vodevil de la pálida, pálida, pálida, pálida rosa*』(1979) 등을 썼다.

Romero Gómez, Emilio (에밀리오 로메로 고메스) (1917~2003) 아빌라(Ávila)의 아레발로(Arévalo) 태생. 스페인 작가이며 기자이다. 신문계에 종사하였으나, 교육학과 법학을 전공하였다. 레리다(Lérida)의 <La Mañana>, 알리칸테(Alicante)의 <Información>, 마드리드(Madrid)의 <Pueblo>와 같은 중요한 신문사의 지휘관이었으며, 90년대까지 많은 국내 미디어 업계와 협력하였다. 대표 소설작품으로는 『*El vagabundo pasa de largo*』(1959), 『*Una golfa subió a los cielos*』(1982), 『*El cacique*』(1986), 『*Tres chicas y un forastero*』(1987) 등이 있다.

Romero Larrañaga, Gregorio (그레고리오 로메로 라라냐가) (1815~1872) 마드리드(Madrid) 태생. 스페인 시인, 소설가이면서 극작가이다. 다양하고 많은 작품을 냈는데, 당시의 낭만주의 대표작가들의 영향을 받았다. 대표작으로 『*El sayón*』(1836), 『*Poesías*』(1841), 『*La Biblia y el Alcorán*』(1847), 『*La Virgen del Valle*』(1847) 등이 있다.

Romero Murube, Joaquín (호아킨 로메로 무루베) (1906~1969) 세비야(Sevilla)에서 태어난 시인이다. 안달루시아 출신이라는 정체성은 그의 작품에 중심적인 축을 구성하고 있다. 시집으로는 『*Prosarios*』(1924), 『*Canción del amante andaluz*』(1941), 『*Kasida del olvido*』(1948) 등이 있다.

R

Romero, Luis (루이스 로메로) 바르셀로나 출생의 소설가이자 기자(1916~2009)이다. 스페인 내전 동안 반군에 합세하여 전투에 참가했으며 1950년 부에노스아이레스로 가서 첫 번째 소설 『*La noria*』(1952)를 완성한다. 그 외에도 『*Cartas de ayer*』(1953), 『*Las viejas voces*』(1955), 『*Los otros*』(1956), 『*Las sombras del trasmundo*』(1957) 등 다양한 소설을 창작했다.

Romero, Rafael (라파엘 로메로) (1910~1991) 하엔(Jaén)의 안두하르(Andújar) 태생. 스페인 플라멩코 가수이다. 집시가족에서 태어나 전문적인 직업 없이 플라멩코 기타, 춤, 노래에 흥미를 보였다. 아버지가 그녀를 동반할 때 노래를 듣고 배웠다. 어렸을 때부터 사적인 축제를 개최하기 시작했고, 마드리드로 이사 간 후 잘 알려진 플라멩코 가수의 노래를 들을 수 있었다. 그 후 다양한 스타일의 노래를 불렀다.

Ros de Olano, Antonio (안토니오 로스 데 올라노) (1808~1886) 카라카스(Caracas) 태생. 스페인 군인이자 작가이다. 다양하고 엄중한 임무를 수행해 무역, 교육, 문학 장관으로 임명된 바 있다. 대표작으로 『*Leyendas de África*』(1860), 『*El doctor Lañuela*』(1856), 『*Cuentos estrambóticos*』(1868~1877), 『*Episodios militares*』(1883) 등이 있다.

Ros, Samuel (사무엘 로스) (1903~1945) 발렌시아(Valencia) 태생의 스페인 작가이다. <Blanco y Negro>, <El Debate>, <ABC>, <El Sol>과 같은 신문 출판사에서 협력했으며, 스페인 국내 잡지 <Vértice>에서 지휘관으로 있었다. 대표작으로 『*Las sendas*』(1927), 『*Bazar*』(1929), 『*El ventrílocuo y la muda*』(1930), 『*El hombre de los medios abrazos*』(1932) 등이 있다.

Rosa, Julio Manuel de la (훌리오 마누엘 데 라 로사) (1935~) 세비야(Sevilla) 태생 스페인 작가이다. 『*No estamos solos*』(1962), 『*De campana a campana*』(1964) 이 두 작품을 출간한 후, 첫 소설인 『*La explosión*』(1966)을 발표했다. 이후에 계속해서 『*Fin de semana en Etruria*』라는 작품을 내고 1971년 세사모상(El Premio Sésamo)을 받은 바 있다. 대표작으로 『*Croquis a mano alzada*』(1973), 『*El nuevo volumen de cuentos Nuestros hermanos*』(1973), 『*La sangre y el eco*』(1978) 등이 있다.

Rosales, Luis (루이스 로살레스) (1910~1992) 그라나다 출생의 스페인 36세대 시인이다. 1982년 세르반테스상을 수상했다. 대표작으로는 사랑과 종교를 주제로 한 시집 『*Abril*』이 있다. 고전작품과 스페인어의 통일성에 대해 높은 관심을 가졌다. ➡ Generación del

36(36세대)

Rosas de Oquendo, Mateo (마테오 로사스 데 오켄도) 1559년 세비야(Sevilla)에서 태어난 스페인 시인이자 여행가이다. 페루와 멕시코를 다니며 다양한 시를 집필하였다. 작품은 중남미 태생의 유럽계인 크리오요(criollo)와 정복자들의 위선을 비판, 조소하는 것이 특징이다.

Roselló－Pòrcel, Bartolomeu (바르톨로메우 로세요 포르셀) (1913～1938) 팔마 데 마요르카(Palma de Mallorca)에서 태어난 작가이다. 카탈루냐어(catalán)로 시를 썼고 바르셀로나 대학(Universidad de Barcelona)의 가브리엘 알로마르(Gabriel Alomar)의 밑에서 공부했다. 시들은 울적한 분위기를 느끼게 한다. 『*Nou poemes*』(1933), 『*Imitació del foc*』(1938) 등의 시집을 출간했다.

Rosete Niño, Pedro (페드로 로세테 니뇨) (1608～1659) 마드리드(Madrid) 태생. 스페인 시인이자 극작가이다. 칼데론(Calderón) 작가의 연극 학교를 후원하며 시를 지었다. 마드리드 학회(La Academia de Madrid)에 속해 당시 명성을 얻었다. 다양한 풍자적인 극작가와 협력 작품을 낸 바가 있으며, 대표작으로 『*El arca de Noé*』, 『*El mejor representante*』, 『*San Ginés*』 등이 있다.

Rubial, José (호세 루비알) (1925～) 폰테베드라(Pontevedra) 출생이다. 사실주의 극작가들과 동시대에 나타났음에도 불구하고 외국의 극에 대해 잘 알고 있었기 때문에 작품 활동 초반부터 새로운 형식을 추구하였다. 『*El homre y la mosca*』, 『*La máquina de pedir*』 등이 대표작이다.

Rubió i Ors, Joaquim (호아킴 루비오 이 오르스) (1818～1899) 바르셀로나(Barcelona) 태생으로 스페인 작가이다. 바르셀로나에서 문학을 공부하기 위해 성직자의 길을 포기했다. 1858년까지 바야돌리드(Valladolid)에서 문학 교수로 있었으며 그 후로 바르셀로나 대학교(Universidad de Barcelona)에서 역사 교수로 활동하였다. 『*Mestre en gai saber*』(1863), 『*Guttemberg*』(1880), 『*Luter*』(1888) 등이 대표작이다.

Rubio y Collet, Carlos (카를로스 루비오 이 코예트) (1832～1871) 코르도바(Córdoba) 태생. 스페인 시인이자 소설가이다. 진보당의 일원으로서 정치적 활동에 많이 참여하였다. 1866년의 사건으로 영국으로 국외추방 기간 동안 프림(Prim) 장군의 비서로 활동하였다. 대표작으로 『*Las lágrimas de Elvira*』(1855), 『*Napoleón*』(1855), 『*El juicio final*』(1855) 등이 있다.

Rueda, Lope de* (로페 데 루에다) 스페인 연극사에서 16세기 르네상스의 가장 중요한 극작가들 중의 한 명이자 스페인 연극 대중화의 선구자로 평가받는다. 정확한 출생연도는 알 수 없으나 대략 1505년쯤 세비야(Sevilla)에서 태어나서 1565년 코르도바(Córdoba)에서 사망하였다. 스페인 고유의 희극을 창조하기 위해 당시 유행하던 이탈리아풍의 희극을 모방하는 것에서 과감히 탈피하여 스페인 민중들에게 맞는 극적 인물, 테마, 극적 상황, 배우들의 연기 방식 등을 창출하려 노력하였으며, 대중적 언어에 대한 해박한 지식을 가지고 매우 사실주의적인 작품들을 썼다. 어려서의 삶에 대한 자료는 별로 남아 있는 것이 없는데, 아마 비천한 가정에서 성장하여 좋은 교육을 받지는 못한 것으로 추정된다. 금과 같은 값비싼 금속들을 두드려 그림 그리는 도구로 만드는 일에 종사하였지만 곧 그만두고 연극에 종사하게 된다. 1534년에는 배우로서 톨레도(Toledo)에서 공연을 하기도 하였으며 1552년에는 메디나셀리(Medinaceli) 공작의 하녀인 마리아나(Mariana)라는 여성과 결혼한다. 그리고 상당 기간 이 부부는 메디나셀리 공작에게 마리아나에게 그동안 지불하지 않은 임금을 마저 지불하라고 요구하면서 공작과 소송을 벌이기도 하였다. 1554년에는 이미 단순한 배우가 아니라 자신의 극단을 소유한 연극 감독이기도 하였는데, 같은 해 오늘날의 사모라(Zamora) 주에 위치한 베나벤테(Benabente)에서 펠리페(Felipe) 왕자를 위하여 연극 공연을 하기로 계약을 맺기도 하였다. 이는 그가 당시 스페인에서 가장 유명한 배우들 중의 한 명이자 동시에 가장 유명한 연극 감독들 중의 한 명이었음을 입증하는 것이다. 그 후에도 세고비아(Segovia), 세비야, 마드리드 등지에서 국가적으로 매우 중요한 행사에서 연극을 공연하는 등 매우 성공적인 연극인의 길을 걸었다. 라파엘라 앙헬라(Rafaela Ángela)라는 여성과 두 번째로 결혼하였는데, 1564년 늦은 나이에 딸을 낳기도 하였다. 딸을 낳은 이듬해인 1565년에 코르도바에서 세상을 떠났다. 로페 데 루에다는 연극의 모든 분야, 즉 극작가로서, 배우로서, 감독으로서 모두 천부적으로 뛰어난 재능을 보이며 성공하였는데, 그의 가장 두드러진 업적은 스페인 대중의 언어와 관습을 극에 반영하여 산문으로 된 진정한 의미의 가장 스페인적인 대중연극을 창조하였다는 데에 있다고 할 수 있다. 연극작품으로는 『*Eufemia*』, 『*Armelinda*』, 『*Comedia de los engañados*』 등이 있으나, 무엇보다도 가장 중요한 극작품은 단막극 형태의 스페인 특유의 소극(笑劇)인 '파소(paso)'들이라 할 수 있는데, 『*Las aceitunas*』, 『*El convidado*』, 『*La tierra de Jauja*』, 『*La carátula*』, 『*Los criados*』, 『*Cornudo y contento*』, 『*Pagar y no pagar*』, 『*El rufián cobarde*』, 『*La generosa paliza*』, 『*Los lacayos ladrones*』 등이 생전에 지은 10편의 파소들이다.

Rueda, Salvador (살바도르 루에다) (1857~1933) 말라가(Málaga) 태생. 스페인 시인이다. 18세까지 문맹이었다. 1933년 첫 작품 『*Noventa estrofas*』를 출간하였다. 이어서 『*Aires españoles*』(1890), 『*Cantos de la vendimia*』(1891) 등의 작품을 냈다. 대부분의 시작품은 꾸밈이 없고 음악과 색으로 가득 차 있는 특징을 가진다.

Rufo Gutiérrez, Juan (후안 루포 구티에레스) (1547~1625) 코르도바(Córdoba) 출신의 작가이다. 도박, 채무 등 방탕한 청년기를 보냈다. 1568년에는 모로족들과 전투에 참여하였고, 아버지의 염색소를 물려받았다. 『*La Austríada*』(1584), 『*Las seiscientas apotegmas y otras obras en verso*』(1596)와 같은 작품이 있다.

Ruibal, José (호세 루이발) (1925~) 폰테베드라(Pontevedra)에서 태어난 작가이다. 알레고리와 상징적 요소들을 사용해서 자본의 횡포와 부정의를 고발하는 상징적 우화극으로 잘 알려져 있다. 뛰어난 독창성으로 인해 어떤 기준의 학파나 전통에도 속하지 않고, 직선적인 사실주의나 상업적 연극이 주를 이루며 고착화되던 스페인 연극계에 혁신을 가져왔다는 평을 받는다. 대표작으로 『*El hombre mosca*』(1968), 『*La máquina de pedir*』(1869)가 꼽힌다.

Ruiz Aguilera, Ventura (벤투라 루이스 아길레라) (1820~1881) 살라망카(Salamanca) 태생. 의학을 공부하고 신문계에 종사하였다. 게다가 자유당에 속해 당시의 정치활동에 개입하였다. <El Tío Vivo>, <El Nuevo Espectador>, <La Reforma>, <Semanario Pintoresco>와 같은 신문사에서 활동을 했고, 대표작으로 『*Del agua mansa nos libre Dios*』(1847), 『*Bernardo de Saldaña*』(1848), 『*Camino de Portugal*』(1849), 『*La limosna y el perdón*』(1853) 등이 있다.

Ruiz Contreras, Luis (루이스 루이스 콘트레라스) (1863~1953) 헤로나(Gerona)의 카스테

욘 데 암푸리아스(Castellón de Ampurias) 태생. 신문계에 종사하였다. 임업 공학을 전공하였으나 다양한 문학잡지를 창설한 바 있다. 수필, 소설, 시와 극작품 등의 다양한 작품을 냈으며 대표작으로 『*Desde la platea, Dramaturgia castellana, Medio siglo de teatro infructuoso, La señora baronesa*』 등이 있다.

Ruiz de la Vega y Méndez, Domingo María (도밍고 마리아 루이스 데 라 베가 이 멘데스) (1789~1871) 세비야(Sevilla) 태생. 스페인 정치가, 변호사, 작가로 활동하였다. 『*El Pelayo*』(1839~1840)의 작가이다. 법학과 의학을 공부하였고 그라나다(Granada)에서 대학교수로 있었다. 이후 1821년 그라나다의 시장으로 취임하는 등의 다양한 정치적 활동에도 참여하였다. 대표작으로 『*Refutación de varios errores*』(1821), 『*Recuerdos de la juventud*』(1871) 등이 있다.

Ruiz Figueroa, José (호세 루이스 피겔로아) (1820~1855) 라 코루냐(La Coruña)의 산티아고 데 콤포스텔라(Santiago de Compostela) 태생의 스페인 극작가이다. 신문 <El Porvenir>, <Santiago y a ellos>를 창설하였고 풍자적 특징을 가진다. 대표작으로 『*El arzobispo don Suero*』(1840), 『*También por amor se muere*』(1848)가 있고 저명한 주간지 <Semanario Pintoresco Español>에서 협력하였다.

Ruiz Giménez, Joaquín (호아킨 루이스 히메네스) 1854년 하엔(Jaén)에서 태어난 스페인 기자, 역사가, 변호사이자 정치가이다. 그라나다(Granada)에서 법 공부를 하였지만, 후에는 고향에서 기자활동을 했으며, 하엔과 마드리드에서 시의원과 국회활동을 하기도 하였다. 대표작으로는 『*Apuntes para la historia de la provincia de Jaén*』(1879), 『*Bocetos históricos*』(1880), 『*Por Madrid*』(1901) 등이 있다.

Ruiz Iriarte, Víctor (빅토르 루이스 이리아르테) (1912~) 마드리드 출신의 극작가이다. 40편 이상의 많은 작품을 썼다. 작품에는 환상과 현실이 혼합되어 있고, 알레한드로 카소나(Alejandro Casona)와 유사한 스타일이 엿보인다. 등장인물에 대한 가치평가가 절제되어 있고, 일상적으로 발생하는 감정적 갈등 상황을 다루는 데 뛰어나다. 『*Tres comedias optimistas*』(1947), 『*El landó de seis caballos*』(1950) 등을 썼다.

Ruiz Pérez, Raúl (라울 루이스 페레스) (1947~1987) 바르셀로나(Barcelona)의 바다로나(Badalona) 태생. 스페인 소설가이자 수필가이다. 일찍부터 인문학적인 재능으로 바르셀로나 대학교(La Universidad de Barcelona)에서 문학을 공부하였다. 교육의 수단으로 전문적인 영화를 제작하는 데에 착수하기 시작했으며 동시에 70년대 중반 소설가로 이름을 알리기 위해 문학활동을 겸했다. 작품 『*Torrijos y yo junto al mar…*』(1974)는 Premio Barral 후보작에 오르기도 했다. 대표작으로 『*De las meninas a los laberintos*』(1977), 『*El tirano de Taormina*』(1980) 등이 있다.

Ruiz Zafón, Carlos (카를로스 루이스 사폰) 1964년 바르셀로나(Barcelona)에서 태어난 스페인 작가이다. 첫 소설인 『*El príncipe de la niebla*』를 시작으로 문학, 예술활동을 시작하였으며, 1994년 로스앤젤레스로 넘어가 영화 시나리오와 소설에 매진하여 베스트셀러 작가로 큰 성공을 이룬다. 가장 잘 알려진 대표작으로는 『*La Sombra Del Viento*』가 있으며, 이 작품으로 여러 상을 수상을 하였다.

Ruptura con la tradicion (전통과의 단절) 문학, 예술, 철학, 사상 등의 전통적인 흐름과의 결연을 의미하며 새로운 사조나 전통을 대체할 만한 것의 등장으로 인해 일어난다. 변화를 도모하는 사람들을 주축으로 이루어지며 이러한 운동으로 인해 새로운 영역이 탄생하기도 하나 옛것을 고수하는 진영과 갈등관계가 생기기도 한다.

Ruyra, Joaquim (호아킴 루이라) (1858~1939) 카탈루냐(Cataluña) 태생의 시인이자 산문가이다. 바르셀로나 대학교(La Universidad de Barcelona)에서 법학을 공부하였다. 대표 소설작품으로 『*Marines i boscatges*』(1903), 『*Entre flames*』(1928) 등이 있으며, 시작품으로 『*Fulles ventisses*』(1919)가 있다.

S

Saavedra Fajardo, Diego de (디에고 사아베드라 파하르도) 무르시아 지방의 알헤사레스(Algezares) 출신으로 스페인 황금세기에 정치적 문제를 다룬 뛰어난 작가(1584~1648) 중 한 명이다. 여러 나라에서 외교관으로 활약함으로써 펠리페 4세를 섬겼고 스페인어로 정치를 다룬 첫 번째 작가로 평가될 만한 정치 전문 작가였다. 대표작으로는 『*Idea de un Príncipe Político Cristiano*』, 『*Empresas políticas*』 등이 있다.

Saavedra, Gonzalo de (곤잘로 데 사아베드라) (17세기) 코르도바(Córdoba) 태생. 스페인 작가이다. 생애는 많이 알려져 있지 않으나, 이탈리아 남쪽 지방을 통치했다고 알려진다. 퇴폐적인 스타일을 가지며, 소설 『*Los pastores del Betis*』(1633)만이 전해진다.

Saavedra, Miguel de Cervantes* (미겔 데 세르반테스 사아베드라) 1547년 9월 29일 알칼라 데 에나레스(Alcalá de Henares)에서 태어난 스페인 태생의 시인, 소설가, 극작가로 1616년 4월 22일 마드리드에서 사망했다. 『*Don Quijote*』라는 불멸의 작품으로 유명한 그는 모든 세기를 통틀어 전 세계에서 가장 훌륭한 작가 중 한 명이고 스페인 태생의 가장 위대한 소설가로서 간주된다. 그의 권위는 발자크, 도스토예프스키, 갈도스, 가르시아 마르케스, 쿤데라, 토렌테 바예스테르, 보르헤스 등과 같은 이전의 끝없는 대다수의 산문가들로부터 인지되었다. 『*Don Quijote*』로 인한 확산은 언어적인 장벽을 깨달을 수 없었고 그것의 중요성은 이미 세계에 존재하는 다양한 문화의 장벽을 초월하였다. 그런데 소설가로서는 당시 충분한 인정을 받았지만, 다른 장르에서는 그다지 큰 성공을 거두지는 못하였다. 예컨대, 살아생전 훌륭한 극작가가 되려고 각고의 노력을 하였고 실제로 여러 극작품을 집필하였지만, 당시에는 별로 인정을 받지 못하였다. 우리가 생각하는 것과 달리, 사실 인생의 대부분을 문인으로서가 아니라 군인으로서 보냈던 세르반테스는 수많은 측면에서 무명으로서, 그리고 매우 운이 없는 불행한 인간으로서 전 인생을 살아왔다. 군인 시절에는 불운으로 타국에서 포로생활도 했었고, 제대하고 고국으로 돌아와서는 오해와 모함으로 감옥에도 갔었다. 모든 장소에서 실제 모습과 같이 틀에 넣어 만든 그의 초상화를 보는 것에 익숙해지더라도, 실제로 그의 진실한 얼굴을 아는 사람은 아무도 없다. 또한 생일을 정확히 아는 사람도 없으며, 개인적인 삶과 연관된 어떠한 고증도 찾아보기 힘들다. 게다가 작품들 중 어떠한 것도 자필본으로 보존된 것이 아니라 매우 소홀하게 보존된 당시의 인쇄본이었다. 세르반테스의 절대적이고 유일한 진실은 서양 문화권에서 스페인의 가장 위대한 기여를 한 『*Don Quijote*』라는 것이다.

Sabina, Joaquín (호아킨 사비나) (1949~) 하엔(Jaén)의 우베다(Úbeda) 태생. 스페인 자작곡 가수이다. 90년대 도시 민속음악에서 중요한 인물로 여겨진다. 대표작으로 「*Esta boca* *es mía*」(1994), 「*Yo, mi, me, contigo*」(1996), 「*Enemigos íntimos*」(1998) 등이 있다.

Saco y Arce, Juan Antonio (사코 이 아르세) (1835～1881) 오렌세(Orense)의 알론고스(Alongos) 태생. 스페인 작가, 민속학자이면서 성직자이다. 오렌세와 산티아고 데 콤포스텔라(Santiago de Compostela) 지역에서 철학과 신학을 공부하였다. 이후 1862년 마드리드(Madrid)로 거주지를 옮기고 그곳에서 박사학위를 딴 후 외국어를 공부하였다. 같은 해 카스티야어(Castellano)로 된 『*Inquietud y La Soledad*』 시집을 냈다. 대표작으로 『*Gramática gallega*』(1868), 『*Literatura popular de Galicia*』 등이 있다.

Sáez de Melgar, Faustina (파우스티나 사에스 데 멜가르) (1834～1895) 마드리드(Madrid) 비야만리케 데 타호(Villamanrique de Tajo) 태생. 스페인 시인, 소설가, 극작가이면서 칼럼니스트이다. 19세기 스페인 문화의 위대한 여성으로 여겨진다. 대표작으로 『*Poesías dedicadas a la Reina… Isabel II*』(1865), 『*Corona poética a Rodríguez Cao*』(1871), 『*Corona fúnebre a la memoria de… Mª de las Mercedes*』(1878) 등이 있다.

Sagarra, Josep María de (조셉 마리아 데 사가라) (1894～1961) 평이하고 감상적인 시인으로 많은 대중들을 연극으로 이끌기 위한 모든 조건들을 소유하고 있었다. 즉, 희극성, 감상주의, 풍속주의적 관찰, 재치 있는 구성 등이 바로 그것이다. 대표작으로는 『*Matrimoni Secret*』 등이 있다.

S

Sahagún, Carlos (카를로스 사아군) (1938～) 알리칸테(Alicante) 출신의 시인이다. 마드리드에서 로망스어학을 전공했고, 그 후 영국의 엑시터 대학교에 스페인어 교수로 부임했다. 16세에 첫 번째 시집 『*Hombre naciente*』를 발표할 정도로 어려서부터 문학에 재능을 보였다. 시의 특징으로는 완벽한 형식적 구조, 애조띤 분위기, 시간의 흐름 앞에서 느끼는 괴로움 등이 꼽히며, 문학비평가들은 그를 50세대 작가로 분류한다.

Sainete* (사이네테) 연극의 기능에 있어서 막간 음악과 같이 18세기의 극작법에서 가장 중요시하는 작은 연극의 한 형태이다. 사이네테는 풍속 묘사와 익살스러운 가치에 의해 당시의 극장 내에서 극의 생기를 북돋았다. 구체적으로 말해서, 주로 당시의 순수한 미드리드의 대중적 풍속을 매우 익살스럽고 다양하게 제공해주었다. 이러한 사이네테가 주는 흥미는 무대의 냉소적인 재미에만 있는 게 아니라 당대의 묘사에도 있다고 할 수 있는 것이다. 즉, 대중적인 춤, 농부들의 질박한 놀이, 길거리와 각 가정에서 벌어지는 다양한 사건들, 일상생활의 평범한 모습들을 사실성과 정확성을 통해 신속하게 무대 위에서 재현하였던 것이다. 연극적인 기능은 하나의 도입 혹은 단편 극시와 함께 시작되었고, 무엇보다도 한 시즌이 시작할 때, 어떤 저명한 관객의 존재를 계기로 혹은 회사에서 개봉한 신작들을 대중에게 전달하기 위하여 이용되었다. 일부 간단한 노래 단편 혹은 한 춤이 연극의 관객들의 주의를 끌기 위해 빈번하게 사용되었다. 막간극과 사이네테는 2막 전후 공간을 차지했다. 이후에는 사이네테가 극음악과 함께 교대로 사용되었고, 그것들의 호평은 세기에 걸쳐서 이루어졌다. 18세기 당시의 대표적인 사이네테의 극작가로는 라몬 델 라 크루스(Ramón de la Cruz)가 있다.

Sáinz de Robles, Federico Carlos (페데리코 카를로스 사인스 데 로블레스) (1898～1983) 마드리드(Madrid) 태생. 스페인 시인, 소설가, 수필가, 극작가, 기자와 역사가로 활동했다. 다양한 분야에 걸쳐 작품을 냈다. 1918년부터 잡지와 신문사에서 일하면서 작가로 이름을 알리기 시작했다. 대표작으로는 『*Cuentos viejos de la vieja España*』(1941), 『*Historia y antología de la poesía española del siglo X al XX*』(1943) 그리고 『*Ensayo de un*

Diccionario de literatura』(1947) 등이 있다.

Saizarbitoria Zabaleta, Ramón (라몬 사이자르비토리아 사발레타) (1944~) 기푸스코아(Guipúzcoa)의 산 세바스티안(San Sebastián) 태생. 스페인 시인, 소설가, 사회학자이다. 다양한 작품을 남겼는데 그중에서도 신학적인 글과 함께 소설작품이 유명하다. 현대 바스크 소설의 초기 창설자 중 한 명으로 꼽힌다. 대표작으로 『*Poesia banatua*』(1969), 『*Nacer en Guipúzcoa*』(1981), 『*Perinatalidad y prevención*』(1981), 『*Hamaika pauso*』(1995) 등이 있다.

Salabert, Juana (후아나 살라베르트) (1962~) 프랑스 파리 태생의 스페인 소설가이다. 어릴 때부터 여러 가지 문학적 자극을 접했다. 그녀의 소설은 독창적이면서도 강력한 서술적 힘을 갖고 있다는 평을 받는다. 대표작으로는 『*Varadero*』(1996), 『*Mar de espejos*』(1998)가 있다.

Salas y Quiroga, Jacinto de (하신토 데 살라스 이 키로가) (1813~1849) 라 코루냐(La Coruña) 태생. 스페인 시인, 소설가, 극작가이면서 기자이다. 짧은 생을 살았지만 흥미로운 문학작품과 신문기사를 남겼고 이러한 작품들로 인해 스페인 낭만주의 초기 세대의 시인 중의 한 명으로 꼽힌다. 대표작으로 『*Viajes*』(1840), 『*El Dios del siglo*』(1848), 『*Sancho Saldaña o El castellano de Cuéllar*』 등이 있다.

S

Salas, Francisco Gregorio de (프란시스코 그레고리오 데 살라스) (?~1808) 카세레스(Cáceres) 태생. 스페인 작가이다. 성직자의 길을 택했으며, 다양한 산문과 시작품을 냈다. 대표작으로 『*Observatorio rústico, Elogios poéticos*』(1773), 『*Nuevas poesías serias y jocosas*』(1775), 『*Dos sueños poéticos*』(1778) 등이 있다.

Salaverría, José María (호세 마리아 살라베리아) (1873~1940) 카스테욘 데 라 플라나(Castellón de la Plana)의 비나로스(Vinaroz) 태생. 스페인 작가이다. 1907년 작품 『*Vieja España*』를 출간하고, 그 후 보수당원으로 활동하기도 했다. 대표작으로 『*Las sombras de Loyola*』(1911), 『*A lo lejos: España vista desde América*』(1914), 『*La afirmación española*』(1917) 등이 있다.

Salazar Chapela, Esteban (에스테반 살라사르 차펠라) (1902~1965) 말라가(Málaga) 태생의 스페인 작가이다. <El Sol> 스페인 일간지와 <La Revista de Occidente> 스페인 잡지와 <Asomante>, <La Torre>와 같은 중남미 신문사에서 일했다. 대표작으로 『*Perico en Londres*』(1947), 『*…Pero sin hijos*』(1931), 『*Desnudo en Picadilly*』(1959) 등이 있다.

Salazar de Alarcón, Eugenio (에우헤니오 살라사르 데 알라르콘) (1530~1612) 마드리드(Madrid) 태생. 스페인 작가이다. 1601년 인도에서 보좌관으로 임명된 바 있다. 풍자적인 서간체시의 작가이며, 다양한 짧은 작품을 냈다. 또한 『*Canto del cisne*』와 같은 훌륭한 작품을 가지고 있다.

Salazar, Ambrosio de (암브로시오 데 살라사르) (1575~1640) 무르시아(Murcia) 태생의 스페인 작가이자 통역가이다. 엔리케 4세(Enrique IV)의 선생님과 프랑스의 루이스 13세(Luis XIII)의 교사로 활동을 했다. 프랑스 파리에서 왕비 아나 데 아우스트리아(Ana de Austria)의 보좌관으로 있었다. 대표작으로 『*Almoneda general de las más curiosas recopilaciones de los reinos de España*』(1612), 『*Espejo general de la gramática en diálogos*』(1614), 『*Las clavellinas de recreación*』(1614) 등이 있다.

Salazar, Pedro de (페드로 데 살라사르) (?~1576) 스페인 작가이다. 대표작으로 『*Una*

Historia y primera parte de la guerra que don Carlos V… en Nápoles』(1548), 『*Una Historia de la guerra y presa de Africa*』(1552), 『*la Hispania victrix*』(1570) 등이 있다. 또한 단편소설 작품을 내기도 했으며, 스페인 소설역사상 초기 선구자 중의 한 명으로 꼽힌다.

Salcedo Coronel, José García de (호세 가르시아 데 살세도 코로넬) (1592~1651) 세비야(Sevilla) 태생. 스페인 작가이다. 세비야와 알칼라(Alcalá)에서 공부를 하고 알칼라 공작과 나폴레옹 총독, 카푸아(Capua) 통치가의 호위 보좌관으로서 이탈리아를 여행했다. 대표작으로 『*Primera parte*』(1624), 『*Ariadna*』(1624), 『*Los Cristales de Helicona*』, 『*Segunda parte de las Rimas*』(1642) 등이 있다.

Sales, Joan (호안 살레스) (1912~1983) 바르셀로나(Barcelona) 태생. 스페인 작가이며 편집자이다. 스페인 내전 기간 동안 공화당원으로 활동을 했고, 사령관의 지위를 얻었다. 전쟁이 마무리될 때 프랑스로 국외추방을 당하였고 그 후 멕시코로 옮겼다. 대표작으로 『*Incierta gloria*』, 『*Viaje de un moribundo*』, 『*Cartas a Marius Torres*』 등이 있다.

Salinas de Castro, Juan de (후안 데 살리나스 데 카스트로) (1562~1643) 세비야(Sevilla) 태생. 스페인 작가이다. 로그로뇨(Logroño)와 살라망카(Salamanca)에서 공부를 하고 르네상스 전통 시인으로 활동을 시작하였다. 과식주의의 영향을 받았으며 영웅적이고 애국적인 주제는 배제시키고 일상적인 삶을 주제로 작품을 썼다.

Salinas, Pedro* (페드로 살리나스) (1892~1951) 27세대에 속한 대표적 시인들 중의 한 명이다. 소르본느, 세비야, 무르시아, 캠브리지 대학 등지에서 교수로 재직하였으며, 동시에 매우 훌륭한 비평가이기도 하였다. 또한 다른 작가들과 마찬가지로 시대와 현실에 대해 많은 번민을 하였다. 특별한 정치활동을 하지 않았지만 내전 중에 해외로 추방되어 미국의 여러 대학에서 강의를 하다 결국 스페인으로 돌아오지 못한 채 미국의 보스턴에서 별세하였다. 살리나스에게 있어서 시는 현실 인식의 한 방법이자 현실의 본질에 다가가는 한 형식이었다. 사랑에 대한 시를 많이 썼는데, 시의 세 가지 기본요소로서 독창성, 미, 재능을 꼽았다. 대표작으로는 『*La voz a ti debida*』(1933), 『*Razón de amor*』(1936) 등이 있고, 문학비평서로는 『*Literatura española, siglo XX*』(1949), 『*Ensayos de literatura hispánica*』(1958) 등이 있다.

Salom, Jaime (하이메 살롬) (1925~2013) 스페인 작가이며 바르셀로나에서 태어났다. 극작가로서 큰 성공을 거두었는데 『*El baúl de los disfraces*』(1964), 『*La casa de las chivas*』(1968), 『*Los delfines*』(1969)의 작품이 유명하다.

Salomón, Carlos (카를로스 살로몬) (1923~1955) 마드리드 출신의 시인이다. 문학지 <Proel>을 중심으로 다른 문인들과 교류했으며, 산탄데르(Santander)에서 일생의 대부분을 보냈다. 『*Pasto de la aurora*』(1947), 『*La orilla*』(1951) 등의 작품을 썼다.

Salucio del Poyo, Damián (다미안 살루시오 델 포요) (1550~1614) 무르시아(Murcia) 출신의 작가이다. 로페 데 베가 학파의 극작가이며, 역사적 주제의 작품들이 많다. 『*La privanza y caída de don Alvaro de Luna*』, 『*La próspera fortuna*』 등의 작품을 썼다. ➡ Lope de Vega(로페 데 베가)

Salvador Blanes, Diego (디에고 살바도르 블라네스) (1938~) 마드리드 출신 작가로 사회적 틀 속에서 현대인이 겪는 문제를 고찰하고자 했다. 『*Mirando hacia atrás*』(1960), 『*La metamorfosis*』(1961), 『*La mujer, su hombre y tres… más*』(1966) 등을 출간했다.

Salvador Espeso, Tomás (토마스 살바도르 에스페소) (1921~1984) 팔렌시아(Palencia)

의 비야다(Villada) 태생. 스페인 소설가이다. 젊었을 때 바르셀로나(Barcelona)로 거주지를 옮겨, 그곳에서 경위로 일했다. 호세 베르헤스(José Vergés)와 합작 소설을 내면서 이름을 알렸고, 대표작으로 『*Historias de Valcanillo*』(1952), 『*La virada*』(1954), 『*Diálogos en la oscuridad*』(1956), 『*Lluvia caliente*』(1958) 등이 있다.

Salvadora de Olbena (살바도라 데 올베나) 스페인 98세대 작가 아소린의 소설이다. 여기에서 아소린은 우울하고 감성적인 인물들을 등장시켜, 작가 자신만의 세부적인 면을 부각시켰다. ➡ Generación del 98(98세대)

Salvat Papasseit, Joan (조안 살밧 파파세잇) (1894～1924) 스페인 시인으로 바르셀로나 태생이다. 노동자 가족 내에서 자랐고 60년대 문화 및 정치적인 것에 관계한 카탈루냐 문학의 대표적인 시인 중 한 명이다. 대표작으로는 위대한 사랑을 담은 『*La rosa ala llavis*』와 『*Ossa Menor*』가 있다.

Samaniego, Félix María (펠릭스 마리아 사마니에고) (1745～1801) 바스크 출신의 우화 작가이다. 어린 시절부터 프랑스에서 교육을 받았으며, 프랑스 백과사전파의 영향을 많이 받았다. 운문으로 된 우화 157편을 담은 『*Fábulas en verso castellano*』에는 프랑스 작가들의 모방이 확연하게 드러나고, 스페인 작가 중에서는 작가 스스로가 토마스 데 이리아르테를 모델로 삼아 작품을 썼음을 밝힌 바 있다.

Sampedro Saez, José Luis (호세 루이스 삼페드로 사에스) 1917년 바르셀로나에서 출생한 스페인 작가이자 인문학자, 경제학자이다. 경제에 관련한 많은 서적을 발행하였다. 19살의 나이로 산탄데르(Santander)에 살면서 첫 소설인 『*La estatua de Adolfo Espejo*』(1939)를 출판하였고, 그 후 소설 『*Octubre*』(1981)를 통해 서서히 문학가로서 인식되기 시작하였다. 경제와 관련된 대표적 작품으로는 『*Las fuerzas económicas de nuestro tiempo*』(1967), 『*Conciencia del subdesarrollo*』(1972), 『*La inflación*』(1974)이 있다. 후에 1950년대에는 『*La paloma de cartón*』이라는 연극작품을 선보이기도 하였다.

San Camilo, 1936 (산 카밀로, 1936) 1969년에 발표된 카밀로 호세 셀라(Camilo José Cela)의 작품으로 스페인 내전 이전의 사회적 분위기를 기술했다. 이 소설은 스페인 신문인 <El Mundo>에 실린 20세기 스페인 소설 100선 중 하나로 꼽힌다. 작가의 독백에서 마드리드에서의 삶과 관련된 사회적 배경과 함께 인간 존재를 투영시키고 있으며 다가올 비극을 자각하지 못한 채 각기 다른 삶을 살아가는 다양한 인물을 보여주고 있다.

San Juan de la Cruz* (산 후안 데 라 크루스) 우리나라에서 '십자가의 성 요한'으로 알려진 산 후안 데 라 크루스는 산타 테레사 데 헤수스(Santa Teresa de Jesús)와 함께 16세기 스페인 신비주의 문학의 대가로 평가되고 있다. 원래의 세속 이름은 후안 데 예페스 이 알바레스(Juan de Yepes y Álvarez)로, 1542년 아빌라(Ávila) 주의 폰티베로스(Fontiveros)에서 태어나서 1591년 하엔(Jaén) 주의 우베다(Úbeda)에서 사망하였다. 바야돌리드(Valladolid) 주의 메디나 델 캄포(Medina del Campo)에서 카르멘회 수도사들과 함께 공부하다가 1563년에 후안 데 산 마티아스(Juan de San Matías)라는 이름으로 교단에 들어왔다. 1564년과 1568년에는 살라망카(Salamanca)에서 수학하기도 하였다. 공부를 마치기 전 1567년에 카르멘 교단의 개혁 문제로 산타 테레사 데 헤수스를 알게 되었는데, 그로부터 후안 데 라 크루스도 교단의 개혁 작업에 동참하게 되어, 남성과 관련된 교단의 개혁을 담당하게 되었고, 테레사 데 헤수스는 여성과 관련된 교단의 개혁을 도맡아 수행하게 되었다. 개혁 작업을 위하여 테레사 데 헤수스와 마찬가지로 여러 수도원을 설립하였는데, 그러다가 그의 개혁 작업에 불만을 품은 다른 수도사들에게 쫓기는 신세가 되기도 하였다. 결국 다른 수사들에게 붙잡혀 1577년 톨레도(Toledo)에서 9개월간 감금생활을 하게 되는데, 이 감옥생활 기간 중 그의 대표작들 중의 하나인 『*Cántico Espiritual*』에 대한 영감을 얻을 수 있었다. 그 후 감옥에서 탈출하여 바에사(Baeza)와 하엔에서 개혁 작업과 수도원 설립을 계속 주도하였고, 이 기간 중 수많은 주옥같은 시작품들을 많이 남겼다. 테레사 데 헤수스가 산문에서 신비주의 문학의 진가를 발휘했다면, 후안 데 라 크루스는 주로 시에서 신비주의 문학적 재능을 발휘하였다. 대표적 시작품으로는 『*Subida al Monte Carmelo*』, 『*Noche Oscura del alma*』, 『*Cántico Espiritual*』 등이 있다. 그의 신비주의적 시작품들로써 스페인의 신비주의 시는 절정에 다다르게 된다.

San Manuel Bueno (성인 성 마누엘) 스페인의 98세대 작가 미겔 데 우나무노의 소설이다. 처음에는 원작의 제목으로 1931년에 발표되었다가 이후 1933년에 『*San Manuel Bueno, mártir, y tres historias más*』라는 제목으로 새롭게 출판되었다. 이 작품을 통해서 한 사제를 통해 믿음의 불멸성이라는 문제를 제기한다. ➡ Generación del 98(98세대)

Sánchez Barbero, Francisco (프란시스코 산체스 바르베로) (1764~1819) 살라망카(Salamanca) 모리니고(Moriñigo) 태생의 작가이다. 살라망카 대학교(La Universidad de Salamanca)에서 공부를 하고 성직자가 되기 위해 신학교에 들어갔다. 이후 마드리드(Madrid)로 거주지를 옮기면서 시인으로서 이름을 알리기 시작했다. 『*Duquesa de Alba*』(1803), 『*Saúl*』(1805), 『*Principios de retórica y poética*』(1805) 등이 대표작이다.

Sánchez Cotán, Juan (후안 산체스 코탄) (1560~1627) 스페인 화가로 루카 캄비아소(Luca Cambiaso) 또는 후안 페르난데스 나바레테(Juan Fernández Navarrete)와 같이 엘 에스코리알(El Escorial)에서 일하는 몇몇 예술가의 영향을 받은 블라스 데 프라도(Blas de Prado)의 제자이다. 톨레도에서 일을 시작해 카르토시오 수도회의 일반 성직자로 들어가기로 결심했다. 그리고 그라나다(Granada)에서 사망하기 전까지 엄한 종교 규율을 준수하면서 지냈다.

Sánchez de Badajoz, Diego (디에고 산체스 데 바다호스) 16세기 스페인 작가이며 에스트레마두라(Extremadura) 태생이다. 사회적 풍자시, 희극과 조화시켜 우화, 소극 등의 작품을 썼다. 사후 작품 『*Recopilación en metro*』(1554)가 알려졌다. 작품의 주제는 종교적 내용을 바탕으로 한다.

Sánchez de Badajoz, Garci (가르시 산체스 데 바다호스) (1450~1526) 스페인 세비야 출신의 시인이다. 주로 칸시오네릴 시를 썼고, 시의 대부분은 사랑을 주제로 삼으며 기교적인 문체를 사용한다. 가톨릭 국왕의 궁정에서 대표적인 문화인으로 꼽혔을 만큼, 당대 궁정인이자 시인으로서 명성을 떨쳤다. 대다수의 작품은 『*Cancionero general de muchos e diversos autores*』에 담겨 전해내려 온다.

Sánchez de Calavera, Ferrán (페란 산체스 데 칼라베라) 1370년 스페인에서 출생한 전르네상스 시기의 시인이다. 당대 알파벳 T와 C의 혼동으로 인해 페란 산체스 데 칼라베라(Calavera) 또는 탈라베라(Talavera)라고도 불리며, 알레고리코-단테 학파(Escuela alegórico-dantesca)의 소속이다. 엔리케 3세(Enrique III)와 후안 2세(Juan II de Castilla)의 궁정시인이었으며, 대부분의 작품들은 도덕심과 내면의 자아성찰을 주제로 한다.

Sánchez Díaz, Ramón (라몬 산체스 디아스) 1869년 산탄데르(Santander)에서 태어난 스

페인 작가이다. 주로 현실을 반영한 작품들을 썼으며, 독자들에게 사회정의의 실현을 독려하는 어투를 사용하는 것이 특징이다. 아동소설이나 여행기 또한 집필하였는데 대표적인 작품으로는 『*Amores*』(1901), 『*Balada*』(1906) 등이 있다.

Sánchez Dragó, Fernando (페르난도 산체스 드라고) 1936년 마드리드(Madrid)에서 태어난 스페인 수필가이자, 소설가, 문학비평가이다. 이탈리아 방송국 또는 BBC에서 통신원 역할을 하기도 하였다. 주로 의식의 흐름, 종교, 문학적 정신 등을 주제로 작품활동을 하였으며, 대표작으로는 『*La prueba del laberinto*』(1992)가 있다.

Sánchez Ortiz, Emilio (에밀리오 산체스 오르티스) (1933~) 마드리드(Madrid) 태생. 스페인 시인, 소설가이다. 법학을 전공하였으나 일찍부터 문학에 대한 타고난 재능으로 문학활동을 시작하였다. 스페인으로 귀국하고 난 후의 소설작품으로 이름을 알릴 수 있었고, 대표작으로 『*Cuentos*』(1959), 『*Un domingo a las cinco*』(1964), 『*Las primeras horas…*』(1965) 등이 있다.

Sánchez Ostiz, Miguel (미겔 산체스 오스티스) (1950~) 팜플로나(Pamplona) 태생. 스페인 시인, 소설가, 기자이면서 수필가이다. 그는 거의 모든 문학 장르에 걸쳐 작품을 냈다. 대표작으로 『*El pórtico de la fuga*』(1979), 『*De un paseante solitario*』(1985), 『*Reinos imaginarios*』(1986) 등이 있다. 소설작품인 『*No existe tal lugar*』으로 1997년 국내 문학비평상(Premio Nacional de la Crítica)을 받은 바 있다.

Sánchez Pastor, Emilio (에밀리오 산체스 파스토르) (1853~1935) 마드리드(Madrid) 태생. 스페인 작가와 기자로 활동하였다. <Blanco y Negro>와 <La Vanguardia> 신문상에서 협력하였고 후에 <La Iberia>의 편집장이 되었다. 정치적 활동에도 참여하면서 문학활동을 하였다. 대표작으로 『*Los calaveras*』(1892), 『*El señorito Arturo*』(1900), 『*La procesión cívica*』(1893) 등이 있다.

Sánchez-Silva, José María (호세 마리아 산체스 실바) (1911~2002) 마드리드(Madrid) 태생. 스페인 소설가, 기자, 연극 시나리오 작가로 활동했다. 많지 않은 작품을 냈으나, 『*Marcelino Pan y Vino*』(1953)라는 소설로 50년대 작가로 이름을 알렸다. La Escuela de El Debate에서 저널리즘을 공부하였고 40년대 잘나가는 젊은 기자 중 한 명으로 꼽혔다. 대표작으로 『*El hombre de la bufanda*』(1934), 『*Primavera de papel*』(1953), 『*Historias de mi calle*』(1954) 등이 있다.

Sanchís Sinisterra, José (호세 산치스 시니스테라) (1940~) 발렌시아(Valencia) 태생. 스페인 현대 연극 감독이며 극작가이다. 2004년에 국내 극문학상(Premio Nacional de Literatura Dramática)을 받은 바 있다. 발렌시아 대학교(La Universidad de Valencia)에서 문학을 전공하였고, 연극학교를 열고 수업을 했다. 1977년 바르셀로나(Barcelona)에서 "Teatro Fronterizo 그룹"을 창설한 사람 중 한 명이다. 대표작으로 『*Tú, no importa quién*』(1962), 『*Midas*』(1963), 『*Demasiado frío*』(1965), 『*Prometeo no*』(1970) 등이 있다.

Sandoval y Cutolí, Manuel de (마누엘 데 산도발 이 쿠톨리) (1874~1932) 마드리드 출신의 작가이다. 법, 철학, 문헌학을 전공했고, 스페인의 여러 기관에서 시학, 수사학, 문학, 언어학 등을 가르쳤다. 『*Prometeo*』(1893), 『*Aves de paso*』(1904) 등의 시집이 있다.

Sandoval, Adolfo de (아돌포 데 산도발) (1870~1947) 코르도바(Córdoba) 태생. 스페인 소설가이며 수필가이다. 보수적인 경향의 소설작가이다. 대표작으로 『*Los amores de un cadete*』(1927), 『*La gran fascinadora*』(1928), 『*Almas gemelas*』(1930) 등이 있다.

Sant Jordi, Jordi de (호르디 데 상트 호르디) (1385~1424) 발렌시아(Valencia) 태생. 스페인 작가이다. 아라곤(Aragón)에서 알폰소 5세(Alfonso V)의 시종으로 일했었다. 대표작으로 『*Estat d'honor*』, 『*Cançó d'opòsits*』 등이 있다. 발렌시아풍의 사랑시는 아우시아스 마르치(Ausiàs March) 이전의 카탈루냐(Cataluña) 최고의 시로 꼽힌다.

Santa Ana y Rodríguez, Manuel María de (마누엘 마리아 데 산타 아나 이 로드리게스) (1820~1894) 세비야(Sevilla) 태생. 스페인 작가이다. 세비야에서 의학을 공부하기 시작했으나 마무리하진 못했다. 이후 편집장으로 신문업계에 종사하였으며 몇몇 출판사의 창설자이다. 대표작으로 『*Otro perro del hortelano*』, 『*¡Ya murió Napoleón!*』, 『*El dos de mayo*』, 『*Mi Dios y yo*』, 『*De casta le viene al galgo*』 등이 있다.

Santa Cruz, Melchor de (멜초르 데 산타크루스) (1520~1580) 생애에 대해서는 별로 알려진 바가 없고, 톨레도에서 태어나고 생활했을 것이라고 추정된다. 후안 데 티모네다(Juan de Timoneda)의 문학 세계를 계승했다는 평가를 받는다. 『*Floresta española*』(1574)의 저자이다.

Santa Fe, Pedro de (페드로 데 산타 페) (14세기 말~1450) 사라고사(Zaragoza) 태생. 스페인 시인이다. 예이다 대학교(La Universidad de Lleida)에서 예술을 공부하였다. 시작품은 『*Cancionero de Palacio*』에 잘 보존되어 있다. 또한 종교적이고 시대를 반영하는 시를 썼는데, 이는 『*Lohor del rey Alfonso en la recepción de Nápoles*』, 『*Lohor al rey en la destruición de la ciudat de Nápoles*』와 같은 작품에 잘 나타나 있다.

Santa María del Puerto I (산타 마리아 델 푸에르토 1집) 에두아르도 파니아구아(Eduardo Paniagua)가 속해 있는 무시카 안티구아(Música Antigua) 그룹의 음반이다. 알폰소 10세(Alfonso X el Sabio)의 칸티가 사본 가운데 산타 마리아 델 푸에르토(Santa María del Puerto I)에 담긴 음악을 재현하기 위해 만든 특별한 작품집이다. 매력적인 보컬의 음성과 특히 에두아르도 파니아구아의 리코더 연구는 이 작품에 특별함을 더한다.

Santa María o García de Santa María, Pablo de (파블로 데 산타 마리아 오 가르시아 데 산타 마리아) (1352~1435) 부르고스(Burgos) 태생. 스페인 작가이다. 본명은 세로모 하 레비(Selomoh Ha-Leví) 였으나, 1390년 크리스천으로 개종했을 때 개명하였다. 문학작품은 영웅을 주제로 해 라틴어와 카스티야어(Castellano)로 쓰였으며, 특히 종교적인 주제로 많은 작품을 남겼다. 대표작으로 『*Siete Edades del Mundo o Edades Trovadas*』, 『*Suma de las corónicas de España*』 등이 있다.

Santa Teresa de Jesús* (산타 테레사 데 헤수스) 우리나라에서 '아빌라의 성녀'라 불리는 테레사 데 헤수스는 스페인 16세기 신비주의 문학의 대가로, 1515년 3월 28일 아빌라(Ávila)에서 출생하였고, 1582년 알바 데 토르메스(Alba de Tormes)에서 세상을 떠났다. 테레사 세페다 이 아우마다(Teresa Cepeda y Ahumada)라는 이름으로 세례를 받았다. 그녀는 알론소 산체스 데 세페다(Alonso Sánchez de Cepeda)와 베아트리스 데 아우마다 이 타피아(Beatriz de Ahumada y Tapia) 사이에서 셋째 딸로 태어났는데, 아버지는 재혼이었다. 테레사 데 헤수스의 할아버지는 유대인으로, 1485년 톨레도(Toledo) 종교재판에서 내린 참회와 속죄의 벌을 받고 기교인으로 개종한 인물이었다. 어려서부터 여러 가지 성차별을 겪으며 이에 대항하였다. 당시 사회는 여성들이 글을 읽고 쓰는 교육을 받는 것을 별로 탐탁지 않게 여겼으나, 테레사 데 헤수스는 당시의 다른 여성들에 비해 훨씬 더 많은 교육을 받을 수 있었다. 이는 유난히 책을 읽는 것을 좋아했던 그녀의 아버지의 성향 덕분이었는데, 이 때문에 어려서부터 집에서 아버지로부터 책 읽는 교육을 받았던 것이다. 16세 때 아버지에 의해 아빌라 성곽 바깥에 위치한 성 아우구스티누스회 수녀원에 보내어졌는데, 여기서 1531년부터 1533년까지를 보내게 된다. 아직까지 이 기간에 자신이 수녀가 될 거라는 생각은 하지 못하였다. 그러던 중 질병으로 인해 수녀원을 떠나게 되었고, 병의 후유증으로 지독한 두통과 불면증에 시달려야 했으며, 그를 극복하기 위해 휴식을 취하며 방대한 양의 독서를 하게 된다. 그리고 비로소 이 기간 중에 수녀가 되기로 결심하였고, 결국 아버지의 반대에도 불구하고 1535년 비르헨 산타 마리아 델 몬테 카르멜로(Virgen Santa María del Monte Carmelo) 교단의 엔카르나시온(Encarnación) 수녀원에 입회해서 1536년에 정식 수녀가 된다. 그리고 거기에서 비로소 테레사 데 헤수스라는 이름을 얻게 된다. 수녀가 된 후에도 전에 앓았던 병이 재발하여 수녀원을 떠나고 다시 들어오기를 반복하는데, 1550년경부터 신비스러운 정신적 경험을 하기 시작한다. 지옥의 고통에 대한 환상이 그녀로 하여금 카르멘 교단의 개혁을 시작하도록 자극을 주는 것이었다. 그로부터 테레사 데 헤수스는 1582년 세상을 떠날 때까지 교단의 개혁과 수도회의 건립에 온몸을 바쳐 헌신하며, 수많은 업적을 남기게 된다. 작가로서 테레사 데 헤수스는 신과의 접촉과 합일을 신비스럽게 표현하는 여러 시작품들도 남겼지만, 무엇보다도 신비주의 작가로서의 명성은 산문에 있었다. 작품 곳곳에 활기차고 대담한 필체와 함께 여성 특유의 섬세함과 정신적인 교감이 잘 녹아들어 있다. 대표적인 산문집으로는 『*Libro de la Vida, Camino de perfección, Cartas*』 등이 있다.

S

Santiago Fuentes, Magdalena (마그달레나 산티아고 푸엔테스) (1876~) 스페인 소설가로 쿠엔카(Cuenca) 태생. 작품은 사회적 문제에 대해 집중해 교육적인 목적으로 쓰였다. 대표작으로 『*Abigail*』, 『*narración de Tierra Santa*』(1898), 『*Aves de paso*』(1909), 『*Visión de la vida*』(1909) 등이 있다.

Santos, Francisco (프란시스코 산토스) (1623~1698) 마드리드 출신의 작가이다. 작품들은 피카레스크 소설이 쇠퇴하고 풍속주의 소설이 점차 발달하는 중간적 과정을 보여준다. 『*Periquillo el de las gallinas*』(1668), 『*Día y noche de Madrid*』(1663) 등을 썼다.

Sanz Pastor, Marta (마르타 산스 파스토르) (1967~) 마드리드(Madrid) 태생. 스페인 작가이다. 콤플루텐세 대학교(La Universidad Complutense de Madrid)에서 철학을 전공하였고 박사학위를 받았다. 네브리하 대학교(La Universidad de Nebrija)에서 외국어로 스페인어 교육 석사과정을 마무리했다. 대표작으로 『*Escritores frente a la tortura*』(1997), 『*Escritores contra el racismo*』(1998), 『*Páginas amarillas*』(1998) 등이 있다.

Sanz y Sánchez, Eulogio Florentino (에우로히오 플로렌티노 산즈 이 산체스) (1822~1881) 아빌라(Ávila)의 아레발로(Arévalo) 태생. 스페인 작가이다. 바야돌리드(Valladolid)에서 공부를 한 후 스페인, 독일, 보헤미아 등을 거쳐 1854년에는 베를린에서 외교관으로 일하기도 했다. 대표작으로는 『*Don Francisco de Quevedo*』, 『*Achaques de la vejez*』(1854), 『*Epístola a Pedro*』 등이 있다.

Sanz, María (마리아 산스) (1956~) 세비야 출신의 작가이다. 그녀는 여류문학의 경계에 자신의 작품을 한정시키기를 원하지 않으며 능동적이고 주체적인 문학인으로 자리매김하고자 한다. 또한 시에 대하여 시적 언어야말로 시인이 초월적인 시간과 접촉할 수 있게 해주는 유일한 도구라고 생각한다. 『*Tierra difícil*』(1981), 『*Aquí quema la niebla*』

(1986) 등의 시집을 냈다.

Sarabia, José de (호세 데 사라비아) (1639~1676) 세비야(Sevilla) 태생. 스페인 화가이며, 프란시스코 안토리네스 이 사라비아(Francisco Antolínez y Sarabia)의 삼촌이다. 마드리드에서 작품활동을 시작하였고, 마드리드 박물관에서 작품을 볼 수 있다.

Sastre, Alfonso* (알폰소 사스트레) (1926~) 마드리드에서 태어난 극작가 알폰소 사스트레는 유진 오닐, 사르트르, 까뮈, 브레히트 등의 영향을 다분히 받은 스페인 현실참여문학의 선구자이다. 학창시절인 1945년 당시 진부한 스페인 연극 사조에 대항한다는 기치 아래 일단의 작가들과 뜻을 같이 하여 "Arte Nuevo(신예술)"라는 극단을 만들기도 하였고, 1959년에는 스페인 극문학의 발전을 위해 '사회적인 것은 예술적인 것에 우선하는 범주이다'라는 말로 요약되는 지침을 제시하기도 하였다. 즉, 그에 따르면 예술의 일차적인 사명은 우리가 살고 있는 모순된 사회를 변화시키는 데 있다는 것이다. 대중적인 연극을 실천하고자 많은 노력을 기울인 대표작으로 『*Escuadra hacia la muerte*』(1953), 『*La mordaza*』(1954), 『*El cuervo*』(1957), 『*El pan de todos*』(1960) 등이 있다.

S

Saturno devorando a un hijo (자식을 삼키는 사투르누스) 프란시스코 데 고야(Francisco de Goya)의 유화작품으로 '귀머거리의 방(Quinta del Sordo)'의 14개의 검은 그림의 벽화 중 하나이다. 1819년 벽화에서 캔버스로 옮겨져 전시되었다. 그리스 신화의 크로노스이자, 로마신화의 사투르누스는 그의 아들 중 한 명이 자신을 해칠 것이라는 예언을 믿고 그들을 하나씩 집어삼키는 모습을 그린 작품이다. 고야의 그림 속에서 사투르누스는 증오와 공포로 뒤틀린 얼굴로 자식의 몸을 집어 든 채 삼키고 있다. 고야는 신화 속의 괴물인 사투르누스를 통해 인간에 대한 좌절감과 절망감을 표출하고 있다. 즉, 인간은 자신의 자식을 집어 삼키는 사투르누스 같이 자기파괴적인 존재라는 것을 암시한다.

Saura Atarés, Carlos (카를로스 사우라 아타레스) 1932년 1월 4일 우에스카(Huesca)에서 출생한 세계적인 명성의 스페인 영화인이자 사진작가이다. 「*Flamenco*」(1955), 「*Los ojos vendados*」(1978), 「*Dulces horas*」(1982) 등 여러 영화를 찍으며 수많은 상을 받았다. 또한 소설, 각본, 책등을 집필하며 다양한 분야에서의 활동이 두르러지는 인물이다.

Segura, Juan de (후안 데 세구라) 16세기 스페인의 마지막 감상소설 작가이자 최초의 서간체 소설작가이다. 대표 서간체 소설인 『*El proceso de cartas de amores que entre dos amantes passaron y una quexa y aviso contra Amor, traducido del estilo griego en nuestro pulido castellano*』(1548)은 큰 인기를 끌었음에도 불구하고 속편 제작으로 이어지지는 않았다.

Selgas, José (호세 셀가스) (1822~1882) 무르시아(Murcia) 출신의 작가 및 정치인이다. 꽃의 시인(el poeta de las flores)으로도 불렸으며, 절도 있고 부드러운 시를 썼다. 『*La primavera*』(1850), 『*Flores y espinas*』(1882) 등의 시집을 냈다.

Selva de aventuras (셀바 데 아벤투라스) 1565년에 출간된 헤로니모 데 콘트레라스(Jerónimo de Contreras)의 비잔틴 소설이다. 총 6장으로 구성되어 있고, 루스만과 아르볼레아라는 주인공들의 사랑이야기를 중심으로 이야기가 전개된다. 누녜스 데 레이노소(Alonso Núñez de Reinoso)의 『*Los amores de Clareo y Florisea y los trabajos de la sin ventura Isea, natural de la ciudad de Éfeso*』(1552)와 많은 유사점을 갖고 있으며, 로페 데 베가의 작품 『*El peregrino en su patria*』에 영향을 주었다.

Sender, Ramón José (라몬 호세 센데르) 우에스카(Huesca)의 찰라메라(Chalamera)에서

태어난 스페인 작가(1901~1982)이다. 전 스페인을 대표하는 소설가로서, 다양한 주제와 문체의 방대한 작품들을 남겼다. 세르반테스(Miguel de Cervantes) 다음으로 전 세계 다양한 언어로 번역된 작품들을 보유하고 있는 작가이다. 대표작으로는 『*Réquiem por un campesino español*』, 『*La tesis de Nancy*』가 있다.

Señora ama (주인 마님) 베나벤테의 1908년 작품으로 무대가 시골에 설정되어 있다. 결혼해서 아이를 갖지 못하는 주인공 여인은 남편의 끊임없는 외도를 참아내야만 한다. 그러나 남편은 자기 부인이 자신의 상속자를 출산할 것이라는 사실을 알고 결국 마음을 바로 잡는다. ➡ Benavente, Jacinto(하신토 베나벤테)

Seoane, Luis (루이스 세오아네) (1910~1979) 스페인 내란 후 아르헨티나에서 정치적 시들이 나왔는데 그 대표적 작가가 루이스 세오아네이다. 부에노스아이레스에 갈리시아 문학을 널리 보급한 주인공이며 대표작은 『*Fardel d'eisiliado*』(1952)이다.

Serafina (세라피나) 토레스 나아로(Bartolomé de Torres Naharro)가 처음으로 쓴 희곡이다. 원제는 『*Comedia Seraphina*』이지만 후에 『*Serafina*』로 바뀌었다. 사랑과 명예를 주제로 하며 환상적 요소들이 들어 있다. ➡ Renacimiento(르네상스)

S

Sermón de amores (사랑에 대한 설교) 1542년에 출판된 크리스토발 데 카스티예호(Cristóbal de Castillejo)의 가장 잘 알려진 작품 중 하나이다. 궁정식 사랑이 주제이며, 칸시오네릴(cancioneril) 형식을 사용하였다. ➡ Renacimiento(르네상스)

Serra Manzanares, Berta (베르타 세라 만사나레스) (1958~) 바르셀로나(Barcelona)의 루비(Rubí) 태생. 스페인 소설가이며 시인이다. 문학적 재능은 일찍부터 알아챘으나 실제적인 문학활동은 상대적으로 늦게 시작했다. 1993년 『*Frente al mar de Citerea*』를 발표했고, 이후 4년 동안 활동을 하지 않았다. 대표작으로 『*El otro lado del mundo*』가 있다.

Serra, Narciso Sáenz Díaz (나르시소 사엔스 디아스 세라) 마드리드(Madrid) 태생의 스페인 극작가(1830~1877)이다. 40여 개 극작품을 가지고 있는 작가이다. 작품은 평민의 시선으로 쓰였다. 『*El reloj de San Plácido*』(1858), 『*Con el diablo a cuchilladas*』(1854)와 같이 낭만주의 스타일로 쓰인 작품도 있으며 『*El Amar por señas de Tirso de Molina*』와 같이 황금세기 작품도 있다.

Serrano Poncela, Segundo (세군도 세라노 폰셀라) (1912~1976) 마드리드 태생의 스페인 작가이다. 철학, 문학, 법을 공부하였다. 내전이 끝나고 중남미 국가로 추방당했다. 그곳에서 대학교수가 되는 과정을 공부하였다. 다양한 책을 썼는데 『*Seis relatos y uno más*』(1954), 『*La puesta de Capricornio*』(1955), 『*La venda*』(1956) 등이 있다.

Serrano, Eugenia (에우헤니아 세라노) (1921~1991) 마드리드 출신의 작가이다. 글들은 경쾌하면서도 즐거운 느낌을 주며, 현실을 이상화시키는 경향이 있다. 『*Oración de una mujer*』(1949), 『*Pista de baile*』(1963) 등의 시집을 냈다.

Serrano−Plaja, Arturo (아르투로 세라노 플라하) (1909~1978) 마드리드(Madrid)의 산 로렌소 데 엘 에스코리알(San Lorenzo de El Escorial) 태생. 스페인 내전 기간 동안 공화당원으로 정치활동에 참여한 바 있다. 대표작으로는 『*Sombra indecisa*』(1932), 『*Destierro infinito*』(1936), 『*El hombre y el trabajo*』(1938), 『*Versos de guerra y paz*』(1945) 등이 있다.

Seseo (세세오) 'Z'와 모음 'e, i' 앞에서의 'c'를 's'와 같이 발음하는 현상을 말한다. 세세오 현상을 보이는 사람들은 cereza를 [serésa], cierto를 [siérto], zapato를 [sapáto]처럼 발음한다. 세세오는 모든 스페인어권 라틴아메리카 지역 및 스페인의 카나리아스와 안달루시아 지방, 일부 무르시아와 바다호스 지역, 그리고 발렌시아, 카탈루냐, 마요르카 및 파이스 바스코의 일부 서민층에서도 나타난다. 카나리아스와 안달루시아 그리고 라틴아메리카 지역의 세세오는 규범적인 것으로 받아들여진다.

Sigea de velasco, Luisa (루이사 시헤아 데 벨라스코) 1522년 타라콘(Taracón)에서 태어난 스페인 르네상스 시대의 여류시인이다. 그 당시 타라콘은 톨레도(Toledo) 왕국에 속해 있었기 때문에 톨레도의 루이사 시헤아(Luisa Sigea Toletana)로 알려져 있다. 포르투갈의 돈 마누엘(Don Manuel)왕의 딸인 도냐 마리아(Doña María)의 궁중 문학가로 박학다식하여 카스티야어(Castellano)뿐만 아니라 라틴어로도 집필활동을 하였다.

Siglo de oro* (황금세기) 정해진 문화 혹은 국가의 역사에서 특별하게 중요한 기간을 표현하기 위해 문학, 예술, 역사적인 연구에서 공통적으로 사용되는 명칭이다. 이러한 전례는 '황금시대(Edad de Oro)'와 같이 다른 것들과 함께 번갈아 가며 사용되곤 하는데, 서양 세계와 다른 문화권에서 신화적인 시대를 인용하던 것과 함께 사용된다. 스페인 문학의 경우, 일반적으로 르네상스의 세기인 16세기와 바로크의 세기인 17세기를 총칭하여 '황금세기'라고 부른다. 경우에 따라서 'Siglos de Oro'라는 복수로 사용되기도 한다. 이 시기에 스페인 문학사에서 가장 두드러진 문학적 성과가 나타나는데, 가르실라소 델 라 베가(Garcilaso de la Vega), 페르난도 데 에레라(Fernando de Herrera), 세르반테스(Cervantes), 케베도(Quevedo), 공고라(Góngora), 로페 데 베가(Lope de Vega), 티르소 데 몰리나(Tirso de Molina), 칼데론 데 라 바르카(Calderón de la Barca) 등 스페인 문학사에서 가장 훌륭하고 유명한 작가들과 『*Lazariilo de Tormes*』, 『*Don Quijote*』, 『*El burlador de Sevilla y convidado de piedra*』, 『*El buscón*』, 『*Fuenteovejuna*』, 『*La vida es sueño*』 등의 주옥같은 문학작품들이 이 두 세기 동안에 생산되었다. 스페인 문학사에서 이 황금세기를 좀 더 구체적으로 말한다면, 카를로스(Carlos) 5세의 즉위인 1516년부터 칼데론 델 라 바르카의 사망인 1681년까지를 의미한다.

Siglo de Oro de La Literatura Infantil, El (아동문학 황금기) 스페인 아동문학사의 황금기인 20세기 초를 말한다. 특히 1930년대 사투르니노 카예하(Saturnino Calleja), 폴치 이 토레스(Folch I Torres), 살바도르 바르톨로치(Salvador Bartolozzi) 등에 의해 주도적으로 활성화된 시기이다. 스페인 현대 아동문학의 선구자라 할 수 있는 안토니오 로블레스(Antonio Joaquín Robles Soler)의 활동 시기, 카예하와 폴치 이 토레스 출판사, 『*Pinocho*』의 출간 등으로 당대 스페인의 아동문학은 진취적이고 독창적인인 황금세기로 간주된다.

Signes Mengual, Miguel (미겔 시그네스 멘구알) (1935~) 발렌시아(Valencia) 출신의 극작가이다. 문학적 실험성을 포기하지 않으면서도 사회적 문제를 다루는 작품들을 썼다. 『*Antonio Ramos*』(1963), 『*La rara distancia*』(1991) 등을 썼다.

Sigüenza, Fray José de (프라이 호세 데 시구엔사) 1544년경 시구엔사(Sigüenza)에서 태어난 스페인 작가이자 역사학자이다. 아리아스 몬타노(Arias Montano)의 제자로 엘 에스코리알(El Escorial)의 도서관 사서를 역임했었다. 역사를 주제로 한 작품으로도 유명한데 그의 대표적인 작품 중 하나인 『*Historia de la Orden de San Jerónimo*』(1605)에 대해 우나무노(Miguel de Unamuno)는 단조롭지만 견고하고 아주 훌륭한 작품이라 칭하였다. 첫 작품은 산 헤르모니모(San Jerónimo)에서의 삶을 그렸으며, 두 번째와 세 번째 작품은 엘 에스코리알을 가장 잘 표현한 작품이라는 평가를 받는다.

Silepsis (실랩시스) 스페인어 문법의 성수일치 규칙을 따르지 않고 문장을 형성하는 것을 말한다. 예로, 'la mayoría piensan'에서 'la mayoría'는 단수이기 때문에 동사도 'piensa'가 되어야 하지만 그렇지 않다는 것을 볼 수 있다.
예) la mayor parte(단수), murieron(복수), Vuestra Beatitud(여성), es justo(남성)

Siles y Varela, José (호세 실레스 이 바렐라) (1850~1911) 마드리드 출신의 작가이다. 전기 모더니즘에 속하는 작가이며 소설 작품도 출간했으나 시에서 더 뛰어나다는 평을 받는다. 『*El diario de un poeta*』(1885), 『*Las primeras flores*』(1898)가 대표작이다.

Siles, Jaime (하이메 실레스) (1951~) 발렌시아(Valencia) 태생의 스페인 시인이다. 고전주의 철학의 교수, 문학비평가로서 활동을 했고 살라망카 대학교(La Universidad de Salamanca)에서 철학과 문학을 전공하였다. 후에 1973년에 Extraordinario상을 받은 바 있다. 대표작으로 『*Concienciación lingüística y tensión histórica*』(1975), 『*Sobre un posible préstamo griego en ibérico*』(1976), 『*Léxico de las inscripciones ibéricas*』(1979) 등이 있다.

Silió y Gutiérrez, Evaristo (에바리스토 실리오 이 구티에레스) (1841~1874) 산탄데르(Santander)에서 태어난 시인이다. 대지, 자연을 주제로 멜랑콜리한 분위기의 시를 썼는데, 『*Desde el valle*』(1868)가 대표작이다.

S

Silva, Feliciano de (펠리시아노 데 실바) 1451년 시우다드 데 로드리고(Ciudad Rodrigo) 태생의 스페인 작가이다. 트리스탄 데 실바(Tristán de Silva)의 아들로, 『*La Celestina*』와 『*Amadís de Gaula*』의 작품을 계승하는 문학가로 알려져 있다. 그 외 『*Segunda Celestina*』와 『*Lisuarte de Grecia*』(1514)를 집필하였다.

Silva, Lorenzo (로렌소 실바) (1966~) 마드리드(Madrid) 태생. 스페인 작가이다. 1995년 초기 문학작품 이후로 스페인 소설 작품을 많이 남긴 작가 중의 한 명으로 꼽힌다. 마드리드 콤플루텐세 대학교(La Universidad Complutense de Madrid)에서 법학을 전공하였고, 작가가 되기 전에 신문관, 판사, 변호사로 일했다. 그의 첫 소설은 『*Noviembre sin violetas*』(1995)이며, 그다음 해 『*La sustancia interior*』를 출간하였다. 이 외에도 대표작으로 Premio Ojo Crítico상을 받은 『*El lejano país de los estanques*』(1998), 『*El alquimista impaciente*』(2000) 등이 있다.

Silvela García de Aragón, Manuel (마누엘 실벨라 가르시아 데 아라곤) (1781~1832) 바야돌리드(Valladolid) 태생의 스페인 극작가이며 역사가이다. 아버지가 사망한 후 아빌라(Ávila)로 거주지를 옮겨 그곳에서 공부를 시작하였다. 1799년에 7년간 법률을 공부하였고 마리아 데 로스 돌로레스 블랑코(María de los Dolores Blanco)와 결혼하였다. 후에 변호사가 되었으며 1819년에 작품을 내기 시작하였다. 대표작으로 『*Biblioteca selecta de literatura española*』(1820), 『*Correspondencia de un refugiado con un amigo suyo de Madrid*』(1820) 등이 있다.

Sintaxis (통사론) 언어학의 하위 분야로, 문장을 형성하기 위한 단어들의 조합 및 배열을 연구하는 것을 말한다. 다른 말로 구문론이라고도 한다.

Sinués de Marco, María del Pilar, o "Laura" (마리아 델 필라르 시누에스 데 마르코) 사라고사(Zaragoza) 출생의 여류작가(1835~1893)이다. 라우라(Laura)라는 필명을 사용했으며 시, 소설 등의 문학작품뿐만 아니라 에세이, 기사 등 다양한 분야에 걸쳐 글을 썼다. 다양한 작품과 그 작품성으로 인해 19세기 후반 훌륭한 작가 중 한 명으로 평가된다. 대표작으로는 『*Mis vigilias*』(1854), 『*Luz de luna*』(1855) 등이 있다.

Sirera, Rodolf (로돌프 시레라) (1948～) 발렌시아(Valencia) 출신의 극작가이다. 현대 발렌시아 연극계에서 가장 중요한 인물 중 하나이다. 문학적 전통을 동시대와 접목시키는데 기여하였다. 대표작은 『*Verí del teatre*』(1978)이다.

Sobejano, Gonzalo (곤살로 소베하노) 무르시아(Murcia) 출생의 대학교수, 수필가, 시인(1928～)이다. 스페인 황금세기 문학작품을 해석하고 현대어로 번역하는 작업을 했다. 문학 장르 중에서는 시를 주로 썼는데 대표작으로는 『*Eco en el vacío*』(1950), 『*Sombra apasionada*』(1951) 등이 있다.

Sobre las piedras grises (소브레 라스 피에드라스 그리세스) 세바스티안 후안 아르보(Sebastían Juan Arbó)가 1949년에 출간한 소설이다. 리얼리즘적 기법과 아나키즘적 요소가 혼합되었으며 전후 중산층의 불안과 좌절을 다루고 있다.

Sobre los ángeles (천사들에 관하여) (1927～1928) 알베르티의 최대 걸작이자 27세대의 가장 뛰어난 성과 중의 하나이다. 시 속의 천사들(ángeles)은 잔인함과 비애, 절망 그리고 죽음을 상징하고 있다. 가장 중요하게 생각했던 과제는 전통적 시어와의 급격한 단절이었다. 이러한 입장을 기초로 초현실주의 기법을 채택했다. ➡ Alberti, Rafael(라파엘 알베르티)

S

Sobreesdrújula (소브레에스두루훌라) 끝에서 세 번째 음절 앞의 음절 이상에 강세가 있는 단어들을 말한다: cómetelo, habiéndosenos, llévesemela. 스페인어에서의 소브레에스두루훌라는 동사의 복합 형태에서 접어가 붙는 경우들이다.

Solana, José Gutiérrez (호세 구티에레스 솔라나) (1886～1945) 마드리드(Madrid) 태생의 스페인 화가이면서 작가이다. 마드리드 산 페르난도 예술학교(La Escuela de Bellas Artes de San Fernando de Madrid)에서 공부했고, 문학에 흥미를 가지기 시작했다. 1909년부터 1918년까지 그의 가족의 출신도시인 산탄데르(Santander)에서 거주했고 문학활동과 예술활동을 시작했다. 마드리드로 돌아와서 라몬 고메스 데 라 세르나(Ramón Gómez de la Serna)의 토론모임(tertulia)에 참여했고 전시회를 열기 시작했다. 회화작품은 그의 문학작품과 동일한 관념을 다루며 고야(Goya)와 에우헤니오 루카스(Eugenio Lucas)의 블랙회화(pintura negra)의 영향을 보여준다.

Solano, Francisco (프란시스코 솔라노) 부르고스(Burgos) 출생의 작가이자 문학비평가(1952～)이다. 단편소설집 『*El pájaro huésped*』(1990)로 문학작품 활동을 시작했고 이후로도 지속적으로 작품을 출간했다. 이 외의 작품으로는 『*La noche mineral*』(1995), 『*El caso de Salicio Méndez*』(1996) 등이 있다.

Solaya o los circasianos (솔라야 오 로스 시르카시아노스) 호세 카달소 이 바스케스(José Cadalso y Vázquez)의 극작품이다. 1770년에 쓰였지만 1982년까지 미발표 상태로 있었다. 작가는 검열 절차를 밟지 못했기 때문에 이 극작품을 발표하지도 출판하지도 않았다. 사랑의 감정과 사회적 관습 사이에서 발생하는 갈등을 극화했고 잔인하게 결말을 맺는다. 11음절의 2행으로 쓰였고 5개의 막으로 나누어져 있다.

Soldadesca (군대) 토레스 나아로(Bartolomé de Torres Naharro)의 희극이다. 작품의 분위기는 쾌활하며 당시 스페인 풍속에 대한 정보를 알려준다. ➡ Renacimiento(르네상스)

Soldevila, Carles (카를레스 솔데빌라) (1892～1967) 바르셀로나(Barcelona) 출신의 극작가이자 소설가이다. 작품들은 현실을 이상화시키는 경향이 있다. 『*Fanny*』(1929)는 대표작으로 꼽히는 소설이다.

Soledades, galerías y otros poemas (고독함과 갤러리 그리고 그 밖의 시들) 1907년에 출판된 스페인 작가 루이스 안토니오 마차도(Luis Antonio Machado)의 시집이다. 이 작품은 1903년 『*Soledades*』로 출간되었으나, 그 후 몇 편의 시가 첨가되어 다시 출판되었다. 여기에서는 작가가 포착하고자 노력했던 시간, 죽음, 그리고 신이라는 세 가지의 테마와 관련되어 그의 시 세계를 상징하는 주제인 고독함과 우울함 그리고 고뇌에 대한 고찰이 드러나 있다.

Soler, Bartolomé (바르톨로메 솔레르) (1894~1975) 카탈루냐 사바델(Sabadell) 출생. 소설가로 처녀작 『*Marcos Villarí*』의 성공으로 문단에 화려하게 데뷔한다. 『*Patapalo*』(1949)에서는 사회의 부조리를 문제화하였으며, 후에 파타고니아(Patagonia) 지방을 배경으로 한 『*Karú–Kin–Ka*』(1946)와 검은아프리카 대륙을 소재로 한 『*La selva humillada*』(1952)에서와 같이 이국적인 주제를 선호했다.

Soler, Frederic (프레데릭 솔레르) 바르셀로나(Barcelona) 출생의 극작가, 시인(1839~1895)이다. 세라피 피타라(Serafí Pitarra)라는 필명을 사용했으며 풍속을 묘사하는 극작품을 주로 썼다. 대표작으로는 『*La nodriza*』(1872), 『*El ferrer de tall*』(1874) 등이 있다.

Solís Llorente, Ramón (라몬 솔리스 요렌테) 카디스(Cádiz) 출생의 작가, 기자(1923~1978)이다. 단편소설과 역사, 문화와 관련된 에세이를 잘 쓴 작가로 유명하지만, 산문작품으로는 악평을 받았다. 대표적인 소설작품으로는 『*La bella sirena*』(1954), 『*Un siglo llama a la puerta*』(1963)가 있다.

Sombra del ciprés es alargada (솜브라 델 시프레스 에스 알라르가다) 미겔 델리베스의 첫 작품으로 1947년 나달 문학상(Premio Nadal)을 수상했다. 죽음 앞에 던져진 인간의 강박관념을 취급한다는 면에서 보면 철두철미하게 실존주의적이라 할 만하다. 전통적인 사실주의 테두리 안에 비관주의가 스며 있다. ➡ Delibes, Miguel(미겔 델리베스)

Sombras de sueño (몽상의 그림자) 우나무노의 연극작품으로 주인공의 영혼 속에서 발생하는 뼈와 살을 가진 구체적 인간과 문학적인 가공인물 사이의 갈등이 제시되어 있다. ➡ Generación del 98(98세대)

Somoza y Muñoz, José (호세 소모사 이 무뇨스) 아빌라(Ávila) 출생의 작가(1781~1852)이다. 출판 작품은 적지만 시, 소설, 극작품 등 다양한 장르의 작품을 썼다. 소네트 『*A la laguna de Gredos*』, 송가 『*A fray Luis de León*』, 풍속을 묘사한 작품 『*Memorias de Piedrahita*』(1837)가 유명하다.

Sonata (소나타) 1902년에서 1905년까지 스페인 모더니즘 작가 라몬 델 바예 잉클란이 구성한 4편의 소설이다. 가을의 소나타를 시작으로 여름, 봄 그리고 겨울의 소나타를 차례대로 집필하였으며, 감상적인 인물인 마르케스 데 브라도민의 모험과 사랑이야기를 담고 있다. 이 작품은 평생에 걸쳐 이루어지지 못한 사랑을 관조적인 시각으로 서술하고 있으며 산문이지만 운율이 살아있고 세련된 문장으로 구성되어 있어 감각적인 효과도 풍부하다. ➡ Valle–Inclán(바예 잉클란)

Soneto* (소네토) 14행으로 구성된 시로서 보통 유음 운들과 함께 11음절의 시구에서 2개의 4행과 2개의 3행으로 이루어졌다. 고전적인 도식은 ABBA ABBA CDC DCD였었다. 운의 배치들은 소네트가 4행(ABBA) 혹은 1, 3행과 2, 4행의 운이 맞는 4행시(ABAB)에 의해 형성되어짐에 따라 그리고 3행이 포함되고 서로 연결된 운을 지니거나 혹은 어떠한 다른 가능성(항상 같은 운과 함께 2행으로 시작할 수 없는)에 의한 운을 갖고 있음에 따라 다양해졌었다. 이미 15세기에 마르케스 데 산티야나는 일부 소네트들을 썼었지만, 충분히 보급되지는 않았다. 그것으로 인하여, 이러한 체계를 자각한 안내자들은 후안 보스칸과 가르실라소 데 라 베가이고, 그들은 이탈리아 문학의 소네트를 취했다. 소네트의 유행은 공고라, 케베도 그리고 로페 데 베가와 같은 개척자들과 함께 바로크 시대에까지 이어졌다. 모더니즘에서는 14음절 시구의 시들과 다른 운율법을 가진 소네트들이 쓰였다. 후대에서 이러한 시형(詩形)은 빈번한 사용이 계속되었고 다시 그것이 유행하는 데 이르렀다.

Sonetos del amor oscuro (어두운 사랑의 소네트) 스페인 시인 페데리코 가르시아 로르카의 시집. 소네트(Sonetos)라는 제목으로 출간되기도 한다. 로르카의 후기 작품들을 작가 사후에 모아서 출간되었기 때문에 편집자에 따라 목차, 제목에서 차이를 보이는 여러 편집본들이 존재한다. 이전에 출간된 탈인간적 시집과 다르게 일화적 모티브들이 중심이 된 것이 특징이다. ➡ Federico García Lorca(페데리코 가르시아 로르카)

Sorel, Andrés (안드레스 소렐) (1937~) 세고비아(Segovia) 출신 작가이자 비평가이다. 작품들은 정치적, 사회적 문제에 관심이 맞추어져 있다. 『*Narraciones de amor y muerte en diez ciudades del mundo*』(1973), 『*Yo, García Lorca*』(1977) 등의 작품이 있다.

S

Soto Vergés, Rafael (라파엘 소토 베르헤스) 카디스(Cádiz) 출생의 작가이자 문학비평가(1936~2004)이다. 1950년대 서정시의 주류였던 현실주의적 사회시를 개혁하려고 노력했다. 또한 20세기 중후반 훌륭한 극작품을 쓴 작가들 중 한 명으로 평가된다. 대표작으로 시집 『*La agorera*』(1959), 극작품 『*El recovero de Uclés*』(1962) 등이 있다.

Struzzi, Alberto (스트루치, 알베르토) 알베르토(Alberto) 대공의 부인인 이사벨 공주를 보조하던 스페인의 정치논객이다. 작품 중 『*Diálogo sobre el comercio de estos reinos de Castilla*』(1624)가 유명하다. 1624년 자유무역을 주장하였으며, 자국민과 외국인 모두의 세금을 인하할 것을 제안하였다.

Stúñiga, Lope de (로페 데 스투니가) 스페인에서 출생의 시인(1415~1465)이다. 에스투니가(Estúñiga) 또는 수니가(Zúñiga)라고 알려져 있기도 하다. 작품들은 주로 정치적, 도덕적, 사랑에 관한 것들이다. 작품은 다양한 모음집에 수록되어 있는데, 그중 대표적인 것은 1458년 발표된 『*Cancionero de Stúñiga*』이다.

Suárez Bravo, Ceferino (세페리노 수아레스 브라보) 오비에도(Oviedo)에서 태어난 스페인 신문기자이자 작가이다. 제2차 세계 대전이 끝나고 파리로 이주하였다가 1876년 조국으로 돌아왔다. 연극작품인 『*Amante y caballero*』은 당대에 큰 인기를 끌었으며, 『*¡Es un ángel!*』은 당대 최고의 작품 중 하나로 손꼽힌다. 전쟁에 대한 많은 풍자소설을 썼지만 현재 대부분은 소실되었다.

Suárez de deza, Vicente (비센테 수아레스 데 데사) 17세기의 스페인 시인이자 희곡작가이다. 희곡들은 통속적이고 방종한 분위기이다. 사이네테(sainete), 바일레(baile) 등은 『*Parte primera de los donaires de Terpsícore*』(1963)에 모아서 출간되었다.

Suárez de Figueroa, Cristóbal (크리스토발 수아레스 데 피게로아) (1571~1639) 바야돌리드 출신의 작가이다. 17세에 이탈리아로 건너가 법률가로서 일을 하며 과라니어로 목가소설을 번역했다. 1604년 스페인으로 돌아왔다가 1623년 알바 공작과 함께 다시 이탈리아로 갔다. 동시대에 성공한 모든 작가들에게 반대한, 괴팍한 성격을 가졌던 것으로 알려져 있다. 『*La constante Amarilis*』, 『*España defendida: poema heroico*』 등의 작품을 남겼다.

Suárez, Marcial (마르시알 수아레스) (1918∼) 오렌세(Orense) 출신의 작가이다. 관념 연극(teatro de ideas) 장르의 대표작가 중 한 명이다. 『*Las monedas de Heliogábalo*』(1966), 『*Personajes al trasluz*』 등을 썼다.

Sueiro, Daniel (다니엘 수에이로) 코루냐(Coruña) 출신의 소설가(1931∼1988)이다. 『*Los conspiradores*』(1964)라는 작품으로 국민 문학상(El Premio Nacional de Literatura)을 수상하였으며, 『*La criba*』(1961), 『*Toda la semana*』(1964), 『*El ciudadano de las manos*』(1974) 등의 다른 작품들도 있다. 특히 1969년에 쓰인 『*Corte de la corteza*』는 미국을 배경으로 두뇌 이식 수술 문제를 다뤘는데, 단순히 공상과학소설의 수준이 아니라 오히려 비인간화된 미래를 고발한다.

Summa de tratos y contratos (숨마 데 트라토스 이 콘트라토스) 1571년에 출간된 토마스 데 메르카도(Tomás de Mercado)의 저서이다. 1569년에 나왔던 자신의 경제 이론서 『*Tratos y contratos de mercaderes y tratantes*』를 바탕으로 하였으며 상업의 이론과 실천적인 측면을 다루었다.

Superrealismo (초현실주의) 스페인 98세대 작가 아소린의 소설이다. 아소린은 많은 작품을 통해 사실주의적 기법을 극복하기 위해서 전위문학에 접근하면서 기법을 혁신하고자 했다. ➡ Generación del 98(98세대)

Sureda, Jacobo (하코보 수레다) (1901∼1935) 마요르카(Mallorca) 출신의 시인이다. 전위주의의 한 분파인 울트라이스모(ultraísmo) 시학을 계승했다. 『*El prestidigitador de los cinco sentidos*』(1926)가 대표작이다.

T

Taberna Fantástica, La (타베르나 판타스티카, 라) 알폰소 사스트레(Alfonso Sasatre)가 1966년에 출간한 희곡이다. 유령들이 사는 선술집을 배경으로 하고 있으며 소외 계층, 노동자 계층의 목소리를 담고 있다.

Taboada, Luis (루이스 타보아다) 비고(Vigo) 출생의 작가(1848～1906)이다. 당대 사회의 풍속을 묘사하며 마드리드 중산층을 풍자하는 작품이 많다. 대표작으로 『*Errar el golpe*』(1885), 『*Madrid en broma*』(1890), 『*Siga la fiesta*』(1892)가 있다.

Tafalla Negrete y Polinillo, Josep (조셉 타파야 네그레테 이 폴리니요) 시인으로 사라고사(Zaragoza) 출생(1639～1685/96)이다. 소네트, 로만세 등의 시를 주로 썼으며 사후에 출판된 시집 『*Ramillete poético*』(1706)에 작품들이 수록되어 있다.

Tafur, Pero (페로 타푸르) 코르도바(Córdoba) 출생의 작가(1410～1484)이다. 작가의 탈리아, 스위스, 프랑스, 독일 여행기를 담은 작품 『*Andanças y viajes por diversas partes del mundo ávidos*』가 유명하다. 이 작품은 간결체와 유머러스한 어조로 쓰였다.

Talens, Jenaro (헤나로 탈렌스) 카디스(Cádiz) 출생. 수필가, 문학비평가, 시인(1946～)이다. 셰익스피어, 괴테, 헤세 등 수많은 이의 작품을 번역하였고 수십 편의 문학비평을 썼다. 대표작은 『*El espacio y las máscara*』(1975), 『*La escritura como teatralidad*』(1977)이다.

Tamariz, Cristóbal de (크리스토발 데 타마리스) 스페인 작가(?～1569?/1574?)로 연인 간의 불화를 보여주는 소설을 주로 썼다. 『*El sueño de la viuda*』, 『*El jardín de Venus*』 등의 대표작이 있다.

Tamayo y Baus, Manuel (마누엘 타마요 이 바우스) 마드리드 출생의 작가이자 극작가(1829～1898)이다. 다양한 극작품을 각색하고 자신이 직접 극대본을 쓰기도 했다. 가장 유명한 작품 『*Locura de amor*』(1855)는 후아나 라 로카(Juana I, la Loca, 1479～1555)의 일생을 담은 산문체로 쓰인 극대본이며, 리얼리즘 작품 『*La bola de nieve*』(1856), 『*Lo positivo*』(1862), 『*Lances de honor*』(1863) 등이 있다.

Tapia, Eugenio de (에우헤니오 데 타피아) 아빌라(Ávila) 출생의 작가이자 기자, 역사학자(1776～1860)이다. 극작품, 에세이, 시 등의 다양한 장르의 문학작품을 썼다. 1막으로 쓰인 비극작품 『*Idomeneo*』(1799), 이 외에 풍자적 작품을 많이 썼는데 해당 작품으로는 『*Por un aprendiz de poeta*』(1808), 『*Ensayos satíricos*』(1820) 등이 있다.

Tapia, Juan de (후안 데 타피아) 15세기 초에 출생한 스페인 문인이다. 아라곤 왕국의 정복사업을 따라 스페인에서 이탈리아로 다니며 군인으로 복무했다. 알폰소 5세의 아라곤 궁정에서 로페 데 스투니가, 카르바할레스 등과 함께 가장 핵심적인 시인으로 꼽혔다. 작품들은 세 노래집 『*Cancionero de Palacio*』, 『*Cancionero de Estúñiga*』, 『*Cancionero de Roma*』를 통해 전해진다.

Teatro del Absurdo (부조리극) 연극평론가 에슬린 마틴(Martin Essline)의 저서 『*The Theatre of the Absurd*』(1961)에 의해 정착된 용어로, 안티 테아트르(anti－teatro)라고도 불린다. 인간 존재의 부조리성, 내면적 진실의 포착 등을 목표로 하여 1960년대에 프랑스를 중심으로 서유럽을 풍미한 연극운동이다. 1, 2차 세계대전으로 인해 파괴되고 무질서한 현실이 인간 존재에 대한 끊임없이 방황과 성찰을 하게 하였다. 즉, 불합리 속에서의 존재에 대한 근원적인 물음에 대해 고민하며, 주로 일상적 논리성의 폐기, 줄거리의 부재, 시적 이미지가 풍부한 대사 등을 주요 특징으로 한다.

Teatro Nacional* (국민연극) 17세기 들어 스페인은 대도시를 중심으로 연극 상연을 위한 각종 도구나 무대장치 등이 이전에 비해 비약적으로 발전하기 시작했는데, 이를 통해 연극은 비로소 제대로 된 모습을 조금씩 갖춰 나갔다. 그러나 이것은 어디까지나 당시의 연극 상연을 위한 외형적이고 물리적인 변화일 뿐이었고, 천재적인 극 창작의 재능을 본격적으로 펼치려 하던 당시의 젊은 로페 데 베가에게 당시 극작품들의 주제라든지 분위기, 극작가들의 경향, 또는 극작술과 관련된 제반 현황 등은 모순과 결점으로 가득 찬 것으로만 보였을 만큼 여전히 그 수준은 이전 세기를 벗어나지 못하고 답보 상태에 놓여 있었다. 따라서 로페는 자신이 추구하는 가치관대로 극 창작을 계속하면서, 당시의 연극계에 팽배해 있던 모순과 부조리를 하나씩 지적해서 이를 논리적으로 비판해 나갔고, 이에 동조하는 극작가들과 대중이 점차 늘어가면서 로페가 추구하던 극적 쇄신 운동은 탄력을 받아, 결국 '국민연극'이라는 당시로써는 거스를 수 없는 극적 혁신의 커다란 흐름이 형성되었던 것이다. 로페는 연극계에 나타난 이러한 변화를 위한 표현 양식을 정립하였을 뿐만 아니라, 그렇게 변화될 연극이 지니고 있어야 할 특유의 스타일과 의미도 함께 창출해 내었다. 그런데 여기서 우리가 오해하지 말아야 할 것은 그렇다고 이전 연극과의 철저한 단절이 바로 극작가로서 로페가 수행했던 임무가 결코 아니었다는 사실이다. 로페는 당시 스페인이 처한 연극적 현실에서 출발하여 끌어 모을 수 있는 극적 요소들은 모두 다 끌어 모아 그것들을 교묘하게 삭제하고 결합하고 잘 버무려서 그때까지 그 누구도 접해보지 못한 또 다른 새로운 예술적 형식과 가치를 창조해 내었던 것이다. 이는 곧 로페에 의해 주도된 '국민연극'이 무(無)에서 유(有)를 창조하는 것이 결코 아니었음을 의미한다. 로페의 '국민연극' 이전에도 연극은 분명 존재했고, 일관성은 없었을지언정, 그 종류와 스타일도 비교적 다양했다. 즉, 이전의 연극이 없었다면 '국민연극'을 통한 로페의 극적 혁신도 없었을 것이다. 따라서 로페의 '국민연극'은 어디까지나 15세기 말 후안 델 엔시나(Juan del Encina)에서부터 본격적으로 시작된 스페인 연극의 전통이라는 커다란 흐름 내에서 극의 혁신을 추구했던 것으로 이해되어야지, 이로부터 완전히 이탈하여 전혀 별개의 것을 추구했던 것으로 이해되어서는 곤란하다. 로페 이전의 극작가들을 살펴보면 다음과 같은 두 가지의 결점이 공통적으로 발견된다. 첫째는 고상한 요소와 대중적 요소, 독창적인 것과 전통적인 것, 연극과 시, 관념과 행동, 개인적 가치들과 집단적 가치들 등 서로 대칭되는 가치들에 대한 절묘한 조화를 하나의 극적 구조 내에서 실현시킬 수 있는 능력이 그들에게 결여되었었다는 것이고, 둘째는 그들의 극 창작활동이 아직 극예술과 대중 사이의 관계에 대한 명확한 비전을 갖고 있지 못한 상태에서 이루어졌다는 것이다. 실제로, 로페 이전의 극작가들은,

그들이 가졌던 연극에 대한 기본적인 개념에 의하면, 모든 대중이 다 연극의 관객이 될 수 있다는 생각을 갖고 있지도 않았고, 따라서 모든 대중들을 염두에 두고 극작품을 쓰지도 않았다. 즉, 그들은 교양 있는 고귀한 계층, 아니면 반대로 교육을 받지 못한 완전한 서민 계층 등 어느 특정한 집단만을 위한 특정한 분위기와 주제를 가진 연극을 지향했던 것이고, 예외적으로 모든 대중을 위한 연극을 시도했을 때에는 대부분 그 결과가 그리 좋지 않았다. 물론 그 이유는 앞서 밝힌 그들의 두 가지 결점을 통해서 짐작할 수 있다. 로페 이전의 극작가들 중 그 누구도 자신의 연극작품을 모든 관객들이 연극을 보면서 느끼고 싶어 하는 것과 일치시키는 데 성공하지 못했던 것이다. 다시 말해서, 로페 이전에 그 어느 극작가도 연극의 관객들이 바로 국가의 전체성임을 인식하지 못했고, 따라서 그들이 지녔던 사상과 신념과 감정 등을 연극의 형식과 내용, 소재와 정신, 그리고 극 전개의 기술과 극이 갖는 주제 등에 온전히 담아내지 못했다는 것이다. 그런데, 로페가 추진했던 극 혁신운동인 '국민연극'이라는 명칭에서도 볼 수 있듯이, 그는 처음부터 이전의 작가들이 하지 못했던 이러한 것을 자신의 연극을 통해 성공적으로 실현시켜 나갔다. 바로 여기에서 그의 극적 독창성과 천재성이 빛을 발하게 된 것이다. 로페는 본격적으로 극작활동을 하기 시작할 때부터 이미 대단한 성공과 명성을 성취하였는데, 이 성공에 결정적인 역할을 한 것이 바로 로페가 지녔던 연극에 대한 이와 같은 비전, 즉 연극은 모든 대중을 위한 것이어야 하고 그들이 원하는 바에 따라 전개되는 예술이어야 한다는 신념이었다. 좀 더 구체적으로 말해, 자신의 연극을 보러 온 관객들이 바로 스페인 국민 전체를 의미하며, 반대로 스페인 국민 전체가 바로 자신의 연극을 위한 유일하게 참된 관객이 될 수 있다는 사실, 그리고 귀족이거나 평민이거나, 또는 남자거나 여자거나 또는 교양인이거나 무식한 자이거나 아무 상관없이 스페인인(人)이라면 바로 이 '스페인'이라는 공간에서 펼쳐지는 인간의 삶에 대해 공통적으로 생각하고 느끼는 바가 있을 것이고 그것을 온전히 담아내는 예술이 바로 연극이어야 한다는 사실이야말로 당시 로페가 극 창작을 하며 가졌던 변함없는 신념이었던 것이다. 그리고 로페는 이를 온전히 연극에 나타내기 위해 자기 자신과 자신이 인생에서 경험했던 모든 일들을 그 직접적인 수단으로 삼았다. 로페의 연극은 어떻게 보면 그의 인간적 경험들을 바탕으로 만들어진 것이라 할 수 있을 만큼 그의 인생은 극 창작에 있어서 상당히 중요한 모티브를 차지하였다. 이는 자신과 자신의 인생에 대한 신뢰와 함께, 16세기 말에서 17세기 초 갖은 역경과 파란만장한 사건들로 가득 찼던 당시의 스페인을 살아 내었던 스페인 국민을 자기 자신과 자신의 삶이 온몸으로 대변하고 있다는 로페의 개인적인 신념을 의미한다. 즉, 그의 인생과 그의 연극을 보면 당시 스페인인들이 겪었던 파란만장하고 지난한 삶이 보인다는 것이며, 이것이야말로 로페의 연극이 '국민연극'으로서 일관적인 성공을 거둘 수 있게 한 여러 비법들 중의 하나였던 것이다. 로페에 의해 확립된 '국민연극'은 거의 백 년 가까운 세월 동안 성공에 성공을 거듭했다. 이토록 오랜 시간 동안 성공을 지속할 수 있었던 것은 무엇보다도 로페의 연극이 지녔던 '현재성'에서 그 이유를 찾아봐야 할 것이다. 그러나 이 '현재성'은 로페의 연극에서 다루어졌던 주제가 그 당시의 시사적인 사안들이었다는 것을 의미하는 것이 아니다. 여기서 말하는 '현재성'이란 그 주제가 성서적인 것이든, 스페인이나 외국의 오랜 역사에 관한 것이든, 아니면 사랑과 모험에 관한 것이든 상관없이 그 연극이 상연되던 바로 그 당시의 스페인인들이 생각하고 느끼는 바가 바로 그 연극에서 다루어졌다는 것을 의미한다. 당시의 스페인인들이 세상을 해석하던 장소는 다름 아닌 '스페인'이라는 공간에서였다. 바로 그 당시의 그 '스페인'이라는 공간의 대기를 숨 쉬며 살아가던 스페인인들의 시각이 충실하게 당시의 연극에 반영되었다는 사실이 바로 '국민연극'이 가졌던 '현재성'을 의미하는 것이고, 이러한 '현재성'이 바로 '국민연극'의 형성을 이끌어낸 결정적인 요인이었다고 봐야할 것이다.

Teatro por horas, El (소극, 小劇)　스페인어로 'El teatro por secciones', 'El genero chico'라고 불리기도 한다. 1867년 마드리드에서 호세 바예스, 안토니오 리켈메 등에 의해 구상된 새로운 형태의 연극으로 1910년까지 큰 인기를 끌었다. 기존 연극에 비해 입장료가 저렴하면서 한 시간 내외의 연극작품들이 연달아 공연되는 것이 특징이다. 초기에는 주로 카페에서 공연이 이루어졌으나 점점 인기를 끌면서 극장에서도 공연되었다.

Teatro Renacentista en España (르네상스 시대 스페인 연극)　15세기 말경에 고전 라틴연극이 부활하기 전까지 중세 스페인과 유럽에서 연극은 다양한 상연 형태를 가지고, 또 고유의 연극 형태를 발전시켰음에도 불구하고 이렇다 할 주목을 받지 못했다. 그 이후 유럽에서는 연극이 찬란하게 발전했으나 스페인에서는 여전히 비주류 예술 장르로, 조금씩이지만 차근차근 발전하여 로페 데 베가(Lope de Vega) 때 절정에 이른다.

Tellado, Corín (코린 테야도)　아스투리아스(Asturias) 출생의 여류작가(1927~2009)이다. 2,243편의 소설, 16편의 청춘소설, 8편의 동화 등 수많은 작품을 썼다. 또한 신문, 잡지 등에 25편의 글을 게재했다. 대표작으로는 『*Los sentimientos de Koldo*』, 『*El padre soy yo*』, 『*La segunda oportunidad*』 등이 있다.

Templo de Apolo (아폴로 신전)　(1526) 힐 비센테(Gil Vicente)의 작품. 희비극 속에서 국가의 역사적 사건과 우의적인 요소가 혼합하곤 했는데, 이 작품은 이사벨 공주가 포르투갈에서 스페인으로 떠나는 것을 계기로 쓴 것이다. ➡ Renacimiento(르네상스)

Tenreiro, Ramón María (라몬 마리아 텐레이로)　(1879~1939) 라 코루냐(La Coruña) 출신의 소설가이다. 작품은 서정적이며 회고적인 언어를 사용한다. 『*La agonía de Madrid o la cola del cometa*』(1910), 『*La promesa*』(1926), 『*La ley del pecado*』(1930) 등을 출간했다.

Teoría de Andalucía (안달루시아에 대한 이론)　1927년 출간된 스페인 철학자 호세 오르테가 이 가셋의 철학 에세이집. 오르테가 철학의 중심 이론인 관점주의를 다루고 있으며, 안달루시아 문화를 안달루시아 역사적 관점과 삶의 환경이라는 두 가지 기본적인 관점으로 분석한다. 오르테가에 따르면 안달루시아의 주요한 문화적 특징은 다른 문화에 대한 관용과, 자신들의 문화를 힘을 사용해 강요하지 않는다는 것이다.

Teoría de lo diferente (다름의 이론)　엘더 올슨(Elder Olson)의 의견에 따르면 엄연히 관객은 연극이 연출된 상황이라는 것을 알고 있음에도 불구하고 등장인물이 느끼는 고통을 자기의 것처럼 느낀다. 한편 그 감정들이 실존하는 것이라는 것을 알더라도 거부하는 경우도 있다. 이 상반된 두 흐름은 단지 두 가지의 상반된 형태의 반응이라고 볼 것이 아니다. 서로 다른 세계들에 속해 있는 것들이 일원이 되게 하고, 혹은 등장인물의 고통을 통해 즐거움을 느낄 수도 있게 하는 것이다. 이 즐거움, 조소는 자신이 우월한 입장에 있다는 것을 전제로 한다.

Terceto (테르세토)　주로 11음절로 이루어진 3행시를 말한다. 운율은 A－B－A를 취하고 독립적으로 사용되기보다는 여러 테르세토가 묶여서 혹은 다른 시 형식과 함께 사용된다.

Terentius (테렌티우스)　고대 로마의 희극작가로 플라우투스와 함께 로마의 2대 희극작가로 손꼽힌다. 작품들 역시 그리스 작품들에서 따왔지만 새로운 상연기술과 정교한 문체로 독창성을 얻었다. 하지만 그의 작품은 흥미 요소가 떨어지고 현학적인 요소가 많아 지식인들에게 인기가 많았다. 명상적이고 감상적인 작품들의 상연은 성공적이었고 "나는 인간이다. 인간에 관한 일이라면, 무엇이든 남의 일로는 여기지 않는다"와 같은 수많은 명구를 탄생시켰다.

Teresa (테레사) (1923) 미겔 데 우나무노(Miguel de Unamuno)의 시작품이다. 이야기 형식으로 되어 있으며 연시(戀詩)를 담고 있다. 사랑하는 사람을 이상적으로 그려내고 있다. ➡ Generación del 98(98세대)

Tesán, Alberto (알베르토 테산) 바르셀로나(Barcelona) 출생의 시인(1971~)이다. 카탈란으로 쓰인 비센트 안드레스 에스테예스(Vicent Andrés Estellés, 1924~1993)의 작품을 카스티야어로 번역하는 작업을 하면서 동시에 시를 창작했다. 시의 주제는 비극적인 사랑인 경우가 많고 대표작으로 『*Los jardines instantáneos*』(1996), 『*El mismo hombre*』(1996)가 있다.

Tetrasílabo (테트라실라보, 4음절어) 말 그대로 4음절로 이루어진 어휘를 뜻한다.
예) Ma−ni−pu−lar, bar−ba−ri−dad

Tiempo (티엠포) 에밀리오 프라도스의 작품이다. 말라가(Málaga)를 배경으로 해서 바다, 하늘, 오후, 밤, 달이 나타난다. 모든 풍경적인 요소들은 영혼의 상태와 일치시킨다. 시에서 영혼은 고독하며 이 고독의 주제는 14음절 또는 짧은 시로 나타내진다. ➡ Prados, Emilio(에밀리오 프라도스)

Tierras del Ebro (티에라스 델 에브로) 세바스티안 후안 아르보(Sebastià Juan Arbó)의 작품(1940)으로 카탈루냐어(catalán)로 먼저 발표된 것을 카스티야어(castellano)로 번역한 것이다. 이 작품에서 그의 유년시절과 청년시절에 지냈던 암포스타(Amposta)와 토르토사(Tortosa) 지방의 풍경과 사람들을 그렸다.

Tilde (틸데) 1) 틸데는 글에서의 음운론적인 강세를 나타내며, 그렇기 때문에 틸데를 철자법의 강세(acento ortográfico)라고도 한다. 스페인어에서는 틸데를 모음 위에, 우측에서 좌측으로 비스듬한 선으로 나타낸다. 예) camión(camiòn으로 표시하지 않는다)
2) ñ위의 물결표 또는 일부 약어에 쓰이는 기호

Timoneda, Juan de(Timoneda, Joan de) (후안 데 티모네다) (1520~1583) 발렌시아 출생의 작가, 편집자이다. 작품활동을 하기 전에 무두장이 일을 한 것 외에는 어린 시절과 출생에 대해 알려진 바가 많지 않다. 극, 소설, 로만세를 썼지만 로페 데 베가의 선구자적 역할을 했다고 평가받을 정도로 극작품으로 명성을 떨쳤다. 『*Ternario sacramental*』에 담긴 『*Oveja perdida*』, 『*Sobremesa y alivio de caminantes*』 등이 대표작이다.

Tintero, El (틴테로, 엘) 카를로스 무니스(Carlos Muñiz)의 가장 잘 알려진 작품(1961)이다. 주인공과 본질적인 주제 측면에 있어서 『*El grillo*』(1957)와 일치하는 인상주의적 소극(笑劇)이다.

Tirano Banderas (독재자 반데라스) 1926년에 발표된 스페인 모더니즘 작가 라몬 델 바예 잉클란의 소설이다. 중남미의 한 독재자의 도깨비 같은 일대기를 그린 작품이며, 작가의 도깨비와 같은 환상적인 요소를 지니고 있다. 이와 같은 요소는 중남미 문학에 끼친 영향도 매우 지대했다고 할 수 있다. ➡ Valle−Inclán(바예 잉클란)

Tirant lo Blanch (티란트 로 블란치) 카탈루냐어로 쓰인 기사소설이다. 스페인어로는

『*Tirante el Blanco*』라 불린다. 1460년경부터 작품으로 구체화되면서 1490년에 발렌시아에서 조아노트 마르토렐(Joanot Martorel, 1410～1468)에 의해서 제3부까지 나왔지만 사망 후 조안 데 갈바(Joan de Galba)에 의해 제4부가 추가되어 하나의 작품으로 완성되었다. 이 소설의 주인공은 티라니아(Tirania) 영주의 아들로서 터키군에 의해 포위된 기독교의 영토를 지키기 위해 모험을 감행하는 기사이다.

Tirso de Molina* (티르소 데 몰리나)　우리에게 연극 『*Don Juan*』의 작가로 잘 알려진 티르소 데 몰리나는 극작가이기 이전에 원래 본명이 가브리엘 테이예스(Gabriel Téllez)인 메르셋 교단(Orden de la Merced) 소속의 수도사 신부이다. 극작가로서 오늘날 티르소가 받고 있는 문학사적 명성에 비해, 출생 기록과 어린 시절의 성장 기록에 대해서는 정확하게 알려진 바가 별로 없고, 상당 부분은 수수께끼로 남아 있거나 아직까지도 논쟁 중이다. 예를 들어 그의 출생연도만 하더라도 1584년이라고 하는 학자들도 있고, 다른 학자들은 이보다 5년 전인 1579년이라고 하는 경우도 있다. 소리아(Soria) 지방의 알마산(Almazán)에서 가난한 집안의 아들로 태어나, 1601년에 메르셋 교단에 입문하였고, 그 후 5년 뒤인 1606년 정식으로 사제가 되었다. 1610년에서 1616년 사이 톨레도(Toledo)에 거주하면서 대학에서 신학과 예술을 공부하였으며, 이 무렵부터 그는 '티르소 데 몰리나'라는 필명으로 본격적인 극작가의 활동을 시작하였다. 그가 본명을 버리고 굳이 필명을 썼던 이유는 교회와 대중들에게 가톨릭 사제라는 자신의 직분을 감추기 위한 것으로 보인다. 그는 활발한 극작활동을 통하여 빠른 시간에 많은 명성을 얻게 되었는데, 그가 쓴 일부 극작품들의 내용이 불경하다는 이유로 여러 스캔들에 휘말리는 바람에 결국 그는 세비아(Sevilla)로 추방당하면서 한동안 극작활동에 제한을 받게 된다. 이러한 제한으로 말미암아 그의 인생 말미에는 별다른 극작활동 없이 트루히요(Trujillo) 수도원장, 교단의 연대기 작가, 소리아 수도원장 등으로 재직하다 1648년 알마산 수도원에서 생을 마감하였다. 극작가로서 티르소는 대표적인 로페의 추종자였고, 극작에 있어서는 로페의 연극을 가장 이상적인 모델로 삼았다. 따라서 그의 연극에는 로페의 영향을 받은 부분이 적지 않은데, 가장 대표적인 것이 그의 연극에서 나타나는 해학적인 요소이다. 그러므로 로페의 극에서처럼 그의 연극에 나타나는 희극성은 단순한 희극성을 넘어 내면 깊숙이 그리워져 있는 우수어린 비애감, 또는 좌절감을 시사하기도 한다. 이런 의미에서 티르소의 연극에 내재된 희극성은 표면에 나타난 순수한 유희적 성격의 유머 위에 여러 가지 다양한 성격들이 복잡하게 구성되어 있는 것이라고 할 수 있으며, 티르소의 뛰어난 심리묘사와 극적 상황의 자유로운 연출 등이 이를 위한 뒷받침이 되고 있는 것이다. 그러나 무엇보다도 티르소의 연극이 갖는 가장 변별적인 특징은 등장인물의 뛰어난 심리 묘사를 통해 불멸의 인간형들을 창조해내었다는 것이다. 즉, 티르소는 다른 무엇보다도 등장인물의 심리 묘사와 성격 창조의 달인이라고 할 수 있는데, 잘 알려진 돈 후안(Don Juan)이라든지 미레노(Mireno)와 같은 전형적인 인물상에서 볼 수 있듯이 그는 심리 묘사와 성격 창조에 있어서 매우 독창적이며 특이한 재능을 보이고 있다. 무엇보다도 여성의 심리 묘사에 있어서는 당대 그 어느 극작가도 따오지 못하는 탁월함을 보여주었다. 일생 동안 총 400여 편의 극작품을 남겼는데, 이들 중 지금까지 남아 전해지는 것은 약 80여 편에 이른다. 극작품들 중 대표적인 것은 우리에게 『*Don Juan*』으로 알려진 『*El burlador de Sevilla y convidado de piedra*』, 그리고 대표적 희극작품인 『*El vergonzoso en palacio*』, 이 밖에 『*El condenado por desconfiado*』, 『*La gallega Mari -Hernández*』,

『*Marta la piadosa*』, 『*Don Gil de las calzas verdes*』 등이 있다.

Tizón, Eloy (엘로이 티손) (1964~) 마드리드 출신의 작가이다. 독창성 있는 작품으로 평단의 주목을 받고 있으며, 이미지 사용에 능하다. 『*Parpadeos*』(2006), 『*Seda salvaje*』(1995) 등을 썼다.

Toledano, Frasncisco (프란시스코 톨레다노) (1932~) 코르도바(Córdoba) 출신의 작가이다. 개인적 경험이나 생각이 문학적 표현과 너무 동 떨어지는 것을 막기 위해 메타포를 자제하는 것이 특징이다. 『*Tren Talgo Madrid－Mediodía*』(1974), 『*Trilogía interrogante*』(1977) 등의 작품이 있다.

Toledano, Miguel (미겔 톨레다노) (~1614) 종교적 성격의 작품을 주로 쓴 스페인 작가이다. 작품들은 그리스도나 성인들의 삶에 초점이 맞춰져 있다. 그가 남긴 작품은 『*Minerva sacra*』(1916)로 출간되었다.

Toledano, Ruth (루스 톨레다노) 레온(León) 출생의 여류시인(1966~). 처녀작인 『*Paisaje al fin*』(1994)은 작가 자신의 정체성을 보여주는 작품으로 간결체로 쓰였다. 이 외에도 『*Ojos de Quien*』이라는 유명한 작품이 있다.

Tomás de Mercado (토마스 데 메르카도) 16세기 초 세비야(Sevilla)에서 태어나 멕시코 산 후안 데 울루아(San Juan de Ulúa)에서 사망한 스페인의 작가이자 경제학자, 성직자이다. 세비야에서 신학을 가르쳤으며, 1569년에 『*Tratos y contratos de mercaderes tratantes*』를 출판하였다. 이 작품은 1571년에 『*Summa de tratos y contratos*』로 변화했다. 상업과 관련한 이론과 실전을 다룬 책으로서 큰 선전을 했다. 또한 경제 지식에 있어 기본이 되는 내용들을 수록하고 있었다.

Tomeo, Javier (하비에르 토메오) 우에스카(Huesca) 출생의 소설가, 극작가(1932~)이다. 그는 작품에서 주인공들을 매우 비극적이고 불행한 존재로 묘사하는데, 이러한 작품의 예로는 『*El canto de las tortugas*』(1999), 『*Napoleón VII*』(1999)가 있다. 이 외에도 우화소설 『*La rebelión de los rábanos*』(1999), 두 주인공의 고독을 묘사한 작품 『*La patria de las hormigas*』(2000)가 있다.

Torbado Carro, Jesús (헤수스 토르바도 카로) (1943~) 레온 출신의 소설가, TV 시나리오 작가, 신문기자이다. 그가 기고한 여행 보도기사로도 잘 알려져 있다. 데뷔작 『*Las corrupciones*』(1965)와 함께 수많은 비평가들과 독자의 찬사를 받았고, 동 세대의 젊은 작가들에게 큰 영향을 미쳤다. 다작과 역사적이고 정치적인 주제를 즐겨 다루는 것이 특징이다. 그중 『*En el día de hoy*』(1976)와 『*El peregrino*』(1993)가 대표작으로 꼽힌다.

Toro, Suso de (수소 데 토로) 산티아고 데 콤포스텔라(Santiago de Compostela) 출생의 소설가, 극작가, 시나리오 작가(1956~)이다. 자신의 고향의 풍경, 사람들을 묘사하는 작품을 주로 썼다. 대표작으로 『*Caixón desastre*』(1983), 『*Land Rover*』(1988), 『*Ambulancia*』(1990) 등이 있다.

Torón, Saulo (사울로 토론) (1885~1974) 그란 카나리아(Gran Canaria) 출신의 작가이다. 후기 모데르니스모 계열에 속하는 작가이며 안토니오 마차도(Antonio Machado)의 영향을 많이 받았다. 대표작으로는 『*Las Monedas de Cobre*』(1919), 『*El Caracol encantado*』(1926) 등이 있다.

Torquemada, Antonio de (안토니오 데 토르케마다) (1530?~1590?) 레온 출생으로 추정되는 작가이다. 베나벤테 공작(Antonio Alfonso de Pimentel)의 비서였고 방대한 도

서관에 접근할 수 있었다. 그의 작품들은 스페인뿐만 아니라 프랑스, 이탈리아, 영국에서도 인기가 높았다.

Torrado, Adolfo (아돌포 토라도) (1904~1958) 라 코루냐(La Coruña) 출신 작가이다. 그의 작품은 유머와 감성적 감각주의가 특징이며 30~40년대에 엄청난 성공을 거두었다. 『*Mosquita en Palacio*』(1940), 『*El famoso Carballeira*』(1940) 등을 썼다.

Torre, Claudio de la (클라우디오 데 라 토레) (1898~1973) 스페인 작가이며 라스 팔마스(Las Palmas)에서 태어났다. 전 생애를 극작가와 무대 연출가로서 보낸 클라우디오는 1930년 전위주의적인 요소를 지닌 『*tic -tac*』을 공연하였으며 후에는 엄격하고 서정적이며 지적인 전후 대중들의 기호를 뛰어넘는 작품들을 선보였다.

Torre, Fernando de la (페르난도 데 라 토레) (1416~1475) 부르고스(Burgos) 출신 소설가이자 시인이다. 스페인 인문주의 문학의 대표적인 작가 중 한 명이며 청년기에 견문을 넓히기 위해 이탈리아로 떠났다. 『*Libro de veynte cartas e qüistiones*』(1456)는 그의 글들을 모아 엮은 책이며, 『*Tratado e despido a una dama de religión*』 역시 대표작이다.

Torre, Francisco de la (프란시스코 데 라 토레) (1534~1594) 세비야의 토렐라구나 지방 출신. 원래는 군인이었으나 실연당한 후, 성직자가 되었다. 주로 자연의 아름다움을 노래한 페트라르카풍의 소네트를 썼다. 대표작으로 『*La Bucólica del Tajo*』가 있다.

Torre, Guillermo de (기예르모 데 토레) (1900~1971) 스페인 출신이지만 아르헨티나에서 생을 마감한 수필가이자 시인, 문학비평가이다. 보르헤스와 함께 극단주의를 표방한 시인이었고 대표적인 극단주의 시로 『*Hélices*』(1923)가 있다.

Torrente Ballester, Gonzalo (곤살로 토렌테 바예스테르) (1910~1999) 갈리시아 출신의 작가로 36세대에 속한다. 그는 열성적인 프랑코 지지자였으나 1936년 산티아고로 돌아온 후에는 서서히 팔랑헤당과 거리를 두기 시작했다. 1962년에는 아스투리아스 광부들의 시위에 참여해 그 결과로 대학교수직을 잃었다. 1975년 스페인 한림원 회원으로 선출되었고, 1985년 세르반테스상을 받았다. 『*Javier Mariño*』(1943), 『*La isla de los jacintos cortados*』(1980), 『*Filomeno, a mi pesar*』(1988) 등의 작품을 남겼다.

Torres del Álamo, Ángel (앙헬 토레스 델 알라모) 마드리드 출생의 극작가, 기자(1890~1958)이다. 20세기 초반의 훌륭한 마드리드 작가 중 한 명으로 평가되며 대중의 취향에 잘 맞는 작품을 주로 썼다. 대표작으로는 『*El chico del cafetín*』(1911), 『*Rocío la canastera o entre calé y calé*』(1919) 등이 있다.

Torres Naharro, Bartolomé de (바르톨로메 데 토레스 나아로) 16세기 스페인 르네상스 시대의 대표적 극작가(1485~1524). 바다호스 출신의 작가로 시와 희곡을 썼다. 군인이었으나 해적들에게 포로로 잡혀 알제리에 팔려 갔다. 구출된 이후 로마에 와서 성직자가 되었고, 베르나르디노 데 카르바할 추기경의 보호를 받으며 지냈다. 주로 희곡 집필에 몰두하였는데, 첫 번째 희곡 『*Comedia Seraphina*』는 교황 레온 10세 앞에서 초연되기도 하였다. 극의 특징은 단순한 구성과 희극성의 발달, 인물들의 생동감 넘치는 대사이다. 작품은 크게 지식적 작품과 환상적 작품으로 나누어지는데 전자에 속하는 작품으로는 『*Soldadesca*』, 『*Tinellaria*』, 후자에 속하는 작품으로는 『*Serafina*』, 『*Himenea*』 등이 있다. ➡ Renacimiento(르네상스)

Torres Rámila, Pedro de (페드로 데 토레스 라밀라) 부르고스(Burgos) 출생 작가(1583~1658). 로페 데 베가와 문학창작으로 경쟁을 벌였고 이 결과로 나온 작품이 『*Spongia*』

T

(1617)다. 이 외에도 『*Exposulatio Spongiae a Petro Turriano Ramila nuper evulgatae*』(1618)라는 작품이 있다. ➡ Lope de Vega(로페 데 베가)

Torres y Villarroel, Diego de (디에고 데 토레스 이 비야로엘) (1694~1770) 살라망카(Salamanca) 출신으로 파란만장한 삶을 살았던 그는 산문에서처럼 시에서도 우아함과 피카레스크적 요소들을 표현해내고 있다. 특히 케베도(Quevedo)의 영향을 많이 받아 전통적 경향을 따르면서 짧은 운율을 사용했으며 다양한 소네트 속에 악자적 분위기를 이끌어내고 있다.

Torres, David (다비드 토레스) (1966~) 마드리드 출신의 작가이다. 모험소설 장르를 주로 쓰면서 등산가로 활동했던 청년기의 경험을 활용한다. 자연과의 접촉에서 탄생하는 깊은 감정들을 다루는 데에 능숙하다는 평이 있다. 대표작은 『*Nanga Parbat*』(1999)이다.

Torres, Màrius (마리우스 토레스) (1910~1942) 예이다(Lleida) 출신의 시인이다. 폴 발레리(Paul Valéry) 시의 영향을 많이 받았고, 형식적 완벽성, 상징적 기법이 시의 특징이다. 시집으로는 『*Poesies*』(1947)가 있다.

Torres, Maruja (마루하 토레스) (1943~) 바르셀로나(Barcelona) 출신 소설가이다. 세계에 대한 신랄하고 지적인 분석이 그의 작품들 안에서 공통적으로 나타나는 특징이다. 『*¡Oh, es él!*』(1985), 『*Ceguera de amor*』(1991), 『*Amor América*』(1993) 등을 썼다.

Torroella, Pere (페레 토로에야) 사라고사(Zaragoza) 출생의 작가(1416~1453)이다. 국왕 알폰소 5세 시기 궁정작가였으며 그의 작품은 시집 『*Cancionero de Stúñiga*』에 수록되어 있다. 여자를 싫어하는 사람으로 기록되어 있으며 이러한 특징은 작품에서도 드러난다.

Torrome y Ros, Rafael (라파엘 토로메 이 로스) (1861~1924) 아라곤(Aragón) 출신의 작가로 교육 문제에 대한 관심을 문학을 통해 표출했다. 『*La fiebre del día*』(1887), 『*La dote*』(1891) 등이 대표작이다.

Tortajada, Vicente (비센테 토르타하다) (1952~) 세비야(Seville) 출신 작가이다. 구어체, 탈신비화, 아나키즘 등 세 가지는 그의 작품들에서 중심적인 위치를 차지한다. 대표작은 『*Flor de cananas*』(1999)이다.

Trabal, Francesc (프란세스크 트라발) (1898~1957) 바르셀로나(Barcelona) 출신 소설가이다. 사바델 그룹(grupo de Sabadell)의 일원이었으며, 소설 속에서 독자를 당황스럽게 만드는 유머를 구사한다. 『*L'home que es va perdre*』(1929), 『*Judita*』(1930) 등을 썼다.

Tractatus septem (트락타투스 셉템) 1609년에 출간된 예수회 수사인 후안 데 마리아나(Juan de Mariana)의 저작이다. 관료제와 정치인들의 부패를 공격하였다.

Tragaluz (트라갈루스) 부에로 바예호의 작품이다. 스페인 극작가의 전체적이고 통합적인 노력이 잘 표현되어 있다. 스페인 내란에 의해 파괴된 가정은 내전 이후 불안정한 생활을 하게 되는데, 이것은 개인적인 것에서 국가적인 것으로 확대된다. ➡ Buero Vallejo, Antonio(안토니오 부에로 바예호)

Tragicomedia* (희비극) 스페인에서 15세기 말 드라마 형식을 띤 페르난도 데 로하스(Fernanado de Rojas)의 소설 『*La Celestina*』에서 처음 등장하는 용어이다. 단순히 사전적인 시각으로 봤을 때, 희극적인 요소와 비극적인 요소가 한데 어우러져서 하나의 연극작품 안에 공존할 때 그 연극작품을 일컫는 용어라고 할 수 있는데, 특히 스페인문학사에서 이 희비극이라는 개념은 극적 쇄신과 대중화에 큰 성공을 거둔 17세기 불멸의 극작가 로페 데 베가(Lope de Vega)의 극적 가치관과 떼려야 뗄 수가 없는 밀접한 관계를 가지고 있는 것이다. 로페의 극적 개념과 극작에 대한 기법이 온전히 기술되어 있는 『*Arte nuevo de hacer comedias*』에 이 희비극에 대한 핵심적인 개념을 발견할 수가 있는데, 이 희비극에 대해 로페는 구체적으로 “비극적인 것과 희극적인 것을 혼합하는 것은 시인 테렌시우스와 철학자 세네카를 한데 섞는 것과도 같은데, 이는 비록 파시파에가 낳은 미노타우로스처럼 보인다 할지라도 한 부분은 심각하게 또 한 부분은 우스꽝스럽게 만드는 것을 뜻한다. 이러한 다양성은 많은 즐거움을 줄 것이며, 이는 마치 우리가 다양성을 지닌 자연에서 아름다움을 발견할 수 있는 것과도 같은 이치이다”(174～180행)라고 설명하고 있다. 로페의 이러한 개념은 그 당시까지 유효했던 극작술에 관한 고전적 법칙과의 근본적인 단절을 의미한다는 평가를 받아왔다. 로페 자신도 『*Arte nuevo de hacer comedias*』에서 “우리가 비극적 분위기의 선언과 우스꽝스러운 이야기가 갖는 천박함을 함께 뒤섞을 때, 이는 아리스토텔레스적 전통을 우리가 더 이상 존중하지 않음을 의미한다”(190～192행)라고 밝혔듯이, 로페는 이제 더 이상 당시까지의 극작술을 지배해 왔던 아리스토텔레스적 전통에 대해 맹목적으로 추종하는 것을 지양하고자 했던 것이다. 주지하는 바와 같이, 아리스토텔레스는 그의 『*Ars Poetica*』에서 희극은 보통 이하의 악인, 즉 우스꽝스러운 추악한 면을 지닌 자에 대한 모방인 반면, 비극은 실제 이상의 선인, 즉 고상한 면을 지닌 자에 대한 모방이라고 정의하며 희극과 비극의 경계를 분명히 했고, 극작술에서의 이러한 구분은 로페 시대 이전까지 스페인에서 그 어느 작가도 감히 거스르지 않았던 불변의 법칙이었다. 그러나 로페는 자신의 『*Arte nuevo de hacer comedias*』에서 오히려 비극적인 요소와 희극적인 요소의 혼합이야말로 극작가가 추구해야 할 중요한 덕목이라고 주장하고 있는 것이다. 이러한 비극적 요소와 희극적 요소 간의 혼합을 위해서는 한 극작품 내에서 그 스타일과 분위기가 근본적으로 변화를 일으키도록 하는 극작법이 요구되어지는데, 단순히 이야기의 성격이 비극적인 것과 희극적인 것을 혼합하는 범주를 초월하여, 이러한 극작법은 두 가지의 서로 대칭되는 요소들이 한 작품 내에서 끊임없이 대조와 대립을 보이는 경향, 즉 ‘바로크’라는, 당시로써는 접해본 바가 없는 전혀 새로운 미학적 개념과 연결되며, 궁극적으로 이는 이전의 일원적 경향의 르네상스 시대에서는 볼 수 없었던 이원적이고 이중적인 성향을 지닌 새로운 개념의 연극이 탄생됨을 의미하는 것이다. 따라서 로페가 말하는 이러한 희극적 요소와 비극적 요소 간의 혼합을 반드시 희비극이라는 제 삼의 하부 장르의 생성으로만 국한시켜 바라볼 필요는 없다. 좀 더 관점을 확대하여, 장르와 상관없이 한 연극작품에서 희극적이거나 가볍고 경쾌한 요소와 비극적이거나 심각하고 장중한 요소가 교대로 반복되는 분위기의 다양성과 이로 인해 극적인 흥미가 배가되는 것도 이러한 범주 내에서 다루어질 수 있는 것이다. 또한, 바로크라는 미학적 경향을 차치하더라도, 하나의 연극이 인간의 삶을 모방하려는 예술이라고 할 때, 이렇게 희극적인 요소와 비극적인 요소가 혼합된 로페의 연극이야말로 우여곡절과 갖은 부침을 겪게 마련인 우리네 인간의 삶의 모습과 닮은꼴이라고 할 수 있을 것이다.

Tragicomedia de don Duardos (돈 두아르도스의 희비극) 1521～1525년 사이에 쓰인 힐 비센테(Gil Vicente)의 희극적인 작품이다. 다양한 기사소설에서 기초하였으며, 사랑은 모든 것을 정복한다는 주제를 담고 있다. ➡ Renacimiento(르네상스)

Trapiello, Andrés (안드레스 트라피에요) 레온(León) 출생의 작가(1953～)이다. 시, 에세이, 소설 등 다양한 장르의 문학작품을 썼는데 특히 시 분야에서 능력을 인정받았다.

T

『*El buque fantasma*』(1992)로 Premio Plaza y Janés를, 『*Los amigos del crimen perfecto*』(2003)로 나달상(Premio Nadal)을 수상하였다. 이 외에도 주목할 만한 시로는 『*Junto al agua*』(1980), 『*El mismo libro*』(1989) 등이 있다.

Tratado de amores de Arnalte y Lucenda (트라타도 데 아모레스 데 아르날테 이 루센다) 1491년 출간된 디에고 데 산 페드로(Diego de San Pedro)의 소설로 기존의 기사소설과 구분되는 감상적 기사소설(Novela caballeresca sentimental) 장르에 속한다. 테페의 귀족 아르날테가 몇 번의 좌절에도 계속해서 루센다의 사랑을 얻기 위해 노력하고, 결국에는 쟁취한다는 내용이다. 이 작품은 이사벨 1세 궁정의 시녀들에게 바쳐졌다. ➡ Novela de caballerías(기사도 소설)

Trejo, Pedro de (페드로 데 트레호) 에스트레마두라(Extremadura) 출생의 시인(1534~?)이다. 풍자시, 사랑을 주제로 한 시, 대중적 시를 주로 썼으며, 종교 분야에서는 삼위일체의 신비에 대해 끊임없이 탐색을 하기도 했다.

Tremendismo (잔혹주의) 1940년대부터 나타난 스페인 문학의 한 장르이다. 카밀로 호세 셀라(Camilo José Cela)의 노벨 문학상 수상작인 『*La familia de Pascual Duarte*』에서 처음 등장하였다. 스페인 내전 이후 비인간적 시대상을 반영하여 전후의 참담한 현실을 문학적으로 승화하였다. 시대적 상황, 개인의 문제 등 트라우마의 잔혹성을 투박하고 직설적인 문체로 묘사한다.

T

Tres actos (3막) 3막은 연극 내용의 큰 단락을 세는 단위로, 연극의 전개를 크게 구분한 '막'이 3개로 나뉜 것을 말한다. 로마 시대에 테렌티우스가 3막극을, 세네카는 5막극을 도입했는데, 르네상스 시대의 연극은 대개 3막 또는 5막의 구분이 일반적이었다. 흔히 3막극은 발단, 전개, 결말로 구성된다. ➡ Arte nuevo de hacer comedias(신극작술)

Trías, Eugenio (에우헤니오 트리아스) 바르셀로나(Barcelona) 출생의 철학자(1942~2013)이다. 스페인어 문화권 철학자 중에서 유일하게 국제 니체 철학상(Premio Internacional Friedrich Nietzsche)을 수상했다. 자신이 연구한 내용을 바탕으로 철학적 에세이를 주로 썼다. 대표작으로는 『*La filosofía y su sombra*』(1969), 『*Metodología del pensamiento mágico*』(1970), 『*Drama e identidad*』(1974) 등이 있다.

Trigo, Felipe (펠리페 트리고) 바다호스(Badajoz) 출생의 소설가(1865~1916)이다. 에로티즘을 주제로 쓴 작품 『*Las ingenuas*』(1901), 『*La sed de amar*』(1903)로 큰 성공을 거뒀지만 동시에 보수주의자들로부터 엄청난 질타를 받았다. 한편 이론적 에세이를 쓰기도 했는데 『*Socialismo individualista*』(1904), 『*El amor en la vida y los libros*』(1907), 『*Crisis de la civilización*』(1915) 등의 작품이 있다.

Trigueros, Cándido María (칸디도 마리아 트리게로스) (1736~1801) 톨레도 출신의 극작가, 시인, 성직자이다. Academia de Buenas Letras의 회원이었고, 많은 작품을 크리스핀 카라미요(Crispín Caramillo)라는 필명으로 출간했다. 철학적 문제를 주제로 삼은 시집 『*El poeta filósofo, o poesías filosóficas en verso pentámetro*』, 사회극 『*Los menestrales*』 등을 발표했다.

Trillo y Figueroa, Francisco de (프란시스코 데 트리요 이 피게로아) (1618~1680) 아코루냐(A Coruña) 출신의 시인이자 역사가이다. 군인으로 활동하며 이탈리아, 플랑드르 지역을 다니다 그라나다로 돌아와 집필활동에 전념했다. 공고라의 과식주의 영향을 많이 받았다. 『*Neapolisea: poema heroyco y panegirico al Gran Capitan Gonzalo Fernández de*

Cordoua』, 『*Poesías varias, heroicas, satíricas y amorosas*』 등의 작품을 남겼다.

Trilogía das Barcas (트릴로히아 다스 바르카스) 힐 비센테(Gil Vicente, 1465~1536)의 대표적인 종교극으로 목가극의 영향이 보이고 배우들의 연기는 적고 목부들의 독백이나 대화가 주를 이루고 있다. 이 작품은 『*Danzas de la Muerte*』의 중세적인 주제와 바르카 데 카론테(Barca de Caronte)의 르네상스적인 주제가 곁들어졌다. 장면 곳곳에서 빛을 발하는 아름다운 서정성이 특히 돋보인다. ➡ Renacimiento(르네상스)

Trilogía de los Pizarros (피사로 3부작) 티르소 데 몰리나의 희극 3부작이다. 실존인물인 페루 정복자 피사로 형제들의 삶을 둘러싸고 벌어지는 사건들을 극화시킨 작품이다. 『*Todo es dar en una cosa*』는 프란시스코 피사로(Francisco Pizarro), 『*Amazonas en las Indias*』는 곤잘로 피사로(Gonzalo Pizarro), 『*La lealtad contra la envidia*』는 에르난도 피사로(Hernando Pizarro)를 주인공으로 한다. ➡ Tirso de Molina(티르소 데 몰리나)

Trueba y Cossío, Joaquín Telesforo de (호아킨 텔레스포로 데 트루에바 이 코시오) 산탄데르(Santander) 출생의 작가(1799~1835)이다. 시, 극대본을 주로 썼다. 주요작품으로는 『*El precipicio*』(1817), 비극 『*La muerte de Catón*』(1821), 『*El seductor moralista*』(1824) 등이 있다. 영국으로 이주한 후에는 영어로 작품을 썼는데 대표작으로는 『*The Romance of History*』(1827), 『*Life of Hernán Cortés*』(1829) 등이 있다.

Trueba, Antonio de (안토니오 데 트루에바) (1819~1889) 스페인 낭만주의 후기의 사회적, 역사적 모습을 소설에 담아낸 작가이다. 안톤 엘 데 로스 칸타레스라는 이름으로도 알려져 있다. 전통 도덕정신에 더불어 감상적이고 애잔한 소설을 썼으며, 『*Cuentos populares*』(1853), 『*Campesinos*』(1860)가 대표작이다. ➡ Romanticismo(낭만주의)

Tudela, Mariano (마리아노 투델라) 라 코루냐(La Coruña) 출생의 작가(1925~2001)이다. 기자, 시나리오 작가로도 활동했으며 10편이 넘는 소설을 출판하였다. 대표작으로는 『*El torerillo de invierno*』(1951), 『*Más que maduro*』(1956), 『*El techo de lona*』(1959)가 있다.

Tundidor, Jesús (헤수스 툰디도르) (1935~) 사모라 출신의 시인이다. 기본적인 삶에 대한 숙고와 시간의 흐름, 역사에 대한 실존적 숙고를 회의적인 어조로 표현하였다. 『*Río oscuro*』(1960), 『*Repaso de un tiempo inmóvil*』(1981) 등의 시집이 있다. 1963년 『*Junto a mi silencio*』(1963)으로 아도나이스상(Premio Adonáis de Poesía)을 받았다.

Turia, Ricardo del (리카르도 델 투리아) (1578~1640) 발렌시아(Valencia) 출신 극작가이다. 로페 데 베가(Lope de Vega)의 연극론을 계승했다. 『*Apologético de las comedias españolas*』(1616)는 로페의 『*Comedia Nueva*』를 옹호하는 글이다.

Turmeda, Anselm (안셀름 투르메다) 팔마 데 마요르카(Palma de Mallorca) 출신의 작가(1352~1450)이다. 작품을 통해 중세 세계에 만연한 모순을 폭로한다. 『*Disputa de l'ase contra frare Anselm*』(1418), 『*Llibre dels bons amonestaments*』(1937) 등을 남겼다.

Tusquets, Esther (에스테르 투스케츠) (1936~2012) 바르셀로나(Barcelona) 출신 작가이다. 밀도 있고 탁월한 작품들로 호평을 받았고, 정신분석학적 요소를 잘 활용한다. 『*La niña lunática*』(1996), 『*Con la miel en los labios*』(1997)와 같은 소설들을 썼다.

Tuteo (투테오) 화자가 2인칭 단수를 대하며 말할 때 주어로 'Tú', 목적어로 'te'와 'ti', 그에 맞는 동사 변형을 쓰는 방법이다. 'Usted'와 달리 친근한 대상이나 화자보다 아래인 대상을 대할 때 쓰인다.

U

Uceda, Julia (훌리아 우세다) 세비야(Sevilla) 출생의 여류시인이자 대학교수, 문학비평가(1925~)이다. 시집 『*En el viento, hacia el mar*』로 2003년 스페인 시 부문 국민 문학상(Premio Nacional de Poesía)를 수상하였다. 이 외에도 다양한 시를 썼는데 주요작품으로는 『*Mariposa en cenizas*』(1959), 『*Extraña juventud*』(1962), 『*Sin mucha esperanza*』(1966) 등이 있다.

Uceta Malo, Acacia (아카시아 우세타 말로) (1929~2002) 마드리드 출신의 시인이다. 미학을 전공했고 화가로도 활동했었다. 인간의 기본적인 감정들을 다루는 시들을 썼다. 사랑과 고통, 죽음과 삶이 그녀의 시에 만연한다. 대표작으로는 『*El corro de las horas*』(1961)가 꼽힌다.

Ullán, José Miguel (호세 미겔 우얀) (1944~2009) 살라망카(Salamanca) 출생으로 첫 번째 시집들에는 내면적인 것과 사회적인 것이 혼재한다. 그러나 1970년도부터 지적이고 대담한 실험주의로 방향을 전환하여 초현실주의의 이미지에서 콜라주 기법으로 옮겨가고 있다. 대표작으로 『*Mortaja*』(1970), 『*Cierra los ojos y abre la boca*』(1970), 『*Maniluvios*』(1975) 등이 있다.

Ulloa y Pereira, Luis de (루이스 데 우요아 이 페레이라) 사모라(Zamora) 출생의 시인(1584~1674)이다. 리사르도(Lisardo)라는 필명을 사용했으며, 과식주의 시를 주로 썼고 극대본을 쓰기도 했다. 주요작품으로는 희극인 『*Porcia y Tancredo*』(1662)와 『*Pico y Canente*』(1662), 산문시 『*Epístola a un caballero amigo*』가 있다.

Ultraísmo (울트라이스모) 영어로는 울트라이즘이라고 하며, 20세기 초 전통적 모더니즘에 대한 반동으로 스페인 문학계에서 유행했던 문예운동이다. 프랑스의 고답파와 상징주의의 영향으로 인해 다소 극단적인 경향을 보여 기존의 전통적인 형식과 언어를 거부하는 것이 특징이다.

Umbral, Francisco (프란시스코 움브랄) 마드리드 출생의 스페인 작가(1935~2007)이다. 'Francisco Umbral'은 필명이며 실명은 프란시스코 페레스 마르티네스(Francisco Pérez Martínez)다. 80편 이상의 성공적인 작품을 썼으며 장르 또한 다양하다. 대표 소설로는 『*Travesía de Madrid*』(1966), 『*Memorias de un niño de derechas*』(1972), 『*Mortal y rosa*』(1975), 『*Las ninfas*』(1975)가 있다.

Un hombre a la deriva (운 옴브레 아 라 데리바) 리카르도 페르난데스 데 라 레게라(Ricardo Fernández de la Reguera)가 1947년에 발표한 소설로 작가의 대표작이다. 실존주의적 주제를 다루고 있으며 강한 추상성이 특징이다.

Un inferior/superior mundo de Frye (Frye의 상・하위 세계) 상・하위 세계 사이에는 한마디로 말하여 현실의 불완전한 상태에서 가능성의 완벽한 상태로 향해가는 운명적인 힘이 존재한다. 비극이 현실에 해당한다면 희극은 그것을 뛰어넘는 것이다. 즉, 희극은 비극보다 더 역동적이다. 희극에게는 비극적 현실을 뛰어넘어야 하는 운명이 있는 것이다. 따라서 상승에너지 역동성 또한 요구된다.

Un Perro andaluz (안달루시아의 개) 1929년 개봉된 루이스 부뉴엘과 살바도르 달리가 공동으로 각본작업을 한 단편영화이다. 16분으로 구성된 무성영화이며, 루이스 부뉴엘이 제작 및 감독하였다. 초현실주의적인 영화는 이미지에 강한 괴기성을 보이면서 관람자로 하여금 강한 도덕적 충격을 경험하게 만든다. ➡ Buñel, Luis(루이스 부뉴엘)

Unamuno Jugo, Miguel de (미겔 데 우나무노) (1864～1936) 스페인의 시인, 소설가, 극작가이자 사상가이다. 독재정권에 대항하여 추방당했으며 (1924～1930) 이후 살라망카 대학 교수에 이어 총장까지 지냈다. 주요작품으로는 『벨라스케스의 예수』(1920) 등의 시집과 『이슬』(1914) 등의 소설이 있다. ➡ Generación del 98(98세대)

Unión de Actores (연기자 노동조합) 스페인의 연기자노동조합이다. 현재 2,630여 명의 텔레비전, 연극 그리고 영화배우 회원들이 가입되어 있다. 1991년에 설립되었으며, 현재까지 이들을 위한 시상식이 매해 열린다. 연극, 영화 그리고 텔레비전의 최우수상이다. 그중 종목들은 주연상, 조연상, 신인상, 특별공로상과 최장활동상이 있다.

Urbina, Pedro Antonio (페드로 안토니오 우르비나) 마요르카(Mallorca) 출생의 작가(1936～)이다. 시, 소설, 극대본 등 다양한 장르의 문학작품을 썼다. 주요작품으로는 시 『*Los doce cantos*』(1979), 『*Estaciones cotidianas*』(1984), 현실주의, 실험주의적 소설 『*Cena desnuda*』(1967), 『*El carromato del circo*』(1968) 등이 있다.

Urceloy, Jesús (헤수스 우르셀로이) 마드리드 출생의 시인(1964～)이다. 시, 극대본 창작에 관심이 많았고 당시 유행하는 시의 어조, 형식 등과는 다른 형태의 시를 주로 썼다. 주요작품으로는 『*Libro de los salmos*』(1985～1997), 『*Alauda*』(1995), 『*Poemas negros*』(1996) 등이 있다.

Urguiaga, Esteban (에스테반 우르기아가) 20세기 초반 바스크(Vasco) 문학의 대표적인 시작가로 'Lauaxeta'로 불리는데 27세대 시인들처럼 민중적인 것과 박식한 스타일을 합쳤다.

Uría ríu, Juan (후안 우리아 리우) 1891년 오비에도(Oviedo) 출신의 스페인 역사가이다. 오비에도 대학의 역사 교수를 역임하였으며 오비에도가 속한 아스투리아(Asturia) 지방의 중세 시대의 전문가 중 하나이다. 역사와 문학을 통합한 작품들을 주로 집필하였는데 대표작으로는 『*Juglares Asturianos*』(1940), 『*Notas para la historia de los judíos en Asturias*』(1944) 등이 있다. 또한 바스케스 데 파르가 이글레시아스(Vázquez de Parge Iglesias)의 『*Las peregrinaciones a Santiago de Compostela*』(1949) 집필 작업에 참여했다.

Usón, Clara (클라라 우손) 바르셀로나(Barcelona) 출생의 여류시인(1961～)이다. 두 편의 소설, 한 권의 이야기책을 출판했다. 대표작 『*Noche de San Juan*』은 광기를 경험하는 주인공들을 묘사한 작품이다.

V

Vaca de Guzmán y Manrique de Lara, Gutierre Joaquín (구티에레 호아킨 바카 데 구스만 이 만리케 데 라라) 세비야(Sevilla) 출생의 문학자, 법학자(1733~1804)이다. 이탈리아어로 쓴 작품 『*Los viajes de Wanton*…』 1, 2권을 카스티야어로 번역했으며 3, 4권은 당대 스페인 관습을 풍자하는 내용을 담았다.

Vaca de Guzmán, José María (호세 마리아 바카 데 구스만) 세비야(Sevilla) 출생의 작가(1744~1803)이다. 그의 서사시 『*Las naves de Cortés destruidas*』(1778)는 스페인어 한림원(Real Academia Espanola de la Lengua)에서 처음으로 상을 받은 작품이다. 이 외에도 영웅 서사시 『*Granada rendida*』(1779)가 있다.

Vagones de madera (바고네스 데 마데라) 호세 마리아 로드리게스 멘데스(Jóse María Rodríguez Méndez)가 1958년에 발표한 희곡이다. 이 작품은 당시 희곡에서는 잘 다루지 않았던 스페인의 모로코 식민지 전쟁과 군인들을 소재로 한다.

Val Sáez, Tomás (토마스 발 사에스) (1961~) 부르고스(Burgos) 출신의 작가이다. 절제된 문체를 고수, 용어의 세련주의와는 거리가 멀다. 『*Memorias inventadas*』(1999), 『*Cuentos del nunca más*』(2004) 등을 출판했다.

V

Val, Luis de (루이스 데 발) (1944~) 사라고사(Zaragoza) 출신 작가이다. 연재소설 장르 작가이며 그의 작품에서는 선과 도덕이 언제나 승리한다. 『*Buenos días, señor ministro*』(1989), 『*Con la maleta al hombro*』(2000) 등을 썼다.

Valdés, Alfonso de (알폰소 데 발데스) (1490~1532) 쿠엔카(Cuenca) 지방 출신의 작가이다. 열렬한 에라스무스주의 추종자였고, 카를로스 5세 궁정에서 일했다. 이탈리아와 독일 지역을 여행하면서 에라스무스의 사상에 더욱 심취하게 되었으며, 에라스무스와 직접 편지를 주고받기도 했지만, 이로 인해 종교재판소의 심문을 받는다. 작품으로는 산문집인 『*Diálogo de las cosas ocurridas en Roma*』가 있다.

Valdés, Juan de (후안 데 발데스) (1509~1541) 스페인 종교 작가이다. 알칼라 대학에서 수학했다. 로마 가톨릭 교회의 부패를 공격한 『*Diálogo de Mercurio y Carón*』을 출판한 후 종교재판에 회부되는 것이 두려워 1530년 나폴리로 떠나며 이듬해 다시 로마로 떠난다. 이탈리아에서 네브리하에 대한 강도 높은 비판을 담은 책 『*Diálogo de la lengua*』를 출판하는 등 계속해서 저작활동을 했다.

Valente, José Ángel (호세 앙헬 발렌테) (1929~2000) 갈리시아 출신의 시인이다. 50세대에 속하며, 그의 시는 망명, 죽음, 동시대 스페인의 문제 등을 주제로 하며, 소박한 사실주의, 메타 시적 특징이 골자를 이룬다. 옥스퍼드 대학에서 스페인어 교수로 재직했고, 후에는 유네스코에서 일했다. 『*Presentación y memorial para un monumento*』, 『*El inocente*』는

그의 문학적 전성기에 나온 시들이다. ➡ Generación del 50(50세대)

Valera y Alcalá－Galiano, Juan (후안 발레라 이 알칼라－갈리아노) (1824～1905) 스페인의 소설가이다. 상류가정에 태어나 외교관으로 여러 나라에서 활약, 미국 주재 공사로 일했다. 대표작으로는 성직자를 지망하고 있는 청년이 야심 많은 아름다운 미망인의 매력에 사로잡히는 『*Pepita Jiménez*』(1874)가 있다. 『*Doña Luz*』(1879)는 중년의 성직자에 대한 젊은 여성의 플라토닉한 사랑을 그렸다.

Valera, Diego de (디에고 데 발레라) (1412～1488) 스페인의 역사가이자 작가이다. 토로 전쟁, 이게루엘라 전쟁에 참전했고 영국, 프랑스 등지에서 대사로 근무했다. 이전까지의 연대기들을 참고해 당대까지의 세계사를 정리한 『*Crónica abreviada o Valeriana*』, 엔리케 4세 시기를 다룬 『*Memorial de diversas fazañas*』 등의 연대기를 남겼다.

Valero de Tornos, Juan (후안 발레로 데 토르노스) 1842년 마드리드에서 태어난 스페인 수필가이자 변호사(1842～1905)이다. 가르시 페르난데스(Garci Fernández)라는 가명으로 여러 작품을 집필하였으며, 『*Crónicas retrospectivas por un Portero del Obsevatoroio*』가 대표작이다.

Valero, Alejandro (알레한드로 발레로) 바다호스(Badajoz) 출생의 시인(1959～)이다. 현재까지 2편의 시를 썼고 작품의 독창성 때문에 높이 평가된다. 처녀작인 『*Enfrentamientos*』(1993)에서는 현실에 대한 독특한 작가의 세계관을 보여준다.

Vales, Manuel (마누엘 발레스) (1962～) 우에스카(Huesca) 태생 작가이다. 그의 시는 일상적인 경험과 추억을 대조시키는 것이 특징이다. 또한 듣기 거북한 단어를 시어로 선택하기 주저하지 않는다. 『*Gran Vilas*』(2012), 『*Calor*』(2008)와 같은 시집들이 있다.

Valladares y Sotomayor, Antonio (안토니오 바야다레스 이 소토마요르) 스페인의 18세기 작가이다. 극작품을 주로 썼는데 대표작으로는 『*El vinatero de Madrid*』(1784), 『*Vida interior de Felipe II*』(1788), 『*Historia de la isla de Puerto Rico*』(1788)가 있다. 대부분의 작품은 독자들 사이에서 잊혔고 현재까지 읽히는 작품은 『*El vinatero de Madrid*』(1784)뿐이다.

Valladares, Marcial (마르시알 바야다레스) 1821년 폰테베드라(Pontevedra) 태생의 스페인 소설가(1821～1903)이다. 산티아고 콤포스텔라 대학의 법대를 졸업했으며, 카스티야어와 갈리시아어로 작품활동을 하였다. 갈리시아－카스티야어 사전인 『*Diccionario gallego－castellano*』(1874)를 집필한 것으로 유명하며, 저서 중 『*Maxina ou a filla espúrea*』는 갈리시아어로 쓰인 첫 번째 소설로 평가받는다.

Valle, Adriano de (아드리아노 데 바예) 세비야(Sevilla) 출생의 시인이자 소설가, 수필가(1895～1957)이다. 문학잡지 <Grecia>를 창간했으며 유럽과 아메리카의 전위주의를 긍정적으로 수용했다. 대표작으로는 시집인 『*Primavera portátil*』(1920～1923), 『*Lyra sacra*』(1933～1937) 등이 있다.

Valle－Inclán* (바예 잉클란) (1866～1936) 극작가이자 98세대에 속한 문인들 중의 한 명인 그는 1866년 갈리시아(Galicia) 지방의 폰테베드라(Pontevedra)에서 출생하였으며, 본명은 라몬 바예 페냐(Ramón Valle Peña)이다. 1886년 갈리시아의 주도인 산티아고(Santiago) 대학교에서 법학 공부를 시작했으나 곧 포기하고, 1890년 마드리드로 이주하여 세기말적 방랑주의와 이상한 옷차림으로 사람들의 주목을 끌기도 하였다. 그 후 멕시코로 건너가 1년간 체류하다가 다시 마드리드로 돌아와 괴팍한 언행으로 주목을 받으며 문학적 명성도 얻기 시작했다. 1907년에는 여배우와 결혼했고, 한때 미학 강의도 하였으나 독재정권과 정면으로 충돌하여 스페인 국립 예술재단 관리자의 자리에서 물러나게 되었고, 건강까지도 악화되었으며 설상가상으로 부인과도 별거하게 되었다. 1936년 고향으로 돌아와 별세하였다. 에스페르펜토(esperpento)라는 괴기적 인물묘사로 대변되는 독창적이고 난해한 미학으로 유명하다. 대표작으로는 『*Luces de bohemia*』(1920), 『*Sonatas*』(1902~1905) 등이 있다.

ValleJo－Nágera Botas, Juan Antonio (후안 안토니오 바예호－나헤라 보타스) 오비에도(Oviedo) 출생의 작가이자 의사(1926~1990)이다. 의사로서는 Premio Nacional de medicina를 수상(1956)한 경력이 있으며, 작가로서는 박애주의 소설을 주로 썼다. 1977년부터 작가로서 활동을 시작하였으며 대표작으로는 『*Locos egregios*』(1977), 『*Mishima o el placer de morir*』(1978) 등이 있다.

Vallvey, Ángela (앙헬라 발베이) 시우다드레알(Ciudad Real) 출생의 여류작가(1964~)로 소설과 시를 창작하였다. 작가인 호르헤 루이스 보르헤르(Jorge Luis Borges, 1899~1986)의 영향을 많이 받았으며, 대표작으로는 소설 『*Kippel y la mirada electrónica*』(1995), 『*Donde todos somos John Wayne*』(1996) 등이 있다.

Valor, fortuna y lealtad* (용기, 행운 그리고 충성) 로페 데 베가(Lope de Vega)의 극작품 『*Los Tellos de Meneses*』의 후속편이다. 전작(前作)에서 주인공 농민 텔요(Tello)의 아들은 국왕의 딸인 엘비라(Elvira)와 결혼함으로써 하루아침에 왕과 사돈을 맺게 되었고, 아들 텔요는 왕의 사위가 되었지만, 이들의 신분상승은 뭔가 개운치 않은 여운을 남긴다. 이는 작품 전반에 걸쳐서 나타나는 신분상승을 바라보는 농부 텔요의 부정적인 시각 때문이기도 한데, 예를 들어 늘 마음속에 신분상승이라는 야망을 품고 있는 자신의 아들에게 농부 텔요는 선천적으로 타고난 사회적 신분에 안주할 것을 훈계하기도 한다. 또한, 자신의 마을을 방문한 왕이 마침 시작되려던 마을 결혼식에서 결혼식의 대부가 되겠다고 하자, 텔요는 "전하, 고정(考定)하시옵소서. 왕과 농부 사이에는 너무나도 심한 차이가 있사옵니다"라고 말하며 극구 만류하기도 한다. 그리고 이러한 텔요 부자의 개운치 않은 신분상승의 문제는 후속편인 『*Valor, fortuna y lealtad*』에서 바로 갈등 양상으로 나타난다. 무엇보다도 이 연극은 엘비라가 둘째 아들을 출산하면서 시작되는데, 전편(前篇)에서 그녀와 텔요의 결혼을 허가했던 오르도뇨 왕은 이미 세상을 떠났고, 그의 아들 알폰소 3세가 왕위를 물려받은 상태이다. 그런데 문제는 그의 아내인 헬로이라(Geloíra) 왕비가 자식을 낳지 못하는 것이었고, 이로 인해 자칫하면 농부의 자손이라는 비천한 혈통의 왕의 조카가 왕위를 물려받는 일이 벌어질지도 모르게 된 것이다. 따라서 알폰소 왕은 사돈인 농부 텔요와 자신의 매제인 그의 아들 텔요를 노골적으로 무시하고 천대하기 시작한다. 아이러니한 것은, 전편에서 신분상승을 향한 아들의 야망에 대해 부정적인 견해를 드러냈던 농부 텔요가 후편에서는 자신이 마치 원래부터 궁정 사람이었던 것처럼 말하고 행동하고 옷을 차려입는다는 것이다. 이러한 텔요이기에, 알폰소 왕의 노골적인 무시와 천대는 그에게 견디기 힘든 것이다. 예를 들어, 새로 태어난 자신의 손자이자 왕의 조카의 영세식에 왕을 초대하기 위해 수많은 선물과 함께 하인 멘도와 산초(Sancho)를 보내나, 그들은 왕으로부터 거의 내쫓겨나다시피 하여 텔요의 마을로 되돌아온다. 이에 텔요는 너무도 낙담하여 자기 아들의 신세를 한탄한다. 이러한 농부 텔요의 한탄은 실로 엄청난 불행으로 이어져, 얼마 후 알폰소 왕이 산속 마을로 찾아와 결혼한 지 이미

8년이 된 엘비라와 텔요의 결혼을 취소시키고 자신의 누이 엘비라를 강제로 궁정으로 데리고 가버린다. 그러자 농부 텔요는 왕궁으로 찾아가 알폰소 왕의 조카이자 자신의 손주인 가르시-텔요(Garci-Tello)만이라도 왕궁에 남아 왕실의 교육을 받을 수 있게 해 달라고 간청하고, 알폰소 왕은 텔요의 집안사람 모두가 원래의 비천한 농부의 신분으로 완전히 되돌아가고 엘비라도 다시는 왕궁으로 돌아오지 않는다는 조건으로 이를 허락한다. 한순간에 텔요 집안은 풍비박산 나고, 그들은 하루아침에 왕실의 사돈에서 다시 비천한 농부의 신분으로 추락한 것이다. 이뿐만 아니다. 가르시-텔요를 왕좌에 앉혀서 자신들의 명예를 회복하기 위해 앞으로 계획할지도 모를 텔요 집안의 반란을 미리 예방하기 위해 알폰소 왕은 텔요 집안의 중심인물인 아들 텔요를 교묘한 방법으로 제거하기로 한다. 즉, 알폰소 왕과 텔요 모두를 제거하고 궁극적으로 자신이 왕위에 오르는 헛된 야망에 사로잡힌 신하 돈 아리아스(don Arias)의 충고를 받아들여, 전투의 경험이 전혀 없는 텔요를 모로족과의 전쟁에 참전시켜서 전사하도록 만든다는 것이다. 그러나 결과는 정반대로, 텔요는 모로족과의 전쟁에서 대승을 거두었을 뿐만 아니라 전투 중 모로족의 우두머리까지도 사살하는 놀라운 전과를 올린다. 이에 알폰소 왕은 텔요를 제거하려던 자신의 과오를 뉘우치고 진심으로 그를 환대하게 된다. 더군다나 왕은 신의 계시와 보호하에 텔요가 승리를 거두었다고 생각하고 있고, 따라서 왕은 텔요를 신의 대리자처럼 여기고 있는 것이다. 이러한 왕의 태도로, 돈 아리아스도 자신의 과오를 뉘우친다. 결국 왕은 텔요와 그의 집안사람들을 축하해주기 위해 친히 그들의 마을을 방문하는데, 왕의 방문을 미리 알리기 위해 마을에 먼저 온 돈 아리아스는 그들에게 입고 있던 농부의 복장을 벗고 다시 궁정 사람들이 입는 옷으로 바꿔 입을 것을 제안한다. 텔요 집안사람들은 궁정의 복장을 다시 착용함으로써 그들의 신분이 왕의 사돈이라는 고귀한 신분으로 다시 바뀌었음을 상징적으로 나타내고 있다. 그리고 이러한 신분상승은 신의 계시라는 왕권을 초월한 전지전능한 논리가 바탕이 됨으로써 절대적이고 결정적인 것으로 간주된다. 결론적으로, 극작가 로페는 한 모범적이고 훌륭한 행실을 보인 서민이 극적으로 고귀한 신분을 획득하는 과정을 묘사함으로써 당시 대중들에게 감동적인 대리만족을 선사해주고, 이를 통해 그들의 커다란 찬사를 받을 수 있었던 것이다.

Valverde, José María (호세 마리아 발베르데) 카세레스(Cáceres) 출생의 시인, 수필가, 번역가, 대학교수(1926~1996)이다. 스페인 내란 동안 확산되었던 가르실라소 데 라 베가(Garcilaso de la Vega, 1501~1536)를 모방한 시운동에 참여하며 수많은 서정시를 창작하였다. 대표작으로는 『*Hombre de Dios*』(1945), 『*La conquista de este mundo*』(1960) 등이 있다.

Vanguardismo (전위주의) 영어로는 'Avantgardism'라고 한다. 최전방에 위치한 군대를 가리키는 용어로, 19세기 프랑스의 혁신적 흐름에서부터 예술 분야에 적용되기 시작했다. 일반적으로 반전통주의적이고 실험적, 개혁적인 새로운 예술을 추구한다.

Varela, Benigno (베니그노 바렐라) 사라고사(Zaragoza) 출생의 기자, 소설가(1882~?)이다. 『*Estrellas con rabo*』(1903), 『*El sacrificio de Márgara*』(1909), 『*Mujeres vencidas*』(1912) 등의 소설을 썼다. 또한 신문 <La Monarquía>에 당대의 정치 상황을 반영하는 기사, 연대기를 게재했다.

Vargas Ponce, José de (호세 데 바르가스 폰세) 카디스(Cádiz) 출생의 문학자이자 수학자(1760~1821)이다. 대표적인 작품으로는 비극 『*Abdalaziz y Egilona*』(1804)를 썼으며

1786년 Academia de la Historia에서 일하면서 『*Diccionario geográfico*』, 『*Diccionario náutico*』 등 다양한 전문서적 편찬에 참여했다.

Vargas, Luis de (루이스 데 바르가스) 세비야(Sevilla) 출생의 화가(1506∼1568)이다. 작품 중 가장 높이 평가되는 「*Retablo de Nacimiento*」(1555∼)는 세비야 성당에 그려져 있으며 중간적 매너리즘의 특징을 보인다. 또 다른 작품인 「*Retablo de la Generación temporal de Cristo*」(또는 Cuadro de la gamba)(1561∼)는 신비주의적이다.

Vaz de Soto, José María (호세 마리아 바스 데 소토) 우엘바(Huelva) 출신의 소설가이자 수필가(1938∼)이다. 작품 속에 동시대의 사회, 문화적 문제를 충실하게 반영하려고 애썼으며, 대표적인 작품으로 『*El infierno y la brisa*』, 『*Diálogos del anochecer*』, 『*El precursor*』, 『*Fabián*』이 있다. 문학비평가로도 활발한 활동을 했으며, 20세기 후반의 중요한 작가 중 한 명으로 여겨진다.

Vázquez Alonso, Mariano José (마리아노 호세 바스케스 알론소) (1936∼) 비고(Vigo) 출신 소설가로 작품에 과학적으로 설명할 수 없는 수수께끼가 등장하는 것이 특징이다. 『*Jesús y el enigma de los templarios*』(2005), 『*El libro de Daniel*』(2000) 등의 소설을 썼다.

Vázquez Montalbán, Manuel (마누엘 바스케스 몬탈반) 바르셀로나 태생의 작가(1939∼2003)이다. 기자, 수필가, 시인, 소설가로 활동했지만, 특히 국제 정치에 능통한 전문가였다. 그래서 그의 모든 소설은 현실을 분석하고 비판하는 내용이 주를 이룬다. 『*Yo maté a Kennedy*』, 『*Recordando a Darde*』, 『*Crónica sentimental de España y Tatuaje*』 등의 작품이 있다.

Vázquez, Ángel (앙헬 바스케스) 모로코 출생의 작가(1929∼1980)이다. 다양한 소설을 썼으며 주요작품으로는 『*El cuarto de los niños*』(1958), 『*Fiesta para una mujer sola*』(1964)가 있다. 소설 『*La vida perra de Juanita Narboni*』(1976)는 영화로 각색되었으며 소설 『*Se enciende y se apaga una luz*』로 Premio Planeta를 수상(1962)하였다.

V

Vázquez, Pura (푸라 바스케스) (1918∼) 오렌세(Orense) 출신 작가이다. 갈리시아어와 스페인어로 작품을 쓴다. 전후시의 대표작가 중 한 명이며, 전쟁 앞에서 인간의 실존적인 문제를 다루고자 했다. 대표작은 『*A Saudade I outres poemas*』(1963)이다.

Vázquez−Azpiri, Héctor (엑토르 바스케스−아스피리) (1931∼) 오비에도(Oviedo) 출신의 작가이다. 상선의 선원 경력이 있다. 소설에는 자전적인 요소들이 많으며, 일상적인 언어와 구어체 구사에 뛰어나다. 『*Víbora*』(1955), 『*El Cura Merino, el Regicida*』(1974) 등을 출판했다.

Vazquez−Figueroa, Alberto (알베르토 바스케스−피게로아) 1936년 카나리아(Canarias)의 산타 크루스 테네리페(Santa Cruz de Tenerife)에서 태어난 스페인 소설가이자 사설가, 기업경영인이다. 80권 이상의 저술을 남긴 작가이며, 20세기 현대 스페인 문학의 거장 중 한 명으로 손꼽힌다. 주로 영웅, 모험, 역사 장르의 소설을 집필하였다. 또한 자신만의 탈염 장치를 개발하여 탈염 회사인 Desalinizadora A.V.F. S.L.을 운영하고 있다. 대표작으로는 『*Todos somos culpables*』가 있다.

Vega Armentero, Remigio (레미히오 베가 아르멘테로) 바야돌리드(Valladolid) 출신 작가(1852∼1893)이다. 반성직자 성향을 갖고 있으며, 질투에 의한 복수와 사랑의 위험과 같은 요소들을 즐겨 사용한다. 『*La ralea de la aristocracia. Novela original*』(1886), 『*La venus granadina. Novela social*』(1888) 등의 작품이 있다.

Vega, Alonso de la (알론소 데 라 베가) 세비야(Sevilla) 출생으로 추정되는 배우, 극작가(?~1560/1566)이다. 작품들은 후안 데 티모네다(Juan de Timoneda, 1520~1583)에 의해 『*Las tres famosísimas comedias del ilustre poeta y gracioso representante Alonso de la Vega*』(1566)라는 제목으로 출판되었다. 이 책에는 『*Tholomea*』, 『*La duquesa de la Rosa y Serafina*』가 실려 있는데 두 작품은 극작가 로페 데 루에다(Lope de Rueda, 1505~1565)의 영향을 많이 받았다.

Vega, Bernardo de la (베르나르도 데 라 베가) 세비야(Sevilla) 출생의 작가(1560~1625)이다. 시, 소설, 여행기 등을 주로 썼는데 기사도 시 『*La bella Cotalda y cerco de París*』는 세르반테스(1547~1616)에 의해 가장 최악의 시로 평가받았다. 가장 나은 작품으로 여겨지는 것은 작가의 중남미 대륙 여행기를 담아낸 『*Relación de las grandezas del Perú, México y Los Angeles*』(1601)이다.

Vega, Isaac de (이삭 데 베가) 테네리페(Tenerife) 출생의 작가(1920~2014)이다. 젊은 시절에는 교사로서 재직했으며 문학창작은 늦게 시작했다. 단편소설을 비롯한 소설을 주로 썼으며 주요작품으로는 소설 『*Fetasa*』(1957), 『*Antes del amanecer*』(1965), 단편소설 모음집 『*Cuatro relatos*』(1968), 『*Conjuro en Ijuana*』(1981) 등이 있다.

Vega, Ricardo de la (리카르도 데 라 베가) 마드리드 출생의 극작가, 대본작가(1839~1910)이다. 사르수엘라, 사이네테를 주로 썼으며 작품에는 유머러스한 요소가 많이 들어 있다. 대표작으로는 『*Frasquito*』(1868), 『*La canción de la Lola*』(1880)가 있다.

Vegas, Damián (다미안 베가스) 스페인 출신의 작가로 출생지에 대해서는 알려진 바가 없다. 인생의 대부분을 톨레도(Toledo)에서 보냈다고 전해진다. 대표작 『*Libro de poesía christiana, moral y divina*』(1590)는 종교시 모음집이며, 이 외에 『*Coloquio entre un alma y sus tres potencias*』라는 작품이 있다.

Vela, Eusebio (에우세비오 벨라) 스페인 출신의 작가(1688~1737)로 멕시코에서 삶의 대부분을 보냈다. 14편의 작품을 썼으며 이 중에서 『*Si el amor excede el arte, ni amor ni arte a la prudencia*』, 『*Apostolado en las Indias y martirio de un cacique*』, 『*La pérdida de España por una mujer*』 등 3편만이 남아 있다. 세 작품 모두 칼데론풍의 연극이다. ➡ Calderón de la Barca(칼데론 데 라 바르카)

Velarde, Fernando (페르난도 벨라르데) 산탄데르(Santander) 출생의 시인(1823~1881)이다. 낭만주의 시를 즐겨 썼다. 주요작품으로는 『*Flores del desierto*』(1848), 『*Melodías románticas*』(1860), 『*Cánticos del Nuevo Mundo*』(1860)가 있다.

Velarde, José (호세 벨라르데) 카디스(Cádiz) 출생의 작가(1849~1892)이다. 호세 소리야(1817~1893)의 스타일을 모방하여 작품을 썼고, 현실주의적 작품을 쓰기도 했다. 대표작으로는 『*Teodomiro*』(1879), 『*Voces del alma*』(1884) 등이 있다. ➡ José Zorrilla(호세 소리야)

Velasco Zazo, Antonio (안토니오 벨라스코 사소) 마드리드 출생의 작가(1884~1960)이다. 극작품, 소설을 주로 썼다. 극대본 『*Andrés*』(1902), 『*Hacia la cumbre*』(1906), 소설 『*Mujeres de teatro*』(1908), 『*Espejo de pícaros*』(1912)가 유명하다. 1923년부터 마드리드의 연대기를 쓰는 작업을 시작했다.

Velasco, Miguel Ángel (미겔 앙헬 벨라스코) (1963~2010) 마요르카(Mallorca) 출신 작가이다. 시들은 삭막하고 우울한 분위기이며 공간과 사물, 인간의 관계를 파헤친다.

『*Sobre el silencio y otros llantos*』(1979), 『*La vida desatada*』(2000) 등을 썼다.

Velaza, Javier (하비에르 벨라사) (1963~) 나바라(Navarra) 태생의 시인이다. 시들은 운율과 수사학에서 뛰어난 평가를 받으며 숙명론적 경향이 있다. 대표작으로는 『*Mar de amores y latines*』(1996)가 있다.

Velázquez de Velasco, Alfonso (알폰소 벨라스케스 데 벨라스코) (1560~1620) 바야돌리드(Valladolid) 출생의 작가이다. 극작품과 시를 주로 썼다. 대표작으로는 프라이 루이스 데 레온(Fray Luis de León, 1527~1591)의 작품을 모방하여 쓴 작품 『*Odas a imitación de los siete salmos penitenciales de David*』(1593), 『*La Celestina*』를 모방하여 쓴 작품 『*La Lena, o el celoso*』(1602) 등이 있다.

Velázquez de Velasco, Luis Jose (루이스 호세 벨라스케스 데 벨라스코) 말라가(Málaga) 출생의 고고학자, 역사학자, 작가(1722~1772)이다. 1752년부터 스페인 전 지역을 돌아다니면서 자국의 역사를 기록하려고 시도했으며 그 결과물로 나온 책이 30권으로 구성된 『*Colección de documentos de la Historia de España hasta 1516*』이다. 문학작품은 민속적, 역사적인 내용을 주로 담고 있으며 대표작으로는 『*Origen de la poesía castellana*』(1754)가 있다.

Vélez de Guevara, Luis (루이스 벨레스 데 게바라) 세비야(Sevilla) 지방의 에시하(Écija) 출생의 스페인 극작가이자 황금세기 작가(1579~1644)이다. 기지주의(Conceptismo)로 대표되는 바로크 장르의 작가이며 극작가 후안 벨레스 데 게바라(Juan Vélez de Guevara)의 아버지이다. 대표적인 작품으로는 『*El espejo del mundo*』, 『*El niño diablo*』 등이 있다.

Vélez, José Miguel (호세 미겔 벨레스) 쿠엔카(Cuenca) 출생의 조각가(1829~1892)이다. 에콰도르에 조각이라는 예술을 전해준 사람 중 한 명으로 여겨진다. 종교적 테마를 가지고 주로 조각을 했으며, 조각한 작품들을 가지고 1867년 파리 세계 박람회에 출전하여 금메달을 수상하기도 했다.

Venegas del Busto, Alejo (알레호 베네가스 델 부스토) 1497년 톨레도(Toledo) 지방의 카마레나(Camarena)에서 출생한 스페인 문학가이다. 르네상스의 스페인어 사전을 편찬한 정자법 학자이기도 하다. 『*Agonía del tránsito de la muerte*』는 그의 대표적인 종교문학 중 하나이다.

Ventura, Antonio (안토니오 벤투라) (1954~) 마드리드 출신 소설가이다. 소설에는 유년기나 청소년기에 어떤 비극적인 사건을 경험한 인물들이 빈번하게 등장한다. 『*No todas las vacas son iguales*』(1999), 『*El oso y la niña*』(2004)와 같은 소설들을 썼다.

Vera e Isla, Fernando de la (페르난도 데 라 베라 에 이슬라) 바다호스(Badajoz) 출생의 작가(1825~1891)이다. 리스본, 파리 등 다양한 지역에서 외교관으로 일했다. 신고전주의, 낭만주의 경향의 작품을 주로 썼으며 대표작으로는 『*Ensayos poéticos*』(1852), 『*Versos*』(1883)가 있다.

Vera Tassis y Villarroel, Juan de (후안 데 베라 타시스 이 비야로엘) 스페인 출신의 에디터, 작가(1636~1701)이다. 칼데론 데 라 바르카(Pedro Calderón de la Barca, 1600~1681)의 모든 작품을 편집하여 출판했다. 문학작품을 쓰기도 했는데 독자들에게 그다지 주목받지 못했다. 주요작품으로는 『*Epitalamio real*』(1680), 『*Historia del origen, invención y milagros de la Sagrada imagen de Nuestra Señora de la Almudena*』(1692)가 있다.

Vera, Juan Antonio (후안 안토니오 베라) (1581?/1583?~1659) 스페인의 작가. 라 로카

의 백작이었던 그는 베네치아에서 외교직을 수행하기도 했다. 각 지방의 신화와 설화를 정리하는 작업을 했다.

Veragüe, Pedro de (페드로 데 베라구에) 스페인 출신의 15세기 작가이다. 작가의 작품으로 추정되는 『*Doctrina de la discriçión*』(또는 Tratado de la doctrina)은 가톨릭 교리, 계율 등을 담고 있는 시이다. 모든 행은 8음절 시구로 쓰였다.

Verbo incoativo (기동 동사) 어떠한 행위(행동)의 시작을 가리키는 동사이다.
예) florecer(꽃이 피다), nacer(태어나다), envejecer(늙다)

Verbo iterativo (반복 동사) 반복하는 행위를 나타내는 동사이다.
예) besuquear(계속해서 입맞추다), pisotear(자주 밟다), tirotear(반복해서 사격하다), repetir(반복하다), volver(되돌아가다)

Verbo terciopersonal (3인칭 형성 동사) 전통적으로, 3인칭 단수 및 복수로만 형성되는 동사를 말한다. 예로, 날씨를 나태는 동사 'Hace mucho viento', 'Está nublado, Llueve', 'ocurrir'가 있다.

Verdaguer i Santaló, Jacint (하신트 베르다게르 이 산탈로) 바르셀로나(Barcelona) 출생의 시인, 산문가(1845~1902)이다. 고전적인 문체를 사용해 풍자적인 시를 주로 썼다. 대중적인 주제, 카탈루냐의 정체성을 나타내는 내용 등이 담겨있다. 대표작으로는 『*Dos mártirs de ma pátria*』(1865), 『*L'Atlántida*』(1877) 등이 있다.

Verdaguer, Mario (마리오 베르다게르) 메노르카(Menorca) 출생의 작가(1885~1963)이다. 신문 <La Noche>에 다양한 기사를 실었으며 전위주의적 특징의 소설을 주로 썼다. 이러한 특징이 드러나는 작품으로는 『*Piedras y viento*』(1928), 『*El marido, la mujer y la sombra*』(1927)가 있다.

Verdes Montenegro y Montoro, José (호세 베르데스 몬테네그로 이 몬토로) 마드리드 출생의 작가(1865~1939)이다. 대학에서 문학을 전공했으며 시를 주로 썼다. 대표작으로는 시집 『*Colores y notas*』(1883), 『*El incrédulo*』(1885)가 있다. 이 외에도 다양한 연구서적을 발표했는데 『*Nuestros hombres de ciencia*』(1889), 『*La cuestión sexual en la literatura contemporánea*』(1899) 등의 작품이 있다.

Verdú Macía, Vicente (비센테 베르두 마시아) 발렌시아(Valencia) 출생의 작가, 기자(1942~)이다. 시를 쓰면서 문단에 진출했지만, 주로 에세이를 많이 썼다. 대표작으로는 『*Noviazgo y matrimonio en la burguesía española*』(1974), 『*El sentimiento de la vida cotidiana*』(1984)가 있다. 이 외에도 중국을 여행한 경험을 바탕으로 쓴 작품 『*China superstar*』(1998)에서는 글로벌 시대의 중국의 문화를 주제로 다루었다.

Verdugo Castilla, Alfonso (알폰소 베르두고 카스티야) 하엔(Jaén) 출생의 작가(1706~1767)이다. 스페인 한림원(Real Academia Española)의 멤버였으며, 대부분의 작품은 현재 소실되었다. 남아 있는 작품으로는 신화를 소재로 쓴 시 『*El Deucalión*』(1770)이 있다.

Verosimilitud (핍진성) 이야기가 진실하다는 믿음이다. 삶에 근접해서라고도 볼 수 있고, 설사 그것이 현실적으로는 불가능해 보인다 하더라도 최소한 그럴 듯해 보이서일 수도 있다. 마지막으로 관객을 현실 세계에서 끌어내 자신의 상상적 세계로 몰입케 하는 작가의 능력으로도 야기될 수 있다.

Verso (시행) 시 한 편을 뜻하기도 하지만 주로 시편의 한 행을 뜻한다. 스페인에서는 다양한

V

형식의 시행이 존재한다.

Verso blanco (무운시) 스페인에서는 기본적으로 각운을 갖춘 다양한 시 형식이 전해진다. 이 중 무운시는 각운을 갖지 않은 시 형식을 일컫는다.

Vértice (베르티세) 스페인 내전 동안 발행된 정기 간행물. <Revista nacional de la Falange Vértice>라고 불리기도 한다. 1938년 산 세바스티안(San Sebastián)에서 마누엘 알콘(Manuel Halcón), 사무엘 로스(Samuel Ros)와 호세 마리아 알파로(José María Alfaro)에 의해 제작되었다. 355×280mm의 넓은 표지와 120장이 넘는 많은 페이지 수로 기업과 경제의 성장을 도모하는 글들이 쓰였다. 잡지의 대표적인 집필 작가로서는 호세 마리아 페만(José María Pemán), 아드리아노 델 바예(Adriano del Valle), 루이사 로잘레스(Luis Rosales) 등이 있다.

Viaje de Turquía (터키 여행) 1557년에 출판된 에라스무스풍의 가상 여행기다. 작가는 확실하지 않으나 안드레스 라구나(Andrés Laguna)로 추정된다. 세 사람이 술레이만 1세 시기의 터기 풍습에 대하여 대화하는 형식을 취했다. ➡ Renacimiento(르네상스)

Viana, Antonio de (안토니오 데 비아나) 1578년 테네리페(Tenerife)의 라 라구나(La Laguna)에서 태어난 스페인 시인이다. 의학을 전공하였지만 문학가로서의 자질이 뛰어났으며 당대 로페 데 베가(Lope de Vega) 등 여러 문학가들에 의해 칭송을 받은 시인이다. 대표작으로는 『*Antigüedades de las Islas Fortunadas de la Gran Canaria*』가 있다.

Vicent, Manuel (마누엘 비센트) 카스테욘(Castellón) 출생의 작가(1936～)이다. 일간지 <El País>에 다양한 글을 게재했으며 단편소설, 에세이를 주로 썼다. 주요작품으로는 소설 『*El resuello*』(1966), 『*El anarquista coronado de adelfas*』(1979) 등이 있다.

Vicente Andión y González, Antonio Francisco (안토니오 프란시스코 비센테 안디온 이 곤살레스) (1883～?) 마드리드 출신 시인이다. 서정적이고 전원풍의 시를 즐겨 썼다. 대표작은 『*Nieve, sol y tomillo*』(1912)이고, 이 시집의 서문은 시인 마누엘 마차도(Manuel Machado)가 썼다.

Vicente Olivas, María Rosa (마리아 로사 비센테 올리바스) (1959～) 바다호스(Badajoz) 출신 시인이다. 유년기와 기억, 시간은 시의 중심축이다. 『*Canto de la distancia*』(1977), 『*El libro de los bosques*』(1997) 등의 시집이 있다.

Vida de Don Quijote y Sancho (돈키호테와 산초의 삶) 1905년에 출간된 『*Don Quijote y Sancho*』는 스페인 98세대 작가 미겔 데 우나무노(Miguel de Unamuno)의 대표적인 수필이다. 이 작품은 세르반테스의 위대한 작품을 스페인 본질의 표현으로 재해석한 것이다. 이는 마치 우나무노가 스페인의 유럽화라는 자신의 오랜 열망을 스페인 고유의 순수한 제 가치를 긍정적으로 수용하면서 얻어진 유럽의 스페인화라는 자신의 새로운 프로그램으로 대체시키려는 것처럼 보여진다. ➡ Generación del 98(98세대)

Vida de Santa María Egipcíaca (비다 데 산타 마리아 에힙시아카) 익명의 작가가 쓴 시로 한 성인의 생애를 노래한다. 1215년경에 쓰인 것으로 추정된다. 프랑스어 원전 『*Vie de Sainte Marie l'Egyptianne*』을 기반으로 하며, 『*Evangelios apócrifos*』를 참조하기도 하였다. 주인공인 마리아는 알렉산드리아의 매춘부이지만 예루살렘 순례 이후 회개하고 요르단 사막으로 떠나 고행을 한다.

Vida nueva de Pedrito de Andía, La (비다 누에바 데 페드리토 데 안디아, 라) 라파엘 산체스 마사스(Rafael Sánchez Mazas)가 1951년 출간한 소설이다. 시적인 작품

이고 부르주아적 향수와 평이한 삶에 대한 애정이 나타나 있다.

Vidal Cadellans, José (호세 비달 카데얀스) 바르셀로나 출생의 작가(1928~1960)이다. 소설작 『*No era de los nuestros*』로 1958년 나달 문학상(Premio nadal)을 수상하였다. 사후에 『*Cuando amanece*』(1961), 『*Juan y la otra gente*』(1962), 『*Ballet para una infanta*』(1963) 작품이 출판되었다.

Vidal de Besalú, Ramón (라몬 비달 데 베살루) 히로나(Girona) 출생의 12~13세기 작가이다. 음유시인으로 대표작 『*Dreita maniera de trovar*』(또는 Las razós de trobar)는 당대 음유시인들의 작품을 모아놓은 시집이다. 이 외에도 유명한 작품으로는 『*Novas y Abril*』가 있다.

Vidal Ferrando, Antoni (안토니 비달 페란도) (1945~) 마요르카(Mallorca) 태생 작가이다. 작품은 환상과 왜곡이 혼합된 시선으로 구성되어 있으며, 시민전쟁 이전 시기를 주된 배경으로 삼는다. 『*El brell dels jorns*』(1986), 『*Cartes a Lady Hamilton*』(1990) 등을 썼다.

Vidal y Planas, Alfonso (알폰소 비달 이 플라나스) 헤로나(Gerona) 출생의 기자, 작가(1891~1965)이다. 문학 장르 중 소설, 극대본을 주로 썼으며 대표작은 『*La barbarie de los hombres*』(1915), 『*Memorias de un hampón*』(1918), 『*Santa Isabel de Ceres*』(1919) 등이다. 이 작품들은 부패된 사회관습에서 벗어나 새로운 인생을 찾으려는 내용을 담고 있다.

Vidal-Folch, Ignacio (이그나시오 비달-폴크) 바르셀로나(Barcelona) 출생의 소설가, 기자(1956~)이다. 1980년대 중반부터 문학계로 진출했으며 현대 예술의 확산과 상업화를 주제로 지속적으로 글을 썼다. 또한 단편소설로 독자들과 비평계로부터 큰 성공을 거두었다. 대표작으로는 『*El arte no se paga*』(1985), 『*No se lo digas a nadie*』(1987), 『*Amigos que no he vuelto a ver*』(1997) 등이 있다.

Viera y Clavijo, José (호세 비에라 이 클라비호) 테네리페(Tenerife) 출생의 작가, 역사학자, 과학자(1731~1813)이다. 베네디토 헤로니모 페이호오(Benito Jerónimo Feijóo, 1676~1764) 작품의 강한 영향을 받았다. 프랑스를 여행하면서 프랑스의 과학을 스페인으로 들여오는 데 공헌을 했다. 산소 생성, 광합성 등 다양한 과학 분야를 연구하고 성과를 냈다.

Vila y Blanco, Juan (후안 빌라 이 블랑코) 알리칸테(Alicante) 출생의 작가(1813~1886)이다. 시와 소설을 주로 썼고 자신이 태어난 도시의 연대기를 쓰기도 했다. 주요작품으로는 시집인 『*Poesías*』(1840), 『*Cantares y otras rimas que lo parecen*』(1876), 소설 『*Dos coronas*』(1854), 『*Dolor y resignación*』(1854) 등이 있다.

Vila, Justo (후스토 빌라) (1954~) 엘레찰(Helechal) 출신 작가이다. 독립적인 개인과 사회 구성원으로서의 개인 사이의 변동적인 위치와 사회적 협약이 주된 테마로 등장한다. 『*La agonía del búho chico*』(1994), 『*La memoria del gallo*』(2001)가 대표작이다.

Vila-Matas, Enrique (엔리케 빌라-마타스) 바르셀로나(Barcelona) 출생의 작가(1948~)이다. 당대 문학계의 흐름과는 다른 독창적이고 개성이 뚜렷한 작품을 쓴 작가로 유명하며 소설, 에세이 등의 다양한 문학 장르의 작품을 썼다. 대표작으로는 『*Al sur de los párpados*』(1980), 『*Para acabar con los números redondos*』(1997) 등이 있다.

Vilanova, Emili (에밀리 빌라노바) 1840년 바르셀로나에서 태어난 스페인 극작가, 소설가(1840~1905)이다. 중상층 부르주아 집안에서 태어났으며 주로 카탈루냐어(catalán)를 사용하여 집필활동을 하였다. 해학스러운 문체를 사용하여 바르셀로나의 일상과 풍습을 그려낸 작품들이 특징적이다. 대표작으로 『*Quadres populares*』(1881), 『*Entre Família*』(1885), 『*Escenes barcelonines*』(1886) 등이 있다.

Vilaró, Ramón (라몬 빌라로) (1945~) 바르셀로나(Barcelona) 출신 소설가이다. 중산층 부르주아 가문 출신으로 오랫동안 일본에서 특파원 생활을 했다. 주로 역사소설 장르를 썼다. 대표작은 『*Dainichi*』(2001)이다.

Villacorta, Juan Carlos (후안 카를로스 비야코르타) (1916~) 사모라(Zamora) 태생의 소설가이자 시인이다. 문학을 통해 조국과 고향에 관련된 문제를 다루고자 한다. 『*Cielo lejano*』(1954)가 대표작이다.

Villaespesa, Francisco (프란시스코 비야에스페사) 1877년 알메리아(Almería)에서 태어난 스페인 시인이자 극작가이다. 모더니즘의 대표적인 작가 중 한 명이며, 작가 루벤 다리오(Rubén Darío)의 영향을 많이 받았다. 작품은 아주 광범위하며, 약 51개의 시문집을 발표하였고 25개의 극작품, 몇 편의 단편소설을 집필하였다. 대표작으로는 『*Intimidades*』(1898), 『*Luchas*』(1899), 『*El alcázar de las perlas*』(1911) 등이 있다.

Villaizán, Jerónimo de (헤로니모 데 비야이산) (1604~1633) 마드리드 출신의 극작가이다. 펠리페 4세(Felipe IV)의 궁정에 소속되었으며, 로페 데 베가(Lope de Vega) 연극론의 계승자다. 『*Ofender con las finezas*』, 『*Sufrir más por querer más*』 등의 작품이 남아 있다.

Villalba, Juan Manuel (후안 마누엘 비얄바) 1964년 마드리드에서 출생한 스페인 시인이다. 어렸을 적부터 시에 관심이 많았으며 무려 20살 때 『*Húmeda húmeda alcoba(Málaga: Puerta del Mar*』(1984)라는 작품으로 문학계에 등단하였다. 그는 20세기 스페인의 뛰어난 젊은 시인이라는 평을 받으며 여러 작가의 작품에도 인용되었다. 최근 작품으로는 『*Todo lo contrario*』(1997)가 있다.

Villalobos, Arias de (아리아스 데 비야로보스) (1568~?) 스페인 시인, 극작가이다. 공고라 시학의 영향으로 신화적 요소, 전치법, 호화로운 용어를 사용하는 식자주의풍의 시를 썼다. 대표작은 『*Canto intitulado Mercurio*』이다.

V

Villalobos, Francisco López de (프란시스코 로페스 데 비야로보스) (1473~1549) 작가, 의사, 인문학자, 번역가를 겸했던 사모라 출신의 인물이다. 유대인 집안에서 태어났으나 이후에 가톨릭으로 개종했고, 알바 공작 가문의 의사를 지냈다. 과학저서나 문학작품을 주로 집필했고, 문학작품 중에서는 인문주의적 성격의 극들이 좋은 평가를 받았다. 『*El Sumario de la Medicina con un tratado sobre las pestíferas buvas*』, 『*Tratado sobre las costumbres humanas*』 등의 작품이 있다.

Villalón, Cristóbal de (크리스토발 데 비얄론) (1505~1558) 스페인 시인이다. 알칼라에서 예술과 신학을 전공했고, 바야돌리드에서 교사로 일을 했다. 정치적, 사회적 성격을 지닌 휴머니즘 산문인 『*El crótalon*』, 『*Tragedia de Mirrha*』, 『*La ingeniosa comparación entre lo antiguo y lo presente*』 등의 작품을 남겼다.

Villalón, Fernando (페르난도 비얄론) (1881~1930) 스페인 세비야 출신의 시인이며, 말라가의 미라플로레스 데 로스 앙헬레스(Miraflores de los Ángeles) 지역의 백작이었다. 후안 라몬 히메네스와 함께 산 루이스 곤사가 학교(Colegio San Luis Gonzaga)에서 수학하였다. 그의 세 시집은 각기 다른 시적 흐름을 보여준다. 『*Andalucía la baja*』에서는 안달루시아 대지에서 영감을 받아 토속적이고, 민속적인 시들이 나타나지만 그 후에 출판된 『*La toriada*』에서는 공고라 시의 영향으로 세련주의 시들이 등장한다. 마지막으로

『*Romances del Ochocientos: Poesías*』에는 로르카주의적 시들이 나타난다.

Villalonga i Pons, Llorenç (요렝 비얄롱가 이 폰즈)　(1897∼1980) 마요르카의 귀족으로 마요르카 섬의 중산계급에 대한 무자비한 비평가이다. 소설작품으로는 『*Mort de dama*』(1931)와 『*Béarn*』(1961)이 있다.

Villalonga, José Luis de (호세 루이스 데 비얄롱가)　(1920∼2007) 마드리드 출신 작가이다. 시민전쟁 후 아르헨티나로 망명을 떠났다. 역사적 사실들을 작품에 많이 활용하고 있으며, 스페인어와 프랑스어로 작품을 썼다. 『*Memorias no autorizadas*』(2000)가 대표작이다.

Villalonga, Miguel (미겔 비얄롱가)　팔마 데 마요르카(Palma de Mallorca) 출생의 소설가(1899∼1946)이다. 카스티야어로 작품을 썼으며 『*Ocho días de vida provinciana*』(1934), 『*El tonto discreto*』(1943) 등의 장편소설, 『*Absurdity Hotel y La novela de un cursi*』(1945)와 같은 단편소설을 썼다. 작가 사후에 자서전 『*Autobiografía*』(1947)가 출판되었다.

Villán, Javier (하비에르 비얀)　(1942∼) 팔렌시아(Palencia) 출신의 소설가이다. 순박하고 신선한 어조를 사용하며 자신의 관심사인 황소를 즐겨 다룬다. 『*Entre sol y sombra*』(1998), 『*El fulgor del círculo*』(1998) 등을 썼다.

Villanueva y Astengo, Joaquín Lorenzo (호아킨 로렌소 비야누에바 이 아스텡고) 발렌시아(Valencia) 출생의 작가, 정치가, 천주교 사제(1757∼1837)이다. 정교한 문체를 이용해 가톨릭과 관련된 작품, 학식이 담겨있는 작품을 주로 썼다. 주요작품으로는 『*De la obligación de decir la misa con circunspección y pausa*』(1788), 『*De la lección de la Sagrada Escritura en lenguas vulgares*』(1791) 등이 있다.

Villanueva y Ochoa, Dionisio (디오니시오 비야누에바 이 오초아)　코르도바(Córdoba) 출생의 극작가(1774∼1834)이다. 디오니시오 솔리스(Dionisio Solís)라는 필명을 사용했으며 대부분의 작품은 다른 극작가들의 작품을 모방한 경우가 많다. 대표작으로는 『*Las literatas*』, 『*Tello de Negra*』, 『*La pupila*』가 있다.

Villar Ponte, Antón (안톤 비야르 폰테)　루고(Lugo) 출생의 작가, 정치가(1881∼1936)이다. 갈리시아(Galicia) 지역의 자치를 주장하면서 다양한 에세이를 썼는데 대표작으로는 『*Nacionalismo gallago*』가 있다. 희극 『*O mariscal*』(1926), 『*O tríptico teatral*』(1928)을 쓰기도 했다.

Villar Raso, Manuel (마누엘 비야르 라소)　(1936) 소리아(Soria) 출신 작가이다. 북아프리카의 사막 지역에 애착이 있으며 그곳은 그의 소설에서 빈번하게 공간적 배경으로 등장한다. 폭력에 대한 문제는 작품세계의 중심축이다. 대표작은 『*Mar ligeramente sur*』(1976), 『*Donde ríen las arenas*』(1994)이다.

Villaviciosa, Jose de (호세 데 비야비시오사)　(1589∼1658) 과달라하라 지역 출신의 스페인 작가이다. 이달고(Hidalgo) 집안에서 태어나 쿠엔카(Cuenca)에서 법학을 공부하고 마드리드에서 법률가로 활동했으며 종교재판소의 재판관을 지냈다. 익살스러운 서사시인 『*La moschea: poética inventiva en octava rima*』와 같은 작품들을 남겼다.

Villegas, Alonso de (알론소 데 비예가스)　톨레도 출생의 작가(1534∼1615)이다. 극작품, 성인전을 주로 썼다. 라 셀레스티나(La Celestina)를 모방하여 쓴 5막으로 구성된 극작품 『*Selvagia*』(1934)가 유명하다. 이 외에도 훌륭한 성인들의 삶을 묘사한 5권으로 구성된 작품 『*Flos sanctorum*』(1580∼1603) 등이 있다.

V

Villegas, Antonio de (안토니오 데 비예가스) 메디나 델 캄포(Medina del Campo) 출생의 작가(1512~1551) 이다. 모리스코 소설 『*Abencerraje y de la hermosa Jarifa*』를 연구하여 자신만의 버전으로 쓴 작품이 『*Inventario*』(1565)에 수록되어 있다. 이 작품에는 피라모와 티스베의 이야기(Píramo y Tisbe)를 개작하여 쓴 내용이 포함되어 있다.

Villegas, Esteban Manuel de (에스테반 마누엘 데 비예가스) (1589~1669) 라 리오하(La Rioja) 출신의 시인이다. 살라망카 대학에서 법학을 공부했지만, 법조계에 진출하지는 않았고 왕실 회계담당자로 일했다. 부유한 집안에서 태어났으나 수많은 자식들과의 소송으로 평생 경제적인 어려움을 겪으며 살았다. 『*Las Eróticas*』가 대표 시집이다.

Villena, Enrique de (엔리케 데 비예나) (1384~1434) 스페인의 시인이자 신학자로 활동했다. 할아버지인 알폰소 데 아라곤 밑에서 성장하면서 당대의 주류 문학가, 지식인들과 교류했으며 수학, 화학, 철학 등의 분야에서도 두각을 나타냈다. 1398년 할아버지 알폰소 데 아라곤은 비예나 후작의 자리를 잃게 되자 스스로를 비예나 후작이라고 선언하지만 법적인 효력은 없었다. 정치적인 활동에서 물러나게 된 후 문학활동에 힘썼고 주술에도 관심을 보였다. 그의 문학적인 업적은 그리스 신화적 주제와 기독교적 알레고리를 종합하여 해석한 『*Los doce Trabajos de Hércules*』와 트로바도르 시를 짓는데 있어 적절한 운율과 규칙에 대한 논문인 「*Arte de Trovar*」 등이 있다.

Villena, Luis Antonio de (루이스 안토니오 데 비예나) 마드리드 출생의 작가이자 번역가, 문학비평가(1951~)이다. 심미주의적이면서도 활력 있는 분위기의 시를 주로 썼으며, 소설, 에세이 등의 작품도 창작했다. 대표작으로는 『*Sublime solarium*』(1971), 『*El viaje a Bizancio*』(1978), 『*Hymnica*』(1979) 등이 있다.

Vinyes, Ramón (라몬 비니에스) (1882~1952) 베르가(Berga) 태생의 작가이다. 카탈루냐어로 작품활동을 한다. 39년에 콜롬비아로 망명을 떠났고 그곳에서 가브리엘 가르시아 마르케스와 교분을 쌓고 그의 문학에서 많은 영향을 받았다. 『*La creu del sud*』, 『*Entre dues músiques*』 등을 썼다.

Vinyoli, Joan (호안 비니올리) (1914~1983) 바르셀로나 출신의 번역가이자 작가이다. 괴테, 라이너 마리아 릴케 등 독일 시인들의 글을 읽으면서 스스로 시를 공부했다. 거의 대부분 카탈루냐어(Catalán)로 시를 쓰며 카탈루냐 문학의 발전에 크게 기여했다. 다양한 문체와 주제를 사용한 것으로 잘 알려져 있다. 『*Passeig d'aniversari*』(1984)는 비평가들이 비니올리의 최고의 시집이라고 극찬하는 시집으로 작가의 내면적 성찰, 세계에 대한 회의적인 시각, 당대의 도덕적 문제에 관한 탐구가 담겨있다.

Virallonga, Jordi (조르디 비라욘가) (1955~) 바르셀로나(Barcelona) 출신 시인이다. 명확하고 직접적인 시구를 사용하며, 명상적인 시를 통해 과거와 현재 사이의 감정적 합류점을 찾고자 한다. 루이스 고이티솔로, 힐 데 비에드마 등의 영향을 받았다. 『*Saberte*』(1981), 『*Perímetro de un día*』(1986)와 같은 시집들을 출간했다.

Virués, Cristóbal de (크리스토발 데 비루에스) (1550~1614) 발렌시아(Valencia) 출신의 시인이자 극작가이다. 레판토 해전과 밀라노 전투에 참여했다. 옥타바 레알(octava real) 시행을 사용한 반개혁적이고 종교적 성향의 시 『*El Monserrate*』가 큰 성공을 거두며 작가로 이름을 알리기 시작했다.

Visiones de un filósofo en Selenöpolis (비시오네스 데 운 필로소포 엔 셀레노폴리스) 1804년 마드리드에서 출판된 작자 미상의 소설이다. 당시 스페인의 정치적, 사회적 체제를 공격하면서 그에 대비되는 유토피아적 세계를 제시한다.

Visita que no tocó el timbre, La (비시타 케 노 토코 엘 팀브레, 라) 호아킨 칼보 소텔로(Joaquín Calvo Sotelo)의 작품(1950)이다. 가벼운 통속극에 속하는 작품으로 크리스마스이브에 두 독신자 형제가 집 앞에 버려진 갓난아기를 발견하면서 이야기가 시작된다. 이 작품은 탁월한 기교, 섬세한 유머, 유려한 대화가 돋보일 뿐 아니라, 소박한 일상적 주제 속에 구체적 현실을 훌륭하게 드러냄으로써 뛰어난 작품으로 평가받고 있다.

Viu, Francisco de (프란시스코 데 비우) (1883～1932) 우에스카(Huesca) 출신의 극작가이다. 사회적 내용을 담은 멜로드라마 장르를 즐겨 쓴다. 『*Así en la tierra*』(1921), 『*Peleles*』(1930) 등의 희곡을 썼다.

Vivanco, Luis Felipe (루이스 펠리페 비방코) 산 로렌소 델 에스코리알(San Lorenzo del Escorial) 출생의 시인(1907～1975)이다. 종교적 영감과 함께 자연과 가족생활에 대한 찬미가 시의 주제를 이룬다. 그의 시는 형식상 심오한 엄격성을 지니며 단순하고 친밀하다. 『*Tiempo de dolor*』(1937), 『*Continuación de la vida*』(1949), 『*El descampado*』(1947) 등이 있고 『*Los Caminos*』(1974)라는 제명하에 그의 1945년부터 1965년까지의 작품을 모아놓은 시집이 있다.

Vives, Juan Luis (후안 루이스 비베스) 스페인 인문주의(Humanismo español)의 대표적인 학자이다. 1492년 발렌시아(Valencia)에서 태어나 프랑스 파리에서 학업을 마쳤다. 그의 방대한 저술서는 모두 라틴어로 쓰여 있으며 다양한 소재를 갖고 있다. 심리학, 도덕학, 사회 문제 등을 다루고 있고 대부분은 철학과 교육의 목적으로 쓰였다. 대표적인 저서인 『*Los Diálogos*』는 당대 일상생활 모습을 잘 묘사하였다는 평가를 받는다.

Vizcaíno Casas, Fernando (페르난도 비스카이노 카사스) 발렌시아(Valencia) 출생의 작가, 변호사, 기자(1926～2003)이다. 보수주의 성향이 작품에 많이 드러나는데, 당대 현실을 유머러스한 어조로 표현하는 작품을 주로 썼다. 소설 『*Contando los 40*』(1951), 『*La España de la posguerra*』(1975), 『*La boda del señor cura*』(1977) 등이 대표작이다.

Vizcaino, Jose Antonio (호세 안토니오 비스카이노) (1933～) 마드리드 태생의 작가이다. 방어적이고 직설적인 문체를 사용한다. 인물과 풍경의 세부사항을 포착하기 위해 사실주의 기법을 활용한다. 대표작은 『*El salvaje*』(1964)이다.

Vocento (보센테) 약 100여 개의 스페인 출판 사업체로 구성된 그룹의 총칭으로, 스페인 내의 정보 멀티미디어의 조절 및 분배역할을 한다. 2001년 9월 코레오 그룹(El Grupo Correo)과 스페인 신문사(Prensa Española)가 통합되면서 만들어졌다.

Vox populi (다른 사람들의 말) 한 사건에 대한 풍문과 군중의 입장을 의미한다. 중세 스페인의 명예는 타인이 보고 믿는 대로 결정되는 것이 일반적이어서 진위 여부와 상관없이 다른 사람들의 말에 의해 명예 실추 여부가 결정되기도 하였다.

Ximénez de Sandoval y Tapia, Felipe (펠리페 시메네스 데 산도발 이 타피아)
마드리드 출생의 작가, 번역가, 외교관(1903～1978)이다. 스페인 내전 동안 팔랑헤주의(Falangismo)를 선전했다. 문학 장르 중 소설, 위인전을 주로 썼으며 대표작으로는 『*Los nueve puñales*』(1936), 『*Camisa azul*』(1940) 등이 있다.

Xirau, Ramón (라몬 시라우) 바르셀로나(Barcelona) 출생의 철학자(1924～)이다. 철학, 시, 종교 간의 통합을 중시하며 언어를 통해 그것을 보여줄 수 있다고 믿었다. 이를 드러낸 작품으로는 『*Sentido de la presencia*』(1953), 『*El péndulo y la espiral*』(1959)이 있다.

Xirinachs, Olga (올가 시리낙스) (1936～) 타라고나(Tarragona) 출신 작가이다. 카탈루냐어로 작품을 쓰며, 음악과 바다가 빈번하게 등장하는데 이것들은 과거를 회상시키는 기능을 한다. 시와 산문 모두에서 자연스럽고 세밀하며, 매끄러운 문체를 사용한다. 『*Interior amb difunts*』(1982), 『*Al meu cap una llosa*』(1984), 『*Sense malícia*』(1994)와 같은 시집을 냈다.

X

Y

Yeísmo (예이스모)　철자 ll를 /y/처럼 발음하는 것을 말한다: caballo를 [kabáyo], lleno를 [yéno]. Ll와 y발음의 구분을 하는 지역들이 아직까지도 존재하지만, 예이스모는 스페인과 아메리카의 많은 지역에서 나타난다. 일반적으로 젊은 층에서 많이 나타나는데, 전통적으로 구분을 하는 지역의 젊은이들도 예이스모 현상이 나타난다. 예이스모 현상의 확산과 광범위한 사용으로 인해 현재 이는 규범적인 것으로 받아들여진다.

Yerma* (석녀)　20세기 스페인을 대표하는 시인이자 극작가인 페데리코 가르시아 로르카(Federico García Lorca)는 스페인 문학사 전체를 통해서 『*Don Quijote*』의 세르반테스(Cervantes) 다음으로 스페인 외부에 가장 많이 알려진 작가라 할 수 있다. 대표적인 비극작품이라 할 수 있는 『*Yerma*』는 아이를 갖기 위한 여주인공 예르마(Yerma)의 눈물겨운 몸부림을 비극적으로 묘사한 작품이다. 이 연극의 주인공 예르마는 자신의 자유의지로써 자신 앞에 놓인 불임이라는 운명에 온 힘을 다하여 저항한다. 그리고 이러한 그녀 앞에서 아이를 갖고자 하는 그녀의 의지를 가로막고 있는 운명의 구체적인 모습은 다름 아닌 그녀의 남편 후안(Juan)과 그가 보이는 아내의 고통에 대한 무관심적인 태도라 할 수 있다. 극 중에서 그는 자신의 아내가 무엇을 갈망하는지, 그리고 무엇 때문에 고통을 받고 있는지 전혀 이해하려 하지 않는다. 더군다나 그는 예르마의 심정은 아랑곳하지 않고 그녀가 그저 조용히 집안에 머물러 있기만을 바란다. 또한 무당 돌로레스(Dolores)의 집에서 지푸라기라도 잡는 심정으로 아이를 갖지 못하는 자신의 처지를 상담하기 위해 온 아내 예르마를 발견한 후안은 그녀를 심하게 몰아세우기도 한다. 이러한 후안이기에, 그가 아내를 집안에 붙잡아 놓기 위해 자신의 누이들을 집으로 데려와 자신이 밖으로 일을 나간 사이 누이들로 하여금 하루 종일 그녀를 감시하도록 한 것은 전혀 이상할 게 없다. 자신의 뜻대로 그녀를 한없이 몰아치기만 하는 남편 후안과 자신을 감시하는 두 시누이들로 둘러싸여, 그야말로 예르마로서는 사면초가가 아닐 수 없는 것이다. 그녀 주위에는 그녀 자신 외에 그 누구도 그녀의 편은 없다. 그러나 예르마는 결코 포기하지 않는다. 아무것도 할 수 없는 나약한 그녀이지만, 자신을 둘러싼 운명의 굴레를 벗어나려 그녀는 필사적으로 몸부림친다. 요컨대, 그녀의 고통은 운명과 맞서는 그녀의 자유의지가 야기한 필연적인 고통인 것이다. 이러한 점에서 볼 때 이 연극은 주인공의 자유의지와 이로 이한 고통을 강조한 그리스 비극적 관점을 지녔다고 할 수 있다. 그러나 이토록 운명과 정면으로 맞서던 주인공 예르마는 연극의 마지막 부분에서 그리스 비극적 전통의 관점으로부터 조금씩 빗나가기 시작한다. 남편의 결함으로 인한 불임이라는 자신에게 내려진 운명의 굴레를 벗어날 수 없음을 깨달은 예르마가 작품의 말미에서 예르마를 옭죄던 운명을 상징하는 남편 후안을 결국 자기 손으로 죽임으로써 운명에 굴복하는 대신 그 운명과 함께 공멸(共滅)하는 것을 택한 것이다. 이로써 예르마는 운명의 희생제물이 되는 것을 거부한 다. 그리스 비극적 영웅들에게 뿐 아니라 그녀에게도 운명은 절대로 쉽게 극복할 수 있는 대상은 아니었지만, 마지막에 그녀는 그리스 비극의 주인공들과 확연히 달랐다. 남편 후안을 죽임으로써 혼자 남게 된 그녀는 다시 '영원한 고독'이라는 또 다른 운명 속으로 빠져들고 말았지만, '불임'이라는 현재의 운명만은 기어코 벗어나고야 만 것이다. 예르마는 이제 더 이상 그리스 비극적 주인공이 아니다. 이전까지 그녀를 통해 2세를 소망하는 한 여인의 아름답고 숭고한 의지를 보았던 관객은 이제 운명에 굴복하는 것을 거부하기 위해 자신의 남편까지도 제거하고 마는 한 맺힌 연인의 섬뜩한 면을 목격하게 된 것이다. 요컨대, 마지막에 남는 것은 인간 정신이 지닌 '위대함'이 아닌, 바로 인간의 '잔인함'이라 할 수 있다. 남편 후안을 죽임으로써 그녀는 불임의 근본적인 원인과 그로 인한 고통으로부터 벗어날 수는 있었겠지만, 또 다른 운명에 의해 그녀는 다시 '혼자'라는 고독의 바다에 내던져지고 만 것이다. 아직 그녀에게 고통은 현재진행형이고, 따라서 그리스 비극적 관점으로 보았을 때 연극 『*Yerma*』는 여전히 끝나지 않은 미완의 비극인 것이다.

Yoísmo (요이스모) 스페인어 1인칭 단수 인칭대명사 'yo'의 남용을 일컫는다. 스페인어는 인칭에 따라 동사의 어미가 변화하기 때문에 특별한 경우가 아니라면 인칭대명사를 생략해도 된다.

Yusivo (유시보) 명령을 접속법(subjuntivo)으로 표현한 혹은 말한 것을 의미한다.

예) Que salga.

Yuxtaposición (육스타포시시온) 문법에서 접속사, 종속절과 함께 문장을 연결(조합)할 수 있는 3대 방법 중 하나를 말한다. 다른 두 방법과는 달리 육스타포시시온은 정지 혹은 기호를 사용하여 문장을 연결한다.

예) Ayer me encontré con María, estaba muy nerviosa.

Z

Zabaleta Fuentes, Rafael (라파엘 사발레타 푸엔테스) 1907년 하엔(Jaén) 지방의 케사다(Quesada)에서 태어난 스페인 화가이다. 마드리드 예술 문화원(Escuela de Bellas Artes de Madrid)을 졸업하였다. 화풍은 피카소와 이탈리아의 화가 조르조 데 키리코(Giorgio de Chirico)의 영향을 받았다. 1947년 바르셀로나의 전시회를 통해 성공적인 데뷔를 하게 되었다. 특히 안달루시아 지방의 풍경, 사람, 노동의 현장 등 일상생활의 모습을 그려내며 표현주의적 사실주의를 표방하였다. 대표적인 작품으로는 「*Aceituneras*」와 「*Comercio de tejidos*」가 있다.

Zabaleta, Juan de (후안 데 사발레타) (1610~1670) 마드리드 출신의 작가이다. 생애에 대해 알려진 바는 많지 않고, 질병을 앓다 실명한 것과 외모로 인해 많은 조롱을 받았다는 것이 기록되어 있다. 칼데론학파에 속하고, 풍속 묘사적 작품을 주로 썼다. 『*Día de fiesta por la mañana*』, 『*Errores celebrados de la Antigüedad*』 등을 비롯하여 수많은 작품들을 남겼다.

Zahonero, José (호세 사오네로) (1853~1931) 아빌라(Ávila) 출신의 스페인 자연주의 문학의 대표적인 작가이다. 정치적인 이유로 프랑스로 망명을 떠났고, 그곳에서 졸라의 문학으로부터 많은 영향을 받았다. 『*Novelas cortas y alegres*』(1887), 『*La carnaza*』(1885) 등을 썼다. ➡ Naturalismo(자연주의)

Zaj (사흐) 스페인 실험주의적 음악 그룹이다. 1964년 스페인의 작곡가인 후안 이달고(Juan Hidalgo)와 라몬 바르세(Ramón Barce) 그리고 이탈리아 작곡가인 발터 마체티(Walter Marchetti)에 의해 시작되었다. 아방가르드를 표방하는 대표 음악 그룹 중 하나이며, 미국을 투어하며 공연하기도 하였다. 1970년대 발터 마체티에 의해 해체되었다.

Zalacaín el aventurero (모험가 살라카인) 1909년에 발표된 스페인 98세대 작가 피오 바로하(Pío Baroja, 1872~1956)의 소설이다. 이 작품은 『*La casa de Aitzgorri*』(1909), 『*El mayorazgo de Labraz*』(1903)와 함께 '바스크 지방(Tierras vascas)'이라는 이름의 3부작 중 하나이다.

Zaldua, Iban (이반 살두아) (1966~) 산 세바스티안(San Sebastián) 출신 작가이다. 소설은 바스크어로 쓴다. 현실 세계의 정체를 반어법과 패러디 기법을 통해 비판하고 신랄한 문체를 사용한다. 대표작은 『*Gezurrak, gezurrak, gezurrak*』이다.

Zambrano Rodríguez, María (마리아 삼브라노 로드리게스) 말라가(Málaga) 출생의 여류 작가, 철학자(1904~1991)이다. 오르테가 이 가셋(José Ortega y Gasset, 1883~1955)의 제자였으며 잡지 <Revista de Occidente>에 그와 함께 공동으로 글을 게재하였다.

철학과 미학, 종교를 연결하여 다양한 글을 썼고 대표작으로는 『*Pensamiento y poesía en la vida española*』(1939), 『*La Cuba secreta*』(1955)가 있다.

Zambrano, José Antonio (호세 안토니오 삼브라노) (1940～) 바다호스(Badajoz) 출신 시인이다. 기본적이고 본질적인 것에 대한 애호가 시에 나타나 있는데, 특히 언어 사용 측면에서 더 잘 드러난다. 『*Pavana para una voz y musas*』(1985), 『*A la sombra de Borges*』(1995) 등의 시집을 냈다.

Zamora Vicente, Alonso (알론소 사모라 비센테) (1916～2006) 마드리드에서 태어난 작가이다. 민중적이고 일상적인 소재의 단편소설을 즐겨 썼다. 글에는 묵설법, 반어법, 과장법과 같은 수사법들이 가득하고, 유머는 가장 중요한 요소였다. 『*Primeras hojas*』(1955), 『*Smith y Ramírez*』(1957), 『*Un balcón a la plaza*』(1965, 1976) 등을 썼다.

Zamora y Caballero, Eduardo (에두아르도 사모라 이 카바예로) 발렌시아(Valencia) 출생의 작가(1835～1899)이다. 극작가로서 문학계에 이름을 알리기 시작했는데 대표적인 작품으로는 『*La piedra de toque*』, 『*La mejor joya, el honor*』 등이 있다. 후에는 시와 소설을 쓰기도 했는데, 시는 『*Ecos del alma*』, 『*Romancero de la guerra del Pacífico*』 등 다양한 시집에 수록되어 있으며 소설로는 『*El cura Merino*』, 『*La niña expósita*』 등이 있다.

Zamora, Antonio de (안토니오 데 사모라) (1665～1727) 마드리드에서 태어난 극작가이다. 당시에 유행하던 역사 희비극, 종교적 희비극, 과대망상적인 단막극 이 세 가지 유형의 연극을 더욱 풍부하게 발전시켰다. 환상적이고 민속적인 요소에도 관심이 많았는데 이는 『*The magician of Salerno*』에서 나타난다.

Zamora, José (호세 사모라) 마드리드 출생의 화가, 작가(1889～1971)이다. 화가로서는 모더니즘과 전위주의 중간 형태의 작품을 주로 창작했다. 책 『*La Sagrada CRipta de Pombo*』에 초상화가 실려 있다. 작가로서는 1919년에 개봉한 희극작품 『*Sueños de opio*』를 썼다.

Zapata de Chaves, Luis de (루이스 데 사파타 데 차베스) (1526～1595) 바다호스(Badajoz) 출신 작가. 펠리페 2세(Felipe II)의 궁인이었고 『*Carlo famoso*』(1566), 『*Libro de cetrería*』와 같은 책을 남겼으며, 호라티우스(Horacio)의 『*Ars poética*』를 번역했다.

Zapata, Marcos (마르코스 사파타) 사라고사(Zaragoza) 출생의 극작가(1845～1913)이다. 역사를 주제로 한 작품 『*La Capilla de Lanuza*』(1871)로 큰 성공을 거뒀으며 사르수엘라를 쓰기도 했는데 주요작품으로는 『*El anillo de hierro*』(1878), 『*Camoens*』(1879)가 있다.

Zaragoza, Cristóbal (크리스토발 사라고사) 알리칸테(Alicante) 출생의 소설가(1923～1999)이다. 독자들과 비평가들 사이에서 굉장한 성공을 거둔 작가이다. 대표작으로는 『*Los domingos vacíos*』, 『*El escándalo del silencio*』, 『*No tuvieron la tierra prometida*』 등이 있고 1986년 Premio Internacional de Novela를 수상하기도 했다.

Z

Zarraluki, Pedro (페드로 사라루키) 바르셀로나(Barcelona) 출생의 소설가(1954～)이다. 수많은 소설을 썼으며 문학비평계에서 극찬을 받았고, 『*Un encargo difícil*』이라는 작품으로 나달 문학상(Premio Nadal)을 수상(2005)했다. 이 외에 『*Las fantásticas aventuras del Barón Boldán*』(1981), 『*El responsable de las ranas*』(1990) 등의 작품이 있다.

Zarzuela (사르수엘라) 극음악 혹은 악기적인 부분, 목소리에 관한 부분(독주, 이중주, 합창) 그리고 말하는 부분들을 포함하는(이 '말하는 부분'이 전혀 없는 사르수엘라도 종종 있다), 스페인에서 출현한 연극적인 음악 장르의 독창적인 한 형태로 일종의 스페인식 오페라라고 할 수 있다. 음악과 극적인 장르에 적용되는 '사르수엘라'라는 단어는 마드리드 근교에 위치한 스페인 왕립 궁전인 사르수엘라 궁전에서 비롯되었고, 장르의 최초 대표자들이 그곳에서 묵고 있었던 극장에서 발견되었다. 17세기경부터 생성되었다고 할 수 있다. 전형적인 스페인적인 예술로서, 비록 스페인에서 태어났을 지라도, 출현 이후 얼마 안 돼 거의 스페인어권의 모든 문화로 확장되었다.

Zavala y Zamora, Gaspar (가스파르 사발라 이 사모라) 부르고스(Burgos) 출생의 소설가, 극작가(1762～1824)이다. 영웅을 소재로 한 희극, 감상적 희극을 주로 썼으며 대표적인 희극작품으로는 『*El sitio de Pultova*』(1786), 『*El amor constante o la holandesa*』(1787) 등이 있다. 또한 비극작품도 쓰긴 했는데 그러한 작품으로는 『*La Elvira portuguesa*』(1801)가 있고, 소설 『*La Eumenia o la Madrileña, teatro moral*』(1805)을 쓰기도 했다.

Zayas y Sotomayor, María de (마리아 데 사야스 이 소토마요르) 마드리드(Madrid)에서 태어난 스페인 황금 세기의 유명한 시인(1590～1661?)이다. 주로 사랑, 배신, 환멸에 대한 주제로 작품활동을 하였으며, 18세기까지 계속 출판되다가 종교재판소가 실행된 이후 판금조치를 당했다. 대표작인 『*Novelas Amorosas Y Ejemplares*』는 남성들의 어리석은 이기심과 사랑에 약한 여성들의 이상주의를 날카롭게 꼬집은 작품이다. ➡ Siglo de oro(황금 세기)

Zayas, Antonio de (안토니오 데 사야스) (1871～1941) 마드리드 출신의 작가이다. 외교관이자 시인이며 아말피 공작(Duque de Amalfi)이기도 하다. 고답파에 속하며, 형식적인 완벽함과 언어의 풍부한 사용이 시의 특징이다. 대표작으로 『*Joyeles bizantinos*』(1902), 『*Joyeles bizantinos*』(1924) 등의 시집이 있다.

Zea, Francisco (프란시스코 세아) (1825～1857) 마드리드(Madrid) 태생의 스페인 시인으로 산 이시드로 엘 레알 학교(El Colegio de San Isidro el Real)에서 인문학을 공부하였다. <El Observador>, <El Orden>, <Semanario Pintoresco> 신문사에서 일한 바 있다. 대표작으로 『*Esgrima del sable a pie y a caballo*』, 『*Obras en verso y en prosa*』(1858) 등이 있다.

Zéjel (세헬) 아랍에서 들어온 시 작법으로, 후렴구로 시작하여 동운을 갖는 3행 그리고 후렴구와 운을 맞춘 마지막 행으로 이루어져 있다. 대중적인 형태를 지니고 통속 아랍어로 쓰인 것이 특징이다

Zorita, Alonso de (알론소 데 소리타) (1512～1585) 코르도바(Córdoba) 태생. 스페인 작가와 관리로 활동하였다. 살라망카(Salamanca)에서 법학을 공부하였고, 그라나다(Granada)에서 법률가로 일했다. 대표작으로는 『*Summa de los tributos*』, 『*las leyes y ordenanzas de las Indias del Mar Océano*』, 『*Relación de las cosas notables de la Nueva España*』 등이 있다.

Zorrilla, Rojas (로하스 소리야) 1607년 10월 4일 스페인 톨레도(Toledo)에서 태어났고, 1648년 1월 23일 마드리드에서 사망한 17세기 스페인의 극작가이다. 그는 바로크 문학의 스페인 연극에 있어서 최고의 작가들 중 한 명으로 간주된다. 희극이 대세를 이루었던 당시의 연극계에서 가장 유명한 비극작가이기도 하였다. 매우 창조적인 극작가로 형식적인 측면에서는 로페(Lope)의 극작법을 따랐지만, 희극을 쓰는 데에만 한정하지는 않았다. 로페보다는 오히려 칼데론 데 라 바르카(Calderón de la Barca)의 추종자였다. 칼데론의 극작품들에서와 같이, 로하스 소리야의 극에서도 명예와 정조라는 주제가 우위를 점하고 있었다. 또한 비극적인 줄거리에서는 과도한 피와 폭력이 나오기도 하였다. 가장 저명한 연극작품들로는 『*Del rey abajo ninguno*』, 『*Caín de Cataluña*』, 『*Entre* *bobos anda el juego*』 등이 있다.

Zorro, Joan (조안 소로) 스페인 13세기 말~14세기 중반의 후글라르(Juglar) 중 한 명이다. 포르투갈의 알폰소 3세(Alfonso III)의 궁정 문학가로, 주로 쾌락주의에 입각하여 사랑과 리스본의 바다를 주제로 한 작품들을 집필하였다. ➡ Mester de Juglaría(서민문학)

Zozaya y You, Antonio (안토니오 소사야 이 요우) (1859~1943) 마드리드(Madrid) 태생. 스페인 작가이다. 법학을 전공해 법률가로 15년간 일했었다. 그 후 1880년에 경제철학 도서관(La Biblioteca Económica Filosófica)을 창설했다. <La Justicia> 신문사에서 지휘관으로 있었으며 여러 편집사에서 일했다. 대표작으로는 『*La maldita culpa*』, 『*Miopita*』, 『*Cómo delinquen los viejos*』, 『*La bala fría*』, 『*La dictadura*』 등이 있다.

Zubiri Apalátegui, Xavier (하비에르 수비리 아파라테기) (1898~1983) 기푸스코아(Guipúzcoa)의 산 세바스티안(San Sebastián) 태생. 스페인 철학자이다. 1915년 마드리드 신학교(El Seminario Conciliar de Madrid)에 들어가 4년간 신학과 철학을 공부했다. 대표작으로 『*Inteligencia y realidad*』, 『*Inteligencia y Logos e Inteligencia y Razón*』, 『*Sobre la esencia*』(1962) 등이 있다.

Zugazagoitia Mendieta, Julián (훌리안 수가사고이티아 멘디에타) (1898~1940) 빌바오(Bilbao) 태생. 스페인 기자이면서 정치가이다. 1936년 바다호스(Badajoz) 대표 선출 의원으로 있었다. 또한 <El Liberal de Bilbao> 신문사에서 편집장으로 있었으며 <El socialista de Madrid>를 이끌기도 했다. 대표작으로 『*Pablo Iglesias*』, 『*Una vida anónima: vida del obrero, Guerra y vicisitudes de los españoles*』(1977) 등이 있다.

Zulueta y Escolano, Luis de (루이스 데 술루에타 이 에스콜라노) (1878~1964) 바르셀로나(Barcelona) 태생. 스페인 작가, 정치가, 교육자로 활동했다. 마드리드 대학교(La Universidad de Madrid)에서 교수로 있었다. 1910년 철학박사 학위를 수여받았다. <El Liberal>, <La Libertad>, <El Sol>, <Revista de Occidente>, <La Lectura> 신문사에서 일한 바 있다. 대표작으로는 『*La edad heroica*』(1916), 『*El ideal de la educación*』(1921), 『*El rapto de América*』(1925) 등이 있다.

Zulueta, Carmen de (카르멘 데 술루에타) (1916~) 마드리드(Madrid) 태생. 스페인 작가이다. 교수이면서 기자인 루이스 데 술루에타(Luis de Zulueta)의 자식으로 태어났으며, 내전이 있었을 당시 추방당해 미국에서 문학활동을 하였다. 대표작으로는 『*Cien años de educación de la mujer española*』, 『*La residencia de señoritas*』, 『*Julián Besteiro*』 등이 있다.

Zúmel, Enrique (엔리케 수멜) 1822년 말라가(Málaga)에서 태어난 스페인 소설가이자 극작가이다. 생애에 대해 알려진 바는 적지만 고향인 말라가에서 주로 활동하였고 마드리드(Madrid), 그라나다(Granada) 말라가 등지에서 유명한 극작가로 알려지게 되었다. 주로 역사소설과 성인에 관한 희곡을 썼으며 약 120여 개의 작품을 썼지만 그보다 훨씬 많은 양으로 간행, 재편집되었다. 대표작으로 『*Batalla de diablos*』(1865), 『*El anillo del diablo*』(1871), 『*La leyenda del diablo*』(1872), 『*Quimeras de un sueño*』(1874) 등이 있다.

Zúñiga, Juan Eduardo (후안 에두아르도 수니가) (1927~) 마드리드(Madrid) 태생. 스페인 작가이자 비평가, 번역가이다. 1987년 스페인 국민 번역상(Premio Nacional de Traducción)을 받은 바 있다. 고대 슬라브족 언어로 작품을 낸 스페인의 몇 안 되는 작가 중 한 명이다. 소설작품에 치중했으며 대표작품으로 『*Los imposibles afectos de Ivan Turgueniev*』(1977), 『*La historia de Bulgaria*』, 『*Inútiles totales*』(1951) 등이 있다.

Zunzunegui y Loredo, Juan Antonio de (후안 안토니오 데 순수네기 이 로레도) (1901~1982) 중류계층 출신의 소설가이다. 전통적인 기법을 고집하며 작품에서 일관되게 도덕성을 부각시켰다. 많은 작품에서, 특히 산업화된 빌바오(Bilbao)와 부르주아들의 위선적이고 반동적인 도덕성을 두드러지게 묘사했다.

Zurita Rodríguez, Marciano (마르시아노 수리타 로드리게스) (1884~1929) 팔렌시아(Palencia) 태생. 스페인 작가이면서 시인이다. 바야돌리드(Valladolid)에서 법학과 철학 공부를 시작했으며 마드리드에서 학위를 수여받았다. 공무원으로 일하면서 문학활동을 시작했다. 대표작으로는 『*El tiempo del silencio*』, 『*La musa campesina*』, 『*Castilla*』, 『*Media hora antes*』, 『*Pícaros y donosos*』 등이 있다.

Zurita, Jerónimo de (헤로니모 데 수리타) (1512~1580) 사라고사 출신의 작가이자 역사가이다. 알칼라 대학에서 공부했으며, 아라곤의 첫 번째 연대기 작가로 임명되어 『*Anales de la Corona de Aragón*』을 편찬했다.

Z

스페인 문학과 문화
스페인어권 용어사전
1

초판인쇄 2015년 8월 31일
초판발행 2015년 8월 31일

지은이 정경원 · 김수진 · 나송주 · 윤용욱 · 이은해 · 김유진
펴낸이 채종준
펴낸곳 한국학술정보(주)
주소 경기도 파주시 회동길 230(문발동)
전화 031) 908-3181(대표)
팩스 031) 908-3189
홈페이지 http://ebook.kstudy.com
전자우편 출판사업부 publish@kstudy.com
등록 제일산-115호(2000. 6. 19)

ISBN 978-89-268-7020-4 94770
978-89-268-7018-1 (전3권)